ISBN 978-0-267-75552-3
PIBN 11001712

1 MONTH OF
FREE
READING

at
www.ForgottenBooks.com

By purchasing this book you are eligible for one month membership to ForgottenBooks.com, giving you unlimited access to our entire collection of over 1,000,000 titles via our web site and mobile apps.

To claim your free month visit: www.forgottenbooks.com/free1001712

English
Français
Deutsche
Italiano
Español
Português

www.forgottenbooks.com

Mythology Photography **Fiction**
Fishing Christianity **Art** Cooking
Essays Buddhism Freemasonry
Medicine **Biology** Music **Ancient
Egypt** Evolution Carpentry Physics
Dance Geology **Mathematics** Fitness
Shakespeare **Folklore** Yoga Marketing
Confidence Immortality Biographies
Poetry **Psychology** Witchcraft
Electronics Chemistry History **Law**
Accounting **Philosophy** Anthropology
Alchemy Drama Quantum Mechanics
Atheism Sexual Health **Ancient History**
Entrepreneurship Languages Sport
Paleontology Needlework Islam
Metaphysics Investment Archaeology
Parenting Statistics Criminology
Motivational

_i _iot ek

der

lten Litteratur

und

K u n ſt.

---

mit

ungedruckten Stücken

aus

der Escurialbibliothek

und andern.

Erſtes Stück.

Göttingen

bey Johann Chriſtian Dieterich. 1788.

Vorrede.

Wir wagen es, die Fortsetzung einer Bibliothek zu übernehmen, die, wenn Beyfall und Erfolg allemal der Absicht und Nutzbarkeit eines Unternehmens entsprächen, vielleicht ein günstigeres Schicksal gefunden, und sich eine eben so lange Dauer hätte versprechen dürfen, als viele ihrer Namensschweßern. Der Plan und die Einrichtung, die wir der nunmehr anfangenden Bibliothek der Alten Litteratur zu geben wünschen, ist aus der Ankündigung längst so bekannt, daß eine Wiederholung hier überflüßig wäre. Freylich mag die Ausführung von dem Ideal, das wir uns gemacht haben, noch weit entfernt seyn; allein die Vollkommenheit, deren sie fähig ist, und der wir in der Folge uns zu nähern hoffen, wird die Bibliothek erst dann erhalten, wenn der Beyfall der Leser und die Unterstützung der Liebhaber und Kenner alter Litteratur und Kunst, die wir hier öffentlich zu erbitten wagen, uns in den Stand setzen werden, mehr zu leisten, als bey dem ersten Anfang möglich war.

Die

Die unerwartete Verfpätung des erften
Stücks, für die wir die Nachficht der Lefer
erbitten müffen, ift eine Folge von Urfachen,
die auffer der Gewalt der Herausgeber waren, und mit deren Erzählung wir die Lefer
nicht ermüden wollen. Bey den Recenfionen
fahen wir uns genöthigt, einige fchon längft
bekannte Bücher mit zu nehmen, weil es
klaffifche Ausgaben waren, die in einer Bibliothek der A. Litterat. nicht ganz fehlen
durften, und weil wir wünfchten, unfere
Bibliothek mit der ehemaligen Bibl. Philo-
logica einigermaßen in Verbindung zu fetzen.
In den folgenden Stücken wird keine ähnliche Verfpätung ftatt finden.

Von den ungedruckten Stücken, die hier
erfcheinen, glaube ich ohne Ruhmredigkeit
fagen zu dürfen, daß fie, da fie Fragmente
eines der wichtigften Litteratoren des Alterthums enthalten, eine wahre Bereicherung
der alten Litteratur find. Die meiften derfelben verdanke ich der Freundfchaft des H.
Siebenkees, eines hoffnungsvollen jungen
Gelehrten, der fich jetzt in Venedig aufhält.
Mir bleibt blos das Verdienft, fie bekannt
zu machen, und vielleicht die Entdeckung
veranlaßt zu haben. Daß die Inedita in
den

den folgenden Stücken alle von gleichem Werth und Gehalt seyn werden, wage ich nicht zu versprechen; aber alle sind aus dem Gesichtspunct gewählt, daß sie etwas zur Erweiterung, Aufklärung oder Berichtigung in irgend einem Theil der alten Litteratur beytragen mögen, und alle werden zum Beweise dienen, daß noch in unserm Iahrhundert merkwürdige Ueberbleibsel aus dem Alterthum in Bibliotheken verborgen liegen, die wohl einer Variante zum N. T. oder einiger Wörtchen aus den Hexapeln werth seyn dürften, wenn nicht Gewohnheit oder Geschmack, sey es der Zeit, oder der reisenden Gelehrten und ihrer Aussender, sich einseitig für letztere bestimmte.

Wenn gänzliche Entfernung von jeder Art des Eigennutzes auf Seiten der Herausgeber; wenn der wärmste Eifer nützliche Kenntnisse auszubreiten oder doch zu unterhalten; wenn die Verbindung mit mehrern auswärtigen Correspondenten, und der Aufenthalt an einem Orte, der den Gebrauch aller erforderlichen Hülfsmittel im Ueberfluß darbietet, eine Unternehmung dieser Art Beyfall und günstige Aufnahme zusicherte; was dürften wir dann nicht erwarten! Allein wir wollen nicht zu viel

hoffen.

hoffen. Nur das glauben wir als Empfeh-
lung für unsere Bibliothek sagen zu dürfen,
daß sie den Einfluß eines Mannes genießt,
dessen Verdienste um diese ganze Gattung
von Litteratur allgemein anerkannt sind, und
dessen Beytritt wenigstens ein günstiges Vorurtheil für unser Institut erwecken muß.

Und so übergeben wir dem Publikum
dieses erste Stück, mit dem innigen Wunsch,
etwas zur Beförderung des zweckmäßigen
Studiums einer Litteratur beytragen zu mögen, deren Werth die Geschichte aller Wissenschaften und das Urtheil der Kenner in
allen Iahrhunderten entschieden hat. Von
der günstigen Aufnahme, die wir dem ersten
Stück hoffen, wird die ungesäumte Erschei-
nung der folgenden abhängen. Hofften wir
zu viel, so werden wir es als einen Wink betrachten, daß unser Iahrzehend keine Bibliothek der A. L. erträgt, und uns durch
das Bewußtseyn unserer Absicht für den Erfolg schadlos halten.

T.

Inhalt.

Inbalt.

I. Abhandlungen.

II. Recensionen.

III.

III. Inedita et obfervatt. criticae.

I.

I.

Ueber den Proceß des Socrates.

Unter allen merkwürdigen Begebenheiten groß-
ser Männer, die die Geschichte des Alterthums aufstellt, wird man nicht leicht eine nennen, die so viele Arten von Merkwürdigkeit
vereinigt und auf den ersten Anblick so unerklärbar scheint, als die Geschichte von der Anklage und Hinrichtung des Socrates. Ein Mann,
den wir als einen der edelsten und tugendhaf-
testen Menschen, als den Vater der bessern
Philosophie verehren; dessen Name bey allen
aufgeklärten Völkern beynahe so viel ist, als die
Weisheit selbst; dieser wird als Verbrecher
angeklagt, verurtheilt, hingerichtet, nicht in
einem rohen und barbarischen Volk, sondern in
einem der cultivirtesten Staaten der alten Welt,
nicht in einem Auflauf des ergrimmten Pöbels,
sondern nach förmlicher, gesetzmäßiger Anklage,
in voller Sitzung eines ansehnlichen Gerichts.
Sind das die sanften, menschenfreundlichen Gesetze Athens, vom weisen Solon gemildert, die

A   die

die würdigsten Mitglieder des Staats zum Tode
verdammen? Oder bestand ein zahlreiches Gericht aus einer Versammlung erklärter Böse-
wichter, die ungerecht oder unsinnig genug
waren, einen Mann, der sein ganzes Leben dem
Bestreben aufopferte, seine Mitbürger zur Weisheit und Tugend zu bilden, als Verbrecher zu
tödten? Endlich wie ist es begreiflich, daß ein
Volk, das sonst so viele Beweise von Edelmuth,
von Gefühl für alles Gute und Schöne gegeben
hat, eine solche That billigte? Das sind Be-
trachtungen, die sich dem Forscher des Alterthums aufdringen, und die diese Begebenheit,
die außerdem mit wichtigen historischen Untersuchungen zusammenhängt, einer genauern Aufmerksamkeit und Prüfung werth machen.

Mehrere Schriftsteller haben über das Schicksal des Socrates geschrieben; allein die meisten
verweilen hauptsächlich bey der Lebensgeschichte
und den Lehren des Weltweisen; oder scheinen,
wenn sie auch seinen Proceß berühren, sich nicht
immer die Denkungsart seines Zeitalters, und
die Umstände, die sein Schicksal vorbereiteten und
bewürkten, gegenwärtig erhalten zu haben;
Da ferner fast alles aus den Apologien seiner
Freunde geschöpft werden muß, so ist nichts
                                    leichter,

leichter, als daß man aus einem kühlen Unter-
fucher der Sache, ein warmer Vertheidiger
und Lobredner des Socrates wird, und ein
eben fo ftrenger Richter feiner Richter und des
ganzen Athenienfifchen Volks. Diefe Behandlung macht dem Herzen der Verfaffer Ehre,
fo fern fie Beweis ihres Gefühls von der
Unfchuld des Socrates ift; aber Wahrheit und
Unpartheylichkeit muß den Gefchichtforfcher
leiten, um felbft da, wo leidende Tugend der
Gegenftand feiner Unterfuchung ift, auf keiner
Seite zu weit zu gehen. Ich glaube einen
Verfuch über diefe Sache den Lefern der Bibliothek vorlegen zu dürfen; Ihr Urtheil wird
entfcheiden, inwiefern ich glücklich genug gewefen bin, den Fehlern, die ich zu vermeiden
wünfchte, zu entgehen.

Eine vollkommen befriedigende Entwickelung
der Sache des Socrates ift, wegen der einfeiti-
gen unvollftändigen Nachrichten, äußerft fchwer.
Wir haben faft blos die Schriften der Freunde
Socrates, in welchen fie ihren Freund und Lehrer vertheidigen. Die Gründe der Gegenpar-
they, und die Befchuldigungen, die man dem
Weifen machte, find theils verloren, theils nicht
gehörig erkannt worden, und jene Schriften

feiner

feiner Freunde find mehr Lobreden auf den Socrates als Erzählungen des Proceſſes felbſt,
mehr Vertheidigung des Beklagten, als Darſtellung der Beſchuldigungen der Gegner mit
ihrer Widerlegung, wie fie Socrates felber gab. *)
Plato, den man als den Hauptſchriftſteller in
dieſer Materie anzuſehen pflegt, hat eine Apologie des Socrates geſchrieben, wie fie dieſer
felbſt gehalten haben ſoll, allein dieſe iſt faſt am
wenigſten brauchbar. Viele Stellen find ſo of-
fenbares Lob, daß es kaum ſich denken läßt,
daß der beſcheidene Socrates vor Gericht ſo
geſprochen haben ſollte **). Ferner find mehrere

*) Daher heißt es ſchon in der Redekunſt, die ſich unter
den Werken des Dionyſius v. Halikarnaſſus befindet
(p. 103. 104.), daß Plato, und Xenophon in feinen
Denkwürdigkeiten Lobreden auf den Socrates, in
Form einer Apologie geſchrieben.

**) Z. B. von feinem, von der Gottheit auferlegten Be-
ruf zu lehren, und feinem unveränderlichen Entſchluß, nie davon abzulaſſen (Seite 22. 23). — Daß
die Richter feinen Tod bereuen, und die Athenienſer wie einen ſolchen Mann wiederbekommen würden,
der fie, wie ein edles aber allzufeiſtes Roß, anſporne
und ermuntere (S. 24.); — Die Art, wie er ſich
über feine Standhaftigkeit erklärt, keine Mittel
brauchen zu wollen, das Mitleid der Richter zu rüh-
ren, (S. 26. 27.) und wie er feine Strafe beſtimmt
(S. 27. 28. der Franckf. Ausg.).

*rere Umstände in die Apologie eingewebt, die
erst nach derselben vorfielen, z. B. die Schätzung
seiner Strafe, und die Antwort, daß er verdiene im Prytaneum unterhalten zu werden.
Die Weissagung endlich, daß es die Athenienser gereuen würde, ihn hingerichtet zu haben,
und die ganze pathetische Anrede an die Richter von dem künftigen Zustand der Seelen (S.
30. 31.) scheint Plato's Werk zu seyn, kurz
die ganze Schrift ist nicht sowol Vertheidigung,
wie sie Socrates sprach, als vielmehr ein Denkmal der Verehrung und Dankbarkeit, das Plato
seinem Freund und Lehrer errichtete. Desto
brauchbarer ist Plato in dem, was das historische betrifft, weil er hier, als Zeitgenosse und
Augenzeuge, auf die meiste Autorität Anspruch
macht. — Xenophon hat seinen Denkwürdigkeiten auch eine Vertheidigung des Socrates
vorgesetzt, die aber ganz Werk des Xenophon und Ehrenrettung des unschuldig hingerichteten Weltweisen ist. Auch hat er sie nicht,
so wie Plato, dem Socrates selbst beygelegt.
Sie ist vorzüglich schätzbar, weil darin mehr
von den Gründen der Ankläger aufbehalten ist,
besonders was den zweyten Punct der Anklage,
die Verführung der Iugend betrifft. — Die
Apologie des Socrates, die unter dem Namen*

Xenophons geht, hat alle Eigenschaften, die wahrscheinlich machen, daß sie der Verthei- digung des Socrates, wie er sie selbst gehalten hat, am nächsten kommt. Sie ist kurz, bün- dig, voll Selbstgefühls, und enthält doch das wesentliche der übrigen Apologien. Neuere Cri- tiker haben gesucht diese Schrift verdächtig zu machen; sie erklären sie für Xenophons unwür- dig, und halten sie für ein Werk desselben Ver- fassers, von dem der Schluß der Cyropädie und andere dem Xenophon beygelegte Schriften sind. So wenig entscheidend aber auch die Gründe sind, die für diese Behauptung angeführt wer- den *), so würde dennoch, wenn man auch zu- geben

*) *Vergl. die Anm. von Zeune zum Anfang der Apolo- gie. Ich bemerke nur noch, daß in der ganzen Schrift ein anderer Gesichtspunkt sichtbar ist; nem- lich zu zeigen, daß Socrates sich nicht auf gewöhn- liche Art habe vertheidigen wollen, weil er entschlos- sen war zu sterben. Da Xenophon beständiger Wett- eiferer des Plato war, so scheint er diese Apologie zuerst geschrieben zu haben, um sie gleichsam der Platonischen entgegenzusetzen. Hernach schrieb er die Memorabb. worin er nun eine ausführliche Ehren- rettung des Socrates gab; und so ist begreiflich, daß die meisten Punkte in beyden Schriften vorkommen. Auch der Grund, daß sie in der angeführten Rhe- torik*

geben müßte, daß sie nicht vom Xenophon sey,
die Schrift selbst an ihrer Glaubwürdigkeit nichts
verlieren. Der Verfasser versichert gleich am
Anfang, alles von dem Hermogenes, einem
Freunde des Socrates, bekommen zu haben.
Man müßte ihn für einen vorsetzlichen Betrüger
halten, wenn man behaupten wollte, daß dieses
blos Erdichtung sey, wozu man aber, so lange
keine Beweise gegen ihn sind, nicht berechtiget
ist; zumal da das, was er aus dem Hermogenes anführt, genau mit dem Plato und Xenophon übereinstimmt, und in mehrern Umständen
weit wahrscheinlicher ist, als die Erzählung
des erstern. Die Nachricht des Hermogenes
geht bis § 22. Das übrige ist Zusatz des Verfassers, wer er auch sey. Ich glaube also, daß
diese Schrift eben so viel, wo nicht mehr Zuverläßigkeit habe, als irgend eine der übrigen,
die den Socrates betreffen. — Endlich ist eine
Hauptquelle von Nachrichten zum Leben und
Schicksal des Socrates, seine Lebensbeschreibung

A 4 bey

torik nicht genannt wird, beweißt nichts gegen ihren Verfasser. Sie wird eben darum nicht genannt,
weil sie keine Lobrede ist. Selbst der Zusatz: ευ
τοις απομνημ. scheint anzudeuten, daß der Verfasser
noch ein anders Werk ähnlichen Inhalts vom Xenophon kannte.

bey dem *Diogenes von Laerte.* Allein diefer *Schriftsteller,* so wichtig er auch deswegen
ist, weil er eine Menge Schriften vor sich hatte,
die für uns verloren sind, so sehr erfordert er
Kritik, weil er ohne Auswahl und Beurtheilung zusammenträgt. Er führt im Leben des
Socrates beynahe zwanzig Schriftsteller an;
man vermißt aber, wie bey allen seinen Nachrichten, Ordnung, Vollständigkeit und Genauigkeit, und nicht selten sind die Erzählungen seiner Gewährsmänner entweder widersprechend
oder unwahrscheinlich, wenn man sie mit dem
Plato und *Xenophon* vergleicht. Ueberhaupt
sieht man aus dem *Diogenes,* daß andre alte
Schriftsteller nicht selten ganz andre Nachrichten und Urtheile vom *Socrates* gaben, als wir
aus den Schriften seiner Freunde schöpfen können. — So sind die Nachrichten, die wir von
diesem Proceß und von *Socrates* Geschichte überhaupt besitzen, daß es nicht zu verwundern ist,
wenn es jetzt schwer wird, von der ganzen
Sache eine sichere und bestimmte Vorstellung zu
erhalten. Nur durch sorgfältiges Vergleichen
der historischen Angaben, die in den genannten
Schriften und im *Plato* zerstreut liegen, und
die strengste Aufmerksamkeit auf sich selbst, keine
Parthey zu nehmen, lassen sich vielleicht noch
einige

einige Seiten bemerken, die sonst leicht übersehen
werden. Ich werde zuerst von Socrates Leben
und Betragen einen kurzen Abriß geben und
seinen Charakter zu entwerfen suchen ; man
muß den Mann kennen, den ein so ausserordentliches Schicksal betroffen hat ; dann werde ich
die ersten Beschuldigungen, die Verläumdungen
die ihn bey einem Theil seiner Mitbürger verdächtig machten, endlich die letzte Anklage und
seine Hinrichtung ; mit den Untersuchungen,
die dahin gehören, aus einander zu setzen mich
bemühen.

I.

Leben und Charakter
des Socrates.

Ein ausführliches Leben des Socrates würde
für meinen Zweck überflüssig seyn ; nur die
Hauptzüge desselben und sein Charakter als
Mensch, als Bürger und als Weltweiser sollen
hier gezeichnet werden, insofern diese mit seinem
letzten Schicksal in Verbindung stehen. Socrates lebte zu Athen, in der berühmtesten Stadt
seiner Zeit und in ihrer berühmtesten und unglücklichsten Periode, um die Zeit des Pelopon-

nefifchen Kriegs, von der 77. bis zur 95ften Olympiade. Ob er gleich von niedriger Abkunft war, fo erhielt er doch den erften Unterricht und die Erziehung, die jeder freye Athenienfer genoß, in Lefung der Dichter und in den Leibesübungen a). In feiner Iugend befchäftigte er fich anfangs mit Bildhauerey, weil fein Vater diefe Kunft übte, und man zeigte noch lange in Athen drey bekleidete Grazien von feiner Arbeit; bald aber fing er an fich dem Studium der Philofophie zu ergeben, die damals vom griechifchen Afien aus nach Athen fich verbreitet hatte b). Seine Lehrer waren Anaxagoras, der zuerft die Philofophie aus Ionien nach Athen brachte, Damon und Archelaus, der unter dem Namen des Phyfikers bekannt ift, obgleich diefes, wenigftens was den Anaxagoras betrifft, nicht von eigentlichem Unterricht verftanden werden darf, da Socrates, wie aus dem

a) Plat. Crit. p. 37.

b) Es ift eine Erzählung beym Diogenes Laert. (II. V. 4.) daß Criton ihn aus der Werkftäte hervorgezogen und unterrichten laffen, weil er feine vorzüglichen Talente bemerkte; damit ftimmt zufammen Diog. II. Criton; und die Zeitrechnung ift nicht dagegen. Socrates nennt felbft in der Apologie beym Plato den Crito feinen ἡλικιώτης §. 22.

dem folgenden erhellt, den erstern nicht scheint
gekannt zu haben c). In der Rhetorik hörte
er den berühmten Sophist und Lehrer der Beredtsamkeit, Prodikus, von Cea d). Seine erste
Wißbegierde fiel auf die Erforschung der Naturlehre, die der Lieblingsgegenstand der damaligen Philosophie war. Er sagt selbst beym
Plato (Phaed. 71. E.) daß er die physischen
Schriften des Anaxagoras begierig gelesen, aber
gefunden habe, daß sein System doch nicht
hinreiche, die Ursachen und Entstehung der
Dinge zu erklären. Er zog sich daher von
diesen speculativen unfruchtbaren Untersuchungen
zurück und widmete sich der praktischen Weisheit, die in seinen reifern Iahren seine ganze
Beschäftigung ausmachte e). Er bildete zuerst
sich selbst, ehe er anfing seine Mitbürger zu
lehren und verband mit den Grundsätzen, die
er durch Nachsinnen über den Menschen und
menschliche Pflichten gefunden hatte, eine so
strenge Ausübung, daß er ein Muster von Tugend und Rechtschaffenheit ward. In seinem
Charakter war er liebreich, sanftmüthig und
bescheiden, ein warmer Freund seiner Freunde,

nachge-

c) Diog. Laert. I. II V. 3.
d) Plato Meno. 425. D.
e) Diog. Laert. II. V. 6. aus dem Demetrius.

nackgebend und gelaſſen, wenn ihm widerſpro-
chen ward; aber auch voll Selbſtgefühls gegen
ſeine Feinde und Läſterer *). Die ſtets gleiche
Heiterkeit und Ruhe ſeiner Seele war ſo feſt
gegründet, daß keine Beleidigung ſie ſtörte,
und man ihn niemals mit verändertem Geſicht
und Miene ſah. Mäßigkeit und Genügſamkeit
hatte er durch ſtete Uebung bis zu einem eben
ſo bewundernswürdigen Grade gebracht f); die
Frucht davon war, daß bey allen Seuchen, die
zur Zeit des Peloponneſiſchen Kriegs in Athen
ſo ſchreckliche Verwüſtungen anrichteten, er faſt
ganz allein keine Krankheit empfand, und auch
nachher bis an ſeinen Tod einer beſtändigen
Geſundheit genoß g). Im Aufzug äußerſt
einfach und beſcheiden, doch ohne in Schmutz
auszuarten, vermied er alles, was zu Weichlichkeit und Luxus gehörte, und übte ſich täglich, um die Geſundheit und Stärke ſeines Körpers zu befördern h). Von ſeiner Tapferkeit
und Abhärtung legte er in einem Feldzuge die
rühmlichſten Beweiſe ab, wovon Alcibiades beym
Plato

*) Plato Crit. 37. E. Diog. II. V. 9.
f) Xen. mem. I. II. init. III. 5.
g) Diog. Laert. II. V. 9. Gell. N. A. II. 1.
h) Plato Symp. p. 1176. A. Xen. Symp. II. 17. Diog.
II. V. 15.

Plato mit so vieler Wärme spricht i). *Er ret-*
tete durch seine Entschlossenheit den erstern in
der Schlacht bey Potidäa, so wie den Xenophon
bey Delium k). *Den Patriotismus eines Repu-*
blikaners besaß er in einem sehr hohen Grade
und zeigte ihn bey mehrern Gelegenheiten. Als
die Athenienser die sieben Heerführer, weil sie
die in der Seeschlacht bey Arginussä gebliebenen
Bürger nicht aufgesucht und begraben hatten,
zum Tode verurtheilen wollten, wagte Socrates,
der damals Vorsteher des Volks (επισατης) *war,*
mit beyspiellosem Muth allein aufzutreten und
sich der Stimmengebung zu einem so ungerech-
ten Ausspruch zu widersetzen, so sehr auch
die Ankläger dieser Männer drohten und das
Volk einmüthig rief, ihn vor Gericht zu zie-
hen l). *Eben so standhaft und patriotisch be-*
trug er sich zur Zeit der 30. Tyrannen; mit
edler Freymüthigkeit sprach er gegen ihre Grau-
samkeiten

i) Sympos. p. 1205 sq. *Athenaeus* (V. 215.) *sucht diese*
Erzählung, so wie die ganze historische Glaubwür-
digkeit des Plato, verdächtig zu machen, aber seine
Gründe sind zu seicht, als daß sie Aufmerksamkeit
verdienten.

k) Plato l. c. Diog. II. V. 7.

l) Plato Apol. p. 25. B. Xen. Mem. I. 1. 18. IV. 4. 2.
H. Gr. I. 448 sqq.

Xenophons geht, hat alle Eigenschaften,
die wahrscheinlich machen, daß sie der Vertheidigung des Socrates, wie er sie selbst gehalten
hat, am nächsten kommt. Sie ist kurz, bün-
dig, voll Selbstgefühls, und enthält doch das
wesentliche der übrigen Apologien. Neuere Critiker haben gesucht diese Schrift verdächtig zu
machen; sie erklären sie für Xenophons unwürdig, und halten sie für ein Werk desselben Verfassers, von dem der Schluß der Cyropädie und
andere dem Xenophon beygelegte Schriften sind.
So wenig entscheidend aber auch die Gründe
sind, die für diese Behauptung angeführt werden *), so würde dennoch, wenn man auch zugeben

---

*) Vergl. die Anm. von Zeune zum Anfang der Apolo-
gie. Ich bemerke nur noch, daß in der ganzen
Schrift ein anderer Gesichtspunkt sichtbar ist; nemlich zu zeigen, daß Socrates sich nicht auf gewöhnliche Art habe vertheidigen wollen, weil er entschlossen war zu sterben. Da Xenophon beständiger Wett-
eiferer des Plato war, so scheint er diese Apologie
zuerst geschrieben zu haben, um sie gleichsam der
Platonischen entgegenzusetzen. Hernach schrieb er
die Memorabb. worin er nun eine ausführliche Ehrenrettung des Socrates gab; und so ist begreiflich, daß
die meisten Punkte in beyden Schriften vorkommen.
Auch der Grund, daß sie in der angeführten Rhetorik

geben müßte, daß sie nicht vom Xenophon sey,
die Schrift selbst an ihrer Glaubwürdigkeit nichts
verlieren. Der Verfasser versichert gleich am
Anfang, alles von dem Hermogenes, einem
Freunde des Socrates, bekommen zu haben.
Man müßte ihn für einen vorsätzlichen Betrüger
halten, wenn man behaupten wollte, daß dieses
blos Erdichtung sey, wozu man aber, so lange
keine Beweise gegen ihn sind, nicht berechtiget
ist; zumal da das, was er aus dem Hermogenes anführt, genau mit dem Plato und Xenophon übereinstimmt, und in mehrern Umständen
weit wahrscheinlicher ist, als die Erzählung
des erstern. Die Nachricht des Hermogenes
geht bis § 22. Das übrige ist Zusatz des Verfassers, wer er auch sey. Ich glaube also, daß
diese Schrift eben so viel, wo nicht mehr Zuverläßigkeit habe, als irgend eine der übrigen,
die den Socrates betreffen. — Endlich ist eine
Hauptquelle von Nachrichten zum Leben und
Schicksal des Socrates, seine Lebensbeschreibung

A 4 bey

---

torik nicht genannt wird, beweißt nichts gegen ihren Verfasser. Sie wird eben darum nicht genannt,
weil sie keine Lobrede ist. Selbst der Zusatz: εν
τοις απομνημ. scheint anzudeuten, daß der Verfasser
noch ein anders Werk ähnliches Inhalts vom Xenophon kannte.

bey dem *Diogenes* von *Laerte.* Allein die
ser Schriftsteller, so wichtig er auch desweg
ist, weil er eine Menge Schriften vor sich hatte,
die für uns verloren sind, so sehr erfordert er
Kritik, weil er ohne Auswahl und Beurtheilung zusammenträgt. Er führt im Leben des
Socrates beynahe zwanzig Schriftsteller an;
man vermißt aber, wie bey allen seinen Nachrichten, Ordnung, Vollständigkeit und Genauigkeit, und nicht selten sind die Erzählungen seiner Gewährsmänner entweder widersprechend
oder unwahrscheinlich, wenn man sie mit dem
Plato und *Xenophon* vergleicht. Ueberhaupt
sieht man aus dem *Diogenes,* daß andre alte
Schriftsteller nicht selten ganz andre Nachrichten und Urtheile vom *Socrates* gaben, als wir
aus den Schriften seiner Freunde schöpfen können. — So sind die Nachrichten, die wir von
diesem Proceß und von *Socrates* Geschichte überhaupt besitzen, daß es nicht zu verwundern ist,
wenn es jetzt schwer wird, von der ganzen
Sache eine sichere und bestimmte Vorstellung zu
erhalten. Nur durch sorgfältiges Vergleichen
der historischen Angaben, die in den genannten
Schriften und im *Plato* zerstreut liegen, und
die strengste Aufmerksamkeit auf sich selbst, keine
Parthey zu nehmen, lassen sich vielleicht noch
einige

einige Seiten bemerken, die sonst leicht übersehen werden. Ich werde zuerst von Socrates Leben und Betragen einen kurzen Abriß geben und seinen Charakter zu entwerfen suchen; man muß den Mann kennen, den ein so ausserordentliches Schicksal betroffen hat; dann werde ich die ersten Beschuldigungen, die Verläumdungen die ihn bey einem Theil seiner Mitbürger verdächtig machten, endlich die letzte Anklage und seine Hinrichtung, mit den Untersuchungen, die dahin gehören, aus einander zu setzen mich bemühen.

I.

Leben und Charakter
des Socrates.

Ein ausführliches Leben des Socrates würde für meinen Zweck überflüssig seyn; nur die Hauptzüge desselben und sein Charakter als Mensch, als Bürger und als Weltweiser sollen hier gezeichnet werden, insofern diese mit seinem letzten Schicksal in Verbindung stehen. Socrates lebte zu Athen, in der berühmtesten Stadt seiner Zeit und in ihrer berühmtesten und unglücklichsten Periode, um die Zeit des Peloponnesischen

A 5

nefifchen Kriegs, von der 77. bis zur 95ften
Olympiade. Ob er gleich von niedriger Abkunft
war, fo erhielt er doch den erften Unterricht
und die Erziehung, die jeder freye Athenienfer
genoß, in Lefung der Dichter und in den Leibesübungen a). In feiner Jugend befchäftigte
er fich anfangs mit Bildhauerey, weil fein Vater diefe Kunft übte, und man zeigte noch lange
in Athen drey bekleidete Grazien von feiner
Arbeit; bald aber fing er an fich dem Studium der Philofophie zu ergeben, die damals
vom griechifchen Afien aus nach Athen fich
verbreitet hatte b). Seine Lehrer waren Anaxagoras, der zuerft die Philofophie aus Ionien
nach Athen brachte, Damon und Archelaus,
der unter dem Namen des Phyfikers bekannt
ift, obgleich diefes, wenigftens was den Anaxagoras betrifft, nicht von eigentlichem Unterricht
verftanden werden darf, da Socrates, wie aus
dem

a) Plat. Crit. p. 37.

b) _Es ift eine Erzählung beym_ Diogenes Laert. (II. V. 4.)
daß Criton _ihn aus der Werkftäte hervorgezogen und_
unterrichten laffen, weil er feine vorzüglichen Ta-
lente bemerkte; damit ftimmt zufammen Diog. II. Criton: _und die Zeitrechnung ift nicht dagegen._ Socrates _nennt felbft in der Apologie beym_ Plato _den_
Crito _feinen_ ἡλικιώτης §. 22.

dem folgenden erhellt, den erstern nicht scheint gekannt zu haben c). In der Rhetorik hörte er den berühmten Sophist und Lehrer der Beredtsamkeit, *Prodikus*, von *Cea* d). Seine erste Wißbegierde fiel auf die Erforschung der Naturlehre, die der Lieblingsgegenstand der damaligen Philosophie war. Er sagt selbst beym *Plato* (Phaed. 71. E.) daß er die physischen Schriften des *Anaxagoras* begierig gelesen, aber gefunden habe, daß sein System doch nicht hinreiche, die Ursachen und Entstehung der Dinge zu erklären. Er zog sich daher von diesen speculativen unfruchtbaren Untersuchungen zurück und widmete sich der praktischen Weisheit, die in seinen reifern Jahren seine ganze Beschäftigung ausmachte e). Er bildete zuerst sich selbst, ehe er anfing seine Mitbürger zu lehren und verband mit den Grundsätzen, die er durch Nachsinnen über den Menschen und menschliche Pflichten gefunden hatte, eine so strenge Ausübung, daß er ein Muster von Tugend und Rechtschaffenheit ward. In seinem Character war er liebreich, sanftmüthig und bescheiden, ein warmer Freund seiner Freunde,

nachge-

c) Diog. Laert. L. II V. 3.

d) Plato Meno. 425. D.

e) Diog. Laert. II. V. 6. aus dem *Demetrius.*

thäter ihrer Mitbürger und Lehrer ihres Zei
alters und aller folgenden Iahrhunderte gewo
den find.

Bey fo vielen Eigenfchaften und Verdienfte
war eine Befonderheit, wo man nicht fage
muß, eine Schwachheit, bey diefem ehrwürdige
Manne, ein außerordentlicher Grad von Ein
bildungskraft, die bisweilen bis zum Uebergi
wicht derfelben ftieg. Ich glaube nach den Un
terfuchungen fcharffinniger Männer hieher rech
nen zu können, was Socrates von feinem Geniu
fagte *). Er verficherte, daß ein gewiffes hö
heres Wefen, das er δαιμονιον nannte, ihn be
gleite und auf feine Entfchließungen und Hand
lungen Einfluß habe. Diefes habe von feine
Iugend an angefangen und beftehe in eine
Stimme, die ihn zwar nie zu etwas antreibe
aber oft von gewiffen Handlungen zurückhalte
und ihm auf diefe Art theils die Zukunft ent
decke, theils vor dem Umgang mit gewiffen Per
fonen, die feine Freundfchaft fuchten, warne c)
Es läßt fich von einem Manne wie Socrate
nicht denken, daß diefes Vorgeben ein fogenann
ter frommer Betrug gewefen, wodurch er feine
                                        Zuhörer

*) S. H. Prof. Meiners Vermifchte Schriften Th. III.
c) Plato Ap. 32. D. 24. E. Theag. 93. D. 94. C.

Zuhörer täuſchen wollen, um ſich mehr Anſehen zu verſchaffen. Vielmehr ſcheint es wirklicher Glaube des Socrates geweſen zu ſeyn, daß er dieſes Gefühl habe; eine Art von Ahndung, die in der großen Empfindlichkeit ſeiner Nerven und ſeiner außerordentlich lebhaften Einbildungskraft ihren Grund hatte. Von dem letztern ſind mehrere Spuren in den Nachrichten von ihm anzutreffen. Es heißt, daß er für die Wahrheit ſo enthuſiaſtiſch geweſen, daß er nicht ſelten über die Heftigkeit, mit der er in Unterredungen ſprach, verlacht ward, welches er mit Gelaſſenheit ertrug d). Ferner glaubte er mehrmals bedeutende Traumgeſichter gehabt zu haben, und gerieth ſogar zuweilen in Entzükkungen, worin er ſich ſeiner ſelbſt nicht bewußt war. Lauter Spuren, die darauf leiten, daß er eine ſtarke Anlage zur Schwärmerey hatte *). Es ſcheint unglaublich, daß ein Mann von ſo ruhigem Geiſt, ein ſo aufmerkſamer und anhaltender Beobachter, als Socrates, ein Schwärmer

B 3 ſollte

d) Diog. II. V. 6.

*) Als eine Würkung dieſer Empfindungsart möchte ich auch anſehen die Zuverſicht, mit der Socrates ſich für einen Geſandten der Gottheit hielt, und den hartnäckigen Entſchluß zu ſterben, weil er glaubte, daß ihn die Gottheit abrufe.

ſollte geweſen ſeyn, und ſich ſelbſt ſo lange g
täuſcht haben ſollte; allein man muß bedenke
daß er in einem Zeitalter lebte, wo der Glau
an unmittelbare Einwürkung der Götter und c
Vorbedeutungen durch gewiſſe von den Götter
gegebene Zeichen allgemein war; daß Socrate
ſelbſt an dieſe glaubte, und es ihm nie einfie
an der Wirklichkeit deſſen „ was er für höher
Eingebung hielt, zu zweifeln. Uebrigens wa
dieſe Schwärmerey ſo wenig entehrend oder
nachtheilig, daß ſie vielmehr ſowol für den So
erates als für ſeine Freunde heilſame Würkun
gen hatte. Das Gefühl eines unmittelbaren Ein
fluſſes der Gottheit auf ſeine Seele mußte, wenn
gleich nur eingebildet, ſeine Kräfte erhöhen
ſeinen Muth bey Unterſuchung der Wahrhei
und Bekämpfung ſeiner Leidenſchaften ſtärken,
und ihn bey den Beſchwerden, Kränkungen und
Verläumdungen, die ihm ſein übernommener
Beruf zuzog, tröſten und entſchädigen. Für
ſeine Freunde, die weit entfernt waren dieſes
Vorgeben für Betrug zu halten, hatte es die
Würkung, daß ſie ſeinen Lehren und Rath-
ſchlägen mehr Gewicht beylegten, und ihnen,
als Ausſprüchen eines von der Gottheit begünſtigten Mannes, williger und zuverſichtlicher
folgten. Es ſcheint, daß die Vorſehung Män-

ern, die fie zu Ausführern großer Revolutionen
in der moralifchen Welt oder zu Wohlthätern
und Aufklärern des Menfchengefchlechts beftimmt
hat, mehr oder weniger von diefer Anlage gegeben habe, um fowol ihre Würkung auf andere zu befördern, als fie felbft durch ein fo
mächtiges Gefühl für die Mühfeligkeiten ihres
Berufs fchadlos zu halten.   Der Funke göttlichen Feuers in einer großen Seele entzündet, ift
allein im Stande menfchliche Herzen zu erwär-
men, und hat ftets auf die Menfchheit mehr
gewürkt, als alle künftliche Theorien und die
abgezogenen Begriffe der kalten Vernunft.

Der Ruf eines fo außerordentlichen Mannes
wie Socrates, blieb nicht in den Mauern von
Athen eingefchränkt, fondern breitete fich in
ganz Griechenland aus, und von vielen wurden
feine Verdienfte fchon bey feinem Leben erkannt.
Aus mehrern Städten, felbft aus Pontus, kamen Iünglinge nach Athen um Socrates zu fehen und feinen Unterricht zu genießen e). Nicht
nur ein großer Theil feiner Mitbürger fchätzte
und verehrte ihn, fondern verfchiedene auswär-
tige Fürften, Archelaus König von Macedonien,
Scopas Regent zu Kranon, und Eurylochus von

e) Plato Lach. 481. E. Diog. VI. 1. 4.

Lariſſa boten ihm Geſchenke und luden ihn ein
an ihre Höfe zu kommen f). Noch ehrenvoller
als dieſes alles war der Ausſpruch des Delphiſchen Orakels, welches, auf Anfrage des Chä-
rephon, eines von Socrates genaueſten und äl-
teſten Freunden, ihn für den Weiſeſten der
Sterblichen erklärte g); eine Ehre, die nach
griechiſchen Begriffen, die größte war, die ein
Sterblicher hoffen konnte, und die daher dem
Socrates unter ſeinen Mitbürgern eben ſo viel
Neid auf der einen Seite, als auf der andern
Bewunderung und Hochachtung zuziehen mußte.
Die ganze Erzählung von dem Orakel iſt nach
unſern Begriffen etwas ſonderbar, auch ſind die
Umſtände davon unbekannt. An der hiſtoriſchen
Wahrheit läßt ſich indeſſen kaum zweifeln, da
es von Socrates Freunden als eine bekannte
Sache angeführt wird. Es ſey geweſen, was
es wolle, ſo ſcheint es, daß Socrates von dieſer
Zeit an ſich mit Gewißheit für einen von der
Gottheit begünſtigten Mann, für ihren Geſand-
ten

f) Diog. II. V. 9.

g) Plato Apol. 16. Xen. Apol. 14. Das Orakel ſelbſt
ſoll folgendes geweſen ſeyn:

Σοφος Σοφοκλης σοφοτερος δ' Ευριπιδης
Παντων δ' ανθρωπων Σωκρατης σοφωτατος.

ten an die Menschen gehalten habe *). Wahrscheinlich trug auch dieser Vorfall dazu bey,
seine Freunde in dem Glauben an den ihn warnenden Dämon zu bestärken und gewiß zu
machen.

2.

Feinde und Verläumder
des Socrates.

Ein solcher Mann war Socrates, ohne Zweifel einer der größten und verehrungswürdigsten
Sterblichen, die je gelebt haben; aber Weisheit
und stilles Verdienst ist oft am meisten dem Neide
ausgesetzt. Wenn ein Mann, den keine äußern
Vorzüge über seine Mitbürger erheben, durch
Aufklärung und außerordentliche Gaben sie übertrifft, so wird er leicht ein Gegenstand des
Hasses derjenigen, die sich bewußt sind, diese
Vorzüge nicht zu besitzen; wenn er aber gar
es unternimmt, seine Mitbürger zu bessern;
wenn er in einem verderbten Zeitalter sich als
Lehrer der Tugend aufstellt; wenn er Vorurtheile
und Ansehen einzelner Personen und ganzer Stände
angreift, die zu Behauptung derselben durch

B 5

ihr

*) Plato Alcib. II. §. 13 sq. Apol. p. 31. Steph.

ihr eigenes Intereſſe ſich gedrungen fühlen, ſo
iſt ihm Haß und Verfolgung, oder aufs wenigſt
der Name eines milzſüchtigen Thoren oder un-
berufenen Neuerers gewiß. Selten oder nie
handelt dabey der große Haufe, ſo wie er ſelten urtheilt; faſt allemal iſt dieſer nur das
Werkzeug einzelner Perſonen, das von ihnen
nach Gefallen geſtimmt und geleitet wird, und
ihre Stimme widerhallt, aber eben ſo bald, zur
Ehre der menſchlichen Natur, dem beſſern Urtheil beyſtimmt, ſo bald es ihm begreiflich vorgeſtellt wird. Die Geſchichte aller großen Männer, die Märtyrer der Wahrheit und ihrer
Verdienſte wurden, zeigt es, daß die Urſache
ihres Schickſals nicht die Zeitgenoſſen überhaupt,
ſondern einzelne Männer waren, deren Intereſſe
die Unterdrückung einer für ihr Anſehen, ihre
Vortheile und Ruhe gefährlichen Wahrheit
nothwendig machte.

Das Zeitalter des Socrates fällt in die Epoche, wo ſich Athen zu einer Höhe des Glücks
und des Reichthums emporgeſchwungen hatte,
die es nicht lange behauptete; wo mit dem
Wohlſtand, Luxus und Sittenverderbniß einge-
drungen war. Die Künſte hatten beynahe den
Gipfel der Vollkommenheit erreicht, aber deſto
weniger

weniger war die eigentliche geiſtige Aufklärung
und Bildung der Sittlichkeit fortgerückt. Zwar
waren die erſten Strahlen der Philoſophie nach
Athen gekommen, allein dieſe war eine falſche,
für das Leben unfruchtbare Weisheit. Die Lehrer
derſelben beſchäftigten ſich entweder mit ſpecu-
lativen Gegenſtänden, oder lehrten gefährliche
Grundſätze der Staatskunſt und eine künſtliche
Beredtſamkeit, durch deren Beſitz ſie ſich ein
außerordentliches Anſehen erworben hatten. Auf
ſittliche Verbeſſerung würkten ſie ſo wenig, daß
ſie vielmehr durch ihre Grundſätze viele der edel-
ſten Bürger verderbt hatten; und der große
Haufe, der dieſe Weisheit anſtaunte, blieb in
Rückſicht auf Sitten und Religion in tiefer Unwiſſenheit. Die politiſche Geſchichte von Athen
in dieſer Periode iſt eine fortgehende Reihe ge-
waltſamer Revolutionen und Unordnungen, wo
der Pöbel alles that, und ſich von einzelnen Männern leiten ließ, die erlaubte und unerlaubte
Mittel anwandten, um ihre Leidenſchaften zu
befriedigen. Ein Mann, der in einem ſolchen
Zeitalter auftrat, und es wagte die Irrthümer
und Fehler ſeiner Mitbürger anzugreifen, der
die Unwiſſenheit und Gefährlichkeit der damaligen Weiſen und Volksführer aufdeckte und ihr
Anſehen zu ſtürzen drohte, mußte es erwarten,

von

von den erſtern als ein Neuerer und Störer der
Ruhe betrachtet, von den letztern als ein gefährlicher Feind gehaßt zu werden; und dieß
war das Schickſal des Socrates.

Die erſte Veranlaſſung, wodurch ſich Socrates den Haß von einem großen Theil des
Volks zugezogen hatte, war, wie Plato in
ſeiner Apologie ihn ſelbſt erzählen läßt, der
Ausſpruch des Delphiſchen Orakels, das ihn für
den Weiſeſten der Sterblichen erklärte h). Socrates ſuchte ſich von der Wahrheit dieſes Aus-
ſpruchs zu überzeugen. Er machte Verſuche
an den Weiſen ſeiner Zeit, den Politikern oder
Demagogen und Sophiſten, Männern, die andern und am meiſten ſich ſelbſt weiſe ſchienen,
und fand, daß ſie es nicht wären. Von dieſen
ging er zu den Dichtern, beſchämte auch dieſe
durch Fragen über ihre eigenen Gedichte, die
ſie nicht zu beantworten wußten. Auch zu den
Künſtlern und Handwerkern ging er, fand aber
nirgends die Weisheit, die er ſuchte und erwartete; vielmehr entdeckte er, daß alle dieſe Männer ſich für weiſe hielten, ohne es wirklich zu
ſeyn i). Allein Socrates erbitterte durch dieſes
　　　　　　　　　　　　　　　　　Ver-

h) Plato Apol. p. 17. Diog. Laert. II. V. 18.
i) Xen. Mem. I. 1. 12 ſqq.

Verfahren alle Stände gegen sich, die ihn, wegen der scharfsinnigen Widerlegungen, wodurch er diese vermeynte Weisheit zu Schanden machte, für einen Sophisten hielten k). *Am meisten aber wurden die Sophisten, die Rhetoren und Dichter seine Feinde, und lauerten vermutlich von dieser Zeit an auf eine Gelegenheit sich zu rächen* l).

Wenn man frägt, was den Socrates zu einem solchen Verfahren berechtigte, so ist es schwer, eine befriedigende Antwort zu geben, wenn man sich nicht ganz in die Denkungsart des Mannes versetzt. Socrates glaubte einen göttlichen Beruf zu haben, von der Gottheit selbst zum Lehrer und Aufseher seiner Mitbürger bestellt zu seyn; handelte also nach seinem Gefühl ohne Zweifel rechtmäßig und gut. Aber auf der andern Seite muß man vielleicht auch zugeben, daß viele seiner Mitbürger, die von diesem seinen Beruf nicht eben die Gewißheit hatten, die er selbst fühlte, Ursache finden mochten, ihn als einen vorwitzigen Mann (περιεργασην), *der sich unberufen zum Sittenlehrer aufwarf, zu betrachten. Die Abneigung gegen den Socrates entstand also bey den meisten*

weniger

k) Plat. Apol. 18 C.
l) Plato Gorg. p. 355 E.

weniger aus eigentlicher Bosheit, als aus Un-
fähigkeit, den eigenthümlichen Werth seiner
Weisheit und das Edle seiner Absichten zu fassen.

Dazu kam noch ein zweyter Umstand, der
noch mehrere ungünstige Vorstellungen von ihm
erweckt zu haben scheint. Die Lehren des Socrates hatten besonders auf die Athenienssche
Iugend Eindruck gemacht; ohne Zweifel weil
diese, von Vorurtheilen weniger eingenommen,
den Werth derselben besser empfinden konnte.
Eine Menge Iünglinge gesellte sich zu ihm und
waren Theilnehmer seines Umgangs und seiner
Unterredungen. Diese hörten es mit Vergnügen
wie Socrates oft die vermeinten Weisen beschämte;
sie machten selbst ähnliche Versuche und reitzten
dadurch die Sophisten und andere gegen sich,
und noch mehr gegen ihren Lehrer m). Man
lästerte den Socrates als einen gefährlichen Mann,
der die Iünglinge verderbe und vorwitzig mache;
und wenn man erklären sollte, wodurch er das
thue, so wußte man nichts anders anzugeben,
als was man den Philosophen überhaupt Schuld
gab, daß er über- und unterirrdische Dinge
untersuche, daß er keine Götter glaube, und
aus Unrecht Recht zu machen lehre n). Dieses
Vorur-

m) Plat. Ap. p. 18 E. 25 F.
n) Plato l. c.

Vorurtheil scheint dem Socrates bey seiner letzten Anklage am nachtheiligsten gewesen zu seyn, und eigentlich seine Verurtheilung bewürkt zu haben.

Nimmermehr würde indeſſen das Volk oder ein ſo großer Theil deſſelben den Socrates für einen gefährlichen, oder gar des Todes würdigen Mann gehalten haben, wenn nicht der perſönliche Haß einzelner Männer, vorzüglich der Sophiſten, mit welchen Socrates einen unverſöhnlichen Krieg führte, und der von ihnen gebildeten Bürger durch Verläumdungen und falſche Vorſtellungen ſeiner Lehren und Abſichten das tragiſche Schickſal vorbereitet hätten, das ihn am Ende betraf. Socrates fürchtete daher, wie ihn Plato in ſeiner Vertheidigung ſagen läßt, dieſe erſten Beſchuldigungen mehr als ſeine offenbaren Kläger, den Anytus und Melitus, weil ſie einen großen Theil der Bürger und alſo auch der Richter gegen ihn eingenommen hatten o). Von Iugend auf habe ſich ihnen das Vorurtheil eingeprägt, daß er ein Grübler ſey, der über überirrdiſche und unterirrdiſche Gegenſtände ſpeculire *); ein Sophiſt, der das

Wahre

---

o) Plato Ap. 14. inf. 22. A.

*) σοφος, περιεργασης, μετεωροφροντισης.

Wahre zum Falschen, und umgekehrt zu mache⸗
wiſſe, und dieſes ſeine Geſellſchafter lehre p)
Dieſe, ſagt er, ſeyn ihm deswegen am fürch⸗
terlichſten, theils weil man glauben müſſe, ei⸗
ſolcher Mann könne keinen Glauben an Götte⸗
haben, und müſſe für Religion, für die Sitten de⸗
Iugend und Ruhe des Staats gefährlich ſeyn
theils weil ſie ihn im Finſtern verläumdeten, und
er ohne ſie zu kennen, gleichſam mit Schatte⸗
ſtreite, ſo daß ihm eine überzeugende Wider⸗
legung faſt unmöglich ſey q).

Alle dieſe Verläumdungen waren nicht wenig
befördert und vorbereitet worden durch die **Art**,
wie ſchon lange vorher Ariſtophanes in ſeinem
Schauſpiel, den Wolken, den Socrates auf die
Bühne gebracht, und dem ganzen Volk als lä⸗
cherlich dargeſtellt hatte. Welche Veranlaſſung
den Dichter dazu bewog, iſt nicht ganz
gewiß. Man erzählt, er habe das Stück
verfertigt auf Zudringen des Anytus und Me⸗
litus, die einen perſönlichen Haß gegen den
Socrates gefaßt hatten, und durch dieſes Mit⸗
tel die Geſinnungen der Athenienſer gegen den
Weltweiſen erforſchen wollten, weil ſie den Anfang
deſſelben,

p) τον ἥττω λογον κρειττονα ποιειν. Pl. Apol. 15. D.

q) Plato Apol. 15 B.

deſſelben, ſonderlich den in Athen ſo mächtigen Alcibiades zu ſehr fürchteten, als daß ſie gezagt hätten, ihn ſogleich offenbar anzugreifen. Dieſe Nachricht giebt der Grammatiker, der Verfaſſer des Inhalts der Wolken iſt r), und andere, obgleich ſpätere, Schriftſteller beſtätigen ſie s). Allein ungeachtet ſie keine innere Unwahrſcheinlichkeit hat, ſo iſt doch nicht zu läugnen, daß das Stillſchweigen der gleichzeitigen Freunde Socrates, und die viel frühere Zeit der erſten Aufführung der Wolken, wo Anytus und Melitus vielleicht nicht einmal einen ſo ausgezeichneten Haß gegen Socrates konnten gefaßt haben, dieſe Erzählung verdächtig machen. Wenigſtens iſt nicht zu glauben, daß Ariſtophanes die Abſicht gehabt, zur Hinrichtung des Socrates beyzutragen oder ſich von ſeinen Feinden hatte erkaufen laſſen; weil es ſonſt unbegreiflich wäre, daß Plato in ſeinem Gaſtmal den Ariſtophanes in Socrates Geſellſchaft bringt. Doch es laſſen ſich andere hinlängliche Urſachen angeben, die den Dichter zu dieſem Schritt bewegen konnten. Nicht nur Ariſtophanes, ſondern die Comiker überhaupt waren Gegner des Socrates,

weil

<hr>

r) Ariſtoph. ed. Kuſt. p. 50. 3.

s) Diog. Laert. II. 5. 18. Aelian. V. H. II. 13.

C

weil diefer ohne Zweifel die Zügellofigkeit diefe
Leute tadelte, und fie als Verderber der Tuger
und Sittlichkeit betrachtete; fo wie er hingege
den Euripides wegen der Sittlichkeit feiner Stü
hochfchätzte und deffen Schaufpiele allein b
fucht haben foll t). Die Comiker, um fich z
rächen, machten dafür den Socrates wied
lächerlich. Ueberdem, wenn man auch nic
annehmen will, daß die comifchen Dichter G
gner der Philofophen überhaupt waren u), j
ift doch gewiß, daß die Philofophen theils w
gen ihrer fubtilen Grübeleyen, die von den finn
lichen Vorftellungen des Volks fo fehr verfchi
den waren, theils wegen ihres äußern Aufzug
und Betragens, gerade die Perfonen waren, d
am meiften einen Gegenftand des Witzes diefe
Leute abgeben konnten, vorzüglich ein fo ftren
ger, fich auszeichnender Mann, wie Socrates
Es ift bekannt, mit welcher zügellofen Freyhe
die alte Comödie lebende Perfonen aufs Theate
führte, und felbft die würdigften und angefe
henften Männer, wie den Euripides, den Per
kles, ohne Schonung und Achtung dem Spo
des Pöbels Preis gab, fo bald fie durch etwa
sonder

t) Aelian. V. H. II. 13.

u) Wie der Grammatiker in dem Inhalt d. Wolken an
giebt. v. Kufter l c.

onderbares, deſſen Vorſtellung das Gelächter
der Zuſchauer erregen konnte, ſich auszeichneten.
Daher hatte ſchon Eupolis den Socrates auf
der Bühne lächerlich gemacht, und auf eine Art,
die faſt noch bitterer war, als die des Ariſtophanes x). Auch Ameipſias (wahrſcheinlich in
ſeinem Connus) ſpottete über den Socrates, und
die unten angeführte Stelle zeigt, daß Socrates
in dieſem Stück auf die Bühne gebracht worden y). Socrates achtete ihre Spöttereyen ſo
wenig, daß er ſagte, es ſey gut wenn man ſich
von den Comikern verſpotten laſſe; denn, ſagte
er, wenn ſie wirkliche Fehler an uns rügen, ſo
beſſern ſie uns, und haben wir die Fehler nicht,
ſo darf uns ihr Spott nicht kümmern z). Eine
Erklärung, durch welche er, ſo wie vielleicht
durch die oben angeführten beſchämenden Fragen über ihre poetiſche Kunſt, dieſe Menſchen
noch mehr gegen ſich aufbringen mußte.

Wenn man alles dieſes zuſammennimmt, ſo,
dünkt mich, iſt zu begreifen, was den Ariſto-
C 2 phanes

x) Schol. Ariſtoph. ad Nub. v. 96.

y) Σωκρατης, ανδρων βελτις ολιγων, πολλων δε ματαιοτατε, ἡκεις
και ου προς ἡμας, καρτερικος τ᾽ οἱ ποθεν ἀν εν χλαινα γενοιτο;
τοτε το κακον των τευτοτομων κατ᾽ επιφοιαν γεγονοτα.
Ap. Diog. Laert. II. V. 11.

z) Diog. Laert. l. c. 16.

phanes zur Verfertigung des bittern, feindse-
gen Stücks auf den Weisen bewegen konnt
selbst wenn jene Nachricht des Grammatike
ungegründet wäre a). Der Dichter hatte Pr
vatintereſſe ſich und ſeine Zunftbrüder an de
Socrates zu rächen; er verfertigte ein Schau
ſpiel, in dem er den letztern zur Hauptperſo
machte, und bot ſeine ganze Kunſt und komiſche
Talent auf; nicht um zur Hinrichtung de
Socrates geradezu beyzutragen, ſondern un
einen Mann, den er haßte und der ihm reiche
Stoff zur comiſchen Behandlung gab, vor de
Augen von ganz Athen verhaßt und lächerlich
zu machen. Das Stück iſt in ſeiner Art ſo
merkwürdig und zu unſerm Gegenſtande ſo
wichtig, weil es nicht nur die gemeine Vorſtellung enthölt, die man vom Socrates hatte, ſondern auch zur Beförderung derſelben und zur
Vorbereitung des Urtheils ſeiner nachmaligen
Richter beytrug, daß es eine etwas genauere
Unterſuchung verdient.

Die

---

a) Daß Ariſtophanes aus Neid, weil Socrates vom König
   Archelaus ihm vorgezogen ſey, ſich auf dieſe Art zu
   rächen geſucht habe, ſcheint eine ſpätere Muthmaßung.
   Auch der alte Grammatiker verwirft ſie ſchon. Arg.
   I. Nub.

Die *Wolken* des *Ariſtophanes* ſind mehrmals
umgearbeitet. Zum erſtenmal wurden ſie, nach
der Angabe des Scholiaſten aufgeführt Ol. 89,
1. etwa 23 Iahre vor dem Tode des Socrates.
Das Stück that ſeine Würkung nicht. Der
Dichter ward nicht gekrönt, ſondern ausgeziſcht,
welches, nach dem Bericht des Grammatikers,
Alcibiades und ſein Anhang ſoll bewürkt haben. b)
Socrates betrug ſich dabey auf eine Art, die
ein Beweis ſeines feſten Charakters und des innern Gefühls von ſeinem Werthe iſt. Er war
ſelbſt bey der Aufführung gegenwärtig, und
zeigte ſich, wenn man dem Aelian trauen kann,
den neugierigen Fremden unter den Zuſchauern,
die fragten, wer hier aufgeführt werde c). Der
Dichter, gereizt durch die verfehlte Unternehmung, machte noch einen Verſuch, und brachte
im folgenden Iahre ſein Stück verbeſſert auf die
Bühne, aber mit noch wenigern Erfolg. End-
C 3 lich

b) Vid. Koſter p. 51. 8. 9. *Ariſtophanes* beſchwert ſich
ſelbſt über gewiſſe ενδρας φορτικας v. 523. ſq. —
Aelian V. H. XII. 13. berichtet, daß es mit vielem
Beyfall aufgenommen ſey, und eben ſo Eunapius
(Aedeſ. p. 35. Commel.) aber gegen die Autorität
der alten Didaſkalie und des Dichters ſelbſt v. 518-
525, welche Stelle aus der zweyten Behandlung iſt.

c) Plat. de puer. educat. VI. Aelian. V. H. II. 13.

lich überarbeitete er es nochmals, doch o[
eine dritte Vorstellung zu wagen, und na[
dieser Bearbeitung haben wir jetzt die Wolken.
Man kann nicht bestimmen, wie viel Züge he[
nach noch verändert oder hineingewebt seyn, d[
eigentlich nicht auf den Socrates geht, sonde[
von dem Dichter eingerückt wurde, um sein[
Stück mehr comisches Interesse zu geben.　　L[
erste Ausgabe ist wahrscheinlich die treffend[
persönliche Schilderung gewesen, aus der m[
mit mehrerer Sicherheit hätte schließen könne[
was man dem Socrates Schuld gab; wir müss[
indessen das Stück nehmen wie es ist, nur in d[
Anwendung auf den Socrates behutsamer sey[

　　Den Inhalt der Wolken hat man häuf[
unrichtig gefaßt. Bald hat man geglaubt, da[
darin die Philosophen überhaupt in der Perso[
des Socrates durchgezogen würden, bald h[
man alles für erdichtete Verläumdungen geha[
ten, die dem Dichter sein Haß gegen den S[
crates eingegeben. Bey beyden Erklärunge[
geht der comische Witz, und der ganze Gei[
des Stücks, des stärksten, das wir vom Arist[
　　　　　　　　　　　　　　　　　　phan[

---

*) Spuren dieser spätern Ueberarbeitung sind z. B. v.54[
　　wo er vom Cleon als einem Verstorbenen spricht, d[
　　sonst in mehrern Stellen als lebend vorkommt.

...nes haben, verloren. Die erstere Meynung gründet sich auf die Angabe des alten Scholia- sten, und man hat sie angenommen, weil man fand, daß vieles nicht auf den Socrates zutreffe. d)

Allein

d) Schol. ad Nub. v. 96. *Der Scholiast führt als Grund dieser Behauptung an, daß Aristophanes gleich an- fangs v. 95 f. dem Socrates zwey Vorwürfe mache, deren keiner auf ihn passe. Die Behauptung, daß der Himmel ein Backofen sey, beziehe sich auf alle Philosophen; der zweyte Vorwurf, daß Socrates für Geld lehre, treffe ihn gar nicht, ja nicht einmal die Philosophen überhaupt, sondern die Rhetoren, oder wie man sie gewöhnlich nannte, die Sophisten. — Allein was das erste betrifft, so kann man wahr- scheinlich vermuthen, daß Socrates dieß wirklich be- hauptet habe; nur daß der Comiker es auf eine lächerliche Art vorstellt. Es wird davon unten ge- handelt werden. Bey dem zweyten Vorwurf darf man nur bedenken, daß in den ersten Zeiten der aufkeimenden Philosophie in Athen, Philosophen und Sophisten, wenigstens in den Begriffen des Pöbels, und nach diesem richtet sich Aristophanes, nicht ge- nau unterschieden wurden. Man wußte, daß die erstern durch eine künstliche Beredsamkeit Wahrheit als Unwahrheit, und Unrecht als Recht vorstellen konnten, und daß sie sowol als die Philosophen viele Behauptungen hatten, die mit den gewöhnlichen Vorstellungen des gemeinen Menschenverstandes gar nicht übereinkamen. Die Philosophie des Socrates* war

Allein zu geschweigen daß dieses gegen die Sitte
der alten Comödie wäre, die ganz in persönlicher Satire bestand, so sieht man bald, wenn
man

war noch neu, und man kannte nicht genug, wodurch er sich von jenen unterschied. Man begriff
alle diese Weisen unter dem Namen σοφος und σοφιστης
und hatte nur die allgemeine Vorstellung von ihnen,
daß sie ihre Zuhörer klüger machten, als andere
Leute; eben so urtheilte man von Socrates, besonders wegen seiner Art zu fragen, die in der That
oft das Ansehen von Sophistik hat. Es war daher
leicht ihn mit den Sophisten zu verwechseln und ihm
das beyzulegen, was man von diesen wußte. Noch
die 30 Tyrannen verboten ihm die Rhetorik, (λογων
τεχνην); ein Beweis, daß sie ihn für einerley mit
den Sophisten hielten. Und überhaupt enthält ja
diese Stelle nicht alle Beschuldigungen gegen Socrates;
sie sind durch das ganze Stück zerstreut. Hier war
es dem Dichter genug, ein paar Hauptzüge des Socrates zu zeichnen, um ihn den Zuschauern sogleich
von einer lächerlichen und verhaßten Seite anzukündigen. — Ein anderer Grund, dem Palmer und
andere mehr Gewicht beylegen, ist die Entfernung
der Zeit. Da das Stück mehr als 20 Iahr vor Socrates Anklage aufgeführt worden, so sey es ungereimt zu glauben, daß es auf den Socrates gehe
und in der Absicht verfertigt sey, ihn verhaßt zu
machen und zu seiner Verurtheilung vorzubereiten.
Allein dieß beweißt blos, daß der Dichter nicht vom
　　　　　　　　　　　　　　　　　Anytus

nen die Schilderung des Dichters genauer unterfucht, daß fich faft alles auf den Socrates
felbft bezieht. - Eben diefes verfichert der alte
Inhalt der *Wolken*, der unftreitig mehr Autorität hat als der Scholiaft (f. *Küfters* Arift.
p. 50, I. 51, 10.) und das entfcheidende Zeugniß des Socrates felbft in der Apologie des
Plato *). Auch ift nicht alles bloße Erdichtung. Die meiften Befchuldigungen gründen
fich auf etwas, nur ift alles durch die comifche
Behandlung übertrieben und von einer lächerlichen Seite dargeftellt, einiges freylich auch unbillig ihm angedichtet, und von den Sophiften
und andern Philofophen auf ihn übertragen.

Ich bin weit entfernt den Ariftophanes zu
rechtfertigen, oder die Mishandlungen eines
Mannes zu billigen, den keiner mit innigerer
Hochachtung verehren kann als ich; allein wird
man es einem Maler wie Ariftophanes zutrauen,
daß er ein Gemälde aufgeftellt habe, bey dem
jeder Zufchauer bald finden mußte, daß auch
kein Zug den Mann, der gefchildert werden
follte, nur entfernter Weife darftelle? Ein Bild-

C 5 *niß*

\) Amytus und Melitus erkauft war, oder feine Abficht
verfehlte; nicht, daß es gar nicht gegen den Socrates gerichtet fey.

*) Plat. Apol. §. 3.

niß sey noch so sehr Carricatur, es wird, wen
eine Meisterhand den Pinsel führte, nie de
Charakter des Originals widersprechen.   W
wollen aus den Nachrichten, die wir vom S
crates haben, die ähnlichen Züge aufsuche
und man wird finden, daß, die comischen U
bertreibungen abgerechnet, die meisten wirklic
Züge des Socrates in dem ersten Zeitalter seine
Philosophie sind. Freylich den erhabenen Wel
weisen, den wir in seiner schönsten Periode au
den Schriften seiner Schüler kennen, trifft di
Schilderung nicht; aber zeichnete sie der Dichte
nicht in einer weit frühern Zeit, wo er di
Weisheit, zu der sich Socrates nach und nach
emporgehoben hatte, vielleicht selbst noch nich
kannte, oder wenn er sie schon kannte, doch
darauf rechnen konnte, daß sie dem Volke größ.
tentheils unbekannt sey? Man müßte ein Wun
der annehmen, dem die Geschichte widerspricht
um zu behaupten, daß Socrates auf einma
das gewesen sey, was er ward; und es i
der Ehre und Größe dieses Weltweisen so we
nig nachtheilig, zuerst den Weg der Philosophi
seiner Zeit gegangen zu seyn, daß es vielmehr
sein ewiger Ruhm ist, aus den dornichten Irr
gängen unfruchtbarer Speculation auf den ebe
nen Pfad der Weisheit sich herausgewunden zu
                                          haben.

ben. Socrates *ift mir, in diefem Lichte be-*
trachtet, eine Apologie der menfchlichen Natur.
Ift es doch unfer Loos und unfer Stolz aus Ver-
muthungen Wahrheit zu finden!

Die Hauptzüge, welche der Dichter an dem
Socrates *lächerlich macht, find folgende:*
1) *Daß er über überirrdifche Dinge, über Him-*
mel und Erde und Geftirne, deren Entfte-
*hung, Natur und Bewegung grüble*e e). .
Daß diefes *auf den* Socrates *gehe, fagt er*
felbft beym Xenophon f). *Aber wie gleicht*
diefe Schilderung *dem Weltweifen, der zuerft*
die Weisheit vom Himmel auf die Erde her-
abrief? — *Es ift gewiß, daß* Socrates *bey*
der erften Entwickelung feines Denkens die
Gegenftände mit Begierde ergriff, die den
Inhalt der damaligen Philofophie ausmachten,
und das waren gerade folche Unterfuchungen.
Er hatte die Schriften des Anaxagoras gelefen, den Archelaus felbft gehört und war,
wie Plato fagt, in der Aftronomie fehr erfahren g). Höchft wahrfcheinlich befchäftigte
er

e) v. 100. 359. Plato Ap. p. 7. Aefchines Dial. III. 6.

f) Xen. Sympof. VI. 7. Plato Apol. 15 D.

g) Plato Theaet. 108 C. cf. Xen. Mem. IV. 7. Plato
de Legg. VII. p. 809.

er sich also eine Zeitlang mit physischen For
schungen, und Plato scheint in der Apologi
zu viel zu behaupten, wenn er den Socrate.
läugnen läßt, daß man je solche Reden vor
ihm gehört habe h). Dieses Studium nun,
das den Athenienfern desto ungereimter scheinen mußte, je mehr die Vorstellungen, die die
Philofophen von dem Himmel, von Sonne,
Mond, Gestirnen und deren Laufe gaben,
von dem sinnlichen Schein und den gewöhnlichen Begriffen abgingen, konnte leicht lächerlich gemacht werden. Der Dichter thut diefes indem er den Socrates aufführt, wie er
in einem Korbe schwebt, Sonne und Mond
beobachtet und behauptet, daß der Himmel
ein Backofen fey, in dem die Menschen Kolen
wären. Der leztere Satz, der eigentlich
nichts weiter heißt, als daß der Himmel ein
Gewölbe fey, das die Erde bedecke i), war
Behauptung mehrerer alten Philofophen z. B.
des Hippo, den der comifche Dichter Krates
deswegen verfpottet hatte k), und an sich
nicht ungereimt; aber lächerlich wird sie indem

h) Diog. Laert. II. V. 24. Plato legt ihm auch in feinen Gesprächen vielfältig physische Unterfuchungen bey.

i) Eben diefes fagt auch Enfebius Comment. ad Jef. 40, 22.

k) Cf. Schol. Arift. ad Nub. c. 96.

dem der Dichter dafür einen Backofen setzt, und die Menschen die Kolen in demselben nennt.

2) Mit dieser Beschuldigung hängt die zweyte zusammen, daß Socrates die Götter läugne und neue Gottheiten einführe 1). Auf welche Art der Dichter dieses vorgetragen, daß Socrates und seine Schüler statt des Iupiter das Chaos, den Aether, die Luft, die Wolken verehrten und diese nun Götter seyn sollten; bedarf hier keiner weitern Ausführung, da alles dieses in poetischer Ausschmückung besteht. Socrates hat sich nie der Läugnung der väterlichen Götter schuldig gemacht, die er selbst stets zu verehren fortfuhr. Allein dieß war eine Beschuldigung, die man den alten Philosophen, die über physische Gegenstände speculirten, überhaupt zur Last legte, weil sie die Naturveränderungen, den Donner, den Regen u. f. f. die die gemeine Vorstellung einer unmittelbaren Würkung der Götter beylegte, aus den natürlichen Kräften der Dinge herleiteten. Mehr sagt auch die ganze Stelle v. 350 sq. nicht, wo Socrates auf eine lächerliche Art die Entstehung des Donners, des Blitzes u. f. f. erklärt. Aber der Dichter macht

1) v. 246. 1479.

macht noch einen boshaften Zufatz, wenn
den Socrates über den Zevs fpotten läßt, u
er ficher auf die Beyftimmung des Haufe
rechnen konnte, der zu allen Zeiten genei
gewefen ift diejenigen, die natürliche D: g
natürlich verftanden und erklärten, ohne Gö
ter und Wunder zu Hülfe zu rufen, a
gefährliche Menfchen zu betrachten, die Go
und Religion zugleich läugnen. Uebrigen
verräth dieser Zug offenbar eine feindfelig
Gefinnung, weil nach Athenienfifchen Gefetze
Verläugnung der väterlichen Götter mit den
Tode beftraft wurde. Anaxagoras war wenig Iahre vorher deswegen öffentlich als Gottesläugner angeklagt und nur durch Für-
fprache des Perikles dem Schickfal, das hernach den Socrates getroffen hat, entgangen.

3) Auch wegen feiner mathematifchen Grübeleyen macht Ariftophanes den Weltweifen lächerlich. Die Stellen find bekannt von der
Berechnung der Größe der Erde, Zeichnung
von Charten, und Ausmeffung eines Floh-
fprungs m). Daß Socrates, wie alle alten
Weltweifen, vorzüglich die Pythagoräer, wie
fein berühmtefter Nachfolger, Plato, die
mathematifchen Wiffenfchaften fehr gefchätzt
habe,

m) v. 145. 202.

habe, ist unläugbar; er besaß darin große
Kenntnisse, brauchte häufig mathematische
Erklärungen und pflegte zu sagen, man müsse
so lange Geometrie studiren, bis man das
Maaß der Erde bestimmen könne n). Wenn
es also gleich gewiß ist, daß Socrates in seinem reifern Alter sich von speculativen Untersuchungen ganz entfernte, so gab es doch
eine Zeit, wo er gerade die Studien liebte,
die hier lächerlich gemacht werden, und ich
glaube nicht berechtigt zu seyn, die Spötterey
des Aristophanes eine grundlose Erdichtung
zu nennen.

4) Alle bisherigen Vorwürfe hatten einigen
Grund; die folgenden sind mehr verläumde-
risch. Wenn Aristophanes ihm vorwirft, daß
er um Lohn lehre o), so ist, so viel wir von
Socrates wissen, keine Beschuldigung falscher
und ungerechter als diese. Socrates erklärt
sich selbst dagegen p), wie auch Plato in mehrern

n) Plato Phileb. p. 56. De Rep. VII. 527. Diog. Laert.
VIII. 1. 25. II. V. 18. Auch der Meno des Plato,
wo er den Socrates den sogenannten pythagorischen
Lehrsatz beweisen läßt, ist eine Bestätigung davon.

o) v. 98. οὗτοι διδασκουσ', ἀργυριον ἢν τις διδω. cf. 244 sq

p) Xen. Mem. I. 11. 7. Plato Apol. 24. C.

rern Stellen q), und die Armuth des Socrate
ift die redendfte Widerlegung davon r). Auc
felbft feine letzten Ankläger hatten es nich
gewagt ihm diefen Vorwurf zu machen .)
Dieß ift alfo offenbare Verlänmdung, von der
Sophiften, die fich für den Unterricht in ihre
Kunft große Summen geben ließen, auf Socrates übertragen, die Ariftophanes defto leichter wagen konnte, weil er verfichert war daß
das Volk ihn mit den Sophiften in eine Claffe
fetzte, von denen bekannt war, daß fie für
Geld ihre Weisheit verkauften t). Von eben
der Art ift der folgende Vorwurf,

5) daß

q) Sophift. p. 223. Euthyd. 304.

r) Plato Ap. 24. D.

s) Pl. ib.

t) Xen. Symp. I. 6. Indeffen hat es doch Schriftfteller
gegeben, die verficherten, daß Socrates durch feinen
Unterricht Geld erworben habe. Ariftoxenus, den
Diogenes II. 5. anführt, erzählte, (vermuthlich in
feinem Leben des Socrates) Socrates habe einen Ka-
ften hingeftellt und die hineingeworfene Münze ge-
fammlet, die ihm zum Unterhalt diente (τιθεντα γ΄
οιν το βαλλομενον αθροιζειν). Die Stelle ift vielleicht
verderbt, wenigftens zu dunkel, als daß man darauf
fehr bauen könnte, und die Nachrichten des Ariftoxenus find nicht felten verdächtig. Alles was indeffen daraus gefolgert werden kann ift dieß, daß

Socrates

5) daß er lehre Chikanen zu machen, oder wie damals der Ausdruck war, das Unrecht als Recht und das Recht als Unrecht vorzustellen (τον ἥττω λογον κρειττω ποιειν v. 99.), mit einem Wort daß er ein Sophist sey. Als einen solchen schildert er ihn durchaus, nennt ihn μεριμνοφροντιστης, λεπτοτατων λογων ιαρευς υ) und sagt daß er über Sprache und Versarten subtilisire x); lauter Züge, die einen Sophisten der damaligen Zeit bezeichnen. Wie wenig diese auf den Socrates zutreffen, erhellt daraus, daß er gerade ein abgesagter Feind der Sophisten war und sie sein ganzes Leben hindurch

Socrates von seinen vertrauten Freunden kleine freywillige Geschenke angenommen habe; und dieß ist wirklich wahrscheinlich. Es wäre unbegreiflich wie Socrates, der keine liegende Gründe, keine Art von Erwerb hatte oder suchte, dessen ganzes Vermögen nur eine Mine (18 rthlr.) betrug, sich und die Seinigen ohne ein solches Mittel, das auch in der That höchst billig und erlaubt war, hätte erhalten können. Die Stelle läßt sich aber auch anders erklären, und ist nach dem Zusammenhange, in dem sie Diogenes setzt, wol vielmehr von der Zeit, wo Socrates Bildhauer war, zu verstehen.

υ) v. 358. 59. 418. 423. 190.

x) v. 696 sqq.

D

hindurch bekämpfte y). Auch war dieß
künstliche Beredsamkeit nicht Beschäftigung
der Weltweisen, sondern der Rhetoren ode
Sophisten; wie des Prodikus, Protagoras un
Gorgias z). Allein der große Haufe, dessen
Vorstellungen hier der Dichter listig genug
zu seinem Vortheile folgt, machte diesen Un
terschied nicht, man hielt den Socrates, dessen
eigenthümliche Weisheit noch nicht bekann
genug war, für einerley mit den andern Wei
sen oder Sophisten und die Dialektik, die er
brauchte, hatte eine Art von Scharfsinn, die
der Spitzfindigkeit der Sophisten nahe kam a).
Mehr Grund hat vielleicht der Spott über di
grammatischen Grübeleyen der Schüler des
Socrates. Ohne Zweifel hat Socrates viele
Bemerkungen über die Sprache gemacht; er,
der so sehr sich der Reinigkeit und Bestimmtheit des Vortrages befliß. Die Schriften des
Plato zeigen dieß hinlänglich, und die vom
Socrates gebildeten Schriftsteller sind als Muster der schönen und regelmäßigen Schreibart
bey

y) Xen. Mem. I, 16.

z) Aristot. Rhet. II. 24.

a) Die 30 Tyrannen verboten daher besonders in Rücksicht auf den Socrates die λογων τεχνη Xen. Mem.
I, II, 3.

bey den Griechen selbst von jeher bewundert
worden. Nur ist freylich diese seine Aufmerksamkeit auf die Sprache in lächerlichen
Beyspielen als elende Grillenfängerey vorgestellt.

6) Der lezte und stärkste von allen Vorwürfen
ist, daß Socrates durch dieses alles die Jünglinge verderbe; daß sie in ihren Sitten weich-
lich b), vorwitzig, den Eltern ungehorsam
würden c); daß sie die hergebrachten Rechte,
Gesetze und Verfassung des Staats nicht ach-
teten, sondern alle andere Bürger an Einsicht
und Klugheit zu übertreffen glaubten d). Es
ist nicht zu läugnen, daß durch überhand-
nehmende Liebe zu betrachtenden Kenntnissen,
die um die Zeit des Socrates in Athen anfing,
verbunden mit dem Luxus und den Lastern die
in dessen Gefolge sind, die alte Strenge der
Sitten, die Achtung gegen die väterlichen
Gesetze und Religionen sehr abgenommen;
daß viele von diesen gebildeten Jünglingen sich
über andre hinwegsetzten und in Familien und
im Staat Unordnung angerichtet haben. Die
Ursachen dieser Sittenveränderung, von der
Aristophanes in mehrern seiner Stücke treffende
Gemälde giebt, legte man theils den tragischen

D 2 Dichtern,

b) v. 903 sqq.
c) v. 1325 sqq. d) 1425.

Dichtern, theils den Philofophen bey, vorzüglich aber den verderblichen Grundfätzen und Lehren, die die Sophiften der Iugend einflößten; und als einen folchen fchildert er hier den Socrates. Mit welchem Rechte er diefes gethan habe, ift zum Theil im vorigen bemerkt, und wird im lezten Abfchnitt ausführlicher vorkommen, aber wahrfcheinlich that diefes die meifte Würkung. Die Vorftellung der verderbten Sitten der jetzigen Iugend, der Anblick eines vom Socrates gebildeten Iünglings, der feinen Vater mishandelte, und hernach mit Gründen bewies, daß er Recht daran gethan habe, mußte die alten patriotifchen Bürger gegen den angeblichen Urheber von diefem allen, den der Dichter aufführte, in hohem Grade erbittern.

Diefe find ohngefähr die vornehmften Vorwürfe, die dem Socrates in den Wolken gemacht werden; andre kleine Züge, die in Ausmalung und komifchen Witz oder Spöttereyen über den Aufzug und die Lebensart des Weltweifen beftehen, übergehe ich, und überlaffe nun den Lefern das Urtheil, ob Ariftophanes ein witzlofer Erdichter unverfchämter und verfehlter Verläumdungen, oder ein bitterer Spötter fey, der

durch

durch *Uebertreibung* und *Witz* alles von einer
lächerlichen *Seite* zeigt, hie und da einen falschen *Zug*, aber nicht unvorbereitet, hineinlegt,
um einen *Mann*, den er die ganze *Stärke* seines
Spottes wollte fühlen lassen, vor den *Augen* des
ganzen *Volks* lächerlich zu machen. *Aristophanes* erreichte seine *Absicht* nicht ganz. Sein
Stück fiel; aber die *Eindrücke* blieben in den
Gemüthern vieler *Zuschauer* zurück, sonderlich
derer, die den *Socrates* nicht näher kannten.
Man betrachtete ihn als einen spitzfindigen
Grübler und *Lehrer* gefährlicher *Grundsätze*,
und die *Verläumdungen* seiner persönlichen Feinde
unterhielten diese *Vorstellung*. *Allemal* mußte
ein *Mann*, der einmal auf solche *Art* dem ganzen *Volk* zur Schau gestellt worden war, von
seinem *Ansehen* und seiner *Würde* in den *Augen*
des großen *Haufens* vieles *verlieren*.

(*Die Fortsetzung folgt.*)

Etwas

II.

Etwas von den Skolien der Griechen,

von

H. H. Cludius.

In jener Zeit, da die Sprache der Griechen noch blos finnliche Sprache war, wurde der Ausdruck ihrer Affekten oder Gedanken, oder folche Gefchichten, die ihnen wichtig zu feyn fchienen, bey ihren mimifchen Tänzen natürlicher Weife Gefang; wiewol ohne beftimmtes Silbenmaaß. Kunftlos und natürlich, wie ihre Leidenfchaften, war ihre Geberdung, ihr Tanz, ihre Mufik, ihr Lied; daß alfo das unbeftimmte Silbenmaaß das ältefte lyrifche ift.

Da aber unter den kunftlofen Modulationen fich Melodien hervorthaten, die vorzüglich gefielen, daher behalten und wiedergefungen wurden, ward auch leicht die Seele eines Dichters durch eine folche fo bezaubert, daß er ganze Lieder darnach fang, entweder weil er dadurch feine Lieder am allerallgemeinften zu empfehlen hoffte, oder weil unwillkührlich fein Affekt fich

fo

so in die geliebte Melodie ergoß, daß nun ein beſtimmtes Silbenmaaß herauskäm. So war es etwa mit *Alcäus* und der *Sappho*, und den übrigen *Dichtern* und *Dichterinnen Griechen-* lands in jenem *Zeitalter.*

Doch erhielt ſich der *Geſang* ohne beſtimmte *Versart* nebenher, und würde von den drama- tiſchen und zum *Theil* den lyriſchen *Dichtern,* als dem *Pindar,* *Bacchylides* u. ſ. f. halb me- lodiſch gemacht, dadurch, daß in den *Strophen* und *Antiſtrophen,* und ſo auch in den *Epoden* immer daſſelbe *Metrum* wiederkehrte.

Hatte nun ein *Lied* eine beſtimmte *Versart;* ſo hieß es ὀρθὸν nämlich ἔπος, ἆσμα oder μὲ- λος: im anderen *Falle* aber σκολιόν.

Nun waren viele alte hiſtoriſche *Lieder,* viele *Volksgeſänge,* die zum *Theil* nur eine *Sentenz,* oder *Anſpielung,* oder *Poſſe,* oder non ſenſe enthielten (wie man das bey den *Volksliedern* aller *Nationen* findet — man denke nur an un- ſere *Burſchen* - und *Wiegenlieder*) in unbeſtimmter *Versart.* Sie hießen alſo σκολιὰ, *Skolien,* Dieſe wurden im gemeinen *Leben* geſungen, am meiſten bey *Tiſche.* Daher bekam σκολιὸν mit der *Zeit* die *Bedeutung* eines *Tiſchliedes* oder *Volksliedes,* ohne daß man an die *Etymologie* und die erſte

D 4 *Bedeu-*

Bedeutung des Worts weiter dachte: τὸ δ
σχολιὸν μέλος ᾔδετο παρὰ τὲς πότες· διὰ το
Παροίμου αυτὸ ἐςϡ ϐτα καλϑαιν. Procli Chresto
math. pag. 10. — *In Gefellfchaft oder bey
Tifche fang natürlich bald der eine, bald der
andere ein Lied, bald ftimmten fie eins zugleic
an. Diefen Umftand faßten lange nach der
Zeit die Grammatiker auf, als der Scholia[f
des Ariftophanes, Suidas, Euthymius, Euftathius u.f.f. und wollten daraus den Urfprung
des Namens* σχολιὸν *erklären. Sie meynten, die
Gefellfchaftslieder oder Volkslieder wären davon
Skolien genannt, weil fie bey Tifche wären bald
von diefem bald von jenem gefungen worden,
ohne die Reihe zu beobachten. Daher fagt Athenäus* (Deipnof. XV, 14. p. 694 A.) ΣΚΟΛΙΑ
δὰ καλῶνται, ἃ κατὰ τὸν τῆς μελοποιίας τρόπον,
ἅτις σχολιὸς ἦν (λέγυσι γὰρ, τὰ ἐν ταῖς ἀνει-
μέναις εἶναι σχολιά) ἀλλὰ τριῶν γενῶν ὄντων,
ἅς Φησιν Ἀρτέμων ὁ Κασσανδρεὺς ἐν δευτέρῳ βι-
βλίῳ χρήσεως, ἐν οἷς τὰ περὶ τὰς συνυσίας
ἦν ἀδόμενα, ὧν τὸ μὲν πρῶτον ἦν, ὃ δὴ πάντας ᾄδειν νόμος ἦν· τὰ δὲ δεύτερον, ὃ δὴ πάντες
μὲν ᾖδον, ἃ μὴν ἀλλάγε κατὰ τινα παρίοδου ἐξ
ὑποδοχῆς· τρίτον δὲ, καὶ τὴν ἐπὶ πᾶσι τάξιν ἔχον,
ἃ μεταίχον ὑκέτι πάντες, ἀλλ᾽ οἱ συνετοὶ δοκῦντες
εἶναι μόνοι, καὶ κατὰ τόπου τινὰ εἰ (εἰ *falfch*)
τύχοιεν

:χοισι ὄντας. Διόπερ αἰς ἀταξίαν τινὰ μὲ-
ην παρὰ τἆλλα ἔχοι, τὸ μηδ᾽ ἅμα,
μηδ᾽ ἐξῆς γενόμενος (vielleicht ἀδόμενον),
ἀλλ᾽ ὅτι ἔτυχεν εἶναι (nach ὅτι ſcheint τις
ausgefallen zu ſeyn) ΣΚΟΛΙΟΝ ἐκλήθη. —
Wie vieles hierin ſchief ſey, wird aus obigem
leicht erhellen. Sollte es aber noch jemand zweifelhaft dünken, ſo kann ihn der bloße Anblick
der Skolien, die auf unſere Zeit gekommen ſind,
belehren, daß keine derſelben nach einem beſtimmten Silbenmaaße gearbeitet iſt, ſondern daß ſie
ſich alle, wie ein natürlicher Bach, durch ganz
verſchiedene Versarten ſchlängeln, und mehr
Harmonie und Rythmus, als Metrum haben.

* * *

Unter den Skolien der Griechen aber, die
uns doch übrig ſind, iſt vielleicht diejenige die
beſte, die beym Athenäus im 15. B. im 15. Cap.
(edit. Caſaub. pag. 695 B.) ſtekt. Freyheit und
Vaterlandsliebe ſind der Affekt dieſes Liedes,
und der Hauptgedanke: Nirgends, Tyrann,
der du das Vaterland zu unterjochen wagen
möchteſt, nirgends ſollſt du vor mir ſicher ſeyn,
ſoſt nicht bey Feſten, Opfern und Altären.

Dieſer Hauptgedanke erhält dadurch Leben,
daß er durch eine vaterländiſche Geſchichte un-

D 5   terſtützt

terſtützt wird. Unter Myrtenzweigen will ic
den Dolch tragen, um den Tyrannen zu er
morden, ſo wie es Harmodius und Ariſtogito
thaten.

Es war, wie man hieraus abnehmen kann
nicht Hauptabſicht des Dichters, den Har
modius und Ariſtogiton zu beſingen, ſonder
nur Nebenſache, die blos wegen des lyriſche
Ganges Hauptſache zu ſeyn ſcheint. Man frag
alſo nicht, inwiefern kann man Harmodius und
Ariſtogiton als Retter Athens und Wiederher
ſteller der Freyheit anſehen? wie ſind ſie Mör
der des Tyrannen, da ſie doch nur ihres Fürſten
Bruder den Hipparch ermordeten? warum hiel
man dieſe That für groß und edel? Solche
Fragen ſind unnöthig, weil der Hauptgedanke
mit der Geſchichte des Harmodius und Ariſto
nur dadurch zuſammenhängt, daß dieſe mit
verſteckten Dolchen, und das bey den Opfern
an einem großen Feſte, den Hipparch ermordeten: Denn der Inhalt des Liedes iſt: Nirgends
ſoll ein Tyrann vor mir ſicher ſeyn; ich will es
machen wie Harmodius und Ariſtogiton; dann
werde ich Ruhm und Seligkeit nach dem Tode
finden.

Der

*Der Dichter mußte diesen Gang der Gedan-
ken trefflich finden, weil Harmodius und Aristogiton als Retter des Vaterlandes, als die, die
zuerst das Signal zur Freyheit gegeben, angesehen worden, und ihre Nachkommen daher von
Abgaben an den Staat frey waren und ihre
Namen keinem Sclaven durften beygelegt werden.* Demosth. adv. Lept. ed. Wolfii pag. 392 B.
coll. Aeschin. in Timarch. pag. 188. c. 189. b.
Gell. IX. 2.

Die Geschichte berühren Aristot. Polit. V, 12.
Herod. V, 55. Plin. VII, 23. Plut. de vita X
Rhet. in Antiph. etc. *aber ohne etwas genaues
davon zu sagen.* Iustin *erzählet* II, 9. *die Sache
so, als hätte* Hipparch Harmodius *Schwester
genothzüchtigt, und wäre daher von* Harmodius
ermordet. Damit stimmt Pausanias *überein* pag.
29. lin. 29. Platon *im* Hipparch edit. Steph. T.
II. pag. 229 B. C. *und* Diodor. Sic. VI. *sagen:*
Harmodius Aristogitons *Liebling habe einen
vornehmen Iüngling geliebt, der auch gewonnen
sey und gegen* Harmodius *und* Aristogiton *als
Weise große Hochachtung gehabt hätte, bis er*
Hipparch *kennen gelernet. Seit der Zeit hätte
er* Hipparch *in Absicht der Weisheit bewundert
und hingegen* Harmodius *und* Aristogiton *verachtet,*

ahtet, worüber sie, erzürnet sich am Hippar
ew rächen beschloffen. Aber ganz anders erzäh
Thucydides Lib. VI. edit. Steph. pag. 446 fq
welchem Aelian var. hist. IX, 8. und Maxim
Tyr. differt. VIII, 2. beytreten. Hippias folg
feinem Vater Pisistratus in der Regierung. Se
Bruder Hipparch ließ eine schändliche Begierc
auf einen schönen Iüngling Harmodius falle
der einen gewissen Aristogiton liebte, und vo
ihm geliebt wurde. Harmodius klagte dahe
dem Aristogiton, die üble Begegnung Hipparchs
und Aristogiton machte sogleich einen Aufchlag
denfelben zu stürzen. Hipparch hingegen, de
nach mehrmaligen Versuchen nichts ausrichtete
dachte darauf den Harmodius zu befchimpfen
und das that er auf diefe Weife. Als Harmo
dius Schwester in einem gottesdienstlichen Um-
gange einen Korb trug, ließ er fie aus dem
Zuge wegbringen, unter dem Vorgeben, fie
fey dieser Ehre nicht werth. Hiedurch wurden
Harmodius und Aristogiton fo aufgebracht, daß
fie eine Conspiration anstifteten, und am großen
Nationalfefte der Athener (an den Panathenäen),
da man, ohne Verdacht zu erwecken, fich konnte
bewaffnet sehen laffen, machten fie Anstalt, und
ermordeten Hipparch, wobey aber Harmodius
blieb, und weil Hippias fich nun nicht mehr

                                         ficher

hier glaubte, verband er sich mit auswärtigen Staaten, fing an zu tyrannisiren, und so bereitete er sich selbst einen baldigen Untergang.

Hier brauchen wir zum Verständnisse des Liedes indessen nur vorzüglich den Umstand, daß Harmodius und Aristogiton unter Myrtenzweigen, welche die Opfernden trugen, ihre Dolche bargen, und damit den insolenten Fürsten ermordeten. conf. Aristoph. Lysistr. 633. Schol.

Das Lied haben einige dem Alcäus zugeschrieben z. B. Vorst. (ad Iustin. l. c.) Allein schon Lowth (de sacra poesi hebr. Prael. I. p. 13 not.) hat aus dem Hesychius angeführt, daß es von Kallistratus sey. Hier ist es in einer metrischen Ueberfetzung *):

$$\cup - \;\mid\; \cup - \;\mid\; \cup - \;\mid\; \cup - \;\mid\; \cup - \cup$$
$$- \cup \cup \;\mid\; - \cup \cup \;\mid\; - \cup \cup \;\mid\; - \cup \cup \;\mid\; - \cup$$
$$\cup \cup \cup - \;\mid\; \cup \cup \cup - \;\mid\; \cup \cup \cup - \;\mid\; - \cup$$
$$\cup - \;\mid\; \cup - \;\mid\; \cup - \;\mid\; \cup - \cup$$

Im Myrtenzweige will das Schwerdt ich tragen,
Wie es Harmodius trug, und Aristogiton,

Als

*) Man vergleiche, wenn man will, die Ueberfetzung in v. Hagedorns Werken 3r Th. Volkslieder 1r Th. S. 266.

Als den Tyrannen sie erschlugen, und d
                                    Bürgern
Athens verschafften gleiche Rechte **).

2.

Noch lebt dein Ruhm, noch bist du nicht gestorbe
Liebster Harmodius, bist in der Seligen Insel
Wo der schnellfüßige Achill, und Diomedes
Noch wandelt, Tydeus tapfrer Sprößling.

3.

Im Myrtenzweige will das Schwerdt ich trage
Wie es Harmodius trug, und Aristogiton,
Als bey den Opfern der Athene sie erschluge
Den Mann Hipparch, Athens Tyrannen.

4.

Ha! ewig soll eu'r Ruhm auf Erden weben
Liebster Harmodius dein und Aristogitons,
Weil den Tyrannen ihr erschluget, und den Bürger
Athens verschaffet gleiche Rechte.

**) Gleiche Rechte, da der vornehme Bürger den geringen
    nicht bedrücken kann, sondern alle nach einerley
    Gesetzen gerichtet werden.

_____

III.

Nachricht von einer merkwürdigen Handschrift der Iliade des Homer, in der venetianischen S. Markusbibliothek.

Auf diese Handschrift sind die Liebhaber der griechischen Sprache, durch die Ankündigung des Hrn. v. Villoison: er wolle aus ihr, und einer andern zu Florenz, den Aristarchischen Text des Homers wiederherstellen, sehr aufmerksam gemacht worden; niemand aber hat noch, das beweisen die zweydeutigen Urtheile, die über diese Ankündigung gefällt worden sind, ihren Inhalt, und den Werth der Scholien und Charaktere, mit denen sie angefüllt ist, genau untersucht, und einige Proben davon gegeben. I. A. Fabricius kannte sie schon, und sagt im ersten Theil der Bibliotheca graeca: sie enthalte Scholien, die von den bekannten ganz verschieden seyn sollen. Wahrscheinlich kannte er deren Inhalt auch nicht, wenigstens gedenkt er nie etwas davon. Herr v. Villoison versprach die Scholien abdrucken zu lassen, und arbeitete auch dieses Werk bey seinem Aufenthalt in Venedig völlig aus. Weil aber verschiedene Ursachen die

Erschei-

Erſcheinung deſſelben noch ſehr lange zu ve
zögern ſcheinen, ſo gebe ich hier eine klei
Nachricht von den Scholien und Charaktere
zu einer Probe, was man in dem ganzen We
zu erwarten habe.

Die auf 318 Pergamentblätter in Folio ge
ſchriebene Handſchrift hat ſich faſt ganz un
verſtümmelt erhalten. Nur im 3. 11. und 19
Buch fehlen einige Blätter, die von einer neuer
Hand, wahrſcheinlich erſt zu Ende des 16te
Jahrhunderts, erſetzt worden ſind. Ihr Alt
iſt nach den Buchſtabenzügen, der Dintenbleiche
und der Farbe des Pergaments zu urtheilen
in das 10. oder 11. Jahrhundert zu ſetzen
Sie enthält die ganze Ilias, mit zwiſchen de
Verſen geſchriebenen Worterklärungen, und
Scholien verſchiedener Ausleger. Sowohl di
einen, als die andern laufen durch das ganze
Werk nicht gleich ſtark durch. Die meiſten
ſind in den 4 erſtern, und den 3 leztern Büchern;
in den übrigen aber kommen oft kaum zwey
bis drey Scholien auf einer Seite vor, und
Worterklärungen findet man in der Mitte der
Ilias faſt gar keine mehr. Der Text iſt ſehr
ſchön, faſt ohne Abkürzungen geſchrieben; die
Scholien hingegen, und noch mehr die zwiſchen
die

die *Verse* geschriebenen *Worterklärungen* sind
bisweilen ihrer kleinen, verblichenen, und sehr
abgekürzten *Schrift* wegen ungemein schwer zu
lesen. Der *Charakter* der leztern hat viele
Aehnlichkeit mit der *Schrift*, die *Villoison* zu
seiner *Ausgabe* des *Apollonius*, als eine *Probe*
der *Handschrift* in *Kupfer* hatte stechen lassen.
Sowol die *Scholien*, als die *Worterklärungen*,
sind nicht von *Einer Hand* noch zu *Einer Zeit*
geschrieben worden. Die meisten von den erstern,
welche *Aristarchische Lesarten* anzeigen, sind
später hinzugekommen; sind aber auch weit kürzer als die andern, und stehen entweder am
Rand der *Scholien* selbst, oder auf der linken
Seite des *Textes*, oder auch, besonders in den
mittlern *Büchern*, zwischen den *Versen*, in denen eine verschiedene *Lesart* vorkommt. Die
Handschrift fängt mit einigen *Auszügen* aus
des *Proklus Chrestomatie* an. Auch in diesen
fehlen einige *Blätter*, die unergänzt gelassen
worden sind. Was davon noch übrig ist, enthält: 1) das *Leben* des *Homer*, welches *Leo*
Allatius in seiner *Schrift* de patria Homeri schon
hatte abdrucken lassen. Es fängt mit den *Wor-*
ten: Εγων ποιηται γεγονασιν πολλοι, τουτων δ' εισι
χμαρισοι, Ὁμηρος, Ἡσιοδος, Πεισανδρος, Παν-
νωις, Αντιμαχος, an, welche auch beym *Photius*

E

vorkom-

vorkommen, wo diefer von des *Proklus Chrefto*
mathie handelt.   Der Text diefer kurzen L.
bensbefchreibung ift ganz dem ähnlich, den L.
Allatius herausgegeben hat.   Doch find noc
verfchiedene Zufätze in der Handfchrift, welch
zwar im Text mit fortlaufen, aber durch Ein
faffungen von den übrigen abgefondert find
Wahrfcheinlich find diefe alfo nicht vom *Proklus*
2) τελεγονιας β Ευγαμωνος.   Nach diefer Nach
richt enthielt, diefes Gedicht die Reife des *Ulyffe*
zu den *Thefprotern*, feine Verheurathung mi
der Königin *Kallidice*, feine Zurückkehr nach
Itaka, und feine Ermordung vom *Telegonus.*
3) Προκλου χρησομαθιας γραμματικης το δευτερον, Αιθιοπιδων ε Αρκτινου.   4) Ιλιαδος μικρας
Δ. Λεσχεω.   *Lefches* heißt hier ein *Mitylener,*
nicht wie *Eufebius* fagt ein *Lesbier.*   5) Nosων
ε Αυγιου.   Vielleicht von dem *Athenienfer Au-*
geas oder *Augias*, einen Komödiendichter der
mittlern Komödie?   6). Ιλιου Περσιδος β Αρκτινου.   Das Dafeyn diefes Gedichts, welches Hr.
Hofr. Heyne im zweyten Theil des *Virgils* S.
230 zu bezweifeln fcheint, möchte wol durch
diefe Nachricht, welche *Proklus* davon giebt,
einige Beftätigung erhalten.   Merkwürdig ift,
daß in diefem Gedicht nur von Einem der Söhne
des *Laokoons* geredet wird, der mit feinem Vater

von

von den Schlangen erwürgt worden ſeyn ſoll.
So heißt es wenigſtens in der Nachricht, die
Proklus davon giebt. Ich weiß nicht, ob noch
andere Dichter ebenfalls ſo ſagen. Ich würde,
wenn ich nicht befürchtete zu weitläuftig zu
ſeyn, dieſe 5 leztern Stücke herſetzen, denn wie
ich glaube ſo ſind ſie noch ungedruckt. *) Vielleicht aber werden ſie auch in dem Villoiſoniſchen
Abdruck der Handſchrift erſcheinen, welche ohnehin in die Hand eines jeden kommen wird, der
den Dichter ſtudiren will. Auf dieſe Auszüge
folgen Gemälde der berühmteſten griechiſchen
und Trojaniſchen Helden, und andere, welche
Begebenheiten vorſtellen, die ſich theils vor, theils
nach der Periode, welche in der Iliade beſungen
wird, ereignet haben; z. B. die Ueberfahrt der
Helena nach Troja, das Opfer des Laokoons, u. a.

Das wichtigſte, was dieſe Handſchrift enthält, ſind die vielen und verſchiedenen Zeichen,
welche theils den Verſen vorgeſetzt ſind, theils
neben den Scholien ſtehen. Die meiſten davon
ſind kritiſche Zeichen, viele aber bezeichnen bloße
erklärende Anmerkungen. Ich habe einen großen
Theil der Handſchrift genau unterſucht, um die
verſchiedene Bedeutung derſelben kennen zu lernen, und habe folgendes gefunden:

E 2 (o o)

---

*) Sie werden unter den *ineditis* zu dieſem St. vorkommen.

(ο ϸ) σιγμα ϰαη αντισιγμα *wird gebraucht wen[n]*
Verse versetzt werden sollen. Dieses Zei[-]
chen fand ich fast alleine Il. β., 137.

—— οβελος *zeigt einen verworfenen Vers an[,]*

➤ διπλη *wird bey kritischen und erklärende[n]*
Scholien gebraucht. Viele von diesen kom[-]
men schon beym Eustathius, in den Scho[-]
lien unter den Barnesischen Homer, und i[n]
denen, welche 1521 in 8. beym Aldus ge[-]
druckt sind, und im Etymologico magno[-]
vor. — Vielleicht sind unter diesen viele von
Didymus.

✳ ασερισϰος *zeigt an, daß der damit bezeich[-]*
nete Vers öfter angetroffen wird, ohne ge[-]
rade zu bestimmen, ob er recht sey ode[r]
nicht.

— ✳ *oder* ✳ — *zeigt daß der Vers an eine[m]*
andern Ort zwar für einen homerische[n]
gelte, daß er aber an dem Ort unächt sey[,]
der mit dem Obelus bezeichnet ist.

➤ διπλη περιεστιγμενη *bezeichnet die verschiedene[n]*
Lesarten, und verworfenen Verse des Ze[-]
nodotus. Manchmal werden die leztern
auch noch über dies mit einem Obelus be[-]
merkt. — ➤

Die übrigen Zeichen ⸫ ⁖ ♫ ✚ ⅔⅟₆ *u[.]*
bezeichnen bloße erklärende Scholien, und habe[n]
keinen

keinen kritiſchen Werth. Von den Erfindern
und dem Gebrauch dieſer Charaktere ſtund ſonſt
eine beſondere Abhandlung in der Handſchrift,
von der ſich aber nur folgendes Fragment erhalten hat, welches den Gebrauch der Διπλη
περιεστιγμενη und des Obelus anzeigt: Προς μεν
δη Ζηνοδοτον αυτῳ ἡ παραθεσις της περιεστιγμε-
νης διπλης προς ἑκατην γραφην ἀκριβεστερον θεω-
ρειται· του δε ὀβελον ελαβομεν εκ της Ζηνοδοτου
διορθωσεως· παρετιθει δε αυτον τοις εκβαλλομε-
νοις εκ της ποιησεως στιχοις, ὡς τοις νεκροις των
ανθρωπων· Της δε ἀθετησεως αυτῳ διττος ὁ λο-
γος· Ὁ μεν γαρ εστιν σημαινων, ὁτι οὐχ Ὁμηρου
το ἐπος, ὡς ελεγετο επι του, τερπεται εν θαλιη
και εχει καλλισφυρον ἡβην· ἀδυνατον γαρ την
διηνεκως παρθενον παραδεδομενην γεγαμηθαι· ὁ δε
αιτιαν επιφερει ὡς των ποιηματων εν τη ταξει
διημαρτημενων. Ὁταν δ᾽ ὁ Αγαμεμνων λεγῃ προς
τον Αχιλλεα, αἰεῖ γαρ τοι εριστα φιλη πολεμοι
τε μαχαιτε; ενταυθα ἠθετηθαι. φησι, χαριν του
Αχιλεως ὀφειλοντος ει τοιουτος εστιν εν πολεμῳ
ὁ κατ᾽ επικουριαν ἡκων· Διοπερ επι μεν του λε-
γομενου ὑπο Αγαμεμνονος ὀβελος παρακειται· Και
προς τουτο ἀστερισκος· Δηλοῖ δε τουτο, ὁπου ἀν
ῃ κειμενος συν τῳ ὀβελῳ, ὁτι Ὁμηρου μεν εστι,
φαυλως δε ενταυθα κειται· Εστι δε και ἑτερος
τροπος της ἀθετησεως, ὁταν τοις αυτοις στιχοις

πολλακις

πολλακις χρηται, ότε μεν οικειοις περιτιθεις προ
σωποις τα λεγομενα, ότε δε ού, ως έχει τα τοι
κυκλωπος του συημμαρωτατου ρηματα ύπο του συνε
σωτατου Νεσορος λεγομενα προς Τηλεμαχον. 'Ϛ
ξεινε τινες έσε, ποθεν πλειθ' ύγρα κελευθα; ή
κατα πρηξιν, ή μαψιδιως αλαλησθε οίατε ληϊσηρε
ύπειρ άλα; τοι τ' αλοωνται ψυχας παρθεμενοι
Ταυτα γαρ ήρμοζεν ύπα του Κυκλωπος 'Οδυσσει
ειρησθαι ούχ ύπο Νεσορος Τηλεμαχω. — Au
Ende einer jeden Rhapſodie befindet ſich eine von
einer neuern Hand geſchriebene Unterſchrift,
welche den Inhalt der Scholien anzeigt. Sie
heißt: παρακειται τα Αριςονικου σημεια, και τα
Διδυμου περι της Αριςαρχου διορθωσεως, τινα δε
και έκ της Ιλιακης προσωδιας Ἡρωδιανου, και έκ
του Νικανορος περι ςιγμης. Durch dieſe Unterſchrift, und das oben angeführte Fragment ſind
der Werth der Zeichen, und ihr Alterthum
hinlänglich beſtätigt. Warum aber dieſe Unterſchrift nie des Zenodotus, deſſen Recenſion doch
mit dem größten Fleiß bey der Handſchrift gebraucht worden zu ſeyn ſcheint, gedenkt? Dieß
ſcheint befremdend zu ſeyn. Vielleicht gehören
die Zeichen, welche die verſchiedenen Leſarten
dieſes kühnſten Kritikers des Homer bezeichnen,
ſchon unter die von dem Ariſtonikus erfundene;
vielleicht ſind die Scholien, welche des Zenodotus

Verändt-

Veränderungen anführen, und beurtheilen, meistens auch verwerfen, Anmerkungen des Aristonikus felbft? Diefes war wahrfcheinlich in der Nachricht enthalten, die großentheils verloren gegangen ift. — Ohne mich länger aufzuhalten, gebe ich einige Proben von den verfchiedenen Scholien, welche in der Handfchrift vorkommen.

1) Scholien, bey denen mit dem Antifigno bezeichneten Verfen. Ich fetze diefe Verfe aus dem zweyten Buche der Iliade felbft her, weil fie zugleich einen Begriff von verfchiedenen andern Zeichen, und der Art geben, wie fie in der Handfchrift gefetzt werden.

Ilias β, 192.

°) οὐ γαρ πω σαφα οἰσθ᾽, οἷος νοος Ατρειδαο·
— Νυν μεν πειρᾶται, ταχα δ᾽ιψεται υιας Αχαιων·
— Εν βουλῃ δ᾽ ου παντες ακουσαμεν, οἷαν εειπε·
— Μητε χολωσαμενος ῥεξη κακον υιας Αχαιων·
— Θυμος δε μεγας εςι διοτρεφεος βασιληος ※
>—Τιμη δ᾽ εκ Διος εςι, φιλει δε ἑ μητιετα Ζευς·
Ὁν δ᾽ αυ δημου τ᾽ ανδρα ιδοι, βοοωντα τ᾽ εφευροι,
Τον σκηπτρῳ ελασασκεν, ὁμοκλησασκε τε μυθω·
Δαιμονι᾽ ατρεμας ἡσο, και αλλων μυθον ακουε,
Ὁι σεο φερτεροι εισι· συ δ᾽ απτολεμος και αναλκις
Ουτε ποτ᾽ εν πολεμῳ εναριθμιος, ετ᾽ ενι βουλῃ·

(° Ου

(0. Ου μεν πας παντες βασιλευσομεν ενθι
                                 Αχαιοι.

(α Ουκ αγαθον πολυκοιρανιη· εἱς Κοιρανος ετω

(α Εἱς βασιλευς, ᾡ εδωκε Κρονου παις αγκι
                                 λομητεω —

Σκηπτρον τ᾽ ηδε θεμιςας, ἱνα σφισιν εμβασιλευη

Bey diesen Versen sind folgende Scholien

v. 192. ου γαρ πω] το αντισιγμα, ὁτι ὑπο τουτω
εδει τεταχθαι τους εξης παρασιγμενους τρεις ςι
χους· εἱσι γαρ προς βασιλεις ἁρμοζοντες, ου προ
δημωτας, ου μεν προς παντας κ. τ λ. v. 193. απ
τουτου ἑως του Τιμη δ᾽ εκ Διος, αθετουντα
ςιχοι ε ὁτι απωοικοτες οἱ λογοι, και ου προτρεπτικο
εις κατασασιν. v. 192. οἱος νοος α]ρειδαο·
οἱος νοος α]ρειωνος, και εν]αις διορθωσισι κα
εν]αις ὑπομνημασιν, ουτως εγεγραπ]ο ατρεςιω
νος, και αἱ χαριεςαται ου]ως ειχον, και ἡ Αρι
εοφανου· και ὁ Σιδωνιος, και ὁ Ιξιων ουτως γρα
φουσι. v. 196. Θυμος δε] ὁ Ζηνοδοτος γραφε
διοτρεφεων βασιληων· επι δε του Αγαμεμνονα ανα
φερε]αι ὁ λογος. Διο φησιν φιλει δε ἑ μη]ιε]α
Ζευς. διοτρεφεος] ουτως εχικας αἱ Αρισαρχου
και Π]ολεμαιος δε ὁ επιθεης εν]ω πρω]ω περι
Ιλιαδος Αρισαρχου ὁμολογει την γραφην· ειχον
δε αἱ χαριεςαται ου]ως ανευ Ζηνοδοτου. v. 204.
ουκ αγαθον·] Τελεια σιγμη επι το πολυκοιρανιη·
επι δε το εαν, διαςολη· Και ὁμοιως επι]ο βασι-
                                    λευς

λευς και καθολου ταρ επαναληψεις των λεξεων
ουτως κατερθουμεν·

2) *Scholien deren Verſe, die mit dem Obelos
bezeichnet ſind.*

Ilias γ, 108-110. αἰεὶ] ἀπο τουτου, εως του
λευσαι ἀθετουνται ςιχοι τρεις, ὁτι απολογια ἐςιν
αὐτη, ὑπερ των παραβαντων Πριαμιδων· εἰ γαρ
κατα κοινου αἱ Φρενες των νεων κρεμανται, ουδεν
ξενον ἁμαρτημα πεποιηκασι. — Il. γ, 395-418
ἀθετουνται απο του και ῥ ὡς ουν, ἑως του, ὡς
ἐφατ᾽, ἐδδεισεν δ᾽ ἑλενη, ςιχοι κγ. Πως γαρ ἡ
γραια παλαιγενεῖ εἰκασμενη, περικαλλεα δειρην εἶχεν, και ὁμματα μαρμαιροντα, και ςηθεα ἱμεροεντα;
και βλασΦημα παρα το προσωπον εςι τα λεγομενα·
ἡσο παρ᾽ αὐτον ιουσα, θεων δ᾽ απολειπε κελευθους
μηϳε ϳι σοισι ποδεσσιν· και ευϳελης καϳα την
διανοιαν μη μ᾽ ερεθε χεϳλη. Ειρωμενων (αιρω-
μενον *vielleicht*) δε τουϳων και της συνεπειας γινο-
μενης ουτως, ὡς ἐφατο, τη δ᾽ αρα θυμον ενι ςη-
θεσιν οριν. βη δε — δαιμων.

Il. X, 199-201. ὡς — ανειρω] ἀθετουνται
ςιχοι τρεις, ὁτι και τη κατασκευη, και τω νοηματι ευϳελεις. Και γαρ απραξιαν δρομου, και το
απαραβατον σημαινουσιν, ἐναντιως τω, ὡς δ᾽ ὁϳ
αεθλοφοροι περι τερματα μωνυχες ἱπποι. *ebenda-
ſelbſt* v. 394 u. 395. ἀθετουνται ςιχοι δυο· ὁτι παρα

E 5   την.

της ἀξιαν Αχιλλεως οἱ λογοι· Αὐτος γαρ ἦν λεγων, ὁΦρα καὶ Ἑκτωρ εἰσεται, ἧμα καὶ εἰος ἐπ σηται πολεμιζειν ἡματερος θεραπων. *In eben die* *fem Buch* v. 487—499, ἠ ὑπερβ ἀπο τουτου ἑω του δακρυσεις δε τ᾽ ανεισι, αθετουνται στιχοι δεκα τρεις, ὁτι ἀδιαλυπτοι. Το γαρ προπερχεϑαι το Αςυανακ]α, καὶ τον Φιλον του πατρος, του μει χλαινης ἐρυειν, τονδε χιτωνες, ἱνα βρεγχαν πιη Πριαμου περιοντος και αλλων αδελΦων Ἑκτορος, και αὐτης της Ανδρεμαχης, ατοπον. Διατι δε ἀμαλλον ἀΦειρεϑαι τας αποτετμημενας ἀρουρας καϊα το βασιλικον γενος, κληρανομου του υἱου Αςυανακ- τος οντος; Ὁλως δε οὐδ᾽ ἐςιν ἰδιον του παρα τον Αςυανακ]α οικτου, ἀλλα κοινως ἐπι παντος ὀρΦανου ἁρμοζει τα λεγομενα· Βελτιον οὐν οὐτως ἐπιβαλλειν. ὅτε συ τουτῳ ἐσσεαι Ἑκτορ ὀνειαρ, ἐπει ϑανες, οὐτε σοι οὐτος Αςυαναξ, ὁς πριν μεν των κ. τ. λ. (v. 500.)

3) *Scholien einiger mit dem Obelus und Asto-* *riskus bezeichneten Stellen.*

Il. Ω, 265-268. *Eustathius merkt schon* *von diesen Versen an, daß sie von den alten* *Grammatikern mit diesen Zeichen bezeichnet* *worden wären, und wahrscheinlich aus Il. ζ,* *506.* *hieher gekommen wären. Das Scholium* *in unserer Handschrift sagt folgendes:* απο του- του

τω (*dem* 265. *Vers*) ἑως του ριμφα κ. τ. λ.
ἀθετουνται στιχοι δ. και αςεριςκοι παρακεινίαι, ὁτι
οἰκειοτερον ἐπ' Αλεξανδρου, και το της καλλοσυνης
και το της ὁλης μορφης, και το της ςασεως του
ἱππου προς τον ἐν θαλαμῳ διαλελριφονία ἀντιπα-
ρακεισίαι· ἡτε και τα της αιφνιδιας εξορμησιν ὁμοιο-
της, και το κυδιοων, ὑψου δε καρη εχει,
εφ' Εκτορος του ἀρτιως ἑαυτον ἀντιςαντος ἐκ
της λιποθυμιας οὐχ ἁρμοζει· Τους μαλαι προ-
κειμενους των ἠθετημενων ςιχων δεῖ μενειν, προς
οὑς και ἡ ἀντιποδοσις γιγνεται.

Il. Υ, 195–198. ἀπο αλλου μεν, ἑως του
τριν τι κακον παθεειν, ἀθετουνίαι ςιχοι δ,
ὁτι επι της Μενελαου προς Ευφορβον συςασεως
ὀρθως λεγονται. Σκοπος γαρ αμφοτεροις εςιν
ἀνελεσθαι τον νεκρον, και τα ὁπλα. (*S. Il.* P,
30–32.)

Ilias Π. 236. *ift mit einer Dipla, und* 237
*mit einem Obelus und Afteriskus bezeichnet, und
das Scholion fagt über diefe Verfe:* ἡ διπλη, ὁτι
οὐ προςυνιςαται παρι της των Αχαιων κακωσεως·
οὐδε κατ' εὐχας τελιμηνίαι, αλλα δια τας της
Θετιδος λιτας. Διο αθετεον τον εξης τιμησας μεν
εμε. Καθολικαις γαρ λεγει, και ουκ αφωρισμενον
ἀναφερει καιρον του της μηνιδος. *Am Rand des*
237. *Vers fleht noch:* ὁ μεν οβελος προς την
προειρη-

προειρημενην αθετ~ιν· ὁ δε ἀσερισκος, ὅτι εκ τ
του Χρυσου ευχης μεθενηνεκται.

Il. T, 388–391. ist mit dem Obelus und
188. mit diesem und der punktirten Dipla b
zeichnet, und dabey das Scholium αθετουντ~
ςιχοι τεσσαρες, ὅτι εκ του Πατροκλου ὁπλισμενο
μεθακεινται. Ἡ δε περιεςιγμενη διπλη, ὅτι ενταυθ
μεν αυτους Ζηνοδοτος καταλελοιπεν, επι δε Πα
τροκλου ἠθετηκε· Ἐκει δε αναγκαιως λεγοντα
ἱνα γνωμεν διατι ουκ ελαβε την μελιαν. *An*
Rande steht noch: ουδε εν ταις αλλαις εισι ο
αθετουμενοι.

Noch zeige ich die, in den zwey ersten Bü-
chern der Ilias mit dem Obelus bemerkten, und
verworfenen Stellen an. Il. A, v. 29. την δ᾽εγω
bis 31 diesen mit eingeschlossen. v. 96. v. 110.
133. 139. 192. 195 u. 196. (Beyde haben außer
dem Obelus noch den Asteriskus, weil sie aus
dem 208. u. 209 Versen hierhergekommen sind.)
366–371 haben den Obelus. 372–379 (diese ha-
ben den Asteriskus und den Obelus.) v. 380 bis
592 sind wieder allein mit dem Obelus bemerkt.
424. 444. 474. 493. In dem Il. B. sind obeli-
sirte Verse. v. 82. 160–164. mit dem Obelus
und Asteriskus, 252–256. 529. 530. 562. 631.
669. 791–795. 860. 861. 874. 875. Die Scho-
lien

ûen alle abzuschreiben würde zu weitläuftig
ſeyn, da ich ohnehin noch von einem großen
Theil derſelben zu reden habe. *Wenn* alle dieſe
Obeliſirten *Verſe* wirklich unächte *Verſe* wären,
ſo würde die *Iliade* um einen anſehnlichen Theil
ihres Inhalts verringert werden. *Denn* auf jedes *Buch* darf man wenigſtens 30 bis 40 dergleichen bezweifelte Stellen rechnen. *Aber* welchem Kritiker ſind dieſe kühnen Verſuche zuzu-
ſchreiben? *Dem Ariſtarchus?* *Aber* viele von
dieſen verworfenen *Verſen* werden von ihm mit
veränderten *Leſarten* verbeſſert; und dieſe Mühe
würde er ſich ſchwerlich gemacht haben, wenn
er ſie für untergeſchoben gehalten hätte. *Dem
Zenodotus?* *Auf* dieſen könnte man am erſten
verfallen, weil nicht bey Einem mit dem *Obelus*
bezeichneten *Verſe* eine von ihm veränderte
Leſart vorkommt. *Sollte* dieſer, der ſonſt gar
nicht ſparſam war, wenn es auf das *Verändern*
losgieng, alle dieſe *Verſe* übergangen, oder alle
richtig befunden haben? oder ſollte keine von
ſeinen veränderten *Leſarten* in derſelben auf uns
gekommen ſeyn, da wir durch den ganzen *Homer* ſo viele von ihm noch übrig haben? *Beydes*
ſcheint unglaublich zu ſeyn. *Man* könnte alſo
wol vermuthen; er habe dieſe *Verſe* in ſeinem
Exemplar nicht geleſen, oder ſie für ausgemacht

unrichtig

unrichtig gehalten, und die bey ihnen befindliche
Scholien wären dann seine eigenen Anmerkungen
zumal da nach dem Vorbericht der Obelus aus
seiner Ausgabe genommen worden ist. Allein
man findet durchgängig in der Handschrift
daß wenn Zenodotus als der Bestreiter eines
Verses angeführt wird, sein Name ausdrücklich
genennt, und dem Obelus auch das ihm eigene
Zeichen beygefügt wird *). Mehrmals steht
dieses lezte blos allein auch vor denen von ihm
verworfenen Versen, wovon ich besser unten
einige anführen werde, wenn ich von den Veränderungen der Lesarten dieses Kritikers reden
werde. Und überdies verwirft Zenodotus nicht
allemal die mit dem Obelus bemerkten Stellen.
Auch dieses ist in der Handschrift immer angezeigt, und ich habe oben aus Il. I, 388 eine
dieser Stellen abgeschrieben. Ich vermuthe, daß
diese Verse nicht von einem alleine, sondern von
mehrern verschiedenen Erklärern seyen verworfen
worden, deren Anmerkungen ein anderer —
vielleicht Aristonikus —, gesammelt, und die
Verse selbst mit dem schon zu des Zenodotus
Zeiten

---

*) Eine von diesen Stellen ist Il. 5, 39 — Denen der
Obelus allein vorgesetzt ist, und wo das Scholion sagt:
ἡ τῶν Νηρείδων χορὸς προϋδίετται καὶ παρὰ Ζηνοδότου,
ἃς Ἡσιόδου ἔχων χαρακτῆρα·

Zeiten gebräuchlichen Obelus bemerkt habe.
Welche aber diese Erklärer find, das bestimmt
unsere Handschrift nicht; denn fast alle Scholien
find ohne Namen, und nur bey sehr wenigen
find Aristophanes, Aristarchus, Philoxenus und
andere, als die Bestreiter der Verse genennt.
Vielleicht gehört ein großer Theil derselben dem
Aristonikus selbst zu; und vielleicht kann dieses
aus der Florentiner Handschrift deutlicher bestimmt werden, was man aus der Venetianischen
nur vermuthen kann. Merkwürdig ist auch,
daß weder Eustathius, noch andere Scholiasten,
welche ich vergleichen konnte, von der großen
Menge dieser verworfenen Verse etwas melden.
Es scheint, es seyen diese Scholien ihm entweder
unbekannt gewesen, oder man habe in den ältern Zeiten ihnen wenig Werth beygelegt, daß
er, der sonst so genaue Erklärer, und Anführer
der verschiedenen Bemerkungen über den Dichter,
sie nicht einmal gewürdigt habe, ihrer zu gedenken. — Daraus könnte man denn auch erklären, warum diese Scholien so selten geworden
find, daß sie sich nur in Einer Handschrift, so
viel mir wenigstens bekannt ist, gehalten haben.

Scholien einigen mit dem Asteriskus bezeichneten Verse.

II.

Il. O, 414. αλλοι δ] ὁ ασεριϲκος, ὁτι εκ το[
του διασκευασαι ὁ τησ τειχομαχιας ϲιχϲο αλλοις
αμφ᾽ αλησι μαχην εμαχοντο πυλησι. (*Il.* M, 17[

Il. Π, v. 44. 45. οἱ ασερισκοι, ὁτι ὑπο Νεϲ[
ρος ουκ ερθως λεγονται (*Il.* Λ, 801. 802.)

Il. P, 235. ὁ ασερισκος, ὁτι τουτον γραφου[
τον ϲιχον και εν τη Οδυσσεια ἐπι του Κλαιτου [
δεοντασ (*Odyss.* O, 251.)

Verschiedene Lesarten des Zenodotus, un[
einige von ihm verworfene Verse aus dem drit[
ten Buch der Ilias.　Alle diese Verse sind mi[
der punktirten Dipla bemerkt.

v. 56. δαιδημονες] ὁ Ζηνοδοτος γραφει, ελεημο[
νες᾽ Ουκ ελεουσι δε αυτον, αλλα μισουσι᾽ οὐ με[
Φιλοτητι γ᾽ εκευθανον ισον σφιν πασιν ακηχθετο[
δια δε τον Εκτορα και τον Πριαμον εὐλαβουντα[
αυτῳ αντιτραττειν.

v. 71. κρεισσων] ὁ Ζηνοδοτος γραφει χωρις του [
κρεισσω᾽ ταδε τοιαυτα συγκριτικα ἐπι της ὀρθης[
εχει το ν. *Dieses Scholium ist auch beym* 92.
Vers wiederholt.

v. 74. ὁ Ζηνοδοτος γραφει καιομεν᾽ γελοιος δε
ἐστιν ἑαυτον καταριθμων τους ὑστερον οικησουσι την[
Τροιαν, δηλοτητος οὐσης, εἰ οικησει.

v. 99. ὁ Ζηνοδοτος γραφει, Αργειοι και Τρωες,
ὡς ἀποστροφης του λογου γεγονυιας προς αὐτους.

v. 100.

v. 100. εἰνεκ' αρχης]. Ὁ Ζηνοδοτος γραφει, εἰνεκ' αὐλης.

v. 126. μαρμαρεην] Και αἱ Αρισαρχου, και αἱ Ζηνοδοτου, και ἡ Αριστοφανους, πορφυρεην εἰχον, ὡ μαρμαρεην. Και ἐτι πρεπωδεσερον, και γαρ ἐπι των νυμφων Φαρε' ὑφαινουσι ἁλιπορφυρα.

v. 152. Δενδρεω] ὁ Ζηνοδοτος Δενδρει.

v. 155. Ἡκα] ὁ Ζηνοδοτος Ὤκα.

v. 206. σευ ἐνεκ'] Ζηνοδοτος γραφει σης ἐνεκ' αγγελιης. οὐ λεγει δε συνηθως ἡμιν, της σης αγγελιας χαριν, ἀντι του αγγελος· Προ του σρατευσαι τους Ἑλληνας εἰς Τροιαν ἠλθον πρεσβεις Ὀδυσσευς και Μενελαος ἀπαιτουντες Ἑλενην, ἐν οἱς των ἀλλων αὐτους μεθ' ὑβρεων διωξαντων, μονος Αντηνωρ ξεινιζει, φιλοφρονως. *Apollonius sagt im Lx. Th. 1. S. 34. unter dem Wort* αγγελια, *Zenodotus habe statt* σευ *gelesen* ἡς, *weil er das* σευ *nicht verstanden habe. Unsere Handschrift hat besser* σης —

v. 244. ὁ Ζηνοδοτος γραφει ἐη ἐν πατριδι· εἰτε δε ἐπι των Διοσκουρων ἐσαι το ἐη ἐνικον οὐχ' ἁρμοσει, εἰτε ἐπι της Ἑλενης, ἐκθεσμον ἐσιν το οὑτω λεγειν· τους δε κατεχεν φυσιζοος αἰα, ἐν τῃ ἐαυτης πατριδι.

v. 280. Ζηνοδοτος γραφει μαρτυρες. Ὁμηρος δε μαρτυρος κατα το ἐνικον λεγει. Ζευς δ' ἀμ' ἐπιμαρτυρος ἐσω, οὐ πληθυντικον ἐσαι το μαρτυροι.

F

ευρην

ευρυν] ΖηνοδοΊος γραφει αιπυν· αιΊυ
όρος αν λεγοιτο, ό δε ουρανος ευρυς. παρεικει γο
Ίη Ίη.

v. 459. αποΊινεμεν] ΖηνοδοΊας αποΊινεΊο· συγ
χειΊαι δε Ίο δυικον χημα επι πλειονων ΊιΘεμενο
και ηγνοηΊε, όΊι δυνηθαις Ίω απαρεμφαΊω αν
Ίου προσΊακΊικου χρηΊαι Όμηρος απΊινεμεν, αν
Ίου αποΊινεΊαι,

Vom Zenodotus verworfene Stellen:

Il. γ, 334. 335. ό ΖηνοδοΊος αμφοΊερους ηθεΊη
κεν, και μεΊα Ίον, υἱο κασιγνηΊοιο, ὑποΊασσει κρα
Ίι δ' κ. τ. λ.

v. 423–426. απο ΊευΊου, έως Ίου, ένθα καθιζ
Έλενη εἰχους δ παρακεινΊαι διπλαΊ περιεσιγμεναι
όΊι ΖηνοδοΊος μεΊαΊιθεσι την συνεπειαν ούΊως
Άμφιπολοι μεν επειΊα θοας επι έργα τραπουνΊο.
ΆυΊη δ' άνΊιον ίζει ΑλεξανδροΊο άνακΊος, όσσι
παλιν κλινασα ποσιν δ' ηνικαπε μυθω· Άπρεπει
γαρ αυΊω εφανεΊο, Ίο, Ίη Έλενη την ΑφροδιΊη
διφρον βαΊαζειν· επιλελησαι δε, ότε γραϊ εικασαι
και ταυΊη Ίη μορφη Ία προσηκονΊα επιΊηδευειν.

Scholien einiger mit der u s punktirten
Dipla bemerkten Verse. Viele unter diesen
sind schon beym *Eustathius*, und in den *Barne*-
sischen und *Aldinischen Scholien*; viele davon
　　　　　　　　　　　　　　　　　　aber

aber sind wie ich glaube noch ungedruckt. Da ich außer diesen genannten keine andere Schriften vergleichen konnte, so kann ich auch nicht genau bestimmen, was schon bekannt, und was noch unbekannt sey. Bey den schon bekannten fand ich meistens eine große Verschiedenheit zwischen der Handschrift, und den ungedruckten, und manchmal offenbare Widersprüche, besonders in denen, welche beym Eustathius sich befinden. Bey einer neuen Ausgabe desselben mögten diese Scholien von großen Nutzen seyn, weil sie manchmal vollständiger und besser sind, als das was Eustathius aus ihnen in sein Werk aufgenommen hat, und auch aus ihnen dieser verbessert werden kann. Hier sind einige Proben von diesen Abweichungen, aus dem 3. Buch der Ilias.

v. 35. *Handschrift.*

παρειά] οὕτως ὀξυτόνως καὶ χωρὶς τοῦ σ γραπτέον· ἵνα ᾖ οὐδέτερον· τὰ γὰρ ἀπὸ τῶν τοιούτων θηλυκῶν μεταποιούμενα εἰς οὐδέτερον γένος, τοῦ αὐτοῦ σημαινομένου μένοντος, τὸν αὐτὸν φυλάσσει γένος· πλευραί, πλευρά, πυραί, πυρά, (οὐκ ἀντι-κειται το νευραί καὶ νευρᾶ· διαφορὸν γὰρ τὸ σημαινομενον) οὕτως παρειαί παρειά· φασὶ μὲν τοι Ἀρίσταρχον καὶ Ἀριστοφάνην γράφειν ΠΑΡΕΙΑΣΣΙΝ ΤΩι Σ· ἐπειδὴ καὶ παρειῶν ἁπαλῶν ἁπαλήν λεγει.

Eustath.

ι Euftath. Th. 2. S. 822. Florent. Ausg.

Αρισαρχος δε Φασιν αντι του, ωχρος τε μ
ειλε παρειας, γραφει παρειὰ ουδετερως κ
ὀξυτονως· λεγων και κανονα τοιουτον· Τα αι
ὀξυτονου θηλυκου μεταποιουμενα εἰς ουδετερα, τ
αὐτου σημαινομενου μενοντος, τον αὐτον Φυλασσ
τονον, οἱον πλευραὶ, πλευρὰ, τυραὶ, πυρὰ· Ου
τως οὐν Φησι και παρειαὶ παρειὰ, και πλασμο
ουκ αντικειται το νευραὶ και νευρὰ· διαφορα γι
αι τοιαυται λεξεις σημαινουσι.

v. 354. Handſchrift.

Ξεινοδοκος παροξυνεται δια την ἐνεργειαν· οὐτα
δε πεφυκε τα περι ῥημα συντιθεμενα, παροξυνεσ
θαι μεν, ὁτε ἐνεργειαν ὑπισχνειται, προπαροξυνεσθ
δε, ὁτε παθος· εἰ μη κανονες τινες κωλυοιεν οἱ
παρατιθεται ὁ Ἡρωδιανος. Ὡστε διαφερειν το λ
θοβολος του λιθοβολος· Το μεν γαρ παροξυν
μενον σημαινει τον λιθους βαλλοντα, το δε πρ
παραξυνομενον, τον ὑπο λιθου βεβλημενον, ὡστι
Ἐυριπιδης ἐν Φοινικι, λιθοβολον αἱμα κατειργασ

Euftath. Seite 977.

Ξεινοδοκος παροξυνεται δια την ἐν αὐτῳ νοου
νην ενεργειαν· Τα γαρ παρα ῥημα συνθετα
ματα παροξυνεται μεν, ὁτε ἐνεργειαν ὑπισχνειτ
προπαροξυνεται δε, ὁτε παθος, ει μη κανονες τι
κωλυοιεν, οὑς παρατιθεται Ἡρωδιανος· Λιθο

ος μεν ουν παροξυ]ονας, ὁ λιθον βαλων, προ-
παροξυτονως δε ὁ λιθῳ βεβλημενος.

Unter diesen mit der Dipla bezeichneten Scholien mögen viele vom Didymus seyn. Wären
es diese, welche sonst dafür ausgegeben worden
find, so hätte unsere Handschrift alle. Aber
ich lese den Namen des Didymus bey keinem
schon gedruckten, sondern bey einigen, wie ich
vermuthe, noch ungedruckten, steht der Ausdruck: ταυτα ὁ Διδυμος. Eine davon ist in Il.
Ι, 10. ευ] ορεος κορυφησι] δια του δ αι Αρισαρ-
χω το ευ]ε, και το ε]αροθα λεγομενον, τω δ'
ευ]ε π]ερα γινε]αι, αντι του, ὡς π]ερα εγινε]ο
ευφρα τα του Ἡφαιςου οπλα τω Αχιλλει· εν
ενιαις δε των εκδοσεων, τητε χια και μασσαλιω-
τικη και τισιν αλλαις εκ πληρους εγεγραπ]ο, ηυ]ε
ρ;ευς κορυφησι, παρα το ειωθος Ὁμηρω (zwey
darein gehörende Worte weiß ich nicht zu lesen)
ρ;ευς· εισι δε αι και ετερως ακουουσι το ευ]ε, αν]α
τω, ο]ε, καθαπερ και εν αλλαις, ευ]ε γαρ ηελιος
ρ;ιεθον, και ευ]' αςηρ υπαρεχε· λαμβανουσι δα
ιτο μιαν περιγραφην, το ολον, ευ]' ορεος κορυφησι
ρ;ος κατεχευεν ομιχλην ποιμεσιν ου]ε φιλην,
κλεπ]η δε τε νυκ]ος αμεινω, τοσσον τις τ' επιλευσει
ιςω ετι λααν ιησιν· Ὁπο]ε ὁ νο]ος ταις του
ρ;ους κορυφαις κα]εχεεν ομιχλην, τοις μεν ποι-

μεσιν

μεδιν οὐ προσφιλην, τῳ δε κλεπΙῇ νυκΙος κρειι
σονα, τοΙε επι τοσουΙον δυναΙαΙ τις βλεπειι
ὁσον ετι λιθοβολης διασημα˙ Αμεινον δε τα πρω
τερον, τῳ γαρ ὡσπερ ἀνΙαποδιδοΙαΙ το ὡς ἀρα τα
ὑπο ποσσι κονισσαλος. ΤαυΙα ὁ Διδυμος.

It. γ, 44. ΦανΙες ἀρίσαΙ Ἰ κἀΙα συγκοπην το
προμαχον ειρηκεν, οὐχ ὡς οἱ γλωσσογράφοι τε
βασιλεα.

ebendaf. 51. καΙηφειην δε σοι αυΙῳ Ἰ οὕτως κα
τηφειην συν τῳ ν ὡμολογουν αἱ Αρισαρχου, κα
ἡ Αριςοφανους, καη ἡ Σωσιγενους, καη ἡ Αργολιιι
καη χεδον ἐν ταις χαρισαΙαις οὕτως εἰχεν. ἡ δ
ΖηνοδοΙου χωρις του ν.

Il. χ, 11. σαφως ὁ πονος οὐκ ἐςιν αληγδαι
οὐ γαρ ἀν λεγοιΙο, οὐ μελει σοι ἡ των Τρωων ἀλ
γηδαν, ἀλλ᾽ οὕτως εἰρηκεν, ἀνΙι του ου μελει σ
τα περι τους Τρωας πονειν καη ἐνεργειν καη ὁ Ἰ
εφοβησαΙ εις φυγην ἐΙρεψας.

Π. γ, 36. ἀγερωχους τους Τρωας ου μονον του
ροδιους ὡς τινες ὠηθησαν, δια το ἀγειρειν τη
ὀχην, τουΙ ἐςι την τροφην. Ὁ γαρ Ὁμηρο
ἀγερωχους τους ἀγαν γερωχους καη σεμνους λεγει

 Viele von den verschiedenen Lesarten de
Aristarchus sind von einer andern, und neuer
Hand geschrieben worden. Sie stehen auc
nicht unter den übrigen Scholien, sondern an
                                        Ran

Rand derselben, oder sogleich im Text über
den Worten, welche anders gelesen werden.
Die veränderten Sylben oder Buchstaben werden
gewöhnlich über dem Wort, worauf sie gehen,
angezeigt. Auch von diesen einige zur Probe.

Il. γ, 227. καφαλην τε και ευρεας ωμους] ου᾽
7ας συν τω τε ἡ Αρισαρχου και ἡ Αρισοφανους.

259. ἐ7αροις steht gleich im Text: ου᾽7ω᾽
τοις ἐ7αροις, κα7α δο7ικην αἱ Αρισαρχου, συνεφα-
νει και ἡ Ζηνοδοτου.

269. βησετο᾽ προκρινει μεν την δια του ἐ
γραφην βησε7α, πλην ου με7α7ιθησι, αλλα δια
του α γραφει ὁ 'Αρισαρχος.

v. 270. εχευαν. Αρισαρχος δια του ο και ανα-
λογει τω μισγον.

v. 290. μαχησομαι hat der Text, und das
Scholium: ου᾽7ω δια του η τα μαχησομαι 'Αρισαρχος.

v. 295. αφυσσαμενοι᾽ 'Αρισαρχος αφυσσομενοι
δια του ο᾽ αλλοι δε δια του α.

v. 348. χαλκους im Text.*) Das Scholium ου᾽-
τω Αρισαρχος᾽ 'Αλλοι δε δια του υ χαλκον.

v. 352. δαμασσον] 'Αρισαρχος δαμηναι.

v. 362. αυ7ω] -'Αρισαρχος πη7η.

v. 406. κελευθους] 'Αρισαρχος κελευθον.

v. 415. εκπαγλ' εφιλησα] 'Αρισαρχος εκπαγλ'
φιλησα. (f. εκπαγλα)

F 4   v. 416.

*) leg. χαλκοι.

v. 416. εχθαι] ἐν τῃ ἐῖερᾳ του Αριϛαρχου ἐχ
θαι, τινες δε αλγεα.

v. 434. παυσασθαι] Αριϛαρχος παυεσθαι.

Die aus dem *Nikator* und *Herodianes* an
geführten Scholien, scheinen mit keinem eigenen
Zeichen bemerkt zu seyn. Ich setze auch von
diesen einige her, welche ich für Auszüge aus
diesen beyden halte. Il. γ, 239. 240. ὁ Νικανω
αμφω οξυνει τους διαζευκῖικους. Ἡρωδιανος ὁ
τοͅ δευῖεραν περισπᾷ ὡς διαπορηῖικους αμφω δε
χομενος.

v. 250. τελεια ϛικῖεον μεῖα ϛῃ κληῖικην κα
γαρ τα εξης ασυνδεῖα, καλεουσιν αριϛοι.

v. 345. βραχυ διαϛαλῖεον επι το εγχειας.

v. 414. βραχυ διαϛαλῖεον χεῖλιη μαθειν, απ
εχθηρω· ϛικῖεον δε φιλησα, εαν ῃ το μηῖισομα
ορισικον, εαν δε υποῖακῖικον συνεϛαλμενον, κακε
διαϛολην θεῖεον, ινα κοινον ῃ το μη επιρρημα καῖ
παυῖων, μη σε μαθειν, μη απεχθηρω.

Dieses wenige, was ich von dieser Handschrif
angezeigt habe, wird doch, wie ich glaube, z
beweisen hinreichend seyn, daß sie für die kri
tische Geschichte der Iliade ungemein wichtig ist.
Seyen immerhin die meisten der verworfenen
Verse ohne Grund mit dem Verwerfungszeichen
bemerk

bemerkt worden; und daß es viele davon sind,
lehrt der Augenschein; so lernet man doch aus
ihr, an welchen Versen je die Alten gezweifelt
haben, besser als aus allen übrigen Scholiasten
kennen. Sie zeigt genauer die Lesarten der
verschiedenen Kritiker, des Aristarchus und des
Zenodotus besonders an, und enthält viele von
ihnen, welche anderswo vergeblich gesucht werden. Selbst bey einer neuen Ausgabe des Eustathius kann sie wegen der Verschiedenheiten,
die sich in den Scholien, welche dieser in seinen
Commentar aufgenommen hat, befinden, von
großer Wichtigkeit werden. Dieses alles erregt
in mir den Wunsch, daß die Bekanntmachung
ihrer Scholien nicht lange mehr verzögert, und
daß dann der Meister in Griechenland, Heyne
für den Homer das werden mögte, was er für
den Heldendichter Latiums ist.

F 5

IV.

IV.

Ueber die
alten Kunstwerke in Spanien

aus einem Briefe

an Hrn. Hofr. Heyne.

Antikensammlungen giebt es in Spanien eigentlich nicht. Dieß hat für den Liebhaber die
große Unbequemlichkeit, daß er die alten Kunstwerke an den verschiedenen Orten, wo sie befindlich sind, aufsuchen muß. Einige Stücke sind
im königl. Palast zu Madrid, andere zu Aranjuez, die meisten aber in dem königlichen Lust-
schloß la Granga. Von den letztern gibt Twiß
ein Verzeichniß, das aber mehr Namenregister
als Beschreibung ist. Ich rechne es zu den ver-
eitelten Hoffnungen, die bey einer Reise, wo
Umstände und Verbindungen der Wahl und
Neigung vorgehen, unvermeidlich sind, den letztern Ort nicht gesehen zu haben. Wenn ich
mir schmeicheln dürfte, daß die Nachricht, die
ich von andern, bisher so viel ich weiß, gar

nicht

nicht beſchriebenen Kunſtwerken mitzutheilen im
Stande bin, Ew. einigen Erſatz für jene Un-
vollſtändigkeit ſeyn würden, ſo würde ich mich
über einen empfindlichen Verluſt getröſtet halten.

Im königlichen Palaſt zu Madrid,
der ſonſt mit ſo vielen Zierrathen überladen iſt,
ſind wenig Stücke von Bedeutung. Statuen habe
ich, außer einigen kleinen Copien von Antiken,
die von Academiſten verfertigt ſind, nicht gefunden, aber verſchiedene Büſten von Kaiſern,
Conſuln u. ſ. f. deren jedoch die meiſten unbekannt ſind. Doch iſt hier ein Liebesgott, der
auf ſeinen Flügeln ſchläft, eine alte Copie des
ſchönen Stücks in Turin, nur etwas kleiner,
und eine Gruppe von zwey Kindern, die neben
einander ſchlafen.

Die Academie von S. Fernando beſizt
eine Menge von Abgüſſen der beſten Antiken,
die größtentheils aus dem Legat des großen
Mengs herrühren. Da ſie aber, ſo viel man
weiß, ſämmtlich aus Rom und Florenz ſind,
ſo kann nichts darunter ſeyn, das Ihnen nicht
längſt bekannt wäre. Merkwürdiger ſind die
Abgüſſe einiger Stücke aus dem Herkulanum,
worunter eine Venus, ein Paar Merkure, vorzüglich

züglich aber der trunkene Silen (Herculan. Ta
42.) sich auszeichnen. Die einzige Antike
eine kleine Venus von weißem Marmor, a
dem sel. Mengs gehört hat, vermuthlich diesel
die der D. Iof. Nic. Azara zu Rom gefunde
und Mengs selbst ergänzt haben soll. Sie
etwas über halbe Lebensgröße, und von außer
ordentlicher Schönheit. Die Stellung gleicht d
der Mediceischen, nur daß der Kopf nicht fo
wal seitwärts gekehrt als vorwärts gesenkt if
eine Stellung, die den Ausdruck der Verschäm
heit noch reizender macht. Der Kopf ist da
Meisterstück des Künstler, und übertrifft vielleich
an Grazie und Anmuth selbst die Mediceische
wenn er gleich weniger idealisch ist. Der lezt
Umstand läßt vermuthen, daß es vielleicht ei
in der Idee der Venus gearbeitetes Bildniß irgen
einer schönen Person gewesen sey. Wie viel a
der Statue ergänzt sey konnte ich, weil sie im
Schatten steht, nicht mit Gewißheit entdecken.

Von der berühmten Gruppe des Castor un
Pollux; oder wie Lessing will, des Schlafs und
des Todes ist hier auch ein Abguß, der aber
freylich nicht hinreicht zu beurtheilen, was daran alt und was neu ist. Doch eine Bemerkung
erlauben Sie mir hinzuzusetzen, die ich in dem
Lapidaria

Lapidario Veronenſi machte, daß nemlich 6 oder 7 Basreliefs mit einem Genius mit umgekehrter Fackel dort befindlich ſind. Einer erſcheint ſogar mit verhülltem Haupte, und auf andern ſind noch Inſchriften die verrathen, daß ſie von Grabmälern ſind. Ich bemerke dieß deswegen, weil ich jetzt nicht mich beſinne, inwiefern Leſſing ſchon davon Gebrauch gemacht hat. — Das Original der Gruppe iſt zu S. Ildefonſo, ſo wie die acht Muſen der Königin Chriſtina. Den Abguß der neunten, oder der Euterpe, die die ſchönſte von allen iſt, beſonders wegen des vortrefflich gearbeiteten Gewandes, beſitzt die Academie.

Außerdem findet man hier verſchiedene Altäre von Marmor, dreyſeitig und vierſeitig, mit den ſchönſten Reliefs, meiſtens Bacchanale, Opfer und Tänze. Auf einem bewunderte ich beſonders einen ſehr ſchönen Löwen, ſo wie man überhaupt die ſchönſten Thierfiguren auf Reliefs antrifft. Einige antike Leuchter von Marmor, 5 Fuß hoch, von der trefflichſten Form und Arbeit, werden auch hier gezeigt, man konnte mir aber keine Auskunft geben, wo ſie hergekommen ſind.

Von

Von Münzen und geschnittenen St
nen ist eine eine reiche Sammlung auf der k
niglichen Bibliothek. Unter den ersten
sind die gothischen und celtiberischen die mer
würdigsten, aber freylich nicht von Seiten d
Kunst. Von den Gemmen kann ich keine Nac
richt geben, weil alle unter einander liegen, al
und neue, arabische und Abraxas, und c
diesem Haufen die guten herauszusuchen mel
Zeit erfordert hätte, als mir gelassen wurd
Nur von einem merkwürdigen Stein, der mein
ganze Aufmerksamkeit auf sich zog, erlaube
Sie mir ein paar Worte zu sagen. Es ist ei
orientalischer, vollkommen schwarzer Achat, i
einem Ring von Filigrangold eingefaßt. Au
der einen Seite ist das Brustbild eines Mädchen
in Profil, von der größten Schönheit. Sie i
fast ganz entblößt vorgestellt. Das Gewand
schlingt sich nachläßig um die Schulter, und
von dem geflochtenen Haar hängt eine leicht
Binde in Falten an der rechten Seite des Kopf
herab. Auf der andern Seite des Steins ließt
man folgende Inschrift, mit weißen Buchstaben,
die in den Stein eingelegt oder angekittet sind:

EIME-

ΕΙΜΕΦΙΛΟΥΝΤΑ
ΦΙΛΕΙCΔΙCCΗΧΑΡΙC
ΕΙΔΕΜΕΜΕΙCΕΙC·
ΤΟCCΟΝΜΕΙCΗΘΕΙΗC
ΟCCΟΝΕΓΩCΕΦΙΛΩ †)

(εἰ με φιλοῦντα φιλεῖς, διστὴ χάρις, εἰ δε με μισεῖς·
τόσσον μισηθῆς, ὅσσον ἐγὼ σε φιλῶ.)

Die Arbeit sowol, als die Inschrift, verrathen,
daß es, wie auch Mengs geurtheilt hat, ein
Werk aus der schönsten Periode griechischer
Kunst sey, und die Leidenschaft, die die lextere
ausdrückt, macht es doppelt intereſſant.

Der

†) *Schon Gruter hat ſie in ſeinen* Inſcriptt. p. MCLVIII
n. 7. von dem Rigaltius, der den lexten Vers ließe:
τοσσον μη μισεῖς ὁσον εγω σε φιλῶ. *Auch Vavaſſor*
Opp. p. 677. *führt eben dieſes Epigramm an blos un-*
ter der Rubrik incerti ſcriptoris veteris epigramma
ineditum *und ließt:*

ει με φιλουντα φιλεις διττη χαρις· ει δε με μισεις
αυ τοσσον μισεις ὁσον εγω σε φιλῶ,

Ich weiß nicht, ob das Epigramm ſunſt bey einem
Alten vorkommt, oder woher es Vavaſſor nahm,
vermuthe aber, daß er es eben vom Rigaltius be-
kommen, und dann iſts eben von dieſem Stein. Ri-
gault hat ſogar eine Zeichnung beygefügt. Sehr un-
nöthig iſt übrigens die Verbeſſerung οὐ τοσσον *oder*
τοσσον μη, *die die Empfindung, die in der alten*
Inſchrift mit ſo lebendiger Wahrheit ſpricht; in
einen bloßen Witz verwandelt.

Der Herzog von Medina Celi, d
den größten Palaſt in Madrid und vielleicht i
Europa bewohnt, hat eine zahlreiche Büche
ſammlung, die für jedermann täglich offen ſteh
Bey dieſer iſt ein Armario oder Rüſtkamme
wo unter einer Menge alter Rüſtungen, Waffe
gepanzerter Reuter u. ſ. f. verſchiedene alte St
tuen und Kunſtſachen ſich befinden. Ich b
merkte folgende:

1. Eine liegende *Venus;* neben ihr ſteht d
   Amor.

2. Die ſterbende *Cleopatra,* kleiner als d
   im Belvedere, aber dieſelbe Idee, alſo wah
   ſcheinlich eine Nymphe.

3. Ein Genius mit der Fackel, oder *Hyme*
   eine ſchöne Figur, unter Lebensgröße.

4. Eine weibliche Figur, an der der Kop
   Hände und Füße von ſchwarzem Marmo
   ſind, das Gewand iſt von röthlich geaderte
   Iaſpis. Man nennt es eine *Muſe,* weil ſ
   eine Rolle hält; dieſe iſt aber wahrſcheinli
   vom Ergänzer. Ueberhaupt kam mir dieſ
   Stück, ſo wie die Venus, verdächtig vor.

5. Schöner als alle dieſe iſt ein kleiner *Herku*
   les, von weißem Marmor, etwas unter L
   bensgröße. Er ſteht gerade aufgerichtet, d
   Keule neben ſich haltend. Die Muſkulat

ist auch auf dem Rücken sehr ausgearbeitet.
Es schien mir nichts daran ergänzt als die
Hände, vielleicht auch die Füße. Es ist an-
streitig das beste Stück in der Sammlung.

6. Ein stählerner runder Schild voll Basreliefs,
die Belagerungen und Schlachten vorstellen.
Der Stil ist ziemlich antik, allein das in den
Zierrathen angebrachte Gold machte mich an
seinem Alterthum zweifelhaft.

6. Noch einige Reliefs mit Gruppen von Kindern, die ich wegen der Höhe in der sie hängen (eine häufige Unbequemlichkeit in Cabi-
nettern) nicht deutlich genug sehen konnte, um
sie zu beschreiben.

In dem Garten des königlichen Lustschlosses
zu Aranjuez stehen mehrere Statuen, neue und
antike, die von den erstern freylich sich auf eine
sehr vortheilhafte Art unterscheiden. Es waren
ehedem mehrere Antiken hier, wovon aber die
meisten nach S. Ildefonso versetzt sind. Ietzt
findet man noch folgende:

1. eine männliche Figur im leichten Gewand,
die einem gegen sie aufspringenden Hunde
schmeichelt. Man versicherte, daß sie antik
sey, ob es mir gleich zweifelhaft schien.

G   2. Eine

2. Eine ſchöne leicht bekleidete *Venus.* D
Gewand iſt ſo leicht gearbeitet, daß man _a
rechten Schenkel dadurch ſieht; der linke
faſt bis an die Hüfte entblößt. Ich nenne
Venus, weil man ſie dort ſo nennt; vielleic
iſt es eine Nymphe oder eine Portraitſtatue.
Beyde Statuen ſind von Marmor und habe
da ſie an einem ſo feuchten Ort unter freye
Himmel ſtehen, viel gelitten. Sie ſtehen
einem Springbrunnen nicht weit vom Eingar
des Gartens mitten unter einer Menge neu
Statuen. Ich bemerkte noch eine d r i t t e, a
ich des Stils wegen für alt hielt; eine wei
liche Figur, die ein jetzt nicht mehr kennt
ches Attribut in der Hand hält. Es mu
eine Muſe oder ſonſt eine ſymboliſche Gött
vorſtellen.

3. Nicht weit davon am Eingang eines kleine
Tempels oder Laube, ſtehen zwo Statuen vc
Bronze, die ſicher antik und vollkommen e
halten ſind. Die eine iſt eine unbekleide
Venus, in der Idee der Mediceiſchen; ab
etwas größer; die zwote, eine P o r t r a i
ſtatue eines R ö m e r s, im griechiſchen G
ſchmack, ganz nackt, in der Stellung ein
Redenden. Die rechte aufgehobene Han
und der rechts gewandte Kopf, drücken de
Affe

Affekt aus, mit dem er spricht, die linke ist
an der Seite gesenkt, aber unten verstümmelt.
Auf dem rechten Schenkel steht folgende lateinische Inschrift, von der Hüfte herab einge-
graben:

A. POBLICIVS L. ANTIOC TI. BAR
BIVS Q. P. L
TIBER.

Die kleinen krausgearbeiteten Locken, der
harte Stil und die trocknen, scharfen Umrisse,
die fast den Etruscischen Werken nahe kommen, zeigen deutlich genug, daß es römische
Arbeit sey. Die Inschrift scheint die Namen
der Männer zu enthalten, die diese Statüe
haben setzen lassen *).

Die

*) Ich habe nachher entdeckt, daß diese Statue bey der
alten Römischen Stadt Solva in Kärnthen ausge-
graben ist, von wo sie, ich weiß nicht durch welchen
Zufall, schon vor mehr als 100 Jahren nach Spanien
muß gebracht worden seyn. LAMBECIVS Comm. Bibl.
Vindob. p. 674. handelt weitläuftig davon; und
führt die Beschreibungen an, die man dort schon
von der Statue gemacht hat, auch eine Zeichnung
oder Holzschnitt, aus welchem, so schlecht er auch
ist, dieß erhellt, daß die linke Hand ehedem auf
einem Beil ruhte. Die Erklärung, die Lambecius
von der Inschrift giebt, indem er eine Inschrift auf
einem an demselben Ort gefundenen Schilde damit
zusammenließt, ist offenbar unrichtig, weil der Schild
auf keine Weise zur Statue paßt.

Was

Die merkwürdigste Sammlung von Alte
thümern, die ich in Spanien gesehen habe,
zu S. Valencia in der Erzbischöflichen B
bliothek. Hier sind alle Ueberbleibsel alter Ku
die man zu Pozzo und Murviedro, dem alt
Saguntus gefunden hat, aufgestellt. Von de
Fußboden in Mosaik hat Ponz in seinen Reis
nicht nur Beschreibung sondern auch Kupf
gegeben. Nur muß ich hinzusetzen, daß die
merkwürdigen Ueberreste der alten Pracht die[ſ]
Oerter jetzt völlig zerstört sind. Der Kön
hatte, um sie zu erhalten, den Ort mit ein
Mauer einfassen lassen. Da man aber denno
jedermann den Zugang verstattete, und d
Einfassung nicht verschlossen war, so ist dur[ch]
Einwohner und Reisende, ein Stück na
dem andern entwandt und vernichtet worde
Desto angenehmer muß es dem Liebhaber d
Alterthums seyn, daß der würdige Erzbischo[f]
D. *Francisco Fabian y Fuero*, selbst e
Kenn[er]

Was *Twiß* gesehen hat kann ich nicht begre[i]
fen, er sagt T. I. here are also two statues i[n]
bronze of Venus and Antinous, as large as t[he]
life, cast from the antique; these the garden[er]
called Adam and Eve. Under the statue of V[e]
nus is this inscription

A. Poblicius d. l. Antioc. t. Barbius. q. p. L. Tiber.
Die Richtigkeit dieser Nachricht kann man aus de[n]
oben gesagten beurtheilen.

Kenner und Liebhaber, sie schon vorher genau
in derselben Größe, mit den nämlichen Farben,
in dem Fußboden des Antiquitätencabinets zu
Valencia hat copiren laſſen. Dieß hat den
Vortheil, daß man nun alles was ſich in Pozzo
gefunden hat, beyſammen ſieht, und gleichſam
auf römiſchen Boden tritt. Es ſind mehrere
Fragmente von Pavimenten, theils mit Figuren,
Bacchus auf einem Tiger, Neptun mit Seepfer-
den auf ſeinem Wagen, Vögel u. ſ. f. theils ſind
es blos ſchwarze und weiße Steine, in allerley
Figuren gelegt, ſternförmig, wellenförmig,
verſchlungen, mit vieler Abwechſelung. Obgleich
dieſe von Seiten der Kunſt nicht vorzüglich ſind,
ſo muß ich doch geſtehen, daß ich mehr Geſchmack darin gefunden habe, als in vielen koſt-
baren marmornen Fußböden, womit die Kirchen
in Italien ausgeſchmückt ſind.

Die Statuen in dieſer Sammlung ſind:

1. Paris, im phrygiſchen Gewande und mit
der Mütze.

2. Eine Gruppe, ein F a u n, der mit einem
kleinen S a t y r ſpielt.

3. Drey ſchöne Bacchuſſe.

1) Der eine mit der Nebris, hält den
Arm über dem Kopf, neben ihm ſteht ein
Tiger, der gegen ihn aufblickt. Er hielt

G 3 ohne

ohne Zweifel Trauben, nach der Idee, di
man in mehrern Statüen dieses Gottes an
trifft. Allein die Hand und ein Theil de
Arms fehlen. Die Figur ist von der schön
sten Arbeit, und über Lebensgröße.

2. 3) B a c c h u s i n R u h e. Die linke stütz
er auf den Schlauch, der neben ihm steht
die rechte hält er auf dem Rücken. Son
derbar ists, daß beyde völlig gleich sind
vielleicht Copien von einem Original. Der
einen hat man ergänzt. — Allen dreyen
fehlen die Köpfe, Hände und Füße. Si
sind alle vom feinsten parischen Marmor
der nur, durch die Lage unter der Erde
etwas gelblich geworden ist, aber noch di
völlige Politur hat. Die Schläuche sind
ohne Politur, vollkommen weiß, vermuth
lich aus einem andern Stein; und mit einen
Fleiß gearbeitet, der das Auge täuscht
und mich anfangs glauben machte, daß e
neue Arbeit sey, bis man mich des Gegen
theils versicherte.

4. H e r c u l e s m i t d e r L ö w e n h a u t. Der Kop
fehlt. Er ist so schlank und jugendlich, daß
man ihn für einen Faun halten möchte, auc
ist die Keule nicht so gebildet, wie sonst; s
ist dünn, und hat die Gestalt eines pedun

mi

mit einer Krümmung am untern Ende. Die
Löwenhaut könnte eine Tigerhaut seyn.

Der Umstand, daß allen diesen Statüen die
Köpfe fehlen, die zwey ersten ausgenommen,
läßt beynahe vermuthen, daß sie mit Gewalt
heruntergeschlagen sind; so wie man aus der
wiederholten Vorstellung dieses Gotts und seiner
Begleiter, und dem Fußboden des Tempels
schließen muß, daß der Dienst des Bacchus in
diesen Gegenden vorzüglich herrschend gewesen
seyn müsse.

Von den übrigen Antiquitäten sage ich nichts,
weil man dergleichen häufig findet. Es sind
dorten viele Lampen, Thränengefäße von wirklich grünlichtem durchsichtigen Glas, Ziegel-
steine mit einem T und mit dem eingedruckten
Namen ΕΡΜΟΓΕΝΟΥϹ. Eine Urne mit der
Asche und den Gebeinen eines Kindes. Doch
diese sind nicht ein Gegenstand der Kunst, ob sie
gleich als Denkmale des häuslichen Lebens, von
einem Volk, das seit Iahrhunderten vertilgt ist,
und nur noch in der Geschichte lebt, dem Betrachtenden allemal ein so interessanter als rüh-
render Anblick sind.

G 4   II.

II.

Recensionen.

I.

Aeschyli Tragoediae quae superfu
et deperditarum fragmenta, recenfu
varietate lectionis et commentario pe
petuo illustrauit, scholia graeca, appar
tum historicum et Lexicon Aeschyleu
adiecit c. g. schütz, El. et P. P. ¬
Vol. I. Prometheus Vinctus et septe
adv. Thebas. Halae 1782. Vol. II. Pe
fae et Agamemnon. 1783.

*Wenn die zu hoffende Fortfetzung dief
Werks es uns auch nicht zur Pflicht macht
die erften Theile deffelben nachzuholen, fo würd
doch feine Wichtigkeit uns nicht erlauben,
mit Stillfchweigen zu übergehen. Noch hatt
wir keinen griechifchen Dichter, der fich ein
gleichen Behandlung wie Horaz und Virg
hätte rühmen können, keinen der durch ein
exegetifchen Commentar den Freunden der gri
chifchen Mufe auch ohne mündlichen Unterric
verftän*

verftändlich gewesen wäre. Diesem Mangel ist
jetzt durch die Bemühungen des H. P. größtentheils abgeholfen; sollten wir noch so glücklich
seyn, einen Homer, und einige einzelne Stücke
der übrigen Tragiker auf gleiche Weise behan-
handelt zu sehen, so wird dadurch der Weg
zum Heiligthum der griechischen Dichtkunst für
jeden, auch ohne weitern Führer, hinreichend
gebahnet seyn. Unter allen Dichtern des Alterthums war nicht leicht einer, der auf eine
neue Behandlung mit so vielem Recht hätte Ansprüche machen können, wie Aeschylus; jeder
Leser desselben muß es empfunden haben, in
was für undurchdringliches Dunkel nicht blos
einzelne Verse, sondern ganze Stellen, vornemlich in den Chören, durch die vielen verdorbenen
Lesarten gehüllt waren; die Bemühungen des
H. Brunk erstreckten sich nur über 3, und zwar
die am wenigsten verdorbenen Stücke; die vielen
einzeln bekannt gemachten kritischen Bemerkungen waren für den Herausgeber, nicht für den
Leser brauchbar, der nur bey ununterbrochenem
Lesen die Schönheiten des Dichters empfinden
kann. — Für Erklärung des Dichters war
noch weniger gesorgt; Stanleys bescheidene
Muse hatte nur einzelne Blumen gestreut, Paws
dicker Commentar beschäftigt sich fast blos mit

G 5

dem

dem Sylbenmaaß, und seine Erklärungen zeige
gewöhnlich den bloßen Wortcritiker, ohne alle
Geschmack. Beyde, sowol Critik als Exeges
haben durch diese neue Ausgabe so viel gewonnen
daß man mit Recht fagen kann, daß Aeschylu
jetzt erst lesbar geworden ist.

Bey dem critischen Theile hat der Hr. Pr
außer den von Stanley und Brunk genutzte
Codd. 4 neue Codices gebraucht, von denen abe
keiner von beträchtlichem Werth zu seyn scheint
Eine vollständigere Beschreibung erwarten wir ers
gegen das Ende des Werks. Hiezu kamen
bey den septem contra Thebas die 8 Askewschen
Codices, deren Lesarten in Burton's Pentalogie
angemerkt sind. Mehr haben zu der Berichtigung des Textes die Verbesserungen des H. P.
und anderer Gelehrten beygetragen. Unter dem
Verzeichniß der hiebey gebrauchten Bücher ver-
missen wir einige Abhandlungen über den Aeschylus in den Obs. Miscellaneis, wie z. B. über
den gefesselten Prometheus vom Patrobasilius
im VII. Bande.

Bey dem exegetischen Theile hat der H. P.
nicht blos den Text selbst erklärt, sondern bey
jedem Stücke auch noch kurze Abhandlungen
über den Inhalt, Namen, Ort und Zeit des
Stücks

ſtücks vorangeſchickt; und was in dem Commentar ſelbſt nicht füglich konnte erklärt werden,
in Excurſen nachgeholt. Da wir bey einem
ſolchen Reichthum an Materie dem H. Pr. unmöglich Fuß vor Fuß folgen können, ſo wollen
wir nur einzelne Stellen herausheben, um bey
dieſen etwas ausführlicher ſeyn zu können.

Da die gewöhnliche Ordnung der Stücke
beybehalten iſt, ſo macht der geſeſſelte Prometheus den Anfang. Mit Recht behauptet der
Hr. P. mit Stanley, daß die Scene des Stücks
nicht am Caucaſus in Aſien, ſondern im Euro-
päiſchen Scythien ſey, die Epiſode von der Io
zeigt dieß unwiderſprechlich. Aber neu war
uns die Bemerkung, die durch ein Fragment
des Attius, der den Prometheus ſolutus über-
ſetzte, bewieſen wird, daß in dieſem Stücke die
Handlung am Caucaſus vorgegangen ſey *).
Aeſchylus hatte nämlich der Gewohnheit der
griechiſchen Tragiker zu Folge die ganze Fabel
des Prometheus in einer Folge von Stücken,
nemlich in 3 Trauerſpielen vorgeſtellt, von denen
ſich

*) Wir hätten bey dieſer Gelegenheit gewünſcht, daß der
  H. P. den Leſern zugleich die Verbindung, in der
  der Prom. vinctus mit den beyden andern Stücken,
  dem Pr. ignifer und ſolut. ſtand, gezeigt hätte.

fich blos das mittelfte erhalten hat. Das erft
Προμηθευς τυρφόρος, behandelte die Fabel vo
der Entwendung des Feuers; wodurch fich Pi
den Zorn des Iupiters zuzog. Das zweyt
unfer Προμηθευς δεσμώτης, die darauf erfolg
Strafe, das dritte der Προμηθευς λυόμενος, d
Befreyung durch den Herkules. Auf eben d
Weife machen der Agamemnon, die Choëphore
und Eumeniden ein Ganzes aus. (Sollten i
diefer Gewohnheit der griechifchen Trauerfpiel
dichter, eine Reihe von Begebenheiten in mehrer
Stücken vorzuftellen, nicht die nachherigen Te
tralogien ihren Grund haben? Da nämlich da
griechifche Trauerfpiel nichts anders ift, al
Vorftellung von Begebenheiten der Vorwelt
vornemlich der Heldenzeit, fo war nichts natür
licher, als daß man Begebenheiten, die mit ein
ander in Verbindung ftanden, in ununterbroche
ner Reihe darftellte; und obgleich in der Folg
in eben derfelben Tetralogie Stücke enthalte
waren, die gar keine Beziehung auf einande
hatten, fo findet man doch zuweilen, befonder
beym Aefchylus das Gegentheil; fo machen z
B. der Agamemnon, die Choëphoren und Eu
meniden nebft dem dramate fatyrico Eine Tetra
logie aus, welche die Oreftea genannt wird.)

Di

Die Fabel vom Prometheus handelt der Hr.
?. im erſten Excurs ab. Prometheus ſey keine
?ſtoriſche Perſon, ſondern eine bloße philoſo-
?hiſche Idee, um zu zeigen, daß die Erfindung
?es Feuers und der Künſte der Klugheit und
Vorſicht, Προμηθεί? *zu verdanken ſey; die Dich-*
?er hätten dieſe Idee perſonificirt, und da die
Klugheit (προμήθεια *) theils zur Erfindung der*
Künſte, theils zur Erdenkung von Betrügereyen
diene, ſo ſey daher eine doppelte Reihe von Fabeln
entſtanden, da man dem Prometheus auf der einen
Seite die Erfindung der Künſte und des Feuers,
auf der andern Betrügereyen gegen den Iupiter
zugeſchrieben hätte; eben deswegen ſey er auch
von andern für einen Menſchen, von andern für
einen Gott gehalten. — Ueber das erſte läßt
ſich genau nichts mit Gewißheit ſagen, da es
uns an ſichern hiſtoriſchen Datis fehlt; aber
wenn unter allen griechiſchen Fabeln irgend eine
iſt, an der man die Spuren, nicht einer philo-
ſophiſchen Speculation, ſondern eines wirklichen
Facti erkennt, worauf ſie ſich gründet, ſo dünkt
uns iſt es die gegenwärtige. Wo war unter
allen Erfindungen der rohen Menſchen eine die
ihnen wichtiger geweſen wäre als die Erfindung
des Feuers? Und ward dieſe durch Tradition
fortgepflanzt, warum ſollte nicht auch der

Name,

Name, — oder vielleicht der dem Erfinder ge
gebene Beyname — mit auf die Nachwelt ge
kommen seyn? In jener trefflichen Erzählung
daß Prometheus das Feuer von der Sonne en
wandt habe, erkennen wir nicht das Nachdenke
speculirender Philosophen, aber wohl das erst
verwundrungsvolle Erstaunen roher Menscher
wie ihr neuer Wohlthäter mit seiner Erfindun
unter ihnen auftrat; wie sie in dem neuen, ihne
unbekannten Wesen eben die Eigenschaft wahr
nahmen, die sie bisher nur an der Sonne wahr
genommen hatten, und — was war natürlicher
— auf den Einfall geriethen, es stamme vor
der Sonne selbst her. — Der andern Bemer
kung des H. P. von dem doppelten Begriff, de
in dem Worte προμηθεια liegt, und der doppel
ten daraus entstandenen Reihe von Fabeln, hät
ten wir auch einiges Licht aus der rohen Den
kungsart jener Zeiten gewünscht. Die morali
schen Begriffe waren damals noch so wenig ent
wickelt, daß man Klugheit und Arglist nich
zu unterscheiden wußte; selbst Homer unterschei
det sie noch nicht; der kluge und der arglistig
Mann, sind ihnen gleichbedeutende Ausdrücke
Hierin liegt der Grund, warum vom Prometheu
Beweise zugleich seiner Klugheit und seiner
Arglist erzählt werden.

In

Im 365. *Verſe hat der H. P. für die vorige*
Leſart ἱπνούμενος *die Conjektur des Stephanus*
und des H. O. C. Gedike ἱπούμενος *aufgenommen.*
Wir zweifeln ob mit hinreichendem Grunde; der
Dichter hatte vorher geſagt, daß Typhous von
dem Blitze Iupiters getroffen ſey; warum ſollte
er nicht fortfahren können: er liegt v e r -
b r a n n t u n t e r d e n W u r z e l n d e s
A e t n a; *zumal da in der Folge die Ausbrüche*
des Aetna beſchrieben werden? Die Leſart v.
711. ἔτοιχοι *für* ἔτοιχον, *findet ſich durch den*
Scholiaſt *beſtätigt. Doch ziehen wir allerdings*
ἔτυχον *vor, weil* ἔδος *ſonſt ohne Beywort ſtände.*

Bey dem 458. *Verſe iſt dem H. P. eine Be-*
merkung *entgangen, die für die Critik dieſer*
Stelle ſehr *wichtig iſt. In den Supplementen*
nämlich, *die zu den* Eclogis Phyſicis *des Sto-*
bäus *aus den Leidenſchen Codex in den* Obſerv.
Miſc. T. VII. p. 182. *ſtehen, findet ſich dieſe*
Stelle *des Aeſchylus nicht allein verändert, ſon-*
dern *auch um 3 Verſe ſtärker, als in unſern*
Ausgaben. *Anſtatt nemlich daß Prometheus in*
ſen *ſagt:*

  — — ἕς τε δή ϛφιν ἀϛτολὰς ἐγώ
Ἄϛρων ἔδειξα τάς τε δυσκρίτους δύσεις.
Καὶ μὴν ἀριθμὸν ἔξοχον σοφισμάτων
Ἐξεῦρον αὐτοῖς etc.

          wird

wird hier auf folgende Art gelesen:

— — ἔς τε δὴ σφιν ἀντολὰς ἐγὼ
Ἄςρων ἔδειξα, τάς τε δυσκρίτους ὁδούς.
Ἀριθμὸν εὑρὼν ἔξοχον σοφισμάτων·
Ἔπειτα πάσης Ἑλλάδος καὶ ξυμμάχων
Βίον διώκῃς (l. διώκησ') ὄντα πρὶν πεφυρμένα
Θηροὶ δ' ὅμοιον· πρῶτα μὲν τὸν πάνσοφον
Ἀριθμὸν εὕρηκ' ἔξοχον σοφισμάτων.

Wenn man den zweymal geschrieben Vers Ἀριθ
μὸν u. f. f. das erstemal ausstreicht, so hänge
die folgenden mit den vorhergehenden vortrefflic
zusammen, und enthalten gewiß nichts, was de
Aeschylus unwürdig wäre. Wollte man die
nicht thun, so würde man annehmen müssen
daß die 4 letzten Verse entweder aus einem an
dern Stücke des Aeschylus, oder wol gar au
einem andern Dichter mit Weglassung des Na
mens genommen seyn. In beyden Fällen abe
bleibt die Schwierigkeit übrig, daß die Vers
in unsern Text des Aeschylus überhaupt nich
passen. Denn anstatt daß in diesem der Vers

Καὶ μὴν ἀριθμὸν ἔξοχον σοφισμάτων

mit dem folgenden Ἐξεῦρον αὐτοῖς zusammen
hängt, wird beym Stobäus der Sinn schon mi
dem ersten Verse

Ἀριθμὸν εὑρὼν ἔξοχον σοφισμάτων

geschlossen. Die Lesart ὁδοὺς für δύσεις halte
wir

wir für richtig; δύσεις ſcheint die Emendation
eines Grammatikers zu ſeyn, weil ἀνατολὰς vor-
hergieng. Vielleicht gefällt es dem H. P. uns
in dem verſprochenen Nachtrag am Ende des
Werks ſein Urtheil über dieſe Stelle zu ſagen.

In dem Chor V. 525. ſcheinen noch größere
Lücken zu ſeyn, als die eine, welche der Hr.
Brunk und nach ihm der Hr. Pr. im 550. V.
angezeigt haben. Denn in der erſten Antiſtro-
phe nach dem 541. V. Μυρίοις μόχθοις διακναιό-
μενον fehlt offenbar ein ganzer Vers, der mit
dem 532. Verſe in der Strophe Ἄσβεσον πόρον
correſpondiren muß. Man ſieht leicht, wie er
hat wegfallen können, da der Sinn auch ohne
ihn beſtand.

Bey der Epiſode der Io hat der H. P. einen
eigenen Excurs de erroribus Ius angehängt.
Die Materie verdiente gewiß eine genaue Behandlung, da die ganze Stelle des Dichters für
die Geſchichte der alten Geographie ein ſo wich-
tiges Stück iſt. Schwerlich würde man den
Griechen im Zeitalter des Aeſchylus noch eine
ſo eingeſchränkte Kenntniß von dem ſchwarzen
Meer und den angränzenden Ländern zugetraut
haben, wenn es hier nicht der Augenſchein lehrte.
Wir übergehen den erſten Theil der Beſchrei-

H   bung

bung, wo Prometheus der Io ihre bisher g
machten Wanderungen erzählt, weil wir hi
mit den Erklärungen des Hrn. P. völlig übe
einstimmen, um etwas von dem zweyten fag
zu können, wo der Io der ihr noch bevorstehen
Weg beschrieben wird. — Vom Prometheu
der, wie oben angeführt worden, im Europä
schen Scythien angefeffelt ist, wendet sich
gegen Osten, so daß sie längs dem nördlich
Ufer des schwarzen Meers fortgeht. An die/
nördliche Ufer und zugleich diffeits des Pal
Maeotis setzt der Dichter nach einer theils ric
tigen, theils falschen Beschreibung zuerst die N
madischen Scythen, ferner die Chalybes, ein
Fluß Hybristes, ja sogar den Caucasus und d
Amazonen. Hierauf fährt der Dichter for
v. 735.

Ἰσθμὸν δ' ἐπ' αὐταῖς ςενοπόροις λίμνης πύλαι
Κιμμερικὸν ἥξεις, ὃν θρασυσπλάγχνως σὲ χι
Λιποῦσαν αὐλῶν' ἐκπερᾶν Μαιῶτικόν.
Ἔςαι δὲ θνητοῖς εἰσαεὶ λόγος μέγας
Τῆς σῆς πορείας, Βόσπορος δ' ἐπώνυμος
Κεκλήσεται· λιποῦσα δ' Εὐρώπης πέδον,
Ἤπειρον ἥξεις Ἀσιάδ'.

Und bald darauf v. 796.

Ὅταν περάσης ῥεῖθρον, ἤπειρον ὅρον,
Πρὸς ἀντολὰς etc.

Unt

Unter dem V. 735. erwähnten Iſthmus will
der H. P. nicht den Iſthmus, der die Cherſone-
ſus Taurica mit dem feſten Lande verbindet,
verſtehen, ſondern einen ſchmalen Strich Landes
zwiſchen dem ſchwarzen Meer und dem Maeo-
tiſchen Sumpf, wo vordem die Städte Hermo-
naſſa und Phanagoria lagen. — Aber zu
geſchweigen, daß dieſer unbedeutende Strich
Landes dem Dichter ſchwerlich bekannt war,
ſo kann er auch aus dem Grunde hier nicht ge-
meinet ſeyn, weil er an dem öſtlichen Ufer des
Palus Maeotis lag, und alſo zu Aſien gehörte;
da doch, wie der 737. Vers lehrt, die Io
erſt nachher über dieſen See nach Aſien gieng.
Noch weniger ſehen wir ein, wie der Hr. Pr.
unter dem ῥεῖθρον ἠπείρων ὅρον den Boſporus
Thracicus verſtehen, und dieſer Erklärung zu
gefallen annehmen kann, daß die Io durch das
ſchwarze Meer nach Europa zurück gekehrt ſey,
da doch davon in dem Dichter ſich nichts findet. Uns ſcheint in der Beſchreibung des Dichters keine Schwierigkeit zu liegen, wenn wir
ihm nur Schritt vor Schritt folgen, und keine
wahre Geographie da hineinzubringen ſuchen,
wo keine iſt. Io gieng, wie oben bemerkt, längs
dem nördlichen Ufer des ſchwarzen Meers von
Weſten nach Oſten. Sie gieng durch die oben

H 2   genannten

genannten Völker und Gegenden, die alle, fel
der Caucafus, nach der Vorftellung des Di
ters nicht in Afien, fondern diffeits des Pa
Maeotis in Europa liegen. Hierauf kam fie
den Ifthmus Cimmericus v. 737. Ueber die
geht fie hinüber, durchirrt die Cherfonefus Ta
rica, und fchwimmt durch den Bofporus Ci
mericus v. 736. 737. Ietzt verließ fie alfo E
ropa, und kam nach Afien 740. 741 λιποῦσα
Εὐρώπης πεδὸν ἤπειρον ἥξεις Ἀσιάδ᾽. Da m
mit diefen Worten der 796. Vers, wo die E
zählung fortgefetzt wird, unmittelbar zufan
menhängt, was ift natürlicher, als daß man
unter den Wörten ῥεῖθρον ἠπείρων ὅρον den B
fporus Cimmericus, nicht den Thracicus ve
fteht. Daß die Palus Maeotis und der Bofp
rus Cimmericus für die Gränze von Europ
und Afien gehalten fey, fagt Herodot ausdrück
lich, IV, 45. οἱ δὲ Τάναϊν ποταμὸν, τὸν Μαιῆτ
ναὶ πορθμήϊα τὰ Κιμμέρια (οὐρίσματα Ασιας
ναὶ Εὐρώπης εἶναι) λέγουσι.

Bey den feptem contra Thebas hat der H. P
noch die Lefarten aus den Afkewfchen Codd
die Burton ausgezeichnet hatte, genutzt. Si
find aber felten von Bedeutung, und ein fichere
Beweis, daß aus unfern Codd. für die Criti
des

*en Aefchylus wenig Hülfe zu erwarten fey.
Bey dem 160 - 167. Verfe.*

Ὦ φίλ' Ἄπολλον,

Κοναβὸς ἐν πύλαις

Χαλκοδέτων σακέων

Καὶ διόθεν πολεμόκραντον ἁγνὸν τέλος,

Ἐν μάχαι;ί τε μά. αιρ'

Ἄνασσ' Ὄγκα πρὸ πόλεως

Ἑπτάπυλον ἕδος ἐπιῤῥύου.

*nimmt der H. P. die Interpunktion und Erklä-
rung von Heath, daß die Worte πολεμόκραντον
ἁγνὸν τέλος von der Minerva verftanden und mit
dem folgenden verbunden werden, in dem Commentar für richtig an; wir halten fie auch dafür, und hätten gewünfcht, daß der Hr. Pr.
auch in dem Text die Interpunktion darnach
eingerichtet hätte. Wollte man aber mit Hrn.
Brunk nach τέλος interpungiren, und die Worte
mit dem vorhergehenden verbinden, fo würden wir
τέλος nicht von einer Schaar Soldaten, fondern
von dem Ausgange des Krieges verftehen. ἁγνὸν
wäre alsdann für δίκαιον gefetzt; der von den
Göttern gerecht beftimmte Ausgang
des Kriegs ift nahe. Bey diefer Erklärung
fällt die Schwierigkeit weg, die fich bey der
andern findet, wenn man τέλος durch eine*

H 3   *Schaar*

Schaar überſetzt, daß es ſich mit dem vor hergehenden κόναβος nicht bequem verbinden läſſ

Bey dem 174. Verſe ſcheint es uns faſt da die Leſart πανδήμους vor der gewöhnlichen πα δίκως den Vorzug verdient.

Eine der trefflichſten Emendationen die w dem H. P. zu verdanken haben iſt die im 20 Vérſe, wo er für διὰ ςδμα vorſchlägt διαςόμα Da ſonſt hin und wieder Conjeßturen, die ein hohen Grad von Wahrſcheinlichkeit hatten, i den Text aufgenommen ſind, ſo wiſſen wi nicht, warum es der Hr. Prof. nicht bey dieſe Stelle gethan hat, die ſonſt keine bequeme Er klärung zuläßt. Weniger gefällt uns die be dem 353. Verſe:

'Αρπαγαὶ δὲ διαδρομᾶν ὁμαίμονες vorgeſchlagene Veränderung, daß für διαδρομᾶ ſollte geleſen werden διαδρόμαν (von διάδρομος Rapinae fiunt diſcurrentium incolarum aequi cruentae. Das Bild welches in der gewöhnli chen Leſart liegt, wo der Raub ein Bruder de Eroberung genannt wird, iſt allerdings kühn aber ſcheint uns doch des Aeſchylus nicht un würdig zu ſeyn.

I

In dem zweyten Bande iſt der H. P. ſeinem Plane völlig treu geblieben, doch iſt, obgleich die Stücke länger ſind, der Commentar nicht ſo lark geworden wie im erſten Theile. Natürlich konnte vieles ſchon einmal geſagte jetzt entweder ganz übergangen, oder doch kürzer gefaßt werden. Das erſte in demſelben enthaltene und in ſo mancher Rückſicht merkwürdige Stück ſind die Perſae. Es iſt dieß ſo viel wir wiſſen das einzige Beyſpiel, daß die Griechen gleichzeitige Begebenheiten auf das tragiſche Theater gebracht haben, wo ſonſt nur Geſchichten der Vorwelt vorgeſtellt wurden. Und doch hätte der Dichter vielleicht nicht gewagt, wenn er nicht die Scene in ein ſo entferntes Land hätte ſetzen können. Scenen aus der wahren Geſchichte, von denen wir ſelbſt Augenzeugen waren, werden uns ſchwerlich auf dem Theater intereſſiren; die Nachahmung bleibt immer unter der Natur, und die Täuſchung wird durch die unwillkührlich angeſtellte Vergleichung mit dem wahren Anblick jeden Augenblick geſtört; alle dieſe Schwierigkeiten fielen durch die Behandlung weg, die der Dichter gewählt hat. Er ſtellte den Zuſchauern einen Anblick dar, den jeder von ihnen hundertmal lebhaft gedacht, aber keiner von ihnen wirklich geſehen hatte.

H 4   Er

Er konnte also, ohne die Täuschung der Zu
schauer zu stören, dem Fluge seiner Einbi
dungskraft folgen, und durch unglückdrohen
Träume, und Schatten, die aus den Gräber
hervorstiegen, seinem Stücke neues Interesse gebe

Da dieß Stück auch gewöhnlich als ei
Quelle der persischen Geschichte pflegt angesehe
zu werden, so hat der H. P. eine Vergleichung
zwischen den Königen und Anführern der Pe
ser, wie sie beym Herodot und bey unser
Dichter sich finden, vorangeschickt. Es ist be
kannt, daß hier eine große Verschiedenheit sic
findet, und der Hr. Pr. glaubt daher, daß di
Namen der persischen Heerführer von dem Dich
ter erfunden worden seyn. Wahrscheinliche
dünkt es uns, daß er hierin dem Gerücht ge
folgt sey; denn von wie vielen, sonderlich ge
bliebenen, Anführern des persischen Heers moch
ten damals die Namen unter den Griechen her
umgehen! Da übrigens der Dichter höchst
wahrscheinlich keine geschriebene Nachrichten
vor sich hatte, und über die Zuverläßigkeit
dessen was er sagte keine Untersuchungen an
stellte, so dünkt es uns immer bedenklich ihn als
Quelle für die persische Geschichte zu betrachten;
wenigstens wird Herodots Angabe, wo sie sich
widersprechen, immer das Uebergewicht haben.

Bey

Bey dem 12. und 13. Vers

Πᾶσα γὰρ Ἰσχυς Ασιατογενὴς
Οἴχωκεν· νέον δ' ἄνδρα βαῦζει

glaubt der H. P. daß nach οιχωκεν einige Verſe
vermißt werden, weil es hart ſey, bey dem lezten Worte νέον ανδρ. β. aus dem vorigen Ασια
zu ſuppliren. Doch dünkt uns würden wir
auch im Deutſchen ſagen können: "die ganze
Aſiatiſche Macht iſt fort; es ruft ſeine junge
Mannſchaft." Aber freylich läßt ſich in Sachen
wo es auf bloßes Gefühl ankommt, nichts ent-
ſcheidendes beſtimmen. Sonſt könnte man auch
auf die Vermuthung gerathen, daß in den
Worten νέον δε ein Subſtantiv verborgen ſey,
welches *Frau* oder *Braut* bedeute, ob uns
gleich dieß nicht wahrſcheinlich iſt.

Die bisher ganz unerſtändliche Stelle am
Ende des Geſanges womit der Chor den Darius
heraufruft, hat der H. P. durch eine ſehr glückliche Conjectur aufgeklärt. In dem 672 Verſe
liest er für τι τάδε, δυνάσα δυνάσα, in Verbindung mit dem folgenden

Τις τάδε δυνασσίᾳ, δυνάσα
Παρὰ τῷ σῷ δίδυμα
Διάνοι ἂν ἁμάρτια
Πάσᾳ γῷ τῷδε;

H 5　　　　　*Wer*

Wer o König hat unter deiner Regie-
rung solch ein zwiefach Unglück, a-
Xerxes jetzt erfahren, beweint? Will ma
ἁμάρτια von ἁμάρτιον für kein gutes griechische
Wort halten, so kann man unbeschadet des Syl-
benmaaßes ἁμαρτήματα lesen, welches der Hr-
Pr. auch in einem Codice gefunden hat.

Bey dem 982. Verse treten wir der Meynung
des Hrn. Pr. bey, und halten ihn für unterge-
schoben. Zu den von ihm angeführten Grün-
den kömmt noch hinzu, daß das Wort πρόκακα
gegen die Gewohnheit des sonst so wörterreichen
Aeschylus gleich im folgenden wiederholt wird.

Das zweyte in diesem Bande enthaltene Stück
ist der Agamemnon, bekanntlich eins der schwer-
sten und dunkelsten des ganzen Alterthums.
Vielen unsrer Leser wird es bekannt seyn, daß
der H. P. schon vor mehrern Iahren ein Speci-
men von Verbesserungen über dieses Stück her-
ausgegeben hat, die hier zum Theil aufgenom-
men sind, aber doch größtentheils sehr verändert
und vermehrt erscheinen. In allen leuchtet ge-
naue Kenntniß der Sprache des Dichters hervor,
und der treffliche Commentar hat dieses Stück,
das sonst auch für den Kenner der griechischen
Sprache

Sprache Dunkelheit behielt, jetzt jedem verſtändlich gemacht.

Unter der ſo zahlreichen Menge von Verbeſſerungen und neuen Erklärungen, iſt uns
nicht leicht eine vorgekommen, der wir unſern
Beyfall verſagen könnten. Wir enthalten uns
daher aller weitern Urtheile darüber, und wollen
wir noch zum Beſchluß ein paar Anmerkungen
über den erſten Excurſus, de huius tragoediae
conſilio et adornatione hinzufügen: Aeſchylus
hat wie der Hr. Pr. richtig bemerkt, in dieſem
Stück die Einheit der Zeit nicht beobachtet,
von der Einnahme von Troja, die im Anfange
des Stücks als eben geſchehen durch die gegebenen Zeichen verkündigt wird, bis zu der Zu-
rückkunft des Agamemnons mußten wenigſtens
einige Monate verfließen, und doch erfolgt auch
dieſe in dem Stück ſelbſt. Bey der Einrichtung
des griechiſchen Theaters, wo die Akte oder
Epiſoden nicht durch den niedergefallnen Vor-
hang, ſondern durch Geſänge des Chors unter-
ſchieden wurden; hält der H. P wie die mehrſten unſrer Kunſtrichter die Vernachläſſigung
der Einheiten der Zeit und des Orts für einen
unverzeihlichen Fehler. Wir zweifeln ob ganz
mit Recht. Denn obgleich die Geſänge des
Chors

Chors eine Beziehung auf die Handlung hatten, ſo hatten ſie doch an der Handlung ſelbſt keinen Antheil. Es war alſo ein gewiſſer Ruhepunkt da, ſo gut wie bey uns zwiſchen den Akten. Ueberhaupt war Einheit der Zeit und des Orts offenbar erſt eine Regel der neuern Tragiker. Aeſchylus beobachtet die Einheit des Orts ſo wenig als die Einheit der Zeit, denn in den Eumeniden iſt die Scene zuerſt in Delphis, nachher in Athen. Wenn man das griechiſche Trauerſpiel für das anſieht, was es urſprünglich war, für die Darſtellung der Begebenheiten irgend eines Helden oder einer Gottheit, die zwar auf einander Beziehung hatten, aber doch zu verſchiedenen Zeiten, und an verſchiedenen Orten vorgiengen, ſo dünkt uns lehrt die Natur der Sache ſelbſt, daß in den älteſten Zeiten die Regeln der Einheit des Ortes und der Zeit nicht konnten beobachtet werden. — Den noch übrigen Stücken des Aeſchylus ſehen wir mit Verlangen entgegen, und wünſchen, daß es dem H. P. nicht an Muſſe und Aufmunterung fehlen möge, ein für die alte Litteratur ſo claſſiſches Werk ſo bald wie möglich zu vollenden.

Ee.

————————

2.

2.

Ariſtophanis Comoediae ex optimis exemplaribus emendatae ſtudio. RICH. FRANC. PHIL. BRUNCK, Argentoratenſis Tomi IV. Argentorati, 1783. 8.

Ohngeachtet dieſe Ausgabe eines der witzig-ſten Dichter des Alterthums ſchon bekannt genug iſt, und man eine Beurtheilung derſelben in dieſer Bibliothek wol nicht mehr erwartet hat; ſo ſcheint uns doch ein zu großer Fortſchritt im Gebiete der griechiſchen Litteratur dadurch gemacht zu ſeyn, als daß wir ſie ganz vorbey-laſſen, und ihrer gar nicht erwähnen ſollten. Ariſtophanes gehörte beſonders zu den Dichtern, für die bis auf unſere Zeiten nur wenig gethan war, ſo ſehr er auch vor allen andern die Be-arbeitung geſchmackvoller Kritiker verdient hätte. Denn nicht zu gedenken, daß er der einzige griechiſche Komiker iſt, von dem ſich ganze Stücke erhalten haben, ſo machen ihn die eigen-thümliche Laune, der unerſchöpfliche Witz, das lebhafte Intereſſe, das er bey aller Einfachheit der Handlung dem Leſer abzugewinnen weiß; die mannichfaltigen Gemälde der Sitten, Denk-

art

art und des ganzen Charakters von Athen; d
reinſte Attiſche Sprache, die jeden, der dafü
Gefühl hat, und haben kann, vergnügen muß
endlich die vielen Aufſchlüſſe, die das Studius
deſſelben über die ganze Beſchaffenheit des grie
chiſchen Theaters, beſonders der ältern und mitt
lern Komödie, giebt, zu einem in ſeiner Ar
einzigen Schriftſteller. Bey dem allen find di
Komödien des Ariſtophanes, den *Plutus* und
die *Wolken* etwa ausgenommen, weniger all
gemein geleſen, als man hätte vermuthen ſollen
Doch man darf ſich darüber nicht wundern
wenn man mit ihnen nur im mindeſten bekann
iſt. Bey keinem Dichter hat man, um ſeinen
Witz zu faſſen, und ſeine Schönheiten bemerken
zu können, ſo viel Schwierigkeiten zu überwin
den, als gerade bey dieſem. Man muß ſich
dazu nicht nur eine genaue und ins Einzelne
gehende Kenntniß von der Geſchichte ſeines Zeitalters, und der Vorfälle im peloponneſiſchen
Kriege; von dem politiſchen Verhältniſſe der
griechiſchen Freyſtaaten unter einander; von
der Regierungsform Athens und den innern Revolutionen derſelben; von den damals lebenden
Staatsmännern, Weltweiſen und Dichtern; von
den Gebräuchen, Gewohnheiten, und allem, was
zum Privatleben der Athenienſer gehört, er-
                                        werben;

werben; sondern man muß auch eine ganz eigene Aufmerksamkeit auf seine Sprache, und jenen Ausdruck wenden, den Sinn von Wörtern erforschen, die selbst in der gewöhnlichen Dichtersprache nicht vorkommen; und das alles zusammengenommen macht eine gewisse Anstrengung nothwendig, zu der nicht viele fähig sind, und durch die der gewöhnliche Leser sich leicht mag abschrecken lassen.

Aber auch für den gelehrten Humanisten war das Studium des Aristophanes immer sehr mühsam und beschwerlich. Zwar hatte Küster schon durch kritische Bearbeitung des Textes vieles erleichtert. Er hatte die ältern Ausgaben, die Aldina von 1498 fol. und die Iuntina von 1525, aus welchen die folgenden geflossen sind, verglichen; außerdem noch Varianten der Vaticanischen Handschriften, einer Arundelischen, die den Plutus und die Wolken enthielt, einer Bodlejanischen des Plutus, und einer Kopie der Vossischen von der Lysistrata mit vorher unedirten griechischen Scholien, benutzt, und daraus manche Verbesserungen in den Text aufgenommen; ob er gleich die meisten selbst evident ächten Lesarten, welche sie ihm an die Hand gaben, nach einer ängstlichen Furchtsamkeit der damaligen Kritiker überhaupt, die man ihm

nicht

nicht so sehr zur Last legen muß, nur in d.
Noten anmerkte und empfahl. Dennoch bli
der Text in der Küsterschen, und der sich da
auf gründenden Bergler - Burmannischen Au
gabe noch äußerst verdorben, und daher nic.
selten ganz unverständlich. Auch waren, u
seine ursprüngliche Reinigkeit wiederherzustelle
außer den gewöhnlichen kritischen Hülfsmittel
eine vertrautere Bekanntschaft mit allen Eigen
thümlichkeiten der attischen Dramatiker über
haupt, und des Aristophanes insbesondre; ein
fleißigere Vergleichung der Grammatiker un
Glossatoren, welche Stellen entweder selbst an
führen oder darauf anspielen, und vorzüglich
eine nicht gemeine Kenntniß der Metrik erfoder
lich, die Küster und Bergler wol nicht in seh
hohem Grade besaßen.

Um desto angenehmer war es uns, und wird
es jedem seyn, der den Aristophanes mit gerin-
germ Aufwande von Mühe zu lesen wünschte,
daß ein Mann, wie Hr. Brunk, dessen Talente
in der Kritik so entschieden und allgemein anerkannt sind, sich der Arbeit unterzogen hat,
einen verbesserten Aristophanes zu liefern. Er
wollte anfangs nur drey oder vier Komödien
kritisch berichtigt. als Probe einer künftigen
voll-

vollſtändigen Ausgabe des ganzen Ariſtophanes
herausgeben, wie er dieß bekanntlich bey den
Tragikern gethan; auf Veranlaſſung ſeines
nunmehro verſtorbenen Verlegers aber entſchloß
er ſich ihn gleich ganz zu bearbeiten. Er verglich zu dem Ende verſchiedene Handſchriften,
und merkte die Aenderungen, die er nach dieſen
ſowohl, als nach ſeinen eigenen Einſichten machen
wollte, auf den Rand eines Exemplars der
Berglerſchen Ausgabe an. Die Menge und
Mannichfaltigkeit derſelben wurde aber ſo groß,
daß er, um den Druck, und die Arbeit bey
der Correctur nicht zu ſehr zu erſchweren, ſich
genöthigt ſah, den ganzen Text, ſo wie er
gedruckt werden ſollte, abzuſchreiben. Nachdem er hiemit fertig geworden, verglich er von
neuem andre Handſchriften, fand wieder ſo
viel auszuſtreichen und zuzuſetzen, daß er die
Arbeit des Abſchreibens zum zweytenmale
übernehmen mußte, und nach dieſer zweyten
eigenhändigen Kopie des Hrn. Brunck iſt
der Text unſerer Ausgabe abgedruckt. Auf
Verlangen des Verlegers fügte er nun die
lateiniſche Ueberſetzung bey; verbeſſerte ſie aber
vorher ſowohl überhaupt, als beſonders nach den
abweichenden Leſarten, die er in den Text auf-
gnommen, und nach wieder hinzugekommenen

1

neuen

nenen Aenderungen. Nach dem Abdrucke de
Ueberſetzung ſchrieb er die Noten, worin
von ſeiner kritiſchen Behandlung Rechenſcha
giebt, aufgenommene Emendationen zuweile
wiederruft, Druckfehler anmerkt, und außer
dem noch neue Verbeſſerungen des Textes un
der Ueberſetznng anzeigt. Das ganze Wer
endigte er mit eigener Verfertigung eines Wör
terindex, wobey er Gelegenheit hatte, alle Feh
ler, die etwa noch ſtehen geblieben ſeyn möchten
aufzuſinden und anzumerken. Wenn man alſ
zu wiſſen verlangt, was Hr. Brunck eigentlic
geleſen haben will, ſo muß man in der Ueber
ſetzung, den Noten, und den Supplemente
dazu nachſehen; eine Unbequemlichkeit, die Hr
Brunck durch die Eile, womit er arbeiten mußt
entſchuldigt.

Itzt haben wir die Geſchichte der Entſtehun
der Ausgabe, nach dem, was der H. Heraus
geber ſelbſt in der Vorrede davon ſagt, unſer
Leſern mitgetheilt, und gehn nun zu einer ge
nauern Auseinanderſetzung deſſen, was Ariſto
phanes dadurch gewonnen, über; denn daß ty
pographiſche Schönheit ſie, wie alle Ausgabe
des Hrn. Br. empfiehlt, dürfen wir nicht er
erinnern, da es ſich von ſeinem Geſchmacke auc

m äußerer Eleganz nicht anders erwarten läßt.
Allgemein geurtheilt ift ein kritifch berichtigter
Text ihr größtes Verdienft, und von diefer
Seite hat Ariftophanes unzählige Verbefferungen
erhalten.　Zur Erklärung des Dichters aber
enthält fie weniger; denn die Anmerkungen,
welche man etwa hieher rechnen könnte, find
fparfam, zum Theil aus dem Scholiaften genommen, oder beziehen fich vornehmlich auf eine
gewiffe Klaffe von Stellen, bey denen Hr. Br.
lieber, als bey andern, verweilte, oder werden
nur da beygebracht, wo es die Beftätigung
einer veränderten Lefart erfoderte.　Was den
kritifchen Apparat betrifft, den Hr. Brunck gebraucht, fo hat er die obenerwähnten alten Editionen von neuem zu Rathe gezogen, und außer
den fchon von Küfter gebrauchten noch eine
frühere Iuntina vom Iahre 1515. 8. und den
erften Abdruck der Thefmophoriazufen und Lyfiftrata, die in der Aldina und zweyten Iuntina
fehlen.　Ueberdieß aber hat er noch vorher nicht
verglichene Handfchriften der königlichen Bibliothek zu Paris, nämlich Cod. 2712. 2715. 2717.
wovon die beyden erftern auch die Concionantes,
deren Text unter allen am verdorbenften ift, aber
unvollftändig enthielten; ferner ein Mfpt aus
der Augsburger Rathsbibliothek von der Lyfi-

fiftrata

strata und den Thesmophoriazusen, welches letz
tere Stück sich am seltensten findet, und ei
eigenes, das den Plutus, die Wolken, und di
Frösche begriff, zu Hülfsmitteln gehabt. Ein
andre Handschrift von den eben genannten dre
Komödien, die nach dem Iahre 1740 in die kö
nigliche Bibliothek zu Paris gekommen ist, un
also nicht in dem damals erschienenen Verzeichniß
steht, konnte Hr. Brunk erst nach schon vollen
detem Drucke benutzen; und er will daher vo
den Verbefferungen, die sich hieraus noch ma
chen laffen, ein besonderes Supplementum emen
dationum hinzufügen. Die Varianten, welch
Hr. Prof. Trendelenburg in Danzig au
einem Elbinger Mspte, worin er unter ander
auch den Plutus, die Wolken, und die Frösch
enthalten fand, fürs erste zum Plutus in de
Noua Bibliotheca phil. et crit. Vol. I. Fasc. 1
p.25. mitgetheilt, sind ihm nicht bekannt geworden

Alle diese Hülfsmittel hat Hr. Br. so ange
wandt, wie man es von seiner sorgfältigen Ge
nauigkeit, seinem kritischen Scharffinne, und
seinen tiefen Einsichten in die griechische Litt
ratur zu hoffen schon berechtigt ist; und da
wo sie ihm nichts helfen konnten, hat sein glück
liches Genie vieles erfetzt. Gleichwol dürfte
wi

wir behaupten, daß er manche nicht nothwendige Aenderungen gemacht, manche gute und
ächte Leſarten durch zu ſchnelle, und aus Eil-
fertigkeit nicht genug geprüfte, Conjecturen
verdrängt hat, deren Verwerfung ihn in der
Folge gereuen wird, obgleich an ſich ſelbſt der
Dichter nicht immer dabey verlieren würde, wenn
er ſo geſchrieben hätte, wie Hr. B. emendirt.
Daß auch der geübteſte glücklichſte Kritiker nicht
vorſichtig genug hiebey verfahren kann, erhellt
ſchon daraus, daß Hr. Br. ſelbſt manche bey
dem Abdrucke des Textes gemachte Aenderungen
nachher in den Noten wiederrufen hat. Aber
auch die Zahl der Verbeſſerungen, die uns zu
gewagte Conjecturen ſcheinen, kann gegen die
Menge derer, die unbezweifelt wahr und richtig
ſind, gar nicht in Anſchlag gebracht werden,
und es iſt deswegen unſere Abſicht nicht, dem
Hrn. Br. einen Vorwurf daraus zu machen.
Nur wünſchten wir, daß er eben aus dieſem
Grunde mit ſeinen Vorgängern in der Kritik
unſers Dichters gelinder umgegangen wäre.
Bergler verdiente eher den Unwillen des Hrn.
B., ohngeachtet er doch nicht allemal mit Recht
von ihm getadelt wird, wie wir unten an einem
Beyſpiele zeigen werden; aber gegen Küſter,
deſſen beſcheidenes, oder, wenn man es ſo nennen

will, ängstlich furchtsame Kritik doch imme
für den Aristophanes sehr wohlthätig war, i
er nach unsrer Meynung zu streng. Gleich da
wo er seine Ausgabe in der Vorrede anführ.
scheint er uns zu hart zu urtheilen, wenn e
hinzusetzt: Non erat cur ille gloriaretur d
nitore et cultu, quém Comico sua opera accei
siffe opinabatur, mendis enim eum reliquit ei
fertissimum. *Küster sagt blos in der Stelle sei*
ner Vorrede, worauf H. B. hier anspielt: in re
centando Aristophane antecessorem habui Aemi-
lium Portum; qui quamuis in praefatione edi-
tionis suae glorietur, se Aristophanem αὐτότατοι
nobis dedisse, conscius tamen mihi sum, (idque
ingenue profitebor) tantum nitoris et cultus
noua hac editione Comico nostro accessisse, vt
Aristophanes Porti prae noftro pa-
rum emendatus et ornatus videri
queat. *Man sieht, Küster spricht von den*
Vorzügen seiner Ausgabe im Vergleich mit der
des Aemilius Portus, und das konnte er eben
so gut mit Wahrheit thun, wie es Hr. B. von
der seinigen im Vergleich mit den andern thun
kann (f. H. B. Vorrede). Auffallend war es
übrigens dabey dem Rec. daß gerade die drey
vornehmsten Kritiker des Aristophanes alle auf
gleiche Art ihr Verdienst um ihn ankündigen.
Dazu

Dazu kömmt, daß die Küſterſche Ausgabe bey allen ihren Mängeln itzt durch die Brunckſche nichts weniger als entbehrlich gemacht iſt, und den kritiſch richtigern Text in dieſer ausgenommen, noch ſehr weſentliche Vorzüge hat. Sie enthält die ältern und neuern Scholien, und alles, was bis auf Küſters Zeiten von den gelehrteſten Humaniſten für die Erläuterung des Ariſtophanes geleiſtet war. Wenn wir auch die Commentare der letztern entbehren möchten, ſo ſind doch die Scholien zum Verſtändniß des Dichters unumgänglich nothwendig. Sie enthalten ſo viel lehrreiches über einzelne ſonſt nicht bekannte hiſtoriſche Umſtände, Perſonen, Begebenheiten, Feſte, Gebräuche, Sitten, Rechte und Gewohnheiten; ſo viel Aufklärung über dunkle aus dem gemeinen Leben hergenommene Begriffe, Redensarten und Wörter; daß wir es für einen der unangenehmſten Mängel der Ausgabe halten, daß Hr. B. ſie derſelben nicht beygefügt. Dann wäre ſie eine vollkommene Ausgabe des Ariſtophanes, die wenigſtens dem gelehrten Humaniſten für den Handgebrauch nichts mehr zu wünſchen übrig ließe. Wenn eines hätte wegfallen ſollen, ſo hätten wir lieber die Ueberſetzung vermißt, als die Scholien; und welch ein Verdienſt hätte ſich Hr. B. durch

I 4

Beſr-

Bearbeitung derſelben nicht noch erwerben können? Doch wir mögen nicht undankbar ſeyn,
und es auch nicht ſcheinen; wir wünſchen vielmehr, daß ihn unſere freymüthige Aeußerung
aufmuntern möge, dieſen Mangel in der Folge
einmal zu erſetzen.

Die Ausgabe beſteht, wie ſchon der Titel
lehrt, aus vier Bänden, Der erſte enthält die
Lyſiſtrata, die Thesmophoriazuſae,
die Fröſche, und den Plutus; der zweyte
die Ekkleſiazuſae, die Wolken, die Vögel, die Weſpen; und der dritte, die Rit-
ter, die Acharnenſes, und den Frieden.
Die Ordnung demnach, in welcher die Komödien hier auf einander folgen, iſt nicht ſo, wie
in den ältern Ausgaben; ſie iſt aber auch nicht
beſſer als in dieſen. Hr. Brunk hat die zuerſt
abdrucken laſſen, welche er vorher zur Probe
herauszugeben entſchloſſen war, und nachher
bloß dafür geſorgt, daß die Bände gleich ſtark
würden. Da ſie aber doch meiſtens politiſchen
Inhalts ſind, alſo leichter verſtanden und mit
größerem Vergnügen geleſen werden, wenn man
die Zeitfolge, nach welcher ſie verfertiget ſind,
beobachtet: ſo hat er ſie zu dieſem Zwecke in
einer kleinen Tabelle chronologiſch geordnet. Die
Berech-

Berechnung gründet ſich auf die Zeugniſſe des
ältern Scholiaſten, deren Angaben in den Noten bey Küſter angemerkt ſind. In jedem Bande
befinden ſich die Noten hinter den darin abgedruckten Stücken. Der dritte Band enthält außerdem noch ein Verzeichniß der verloren ge-
gangenen Werke unſers Dichters nach dem
Fabricius, aber berichtigt; ferner die Fragmente, die noch davon übrig ſind; Nachträge
zu den Noten für die in den erſten beyden Bänden abgedruckten Stücke; und den Wörterindex.
Die Fragmente, die Canter und Coddäus
geſammelt, und die Küſter vernachläſſigt hatte,
ſind von dem Hrn. B. noch vermehrt und verbeſſert. Zu Verfertigung eines neuen Wortre-
giſters bewog ihn die Flüchtigkeit, womit das
Küſterſche gemacht, und die vielen Druckfehler,
wodurch es verunſtaltet war. Der vierte Band
endlich iſt ganz der lateiniſchen Ueberſetzung
gewidmet. Sie iſt nicht in nach den Verſen des
Originals abgemeſſenen Zeilen gedruckt; auch
nicht numerirt; welches allerdings für den be-
quemern Gebrauch derſelben ſeinen Nutzen haben würde; denn wenn man itzt, wo bloß nach
dem Dialoge abgeſetzt iſt, etwas nachſehen will,
ſieht man ſich genöthigt erſt mehr Seiten durch-
zuleſen, bis man auf die verlangte Stelle ſtößt.

So

Soviel über die Ausgabe im Allgemeinen. Itzt wollen wir unsern Lesern nur aus einem Stücke eine Probe davon geben, wie viel Ariſtophanes der Kritik des Hrn. B. zu verdanken hat, um unſer oben gefälltes Urtheil zu beſtätigen. Wir wählen dazu die Lyſiſtrata, nicht ſowohl als eins der vorzüglichſten Stücke ſondern weil ſie zu denen gehört, die Hr. B. eh er den Vorſatz zur Bearbeitung des Ganzen faßte, für den Druck fertig gemacht, und worauf er einen ruhigen ſorgfältigern Fleiß hatte wenden können. Wir werden aber doch nur die wichtigſten Verbeſſerungen auszeichnen, und über einige unſer Urtheil hinzuſetzen.

Das Stück iſt nach zweyen Handſchriften aus der Königl. Bibliothek zu Paris, Cod. 2713, den Hr. Brunk A, und Cod. 2717, den er B nennt; ferner nach der Augsburger, die, wie wir ſchon erinnert haben, zugleich auch die Thesmophoriazuſen enthält, verbeſſert worden.

V. 16. ἥξεσι· χαλεπή τε γυναικῶν ἔξοδος. *Scaliger muthmaßte ſchon, daß* χαλεπή τοι *geleſen werden müſſe, und da Hr. B. dieſe Conjektur durch die Pariſer Handſchriften beſtätigt fand, hat er ſie in den Text aufgenommen.*

V. 20.

V. 20. ᾽Αλλ᾽ ἕτερα γὰρ ἦν τῶνδε τραγικώτερα Αὐταῖς. *Dem Verſe fehlte ſo eine Sylbe, und Hr. B. lieſt deswegen:* ἦν γε τῶνδε. *Die Lesart des Scholiaſten:* ᾽Αλλ᾽ οὐκ ἐκείνων ἦν τάδε τραγικώτερα Αὐταῖς; — *würden wir nicht ſo ganz aus dem Grunde verwerfen, weil nichts vorhergegangen iſt, worauf ſich* τάδε *beziehen könne; denn es bezieht ſich auf eben das, worauf itzt* ἕτερα *geht. Aber es fehlt ſo dem Verſe auch eine Sylbe.*

V. 22. Hr. B. hat hier συγκαλεῖς *in* ξυγκαλεῖς *verändert, und bemerkt in der Note dazu, daß er in Anſehung des Atticiſmus ſich nicht an die Abſchreiber binde; ſondern es ſich zum Kanon gemacht habe, überall die ächten attiſchen Formen herzuſtellen, wie er ſie auch gewöhnlich in irgend einem Manuſcripte fand. Wir pflichten ihm hierin bey, weil es beſſer iſt, eine gewiſſe durchgängige Gleichheit in der Form zu beobachten, als von der Willkür der Abſchreiber, die oft aus Nachläſſigkeit fehlten, abzuhängen. Es hat indeß große Kritiker gegeben, und giebt es noch, die darüber anders urtheilen. S. Hemſterhuſ. ad Lucian. T. I. pag. 94. Morus ad Xenoph. Hellenica. I, 1, 17.*

V. 31. ᾽Εν ταῖς γυναιξίν; ᾽επ᾽ ὀλίγα γὰρ οἴχετο. *Hr. B. verbeſſerte* γὰρ *in* γ᾽ἄρα, *nahm überdieſs die*

die Conjectur des Florens Christianus οἴχετο
statt οἴχετο (eigentlich ᾤχετο) auf, und über
setzte die Stelle: in mulieribus? (sc. Graecia
falus) parum ergo abest, quin nulla fit. Abe
selbst dieser Sinn kann nicht aus den Worte
gebracht werden, da man so nicht ἐπ' ὀλίγε
sondern vielmehr bloß ὀλίγε (δεῖν) sagt. Ein
beßre Lesart geben alle drey Handschriften, di
statt οἴχετο lesen εἶχετο. Im Texte muß es also
heißen: Ἐν ταῖς γυναῖξιν; ἐπ' ὀλίγε γ'ἄρ' εἶχετο.
Die Redensart ἔχεσθαι ἐπ' ὀλίγε wird beyläufig
erläutert.

V. 33. ἢ μηκέτ' εἶναι, μηδὲ Πελοποννησίας.
Hr. Br. liest nach A. und B. μήτε, und so
hängt Βοιωτίας τε V. 35 damit zusammen.
Schon der Scholiast führt auf diese Lesart.

V. 38. ἀλλ' ὑπονόησον σύ μοι. Herr Brunk
nimmt ἀλλ' sehr richtig für ἄλλο, und verwirft
die gewöhnliche Erklärung ἀλλὰ. In der Uebersetzung ist er Berglern gefolgt: tu ipsa con-
jecturam facias; er verbessert daher in der Note:
aliud te suspicari velim.

V. 48. folgte in den bisherigen Ausgaben
hinter V. 45. Küster fand ihn in zwey Handschriften erst nach V. 47; änderte aber doch in
der Ordnung der Verse nichts; H. B. hat ihm
seinen gehörigen Platz angewiesen. V. 56.

Ἀλλ'

Ἀλλ' ὦ μέλ' ὄψει γε ϭφόδρ' αὐτὰς Ἀττικάς. Beſſer bey Hr. B. ὄψει τοι.

V. 60. ἀλλ' ἐκεῖναι γ' οἶδ' ὅτι ἐπὶ τῶν κελήτων
διαβεβήκαϭ' ὄρϑριαι. Hier finden wir keine
Zweydeutigkeit, wie der Scholiaſt und Hr. B,
der ausführlich in Erläuterung derſelben iſt.
(S. Not. zu v. 64.) Der Dichter dachte bey
κέλης an nichts anders, als ein kleines Fahrzeug,
und der Zuſammenhang erlaubt auch in dieſer
Stelle einen ſolchen Nebenſinn nicht, ohngeachtet Ariſtophanes dergleichen Zweydeutigkeiten
ſonſt ſehr liebt. Kalonice will nichts weiter ſagen, als: Von den Salaminiſchen Wei-
bern weiß ich, daß ſie dieſen Morgen
auf kleinen Fahrzeugen herüber ge-
ſchifft ſind. Eben ſo wenig liegt eine ähnliche Anſpielung in V. 50 ὥϭε μηδένα Ἀνδρῶν
ἐπ' ἀλλήλοιϭιν αἴρεϭϑαι δόρυ, wo Küſter glaubte,
daß δόρυ eben ſo zu verſtehen ſey, wie es Diogenes der Cyniker (beym Diog. Laert. im Leben deſſelben S. 53) nahm.

V. 64. ἢ γοῦν Θεαγένης, ὡς δεῦρ' ἴϭϭα τἀκάτιον ἤρετο. Hr. Br. lieſt im Texte nach der
Verbeſſerung des Biſetus: τἀκάτιον ἀνήρετο, und
erklärte die Stelle: attamen Theagenis vxor,
tamquam horſum ire cupiens, cymbam in altum
edidit.

adidit. Er glaubte in dem Worte ἀκάτιον, da cymba und auch cymbium bedeutet, eine An spielung auf die Trinkſucht der Weiber zu fin den. Aber von Acharnae (Lyſiſtrata hatte ſich nämlich beklagt, daß noch kein Weib von Achar nae da ſey) gieng der Weg nach Athen nicht zur See, ſondern zu Lande, und alſo läßt ſich an ein Schiff gar nicht denken. Hr. B. zieht daher in der Note die Emendation des Bentley zum 227. Fragment des Kallimachus Θουκάτειον ἦρστο vor, die auch ſchon Küſter in der Note angeführt und gebilligt hatte, und die ſich auf eine Stelle beym Suidas v. Ἑκάτειον gründet. Der Sinn iſt nun: die Gattin des Theogenes hat ſchon die Bildſäule der Hekate zu Rathe gezogen (ob ſie ausgehen ſolle, oder nicht).

V. 82. Γυμνάϐϐομαί γε, καὶ ποτὶ πυγὰν ἅλο-μαι. Die Spartanerinn Lampito ſagt dieſes, und Hr. B. lieſt daher richtiger nach dem lako-niſchen Dialekt γα, und nach der Emendation des Florens πυγάν.

V. 88. wird in den andern Ausgaben der Lampito, von Hrn. B. aber der Athenienſerinn Kalonice beygelegt, weil ſich der Spott mehr für ein Athenienſiſches Weib zu ſchicken ſcheint.

V. 93. τίς δ' αὖ ξυναλλαζε τόνδε τὸν ϛόλον. In der Note wird ξυναλλαζε in ϛυναλλαξε ver-beſſert.

bessert, da nach dem Dorischen Dialekte ἔσω nicht statt findet, und der Aoristus erfodert wird. So liest auch der Augsburger Codex. (Bey dem Scholiasten führt das erklärende Wort πινήθροισε ebenfalls auf den Aoristus.)

V. 100. Hr. B. versetzt in der Note die Personen, denen dieser und die folgenden Verse in den andern Ausgaben beygelegt werden, auf welche Aenderung ihn die Augsburger Handschrift führte. Nämlich, *V. 99. 100. 101.* läßt er alle die Lysistrata sagen, denn die Person der Myrrhina ist falsch eingeschoben, da ihr Mann Cinesias, wie aus der Folge erhellt, zu Hause geblieben war. Statt πάσαισιν ἡμῖν, wie im Texte steht, muß gelesen werden πάσαισιν ὑμῖν. *V. 102. 103.* gehören alsdenn der Kalonice. *V. 104.* wieder der Lysistrata. (Wir würden, wenn einmal die Personveränderung gemacht werden muß, *V. 99–104.* alle der Lysistrata beylegen, da *V. 103.* mit den vorhergehenden durch den Uebergang ὁ γοῦν ἐμὸς ἀνὴρ uns zu genau verbunden zu seyn scheint. *V. 104.* aber der Kalonice.)

V. 113. ἐγὼ δέ γ᾽ ἄν, κἂν εἴ με χρείη τοὔμπαλον Τουτὶ καταθεῖσαν ἐκπιεῖν αὐθήμερον. Lysistrata hatte die Weiber gefragt, ob sie wol wenn sie ein Mittel erfände, sich mit ihr ver-

einigen

einigen wollten, dem Kriege ein Ende zu machen? Hierauf giebt Myrrhina obiges zur Antwort. Die Ueberfetzung bey Küfter ift ganz unverftändlich und unrichtig: hoc, teftor deos, velim libenter, vel fi opus fit linquere munimen illud, integrum vt potem diem. Wir haben uns bey H. B. vergebens nach einer Anmerkung umgefehen; er folgt in der Erklärung dem Bifetus, und überfetzt: per Deos iuro me velle, fi me oporteat vel encyclum hocce opponere pignori, fumtamque pecuniam hoc ipfo die ebibere. Uns fcheint dieß aber nicht der Sinn der Stelle zu feyn. Myrrhina will, wie nachher auch die andern Weiber, ihre durch keine Schwierigkeiten zu überwindende Entfchloffenheit andeuten, der Lyfiftrata in Ausführung ihres Entwurfs beyzuftehen. "Und foderte man auch die allerfchwerfte, eine faft unmögliche Handlung von mir, ich würde fie verrichten"; das ift die Idee, die fie ausdrücken will. Nach unferm Gefühle drückt fie diefe aber im geringften nicht aus, wenn man fie fagen läßt: ich würde es thun, und follte ich auch dieß Gewand hier verfetzen, und das dafür bekommene Geld noch heute vertrinken. Uns dünkt, das möchte der Myrrhina wol eben nicht

nicht sehr sauer geworden seyn, und summa pecunia muß erst in die Stelle hineingedacht werden. Entweder also ist die Lesart verdorben, oder man muß eine andere Erklärung annehmen. Wir würden die Stelle so verstehen: ἐγὼ δὲ γ᾽ ἂν, (ἐθέλοιμί καταλῦσαι τὸν πόλεμον) κἂν εἰ με χρείη καταθεῖσαν (ἀποτιθεῖσαν, ἀποδύσασαν) τουγκυκλον τουτὶ ἐκπιεῖν (τᾶτο). αὐθήμερον., ich würde es thun, und sollte ich auch dieß Gewand hier ablegen, und es noch heute hinunterschlucken.

V. 122. und die folgenden, die sonst der Kalonice beygelegt würden, läßt Hr. B. die Myrrhine sagen, weil sie zuerst das vorgeschlagene Mittel der Lysistrata verwirft V. 129. und unter allen am begierigsten war die Sache zu erfahren. Wir verwerfen diese Aenderung nicht, nur läßt sich dagegen erinnern, daß doch Kalonice immer von Anfang an die erste war, die sich bey der Lysistrata nach dem Anschlage erkundigte.

V. 128. τοιήσετ᾽, ἢ οὐ τοιήσετε; In der Iuntina und der Augsburger Handschrift fand H. B. τέησετε. Er zeigt, daß der Diphthongus οι in mehrern Wörtern z. B. οἶαι, τοιητῆς, τοῖοι, τοι, kurz gebraucht werde, und er deswegen überall die attische Form τοιεῖν beybehalten habe.

K   V. 136.

V. 136. Lampit. κᾀγὼ βέλομαι διὰ τῶ πυρός. *Vortrefflich bemerkt H. B. daß die Abfchreiber* βέλομαι *dem feltnern lakonifchen Worte* δήλομα *untergefchoben hätten, und daß ehemals gelefen fey:* κᾀγὼ δήλομαι διὰ τῶ πυρός.

V. 144. Lampit. ὅμως γα μ' ἂν δεῖ. τὰς γὰρ εἰράγας μάλ' αὖ. *Die Stelle war ganz unverftändlich. H. B. hat Toup's Emendation (zum Suidas* II, 164.) *aufgenommen:* ὅμως γα μᾶν δεῖ δεῖ γὰρ εἰράσας μάλ' αὖ. *Im gedruckten Texte muß noch* γα *und* εὖ *in* γα *und* αὖ *verbeffert werden.*

V. 149. εἰ γὰρ καθήμεθ ἔνδον ἐντετριμμέναι. *H. B. lieft* καθοίμεθα, *weil das folgende Wort, das von* εἰ *regiert wird, im Optativ fteht. Er widerlegt bey diefer Gelegenheit die grammatifche Regel, daß* κάθημαι *keinen Optativ und Subjunctiv habe, und führt mehr Stellen an, wo es darin vorkömmt, die aber nicht alle beweifend find, da der Optativ erft durch H. B. Emendation hineingebracht ift.*

V. 152. ift eine intereffante Anmerkung über στύειν *und* στύεσθαι.

V. 157. τί δ' ἦν ἀφλασ' ἄνδρας ἡμᾶς. *Küfter wollte des Metrums wegen lefen* ἀφλωσιν. *H. B. zeigt, daß* ἵημι *und die davon abgeleiteten Wörter die erfte Sylbe lang haben.*

V. 171.

V. 171. τὸν τῶν Λακεδαίων ῥυάχετόν Πᾶ
μή τις ἂν πείσειεν, κεῦ μή τλαθδικᾶ. *Das
letzte Wort war verdorben, und gab keinen
Sinn. Schon Biſetus hatte die Stellen aus
dem Svidas und Heſychius angeführt, woraus
es ſich verbeſſern läßt. Hr. Br. ließ demnach*
τλαθδιῆν (nugari, delicias facere) *nach der
Emendation von* **Gißbert Koen** *zum* Gregor. Corinth. p. 104.

V. 173. Οὐχ ἀς σποδὰς γ' ἔχοντι ταὶ τριήρεας.
*Hr. Br. ließ nach der Verbeſſerung von Koen,
und* Valckenaer ἔχωντι, *weil im folgenden Verſe*
ᾖ *folgt, das von eben dem* ἀς (doriſch für ἕως)
*regiert wird, und erklärt die ganze Stelle rich-
tiger als* **Küſter:** ἐχ ἀς ταὶ τριήρεας γ' ἔχωντι
σποδᾶς, non quamdiu in triremes conferentur
ſtudia. – *Verdientes Lob erhält übrigens die treffliche Conjektur des ſel.* Valckenaer, *der leſen
wollte:* οὐχ ἀς πόδας γ' ἔχωντι u. ſ. w. (*Einer
andern Conjektur des Biſetus* οὐ λισποπύγας *hat
Hr. B. gar nicht erwähnt.*)

V. 184. τοῦ 'σθ' ἡ Σκύθαινα; *Hr. B. ſagt in
der Note:* Noli hoc cum Kuſtero pro nomine
proprio accipere; *wir haben nicht gefunden,
daß ſich Küſter überhaupt darüber erklärt hätte.*

V. 188. αἰς ἀστίδ' (ὁρκώσω ὑμᾶς) ὥσπερ Φη-
ὶν Αἰσχύλος ποτὶ Μηλοσφαγᾶσας. *Hr. B. ließ
nach*

K 2

nach

nach den Handfchriften unftreitig beffer: ὥσπερ
φασὶν, Αἰσχύλος ποτέ, und erklärt es: ὥστε
ποτὲ ἐποίησεν Αἰσχύλος, ὥς φασιν. Multo me
lius, fetzt er hinzu, in ore mulieris, Aefchy
lum dubitanter et ex aliorum fermone citan
φασιν, per parenthefin infertum.

V. 200. ὦ φίλταται γυναῖκες, κεραμέων· ὅσος
war wieder ganz unverftändlich. *H. B.* hat d'
Toupfche Verbefferung (zum *Svidas* T.II. p.21
aus der *Voffifchen Handfchrift*, die auch fcho
Küfter gebraucht, aufgenommen, und lieft
γυναῖκες, ὄχλος κεραμῶν ὅσος.

Zu V. 245. bemerkt Hr. *B.* fehr gut, da
unter πόλις bey unferm Dichter fehr oft, un
in diefem Stücke gewöhnlich die *Akropolis* vo
Athen zu verftehen fey. *Von V.* 254. wo
Chor auftritt, werden befonders die metrifc
Verbefferungen, die der Text erhalten ha
zahlreicher, und die Noten des *H. B.* find dar
über fehr unterrichtend. Es find ihrer zu viel,
und wir müßten zu weitläuftig werden, wenn
wir uns bey allen verweilen wollten; wir können
nur noch einige der wichtigften Verbefferunge
in der Folge des Stücks auszeichnen.

V. 291. ὡς ἐμῆ γε τὰ ξύλα τὸν ὦμον ἐξεπιώ·
ματον. *H. B.* hat das letzte Wort vortrefflich
verbeffert. Er lieft ἐξιπώματον von ἰπόω, premo
das

das auch ſonſt noch bey unſerm-Dichter vorkommt, und über deſſen verſchiedne Formen
ſehr viel lehrreiches geſagt wird. Wenn man
übrigens die Note zu dieſem Verſe, mit der
zu V. 306. vergleicht, ſo ſcheint ſich Hr. Br.
zu widerſprechen. In jener ſagt er: Ariſtophanes Dorice loquentes nòn inducit populares
ſuos, und beweißt zum Theile daraus, daß
Euſtathius ad Il. l. p. 759. l. 41. cf. p. 1573. l.
63. der das Wort ἐξεπλαξε anführt, nicht dieſen
Vers im Sinne gehabt haben könne. (Hr. Br.
wollte nämlich anfangs ἐξεπιδναται ſtatt ἐξα-
πιωκιτον leſen.) In dieſer, wo er ἕκατι dem
ἔκητι vorzieht, ſetzt er hinzu: formas Doricas
frequentant poetae Attici. Das letztere iſt richtiger, denn in Chören iſt es unſtreitig attiſchen
Dichtern gewöhnlich doriſche Formen aufzunehmen.

V. 353. ἐσμὸς γυναικῶν ἔτσσὶ θύραισιν αὖ βομ-
βεῖ hatte H. B. mit Bergler überſetzt: mulierum examen foribus ſuccurrit. In der
Anmerkung erklärt er θύραισιν durch foris,
als Adverbium, und ſetzt hinzu: quae enim
in arcem ingreſſae erant mulieres (vid. ſupra v.
246) poſtquam chorus acceſſit ſenum cum igne,
rurſus egreſſae ſunt. Integrum choriambicum
ſyſtema in arcis moenibus recitatur, tum pate-

K 3

faĉtis

fußtis foribus prodeunt in scenam v. 350. Hier
nach scheint uns Hr. B. die ganze Scene mis
zuverstehen, und wir können kaum begreifen
wie das möglich gewesen ist. Lysistrata, und
die andern Weiber, die nach V. 246. in die
Akropolis gegangen waren, blieben auch darin
als der Chor der Alten mit dem Feuer kam
und wagten sich gar nicht heraus. Warum
hätte sonst Lysistrata V. 430, als der Probulu
die Thüren mit Gewalt aufbrechen laſſen wollte
geschrieen: μηδὲν ἐμμοχλεύετε· ἐξέρχομαι γὰ
αὐτομάτη. τί δεῖ μοχλῶν; u. ſ. w. Ferner di
Weiber, die von V. 319 an den Chor ausma
chen, sind gar nicht dieselben, die sich V. 246
in die Akropolis begeben hatten, also nicht Ly
fistrata und ihr Anhang, welches schon aus der
Verschiedenheit der Namen erhellt; sondern e
waren neue, die erst aus der Stadt zur Akro
polis gehen wollten, und als sie Feuer und
Rauch erblickten, ihre Eimer mit Waſſer füll
ten, um zu löschen, wenn es nöthig wäre
Dieß ist offenbar aus V. 319-349. Auf den
Wege nun bekamen sie Streit mit dem Chor de
Alten, der das Feuer anzünden wollte, und
dieser macht den Dialog aus bis V. 435. wo
erst Lysistrata nach eröffneten Thüren der Akro
polis auf die Bühne tritt. Der verachtete Berg.
lei

ir hat hier alſo ſehr richtig überſetzt: mulie-
rom examen foribus *ſuccurrit.*

V. 487. ὅτι βελόμεναι τὴν ἀκρόπολιν ἡμῶν
ἀπεκλείσατε μοχλοῖς. *Der Vers war interpo-
polirt, und dadurch verdorben. H. B. hat ihn
theils nach ſeinen Handſchriften, theils nach
Dawes Verbeſſerung wiederhergeſtellt. Er ließt*
ὅτι βελόμεναι τὴν πόλιν ἡμῶν ἀπεκλείσατε τοῖσι
μοχλοῖσι.

*V. 499. iſt bey H. B. ganz neu aus den drey
Handſchriften hinzugekommen. Es iſt folgender*
Lyſiſt. ὡς σωθήσει, κἂν μὴ βούλῃ. Prob. δεινόν
γε λέγεις. Lyſiſtr. ἀγανακτεῖς.

*V. 500. hat auch eine treffliche Verbeſſerung
erhalten. Die Leſart der ältern Ausgabe* ἀλλ'
ἀποκτέα ταῦτ' ἐςὶν ὅμως, *die in der Veneta und
in den neuern in* ἀλλ' ἀποδεκτέα *verändert iſt,
war aus den in Mſpten undeutlich geſchriebenen
Wörtern* ἀλλὰ ποιητέα *entſtanden. H. B. hat die
wahre ächte Leſart* ἀλλὰ ποιητέα *aufgenommen.*

V. 530. Lyſ. σιώπα, σίγ' ὦ κατάρατε. Prob.
σιωπῶ 'γώ; Lyſ. καὶ ταῦτα καλύμματα φέρε περὶ
τὴν κεφαλήν. Prob. μὴ νῦν ζώην. *Schou, Dawes in Miſc. Crit. p. 75. verbeſſerte aus dem
Scholiaſten* καὶ ταῦτα κάλυμμα φοροῦσῃ, *und daß
die Perſonenabtheilung falſch ſey, hatten Markland (ad Euripid. Suppl. v. 454.) und Toup*

K 4　　　　　(Cur.

(Cur. nov. in Svidam p. 82.) *erinnert. H. B. hebt die ganze Schwierigkeit und lieſt nach ſeinen Handſchriften:*

σοί γ'; ὦ κατάρατε, σιωπῶ 'γὼ, καὶ ταῦτα κάλυμμα Φορύσῃ
περὶ τὴν κεφαλήν; μὴ νῦν ζῴην

ſo daß alles blos dem Probulus beygelegt wird.

V. 557. νῦν μὲν γὰρ δὴ καὶ ταῖσι χύτραις καὶ τοῖς λαχάνοισιν ὁμοίως Περιέρχονται κατὰ τὴν ἀγορὰν ξὺν ὅπλοις. *Sehr gut bemerkt H. B. daß* χύτραι *und* λάχανα *hier nicht Töpfe und Kohl ſelbſt, ſondern die Oerter bedeuten, wo derglei- chen feil war, und überſetzt die Stelle:* Nunc enim et qua ollae et qua venduntur olera ob- ambulant per forum cum armis. *Er führt bey der Gelegenheit noch mehr Beyſpiele von dieſer den Attikern gewöhnlichen Synekdoche an. Ue- brigens wird der Sinn der obigen Stelle noch deutlicher, wenn man Hrn. B. Conjectur folgt, und ſtatt* καὶ *beydemal* κἂν *lieſt.*

V. 605. τοῦ δέει; τί ποθεῖς;
χώρει εἰς τὴν ναῦν.

H. B. hält die Fehler, die in dieſen Verſen und ihrer Abtheilung liegen, für älter als die Hand- ſchriften, und verbeſſert ſie ſo:

τί σε δεῖ; τί ποθεῖς; χώρει ἐς ναῦν

Die erſten Worte in der alten Leſart halten wir

wir nicht für ſo unrichtig; wir würden nur
mit einer kleinen Aenderung leſen: τοῦ δέη.

Zu V. 702. iſt eine intereſſante Note, worin
H. B. einige ſeiner Grundſätze äußert, die er
bey der Kritik befolgt. Die alte Leſart in dieſem V. war κτίδα χρηϛὴν κλμπητὴν. Das
letzte Wort gab hier gar keinen Sinn, und
ſchon Biſetus emendirte κἀγαπητὴν, welche Verbeſſerung H. B. durch beyde königl. Handſchriften beſtätigt fand, und in den Text eingerückt
hat. Von dieſer glücklichen Conjectur des Biſetus nimmt er einen Beweis, daß Verbeſſerungen von Lesarten, die falſch ſind, (oder ſcheinen) wenn ſie Scharfſinn, Kenntniß der Sprache,
und richtige Einſicht in den Zuſammenhang
angeben, mit allem Rechte in den Text aufgenommen werden müſſen. Wir geben es unter
dieſen Einſchränkungen zu, glauben aber doch,
daß Vorſicht und Beſcheidenheit in der Kritik,
ſelbſt bey der größten Wahrſcheinlichkeit, die
zuweilen eine Muthmaßung für ſich hat, immer
vorzüglicher iſt, als zu große Kühnheit. Der
Fall, wo eine Conjectur ſich in der Folge aus
Handſchriften beſtätigt, iſt doch immer ſeltener,
als der, wo ſie dadurch widerlegt wird; eine
Erfahrung, die auch H. B. bey der Kritik des
Ariſtophanes gemacht hat.

K 5 V. 901.

V. 901. Nach diesem V. ist in allen Ausgaben, durch ein Versehen der Abschreiber der Mspte, aus welchen sie geflossen sind, einer ausgelassen. Hr. B. hat ihn aus seinen Handschriften hinzugefügt — ποιήσομεν καὶ ταῦτα. Myrrh. τοι γὰρ, ἂν δοκῇ.

V. 958. μίσθωσόν μοι τὴν κύσην. Die Erklärung des Scholiasten von dieser Stelle: βέλεται δὲ τιτθην μισθώσασθαι, ἵνα θρέψῃ τὸ παιδίον führt auf die beßre Lesart τιτθην statt κύσην; die H. B. auch nachher in den Codd. fand und aufgenommen hat.

V. 1115. und die sechs folgenden werden gewöhnlich dem Chore der Alten beygelegt. Hr. B. fand diese Abtheilung weder in den Mspten, noch in den ältesten Editionen, sondern zuerst in der Frobenischen, und hat sie daher mit Recht weggelassen, so daß Lysistrata in eins fortredet.

Wir erwähnen aus der Lysistrata nur noch einer Aenderung, die H. B. in der Abtheilung des Dialogs gemacht, und von deren Richtigkeit er selbst nicht ganz überzeugt ist. In der Note zu V. 1216. sagt er: vnicus est in tota hac fabula locus, qui mihi adhuc negotium facessat, et quem nescio an recte constituerim. In den andern Ausgaben wird V. 1216-1223 dem Diener. V. 1223 dem Chor. V. 1224-1227 wieder

dem

dem Diener. V. 1227–1230 einem Athenienſer.
V. 1230–1242 dem Chor der Alten. V. 1243
dem Diener beygelegt. Unſtreitig iſt hier die
Perſonenabtheilung fehlerhaft. Hrn. B. Aenderung iſt folgende: prodeunt in ſcenam, ſagt er,
homines aliquot otioſi et circumforanei, qui
conuiuio intereſſe cupientes, a ſeruo ianitore
oſtium ſibi aperiri flagitant: horum vnus ſit
ἐκεῖνος τὴν θύραν. Er theilt nun weiter ſo ab.
Die erſte Hälfte von V. 1215 (die Verſezahl iſt
bey B. verſchieden) ſagt ein Ἀγοραῖος; die andre
Hälfte und V. 1216. 1217 der Diener. V. 1218
wieder der Ἀγοραῖος. V. 1220 der Diener. V.
1221 Ἀγ. V. 1222–1224 der Diener. V. 1225–
1228 ein Athenienſer. V. 1228 — 1238. der
Chor der Alten. V. 1239. 40. der Diener. V.
1241 der Ἀγορ. Es läßt ſich hiegegen erinnern, daß erſtlich kein Sclav Thorhüter war,
ſondern der Chor der Weiber ſelbſt (ſ. V. 1213-
1215); zweytens durch den Ἀγοραῖος eine ganz
neue Perſon hineingebracht wird, die überflüſſig
iſt. Da indeß die ganze Sache auf Conjeĉtur
hinausläuft, ſo wollen wir Hrn. B. Abtheilung
nicht eben verwerfen, aber doch eine andere, die
uns nach dem Zuſammenhange wahrſcheinlicher
dünkt, zur Prüfung vorſchlagen. Wir würden
demnach ſo abtheilen:

ΘΕΡΑΠΩΝ

ΘΕΡΑΠΩΝ

1216. ἄνοιγε τὴν θύραν.

ΧΟΡΟΣ ΓΥΝΑΙΚΩΝ

οὐ παραχωρεῖν θέλεις;

ΘΕΡΑΠΩΝ

ὑμεῖς τί κάθησθε; μῶν ἐγὼ τῇ λαμπάδι
ὑμᾶς κατακαύσω; Φορτικὸν τὸ χωρίον

ΧΟΡΟΣ ΓΥΝΑΙΚΩΝ

οὐκ ἂν ποιήσαιμ'.

ΘΕΡΑΠΩΝ

εἰ δὲ πάνυ δεῖ τοῦτο δρᾶν,
ὑμῖν χαρίζεσθαι, ταλαιπωρήσομεν.

ΧΟΡΟΣ ΓΥΝΑΙΚΩΝ

Χ' ἡμεῖς γε μετὰ σοῦ ξυνταλαιπωρήσομεν
Im übrigen folgen wir H. B. außer daß V.
1241. noch dem Chore der Weiber beygelegt
werden muß.

Ve.

3.

3.

Theogonia Hesiodea, textu subinde
reficto, in vsum praelectionum seorsum
edita a FR. AUG. WOLF, Phil. P. P. O.
in Academ. Halensi. Halae Saxon. Apud
Jo. Jac. Gebauer cIↃIↃCCLXXXIII. —
Angehängt ift: Epiftola C. G. HEYNII ad
Editorem, *zusammen* 166 S. 8.

*Die Abficht des Hrn. Prof. bey diefer Aus-
gabe war hauptfächlich die, feinen Zuhörern
zum Behuf feiner Vorlefungen einen möglichft
correkten und kritifch berichtigten
Text der Theogonie in die Hände zu geben.
Er fah fich dazu durch die Arbeiten eines
Ruhnken und Heyne *) hinlänglich unter-
ftützt, und nutzte die Bemühungen diefer beyden Gelehrten fo weit, daß Er, außer einigen in den Text aufgenommenen Verbefferungen
einzelner Lefarten, die von Ihnen verdächtig
gemachten faft unzähligen Einfchiebfel und fremden*

\) *Ienes, in der* Epiftola critica ad Valckenarium; *diefes, in der* Commentatio de Theogonia ab Hefiodo
condita, *die unter den* Commentatt. der Götting.
Soc. *im II. Bande 1779 ftebt.*

den Zusätze, mit welchen dieß Gedicht vo
frühern Rhapsoden und spätern Grammatiker
verunstaltet ist, dem Leser bemerklich macht.
Die Anzahl beyder ist von Hrn. Wolf durc
Hülfe eigner Kritik noch hin und wieder ver
mehrt worden. Unter den alten noch so weni
verglichenen Ausgaben des Hesiodus war de
Hr. Pr., wiewohl erst nach dem Abdruck de
Textes, so glücklich, die Trincavellisch
mit den Scholien (vom I. 1537) zu erhalten, un
fand bey näherer Vergleichung die schon von
anderen Gelehrten gemachte Bemerkung bestätigt,
daß der Text in derselben ungleich richtiger
und unverfälschter, als in den spätern Ausgaben sich erhalten hat, und manche Vermuthungen von Grävius u. a. hier schon als wahre
Lesart erscheinen. — Dieser so berichtigten
neuen Recension der Theogonie hielt der H. Pr.
aus mehreren Gründen für rathsam, einen für
eigene Lectüre, ohne Hülfe des Lehrers,
zweckmäßigen Commentar beyzufügen, worin er
theils die im Gedichte selbst gemachten und aufgenommenen Verbesserungen beurtheilt und wür-
digt, theils einzelne Sach und Worterklärungen
giebt. Den wichtigsten Theil dieses der Natur der Sache nach meist kritischen Commentars machen unstreitig die häufigen Auszüge

aus

aus der bekannten Abhandlung des Hrn. Hofr.
Heyne über die Theogonie, die an neuen Auf-
schlüssen über die Natur, den Ursprung und
die Behandlungsart der alten Mythen so reich
ist, und, verbunden mit einigen anderen dem
Inhalt nach verwandten Abhandlungen eben dieses Gelehrten, ein neues Licht über die ganze
so oft mißverstandne, und durch die abgeschmack-
ten Träumereien unphilosophischer Köpfe ent-
stellte Fabellehre, verbreitet. Mit Hülfe derselben wird jeder nachdenkende junge Leser, dem
es nicht blos darum zu thun ist, sein Gedächtniß mit einer Menge Namen und Genealogien
zu überladen, den Sinn dieses Gedichts besser
fassen, und daher an der Lectüre desselben mehr
Geschmack und Vergnügen finden. — Wir
wollen diesem allgemeinen Urtheil über den
Werth gegenwärtiger Ausgabe noch einige einzelne Bemerkungen, so wie sie sich uns während
des Lesens darboten, beyfügen, und wählen
dazu mit Uebergehung der vielen Stellen, wo
wir dem scharfsinnigen Urtheil des Hrn. Prof.
beystimmen, größtentheils solche aus, die uns
noch einiger Berichtigung zu bedürfen scheinen,
oder in denen wir andrer Meynung zu seyn
aus Gründen uns berechtigt glauben: So zweifeln wir, ob die V. 31. S. 65. (wo der H. Pr.

ὀρέψασαι

δρέψασαι ſtatt des gewöhnlichen δρέψαϲϑαι emendirt) gemachte Bemerkung, als wäre das Acti-
vum dieſes Verbi in der alten Sprache gewöhn-
licher, zuverläſſig ſey. Euſtathius, der hier
Gewährsmann ſeyn ſoll, beruft ſich in der an-
gezognen Stelle (Od. α, am Ende) nur auf
Sophocles und Herodot. Und im Homer
findet ſich auch wirklich das Gegentheil. S.
Odyſſ. μ, 357. φύλλα δρεψάμενοι τέρενα δρυὸς
ὑψικόμοιο.) Vers 62. iſt wahrſcheinlich aus
Werſehen geſetzt worden: Muſæ haud procul
a ſummo Heliconis cacumine natae, denn
im Text iſt vom Olymp die Rede. V. 89.
βλαπτομένοις λαοῖς überſetzt der H. Pr. iniuria
affectis, und erklärt μετάρροπα ἔργα τελεῦσι
reddunt ius ſuum. Ohne uns darauf einzulaſ-
ſen, ob die letzten Worte μ. s. τ. dieſe Bedeutung zulaſſen, (woran wir doch ſehr zweifeln)
glauben wir den Sinn der Stelle dem Sprachgebrauch ſowohl, als dem ganzen Context gemäßer ſo zu faſſen: populum temere, incon-
ſulto, mala conſilia agitantem in viam reducunt
ſ. populi inſanientis conſilia irrita faciunt.
Βλάπτειν ſc. φρένα kömmt oft beym Homer in
dem Sinn vor, mente priuare, inſanum reddere.
Hauptſtellen ſind Od. ψ, 14. vergl. V. 11. —
von der Ἄτῃ Il. 9, 503. τ, 94. — vom Weine:
Od.

Od. Φ, 294. — *Vollständig: Od.* ξ, 178. τοῦ
δέ τις ἀθανάτων βλάψε φρένας ἔνδον ἐΐσας. *So
würde also* λαοὶ βλαπτόμενοι *populus mente
alienatus, adeoque temeraria consilia capessens,
heißen, und* μετάτρ, *s.* τελεῦσι *stände für:* effi-
ciunt, curant, ὥστε μετατρέπεσθαι αὐτὸς, *vt me-
liora consilia captent. Dann schließt der folgende Vers vortrefflich an:* μαλακοῖσι παραιφά-
μενοι ἐπέεσσιν, *zu geschweigen, daß, nach der
erstern Erklärung,* λαοῖς *immer hart bliebe.*

Zu V. 30. σκῆπτρον — δάφνης ἐριθηλέος ὄζον
bemerkt der Hr. Pr. beyläufig: "explicandus
hinc forte Rhapsodorum mos, vt carmina sua
recitantes ex lauri ramo baculum manu tene-
rent." *Dieß dünkt uns doch zu gesucht. Der
Lorbeer war dem Apoll heilig. Apoll war Gott
der Dichter, und folglich auch der Rhapsoden,
die in frühern Zeiten nicht viel schlechter als
jene waren, und oft selbst als Dichter auftraten;
wie natürlich also, daß, da einmal der Stab
Zeichen der Würde des Sprechers im Volke
war, die Sänger Apolls auch den ihm heiligen
Lorbeer wählten. — V. 80.* τιμήσουσι *zieht H.
W. mit Recht der gewöhnlichen Lesart vor,
wegen des gleich drauf folgenden* ἐσιδῶσι. *Bald
darauf (V. 83.) scheint* ἀέρσην *doch gewählter
zu seyn als* ἀοιδὴν, *vorzüglich da es uns wahr-*

scheinlich

ſcheinlich dünkt, daß der Dichter daraus Veranlaſſung zum folgenden Bilde, τοῦ δ᾽ επ᾽ εκ
στόματος ῥει μαλιχα, genommen habe. — V. 130
würden wir für eine Gloſſe halten; αἱ ναιεσιν
— βησσηεντα iſt eine blos matte Wiederholung
des θεων χαριεντας εναυλους. Der Vers iſt
auch ganz überflüſſig, denn wir weiß nicht, daß
Berge in den früheſten Zeiten Verehrungsplätze,
alſo nach den damaligen Begriffen auch Wohn-
ſitze aller Götter, nicht blos der Ny m-
p h e n, waren? — V. 207-10. ſtehen, wie der
Hr. Pr. ſehr richtig bemerkt, offenbar am un-
rechten Orte. Wollte man ſie dennoch für ächt
halten, ſo müßten ſie nach V. 137. verwieſen
werden. — V. 279. καλλιπαρηους ſoll nach H.
W. Meynung ein bloßes epitheton ornans ohne
weitern Nachdruck ſeyn. Er verwirft daher
die ſchon alte Verbeſſerung des Seleucus, καλλι-
παρηος. Wir können ihm hierin nicht beyſtim-
men. Es wäre doch immer ſonderbar genug,
wenn der alte Dichter ſo ganz alles Coſtume
hätte vergeſſen, und die alten Graeen ſchön-
wangigt nennen können. Noch weniger aber
geben wir dem Hrn. Verf. Beyfall, wenn er
bald darauf hinzufügt: Non aliter Echidna
paulo poſt (v. 297) diuina vocatur, quamuis
nec diis, nec hominibus quicqnam ſimilis.
Θεῖος

Θεῖος iſt hier nichts weniger als ein müſſiges Beywort. Θεῖος heißt ja bekanntlich in der alten Sprache alles, was übermenſchlichiſt, was gegen den gewöhnl. Lauf der Natur geſchieht, und daher Staunen, Furcht, Schrecken würken kann. Daher alle Ungeheuer θεῖοι genannt werden; vergl. Hom. Il. ζ, 180. — V. 617. Ὡς Βριάρεῳ τὰ πρῶτα u. ſ, w. Hr. W. iſt wegen des Zuſammenhanges der hier anfangenden Erzählung mit dem vorhergehenden verlegen. Rec. würde ſich die Verbindung etwa ſo denken: Wer die Götter beleidigt, kann ihrem Zorne nicht entfliehen. Dieß erfuhr ſelbſt Prometheus (V.613-16.) Und ein gleiches Schickſal traf einſt den Briareus ſ. ſ. So müßte, beym 617. V. ὡσαύτως ſupplirt werden, wiewohl die Verſchiedenheit der Subjekte (Διὸς —— und πατὴρ ſc. Κρόνος) einige Schwierigkeit macht. — V. 642. Die Gloſſe, dünkt uns, iſt unverkennbar. Nur möchten wir mit dem Hrn. Hofr. Heyne τάττων τ᾿ ἐν ῥήθεσσιν leſen (und nach ἀγήνωρ ein Komma ſetzen), ſo wird alles deutlich: ἀλλ᾿ ὅτε — ἀγήνωρ macht den Vorſatz aus, und δὴ τότε — θεῶν τε die Apodoſis. — Die Robinſoniſche Vergleichung (V. 688) zum Nachtheil unſers Dichters ſcheint doch nicht recht zu paſſen. Denn hier ſtreiten wenigſtens gleiche

L 2   Kräfte,

*Kräfte, die Titanen (auch Götterſöhne und noc.
älter als Iupiter) mit dem Kroniden; nac.
Miltons Idee aber der Schöpfer mit den
Geſchöpf. — Was man ſich unter δόμοι ἠχήεντε
(V.767), die ſo häufig beym Homer vorkommen
zu denken hat, iſt von Hrn. W.ſehr gut erklärt*
domus alte concameratae, vt per quas fortiu
vox reſonat. *Kurz vorher (V.766) finden wi
in dem Attribut des Todes, daß er Feind de
unſterblichen Götter genannt wird, .blo
ſchöne alte Dichterſprache, auf welche natürlic.
die Vorſtellung der unſterblichen Götter füh
ren mußte. Ganz in ähnlicher Beziehung läß
ſich das perſonificirte Principium moraliſchei
Unvollkommenheit, als Feind des heilig
ſten Weſens denken und darſtellen.*

*Wir eilen, um noch einige der wichtigſten
Bemerkungen aus der dem Commentar angehängten Zuſchrift des Hrn. H. Heyn
an den Herausgeber auszuheben. Da de.
Hr. Hofr., aufgefordert von ſeinem ehemalige.
würdigen Schüler, ſeine längſt gemachten An
merkungen zu dieſem Gedichte niederſchrieb, ohn.
vorher den Commentar des Hrn. Prof. geſehe.
zu haben: ſo macht es dem Leſer kein geringe.
Vergnügen, in vielen Stellen Hrn. W. Erklä
rungen*

mgen *und Vermuthungen durch das Urtheil*
us *Hrn. Hofraths beflätigt zu finden, in an-*
dern neue Zufätze, Berichtigungen und Er-
gänzungen der erfteren anzutreffen. Für un-
torgefchobne Verfe erklärt der Hr. H. V. 5-10
(*fo wie den ganzen Eingang des Gedichts V.*
1-120 *mit Hrn. W. für Fragmente mehrerer*
Eingänge verfchiedener Rhapfoden); ferner V.
217-222. *Die Spur der Verfälfchung ift*
fehr deutlich. Es ging Μόροϛ *und* Κὴρ *vor-*
her. Dagegen ift der Hr. Hofr. geneigt, V.
904-7, *wo die* Μοιραι, *als vom Iupiter gezeugt,*
aufgeführt werden, für ächt zu halten. Der
abgebrochne und, durch das fprichwörtliche, dunkle
35 *Vers wird faft übereinftimmend mit Hrn. W.*
fo erklärt: quorfum fabulor, otiofe haec com-
memoro, ac fi, vt prouerbium fert, in rupe
vel quercu confabularer cum aliquo: τί μοι
ταῦτα λέγεται ὡς (γενομένῳ, ὄντι, ἑστηκότι) περὶ
δρῦν etc. — *V. 89. finden wir unfre vorge-*
fchlagene Erklärung beflätigt. So wird auch
V. 270 'καλλιπάρηος *als unftreitig ächt aufge-*
nommen. Wenn V. 377. *die Weisheit des* P e r-
fes vom Dichter gerühmt wird, fo vermuthet
der Hr. Hofr., der Grund zu diefem Lobe liege
vielleicht darin, daß Hecate, Perfes Tochter, in
der Magie von ihm Unterricht empfing; vgl. V.

409 ff. — *V. 521. 22. werden durch folg*
Verbindung leichter und verſtändlicher: Προ
Θέα δῆσε δεσμοῖς, διελάσας (δεσμοῖς) μέσσον κ̈́
ἐν κίονι — *Die bekannte Fabel vom Prometh*
(*V. 535 ſq.*) *die beym erſten Anblick, ohne Rü*
ſicht auf jenes frühere kindiſche Zeitalter d̈
Welt, abgeſchmackt und lächerlich ſcheine
könnte, iſt nichts weiter, als dichteriſche Hüll
erfunden zur Ausſchmückung des Gedankens
Prometheus ſey der weiſeſte, ſelbſt den Vate
der Götter könn' Er überliſten. — V. 556
57. ſcheinen verdächtig: wenn wurden je di
Knochen der Opferthiere auf den Altären ver
brannt? — Der ſchönen Stelle (*V. 700*) *wir*
durch eine beſſere Interpunction geholfen: εἴσατ
(ἔδοξεν) δ' (ὥςε) ἄντα ὀφθαλμοῖσιν ἰδεῖν, ἠ̈́
εὔασιν ἴσσαν ἀκοῦσαι, αὕτως, ὡς ὅτε γαῖα κ̈
οὐρανὸς εὐρὺς ὕπερθεν πίλνατο· τοῖες γὰρ etc.
V. 831. muß bey der Erklärung ſo ergänz
werden: ὥςε θεοῖς ἐξεῖναι, συνιέναι.

Am Ende dieſer, *wie ſchon aus den wenige*
gegebenen Proben erhellt, für beßre Erläuterung
des Dichters ſo reichhaltigen Bemerkungen, ſin
noch einige genealogiſche Tafeln *zu*
leichtern Ueberſicht der verſchiedenen Götter Ge
nerationen und Familien in der Theogonie, bey
gefügt worden, deren Werth und Brauchbar
keit

t wir schon aus den ähnlichen Stammtafeln,
e dem letzten Theil des Commentars über den
Apollodor einverleibt sind, durch eigne vielfache
Erfahrung kennen gelernt haben.

K.

4.

Ηθικὴ Ποίησις siue Gnomici poetae Graeci. Ad optimorum exem-
plarium fidem emendauit RICH. FR. PH.
BRUNCK. Argentorati in bibliopol. academ. 1784. 349 S. 8.

Es war längst schon der Wunsch großer um
die griechische Litteratur sehr verdienter Gelehrten *), daß die neue Bearbeitung der griechischen Gnomiker in die Hände eines Mannes ge-
riethe, der mit ausgebreiteten kritischen Kenntnissen und einem feinen Gefühl, die Gabe einer
gesunden und geschmackvollen Interpretation,
vorzüglich die seltene Kunst verbände, sich in
den Geist und das Zeitalter des alten Dichters
zu versetzen, um aus diesem einzig richtigen

L 4   Stand-

*) S. Hrn. Hofr. Heyne Vorrede zum carmen. aureum
von Hrn. Glandorf.

Standpunkte die ehrwürdigen Reste jener alter
um die Menschheit so verdienten Weisen zu er
klären und zu beurtheilen.   So viel Verdienst
sich auch *Camerarius* und *Neander* um
die kritische Berichtigung des Textes und Er
läuterung der Gnomiker erworben haben , s
wird doch keinen die Behauptung befremden
daß schon in Rücksicht auf das Zeitalter, i
welchem beyde große Männer lebten, ihre Ar
beiten von dem Ziel der Vollkommenheit, wel
ches unter obigen Voraussetzungen erreicht werden könnte, noch weit entfernt seyn müssen.   Desto
willkommner war uns daher die vorliegende zu
Strasburg erschienene neue Ausgabe der Gnomiker, die wir dem unermüdeten Fleiße eines
Mannes verdanken, dessen Verdienste um die
griechische Literatur zu entschieden sind, als daß
wir zu seinem Lobe nur noch ein Wort zu verlieren brauchten.   Indessen können wir doch bey
aller Achtung für den Hrn. Herausgeber die
Aeußerung nicht bergen, daß mit gegenwärtiger
neuer Bearbeitung der griechischen Dichter nur
ein Theil unsrer Wünsche, derjenige nämlich,
der auf eine genauere **kritische** Berichtigung
des Textes geht, befriedigt worden, da hingegen
für die eigentliche Interpretation, eine gerade
bey dieser Gattung von Schriftstellern bey weiten
der

er wichtigsten und zugleich schwersten Pflichten
eines Herausgebers, wenig oder nichts geschehen
ist. Da dieß aber nicht eigentlich nächster Zweck
des Hrn. V. war, so würde es ungerecht seyn,
Ihm darüber einen Vorwurf machen zu wollen.
Wir begnügen uns daher mit einer etwas aus-
führlichern Bemerkung desjenigen, was diese
Ausgabe in den Augen jedes Kenners unstreiti-
gen Werth geben muß, und wofür jeder Freund
der griechischen Muse dem H. V. danken wird.

Hr. v. Brunck liefert uns hier eine beynahe
vollständige Sammlung der im zweyten Theil
der Wintertonischen poetae minores (nach der
2ten Ausg. 1677.) enthaltenen Fragmente der gr.
Gnomiker, mit Ausschließung der Orphischen,
an deren Stelle Kleanths Hymne und die
Ἔργα vom Hesiod aufgenommen worden.
Voran gehen Theognis elegische Fragmente; dann folgt ein elegisches Fragment
vom Kallin, weiter die Elegien des Tyrtaeus,
die Fragmente von Mimnermus, Solon, Pho-
cylides, Simonides; Pythagoras carmen aureum,
das Lehrgedicht des Pseudo-Phocylides; Naumachius Eheregeln; ein paar Fragmente von
Linus, Panyasis, Rhianus, Evenus Parius, Kallimachus, Eratosthenes, Menekrates, Posidipp,
Metrodor; Kleanths Hymne und die Ἔργα vom

L 5   Hesiod.

Heſiod. Den Beſchluß machen einzelne Senten
zen aus den Komikern, und verſificirt
Sprüche aus verſchiedenen Dichtern, unter ge
wiſſe Rubriken gebracht. Zur Verbeſſerung
des Textes nutzte Hr. Br., außer ſeinem Ihm
eigenen kritiſchen Scharfſinn, auch Hülfsmittel
der Kritik, indem er 5 Handſchriften verglich
darunter eine vom Stobäus, in dem der größte
Theil der kleinern Fragmente aufbewahrt iſt
und noch 4 andre (alle aus der königl. Bibliothek: den Theognis und Pſeudo-Phocylides (eine
begreift auch Heſiods Lehrgedicht) enthalten.
Größtentheils zufolge 3 dieſer Handſchriften hat
Hr. B. beym Theognis (auf den wir uns mit
unſerm Urtheil vorzüglich einſchränken) einem
Bedürfniß abgeholfen, welches in den vorigen
Ausgaben die Lektüre und Erklärung dieſes
Dichters ſehr erſchwerte. Es bedarf nämlich nach
den wiederholten Erinnerungen mehrerer Gelehrten
wohl keines Beweiſes mehr, daß Theognis Gno-
mologie nicht, was man beym Anblick der gewöhnlichen Ausgaben zu glauben veranlaßt wird, als
Ein ganzes in einer ununterbrochenen Reihe der
Gedanken fortlaufendes Lehrgedicht anzuſehen
ſey, ſondern als eine bloße Sammlung von mehreren abgeriſſenen oft unvollſtändigen Fragmenten und Excerpten, aus einem größern ehemals
vielleicht

vlleicht vollſtändig exiſtirenden Gedicht des
Theognis, untermiſcht mit vielen andern Stücken
mehrerer Verfaſſer; zum Theil auch wohl mit
manchen verſificirten Geburten der früheren
Grammatiker und Commentatoren, die hin und
wieder am Rande ihrer Handſchrift ſich Gnomen
ähnlichen Inhalts, ſo wie ſie ihnen während des
Leſens beyfallen mochten, anmerkten, oder ſich
wohl gar ſelbſt in Variationen übten, von denen
ein großer Theil durch die kritiſche Unwiſſenheit
und Sorgloſigkeit ſpäterer Abſchreiber ſich nach
und nach in den Text einſchlich. Es war daher nichts nothwendiger, als dieſen Cento von
Fragmenten, die kein innerer Zuſammenhang
mit einander verbindet, gehörig zu ſondern, den
muthmaaßlichen Anfang eines neuen für ſich be-
ſtehenden Fragments durch einen großen Buch-
ſtab zu bezeichnen, die gleichartigen Stücke aber
deren Aechtheit wegen Mangel kritiſcher Hülfsmittel ſich nicht mehr mit Gewißheit ausmachen
läßt, ſoviel möglich auf einander folgen zu laſſen. Erſteres hat Hr. v. B. wie geſagt, unter-
ſtützt von der Auctorität dreyer Handſchriften,
in denen die Gnomen faſt auf eben die Art abgetheilt waren, wie wir ſie in der gegenwärtigen
Ausgabe vor uns ſehen, gethan; doch iſt Er
zuweilen, wie wir mit Grunde vermuthen, blos

. . . ſeinem

seinem eignen Gefühl gefolgt. Es ist daher
nicht begreiflich, daß nach Verschiedenheit der
Gesichtspunkte, in welchen jeder nachdenkende
Leser die Fragmente ansieht, manche Absonde-
rungen zweckwidrig scheinen, und wiederum auf
der andern Seite manche in Eins fortlaufende,
und doch ihrem Inhalt nach ziemlich disparat
scheinende Sentenzen vorkommen müssen, die
man lieber als für sich bestehende Gnomen gestellt wissen möchte. So würde Rec. z. B. V.
73-86 lieber als Eine Sentenz ansehen, ferner
V. 147-52. 303-307. Hingegen V. 229. 30.
281-84. 385-390. 597-98. scheinen füglicher
besondere Gnomen auszumachen. Mehr will-
kührliches haben die von Hrn. Br. gemachten
größtentheils glücklichen Versetzungen von Gnomen *), die entweder höchst wahrscheinlich Ein
Ganzes ausmachen, oder doch von verwandtem
Inhalt sind, und daher schicklicher neben einander gestellt werden, deren Anzahl aber, wenn
die daraus unvermeidlich entstehende Verwirrung
im Citiren einzelner Verse noch größer gemacht
werden soll, Rec. um vieles vermehren könnte.
Um nur einige Beyspiele zu geben, so würde
V. 281. 82. am besten nach V. 360: V. 393-98
nach

---

*) Zu diesen gehören V. 93. 94. 519-538. 831. 32. 857.
58. u. a. m.

ach 163-166: *V.*981-86. nach 966: *V.*1073.
4. nach 538: *V.*1037-40. nach *V.*144. stehen.
*V.*701.2. hängt genau mit *V.*615.16. zusammen. *V.*789-92. würde besser auf *V.*589.90.
folgen. *V.*815-22 schließt am natürlichsten an
*V.*501.502. an, und mit beyden Fragmenten
könnte schicklich *V.*853-56. verbunden werden.
*Die in den gewöhnlichen Ausgaben des Theognis
häufig vorkommenden Wiederholungen derselben
Verse, so wie solche Gnomen, die wahrscheinlich
andern Verfassern gehören* (man sehe z. B. *V.*
459-62. 495. 503. 675. 971)*, und auch zum
Theil wirklich in den Fragmenten anderer gno-
mischen Dichter, als des Solons, Mimnermus
u. a. gelesen werden, hat Hr. B. ausgemerzt,
nur die letztern, wie uns dünkt, mit einem
Schein von größrer Gewißheit, als sich bey
dergleichen doch blos wahrscheinlichen Vermuthungen erwarten ließ, denn daraus, daß diese
Sprüche in den Fragmenten anderer Dichter
stehen, läßt sich wohl auf diese Verfasser eben
so wenig zuverläßig schließen, als sie dem Theognis mit Sicherheit abgesprochen werden können.*
Von den Verbesserungen des Textes, die,
jede kleine Veränderung mit eingerechnet, wie
mans von dem glücklichen Talent des Hn. Herausg. erwarten kann, fast unzählig sind, wollen
wir

wir nur einige der wichtigsten ausheben. V. 6
ῥαδινῆς hat schon Camerar und die Londuer
Ausg. von 1724. V. 73 ὁμῶς f. ὅλως. V. 129
ἐς᾽ ὤνιον für die gewöhnliche ganz unverständliche Lesart ἐς᾽ ἄριον; doch ließ schon Camerar
so. V. 103. μηδεὶς σ᾽ ἀνθρώπων πείσῃ stand
schon in Camerars Ausgabe. V. 205 ließ Hr.
B. � γὰρ ἐπ᾽ αὐτοῖς τίνονται μάκαρες πρήγμασι
ἀμπλακίας: non enim in ipso actu vlcisci solent
Dii peccata, non ipso in temporis puncto, quo
admittuntur. V. 218. verwandelt der Hr. V.
sehr glücklich κραιπνόν τοι σοφίη γίγνεται εὐτρο-
πίης in κραΐσσόν τοι σοφίη ἀτροπίης. V. 258.
ἡ δέ θ᾽ ἅμ᾽ ὑδρεύει καί με γοῶσα καλεῖ, eine schöne
Emendation; nur verstehen wir das ganze Fragment nicht. (Es gehört zu denen, die wegen
Mangel an historischer Kenntniß von der individuellen Lage des Dichters wohl immer unverständlich bleiben werden. Dergleichen sind z. B.
V. 555-59, 803-8. 865-70. 927-32. 1055-
60.) V. 277 τισεύων. V. 290 πέλεται ließ schon
Camerar. V. 371. τρεφθῇ. diese unstreitig richtige Lesärt giebt schon Camerar. Zu V. 376.
wird in den Noten eine sehr leichte und doch
Rec. sehr nothwendig scheinende Verbesserung
vorgeschlagen, von der man sich wundern mag,
daß Hr. B. sie nicht gleich in den Text aufnahm:

uhm: τανίην μητέρ᾽ ἀμηχανίης f. τανίης μητέρ᾽
ἰαηχανίην. Der Irrthum ist offenbar aus V.
384. (wiewohl Rec. diesen Vers für eine Glosse
zu halten geneigt ist.) V. 403. κακίων bleibt doch
immer hart. Hätte Turnebs Lesart κακίας hinlängliche Auktorität, so würde sie vorzuziehen
seyn. Der Sinn wäre schön: laß dich nicht
Klugheit - oder Macht irgend eines
Menschen reizen, Theil zu nehmen
an seiner Bosheit. V. 410. ὑπερτερίης δ᾽.
ἄμμιν ἄνεσι νόος. Hr. B. verbessert: ὑπερτερίη
δ. ά. ἔ. νόῳ. Es ließe sich aber doch noch, wie
uns dünkt, etwas für die gewöhnliche Lesart
sagen. Man dürfte nur νόος ὑπερτερίης als alte
Sprache für νῦς ὑπέρτερος annehmen, ganz wie
oben V. 205. Hr. B. selbst emendirt πρήγμασιν
ἀμπλακίας. V. 465. παρασαδὸν οἰνοχοείτω. Die
vorgeschlagene Verbesserung καλὸς πάϊς ist kühn.
Rec. würde τις suppliren. V. 475. σώφρων, τότε νήπιος hat. Hr. B. aus dem Athenäus gut
verbessert σώφρων τε καὶ ἤπιος. V. 479. σὺ δ᾽ ἐκ
ἴχε τῦτο μάταιον gefällt uns doch wegen des
folgenden nicht. Nach dem ganzen Zusammenhang würden wir den Sinn vermuthen: du
achtest aber auf meine Ermahnung
nicht, machst sie fruchtlos. V. 543.
αἰεί μοι φίλον ἦτορ ἰαίνεται; unstreitig besser

als

als ἀγάλεται beym Turneb. In eben dem Sinn
sagt Pindar (Pyth. Θ.I, 18 ff.):

— ——, —— νοὶ γὸρ βια-
τὰς Ἄρης, τραχεῖαν ἄνευθε λιτῶν
Ἐγχέων ἀκμὰν, λαίνει καρδίαν
Κώματι — —

V. 597. ἄλα giebt einen ungleich schönern Sinn
als das gewöhnliche ἀλλὰ, nur muß hier ein
neues Fragment anfangen. V. 651. ἀντιτύχο
steht schon in der Londner Ausgabe (1724).
V. 739. die gewöhnliche von Sylburg verbesserte
Lesart ist: Φόρμιγγ' αὖ Φθέγγοιθ' ἱερὸν μέλος ἠδὲ
καὶ αὐλῷ. Hr. B., der diese Lesart verwirft
sagt in den Noten (S. 295): Est itaque nomi-
natiuus huius verbi Apollo, quem tamen nunquam audiui tibicinem fuisse. Aber könnt' es
nicht alte schöne Sprache seyn für die Idee:
Apoll selbst begeistre den heiligen Sänger, daß
er einen feyerlichen Gesang zur Harfe oder Flöte
beginne? V. 742. Nach πόλεμον würde Rec. den
Sinn schließen, und ὡδ' εἶναι im folgenden Verse
mit καὶ ἄμεινον u.s.w. verbinden: ἄμεινον (ἐςὶ) ὡδ
εἶναι καὶ — διάγειν κ.τ.λ.: besser ists hier
seyn u.s.w. (Nach ἐπιςάμενος V. 750. muß
ein Fragzeichen stehen.) V. 785. Θεῦ χρήσκα
ἱέρεια; eine gute Verbesserung, wiewohl Θεῶ
χρᾷ wohl eben so gewöhnlich seyn mag, als
                                        ἐχρῆσε

χρησεν ἡ Πυθία. *V. 915. gab die gewöhnliche Lesart* ὁμῶς ἴσοι *einen sehr lahmen Sinn, weil das folgende* οἳ τε κατ᾽ αὐτὸν *eben den Gedanken enthält. Vortrefflich verbessert daher Hr. B. aus dem Tyrtäus III, 41. dem dieses Distichon eigentlich zu gehören scheint,* ὁμῶς νέοι. — μιν *f.* μὲν. *Mehr gewagt ist im vorhergehenden Distichon* πλῦτος *f.* κάλλος. *V. 977.* δεῖπνε δὴ μνησαίμεθ᾽ ἵεω κ. τ. λ; *eine zwar kühne aber doch sehr glückliche Verbesserung, die der V. mit den passendsten Gründen unterstützt. V. 1046.* Εὐρώτα *wahrscheinlich durch einen Druckfehler. In den gewöhnlichen Ausgaben ist* Εὐρώτᾳ *im Dativ, dem* καλλιρόῳ ποταμῷ *als Apposition angehängt ist. Sollte* Εὐρώτα *stehen bleiben, so wär es der Dorische Genitiv. V. 1058.* ἡμετέρην. *Hr. B. emendirt* αὖ ἑτέρε, *fügt aber nichts zur Erklärung hinzu. Rec. versteht das ganze Fragment zu wenig, um urtheilen zu können. V. 1155.* καλήσεται. *Weit besser liest Hr. B.* κεκλαύσεται.

Ueber den Verfasser der nun folgenden Elegie, die Hr. B. nach dem Stobäus, dem Kallin *zuschreibt, ist man nicht einig. Stephanus, Winterton, Hertel, Froben und Klotz, haben sie unter die Fragmente des* Tyrtäus *aufgenommen. — In der zweiten Elegie des* Tyrtäus, *giebt die andre Lesart* ἄιδηλα *einen ungleich schönern Sinn;*

Sinn; der Scholiaſt zu Od. π. 29 erklärt dieſe
Wort: τὸν ἀδηλοποιὸν καὶ πάντα Φθειροντα
Dieſe Bedeutung paßt vortrefflich in dieſe Stelle
V. 38. πανοπλίταις. Recenſent würde mi
dem ſeligen Klotz πανοπλίαις vorziehen. ὅπλ
ſ. ὁπλῖται oder ὡπλιςμενοι kommt häufig vo
(Exempel ſ. bey Klotz zum Tyrtaeus S. 63)
Die Sammlung der Soloniſchen Fragment
hat Hr. B. mit einigen neuen vermehrt. So i
I, 1 - 4 u. XXXI. aus dem Diogenes Laertius
III. aus dem Commentar des Hermias zum Phä
don des Plato. XII, 7 - 10 aus dem Theogni
(V. 719 ff.) hinzugekommen. — V, 31. αὐτ
eine gute Verbeſſerung für das hier den Sin
ganz entſtellende αὐτίκα, V. 50. ἔργα ὁαςὶς, ein
ſehr glückliche Wiederherſtellung der öchten Le
art, die der Pariſer Codex darbot. — Simo
nides II, 58. περιτρέπει iſt gegen die Gram
matik. Hr. B. hatte ehemals ἀποςυγεῖ vermu
-thet; der Sinn iſt paſſend, nur wie Hr. B. ſelbſ
geſteht, man ſieht nicht wie aus ἀποςυγεῖ, περι
τρέπει hat werden können. Hr. Köler in ſeine
neuen Ausgabe des Simonideiſchen Gedichts ha
glücklicher emendirt περεκτρέπει. — Aus de
vielen Verbeſſerungen, die das unter Phocyli
des Namen gangbare höchſt wahrſcheinlich
chriſtliche Lehrgedicht größtentheils aus de
Hand-

Handſchriften erhalten hat, ſchreiben wir nur einige wenige aus: *V.11.* ἀγάπην ſ. πίστιν. *V.77.* Φυλλοισί ſ. δολλαισι. *V.101.* πῶν τόδ᾽ ἐσ᾽ αὐτὴν ἱκόμενον. *V. 139.* μὴ ἄφρη χ. β. *V. 145.* ἀνύβρισι ſ. ἀνύβριστος. — *Eine ſchöne Conjektur iſt* χαλίφρονες *im 63ten Verſe von* Naumachius. *— Von* Heſiods *Lehrgedichte ſind gleich die* erſten 10 Verſe ausgelaſſen, *weiterhin mehrere,* die H. B. für untergeſchoben hielt. *Doch können* wir uns von dem Nutzen dieſer Methode nicht über- zeugen. *Um alle Verwirrung im Nachſchlagen* zu vermeiden, *hätten die unächten Verſe ja, wie* ſonſt gewöhnlich, in Klammern geſchloſſen wer- den können, *ſo wird zugleich dem Leſer im Ur-* theil *nicht durchaus vorgegriffen.* · *Wenigſtens* hätte in den Noten ſolcher Veränderungen jedes- mal Erwehnung geſchehen müſſen, *aber auch das* thut Hr. B. nicht. *Das ganze Gedicht, das in* den gewöhnlichen Ausgaben 826 Verſe enthält, hat daher bey Hr. B. nur 773. — *Wir brechen* hier ab, und fügen nur noch hinzu, daß Hr. B. den des Griechiſchen unkundigen Leſern zum Beſten, einzelnen Fragmenten hin und wieder freye metriſhe Ueberſetzungen aus Grotii Florilegio beygefügt hat. *Kleanths ſchöne* Hymne findet man hier in einer dreyfachen latei- niſchen, franzöſ. und italien. Ueberſetzung. *Die*

M 2   blos

blos kritiſchen Noten des V. folgen hinter dem
griechiſchen Text von S. 273. Druck und Papier
iſt ganz ſo ſchön, wie in den übrigen Brunki-
ſchen Ausgaben.

K.

5.

CHR. G. HEYNII Profeſſ. Eloqu. et Poeſ.
Georgiae Auguſtae M. Britann. Reg. A
Conſil. Aul. Opuſcula academica
collecta et animaduerſ. locupletata. Göttingen, bey *Dieterich.* 1785. Vol. I. *gr.* 8.
434 S. *Vorrede* 22 S.

*H*err *Hofr.* He y n e *hat nach ſeinem unermü-*
deten Eifer für alles, was zur Beförderung
wiſſenſchaftlicher Aufklärung beytragen kann,
auch nun angefangen, von den Programmen,
welche er während ſeines Lehramts zur Ankün-
digung öffentlicher akademiſcher Feyerlichkeiten
geſchrieben, und die bekanntlich eine Reihe lehr-
reicher Reſultate ſeiner Unterſuchungen über
wichtige Gegenſtände des griechiſchen und rö-
miſchen Alterthums, ſo wie viele, vortrefflich
Grundſätze und Winke zur Bildung und V

fein

ſteuerung des Geſchmacks im Studium und in der Bearbeitung dieſes Theils der Gelehrſamkeit enthalten, eine vollſtändige Sammlung zu beſorgen. Man kann ſie daher nunmehr als ein neues Geſchenk betrachten, das Er der Literatur gemacht hat, und das um deſto ſchätzbarer iſt, je ſeltener die einzelnen Stücke, beſonders die frühern, ſelbſt in Göttingen geworden waren. In dieſer neuen Ausgabe ſind ſie nicht blos nach der Zeitfolge geſammelt und abgedruckt, ſondern der Hr. Verf. hat noch hin und wieder geändert, manches weggelaſſen, und bey mehrern findet man theils ausführliche Zuſätze, theils eigne Urtheile darüber, in denen man Unpartheylichkeit gegen ſich ſelbſt ſo wenig, als eine edle Beſcheidenheit, die den großen Lehrer ſo ehrwürdig macht, verkennen kann.

Der erſte Band begreift außer der Vorrede 21 Programme, von denen wir den Inhalt, und was ſie noch bey der neuen Durchſicht gewonnen haben, genauer anzeigen wollen. I. Das Antrittsprogramm vom 23. Iul. 1763. über den Einfluß des Charakters auf das Gefühl des Schönen in den ſchönen Künſten und Wiſſenſchaften und folglich auf Bildung des Geſchmacks und Darſtellung des Schönen ſelbſt.

M 3

Nach

*Nach vorheriger Bestimmung des Begriffs von
Schönen beweist der Hr. V. den Einfluß de
Charakters auf das Gefühl desselben sowohl mi
philosophischen Gründen, wie sie die Natur de
menschlichen Seele und des Schönen an die Han
geben, als mit auserlesenen Beyspielen älter
und neuerer großer Künstler und Schriftstelle
Das beygefügte eigne Urtheil über diese Ab
handlung, die wegen des interessanten Gegen
standes, welchen sie betrifft, eben so sehr, al
wegen des meisterhaften Vortrags und Ausdruck
studirt zu werden verdient, ist auch für de
Gesichtspunkt, woraus man sie anzusehen hat
sehr unterrichtend. Zunächst folgt die Antritts
rede, worin die Frage untersucht wird: wa
eigentlich Freyheit eines Volks zu
dem Flore der Wissenschaften und
Künste beytrage. Die Meynung, als ob
die Wissenschaften blos in Freystaaten blühe
könnten, wird zuerst aus der Geschichte dersel
ben widerlegt, und vielmehr gezeigt, daß de
mokratische Republiken ihrer Natur nach wen
ger als andre zum Flore der Wissenschafte
beförderliche Staatsverfassungen seyen. Frey
heit, die zur höhern Cultur der Wissenschafte
wirken soll, wird blos einem Staate überhaup
zugeschrieben, bey dessen Verwaltung die öffent
lich*

iche und allgemeine Wohlfarth der Bürger und
des Ganzen das höchste Gesetz ist. Auch die
andern Triebfedern werden bemerkt, die mit der
Freyheit, wenn sie den erwähnten Zweck erreichen soll, verbunden seyn müssen, und die Ursachen aufgeklärt, warum man in Zeitpunkten,
wo nichts von alle dem statt fand, doch Flor
der Wissenschaften antrifft. Es ist dieß nur die
einzige Rede, die in die Sammlung aufgenommen ist. Das II. Programm: de genio faeculi
Ptolemaeorum, ist reichhaltig an vortrefflichen
scharfsinnigen Bemerkungen über dieses für die
Wissenschaften und ihre Schicksale höchst merkwürdige Zeitalter. Zuerst von dem allgemeinen
Charakter der Dichter, die nur geringfügige,
meistens solche Gegenstände behandelten, wobey
sie ihre Gelehrsamkeit anbringen konnten; und
mehr durch die simple, gefeilte, elegante Sprache,
als durch Stärke, Lebhaftigkeit und Kühnheit
der Gedanken und Bilder gefallen. Dann wird
überhaupt der sonderbare Geschmack des Zeitalters an weitläuftigen und mannichfaltigen
Kenntnissen, besonders an Untersuchungen der
alten fabelhaften Geschichte bemerklich gemacht
und entwickelt. Da der Hr. V. im Programm
sich sehr kurz fassen mußte, so hat er es hier
mit beträchtlichen Zusätzen bereichert, die als

M 4 *Commentar*

Commentar dienen follen. Er *verfolgt darin den Gang des Studiums der einzelnen Wiffen-fchaften genauer,* und *verbreitet fich vorzüglich über die Verdienfte, welche fich die Grammati-ker, wie man damals überhaupt Gelehrte nannte, um die ältere Literatur erwarben, über die Art, wie man die Geographie, Naturgefchichte, Mathematik, Aftronomie und Aftrologie, Mufik und Harmonik, Philofophie und die fchönen Künfte bearbeitete, und was diefelben dadurch gewannen oder verloren.* Zu den *Veranlaffun-gen des Eifers für Wiffenfchaft, der damals in Alexandria herrfchte, rechnet er befonders das Mufeum und die Bibliothek dafelbft,* von *welchen beyden Inftituten daher ausführlich ge-handelt wird.* III. De iudicio, quod defunctis Aegyptiorum regibus fubeundum erat, *bey der Sterbefeyer des Königs Georg II.* Die *Wahl des Gegenftandes war der Veranlaffung fehr angemeffen, und in diefer Rückficht fuchte der Hr. V. die Erzählung beym Diodor von dem Gerichte, das über die verftorbenen ägyptifchen Könige vor der Beyfetzung ihres Leichnams gehalten ward, wahrfcheinlich zu machen,* gab *aber denn doch feine eigentliche Meynung nicht undeutlich zu erkennen.* Er hat diefe in dem *Anhange, womit man die Abhandlung:* de
Diodori

Diodori fide in Commentatt. Soc. R. Scient.
Gotting. Vol. V. *vergleichen muß, mehr aus-
einandergesetzt.* IV. De Simonidis verſibus, in
quibus virum bonum conſtanter eſſe, difficile
eſſe aſſeritur. *Dieſe Verſe ſind ein Fragment
eines Gedichts des Simonides an den Skopas,
das beym Plato im Protagoras vorkömmt, und
dort zum Theil gezwungen erklärt wird. Hr.
Hofr. Heyne beſtimmt den Sinn deſſelben genauer, und macht davon auf unſer gegenwärtiges moraliſches Verhältniß Anwendung. Im
Zuſatze wird das Sylbenmaaß angegeben, worauf er es im Programm zurückzuführen geſucht hat, auch werden noch einige Erläuterungen deſſelben beygebracht.* V. De efficaci ad
diſciplinam publicam priuatamque vetuſtiſſimo-
rum poetarum doctrina. *Zuerſt werden die
Urſachen, welche zur großen Verehrung der
Dichter unter rohen Völkern beytragen, aus
dem gewöhnlichen Charakter dieſer letztern entwickelt, und durch ausgewählte Beyſpiele die
großen Wirkungen anſchaulich gemacht, die die
Geſänge der älteſten Barden auf die Bildung
der Nation haben mußten. Am Ende beweiſt
der Herr Verf., daß das Studium derſelben
auch für unſer Zeitalter Nutzen habe, inſofern
nämlich die einfachſten moraliſchen Grundſätze in*

ihnen

ihnen enthalten find. *In dem Zufatze wird die Meynung von Montesquieu, der die Liebe der Griechen zur Mufik von ihrer müffigen Lebensart, Neigung zum Kriege, und Verachtung aller fitzenden Handwerke herleitet, kurz widerlegt.* VI. de caufis fabularum feu mythorum veterum phyfie's. *Die phyfifchen Urfachen, welche zur Entfiehung der älteften Mythen beytrugen, werden auf drey Claffen zurückgeführt, infofern fie nämlich theils in der Natur des rohen unaufgeklärten Menfchen felbft; theils in der Befchaffenheit feiner Sprache, wodurch er Empfindungen und Gedanken ausdrückt; theils in äußern Gegenftänden, die auf ihn am ftärkften wirken mußten, zu fuchen find. Im Anhange zieht der Hr. V. einige Folgerungen aus dem im Programme gefagten für die Begriffe, welche man fich über die Vorftellungen roher Völker vom göttlichen Wefen zu machen hat.* VII. De nonnullis in vitae humanae initiis a primis Graeciae legumlatoribus ad morum manfuetudinem fapienter inftitutis. *Vorläufig über das Vergnügen und den Nutzen, welchen das Studium der Gefchichte menfchlicher Cultur gewähret, und was man für diefen Gegenftand durch die Kenntniß des Charakters und der Sitten wilder Völker aus Reifebefchreibungen gewinne. Nachher fchränkt*

fich

ich der *H. V.* auf einige weise Gebräuche und
Einrichtungen der Gesetzgeber Griechenlands ein,
von welchen er verschiedene anführt: *Z. B. das
heilige Recht der* ἱκετῶν, *die Asyle, die verpflich-
tende Nothwendigkeit der Begräbnisse u. s. w.*
*Im Zusatze führt er die neuern Bearbeiter dieser
Materie und ihre dahin gehörigen Werke an.*
VIII. IX. X. De publicis priuatae frugalitatis
vtilitatibus, inprimis ad. maiorem ciuium fre-
quentiam. *In der ersten Abhandlung wird die
Bemerkung ausgeführt, und durch Beyspiele bewiesen, daß man in den alten Staaten, wie Aegypten, Griechenland, Italien, eine so ungeheure
Volksmenge in so kleine Bezirke eingeschlossen
finde, daß man sich wundern müsse, woher eine
solche Menschenzahl Nahrung und Unterhalt finden können. Für den vorzüglichsten Grund, woraus es sich erklären lasse, hält der Hr. V. die
Frugalität und einfache Lebensart der alten Welt,
die den Unterhalt erleichterte, und folglich der
Bevölkerung vortheilhaft war. Nach diesem
wird in der folgenden erwiesen, daß nichts die
Bevölkerung mehr begünstige, als wenn nicht nur
für einen größern Ueberfluß der nothwendigen
Bedürfnisse und Annehmlichkeiten des Lebens,
sondern auch für einen frugalen und mäßigen
Gebrauch derselben gesorgt werde. Das dritte*
Programm

Programm enthält dann Beweise von der Frugali
tät der Alten, worauf sich die so ungewöhnlich
starke Bevölkerung ihrer Zeit gründete. So be-
stand die gewöhnliche Speise des großen Haufen.
bey den Aegyptiern aus Zwiebeln, Knoblauch
Wurzeln, und andern Gewächsen, woran Aegy-
pten großen Ueberfluß und Mannichfaltigkeit
hat. Gelegentlich wird hier auch Auffchluß dar-
über gegeben, wie die Aegyptier jene ungeheuern
Werke der Baukunft, die so viel Menschenhände
beschäftigen mußten, haben zu Stande bringen
können. Gleiche Einfachheit der Lebensart war
bey den Griechen. Selbft in den verdorbnen Zei-
ten hatte Athen noch das Lob vorzüglicher Fru-
galität, die sich bey den Gaftmälern, Kleidern,
Privatgebäuden besonders zeigte. Die Vergleich-
chungen mit unfern Zeitalter, machen den Un-
terschied zwischen diesem und jenem ältern äu-
ßerft auffallend. Der Anhang zu diesen drey
Abhandlungen enthält theils allgemeine Bemer-
kungen über den Gegenftand felbft, theils Berich-
tigungen, Erläuterungen und Zufätze zu dem,
was von der Frugalität der Bewohner jener oben
angeführten Länder gefagt war. XI. de ele-
gantiorum artium ac ftudiorum vfu et fructu ad
difciplinam academiarum publicam. *Daß das*
Studium der schönen Künfte und Wiffenschaften
diesen

äeſen Nutzen habe, wird beſonders daraus erwieſen, weil ſie am meiſten den Geſchmack und
Charakter bilden, welche Wirkung alle andre
Wiſſenſchaften wenigſtens in gleichem Grade nicht
haben; weil ſie ferner vorzüglich dienen den untern Seelenkräften eine edle Richtung und Bildung
zu geben. XII. Iſt zur Ankündigung des unter
der Aufſicht des Herrn Hofrath Gatterer er-
richteten hiſtoriſchen Inſtituts geſchrieben. Der
Hr. V. zeigt darin den wichtigen Einfluß des
Geſchichtſtudiums auf alle Wiſſenſchaften, und
wie rühmlich es daher unſerm Zeitalter ſey, daß
ſie durch die Bearbeitung mehrer vortrefflicher
Gelehrten zu einer ihr angemeſſnen Höhe und
Würde erhoben werde. XIII. XIV. De veterum
coloniarum iure eiusque cauſſis. Die nächſte
Veranlaſſung zu beyden Abhandlungen gaben
die amerikaniſchen Unruhen, wodurch eine allgemeine Aufmerkſamkeit auf dieſen Gegenſtand erregt wurde. Um ſich den Weg zur Entwickelung der Rechte der alten Colonien zu bahnen,
bemerkt der H. V. erſt einige Verſchiedenheiten
zwiſchen ihnen und den neuern; ſetzt dann die
Umſtände aus einander, welche die von einander
abweichenden Einrichtungen, und mannichfaltigen Gattungen der Colonien überhaupt, beſtimmen können, und bleibt zuletzt bey dem ge-
wöhn-

wöhnlichen Begriffe stehn, den man mit dem
Worte Colonie verbindet. Die Ursachen,
welche den Mutterstaat zur Aussendung derselben bewegen können, find zwiefach; fie liegen nämlich entweder in einem nothwendigen
Bedürfniffe deffelben, oder in einem abgezweck-
ten Nutzen. Bey Colonien, die aus dem Bedürfniffe des Mutterstaats ihren Urfprung hatten, konnte keine Rechtspflicht derselben gegen
diefen Statt finden, fondern nur erft dann, wenn
der Mutterstaat fie feines Nutzens wegen aus-
fandte. Diefe Rechte waren nach den gegenfei-
tigen Verhältniffen und nach Zeit und Umftänden verfchieden. Die Staaten welche zuerft ein
genaues Augenmerk darauf richteten, waren die
griechifchen, die mit einander um die Herrfchaft
ftritten; dahingegen die Europäer in den neuern
Zeiten fehr forglos über diefen Punkt gewefen
find, fo leicht fich auch die allgemeinen Rechte
die hier kurz berührt werden, finden ließen. In
dem folgenden Programm verbreitet fich der
Hr. V. über die Rechte der Colonien felbft, wobey überhaupt angemerkt wird, daß diefe
Rechte bey den Alten mehr Herkommen, als eigentlich feftgefetzte waren. Alle Rechte und
Pflichten der Colonien find auf die Verwandt-
fchaft (ξυγγνεια, neceffitudo) derfelben mit
dem

im *Mutterstaate* gegründet. *Diese nahm man
als zwischen ihnen natürlich und nothwendig
obwaltend an, und sie wurde durch beyden gleich
gemeinschaftliche Einrichtungen, Gesetze, Reli-
gionsgebräuche, Opfer u. s. w. unterhalten. Die
genaue ins Einzelne gehende Auseinandersetzung
derselben überlassen wir unsern Lesern selbst
nachzusehen. In dem Zusatze werden die neuern
Schriften darüber angeführt.* XV. XVI. XVII.
De originibus panificii frugumque inuentarum
initiis. *Nach scharfsinniger Bestimmung des
Ganges, den eine Untersuchung über den ersten
Ursprung und die Erfindung des Getraidebaus
bey den ältesten Menschen nehmen muß, beweist der Hr. V. daß in Babylonien, oder dem
Landstriche zwischen dem Euphrat und Tigris
der erste Ackerbau, so wie die erste Cultur
des Menschengeschlechts überhaupt zu suchen
sey, und widerlegt die Linnéische Meynung,
die ihn in das südliche Sibirien versetzt. Das
zweyte Programm bezieht sich auf den Anfang des Getraidebaus in andern Ländern,
und was für Kornarten in jedem Lande entweder einheimisch, oder aus andern Gegenden in
dasselbe eingeführt sind. Das Resultat hievon
ist: daß Spelt und Weizen (* zea, triticum)
vorzüglich von den Babyloniern gesäet; olyra
in

in *Aegypten* einheimisch gewesen; unter de
Europäischen Ländern zuerst in *Sicilien Weize*
(triticum), in *Italien Dünkel* (far), in *Attic*
Gerste, und jenseit der Alpen Roggen gebau
sey. Zugleich enthält diese Abhandlung vor
treffliche Erläuterungen über die verschiedener
Kornarten selbst, und die Namen, welche ihnen
die Alten geben. Im dritten Programm kömm
der Hr. V. auf die Geschichte der Zubereitung
des Getraides, um es zu einem Nahrungsmittel
tüchtig zu machen. Es gieng sehr stuffenweise
und bedurfte einer langen Erfahrung, ehe es
die Menschen hierin zu einiger Vollkommenheit
brachten. Zuerst genoß man rohe noch unreife
Körner, dann fieng man an sie zu rösten, und
mit einem Steine zu zermalmen. Noch in spätern Zeiten und schon bey beßrer Cultur blieb
daher die Gewohnheit, so zubereitetes Getraide
zu opfern. Auch hier sind viele antiquarische
Bemerkungen beygebracht, z. B. über die οὐλο-
χύται der Griechen und mola salsa der Römer,
über viele Wörter, welche aus Mehl zubereitete
Speisen bezeichnen u. a. Im Anhange werden
noch einige Meynungen neuerer Gelehrten vom
Wohnplatze der ersten Menschen geprüft, und
noch Zusätze zu der Untersuchung über den
Anfang des Getraidebaues in verschiedenen Gegenden

genden *mitgetheilt, die man mit dem, was im
zweyten Programm gesagt ist, verbinden muß.
XVIII. XIX. XX. find Ankündigungen von Ta-
gesfeyern.* Das erstere *bey dem Absterben des
Stifters der hiesigen Universität, des Hrn. von
Münchhausen, dem noch eine Abhandlung
über die Gegend, wo Homer und sein Zeitalter
sich das Elysium dachte, beygefügt ist; das
folgende zur Ankündigung des neuen Curators,
des Hrn. v. Behr, und das letztere auf das
Ableben eben desselben.*

In der Vorrede *äußert der Herr Hofrath
seine* Grundsätze *über das ganze Institut,
öffentliche akademische Feyerlichkeiten und Handlungen durch Programme anzukündigen, und
rechtfertigt diesen Gebrauch, aus dem wesentlichen Vortheile, der mit bestimmten Veran-
lassungen zu solchen kleinen Aufsätzen für die
Wissenschaften verbunden ist, aus der Absicht und dem Zwecke akademischer Schriften
überhaupt, endlich aus dem Bedürfnisse, das
eine Universität für Namen und Ruhm auch
außer ihren Mauern hat. Er zeigt, daß Gegenstände aus dem Gebiete der humanistischen
Literatur diejenigen sind, welche ein so gemisch-
tes gelehrtes Publicum, als ein akademisches ist,
am allgemeinsten interessiren können, folglich in*

N solchen

folchen öffentlichen Anfchlägen mit dem ausge-
breitetften Nutzen behandelt werden. Am
Schluffe giebt er noch fein Vergnügen zu er-
kennen, das er beim neuen Durchlefen alle
diefer Abhandlungen über die ihm dadurch auf-
fallend bemerklich gewordene Freyheit im Denken
und größere Aufklärung unfers Zeitalters em-
pfunden hat.

Ve.

6.

PHILONIS JUDAEI Opera omnia graece
et latine ad edition. Thomae Mangey:
collatis aliquot MSS. edenda curauit A.
Fr. Pfeiffer. Vol. I. Erlang. 1785. 8 maj.

Wenn Deutfchland auch nicht den Ruhm hat,
fo große prächtige Ausgaben alter Schriftfteller
zu liefern, als wir aus holländifchen und eng-
lifchen Preffen erhalten haben, fo hat es doch
das Verdienft, diefe Ausgaben gemeinnütziges
zu machen; und die vielen neuern Beyfpiele die-
fer Art find ein Beweis, daß das Studium alter
Litteratur verbreiteter ift, und Gelehrte mehr die
Quellen fuchen und felbft fchöpfen, als ehedem
gefchah

gschah oder geschehen konnte. Philo ist ein
Schriftsteller, dem nicht nur seine Brauchbar-
keit für die Erklärung des N. T. einen vorzüglichen Werth giebt, sondern dessen Lectüre, sowohl der Schreibart als des Inhalts wegen, ein
eigenthümliches Interesse hat. Mitten unter den
allegorischen Deutungen schimmern oft die schönsten und vortreflichsten Gedanken hervor, die
desto angenehmer überraschen, je weniger man
sie erwartete; und dadurch unterscheidet sich
Philo von seinen christlichen Nachahmern. Ferner ists interressant zu sehen, wie ein Volk, das
nun durch fremdes Licht geistige Aufklärung
erhalten hatte, sich bemühete diese Begriffe mit
seinen heiligen Nationalbüchern zu verbinden,
und sie dadurch gleichsam zu autorisiren. Jene
alten Geschichten waren nur das Vehikel, der
Faden an den moralische Wahrheiten angereiht
wurden, die ihren Werth behalten, obgleich die
Verknüpfung oft sonderbar und auffallend ist.
Endlich als Vater der allegorischen Erklärungsart, die nachher bey den christlichen Lehrern
der Alexandrinischen Schule die herrschende
wurde, als Hauptschriftsteller für die Geschichte
der Zeit, als eine vorzügliche Quelle der Critik
der griech. Uebersetzung ist Philo so merkwürdig, daß er billig in den Händen jedes Theolo-
gen seyn sollte, der sich über die gemeine Sphäre

von Kenntnißen erheben will. Schon lange hätt
man daher, bey der Seltenheit und Koſtbarkei
der Mangeyſchen Ausgabe eine bequeme Handausgabe gewünſcht, und mehrere hatten ſie un-
ternommen.*) oder, verſprochen, auch neulich
noch H. Oberthür bey ſeinen Joſephus, angekün-
digt; Endlich ſehen wir dieſe Hofnung durch den
Herrn Prof. Pfeiffer erfüllt. Die Ausgabe empfiehlt ſich eben ſo ſehr durch Correctheit und
typographiſche Schönheit des Drucks, als durch
ihre innere Einrichtung. Da der H. Herausgeber bloß eine Handausgabe liefern wollte, ſo
hat er es ſich zum Geſetz gemacht, den Mangeyſchen Text genau zu befolgen. Nur die
Druckfehler ſind berichtigt, und wo Mang-
ſeine Vermuthungen, ohne weitere Anzeige in
den Text geſetzt hatte, die Leſarten der ältern
Ausgaben bemerkt. Auch die Ueberſetzung iſt
beybehalten, obgleich Hr. P. die Unbequemlichkeiten davon fühlte, weil ſie oft ungetreu iſt,
und die häufig unnöthigen Verbeſſerungen des
M. darſtellt. Von M. Anmerkungen iſt das
unerhebliche und bekannte, das nicht zur Critik
und Erklärung des Schriftſtellers gehörte, weggelaſſen, und dafür, obgleich ſparſam, eigne
Zuſä-

*) Zu dieſen gehört auch, wie man uns verſichert, der
    gelehrte H. K. R. Geyſer in Kiel, der vermuthlich
    ſchon vieles für den Philo geſammlet hatte.

Zuſätze vom Hrn. Herausgeber hinzugekommen. Dieſe letztern ſind meiſtens critiſchen, ſelten
erklärenden Inhalts. Es ſind nämlich bey dieſer
Ausgabe drey Handſchriften der Churfürſtl.
Biblioth. zu München verglichen worden, wovon die erſte (N. 52) die hier mit A bezeichnet
iſt, vorzüglichen Werth hat. Sie enthält faſt
den ganzen Philo und iſt genaue Abſchrift (wie
die Unterſchrift verſichert) von einem Codex des
Beſſarion, der in der S. Marcus Bibl. befindlich iſt. Die zweyte Handſchrift B, (Nro. 35)
enthält nur einzelne Auffätze, und die dritte
C, (N. 174) nur die Abhandlung de die ſe-
ptimo. Beide ſind alſo bey dieſem Bande noch
nicht gebraucht, auſ der erſtern ſind aber viele
gute Leſarten angemerkt, die zum Theil den
Mangeyſchen Text beſtätigen, aber doch weit
häufiger mit den ältern Ausgaben übereinſtimmen. — Von den erklärenden Anmerkungen
nur ein paar Proben. Das berühmte αλαβαρχης vergleicht Hr. P. (Vorr. S. V.) mit אברך
Gen. 41, 43. worin ihm wohl nicht viele beytreten möchten, da die gewöhnliche Ableitung von
αλαβα, (Dinte) leichter iſt. Die Stelle des Philo
auf die ſich Hr. P. beruft, ſcheint uns keine
Beziehung auf Abrech, als Name einer Würde,
zu enthalten, welches letztere Wort, nach faſt ein-

ſtimmi-

stimmiger Meynung älterer und neuerer Sprach
kenner, am natürlichsten durch genu flectite e
klärt wird. Nicht zu gedenken der geringe
Aehnlichkeit beyder Wörter, und der offenba
griechischen Endigung des αλαβαρχης. Richti
hingegen bemerkt Hr. P. (S. 219) daß die A
legorie des Philo über die äthiopische Gemahn
die er auf Mosis Scharfsinn deutet, sich auf d
Schwärze beziehe, wie der Ausdruck de
Philo selbst, το βλετον μελας εςιν, zu erkenne
giebt.

Die Mangeysche Vorrede hat Hr. P. gan:
vorgesetzt, und mit brauchbaren Nachweisunge
bereichert; außerdem ist eine Vergleichungsta
belle der Seitenzahlen dieser Ausgabe, mit de
nen der Mang. und Parifer Ausgabe beygefüg
die zum Nachschlagen sehr brauchbar ist. Die:
ser Band enthält übrigens nur 4 Schriften de
Philo, nämlich de mundi creatione und 3 Bü:
cher Legum Allegor. oder die Ueberbleibsel sei
ner Auslegungen über die 3 ersten Cap. de
Genesis.

Wenn wir noch einen Wunsch übrig hätten,
so wäre es der, daß es dem Hrn. Herausgebe
gefallen hätte, die Mangeysche Vorrede, die jetz
größtentheils entbehrlich ist, mit einer ausführli
chen

den Einleitung zum Philo zu vertauschen, was
ihm bey der genauen Bekanntschaft mit dem
Schriftsteller den er bearbeitet, nicht schwer seyn
dürfte. Die Verweisungen auf Brucker, Mosheim,
Carpzov u. a. ersetzen diesen Abgang nicht.
Philo ist der Hauptschriftsteller für die Geschichte
der Religionstheorien der griechischen Juden, um
die Zeit da das Christenthum erschien. Seine
Ideen von λογος und πνευμα, von Engeln, von
menschlicher Schwäche und göttlicher Gnade etc.
kommen so sehr mit den Sätzen des N. T. überein, daß es nicht zu verwundern ist, wenn man
ihn bald zum Lehrer, bald zum Schüler der
Apostel gemacht hat. Diejenigen die den Philo
auf die Erklärung des N. T. absichtlich angewandt haben, nehmen meistens nur auf die Sprache
Rücksicht, und Mangey gibt sich viele Mühe zu
erweisen, daß Philo orthodox sey. Allein eine
reichere und wichtigere Ausbeute wäre noch übrig,
die Art seiner Erklärungen und Anwendungen
vom A. T, die Ideen die er mit den alten Büchern zu verbinden sucht, und sein ganzes theo-
logisch-philosophisches System, nebst dessen Quellen, zu untersuchen. Ein Gelehrter, der mit
Scharfsinn und Beobachtungsgeist ausgerüstet,
vertraut mit dem Geist des Jahrhunderts, alles
dieses heraushöbe, und in gehöriger Ordnung

zusam-

zufammenftellte, mit Anwendung aufs N. T.
würde einen wichtigen Beytrag zur Gefchichte
des menfchlichen Geiftes, und zur Erklärung des
N. T. liefern. An Vorarbeiten fehlt es nicht
in den Schriften, die Hr. Pfeiffer felbft angiebt.
Man würde alsdann deutlicher fehen, wie fern
die Behauptung neuerer Gelehrten gegründet
fey, daß mehrere Sätze des Chriftenthums, ehe
fie von den Lehrern deffelben bekannt gemacht,
und allgemein verbreitet worden, unter den griechifchen Juden zum Theil fchon da waren; daß
verfchiedene Erklärungen und Anwendungen von
Stellen des A. T. die man mühfam zu vergleichen gefucht hat, damals gewöhnliche, alfo gültige Argumente waren; daß endlich die Philofophie, die man nicht felten dem Chriftenthum
entgegengefetzt und ohne ihr Verfchulden herab-
gewürdigt hat, in der Hand der Vorfehung ein
Mittel war, auf die wohlthätigen Lehren der
reinern Religion vorzubereiten, und damals ihre
Ausbildung und Ausbreitung zu befördern, fo
wie fie ftets zur Läuterung und Beftätigung
derfelben gedient hat.

Ch.

7.

7.

FRANC. PEREZII BAYERII. Archidiaconi
Valentini Ser. Hiſp. Infantum Caroli III
Regis Filiorum inſtitutoris primarii de
Numis Hebraeo - Samaritanis. Va-
lentiae Edetanorum. 1781. 4 máj.

*Wir glauben, daß wenigſtens einem Theil.
unſrer Leſer eine Nachricht von dieſem merkwürdigen Werke willkommen ſeyn werde, das zwar
eigentlich nicht in den Plan unſrer Bibliothek gehört, aber durch ſeine Wichtigkeit verdiente bekannter zu werden, als es bisher in Deutſchland
zu ſeyn ſcheint; und geben dieſe um deſto lieber,
da es eine Apologie einer Nation iſt, der die
gemeine Vorſtellung nicht ſelten alles Verdienſt
um alte Litteratur und Gelehrſamkeit abzuſpre-
chen geneigt iſt.*

*Dieſe Schrift iſt eigentlich nur Vorläufer ei-
nes größern Werks über die phöniziſchen Münzen, die man in Spanien häufig findet, und unter
dem Namen unbekannter Münzen (medallas des-
conocidas) in Sammlungen aufbewahrt; eines
Werks, das nach den Materialien, die der würd-
dige Verf. ſeit mehreren Jahren geſammlet hat,
und nach den Proben die die gegenwärtige Ab-*

N 5   hand-

handlung, und die Zugabe zum Salluſt zeigen
neue Aufſchlüſſe in dieſem Theil der Litteratur
und der ganzen Geſchichte der Phönizier hoffen
läßt. — Die ganze Abhandlung iſt in eilf Capitel getheilt. Das erſte enthält nach einer
Nachricht von der Veranlaſſung dieſes Werks
eine Geſchichte der ſamaritaniſchen Münzkunde
mit einer critiſchen Beurtheilung der Schriften über
dieſe Münzen. Der V. erklärt ſich für Conrings
Meynung, daß nur die Münzen ächt ſind, die
unter Simon und ſeinen Nachfolgern ausgeprägt
worden; verwirft aber den Satz, daß die ſamaritaniſche Schrift, die gemeine Schrift der Juden
geweſen, und die hebräiſche die Heilige, bloß für
die Bibel gebraucht geweſen ſey, als einen jüdi-
ſchen Grundſatz, und glaubt vielmehr, daß man
nach der Rückkehr aus Babel die Chaldäiſche,
oder Quadratſchrift ohne Unterſchied gebraucht
habe. Simon habe aus andern Urſachen die
ältere Schrift auf ſeine Münzen geſezt. Dann
erklärt er ſich über die Aechtheit dieſer Münzen
überhaupt, die er aus folgenden Gründen behauptet. Die Münzen ſind ſich ſo ähnlich, daß
ſie nur in den Jahren verſchieden ſind, die
kupfernen beſonders gleichen ſich ſo vollkommen,
daß man offenbar ſieht, ſie ſeyn in einer Münz-
ſtätte ausgeprägt worden. Wären ſie unterge-

ſcho-

schoben, so müßten sie an einem Ort, zu einer Zeit untergeschoben seyn, und von einem Betrüger, der alle gehörige Kenntniß der Symbole, der Geschichte, Zeitrechnung und des alten Alphab. hätte. Noch stärker wird dieß Argument, wenn man die mit hebräischen Buchstaben dagegen hält, die beym ersten Anblick ihre Unächtheit verrathen. (Wir setzen noch hinzu, daß wenn Betrüger diese Münzen geschmiedet hätten, unbegreiflich wäre, warum sie nur bis ins vierte Jahr des Simon gegangen wären. Es ist keine Münze bekannt, die eine spätere Jahrzahl führte). Da die Sicherheit dieses Urtheils von dem eignen Anblick der Münzen abhängt, so hat Hr. B. keine Kosten gespart, diejenigen die er beschreibt, mit möglichster Genauigkeit abbilden zu lassen. Außer verschiedenen, die einzeln eingerückt sind, giebt er auf 7 Kupfertafeln Abbildungen von 41 Münzen wovon er 31 selbst besitzt. Sie sind mit einer so täuschenden Wahrheit dargestellt, daß schwerlich die Genauigkeit des Grabstichels höher getrieben werden kann, und übertreffen an Schönheit alle die bisher bekannt gemacht sind.

Vor der Beschreibung der einzelnen Münzen, giebt der Verf. eine allgemeine Uebersicht der samaritanischen Münzen, aus der wir das wesentlichste auszeichnen, weil es Liebhaber in

den

den Stand setzen kann, über die ganze Sache
selbst zu urtheilen, und wenigstens eine allgemeine
Kenntniß giebt. 1.) Die Münzen vom ersten
Jahr sind entweder silberne oder kupferne. Die
silbernen haben ein offenes Gefäß oder Becher
worüber א steht, (Annus I.) mit der Umschrift
שקל ישראל oder השקל – auf der Kehrseite ist
ירושלם קדשה. Von Bronze sind die größern selten; ihr Gepräge ist Simon princeps Israelis in
einem Kranz, und auf dem Avers eine Vase
mit zwo Handhaben, mit der Umschrift Anno I.
redemtionis Israel. Abbildungen sind beym Ei-
senschmidt Reland und Morton. Die kleinern
haben eben die Schrift, aber einen Palmbaum,
und auf dem Avers ein Rebenblat. Noch klei-
nere haben eine Traube und die Umschrift:
Anno I. red. Israel, auf der Kehrseite einen
Palmbaum mit Früchten, und unbekannter Schrift.
Alle diese sind in Schrift und Gepräge unter sich
ähnlich. 2) Vom zweyten Iahr giebt es silberne mit der Schrift: שקל ישראל oder השקל
nebst שב (Annus II.) über einer Vase. Auf
der Kehrseite steht ירושלים הקדושה mit 13 Buchstaben. Die Bronzenen von mittlerer Größe haben eine Palme mit Datteln und den Namen
Simeon; der Avers ein Rebenblatt und Annus
II. libertatis Isr. in der Umschrift: Die kleinsten

ken, eine Vaſe mit zwo Handhaben mit der Um-
ſchrift שנת שתים und auf der Kehrſeite חרת ציון
um ein Rebenblatt. 3) Die vom dritten
Jahre ſind alle von Bronze, und unterſcheiden ſich durch eine bedeckte Vaſe mit der Um-
ſchrift שנת שלוש. Die Kehrſeite hat ein Rebenblatt und חרת ציון

4) Die Münzen vom vierten Jahre des
Simeon haben eine Citrone zwiſchen zwey Zwei-
gen, oder bloß zwey Bündel Zweige; oder
auch einen Büſchel mit einer Citrone an jeder
Säite. Auf der Gegenſeite iſt eine große Citrone, oder eine fruchttragende Palme mit zwey
Körben voll Datteln, oder ein Kelch. Alle haben die Schrift שנת ארבע und auf dem Avers
לגאלת ציון. Einige die ſchwerer ſind, haben
חצי, andre רביע (¼) von der letztern Gattung
hat Hr. B. ſechs Münzen, die unter ſich vollkommen ähnlich ſind. Das zweyte Cap. enthält die allgemeinen Grundſätze, die Hr. B. für
die ſamaritaniſche Münzkunde feſtſtellt. 1) Die
Hebräer haben nie Goldmünzen geſchlagen, wenigſtens ſind keine ächte bekannt. 2) Die eigentlichen Seckel und Halbſeckel ſind von Silber.
3) Alle Hebräer ächte Münzen, ſind von dem
Haſmonäern. 4) Die älteſten ſind von Simon,
vom Jahr 170. der Seleucid. Epoche. Von Ju-
das

[d]us und Jonathan, seinen Brüdern, giebt es kein[e]
ächte. 5) Alle Seckel und Halbseckel gehören in[s]
1 oder 2 Jahr des Simon, welches das א und [ב]
über der Urne bezeichnet. 6) Vom 3 und [4]
Jahre Simons, giebt es keine ächte Seckel un[d]
Halbseckel, also die mit ג und ד sind unäch[t]
oder diese Buchstaben bezeichnen den Werth de[r]
Münze (triens, quadrans). 7) Auf den Seckel[n]
und Halbseckeln vom 1 Jahr Simons, ist Jeru[-]
salem sancta mit 10 Buchstaben geschrieben, au[f]
den vom 2 Jahr mit 13. 8) Die Münzen vom
3 Jahr haben eine oben bedeckte Vase.

Die Erklärung der einzelnen Münzen, di[e]
die folgenden Capitel enthalten, können wir nich[t]
durchgehen. Merkwürdig ist ein Seckel der
Madriter Bibl. der nur 189 Gran wiegt, da
der Seckel 252 Gr. wägen sollte. Hr. B: entdeckte, daß er $\frac{1}{8}$ Kupfer enthält, und am Werth
$\frac{1}{4}$ von Seckel, also eigentlich ein Tridrachma ist,
eine Gattung von Seckel, die vorhin noch niemanden vorgekommen war. Durch verschiedne
scharfsinnige Vergleichungen bestimmt bey der
Gelegenheit der Hr. Verf. das eigentliche Gewicht der attischen Drachma zu 63 Gran, mit
welchem der römische Denar von Nero's Zeit
an völlig gleich gesetzt ward. Die römische
Libra enthielt 6048 Grane, die Unze (als der
zwölfte

zwölfte Theil) 504 Grane; vorhin hielt der
Denar 72, nun aber 63 Grane; denn da vorhin
die vncia argenti zu 7 Denarien ausgeprägt
worden war, so wurden nun 8 Denarien daraus geschlagen. Diese Rechnung bestätiget die
ehemals von Savpt auch von Georg Agricola
gemachte Berechnung der Denarien.

Cap. IX. von der Uebereinstimmung der Samar. Münzen mit der Geschichte und den heiligen Gebräuchen der Juden, und Erklärung der
Symbole, wovon wir nichts auszeichnen, weil
es nichts unbekanntes enthält. Am Ende ist das
Samar. Alphabet, so wie es auf Münzen vorkommt, auf einer Tafel vorgestellt. H. B. nimmt
darin nur 16 Buchstaben als eigentliche alt hebräische an. Das ס, das auf Münzen des Io-
chanan vorkommt, hält er für chaldäischen Ur-
sprungs, weil auf eben diesen Münzen das ק
schon die chaldäische Form hat. Auch das א
hält er nicht für alt habräisch, weil es ein Doppelbuchstabe ist (חא), so wie ת כ פ ב als bloße
Adspirationen von ד נ ח כ. Dieß wird wahrscheinlich gemacht durch die Analogie des Griechischen, wo χ durch KH ausgedruckt wird,
wobey eine, so viel wir wissen, unbekannte Inschrift in der Nanischen Bibliothek, die 1758
aus der Levante kam, angeführt wird: τονδε
τελεσσε

τελευτα ΤΡΟΠΗΟΝ (τροφον). *Ferner aus a*
Abbeugung hebräischer Wörter in andre Spr
chen שוט σκρος *fontica,* שבט σκηπτρον, *wo*
durch π *ausgedrückt wird. Den Einwurf, d*
in den Alphabetischen Pfalmen gleichwohl :
Buchftaben fchon vorkommen, hebt er durch c
Vermuthung, daß von den 16 Zeichen eini
eine verfchiedene Ausfprache gehabt, wie in me
rern Sprachen einzelne Buchftaben in verfchi
denen Wörtern, Zufammenfetzungen und Forme
verfchiedene Ausfprache bekommen, und im he
bräifchen felbft unläugbar der Fall gewefen if
(Der Satz, daß das ältefte Alphabet nur 1
Buchftaben hatte, ift wohl außer Streit, alle
die Behauptung, daß zur Zeit der Abfaffun
der Alphabetifchen Pfalmen, und zur Zeit d
Simon, das hebräifche Alphabet nur 16 Zeiche
gehabt, würden wohl in Deutfchland die meifte
eben fo wenig zugeben, als die Erklärung de
Alphabetifchen Pfalmen befriedigend finden
Wären nur 16 Zeichen gewefen, deren Ausfpra
che man durch diacritifche Punkte bezeichnete, f
würde doch jeder Buchftabe nur einmal ftehen
wie bey dem ש *der Fall ift. Auch* ע *das unftr*
tig eine doppelte Ausfprache hatte, fteht n
einmal. Wenigftens würde man erwarten, d
diefe verfchieden ausgefprochene Buchftaben u
mittelb

mittelbar nach einander folgten. Die Bemerkung die Hr. B. diesem Einwurf entgegen-
setzt, daß auch im griechischen Alphabet Φ. X.
θ. nicht nach π. ϰ. τ. stehen, scheint hier nicht
anwendbar, weil da überhaupt die Ordnung
verändert ist, und die Nachrichten von dem Ursprung des vollständigen griechischen Alphabets
noch nicht ganz aufgeklärt sind. Ueberhaupt
kann man aus dem Umstand, daß nur 17 Buchstaben auf den Münzen des Simon vorkommen, nicht schließen, daß damals das hebräische
Alphabet nicht mehrere enthielt. Es ist kein
einziges Wort auf diesen Münzen, das einen
der fehlenden Buchstaben erfordert hätte, und
kein Beyspiel, wo ein Doppelbuchstabe durch
zwey einfache ausgedruckt wäre. Vielmehr
kommt das ק würklich vor, und auf den Münzen des Jochanan auch das כ, die daher H. B.
aus Liebe zu seiner Hypothese beyde für aus-
ländisch oder chaldäisch zu erklären sich genöthigt sieht. Und wahrscheinlich trug auch diese
dazu bey, daß er die Aechtheit oder Richtigkeit der Inschrift auf der Münze des Jonathän
bezweifelt.)

Aus eben dieser Meynung von dem hohen
Alterthum dieser Charaktere erklären wir es,
daß Hr. B. die Frage, ob die samaritanische

O   Schrift

Schrift zu Simons Zeit die gewöhnliche Schrift
der Juden gewesen sey, vermeint, und glaubt,
daß Simon durch den Gebrauch der alten Buchstaben gleichsam die goldne Zeit der blühenden
Monarchie habe erneuern wollen, und die Charaktere aus irgend einem alten Denkmal der
hasmonäischen Familie genommen habe. Hyrkanus und die übrigen Nachfolger Simons, be-
hielten auf den Münzen diese, als einmal einge-
führte Schrift, dahingegen die gewöhnliche
Schrift, die Assyrische war, wofür auch Matth.
V. 17. 18. und die Aussprache des Namens
יהוה durch πιπι, angeführt werden, welches,
wie schon andre bemerkt haben, mit dem sama-
ritanisch geschriebenen Namen Jehovah gar
keine Aehnlichkeit hat. (Wir glauben auch gegen diese Sätze unsre Zweifel vorlegen zu
dürfen. Das höhere Alterthum der samaritanischen Schrift geben wir zu, allein daß sie von
einem alten Denkmal genommen sey, wird durch
die mannichfaltige Figur einiger Buchstaben unwahrscheinlich gemacht, die vielmehr eine übliche,
häufig gebrauchte Schrift voraus zu setzen
scheint. Der zweyte Saz, daß Hyrkanus und
Jochanan dieselben Buchstaben beybehalten, ist
nicht allgemein richtig. Viele Buchstaben haben eine
sehr abweichende Gestalt, und einige nähern sich
sehr

ſehr der neuern chaldäiſchen Form. Alles ſcheint
darauf zu führen, daß unter den Haſmonäern
beyde Arten von Schrift üblich waren. Von dem
Namen יהוה hat H. B. die Hauptſtelle des Origenes nicht angeführt. Hieronymus und Eva-
grius ſchreiben ſo, daß man man argwöhnen
muß, ſie hatten es nicht ſelbſt geſehen, ſondern
erklärten dieſe Ausſprache aus den ihnen bekannten hebräiſchen Buchſtaben. Origenes, der Augenzeuge, ſagt uusdrücklich, er ſey geſchrieben
geweſen εβραικοις αρχαιοις γραμμασιν, αλλ' ουχι
τοις νυν. War alſo dieſe Art den Namen Gottes zu ſchreiben würklich aus der alten Schrift,
ſo können es kaum die Buchſtaben יהוה geweſen
ſeyn. Vielleicht ließe es ſich aus dem erklären,
was Poſtell und Buxtorf der jüngere (de genui-
na litt. hebr. antiqu. n. 45) ſagen, daß man in
ſamaritaniſchen Handſchriften noch jetzt dieſen
Namen mit einem doppelten Jod geſchrieben finde;
die im ſamaritaniſchen Charakter ﬢﬡﬠ ﬢﬡﬠ dem
griechiſchen ΠΙΠΙ viel ähnlicher ſehen als das hebräiſche יהוה.

Als Anhang ſind noch beygefügt verſchiedne
Briefe des H. B. an Herrn Barthelemy und H.
Woide in London mit den Antworten, in welchen letztern die ſamaritaniſchen Münzen des Hun-
terſchen Cabinets beſchrieben werden. In der

Vorre-

Vorrede vertheidigt H. B. die Aechtheit der ſa-
maritaniſchen Münzen gegen die Einwürfe des
Hrn. Hofr. Tychſen in Büzow. . . Wir finden
um deſto weniger Urſache, etwas daraus auszu-
ziehen, da der Hr. Hofr. ſelbſt, wie wir erfah-
ren, ſeine Meynung zurückgenommen hat.

C**l**.

8.

Diſſertatio philoſophica de Allegoria
Homerica pro dignitate Doctoris Philoſ. et LL. AA. Mag. — Auctore LUD.
HENRIC. JAKOB Gymnaſ. Luther. Col-
lega. Halae, 1785.

*D*er Zweck dieſer Probeſchrift iſt, zu zeigen,
daß die Mythen Homers nicht Allegorieen ſind,
unter denen der Dichter eine reinere Philoſophie,
oder abſtracte phyſiſche und moraliſche Wahr-
heiten verhüllt habe. Zwar hält ſie, in der
Verbindung betrachtet, worin ſie ſich beym
Homer finden, kein Ausleger von Geſchmack
und Einſichten zu unſerer Zeit dafür; allein
der Grund, warum man ſie nicht dafür hält,
weil die Natur des epiſchen Gedichts

Alle-

*Allegorieen nicht zuläßt, schien dem
Hrn. Verf. unzulänglich, da die Homerischen
Epopoeen die erften Mufter zur Theorie des
epifchen Gedichts felbft gewefen wären. (Hätte
der Hr. V., außer der Epiftel an H. Schow
vor deffen Ausgabe des Heraklides Ponticus, alle
die andern Unterfuchungen, fowahl über die
Natur der Epopoe, als über die Homerifchen
Mythen, die wir Hrn. Hofr. Heyne verdanken, genützt: fo würde er die Schwäche diefes
Einwurfs gegen den angeführten Grund einge-
fehen haben. Auch widerspricht er fich in dem
folgenden (S. 14) felbft, indem er eben aus der
Natur des epifchen Gedichts einen Einwurf gegen die Behauptung des Hr. Prof. Meiners,
daß Homer die Götter der Griechen habe lächerlich machen wollen, hernimmt.) Einen beffern
Beweis, daß Homers Mythen nicht Allegorieen
wären, glaubt er daher aus der Entftehung
derfelben, und der Gefchichte der allego-
rifchen Erklärungsart, ableiten zu können. In der Entwickelung des Urfprungs der
Mythen kömmt er zum Theile mit Hr. Hofr.
Heyne überein, deffen Abhandlung: de cauffis
mythorum veterum phyficis, er übrigens auch
nicht gekannt hat. Er findet ihn in der Gei-
ftesfchwäche des rohen finnlichen Menfchen, der,*

weil

weil er die wahren Urſachen der Phänomen
nicht begreift, auf in den Dingen befindlich
menſchenäknliche und menſchlichwirkende Weſe
ſchließt, und ſich ſo eine Menge Götter er
ſchafft. Dieſe Götter nun wären es, die in de
Gedichten Homers beſungen würden. Home
aber ſey die Quelle aller griechiſchen Reli
gion geweſen, und ſeine Werke wären als Göt
terausſprüche und Orakel angeſehen worden.
Daraus erhelle, daß die Zeitgenoſſen deſſelben
ſeine Erzählungen und Beſchreibungen von den
Göttern für wahr und eigentlich gehalten, und
nicht geglaubt hätten, daß er ſich was anders
darunter gedacht habe. Nachher da man zu
beſſern und richtigern Kenntniſſen gelangt ſey,
habe man ſich nicht überzeugen können, daß
ein Homer ſolche alberne Begriffe von den Göt
tern gehabt, habe daher ſeine Mythen als ſym
boliſch angenommen, in ihnen einen geheimen
Sinn geſucht, und daraus wären die mannich
faltigen allegoriſchen Erklärungen entſtanden.
Sollte nun in den Homeriſchen Mythen würk
lich ein allegoriſcher Sinn enthalten ſeyn: ſo
müſſe man beweiſen 1) Aetate illa priſca con-
ſuetudinem ſub carminibus philoſophiam et eruditionem condendi fuiſſe. 2) Homerum cognitionem et philoſophiam meliorem habuiſſe. 3)
Home-

Homerum hanc confuetudinem effe fecutam.
Rec. hat die ganze Gedankenfolge des *H. V.*
hergefetzt, um defto deutlicher zeigen zu können, inwiefern dadurch beffer als bisher gefchehen, bewiefen werde, daß *Homers* Mythen nicht
allegorifch find. Erftlich hat der *Verf.* nicht
unterfchieden, was find die Mythen an und für
fich einzeln betrachtet? und, was find fie in der
Verbindung mit dem epifchen Ganzen? In der
Verbindung können fie nach der Natur der Epopöe
gar nicht Allegorieen feyn; ob fie es aber außer
derfelben nicht find, ift eine andre Frage. Wir
geben gern zu, daß fehr viele beym Homer vorkommende Mythen, die lange vor ihm bekannt
waren, fo entftanden find, wie der *V.* annimmt,
und wie es dem natürlichen Gange menfchlicher
Begriffe angemeffen ift. Denn daß Homer feine
Mythen nicht alle felbft erfunden, fondern aus
den Gefängen vor ihm lebender Dichter, aus
Sagen der Vorfahren u. f. w., genommen,
wird Hr. *I.* hoffentlich nicht in Abrede feyn.
Aber daraus folgt noch nicht, daß der Dichter,
der fich einmal mythifcher Sprache bediente, und
bedienen mußte, folglich auch alle feine Ideen
darnach umbildete, nicht zuweilen reinere Begriffe, befonders moralifche Wahrheiten, bild-
lich vorgetragen hätte. Es ift nicht fo fchwer
Q 4 darzu-

darzuthun, wie der V. glaubt, daß die Dichter, die einzigen Weisen der damaligen Zeit,
wirklich reinere Ideen, um sie für rohe sinnliche
Menschen wirksamer zu machen, in Mythen
eingekleidet, und sie in diesem Gewande ihren
Zeitgenossen mitgetheilt haben. Rec. erinnert
nur an die Mythen in den Εργοις des Hesiodus
an die Absicht, die der Dichter bey ihnen hatte,
und an die Art, wie er sie aneinander reihet.
z. B. V. 93. edit. Brunck.

εἰ δ᾽ἐθέλεις, ἕτερόν τοι ἐγὼ λόγον ἐκκορυφώσω
εὖ καὶ ἐπισαμένως· σὺ δ᾽ἐνὶ φρεσὶ βάλλεο σῇσιν.

Auf die Nebensätze, welche der V. gebraucht, Homer's Gedichte seyen die Quelle aller griechischen Religion gewesen, und als Göttersprü-
che und Orakel angesehen, möchten wir nicht so
bauen, und auch nicht so daraus folgern. Der erste
ist allgemein genommen irrig, oder die Namen Musäus, Orpheus, Linus müßten bloße Erdichtungen
seyn, und die Griechen müßten keine Götter gekannt,
keine Religionsbegriffe gehabt haben, ehe die Gedichte Homers durch Lykurg aus Ionien nach
Griechenland kamen. Die große Verehrung derselben aber läßt sich von den Zeitgenossen
Homers nicht erweisen, denn von diesen wißen wir
nichts; sondern man findet sie erst später, und da
wurde Homer auch erst die vorzüglichste Quelle der
Mytho-

Mythologie, weil von den andern ältern Dichtern
wenig oder nichts mehr übrig war. Was die
Geschichte der allegorischen Erklärungsart gegen
den allegorischen Sinn der Mythen beweisen soll,
sehen wir gar nicht ein. Immerhin mögen die
spätern Philosophen dieß oder jenes System hineingebracht haben; daraus läßt sich nicht ganz,
aufs Gegentheil schließen, daß deßhalb wirklich nichts allegorisches in den Mythen sey. Rec.
hält demnach den Grund, der aus dem Wesen
der Epopoe hergenommen ist, noch immer für
den einzigen und besten, der gegen die Sache
vorgebracht werden kann. S. 20 kommen noch
einige Sätze vor, bey deren Prüfung wir uns
nicht verweilen können, die aber nach unserer
Meynung noch Einschränkungen leiden. Am
Ende hat der Hr. V. den bekannten Mythus
von den Litis und der Ate (H. IX, 492—510)
nach seinen Grundsätzen erklärt, den wir aber
auch nach den unsrigen in der Verbindung
nicht anders verstanden haben.

Ve.

9.

Differtatio inauguralis Philofophico-Hifto
rica de Theifmo Thaleti Milefi
abindicando, quam — Ampliff. Philo
foph. Ordinis confenfu Munus Profeffo
ris Philofophiae Extraord. clementiffi
me fibi demandatum legitime aditurus
MDCCLXXXV. publice defendet Jo. ERID.
FLATT Phil. Mag. Tubingae. Litteris
Fuefianis. 24 S. 4.

*W*er es weiß, wie viel Scharffinn und unbe-
fangner Unterfuchungsgeift dazu erfordert wird,
über Lehren und Meynungen einzelner Philofophen aus ihren eignen Schriften, in welchen fie die Refultate ihres Nachdenkens der
Nachwelt zur Prüfung darlegten, richtig und
beftimmt zu urtheilen, der wird ohne Bedenken
zugeben, daß noch weit höhere zur Ueberwindung mannichfaltiger Schwierigkeiten nothwendige Talente in dem Manne vereinigt feyn müffen,
der über die Meynungen und Grundfätze folcher Weifen fein Urtheil fällen will, die nie
felbft Schriftfteller waren, deren ganze Philofophie wir bloß aus den Ueberlieferungen ihrer

Schü-

Schüler und Nachfolger, oder wohl gar
aus den unvollkommenen, häufig entstellten, ſich
widerſprechenden Nachrichten ſpäterer Lite-
ratoren ſchöpfen können; daß die hier eintre-
tenden Schwierigkeiten aber beynah unüberwindlich werden, ſobald das Alter des Philoſophen,
deſſen Lehrmeynungen unterſucht werden ſollen,
in jene früheſten Zeiten hinaufſteigt, in welchen
der menſchliche Verſtand an Abſtraction der Begriffe noch wenig gewöhnt war, ſeine Sprache
noch faſt ganz an Dichterſprache gränzte, und
eben daher von der Genauigkeit und Beſtimmt-
heit im Ausdruck der Gedanken, die wir in unſern Zeiten als Haupterforderniß des philoſophiſchen Vortrags anerkennen, noch weit entfernt
war. Von den Meynungen eines ſolchen Mannes alſo, der in dieſem Zeitalter der Kindheit
des Menſchengeſchlechts lebte, dachte, in einer
ſolchen Sprache ſeine Gedanken mündlich
ausdrückte, nie ſelbſt durch Schrift fixirte,
aus den Urkunden ſpätrer, Iahrhunderte weit
von jenem frühern Weiſen entfernter Schriftſteller mit Zuverläſſigkeit, ohne (faſt augen-
ſcheinliche) Gefahr des Irrthums, urtheilen zu
wollen, ſcheint uns eben ſo gewagt und unmöglich, als von einem Gemälde irgend eines großen
Mannes der Vorzeit, ohne hinreichende Merk-
male

male von der Wahrscheinlichkeit dieses Urth
doch mit Sicherheit behaupten zu wollen,
gleiche seinem Original aufs vollkommenste. A
was uns die Vernunft in diesem Fall zu t
anräth, läuft darauf hinaus, daß wir uns
möglichst vollständigen Begriff von dem Zust
der Cultur des Geistes und der Sprache in je
frühern Zeitalter zu bilden suchen, und ve
mittelst desselben auf die Glaubwürdigkeit ode
Unwahrscheinlichkeit unsrer Behauptungen analo
gisch schließen — wiewohl wir auch dann de
Gefahr uns zu irren, nie ganz ausweichen kön
nen, da bekanntlich der Schluß von der Cultu
eines ganzen Volks in einem gewissen Zeitalte
auf den Grad derselben bey einem einzelnen Indi
viduum, so lange nicht andre Gründe eintreten,
an und für sich nie als zuverläßig gelten kann.

Man vergebe uns diese Ausschweifung,
die durch die oben angezeigte kleine Schrif
veranlaßt wurde, in welcher der durch seine ver
mischten Versuche schon rühmlich bekannte Hr. Prof. Flatt in Tübingen eine Streitigkeit
wieder rege gemacht hat, die längst der Gegenstand vieler Untersuchungen großer und gelehrter Männer war. Er sucht nämlich darin die von
einigen ältern sowohl als neuern Gelehrten angenommene Meynung, daß Thales (der erste
                                          Urhe-

Urheber einer methodischen Philosophie und Stifter der Ionischen Schule) den Theism, oder den Ursprung des Universums durch die Kraft eines verständigen Wesens, schon gelehrt habe, zu entkräften, und bedient sich dazu größtentheils derselben Gründe, die schon vor ihm Hr. P. Meiners in seiner bekannten Schrift (Historia doctrinae de vero Deo) gebraucht hat, nur mit besondrer Hinsicht auf die Einwürfe, mit welchen neuerlichst Hr. Plattner in seinen phil. Aphorismen (Th: I. 1784. S. 409 folg.) sich für den Theism des Thales erklärt hatte. Hrn. Flatts Schrift, die sich durch Ordnung, Deutlichkeit und gründliche Entwickelung des Streitpunkts dem Leser empfiehlt, zerfällt in 2 Hauptabschnitte. Zuerst beweist er den Ungrund der entgegengesetzten Meynung, die theils den glaubwürdigsten Aussprüchen der Alten widerspreche, theils auf weit minder erheblichen, oder gar ganz verwerflichen Zeugnissen beruhe; (§. 1 – 10). Dann sucht er seine eigne Behauptung 1) mit den deutlichen Zeugnissen des Aristoteles und Sextus (§. 11 - 13) 2) mit Zuziehung andrer aus der Betrachtung des Zeitalters, in dem der Ionische Weltweise lebte, hergenommenen analogisch wahrscheinlichen Gründen zu unterstützen. Es folge sagt Hr. Fl. §. 2,

aus

aus Arift. Met. I, 3. und Sext. Emp. adv. Phyf
I, 4. ganz unleugbar, daß Thales die Materi
und die wirkende Urfache nicht als zwe
von einander fubftantiell verfchiedne Dinge ge
trennt, fondern nur eine mit dem ὕδωρ innig
verbundne hervorbringende Kraft angenommen habe. Dieß letzte lehre theils der bekannt
Ausfpruch beym Diogenes (I, 24) τον κοσμοι
εμψυχον ειναι, theils eine Stelle des Arift. de
Anima L. I, 2. (Alles kömmt hier, wie man
leicht fieht, auf deutliche Beftimmung des Begriffs an, den T. mit ψυχη und εμψυχον verbunden hat. So lange diefer nicht entfchieden
ift (und wer mag ihn entfcheiden? *).) fo ift
und bleibt alles Raifonnement für und wider den
Theifm des Thales doch nur Vermuthung, wiewohl Rec. nach feinem eignen Gefühl nicht leug-
nen kann, daß der metaphyfifche Begriff von
ψυχη auf Thales und fein Zeitalter nicht anwendbar fcheine) Das Anfehen der Schriftfteller, fährt der Hr. V. fort, (§. 3) auf die man
fich zur Rechtfertigung des Theifmus berufe,
gelte nichts, weil diefe Zeugen einmal zu fpät
lebten (und das träfe Ariftoteles nicht?) und

zwey-

_____

*) Selbft Ariftoteles fagt in der angezogenen Stelle nur:
εδικε δε και Θαλης — κινητικον τι την ψυχην
ὑπολαμβανειν.

zweytens zu leichtgläubig und forglos waren, so
daß ihre Nachrichten für sich, sobald sie nicht
durch glaubwürdigere Zeugniſſe beſtätigt, oder
durch innre Wahrſcheinlichkeit erheblich
würden, kein Gewicht haben könnten. Vorzüglich gelte dieß von den ſogenannten Apophthegma-
ten des Thales; deren Aechtheit, da ſie auf
bloßer Tradition beruhe, ſehr zweifelhaft
ſeyn müſſe. Geſetzt aber, fährt Hr. F. (nach
einer genauern Prüfung und Würdigung der
einzelnen beym Diogenes, Plutarch, dem angeblichen Verf. der bekannten Schrift de placitis philoſoph, beym Stobäus u. a. vorkommenden Stellen) im 10 § fort: Geſetzt, Thales hätte die
Gottheit τον νεν του κοσμου genannt, ſo bliebe
noch immer die Frage: was verſtand der alte
Weltweiſe unter νες? unbeantwortet. Vielleicht
war es ihm mit ψυχη ein gleichgeltendes Wort,
deutete nur auf eine bewegende, obgleich
verſtandloſe Kraft; die Kindheit der Pſy-
chologie und die Sprache des Zeitalters mache
dieſe Vermuthung wahrſcheinlich; Demokrit wenigſtens hätte ψυχην und νες als gleichbedeutende
Wörter gebraucht (Vergl. Ariſtot. de Anima
L. 1, c. 2.) Allein zugegeben endlich, daß Th.
unter νες ſich ein verſtändiges Weſen dachte,
ſo ließe ſich daraus der Theiſm dieſes Weltweiſen
doch

doch nicht eher beweisen, bis man darthun könnt:
Er habe sich diesen νες als den wirklichen U:
heber der Welt und nicht etwa als en
fprungen aus dem materiellen Princ
pium des Univerfums, dem ύδωρ vorg:
ftellt. — Nachdem der Hr. Prof. feine Gegne
fo beftritten, fo trägt er nun noch in dem übri
gen Theil feiner Schrift, die oben fchon angezeig
ten Gründe vor, die ihn beftimmten der entgegen
gefetzten Meynung beyzutreten. Die immer noch
zweydeutige Stelle beym Ariftoteles Met. I, 3
wird zum Vortheil diefer Hypothefe erklärt, und
mit einigen anderen beym Sextus, Plutarch und
mehreren, verglichen, aus welchen allen zu folgen
fcheint, daß die Ehre der Erfindung des Theifms
dem Anaxagoras nicht dem Thales gehört.
Wir fügen nur noch hinzu, daß der Hr. Verf.
uns da immer am meiften befriedigt hat, wo er
aus analogifchen Gründen auf die Wahrfcheinlichkeit feiner Meynung gefchloffen hat, denn ohne
diefe würde felbft das fonft fo glaubwürdige
Zeugniß des Ariftoteles, der über zwey
Fahrhunderte nach Thales lebte, wenig Gewicht haben.

K.

INEDITA.

INEDITA.

PRAEMONENDA.

Quae hic in lucem emittimus, anecdota talia funt, vt non valde ambitiofi effe videamur, fi grata fore lectoribus noftris confidamus, et ipfa exfpectatione maiora. Sunt ea omnia Procli Lycii Platonici, de cuius vita et reliquis fcriptis hic nihil attinet dicere; fufficit de his, quae iam prodire iuffimus, reliquiis pauca monere, et, vnde quodque petitum fit, indicare. *Vitam Homeri* et *de Cypriis Carminibus* libellum defcripfi e codice Iliados Homeri praeftantiffimo et valde antiquo, qui affervatur in Biblioth. S. Laurentii Efcurialenfi, in quo haec duo, e. Chreftomathia Procli excerpta, praefixa leguntur Iliadi vberrimis fcholiis inftructae, de quibus alias plura fortaffe dicentur. Sed Homeri vitam fub Procli nomine iam olim edidit Leo Allativs in libro *de patria Homeri* (Lugd. 1640. 8.) p. 30. nulla tamen mentione facta vnde ducta fit, hoc folum addito: *Proclum meae mihi qualescunque fchedae.*

Nos

Nos iam e codice auctiorem fiftimus, collato infuper alio apographo e codice Veneto, cuius defcriptionem dedimus fupra, vt cum fimul reliquis Chreftomathiae Procli fragmentis, ad quae pertinuit olim, legeretur.

Quae fequuntur, plane funt inedita et, fi quid iudico, haud vulgaris pretii habenda, quippe quae plurimorum veterum carminum ex cyclo epico argumenta exhibent, et infignem Chreftomathiae Proclianae partem reftituunt et in vitam quafi reuocant, de quibus omnibus, poft renatas literás praeter coniecturas et exilia Photii excerpta, vix quidquam habebatur. Sed de his grauiorem audient lectores iudicem, ill. HEYNIVM, qui, qua eft humanitate et in bonas literas ftudio, curis fuis ornare et expolire has reliquias non dedignatus eft. Hoc tantum moneo, deberi illas omnes eidem codici Homeri Veneto, ex quo defcripfit et mecum communicauit vir doctiff. J. P. SIEBENKEES, cuius humanitati atque doctrinae cum multa me debere gratus profitear, tum inprimis elegantem iftius codicis defcriptionem, quam hoc volumen exhibet, debet bibliotheca noftra, et plura adhuc debebit. — His fubiunxi *duos Procli*
Hymnos,

Hymnos, feruatos in cod. *Matritenfi Regio*
XXIV. qui, exaratus Conftantini Lafcaris
manu, Mediolani 1464, (teftante fubfcri-
ptione ad finem Hymnorum Callimachi)
continet *Mufaei* de Herone et Leandro
carmen, *Orphei* Argonautica et Hymnos,
cum *Procli*, *Homeri* et *Callimachi* hymnis
et veterum epigrammatum collectione.
Orphicos hymnos excipiunt nullo interpo-
fito titulo, noti quatuor Procli in *Solem*,
Venerem, *Mufas* cum altero qui eft in
Venerem, quem ftatim fequuntur hi duo
in *Hecaten* et *Ianum*, et in *Mineruam Po-
lymetin*, quos Procli effe nullus dubito.
Quippe ineft iis idem, qui in reliquis
Procli fpiritus, idem orationis color, eadem fententiarum ratio et precum argumentum, pro purgatione mentis, pro
animi corporisque falute, in quibus facile
Platonicum agnofcas. Proclum autem
plures Hymnos fcripfiffe ex Macrino et
Olympiodoro notum eft, qui etiam ex
hymno in Bacchum verfum adducit *),
vt monuit iam Fabricius Bibl Gr. Vol. VIII
a 3   p. 509.

*) Vita Platonis adiecta Diog. Laert. Mena-
gii p. 584. διὸ καὶ ὁ Πρόκλος περὶ τούτου
(Διονύσου) φησίν·
ὅσσ᾽ εἶδον, τεκέεσσιν ἐφημίξαντο τοκεῦσιν
(legendum τοκῆες.)

p. 509. Caeterum vtrumque hymnun
publicauit iam in defcriptione Codd Grae
cor. Bibl. Reg. Matrit. Vol. I. p. 88. do
ctiff. Jo. IRIARTE; vifum tamen eft cafti
gatos hic exhibere, vna cum aliis Procli
praefertim cum ille liber in Germania fi
rariffimus, vt pro ineditis fere haber
poffint, ipfa autem carmina digna fint
quae a plurimis legantur.

T.

ΠΡΟΚΛΟΥ

ΠΡΟΚΛΟΥ περὶ ΟΜΗΡΟΥ. *

Ε τῶν ποιηταὶ γεγόνασι πολλοί· τούτων δέ εἰσι κρίτιςοι, Ὅμηρος, Ἡσίοδος, Πείσανδρος, Παννύασις, Ἀντίμαχος a). Ὅμηρος μὲν ἐν τίνων γονέων, ἢ ποίας b) πατρίδος, οὐ ῥάδιον c) ἀποφήνασθαι· ὅτε γὰρ αὐτός τι λελάληκεν· ἀλλ᾽ ἐδὲ οἱ περὶ αὐτοῦ εἰπόντες συμπεφωνήκασιν, ἀλλ᾽ ἐκ τοῦ μηδὲν ῥητῶς ἐμφαίνειν περὶ τούτων, τὴν ποίησιν αὐτοῦ μετὰ πολλῆς ἀδείας ἕκαςος, οἷς ἐβέλετο, ἐχαρίσατο. Καὶ διὰ τᾶτό οἱ μὲν Κολοφώνιον αὐτὸν ἀνηγόρευσαν d), οἱ δὲ Χῖον, οἱ δὲ Σμυρναῖον, οἱ δὲ Ἰήτην, ἄλλοι e) δὲ Κυμαῖον· καὶ καθόλου πᾶσα πόλις ἀντιποιεῖται τοῦ ἀνδρὸς, ὅθεν εἰκότως ἂν κοσμοπολίτης λέγοιτο. Οἱ μὲν οὖν Σμυρναῖον

a 4

αὐτὸν

* Cod. Ven. Πρόκλου χρηςομαθίας τῶν εἰς δ̄ διῃρημένων τὸ ā. Ὁμήρου χρόνοι, βίος, χαρακτὴρ, ἀναγραφὴ ποιημάτων.

a) Hic demum incipit Allatius
    Ὅμηρος ὁ ποιητὴς τίνων μὲν γον.

b) ἐγίνετο addit Allat. et mſ. Ven.

c) ῥᾴδιον Allat. et mſ. Ven. in mſ. Eſc. ῥαδίως.

d) ἀνηγόρευσαν Allat. et mſcpt. Ven. Sed Allat. omiſſo αὐτὸν. Eſcur. ἠγόρευσαν.

e) οἱ δὲ κ. Allat.

αὐτὸν ἀποφαινόμενοι f), Μαίονος μὲν πατρὸς λέγουσιν εἶναι, γεννηθῆναι δὲ ἐπὶ Μέλητος τοῦ πο-
ταμῦ, ὅθεν καὶ Μελησιγενῆ ὀνομαθῆναι· δοθέντα
δὲ Χίοις εἰς ὁμηρείαν, Ὅμηρον κληθῆναι. Οἱ δὲ
ἀπὸ τῆς τῶν ὀμμάτων πηρώσεως g) τύτυ τυχεῖν
αὐτόν φασι 'τῦ ὀνόματος· τοὺς γὰρ τυφλὲς ὑπὸ
τῶν Αἰολέων ὁμήρυς καλεῖσθαι. (h Ἑλλάνικος
δὲ καὶ Δαμάσης καὶ Φερεκύδης εἰς Ὀρφέα τὸ γένος παράγυσιν αὐτοῦ. Μαίονα γάρ φασι τὸν
Ὁμήρυ πατέρα, καὶ Δῖον τὸν Ἡσιόδυ γενέθαι
Ἀπελλίδος, τῦ Μελάνωπῦ, τῦ Ἐπιφραδέως, τῦ
Χαριφήμυ, τῦ Φιλοτέρπεως, τῦ Ἰδμονίδα, τῦ
Εὐκλέυς, τῦ Δωρίωνες, τῦ Ὀρφέως. Γοργίας δὲ
ὁ Λεοντῖνος εἰς Μυσαῖον αὐτὸν ἀνάγει. Περὶ δὲ
τῆς τελευτῆς αὐτῦ τοιῦτίς τις φέρεται ·λόγος i)
Ἀνελεῖν φασιν αὐτῷ τὸν θεὸν, χρωμένῳ περὶ
ἀσφαλείας τάδε,

Ἔςιν

f) ἀποφαινόμενοι, Allat. Ven. At mſ. Eſc. καταφαινόμε-
νοι. Mox Μαίονος melius mſ. Ven. ; Allat. et Eſc.
Μαίωνος.

g) τῶν ὀμμάτων, Allat. et mſ. Ven. τοῦ ὄμματος Eſc.

h) Haec omnia vsque ad ἀνάγει deſunt ap. Allat. Mox
τὸ γένος ἀνάγυσιν αὐτοῦ melius mſ. Ven. etiam Μαίονα,
et τὸν Ἡσίοδον. τοῦ Ἡ. Eſcur. Porro Ἀπελλίδος dedimus, quod res poſtulabat et mſ. Ven. firmat:
in Eſcur. erat ἀπὸ Ἑλλίδος.

i) λόγος τις φέρεται τοιῦτος Allat.

Ἐςιν Ἴος νῆσος, μητρὸς πατρὶς, ἥ σε θανόντα
δέξεται· ἀλλὰ νέων ἀνδρῶν αἴνιγμα φύλαξαι.
Λέγεσιν οὖν αὐτὸν εἰς Ἴον πλεύσαντα διατρίψαι
μὲν παρὰ Κρεωφύλῳ, γράψαντα δὲ Οἰχαλίας
ἅλωσιν, τέτῳ χαρίσασθαι, ἥτις νῦν ὡς Κρεωφύλε
περιφέρεται. Καθεζόμενον δὲ ἐπί τινος ἀκτῆς,
θεασάμενον ἁλιεῖς, προσειπεῖν αὐτοὺς, καὶ ἀνα-
κρῖναι τοῖςδε τοῖς ἔπεσιν·

Ἄνδρες ἀπ' Ἀρκαδίης θηρήτορες, ἦ ρ' ἔχομεν τι;
ὑποτυχόντα k) δὲ αὐτῷ ἕνα εἰπεῖν·

Οὓς ἕλομεν, λιπόμεσθ'· οὓς δ' οὐχ ἕλομεν,
φερόμεσθα. Οὐκ ἐπιβάλλοντος δὲ αὐτῷ διελέσθαι
τὸ αἴνιγμα, ὅτι ἐπ' ἰχθυΐαν καταβάντες ἀφήμαρτον,
φθειρισάμενοι δὲ, ὅσες μὲν ἔλαβον τῶν φθειρῶν,
ἀποκτείναντες ἀπολείπεσιν, ὅσοι δὲ αὐτοὺς l) διὲ-
φυγον, τέτες ἀποκομίζεσι· οὕτω δὲ ἐκεῖνον
ἀθυμήσαντα, σύννουν ἀπιέναι m), τῷ χρησμῷ ἔν-
νοιαν λαμβάνοντα· καὶ οὕτως ὀλισθέντα περιπταῖσαι
λίθῳ καὶ τριταῖον τελευτῆσαι. (n Ἀλλὰ δὴ ταῦτα
μὲν πολλῆς ἔχεται ζητήσεως· ἵνα δὲ μήτε τέτων
ἄπειρες ὑπάρχῃς, διὰ τῦτο εἰς ταῦτα κεχώρηκα.
Τυφλὸν δὲ ὅσοι τῦτον ἀπεφήναντο, αὐτοί μοι δο-

a 5   κῦσι

k) Codex Escur. ὑποτυχόντες, male. Ven. αὐτῶν.

l) αὐτοὺς Allat. et mf. Ven. recte. Escur. αὐτῶν.

m) ἐπιέναι Allat.

n) Totum hoc quod fequitur comma deeft apud Allatium. pro κεχώρηκα mf. Ven. κατεχώρησα.

κᾶσι τὴν διάνοιαν πεπηρῶσθαι. Τοσαῦτα γὰρ κατ·
εῖδεν ο), ὅσα p) ἐδεὶς ἄνθρωπός q) πώποτε
Εἰσὶ δὲ οἵτινες r) ἀνεψιὸν αὐτὸν Ἡσιόδε παρέδο·
σαν, ἀτριβεῖς ὄντος ποιήσεως. Τοσοῦτον γὰρ ἀπέ·
χεσι, τῷ γένει προσήκειν, ὅσον ἡ s) ποίησις διέ·
sηκεν αὐτῶν. Ἄλλας δὲ ἐδὲ τοῖς χρόνοις συνεπέ·
βαλον ἀλλήλοις. (t Ἄθλιοι δὲ τὸ αἴνιγμα πλά·
σαντες τοῦτο·

Ἡσίοδος Μύσαις Ἑλικωνίσι τόνδ' ἀνέθηκε,
ὕμνῳ νικήσας ἐν Χαλκίδι δῖον Ὅμηρον.

Ἀλλὰ γὰρ ἐπλανήθησαν ἐκ τῶν Ἡσιοδείων ἡμερῶν·
ἕτερον γάρ τι σημαίνει. Τοῖς δὲ χρόνοις αὐτὸν
οἱ μὲν περὶ τὸν Ἀρίσαρχον φασὶ γενέσθαι κατὰ
τὴν τῆς Ἰωνίας ἀποικίαν, ἥτις ὑςερεῖ τῆς τῶν
Ἡρακλειδῶν καθόδε ἐτῶν ἑξήκοντα. Οἱ δὲ περὶ
Κράτητα ἀνάγεσιν αὐτὸν εἰς τὲς Τρωικὲς χρόνες.
Φαίνεται δὲ γηραιὸς u) ἐκλελοιπὼς τὸν βίον. Ἡ

γὰρ

o) ὁ ἄνθρωπος addit Allat. et mſ. Ven.

p) ὅσον Allat.

q) Hic ἄνθρωπος omittit Allat. et mſ. Ven.

r) Allat. τινὲς, οἱ.

s) ἡ addidi ex Allat. et mſ. Ven.

t) Quae sequuntur vsque ad τρωικὲς χρόνες desunt
ap. Allat.

u) γήρᾳ Allat. et paullo ante ἔτεσιν ἑξήκοντα mſ. Ven.
qui et addit : τὸ δὲ περὶ τοὺς Ἡρακλείδας λείπεται

τῶν

γὰρ ἀνυπέρβλητος ἀκρίβεια τῶν πραγμάτων προβεβηκυῖαν x) ἡλικίαν πάρίςησι. Πολλὰ δὲ ὅκε-
λελυθὼς μέρη τῆς οἰκουμένης, ἐκ τῆς πολυπειρίας
τῶν τόπων, εὑρίσκεται. Τέτῳ δὲ y) προσυποποιη-
τέον καὶ πλέτυ πολλὴν περιουσίαν γενέσθαι· αἱ
γὰρ μικραὶ ἀτοδημίαι πολλῶν δέονται ἀναλωμάτων z), καὶ ταῦτα κατ᾿ ἐκείνυς τοὺς χρόνους,
ὅτι πάντων πλεομένων ἀκινδύνως, ὅτε ἐπιμισγο-
μένων ἀλλήλοις πω τῶν ἀνθρώπων ῥαδίως. Γέγραφε a) δὲ ποιήσεις δύο, Ἰλιάδα καὶ Ὀδύσσειαν.
(b Ξένων καὶ Ἑλλάνικος ἀφαιρῦσιν αὐτῦ, οἱ μέγι-
τοι ἀρχαῖοι καὶ τὸν Κύκλον ἀναφέρυσιν εἰς αὐτόν·
τροστιθέασι δὲ αὐτῷ καὶ παίγνιά τινα, Μαργίτην
καὶ

τῶν Τρωϊκῶν ὕτεσιν ἑξήκοντα, recte. fic et in altera
Vita.

x) προβεβηκυῖαν Allat. et mſ. Ven. at Eſcur. τελείαν.

y) τοῦτο δὲ πρ. Allat. et mſ. Eſcur. Quod emendaue-
ram, firmat inſ. Ven.

z) ἀναλ. δέονται Allat. In mſ. Ven. exciderant αἱ γὰρ
— ad ἀναλωμάτων.

a) γέγραφε Allat. et mſ. Ven. γεγράφθαι mſ. Eſcur.
niſi exciderat in hoc φέρεται, λέγεται. Paullo ante
ex Ven. dedi οὖτε l. δ. πω pro πως.

b) Quae ſequuntur deſúnt ap. Allat. qui ſolummodo
habet: προστιθέασι δέ τινες αὐτῷ cet. Pro ξένων
mſ. Ven. ηὔξενων.

καὶ Βατραχομυομαχίαν c)· εἶτα πακτίον d) αἲ
Κέρκωπας κενούς.

c) Ita et Allat. βατραχομυομαχίαν. In Cod. Escur.
τραχομαχίαν ἢ μυομαχίαν. Ex Ven. eadem lauda
tur, nisi quod κυομαχίαν exaratum.

d) ἰντεπέκτιον mf. Ven. Corruptam hanc vocem fi-
militer exhibet Allatius, qui coniicit ἱππαπέκτον
villofam. HESYCH. ἱππαπέκτιος, ἢ βαθείας τρίχας
ἔχουσα; fcilicet eſt a πέκω, tondeo. Videtur hoc
fpectare ad Capram Amaltheam.

Procli Lycii, Sec. V. philofophi, etſi nonnulla
ad nos peruenere admodum vtilia, aliis tamen
aequo animo careremus, modo feruati effent
χρησομαθίας γραμματικῆς libri duo, quibus ille
multa de orationis cum pedeſtris, tum poeti-
cae virtutibus e grammaticis congefferat, tum
vero inprimis de diuerfis carminum generibus
ita egerat, vt fimul excellentes in vno quoque
genere poetas, eorumque vitas et carmiňa carminumque argumenta exponeret. Superfunt ex
eo Excerpta, parum quidem diligenter curata,
praeclara tamen, in Photii bibliotheca Cod.
CCXXXIX *). Praemittam ex eo contextum
verborum,

*) Vt verba leguntur, non ipfum librum, fed Eclogas
Photius legiffe dicendus erat: ἀνεγνώσθησαν ἐκ τῆς
Πρόκλου

verborum, ad quem illa, quae e codd. nunc
primum edita funt, pertinuere. Itaque, vbi
de

Πρόκλου χρηστομαθίας γραμματικῆς ἐκλογαῖ. quod non
animaduerfum a viris doctis miror. Sed vitio
forte infcriptio laborat? Et fcriptum fane erat:
ἀνεγνώσθη ἐκ τῆς Π. χρ. γραμματικῆς, Firmes hoc
ex lectionibus, quas SYLBURG. fubiecit libello ad
Apollonii Grammatici calcem edito. Quae etfi
ita fe habent, vel fic tamen Photius non ipfum
Proclum, fed Excerptum aliquod feu Eclogas ex
eo, in IV libros diremtas, habuiffe videtur. Hoc
idem de Grammatico ftatuendum arbitror, e quo
mox fragmenta appofituri fumus. Videtur adeo
fatis mature ipfa Procli Chreftomathia interiiffe;
fuperftites manfiffe Eclogarum libri IV.

Ceterum adiungere placet his pauca litteraria,
quae ad Procli Chreftomathiam fpectant. Editionem eius habemus figillatim factam 1590. *Fran-*
cofurdi, *apud Andreae Wecheli beredes Claudium*
Marnium et Ioannem Aubrium, et alteram 1615
typis Wechelianis, *apud heredes Ioannis Aubrii*:
adeoque vtramque ex eadem officina: eft tamen
prior multo emendatior Fr. Sylburgii opera, quam
altera haec ignorat, Andr. Schotti praefatiuncula
praemiffa. Cum tamen fatis conftet, ab Andr.
Schotto *primo* Procli chreftomathiam editam effe,
cumque Sylburgii editio ipfi Schotto infcripta fit,
mirari licet, quomodo in noua editione ab ipfo
Schotto parata et XXV annis poft iterum in lu-

cem

de epica poeſi ex Proclo Photius agere incipit:
γεγόναϲι δὲ, inquit, ϙοῦ ἔπους ποιηϳαϳ ϰϙάϳιϲοι
μὲι

cem emiſſa, ſubiecta quoque Schotti *Obſeruatio-
num humanarum* libris quinque *Hanoviae typis We-*
chelianis apud heredes Io. Aubrii, deteriora iterum
lectoribus obtrudi potuerint. Suſpicabar haben-
dum hoc inter librariarum tabernarum fraudes,
quibus illi nos haud raro ludificant. Verum repetenda res eſt a Schotti maleuolentia. Itaque
de toto hoc genere ita erit ſtatuendum : Andr.
Schottus *pri mo* in Hiſpania exſcriptum fragmentum hoc ex Codice (qui tamen Photii non fuit,
vt ex Schotti praef. ad Photium aſſequi licet)
bibliothecae Antonini Auguſtini Archiepiſcopi Tar-
raconenſis, cum latina verſione vulgauerat. Miſ-
ſum id ad ſe *iterum* edidit in Germania et Apollonio Alex. de Syntaxi ſubiecit Fr. Sylburgius
1590. ſed adhibito alio exemplo, quod olim ex
Henr. Stephani bibliotheca deſcriptum, et ad duo
codices collatum ille habebat, multo plenius et
emendatius : adiectae quoque ab eo Notationes
p. 385. 6. 7. Non neglecta eſt Sylburgii opera in
Photio ab Dav Hoeſchelio paullo poſt 1601 edito.
Sed ignorare eam videri vouit Schottus primo in
vertendo e cod. Rom. Photio 1606. (in quo bonorum ille obtrectator Hoeſchelii nomen ſtudioſo
ſilentio praeterit) tum in noua editione Proc
ad calc. Obſſ. hum. in qua ne nomine quidem
Sylburgium meminit, attexuit tamen Petri Io
Nunneſii, Hiſpani Valentini, Notas.

μὲν Ὅμηρος, Ἡσίοδος, Πίσανδρος, - Πανύασις, Ἀντίμαχος. (Sunt hi quos Grammatici, Alexandrini epicorum poetarum principes pronuntiarunt.) διέρχεται δὲ (Proclus) τούτων, ὡς οἷόν τέ ἐστι, γένος τε καὶ πατρίδας, καί _τινας. ἐπὶ μέρους πράξεις (vnde intelligitur vitam Homeri hoc loco infertam fuiffe). Διαλαμβάνει δὲ καὶ περὶ τοῦ ἐπικοῦ κύκλου, ὃς. ἄρχεται μὲν ἐκ τῆς Οὐρανοῦ καὶ Γῆς μυθολογουμένης μίξεως· ἐξ ἧς αὐτῷ (leg. αὐτοὶ) καὶ τρεῖς παῖδας γεννῶσιν (ita leg. pro γινώσκουσι) Ἑκατοντάχειρας, καὶ τρεῖς ἑτέρους (ἀποτίκτουσι) Κύκλωπας. Διεξέρχεται δὲ περὶ θεῶν τάτε ἄλλα τοῖς Ἕλλησι μυθολογούμενα, καὶ εἴ που τι καὶ πρὸς ἱστορίαν ἐξαληθίζεται. (Haɛtenus *Cyclus epicus* ipfi eft Cyclus ipfarum rerum, quae argumentum poetis fuppeditabant, adeoque is quem melius dicimus *Cyclum mythicum* h. e. complexus mythorum, quos antiquiores poetae fuis carminibus expofuerant; ducit is exordium inde a deorum genealogia et cofmogonia et procedit vsque ad extrema Vlyffia fata.) καὶ περατοῦται ὁ ἐπικὸς κύκλος συμπληρούμενος ἐκ διαφόρων ποιητῶν μέχρι τῆς εἰς Ἰθάκην ἀποβάσεως Ὀδυσσέως· ἐν ᾗ καὶ ὑπὸ τοῦ παιδὸς Τηλεγόνου, ἀγνοοῦντος ὡς πατὴρ εἴη, κτείνεται. (Nunc *Cyclus epicus* paullo aliter accipitur de ipfo *poetarum numero*, qui mythos Cyclo paullo

ante

ante dicto comprehenfos *carminibus epicis* ex
pofuerant. Horum carmina fecundum argu
menta mythorum, quos pertractabant, ita con
ftitui potuere, vt, dum aliud ex alio fe exci
piebat, contextum fabularum inde a prima re
rum origine vsque ad Vlyffis exitum haberes
Haec *altera eft notio Cycli epici*, cum illa prior
plerumque confufa.) Λέγει δὲ ὡς τοῦ ἐπικο
κύκλου τὰ ποιήματα διασώζεται, καὶ σπουδάζετα
τοῖς πολλοῖς οὐχ οὕτω διὰ τὴν ἀρετὴν, ὡς διὰ τὴ
ἀκολουθίαν τῶν ἐν αὐτῷ πραγμάτων. (Si ver
haec funt, quod cur dubites cauffam non video,
Procli aetate cyclici poetae adhuc legebantur:
et Proclus ex iis argumenta ipfe conficere po
tuit quae in chreftomathia perfcripferat.) Λέγει
καὶ τὰς πατρίδας τῶν πραγματευομένων τὸν ἐπικον
κύκλον. (Proclus in fua Chreftomathia non
modo argumenta carminum, quae Cyclum epicum conftituebant, verum etiam poetarum, qui
ea contexuerant aut contexuiffe ferebantur, nomina et patriam adfcripferat; adeoque etiam v.
c. Lefchei, Arctini, Stafini etc. quae omnia ab
excerptore Photio omiffa funt, qui ne carminum quidem cyclicorum mentionem fecit nifi
Cypriorum in loco qui hinc fequitur: Λέγει δὲ
καὶ περὶ τῶν Κυπρίων ποιημάτων etc. locum appo-
nemus paullo poft, vbi ad illa carmina peruen-
tu

tum erit. Nunc igitur fic erit ftatuendum:
Proclus enarrauerat carmina, carminumque argumenta et auctores, ex ordine, qui mythos
antiquiores inde ab Vrano carmine epico perfe-
quuti erant; et quidem partim veterum grammaticorum ductu (erat enim liber χρηστομαθια
γραμματικη) partim lectione iftorum carminum,
Haec quidem interiere omnia. Debuera autem
effe in eorum numero Genealogiae deorum, Ti-
tanomachia, Argonautica, Thebais, Heraclea,
Thefeis et alia. Verum vbi in his mythis,
adeoque in ipfis enarrandis carminibus, peruen-
tum erat ad *belli Troiani* tempora, ecce fuit
Grammaticus, qui ex Proclo particulam aliquam
excerptam fuo codici adfcriberet: atque ex hoc
feruata funt nonnulla, quae hic apponimus;
primo loco Vita Homeri iam ab Allatio vulgata,
fed truncata; altero loco Cypriorum reliquorum-
que Cyclicorum carminum argumenta, antea
prorfus ignota. Debentur illa follertiae et doctrinae Tycrsen noftri V. C. qui cum Codicem
Iliadis Madritenfem euoluebat, Procli nonnulla
fcripta animaduertit ac defcripfit. Codicis huius
defcriptionem altero Bibliothecae volumine ipfe
dabit. Excitauit idem ftudium viri doctiff. Sis-
senrere, Venetiis degentis, vt e cod. bibliothecae S. Marci alia fragmenta defcriberet, de
quibus figillatim monebitur.

Quae

Quae igitur nunc primo loco hic appofita
eft Vita Homeri ab Allatio olim edita, emendatior ac plenior nunc exhibetur partim e cod.
Madritenfi V. Cl TYCHSEN opera, partim e
cod. Veneto, a viro doctiff. SIEBENKEES, exfcripta. Si tamen eam modo interpolatam et
aliena opera auctam, modo fub finem trunca-
tam dixeris, non habeo quod reponam. Sunt
nonnulla ex his, quae ex aliis Grammaticorum
vitis Homeri apud Allatium; Barnefium et nuper apud Waffenbergium V. C. illuftrari forte
poffunt: nolo tamen in his haerere, quae fatis
nota funt aut effe poffunt.

Quae de ftirpe et nomine Homeri narrantur,
funt fere petita ex poetarum, qui Homeri mentionem fecerant, ornamentis ac figmentis poe-
ticis, alia ex Grammaticorum acumine fuper
etymo ludentium, quod et caecum et obfidem
denotat, ducta, nec pro biftorica veritate era
illa venditanda. Si tamen priora illa fequ
funt fcriptores Hellanicus, Damaftes Sigeen
et Pherecydes, qui ad Orpheum genus Ho
retulerunt, reputandum eft, eas fcripto ma
daffe mythos, feu ea quae mythice tradita eran
eft autem hoc mythicum, fi a Mufis, ab
pheo, Liao, Mufaeo, vates genus ducere
ctus eft. Antiquior ceteris fama fuiffe vldet
illa, quae ad Meletem fl. natales eius retulit

Μαιωνο

Μαίωνος. melius *Μαίονος.* corruptum in altera Homeri vita in Μάρωνος. v. Waffenb. In
Certam. H. et H. alia corruptela *Βίωνα* pro *Μαίωνα.*

Ἑλάνικος δὲ κ. Eadem ex Charace repetita
ap. Svid. in Ὅμηρος. Charax illa feu in hifto-
riarum Graecarum libb. XL feu in Chronicis tradiderat. Qui hic Ἀταλὶς eft, ap. Svidam legitur Ἀταλῆς, quod idem nomen aui materni
ex Ephoro proditur in Vita Homeri Plutarcho
adfcripta, et in altera quae fub Herodoti nomine fertur. Χαρίφημος ibidem Εὔφημος, et
Δορίων, Δρὴς, Orphei f. Alia varietas eft in
Certam. H. et H. p. XXII. ed. Barnef. De Gor-
gia alibi lectum hoc, quod hic editur, non
memini.

Περὶ δὲ τῆς ταισυτῆς. Vnde abfurda haec,
per omnem tamen antiquitatem propagata, narratio ortum habuerit, non exputare licet. Valde
antiquam effe neceffe eft, ortam forte ab aliquo,
qui inuenti a fe vel ab alio aenigmatis grauiorem auctorem fublicere volebat. Carmen Ἔτιν
Ἰος νῆσος etiam in Plutarchi V. Homeri legitur.
Quod in altero carmine θηρήτορας eft, etiam in Plut.
et in *Cert. H. et H.* occurrit; at ceteri legunt:
ἁλιήτορας accommodatiore verbo. Pro οὓς ἔλαβον — οὓς δ' (ad quod accommodari poffet le-

b 2   ctio

ctio apud Plutarch. l. l. et in Certam. H. et H.
ᾖ ῥ᾽ ἔχετ᾽ Ιχθῦς) iidem ὅσσ᾽ — ὅσα δ᾽, et He
rodot. ἄσσ᾽ melius. in Plut. τὰ δ᾽ούχ ὲ. In ού
ἐπιβάλλοντος δὲ αὐτοῦ διελέσθαι τὸ αἴνιγμα nihi
variant libri. Expectabam ού συμβάλλοντος, etī
nec hoc fatis conuenit. Ceterum Ιχθυΐαν dixit
quam alii τὴν ἀλεΐαν. Pro ἀκολείπουσι deb. effe
κατάλείπουσι. Sed non tam accurate loquitur
auctor. Quod illiso pede lapsus mortem con-
traxit Homerus, occurrit quoque in Certam. H.
et H. sub fin.

Τυφλὸν δὲ ὅσοι. Cum acumine hoc dictum,
caecutire quicunque Homerum caecum fuisse
prodiderint. Homerum patruelem Hesiodi fuisse
Ephorus tradiderat: v. Vita Hom. Plutarcho
tributa. Quod noster id negat, feramus: sed
ratio adiecta est ieiuna, quod ex poematum di-
versitate rem manifestam esse vult, haud patrue-
les eos esse potuisse. Ἄθλιοι δὲ οἱ τὸ αἴνιγμα
πλάσαντες, cur αἴνιγμα dixerit, quod ἐπίγραμμα
erat, non dixerim. Respuendum hoc tanquam
serius fictum nemo dubitauerit. Egere de hoc
passim viri docti, etiam in Hesiodi vita: vide
vel Robinsoni Diss. Potuit tamen tripus in He-
licone positus esse, qui ad Hesiodum refereba-
tur. τίνε δ᾽ ἀνέθηκεν in Anthol. Steph. est τῇ δ
ἀνέθηκεν. Locus in Hesiodi Epy. est 654 sq. 658.

Quae

Quae paullo poſt de rerum cópia Homero ex
peregrinatione affluente ſubiiciuntur, aut Procli
aut alteríus iudicium haud admodum acutum
produnt, qui res non ex Homerica, ſed ex ſua
aetate aeſtimare et diiudicare maluit. Non minus e prauo ad ſua tempora facto iudicio alii
Homerum ἀλήτην aliquém et erronem ſtipe collecta ſe ſuſtentantem exhibuerant: prorſus im-
memores priſcae vitae, qua ἀοιδοί adire ſolebant
vrbes et coetus hominum, et ab iis hoſpitio
excepti inuitari, vt carmina ſua recitarent.

Οἱ δὲ περὶ Κράτητα. Conueniunt Tatiani
verba: Οἱ περὶ Κράτητα πρὸ τῆς Ἡρακλειδῶν
καθόδου φασὶν αὐτὸν ἠκμακέναι μετὰ τὰ Τρωϊκὰ
ἐνδοτέρω ὀγδοήκοντα ἐτῶν. Eadem cum Dionyſio
(Barneſ. p. xxx.) alter Grammaticus ap. Waſ-
ſenberg. p. 2. Recte vero ille: τοῦτο δὲ ἀπί-
θανον ὑπάρχει· καὶ γὰρ αὐτὸς ὁ Ὅμηρος ὑστε-
ροῦντα πολλοῖς χρόνοις ἑαυτὸν ἀποδείκνυται λέγων·
Ἡμεῖς δὲ κλέος οἷον ἀκούομεν, οὐδέ τι ἴδμεν.

Γέγραφε δὲ ποιήσεις δύο. In hoc ſane acu-
tiores conſentiunt: recte et alter Grammaticus
ap. Allat. οὐδὲν δὲ αὐτοῦ θετέον ἔξω τῆς Ἰλιάδος
καὶ Ὀδυσσείας etc. conf. Waſſenb. Not. p. 11.
Xenon ſane vel Xenion inter hiſtoricos memoratur; ſed ad h. l. vix ſpectare videtur. Puto

Zenon

Zenon (Ζήνων) Citienfis, quem in Iliadem,
Odyffeam et Margiten fcripfiffe fatis conftat, vel
ex Dione Chryf. et Laertio.   Nec tamen fatis
bene ille cum Hellanico iungitur. Poft Ζένων
καὶ Ἑλλάνικος ἀφαιροῦσιν αὐτοῦ, videntur exci
diffe nomina ; etfi retrahi ad illa verba poteft e
feqq. τὸν κύκλον.   Illud in his animo tenendum :
antiquiores multo plura tribuiffe Homero quam
Grammaticos Alexandrinos : quia Hellanici aeva
nulla adhuc critices fubtilitas aut fuit aut effe
potuit.

ἔντε πάκτιον αἶγα. Bentlej. Diff. ad, Malelam
p. 63. ingeniofe, fed perperam τὸν Ἑπτασπάκτιον
emendarat, refpectu ad praedones ἐπ᾽ ἀκτῆς in
Herod. Vit. Hom. 19. 20. et Certam. H. et H.
At Allatii emendationem ἐπτάτακτον αἶγα, villo
fam, hirfutam, ita vt vel fepties tonderi poffit,
fatis firmauit Toup. Ep. Cr. p. 142. Κέρκωπας
κενούς. vltima vox nata videtur ex καὶ Νόστους,
quos Homero cum Cyclo tributos effe conftat
Toup. eod. l. Κέρκωπας ἐκείνους legit, quod vi
probes.

*　　*　　τ

To

Τοῦ αὐτοῦ περὶ τῶν Κυπρίων λεγομένων ποιημάτων.

Ἐπιβάλλει τούτοις τὰ λεγόμενα Κύπρια ἐν βιβλίοις φερόμενα ἕνδεκα· ὧν περὶ τῆς γραφῆς ὕστερον ἐρῶμεν, ἵνα μὴ τὸν ἑξῆς λόγον νῦν ἐμποδίζωμεν a). Τὰ δὲ περιέχοντα ἐςὶ ταῦτα.

Ζεὺς βουλεύεται μετὰ τῆς Θέμιδος περὶ τοῦ Τρωϊκοῦ πολέμου b). Παραγενομένη δὲ Ἔρις εὐωχουμένων τῶν θεῶν ἐν τοῖς Πηλέως γάμοις c), νεῖκος περὶ κάλλους ἐνίσησιν Ἀθηνᾷ, Ἥρᾳ καὶ Ἀφροδίτῃ· αἳ πρὸς Ἀλέξανδρον ἐν Ἴδῃ, κατὰ Διὸς προσταγὴν, ὑφ' Ἑρμοῦ πρὸς τὴν κρίσιν ἄγονται. Καὶ προκρίνει τὴν Ἀφροδίτην, ἐπαρθεὶς τοῖς Ἑλένης γάμοις, Ἀλέξανδρος. Ἔπειτα δὲ, Ἀφροδίτης ὑποθεμένης, ναυπηγεῖται, καὶ Ἕλενος περὶ τῶν μελλόντων αὐτοῖς cc) προθεσπίζει. Καὶ ἡ Ἀφροδίτη Αἰνείαν συμπλεῖν αὐτῷ κελεύει· καὶ Κατσάνδρα περὶ τῶν μελλόντων προδηλοῖ. Ἐπιβὰς δὲ τῇ Λακεδαιμονίᾳ Ἀλέξανδρος ξενίζεται παρὰ τοῖς Τυνδαρίδαις, καὶ μετὰ ταῦτα ἐν τῇ Σπάρτῃ παρὰ Μενελάῳ· καὶ Ἑλένῃ παρὰ τὴν εὐωχίαν δίδωσι δῶρα ὁ Ἀλέξανδρος. Καὶ μετὰ ταῦτα Μενέλαος εἰς Κρήτην ἐκπλεῖ, κελεύσας τὴν Ἑλένην τοῖς ξένοις τὰ ἐπιτήδεια παρέχειν, ἕως ἂν ἀπαλλαγῶσιν. Ἐν τούτῳ δὲ Ἀφροδίτη συνάγει τὴν Ἑλένην τῷ Ἀλεξάνδρῳ· καὶ μετὰ τὴν μίξιν τὰ πλεῖστα

κτήματα

κτήματα ἐνθέμενοι, νυκτὸς ἀποπλέυσι, Χειμῶνα
δὲ αὐτοῖς ἐφίησιν Ἥρα. Καὶ προσενεχθεὶς Σι-
δῶνι ὁ Ἀλέξανδρος, αἱρεῖ τὴν πόλιν, καὶ ἀποπλεύ-
σας εἰς Ἴλιον γάμες τῆς Ἑλένης ἐπετέλεσεν.

Ἐν τούτῳ δὲ Κάςωρ μετὰ Πολυδεύκους τὰς Ἴδα
καὶ Λυγκέως βοῦς ὑφαιρούμενοι ἐφωράθησαν· καὶ
Κάςωρ μὲν ὑπὸ τῦ Ἴδα ἀναιρεῖται, Λυγκεὺς δὲ καὶ
Ἴδας ὑπὸ Πολυδεύκους, καὶ Ζεὺς αὐτοῖς ἐτερήμε-
ρον νέμει τὴν ἀθανασίαν d). Καὶ μετὰ ταῦτα
Ἶρις ἀναγγέλλει τῷ Μενελάῳ τὰ γεγονότα κατὰ τὸν
οἶκον. Ὁ δὲ παραγενόμενος περὶ τῆς ἐπ' Ἰλίου
ςρατείας βουλεύεται μετὰ τοῦ ἀδελφοῦ· καὶ πρὸς
Νέςορα παραγίνεται Μενέλαος. Νέςωρ δὲ ἐν παρ-
εκβάσει διηγεῖται αὐτῷ, ὡς Ἐπωπεὺς, Φθείρας
τὴν Λυκούργου θυγατέρα, ἐξεπορθήθη e), καὶ τὰ
περὶ Οἰδίπουν καὶ τὴν Ἡρακλέους μανίαν, καὶ τὰ
περὶ Θησέα καὶ Ἀριάδνην. Ἔπειτα τοὺς ἡγεμόνας
ἀθροίζυσι, ἐπελθόντες τὴν Ἑλλάδα, καὶ μαίνεσθαι
προςποιησάμενον τὸν Ὀδυσσέα, ἐπὶ τῷ μὴ θέλειν
συςρατεύεσθαι, ἐφώρασαν, Παλαμήδους ὑποθεμέ-
νου, τὸν υἱὸν Τηλέμαχον ἐπὶ κόλασιν ἐξαρπάσαντες f).

Καὶ μετὰ ταῦτα συνελθόντες εἰς Αὐλίδα θύεσι
καὶ τὰ περὶ τὸν δράκοντα καὶ τοὺς ςρουθοὺς γενό-
μενα δείκνυται. Καὶ Κάλχας περὶ τῶν ἀποβησο-
μένων προλέγει αὐτοῖς. Ἔπειτα ἀναχθέντες Τευ-
θρανία

θρανίῳ προσίσχει g)· καὶ ταύτην εἰς Ἴλιον ἐπάρ-
θουι. Τήλεφος δὲ ἐκ βοηθείας Θέρσανδρόν τε
τὸν Πολυνείκους κτείνει, καὶ αὐτὸς ὑπὸ Ἀχιλλέως τιτρώσκεται h). Ἀποπλέει δὲ αὐτοῖς ἐκ
τῆς Μυσίας χειμὼν ἐπιπίπτει, καὶ διασκεδάννυνται. Ἀχιλλεὺς δὲ Σκύρῳ προσχὼν γαμεῖ τὴν
Λυκομήδους θυγατέρα Δηϊδάμειαν i). Ἔπειτα
Τήλεφον κατὰ μαντείαν παραγενόμενος εἰς Ἄργος
ἰᾶται Ἀχιλλεὺς ὡς ἡγεμόνα γενησόμενον τοῦ ἐπ'
Ἴλιον πλοῦ.

Καὶ τὸ δεύτερον ἠθροισμένου τοῦ στόλου ἐν
Αὐλίδι, Ἀγαμέμνων ἐπὶ θήραν βαλὼν ἔλαφον,
ὑπερβάλλειν ἔφησε καὶ τὴν Ἄρτεμιν l). Μηνίσασα
δὲ ἡ θεὸς ἐπέσχεν αὐτοὺς τοῦ πλοῦ, χειμῶνας
ἐπιπέμπουσα. Κάλχαντος δὲ εἰπόντος τὴν τῆς
θεοῦ μῆνιν, καὶ Ἰφιγένειαν κελεύσαντος θύειν τῇ
Ἀρτέμιδι, ὡς ἐπὶ γάμον αὐτὴν Ἀχιλλεῖ μεταπεμψάμενοι, θύειν ἐπιχειροῦσιν. Ἄρτεμις δὲ αὐτὴν ἐξαρπάσασα εἰς Ταύρους μετακομίζει, καὶ
ἀθάνατον ποιεῖ· ἔλαφον [δὲ] ἀντὶ τῆς κόρης παρί-
στησι τῷ βωμῷ.

Ἔπειτα καταπλέουσιν εἰς Τένεδον· καὶ εὐωχουμένων αὐτῶν, Φιλοκτήτης, ὑφ' ὕδρου πληγεὶς,
διὰ τὴν δυσοσμίαν ἐν Λήμνῳ κατελήφθη· καὶ
Ἀχιλλεὺς ὕστερος κληθεὶς διαφέρεται πρὸς Ἀγαμέμνονα. Ἔπειτα ἀποβαίνοντας αὐτοὺς εἰς Ἴλιον,

b 5   εἴργουσιν

εἴργεσιν οἱ Τρῶες, καὶ θνήσκει Πρωτεσίλαος ὑφ
Ἕκτορος. Ἔπειτα Ἀχιλλεὺς αὐτοὺς τρέπεται,
ἀναλὼν Κύκνον, τὸν Ποσειδῶνος π) καὶ τοὺς
νεκροὺς ἀναιροῦνται· καὶ διαπρεσβεύονται πρὸς τοὺς
Τρῶας, τὴν Ἑλένην καὶ τὰ κτήματα ἀπαιτοῦντες.
Ὡς δὲ οὐχ ὑπήκουσαν ἐκεῖνοι, ἐνταῦθα δὴ τει-
χομαχοῦσιν.

Ἔπειτα τὴν χώραν ἐπεξελθόντες πορθοῦσι,
καὶ τὰς περιοίκους πόλεις. Καὶ μετὰ ταῦτα Ἀχιλλεὺς Ἑλένην ἐπιθυμεῖ θεάσασθαι· καὶ συνήγαγεν
αὐτοὺς εἰς τὸ αὐτὸ Ἀφροδίτη καὶ Θέτις. Εἶτα
ἀπονοεῖν ὡρμημένους τοὺς Ἀχαιοὺς Ἀχιλλεὺς
κατέχει. κἄπειτα ἀπελαύνει τὰς Αἰνείε βόας, καὶ
Λύρνησον καὶ Πήδασον πορθεῖ, καὶ συχνὰς τῶν
περιοικίδων πόλεων· καὶ Τρωΐλον φονεύει· Λυκάονά
τε Πάτροκλος εἰς Λῆμνον ἀγαγὼν ἀπεμπολᾷ π).
Καὶ ἐκ τῶν λαφύρων Ἀχιλλεὺς μὲν Βρισηΐδα γέρας λαμβάνει, Χρυσηΐδα δὲ Ἀγαμέμνων. Ἔπειτα
ἐπὶ Παλαμήδους θάνατος, καὶ Διὸς βουλὴ, ὅπως
ἐπικουφίσῃ τοὺς Τρῶας, Ἀχιλλέα· τῆς συμμαχίας
τῆς Ἑλληνικῆς ἀποστήσας· καὶ κατάλογος τῶν τοῖς
Τρωσὶ συμμαχησάντων.

Hunc praeclarum locum de *Cyprio carmine*
vnice Codici Escurialensi debemus. Argumento
hoc eorum semel cognito lux affunditur multis
antiquo-

antiquorum poetarum et scriptorum locis, qui de
fabulis Troiania agunt, quarum primus auctor
adhuc ignorabatur. Nolo hic repetere ea, quae
ad Virgilii Aen. II. Exc. I. (secundis curis in
noua quae paratur editione) exposita sunt cum
de reliquis, tum de Cypriis; multo minus de
fabulis ipsis hic recensitis. Sufficit Cypria XI
libris complexa esse res inde a Thetidis et Pelei
nuptiis vsque ad Iliadis initia.

a) ὧν περὶ τῆς γραφῆς ὕστερον ἐροῦμεν. Fuit
συγγραφῆς, quisnam eius carminis auctor fuit:
quippe de quo parum liquido constitit, cum alii
ipsum Homerum, alii Stasinum vel Hegesiam, alii
alios traderent. Sed probabilior auctoritas ea
est, quae de Stasino Cyprio habetur, a cuius
patria quoque nomen ductum. Ceterum illa,
quae Proclus de auctore posthaec adiecerat, sup-
pleri ex parte possunt ex Photio: Λέγει δὲ καὶ
περὶ τινων Κυπρίων ποιημάτων· καὶ ὡς οἱ μὲν
ταῦτα εἰς Στασῖνον ἀναφέρουσι Κύπριον, οἱ δὲ
Ἡγήσιον τὸν Σαλαμίνιον· (Hegesias est Athen.
XV, p. 682 D.) αὐτοῖς ἐπιγράφουσιν, οἱ δὲ Ὅμη-
ρον· δοῦναι δὲ ὑπὲρ τῆς θυγατρὸς Στασίνῳ (Homerum ea dedisse pro dote, filia ei elocata), καὶ
διὰ τὴν αὐτοῦ πατρίδα Κυπρία τὸν πόνον ἐπικλη-
θῆναι· ἀλλ᾽ οὐ τίθεται ὁ συγγραφεὺς τῇ αἰτίᾳ
ταύτῃ·

ταύτῃ· μηδὲ γὰρ Κύπρια προπαροξυτόνως ἐπιγράφεσϑαι τὰ ποιήματα. Obſcura haec vltima ſunt
et perplexa: putes carmen fuiſſe inſcriptum ἡ
Κυπρία ſc. ποίησις, non τὰ Κύπρια ἔπη. hoc
tamen nomine cum alii tum ipſe vtitur: vt forte
inuerſa ratione ſcribendum ſit: καὶ διὰ τὴν αὐτοῦ πατρίδα Κύπρια τὸν πόνον ἐπικληϑῆναι. cui
rationi ſcriptor (Proclus) non accedit, μηδὲ γὰρ
Κυπρία παροξυτόνως ἐπιγράφεσϑαι τὰ ποιήματα:
ſc. ſi a Cypro dicta eſſet poeſis, ἡ Κυπρία ſc. ποίησις inſcripta eſſe deberet. Sed vel ſic argutiae ſunt.

b) μετὰ τῆς Θέτιδος ſcriptum erat: verum
μετὰ τῆς Θέμιδος legendum; cum illa enim conſilia miſcet Jupiter; eadem ſuper euentu nuptia-
rum fatali monuit: naſciturum eſſe filium patre
potentiorem v. Pind. Iſthm. 8, 58 ſq. 68. Apollon. IV, 800. Apollod. III, 15, 5.

c) Fabulae notae ſunt omnes, quae hic ſequuntur. Breuiorem earum texturam, cum ipſa
Iliade, videbis in Vita Plutarcho tributa p.148.
Ern. Iudicii dearum fundus fuit Il. ω, 29, 30.
Nonnulla alia ex antiquis petita, ſed recentio-
ribus figmentis interpolata dabit Coluthus. Mox
ce) αὐτοῖς leg. αὐτῷ.

d) De Caſtoris et Pollucis pugna cum Ida et
Lynceo praeclarus locus eſt Pindari Nem. 10.
Alia v. ad Apollod. III, 11, 2. p. 730. Pro
                                     Λυγκέας

Λυγκέως ſcriptum erat Λυγέως et Λύγευς, porro
αἴρω, et ὑφαιρόμενοι.   Reliqui mox ἀναγγέλλω.
vſitatius ἀπαγγέλλει.

ε) ὡς Ἐπωπεύς, φθείρας τὴν Λυκούργου θυγατέρα, ἐξεπορθήθη.   Obſcurior fabula, cuius
tamen veſtigia reperire mihi videor apud
Apollodorum III, 5, 5.   Sed vitium ineſſe
arbitror nomini *Lycurgi:* Λύκου legendum eſt.
Lycus, Nyctei frater, regnum Thebanum tene-
bat.   Nyctei filia erat Antiope, quae a Jove
compreſſa, vt patris minas effugeret, Sicyonem
ad Epopeum regem fugit eique nupſit.   Nycteus
pater, dolore victus, ſibi manus infert, fratri
tamen Lyco iniungit, vt filiam et Epopeum vi-
ciſcatur.   Ducit Lycus copias aduerſus Sicyonem, eaque capta et Epopeo caeſo Antiopen
captam abducit, e qua naſcuntur Zethus et Am-
phion.   Haec eſt illa narratio, cuius fundum
in Cypriis fuiſſe nunc diſcimus.   De Jovis amo-
ribus nihil hic narratum eſſe videtur; cum Epo-
peus vitiaſſe fillam Lyci dicatur,   non a Jove
compreſſam in matrimonium duxiſſe.

 f) τὸν Τηλέμαχον ἐπὶ κόλασιν ἐξαρπάσαντες.
Vulgaris narratio eſt de puero Telemacho
arantis Vlyſſis aratro ſubiecto: v. Hygin. f. 95.
et ibi laudd.   Primus auctor in Cypriis rem ita

narrare

narrare debuit, vt Achiui fe iratos Vlyffi puerum Telemachum vi protractum necare velle
fimularent.

g) ἔπειτα ἀναχθέντες Τευθρανίᾳ προσίσχουσι.
Habemus hic duplicem ad Troiam nauigatio-
nem. Priore, qua ad Myfiae littus efcenfione
facta, res cum Telepho geftae funt: de quibus copiofe expofuit Dictys Cret. II, 1 fq.
καὶ ταύτην ὡς Ἴλιον ἐπόρθουν. mirus error, fi
pro Ilio habuere? Leg. ὡς Ἰλιέων. quippe Myfi
focietate cum Troianis iuncti. *Teuthrania*, Myfiae regio v. Pauf. VI, 4. c. Strab. et Steph. Byz.

h) ἐκ βοηθείας, *vt vim propulfaret*, dum
opitulatur, nec neceffe ἐκβοηθήσας fcribere.
Therfandrum Telephus occidit Polynicis f. Sic
et Pauf. IX, 5. p. 732 Dictya II, 2. Mox διασκεδάννυνται fcripfimus pro διασκεδάννυνται.

i) De Achillis cum Deidamia nuptiis aliter
hic traditum, quam quod ab aliis narratur ad
Lycomedem, Scyri regem, puellari habitu de-
ductus effe: quod forte Tragicis debetur. Mox
leg. παραγενόμενον. Ibid. τοῦτ᾽ ἐπ᾽ Ἴλιον πλοῦ
in codice erat.

l) ἐπὶ θήραν βαλὼν f. excidit ἐπὶ θήραν ἐξ-
ιὼν, vel ἐξαγαγὼν, καὶ β. Paullo poft ἐπὶ γάμον αὐτὴν Ἀχιλλεῖ μεταπεμψάμενοι, in codice
erat αὐτῇ.

m) De

π) De Cycno hoc inter plures hoc nomine memoratos v. ad Apollod. p. 415.

ϰ) Λυκάονά τε Πάτροκλος εἰς Λῆμνον ἀγαγὼν ἀπεμπολᾷ. Ductum hoc ex Il. Φ, 35 fqq. quemadmodum multarum aliarum a Stafino et aliis Cyclicis narratarum rerum prima stamina ex loco aliquo Homerico ducta funt: quae res facile exemplis pluribus doceri potest.

*   *   *

Quae hinc fequuntur, exfcripta funt e *Cod. Veneto D. Marci* a viro doctiffimo Jo. Pet. Siebenkees, Norimbergenfi. Codex ille est praeftantiffimus Iliadis (No. 454) fcholiis inftructus, quorum editionem auide expectamus a V. C. Villoifon. In eius primis foliis partim margine, partim in foliis fingulis, Procli haec excerpta funt adfcripta. Praecedebat vita Homeri titulo praefixo: Πρόκλου χρηστομαθίας γραμματικῆς τῶν εἰς δ διῃρημένων τὸ ᾱ. Ὁμήρου χρόνοι. βίος. χαρακτήρ. ἀναγραφὴ ποιημάτων. Subiecta a Proclo effe debuit fuperioribus breuis expofitio argumenti *Iliadis*; hancque excipere *Arctini Aethiopis*; etfi in codice Νόστων argumentum praemittitur;

mittitur; omninoque ordo diuerſus eſt, ſec
haud dubie perturbatus. *).

*) Eſt in bibliotheca D. Marci Codex 531. qui com
plectitur. 1. Ἐξηγήσεις τινὰς μετ' ἀλληγοριῶν καὶ ἱστο
ριῶν τινων εἰς τὸν Ὅμηρον. 2. Ἐπιτομὴν νέαν γραμ
ματικῆς ἐν βιβλίοις β. 3. Ἐπιτομὴν τῶν ἐννέα μέτρων.
4. Φουρνούτου ἐπιτομὴν περὶ τῶν παραδεδομένων περὶ
θεῶν κ. τ. λ. 5. Αἰνίγματα καὶ ζητήματα. 6. Ἐξήγησιν εἰς
τὸν Διονύσιον τὸν περιηγητήν. 7. Πλουτάρχου περὶ τῆς
Ὁμήρου ποιήσεως. 8. Ἡφαιστίωνος περὶ μέτρων. 9. Ἐκ
τῆς Πρόκλου χρηστομαθίας γραμματικῆς ἐκλογάς. Codex eſt folio minore, quod vocatur, papyraceus,
fuitque olim inter Beſſarionis copias; inſcriptum
enim eſt primo folio ab eius manu: τοῦτο τὸ βι-
βλίον παλλὰ καὶ καλὰ καὶ δυσεύρετα περιέχον ἐστὶν ἐμοῦ
Βεσσαρίωνος Καρδινάλεως τοῦ τῶν Τούσκλων. Procli nomine allectus humaniſſimus vir, SIEBENKEES, libro
inſpecto nihil aliud quam Excerptum Photianae
bibliothecae reperit. Ἐξηγήσεις vero primo loco
adſcriptas ſcholia haud contemnenda continere
vidit, quorum Specimen ad nos miſit. Idem
Photii codicem praeclarum in eadem bibliotheca
manu verſauerat No. 450.

Πρόκλου Χρηστομαθίας τὸ ᾱ δεύτερον a).

Αἰθιοπίδος ᾱ Ἀρκτίνου.

Ἐπιβάλλει δὲ τοῖς προειρημένοις ἐν τῇ πρὸ ταύτης βίβλῳ Ἰλιάδα Ὁμήρου· μεθ' ἣν ἐστιν Αἰθιο-
πὶς

τίθος βιβλία ε̄ Ἀρκτίνου Μιλησίου περιέχοντα
τάδε· b)

Ἀμάζων Πενθεσίλεια παραγίνεται Τρωσὶ συμ-
μαχήσουσα, Ἄρεως μὲν θυγάτηρ, Θρᾷσσα δὲ τὸ
γένος, καὶ κτείνει αὐτὴν ἀριστεύουσαν Ἀχιλλεὺς,
οἱ δὲ Τρῶες αὐτὴν θάπτουσι. καὶ Ἀχιλλεὺς Θερ-
σίτην ἀναιρεῖ, λοιδορηθεὶς πρὸς αὐτοῦ, καὶ ὀνει-
δισθεὶς τὸν ἐπὶ τῇ Πενθεσιλείᾳ λεγόμενον ἔρωτα.
καὶ ἐκ τούτου στάσις γίγνεται τοῖς Ἀχαιοῖς περὶ
τοῦ Θερσίτου φόνου. Μετὰ δὲ ταῦτα Ἀχιλλεὺς
εἰς Λέσβον πλεῖ, καὶ θύτας Ἀπόλλωνι καὶ Ἀρτέμιδι καὶ Λητοῖ, καθαίρεται τοῦ φόνου ὑπ᾽
Ὀδυσσέως.

Μέμνων δὲ, ᾧ Ἠοῦς υἱὸς, ἔχων ἡφαιστότευ-
κτον c) πανοπλίαν, παραγίνεται τοῖς Τρωσὶ βοη-
θήσων· καὶ Θέτις τῷ παιδὶ τὰ κατὰ τὸν Μέμνονα
προλέγει. καὶ συμβολῆς γενομένης Ἀντίλοχος ὑπὸ
Μέμνονος ἀναιρεῖται· ἔπειτα Ἀχιλλεὺς Μέμνονα
κτείνει· καὶ τούτῳ μὲν Ἠὼς, παρὰ Διὸς αἰτησα-
μένη, ἀθανασίαν δίδωσι.

Τρεψάμενος δ᾽ Ἀχιλλεὺς τοὺς Τρῶας, καὶ εἰς
τὴν °° εἰσπεσὼν d), ὑπὸ Πάριδος ἀναιρεῖται καὶ
Ἀπόλλωνος· καὶ μέχρι τοῦ πτώματος e) γενομένης ἰσχυρᾶς μάχης Αἴας ἀνελόμενος ἐπὶ τὰς ναῦς
κομίζει, Ὀδυσσέως ἀπομαχομένου τοῖς Τρωσίν.
ἔπειτα Ἀντίλοχόν τε θάπτουσι, καὶ τὸν νεκρὸν τοῦ
Ἀχιλλέως προτίθενται· καὶ Θέτις ἀφικομένη σὺν

d

Μούσαις

Μούσαις καὶ ταῖς ἀδελφαῖς Θρηνεῖ τὸν παῖδα f)
καὶ μετὰ ταῦτα ἐκ τῆς πυρᾶς ἡ Θέτις ἀναρπάσασα
τὸν παῖδα εἰς τὴν Λευκὴν νῆσον διακομίζει, οἱ δὲ
Ἀχαιοὶ τὸν τάφον χώσαντες ἀγῶνα τιθέασι· κα
περὶ τῶν Ἀχιλλέως ὅπλων Ὀδυσσεῖ καὶ Αἴαντ
στάσις ἐμπίπτει.

a). Quomodo haec expediri possint, non repe-
rio, nisi secundum ea, quae supra p. 12. 13 expo-
sui, mecum statuas, e binis Chrestomathiae
Procli libris factam esse Epitomen quatuor libris comprehensam; ex qua Excerpta aliquis
codici suo adscripserat plura: e quibus deriuata
sunt, quae Escurialensis et Venetus nobis ser-
varunt. Itaque cum ex Epitomes seu *Eclogarum libro primo Excerptum* appositum esset *primum* de Homero, et argumentum *Cyprii carminis*, praetermissis iis, quae altero Eclogarum
libro de Iliadis argumento apposita erant, nunc
ex tertia Eclogarum libro Τμῆμα τὸ δεύτερον,
Excerptum alterum apponitur. *) Itaque ἐν τῇ
πρὸ ταύτης βίβλῳ Eclogarum intellige. Pro
Ἰλιάδα in mf. erat Ἰλιὰς, cum tamen praeces-
sisset ἐπιβάλλει.

b) De *Arctino* v. ad Virgil. Aen. II. Exc. I.
add. ad lib. I. Exc. XIX. In iis, quae sequuntur,

*) Igitur corrigendum supra p. 66. med. πς. χρης. γ. pro
γραμματικης quod ex coniect. posuisse videtur V. doct.

tur, comparanda funt. Paralipomena Quinti Smyrnaei: quorum novam recenfionem dabit. Tychfen nofter V. C. Complexa autem eft *Aethiopis* non modo Memnonis ex Aethiopia res geftas, verum omnia, quae inde ab Iliadis argumento, Hectore caefo, ad Troiam contjgerunt. Vitia fcripturae codicis manifefta ftatim fuftuli. Ita pro Θρᾶσσα erat Θρασα.

c) ἠΦαιστότευκτον. dictum de hac voce ad Apollod. p. 52.

d) εἰς τὴν f. πόλιν l. πύλην.

e) μέχρι τοῦ πτώματος. puto περὶ τοῦ πτ. nifi fuit: μέχρι του [τινὸς] περὶ τοῦ πτ. *per aliquod tempus.* Mox in Cod. ἀνελόμενον.

f) ἀδελφὰς Nereides effe puta. Hic ille *threnus* eft, de quo praeclare Pindar. Ifthm. VIII. 124. praeter Quintum III. et Odyff. ω, 58. *Leuce* Infula Boryfthenis oftio obiecta, vel ex Mela et Plinio nota.

Ἰλιάδος μικρᾶς ἅ Λέσχεω.

Ἑξῆς δ᾽ ἐστιν Ἰλιάδος μικρᾶς βιβλία τέσσαρα Λέσχεω Μυτιληναίου περιέχοντα τάδε·

Ἡ τῶν ὅπλων κρίσις γίνεται, καὶ Ὀδυσσεὺς κατὰ βούλησιν Ἀθηνᾶς λαμβάνει. Αἴας δὲ ἐμμα-

νὴς

γῆς γενόμενος τήν τε λείαν τῶν Ἀχαιῶν λυμαίνε-
ται καὶ ἑαυτὸν ἀναιρεῖ. Μετὰ ταῦτα Ὀδυσσεὺς
λοχήσας Ἕλενον λαμβάνει, καὶ, χρήσαντος περὶ
τῆς ἁλώσεως τούτου, Διομήδης ἐκ Λήμνου Φιλο-
κτήτην ἀνάγει. Ἰαθεὶς δὲ οὗτος ὑπὸ Μαχάονος,
καὶ μονομαχήσας Ἀλεξάνδρῳ, κτείνει· καὶ τὸν
νεκρὸν ὑπὸ Μενελάου καταικισθέντα ἀνελόμενοι
θάπτουσιν οἱ Τρῶες.

Μετὰ δὲ ταῦτα Δηΐφοβος Ἑλένην γαμεῖ· καὶ
Νεοπτόλεμον Ὀδυσσεὺς ἐκ Σκύρου ἀγαγὼν, τὰ
ὅπλα δίδωσι τὰ τοῦ πατρός· καὶ Ἀχιλλεὺς αὐτῷ
φαντάζεται. Εὐρύπυλος δὲ ὁ Τηλέφου ἐπίκουρος
τοῖς Τρωσὶ παραγίνεται, καὶ ἀριστεύοντα αὐτὸν
ἀποκτείνει Νεοπτόλεμος.

Καὶ οἱ Τρῶες πολιορκοῦνται· καὶ Ἐπειὸς κατ᾽
Ἀθηνᾶς προαίρεσιν τὸν Δούρειον Ἵππον κατασκευά-
ζει. Ὀδυσσεὺς δὲ αἰκισάμενος ἑαυτὸν, κατάσκοπος
εἰς Ἴλιον παραγίνεται, καὶ ἀναγνωρισθεὶς ὑφ᾽ Ἑλένης περὶ τῆς ἁλώσεως τῆς πόλεως συντίθεται·
κτείνας τε τινὰς τῶν Τρώων ἐπὶ τὰς ναῦς ἀφικνεῖται. καὶ μετὰ ταῦτα σὺν Διομήδει τὸ Παλλά-
διον ἐκκομίζει ἐκ τῆς Ἰλίου.

Ἔπειτα εἰς τὸν Δούρειον Ἵππον τοὺς ἀρίστους
ἐμβιβάσαντες, τάς τε σκηνὰς καταφλέξαντες, οἱ
λοιποὶ τῶν Ἑλλήνων εἰς Τένεδον ἀνάγονται. οἱ
δὲ Τρῶες, τῶν κακῶν ὑπολαβόντες ἀπηλλάχθαι,
τόν

τόν τε Δούρειον ἵππον εἰς τὴν πόλιν εἰςδέχονται, διελόντες μέρος τι τοῦ τείχους, καὶ εὐωχοῦνται ὡς νενικηκότες τοὺς Ἕλληνάς.

Egimus de *Iliade parua* in Exc. I. ad Aen. II. Ex argumento hoc e Proclo feruato intelligitur exordium illud carmen habuiſſe ab Achillis morte et armorum iudicio et productum fuiſſe vsque ad vrbis excidium.

In Cod. lectum erat ἐξ ἧς, et Mιτυληναίου folita varietate. et pro Ὀδυσσεὺς (ſc. αὐτὰ) λαμβάνει, ſcriptum erat Ὀδυσσέα. et τὴν τέλειαν et ſic al.

Ἰλίου περσιδος β Ἀρκτίνου.

Ἕπεται δὲ τούτοις Ἰλίου περσιδος βιβλία β Ἀρκτίνου Μιλησίου, περιέχοντα τάδε·

Ὡς τὰ περὶ τὸν ἵππον οἱ Τρῶες ὑπόπτως ἔχοντες, περιστάντες βουλεύονται, ὅ, τι χρὴ ποιεῖν. καὶ τοῖς μὲν δοκεῖ, κατακρημνίσαι αὐτὸν, τοῖς δὲ, καταφλέγειν, οἱ δὲ ἱερὸν αὐτὸν ἔφασαν δεῖν τῇ Ἀθηνᾷ ἀνατεθῆναι· καὶ τέλος, νικᾷ ἡ τούτων γνώμη. Τραπέντες δὲ εἰς εὐφροσύνην, εὐωχοῦνται, ὡς ἀπηλλαγμένοι τοῦ πολέμου.

Ἐν αὐτῷ δὲ δύο δράκοντες ἐπιφανέντες τὸν Λαοκόωντα καὶ τὸν ἕτερον τῶν παίδων διαφθο-

ρῦσιν· ἐπὶ δὲ τῷ τέρατι δυσφορήσαντες οἱ περὶ
τὸν Αἰνείαν ὑπεξῆλθὸν εἰς τὴν Ἴδην, καὶ Σίνων
τοὺς πυρσοὺς ἀνίσχει τοῖς Ἀχαιοῖς, πρότερον εἰς-
εληλυθὼς προσποίητος a)· οἱ δὲ ἐκ Τενέδου προς-
πλεύσαντες, καὶ οἱ ἐκ Δουρείου Ἵππου, ἐπιπί-
τουσι τοῖς πολεμίοις, καὶ, πολλοὺς ἀνελόντες, τὴν
πόλιν κατὰ κράτός λαμβάνουσι.

Καὶ Νεοπτόλεμος μὲν ἀπακτείνει Πρίαμον, ἐπὶ
τὸν τοῦ Διὸς τοῦ Ἑρκείου βωμὸν καταφυγόντα.
Μενέλαος δὲ ἀνευρὼν Ἑλένην, ἐπὶ τὰς ναῦς κατ-
άγει, Δηίφοβον Φονεύσας. Κασσάνδραν δὲ Αἴας
Ὀϊλέως πρὸς βίαν ἀποσπῶν, συνεφέλκεται τὸ τῆς
Ἀθηνᾶς ξόανον· ἐφ' ᾧ παροξυνθέντες οἱ Ἕλληνες,
καταλεῦσαι βούλονται τὸν Αἴαντα· ὁ δὲ ἐπὶ τὸν
τῆς Ἀθηνᾶς βωμὸν καταφεύγει, καὶ διασώζεται
ἐκ τοῦ ἐπικειμένου κινδύνου. Ἔπειται ἀποπλέουσιν
οἱ Ἕλληνες, καὶ Φθορὰν αὐτοῖς ἡ Ἀθηνᾶ κατὰ
τὸ πέλαγος μηχανᾶται . . . . b)

* * * c) καὶ Ὀδυσσέως Ἀστυάνακτα ἀνελόντος,
Νεοπτόλεμος Ἀνδρομάχην γέρας λαμβάνει. καὶ
τὰ λοιπὰ λάφυρα διανέμονται. Δημοφῶν τε καὶ
Ἀκάμας Αἴθραν εὑρόντες ἄγουσι μεθ' ἑαυτῶν.
Ἔπειτα ἐμπρήσαντες τὴν πόλιν, Πολυξένην σφα-
γιάζουσιν ἐπὶ τὸν τοῦ Ἀχιλλέως τάφον.

Vid.

Vid. de Arctino eund. Excurſ. ad Aen. II.
Complexum eſt carmen hoc nouiſſima Troiae
inde ab vrbe capta ad diſceſſum Achiuorum.
Pleraque ex his nota vel ex Virgilii Aen. II. ad
quem multa illuſtrata dedimus. cf. Pauſ. X, 26.

  a) προποίητος e cod. notatum. προσποίητος
etſi paullo duriore verborum poſitu, hominem
fictum et ſimulatorem deſignat. f. fuit προσποιή-
τως, ſimulate, per fraudem.

  b) In apographo haec ita ſcripta erant, vt
deſiderari nonnulla ſignificarētur. Videtur tamen carminis argumentum in hoc ſubſtitiſſe.

  c) De hoc fragmento vero non habeo quod
ſatis tuto ſtatuam. Superioris argumenti particula eſſe non potuit. Sed narrationis alterius
eſt particula. Siebenkees, V. C. haec monuit:
„tertium folium deſiderari, in quarto haec legi.‚‚
Etſi non aſſequor, quomodo ea, quae praeceſ-
ſerunt, folii ſpatium explere potuerint, ſuſpicor
tamen hanc eſſe particulam alterius *Excidii*
Ilii, a *Leſcheo perſcripti*. Eius enim Ἰλίου
πέρσις apud Pauſaniam memoratur, X, 25. 26.
et ib. nonnulla ex his ipſis, de quibus hic agi-
tur. Suſpicabar aliquando, fuiſſe illam forte
eandem cum ea, quae Arctino ab aliis eſſet
tributa. Nunc probabilius videtur, diuerſam

eam

eam ab illa fuiſſe: adeoque Proclum nunc ſubieciſſe argumentum illius.   Dicerem etiam ter-
tiam Steſichori Ἰλίου πέρσιδα partem folii occu-
paſſe; ſi ſatis eſſe putarem apponere meras con-
iectationes.

Νόστων ᾱ Αὐγίου.

Συνάπτει δὲ τούτοις, τὰ τῶν Νόστων βιβλία
Αὐγίου Τροιζηνίου, περιέχοντα τάδε·
Ἀθηνᾶ Ἀγαμέμνονα καὶ Μενέλαον εἰς ἔριν
καθίστησι περὶ τοῦ ἔκπλου a). Ἀγαμέμνων μὲν
οὖν τὸν τῆς Ἀθηνᾶς ἐξιλασόμενος χόλον ἐπιμένει.
Διομήδης δὲ καὶ Νέστωρ ἀναχθέντες εἰς τὴν οἰκίαν διασώζονται. Μεθ' οὓς ἐκπλεύσας ὁ Μενέλαος, μετὰ πέντε νεῶν εἰς Αἴγυπτον παραγίνεται,
τῶν λοιπῶν διαφθαρεισῶν νεῶν ἐν τῷ πελάγει
Οἱ δὲ περὶ Κάλχαντα καὶ Λεοντέα καὶ Πολυποί-
την πεζῇ πορευθέντες εἰς Κολοφῶνα, Τειρεσία
ἐνταῦθα τελευτήσαντα θάπτουσι b).

Τῶν δὲ περὶ τὸν Ἀγαμέμνονα ἀποπλεόντων
Ἀχιλλέως εἴδωλον ἐπιφανὲν πειρᾶται διακωλύειν
προλέγον τὰ συμβησόμενα. Εἶτ' ὁ περὶ τὰς Κα-
φηρίδας πέτρας δηλοῦται χειμών, καὶ ἡ Αἴαντο
Φθορὰ τοῦ Λοκροῦ. Νεοπτόλεμος δὲ c), Θέτιδος ὑποθεμένης, πεζῇ ποιεῖται τὴν πορείαν·
παραγενόμενος εἰς Θράκην, Ὀδυσσέα καταλαμ-
βάν

βαίνει ἐν Μαρωνείᾳ· καὶ τὸ λοιπὸν ἀνύει τῆς ὁδοῦ,
καὶ τελευτήσαντα Φοίνικα θάπτει, αὐτὸς δὲ εἰς
Μολοσσοὺς ἀφικόμενος ἀναγνωρίζεται Πηλεῖ. [ἔπει-
τα]d) Ἀγαμέμνονος, ὑπὸ Αἰγίσθου καὶ Κλυταιμνή-
στρας ἀναιρεθέντος, ὑπ' Ὀρέστου καὶ Πυλάδου τι-
μωρία, καὶ Μενελάου εἰς τὴν οἰκίαν ἀνακομιδή.

Νόστοι fuere plures a diuersis auctoribus
profecti: conf. Svid. et ibi Kuft. et ad Apollodor. pag. 990. fuere in his *cyclici*, h. e. qui
ad *Cyclum epicum* referebantur. Horum auctorem nunquam alias legere memini *Augiam
Troezenium*, nomen prorsus ignotum.

a) Fundus fabulae in Odyff. Od. γ, 132 fq.
fic et reliquorum, quae hic fequuntur eod. et
quarto libro.

b) Si haec recte fe habent, *Tirefias* Colophonem fuit abductus; id quod alii de filia eius,
Manto narrant, quae Thebis captis ab Epigo-
nis Delphos pro manubiis, miffa (Apollod. III,
7, 4. Diod. IV, 66.), inde in Afiam ducta, tem-
plum Clarium ad Colophonem conftituit (vid.
Schol. Apollon. I, 308. Pauf. VII, 3.) Sane iam
ap. Apollod. III, 7, 3. et ap. Pauf. IX, 33 fama
inter Graecos memoratur, Tirefiam ipfum Delphos abductum ad fontem Tilphuffam animam
efflaffe; potuit nunc idem aliter ornatum effe

* 5   ab

ab aliis. Iam in Tirefiam, feu Manto, incidunt
Achiui, qui eo perrexerant, *Calchas*, *Leonteus*
et *Polypoetes.* Calchantis quidem in haec loca
aduentus nobilis eft congreffu cum' Mopfo vate,
Mantus f. facto: videndi de his laudd. Not. ad
Apollod. p. 655. Incoluit idem Pamphyliam:
Pauf. VII, 3. p. 529. Strab. XIV. p. 984 A. Leonteus et Polypoetes, ex Gyrtone aliisque Theffa-
liae vrbibus copias ad Troiam duxerant; Il. β,
138. iidem Afpendum in Pamphylia condiderunt:
cf. Euftath. ad e. l.

c) Plura ad haec monita ad Virgil. Aen. III.
Exc. X. et XII.

d) Ex Cod. notatum Πηλει . . . . . τα αγκμ.
Potuit effe ἔπειτα τὰ A. — καὶ τούτων ὑπ' O.

Τηλεγονίας β Εὐγάμμωνος.

Μετὰ ταῦτά ἐστιν Ὁμήρου Ὀδύσσεια· ἔπειτα
Τηλεγονίας βιβλία δύο Εὐγάμμωνος Κυρηναίου
περιέχοντα τάδε·

Οἱ μνήστορες ὑπὸ τῶν προσηκόντων θάπτονται.
καὶ Ὀδυσσεὺς θύσας Νύμφαις, εἰς Ἦλιν ἀποπλεῖ,
ἐπισκεψόμενος τὰ βουκόλια, καὶ ξενίζεται παρὰ
Πολυξένῳ, δῶρόν τε λαμβάνει κρατῆρα. Καὶ ἐπὶ
τούτῳ τὰ περὶ Τροφώνιον καὶ Ἀγαμήδην καὶ Αὐ-
γέαν. Ἔπειτα εἰς Ἰθάκην καταπλεύσας, τὰς ὑπὸ
Τειρεσίου ῥηθείσας τελεῖ θυσίας.

Καὶ

Καὶ μετὰ ταῦτα εἰς Θεσπρωτοὺς ἀφικνεῖται,
καὶ γαμεῖ Καλλιδίκην βασιλίδα τῶν Θεσπρωτῶν.
Ἔπειτα πόλεμος συνίσταται τοῖς Θεσπρωτοῖς πρὸς
Βρύγους, Ὀδυσσέως ἡγουμένου· ἐνταῦθα Ἄρης
τοὺς περὶ τὸν Ὀδυσσέα τρέπεται, καὶ αὐτῷ εἰς
μάχην Ἀθηνᾶ καθίσταται· τούτους μὲν Ἀπόλλων
διαλύει.

Μετὰ δὲ τὴν Καλλιδίκης τελευτὴν, τὴν μὲν
βασιλείαν διαδέχεται Πολυποίτης, ὁ Ὀδυσσέως
υἱὸς, αὐτὸς δὲ εἰς Ἰθάκην ἀφικνεῖται· κἂν τούτῳ
Τηλέγονος ἐπὶ ζήτησιν τοῦ πατρὸς πλέων, ἀποβὰς
εἰς τὴν Ἰθάκην, τέμνει τὴν νῆσον· ἐκβοηθήσας
δ᾽ Ὀδυσσεὺς, ὑπὸ τοῦ παιδὸς ἀναιρεῖται κατ᾽ ἄγνοιαν.
Τηλέγονος δὲ ἐπιγνοὺς τὴν ἁμαρτίαν, τό τε τοῦ
πατρὸς σῶμα καὶ τὸν Τηλέμαχον καὶ τὴν Πηνελό-
πην πρὸς τὴν μητέρα καθίστησιν· ἡ δὲ αὐτοὺς
ἀθανάτους ποιεῖ, καὶ συνοικειοῖ τὴν μὲν Πηνελό-
πην Τηλεγόνος, Κίρκην δὲ Τηλέμαχος.

De *Eugammonis* vix nomine fatis adhuc con-
ftabat. Meminerat Hieronymus in Chron. Eufeb.
ad Ol. LIII. *Eugamon Cyrenaeus, qui Telegoniam
fcripfit, agnofcitur;* et Syncell. p. 239 (191)
Εὐγάμων Κυρηναῖος, ὁ τὴν Τηλεγονίαν ποιήσας,
ἐγνωρίζετο. Eugammonem Cyrenaeum integrum
librum de Thefprotiis ex Mufaeo transfcripfiffe,
narrat Clemens Alex. VI. Strom. pr. et ex eo
Eufeb.

Eufeb. Praep. Ev. X, 1. etfi in hoc Eugrammoi editur. Fabulam de Telegono ad mentem Eu gammonis expreffam videbis ap. Hygin. f. 127 Ad Odyffeae du&um, vti res ipfa ferre debuit pleraque fuere comparata, *fumma vero carmi- nis ad Od. λ,* 118 - 136. Alia aliunde. Ita *Mufis facrificat* Vlyffes, fecundum Od. ν, 347 fq. 355 fq. ξ, 435. De *armentis in Elide* fub- nata res ex Od. δ, 635. *Polyxenus* autem ex Il. β, 623. Epifodium de *Trophonio* et *Agamede,* Ergini Minyae filiis, fundum habere potuit in Hymno in Apoll. 295 fq. Quae enim de the- fauro Hyriei ab ipfis exftru&o clamque expilato narrata funt v. c. ap. Paufan. IX, 37. ea transtu- lere alii ad Augeae domum, qui rex Elidis fuit: diuerfus vtique ab illo antiquiore ab Hercule caefo. *Sacra a Tirefia monftrata* funt in Ne- cyia Od. λ, 128 fq. *Ad Thefprotos* in conti- nente acceffit fec. v. 120 fq. *Brygi* Thraces ex Herod. VI, 45. noti effe poffunt. *Telegonus* ignarus patrem occidit, fec. λ, 132. vbi v. Intpp. telum autem paftinacae marinae (τρυγῶνος, ma- rinam turturem Di&ys VI extr. dixit) aculeo erat munitum: vnde Sophoelis fabula, Ὀδυσσεὺς ἀκανθοπλήξ infcripta: qua de re plures egere: Andr. Schottus ad Proclum p. 22. Salvagnius ad Ovidii Ibin, et al. ad Homeri I. c.

ρ) συν-

a) συνοικειοῖ fcripfi: cum e cod. notatum effet
συνοικεῖ, ipfa ratione grammatica poftulante:
fibi matrimonio coniungit, adfcifcit. Hygin. l. c.
Eiusdem Mineruae monitu Telegonus Penelopen,
Telemachus Circen duxerunt fc. nunc deas factas.

Secundum has particulas, magno cum litterarum beneficio e Proclo feruatas, de poetis
cyclicis longe aliter, quam vulgo factum, ftatuendum erit.   Egimus ea de re ad Virg. Aen.
II. Exc. I. Vt, ad Procli ductum, rem paucis complectar: *Cyclus epicus* variis modis dictus eft: primo, vt fit *cyclus mythorum* inde
ab Vrano vsque ad Vlyffis reditum in Ithacam
et mortem; hic proprie eft *Cyclus mythicus,*
dictus tamen *epicus,* quoniam plura erant carmina epica, quibus illae fabulae expofitae erant;
fecundo *Cyclus epicus* dictus eft *ipforum horum*
carminum epicorum, quae ita digefta et ordi-
nata a Grammaticis fuerant, vt contextus fabularum inde a theogonia ad Vlyffis nouiffima
haberetur.   *Carmina* haec dicta *cyclica* et *poe-*
tae cyclici.   Iam in hoc Cyclo extremum, nec
ignobilem tamen, locum tenebant res Troianae,
adeoque carmina, quibus illae expofitae erant.
Huius partis pofterioris notionem nunc habemus
pleniorem ex Procli fragmentis his in lucem
                                        prolatis.

prolatis. ' Scilicet secundum historiarum ordinem comprehensa in hoc Cyclo, parte quidem
extrema, fuere haec: *Cyprium carmen. Homeri
Ilias. Arctini Aethiopis. Leschis s. Leschei Ilias
parua. Arctini Excidium Ilii*, forte et *alterum
Leschei. Nosti. Odyssea. Telegonia.* Carmina haec
fundum fecerunt fabularum, quae hinc a Tragicis
variis modis tractatae, ab aliis poetis pro suo
cuiusque ingenio fuere ornatae, inter haec etiam a rerum Graecarum scriptoribus pro anti-
quissima rerum memoria in fronte historiarum
praefixae sunt. Fuit quoque *Dionysius Milesius*,
qui in historiarum suarum corpore *Cyclum mythicum* et *historicum* constituit. Ad quae me-
·lius discernenda, diiudicanda et ordinanda pa-
tefactam nunc esse viam arbitror.

2.

PROCLI Hymni duo.

ΕΚΑΤΗΣ καὶ ΙΑΝΟΥ.

Χαῖρε, θεῶν μῆτερ, πολυώνυμε, καλλιγένεθλε·
Χαῖρ', Ἑκάτη προθυραία, μεγάσθενες· ἀλλὰ καὶ αὐτὸς
χαῖρ', Ἰανε, πρόπατορ, Ζεῦ ἄφθιτε· χαῖρ, ὕπατε Ζεῦ.
Τεύχετε δ' αἰγλήεσσαν ἐμοῦ βιότοιο πορείην,
βριθο-

βριθομένην ἀγαθοῖσι· κακὰς δ'ἀπελαύνετε νούσους 5
ἐκ ῥεθέων, ψυχὴν δὲ περὶ χθονὶ μαργαίνουσαν
ἕλκετ' ἐγερσινόοισι καθηραμένην τελετῇσι.
Ναὶ, λίτομαι, δότε χεῖρα, θεοφραδέες τε κελεύθες
δείξατέ μοι χατέοντι· Φάος δ' ἐρίτιμον ἀθρήσω,
κυανέης ὅθεν ἐςὶ Φυγεῖν κακότητα γενέθλης. 10
Ναὶ, λίτομαι, δότε χεῖρα, καὶ ὑμετέροισιν ἀήταις
ὅρμον ἐς εὐσεβίης με πελάσσατε κεκμηῶτα.
Χαῖρε, θεῶν μῆτερ, πολυώνυμε, καλλιγένεθλε·
χαῖρ', Ἑκάτη προθυραῖα, μεγάσθενες· ἀλλὰ καὶ αὐτὸς
χαῖρ', Ἴανε, πρόπατορ· Ζεῦ ἄφθιτε· χαῖρ'
ὕπατε Ζεῦ. 15

ΕΙΣ ΑΘΗΝΑΝ . ΠΟΛΥΜΗΤΙΝ.

Κλῦθί μοι, αἰγιόχοιο Διὸς τέκος, ἢ γενετῆρος
πηγῆς ἐκπροθοροῦσα, καὶ ἀκροτάτης ἀπὸ δειρῆς [1],
ἀρσενόθυμε, Φέρασπι, μεγάσθενες, ὀμβριμοπάτρη,
παλλάς, τριτογένεια, δορύσσοε, χρυσεοπήληξ,
κέκλυθι· δέχνυσο δ'ὕμνον ἐΰφρονι, πότνια, θυμῷ· 5
μηδ' οὕτως ἀνέμοισιν ἐμόν ποτε μῦθον ἐάσῃς.
ἢ σοφίης πετάσασα θεοσιβέας πυλεῶνας,
καὶ χθονίων δαμάσασα θεήμαχα Φῦλα γιγάντων.
ἢ, πόθον Ἡφαίστοιο λιλαιομένοιο Φυγοῦσα,
παρθενίης ἐφύλαξας ἑῆς ἀδάμαντα χαλινήν. 10
ἢ κρα-

v. 14. Μεγάσθενες, quod in codice deeſt, inſerui e v. 2.

[1] Sic edidi pro σειρῆς, ſic et v. 22.

ἢ κραδίην ἐσάωσας ἀμιςύλλευτον ἄνακτος
αἰθέρος ἐν γυάλοισι, μεριζομένου ποτὲ Βάκχου
Τιτήνων ὑπὸ χερσί. πόρες δὲ ἑ πατρὶ Φέρουσα,
ἄφρα νέος βουλῇσιν ὑπ' ἀρρήτοισι τοκῆος
ἐκ Σεμέλης περὶ κόσμον ἀνηβήσῃ Διόνυσος.   15
ἧς πέλεκυς θήρεια [2] ταμὼν προθέλυμνα κάρηνα,
πανδερκοῦς Ἑκάτης παθέων ἤνασσε γενέθλην.
ἢ κράτος ἤραο σεμνὸν ἐγερσιβρότων ἀρετάων.
ἢ βίοτον κόσμησας ὅλον πολυειδέσι τέχναις,
δημιοεργείην [3] νοερὴν ψυχαῖσι βαλοῦσα.   20
ἢ λάχες ἀκροπόληα καθ' ὑψιλόφοιο κολώνης,
σύμβολον ἀκροτάτης μεγάλης σέο, πότνια, δειρῆς· [4]
ἢ χθόνα βωτιάνειραν [5] ἐφίλαο, μητέρα βίβλων, [6]
πατροκασιγνήτοιο βιασαμένη πόθον ἱρὸν,
οὔνομα δ' ἄσει δῶκας ἔχειν σέο, καὶ φρένας ἐσθλάς. 25
ἔνθα μάχης ἀρίδηλον, ὑπὸ σφυρὸν οὖρεος ἄκρον,
σῆμα καὶ ὀψιγόνοισιν ἀνεβλάστησας ἐλαίην·
εὖτ' ἐπὶ Κεκροπίδῃσι Ποσειδάωνος ἀγωγῇ
μυρίον ἐκ [7] πόντοιο κυκώμενον ἤλυθε κῦμα,
πάντα πολυφλοίσβοισιν ἑοῖς [8] ῥεέθροισιν ἱμάσσον. 30
κλῦθί μευ, ἢ φάος ἁγνὸν ἀπαστράπτουσα προσώπῳ,
δὸς δέ μοι ὄλβιον ὅρμον ἀλωομένῳ περὶ γαῖαν·

δὸς

---

[2] Sic edidi pro θηρια quod est in mf.

[3] In Codice legitur δημιεργιην, inuito metro.

[4] cf. ad v. 2.

[5] In mf. male fcribitur ϛωτιανειραν, ignoto vocabulo.

[6] Athenas doctas.   [7] Ἐκ fcripfi pro ἐν quod est ἐν mf.

[8] ἑοῖς repofui pro ἑ, quod verfum euertit.

δὸς ψυχῇ Φάος ἁγνὸν ἀπ' εὐιερῶν σεο μύθων,

καὶ σοφίην καὶ ἔρωτα· μένος δ' ἔμπνευσον [9] ἔρωτι

τοσσάτιον καὶ τοῖον, ὅσον [10] χθονίων ἀπὸ κόλπων 35

αὖ ἐρύσει πρὸς ὄλυμπον, ἐς ἤθεα πατρὸς ἑῆος.

Εἰ δέ τις ἀμπλακίη με κακὴ βιότοιο δαμάζει —

οἶδα γὰρ, ὡς πολλοῖσιν ἐρέχθομαι ἄλλοθεν ἄλλαις

πρήξεσιν, οὐχ ὁσίαις, τὰς ἤλιτον ἄφρονι θυμῷ —

ἵληθι, μειλιχόβουλε, σαόμβροτε, μηδέ μ' ἐάσῃς 40

ῥιγεδαναῖς ποιναῖσιν ἕλωρ καὶ κύρμα [11] γενέσθαι,

κείμενον ἐν δαπέδοισιν, ὅτι τεὸς εὔχομαι εἶναι.

Δὸς γυάλοις [12] μελέων ςαθερὴν, καὶ ἀπήμον' ὑγείην·

σαρκοτάκων δ' ἀπέλαυνε [13] πικρῶν, ἀγβλάσματα
νούσων,

ναὶ, λίτομαι βασίλεια, καὶ ἀμβροσίῃ σέο χειρὶ 45

παῦσον ὅλην κακότητα μελαινάων ὀδυνάων.

Δὸς βιότῳ πλώοντι γαληνιόωντας ἀήτας,

τέκνα, λέχος, κλέος ὄλβιον, εὐφροσύνην ἐρατεινὴν,

πειθὼ ςωμυλίην Φιλίης [14], νόον ἀγκυλομήτην,

κάρτος ἐπ' ἀντιβίοισι· προεδρίην ἐνὶ λαοῖς. 50

Κέκλυθι, κέκλυθ' ἄνασσα, πολύλλιςος δέ σ' ἱκάνω

χρειοῖ ἀναγκαίῃ· σὺ δὲ μείλιχον οὖας, ὑπόσχες.

---

[9] ἔμπνευσεν vitiose est in mf.

[10] Sic reposui pro ὅσων.   [11] κύρμα scripsi pro κῦμα.

[12] γυάλοις edidi pro vitioso γυλοις.

[13] In Codice male est ἀπέλανε.

[14] Mallem πειθὼ, ςωμυλίην, φιλίαν.

---

d   Emenda-

3.

Emendationes ad LVCIANVM.

Somnium §. 4. p. 7. edit. Reizii.

Ἀγανακτησαμένης δὲ τῆς μητρὸς καὶ πολλὰ
τῷ ἀδελφῷ λοιδορησαμένης, ἐπεὶ νὺξ ἐπῆλθε
κατέδαρθον ἔτι ἔνδακρυς καὶ·τὴν νύχθ᾽ ὅλην
ἐννοῶν.

Vocem ἐννοῶν poſt κατέδαρθον vix locum habere,
cum ἔννοια vigilantibus potius conueniret, docte
animaduertit T. H. Deſiderabat ille ἐνυπνιάζων
vel ὀνειροπολῶν, vel ſimile quid, quod tamen
propius ad vulgatam lectionem accederet. Mihi
in mentem venit: καὶ τὴν νύχθ᾽ ὅλην ῥέγκων.

Prometheus §. 4. p. 49.

Ptolemaeus Lagi camelum in Aegyptum ad-
duxerat nigrum hominemque duplici colore di-
ſtinctum, ſperans fore vt omnes ea quam maxime admirarentur. Ciuium vero, qui videbant,
multi quidem timore percellebantur, nullus vero
omnino admiratus eſt. ὥστε ὁ Πτολεμαῖος συνεὶς
ὅτι οὐκ εὐδοκιμεῖ ἐπ᾽ αὐτοῖς οὐδὲ θαυμάζεται ὑπὸ
τῶν Αἰγυπτίων ἡ καινότης, ἀλλὰ πρὸ αὐτῆς τὸ
εὔρυθμον καὶ τὸ εὔμορφον κρίνουσι, μετέστησεν
αὐτά, καὶ τὸν ἄνθρωπον οὐκέτι διὰ τιμῆς ἦγεν ὡς
πρὸ

πρὸ τοῦ. ἀλλ' ἡ μὲν κάμηλος ἀπέθανεν ἀμελουμένη, τὸν ἄνθρωπον δὲ τὸν διττὸν Θέσπιδι τῷ αὐλητῇ ἐδωρήσατο, καλῶς αὐλήσαντι παρὰ τὸν πότον. Nemo facile erit, cui in verbis καὶ τὸν ἄνθρωπον οὐκέτι etc. vox ἄνθρωπον non difpliceat; cum de praecipuo quodam honore, quo Ptolemaeus eum dignatus fuerit, nihil omnino antea dictum fit; tum vero vix affequi licet, cum ftatim et hominis et cameli fatum narretur, cur Lucianus non dederit καὶ τὸν ἄνθρωπον καὶ τὸν κάμηλον — οὐκέτι etc. Sed Lucianus mihi foripfiffe videtur: καὶ τὸ ἄτοπον οὐκέτι διὰ τιμῆς ἦγεν.

Nigrinus §. 6. p. 43.

Ἐγὼ δὲ βουλοίμην ἄν, εἰ οἷόν τε, αὐτῶν ἀκᾶσαι τῶν λόγων. οὐδὲ γὰρ οὐδὲ καταφρονεῖν ΑΥΤΩΝ οἶμαι θέμις, ἄλλως τε καὶ εἰ φίλος καὶ περὶ τὰ ὅμοια ἐσπουδακὼς ὁ βουλόμενος ἀκούειν εἴη.

Recte Guyetus et T. H. animaduertebant αὐτῶν nullo modo cum λόγων iungi poffe. Ille fupplendum putat: καταφρονεῖν τῶν βουλομένων ἀκύειν οἶμαι. Hic: καταφρονεῖν ἂν τοῦ οἶμαι. Sed et haec ratio, quam contorta fit, facile apparet. Leuis mutatio fenfum, ni fallor, fatis bonum dabit: καταφρονεῖν ΛΙΤΩΝ οἶμαι θέμις. „Neque enim omnino fas eft preces contemnere, multo minus fi amicus eft, qui vt (fermones

illos)

illos) audiat, precatur.,, Precum reuerenti
quae fuerit fatis conftat. Eurip. Med. 328. ἀλλ
ἐξελᾷς με κ'οὐδὲν αἰδέσῃ λιτάς; h. e. καταφρονεῖ
τὰς λιτὰς.

Nigrinus §. 38. p. 81.

Λυκ. Οὐκοῦν καὶ αὐτὸς ΗΜΙΝ ΕΡΑιΝ ὁμο
λογεῖς; Ετι πάνυ μὲν οὖν καὶ προσέτι δέομαι
γε σοῦ κοινήν .τινα τὴν θεράπειαν ἐπινοεῖν.
Hemfterhuis, qui de hoc loco defperabat, hanc
fere fententiam reftitui voluit: Ergo et ipfe
animum tuum iftis philofophi Nigrini fermonibus
compunctum effe et vulneratum fateris. Putabam locum mendo, quo grauiffimo laborat, li-
berari poffe, fi legas: οὐκοῦν καὶ αὐτὸς ΙΛΙΓ-
ΓΙΑιΝ ὁμολογεῖς; Itaque et tu confiteris animum tuum his vocibus percuffum et confufum
effe. Hoc enim eft ἰλιγγιᾶν. v. Pierfon ad Moer.
p. 197 fq. et ipfe Lucianus eadem voce, fere in
eadem re vtitur: §. 35. p. 77. vt ille (Nigrinus)
defiit πολλῇ συγχύσει καὶ ἰλίγγῳ κατειλημμένος,
τοῦτο μὲν ἰδρῶτι κατερρεόμην —

Deorum Dialogi II. §. 2. p. 206.

'Αλλ' ὡς ἥδιστον ποίει σεαυτὸν, ἐκατέρωθε καθειμένος βοστρύχους, τῇ μίτρᾳ τούτες ἀνειλημμένος; πορφυρίδα ἔχε, ὑποδέου χρυσίδας.
Nimis ieiuna videtur vox ἔχε poft καθειμένος et
ἀνειλημμένος. Coniiciebam: πορφυρίδα ἄμπεχε.
Ita

ita in Vit. Auct. T. I. p. 548. καὶ λεοντῆν ἀμπέχῃ §. 36. p. 605. ἀλουργίδας ἀμπεχόμενοι. Caufa erroris manifefta eft.

Dial. Mort. X. p. 363.

Χα. μικρὸν μὲν ὑμῖν, ὡς ὁρᾶτε, τὸ σκαφίδιον — καὶ ἢν ΤΡΑΠΗι ἐπὶ θάτερα οἰχήσεται περιτραπέν.

Aliis placeant haec τραπῇ περιτραπὲν. quin etiam fenfus aliud quoddam flagitare videatur. Facile. inducor, vt putem Lucianum dediffe καὶ ἢν ΡΕ-ΠΗι ἐπὶ θάτερα — et fi in vnam aut alteram partem vel inclinauerit modo nauigium, euerfum perditum ibit.

Vitarum auctio. §. 10. p. 550.

Ἐν ὄψει δὲ πάντων, ἃ μὴ ἰδίῳ ποιήσειεν ἄν τις, θαῤῥῶν ποίει. καὶ τὸν ἀφροδισίων αἱροῦ τὰ ΓΕΛΟΙΩΤΑΤΑ.

Sunt verba Diogenis Cynici, qui, vt videtur, quam maxime ridiculam voluptatem commendat. Quae qualis fuerit, fi excogitare liceret, tamen nihil menti Cynici fatis conueniet. Ni fallor, Lucianus ad tritum illud Diogenis refpexit, quo viliffimam quamque voluptatem non deteriorem quam pretiofiffimam praedicabat. Hic fenfus Luciano leuiffimo negotio reftituendus eft: καὶ τῶν ἀφροδισίων αἱροῦ ΤΑ ΑΓΕΛΑΙΩΤΑΤΑ. — τὸ ἀγελαῖον. id quod ex triuiis peti licet. ἀγελαῖοι σοφισταὶ viles Sophiftae ap. Ifocrat. Panath. p.

37. ad quam refpexit Jul. Pollux. IV. 42. p.36ς
vbi cum εὐτέλεσι, ὀλιγομίσθοις componuntur.

Pifcator C Reuiuifcentes §. 21. p. 591.

ὦ Παλιὰς, ἐλθέ μοι κατὰ τῶν ἀλαζόνων σύμ
μαχος, ἀναμνησθεῖσα ὁπόσα ἐπιορκοῦντα
ὁσημέραι ἀκούεις αὐτῶν. καὶ ἃ πράττουσι ΔΙ
MONH ὁρᾷς, ἅτε ἐπὶ σκοπῆς οἰκοῦσα.

Optime quidem Minerva Polias ea, quae in vrbe
agebantur, videre potuit, fed cur fola viderit
equidem perfpicere nequeo. Quin etiam Lucianus, et fi quis alius non coecus rerum obferua-
tor fuit, idem profpexerant. Vitium itaque vel
fic fufpicarer, nifi et importunum illud ΔE,
quod hic, vt mihi vidétur, nullum locum habere poteft, fufpicionem iftam augeret. Lucianus fortaffe dederat, καὶ ἃ πράττουσι, ΔΑΙΜΟ-
NIH, ὁρᾷς: non folum audis, o! dea, quae pe-
jerant, fed etiam facta eorum vides.,,

de Mercede conductis §. 8. p. 664.

Ἡράκλεις ὡς καταγέλαστον καὶ πληγῶν τινων
Ὁμηρικῶν ὡς ἀληθῶς δεόμενον.

,,Apud paroemiographos fruftra quaeras: vide
,,an ad librum alludat, cui, tefte Svida, Ptolemaeus
,,Grammaticus titulum fecerat περὶ τῶν παρ
,,Ὁμήρῳ πληγῶν. Adde et Ἡρακ. §. 7. ὁμηρικὰ
,,νεανίσκος ἐπιπλήξει μοι. M. du Soul. — An ὁ
,,plagis interpretatur Lucianus, quod Od. 1, 98
,,de

„de fociis, qui Lotum guftauerant, narrat Vlyffes
„τοὺς μὲν ἐγὼ ἐπὶ νῆας ἄγων κλαίοντας ἀνάγκη.
I. M. G. — Male vterque, fi quid video. Intel-
ligendus eft locus de plagis illis, quas Vlyffes
Iro inflixit; et ὁμηρικαὶ πληγαὶ funt eae, quales
Homerus defcribere folet.

4.

DE

oratione · HERODIS AGRIPPAE ineditâ
in Germania nuper reperta.

In Ephemeridibus, *Journal von a. für Deutfchl.*
dictis, 1784. IX. *St.* p. 165. legitur epiftola viri
docti cuiusdam PHILIPP, qui in vetere membrana reperiffe fibi videbatur fragmentum orationis alicuius incognitae, quod incipit: *in fu-*
perbiam feruit libenter quibus feruire imperia
videt &c. Effe hoc Herodis Agrippae, Judaeos
a bello contra Romanos fufcipiendo dehortan-
tis ipfe viderat e Jofepho de B. J. II, 17. putat
tamen effe ineditum. Sed eft hoc nil nifi fragmentum Egefippi, de Excidio vrbis Hierof. L.
II. apud quem totidem verbis legitur, in Bibl.
Max. Patrum Lugd. 1677. T. V. p. 1154. F. et
DE LA BARRE Hift. Chrift. fol. 143. C. fq. et
alibi.

5.

5.

Infcriptio anaglyphi Veronenfis.

Infcriptionem anaglyphi veteris, quam ex Mon
tefalconio exhibui in commentatione de *Quint(*
Smyrnaeo p. 30, ex ipfo marmore, quod affer·
vatur in aede Veronenfi, accuratius defcriptam
nuper mecum communicauit vir amiciff. FRID.
MÜNTER, qui nunc, Auguftiff. Danorum Regis
beneficio, litterarum cauffa Italiam peragrat. Ex
hoc apographo, collato cum figura aeri incifa
apud Montefalconium, ita legendi effe videntur
tituli, imaginibus, tabellae infculptis, adfcripti:

ΠΕΝΘΕΣΙΛΕΑ ΑΜΑΖΩΝ ΠΑΡΕΓΙΝΕΤΟ   — . —   —
ΑΧΙΛΛΕΤΣ ΠΕΝΘΕΣΙΛΗΑΝ ΑΠΟ-   ΑΠΟΚΤΕΙΝΕΙ ΠΡΙΑΜΟΝ
  ΚΤΕΙΝΕΙ   ΚΑΙ ΑΓΗΝΟΡΑ
ΜΕΜΝΩΝ ΑΝΤΙΛΟΧΟΝ ΑΠΟΚΤΕΙΝΕΙ   ΠΟΛΤΠΟΙΤΗΣ ΕΧΕΙΟΝ
ΑΧΙΛΛΕΤΣ ΜΕΜΝΟΝΑ ΑΠΟΚΤΕΙΝΕΙ   ΘΡΑΣΤΜΗΔΗΣ ΝΕΟΠΑΙ-
  ΝΕΤΟΝ
ΕΝ ΤΑΙΣ ΣΚΑΙΑΙΣ ΠΤΛΑΙΣ ΑΧΙΛΛΕΤΣ   ΦΙΛΟΚΤΗΤΗΣ ΔΙΟΠΙΘΗΝ,

Cuius infcriptionis illuftrationem commodiori
tempori referuo, fcilicet cum ad Quintum meu
perpoliendum iterum accedere noui muneris curae atque occupationes permiferint.

Bibliothek

der

alten Litteratur

und

Kunst

---

mit

ungedruckten Stücken

aus

der Escurialbibliothek

und andern.

Zweites Stück.

Göttingen

bey Johann Christian Dieterich. 1787.

Beſchluß der Abhandlung

über den Proceß des Socrates.

––––––

3.

Anklage und Verurtheilung
des Socrates.

Lange noch lebte Socrates ungeſtört und ſetzte
ſeinen Unterricht fort, obgleich ſeine
Feinde mit Verläumdungen und heimlichen Kränn-
kungen nicht ruheten. In den unglücklichen
Zeiten des Peloponneſiſchen Kriegs ſcheint man
den Socrates vergeſſen zu haben, weil Athen
mit wichtigern Dingen, mit ſeiner eigenen Erhaltung beſchäftigt war, und die zerrüttete,
oft veränderte Verfaſſung des Staats vermuthlich den Feinden keine Gelegenheit gab, einen
Mann, den ein großer Theil der Bürger liebte
und ſchätzte, anzugreifen. Selbſt unter der

defpotifchen Regierung der dreißig Tyrannen
blieb er unangetaftet, nur daß ihm das Lehren
verboten ward, weil er freymüthig über ihre
Graufamkeit geurtheilt hatte. Aber kaum waren diefe vertrieben und die alte Verfaßung wieder hergeftellt, als feine Feinde ihre Zeit ge-
wahrnahmen, und ihm ein förmlicher Proceß
gemacht wurde, indem er auf Leib und Leben
angeklagt ward, und der fich mit feiner Hinrichtung endigte.

Diefe Feinde und Ankläger des Sokrates waren Anytus, Lycon und Melitus, Männer die
ihre Namen bloß durch diefe That in der Gefchichte merkwürdig gemacht, und zu ihrer
Schande verewigt haben. Der hitzigfte Feind
und Anführer fcheint indeffen Anytus gewefen
zu feyn, ein Demagog zu Athen, und ein
ftolzer Mann, von Sophiften gebildet, daher
er zuweilen felbft Sophift genannt wird. Er
war es, der Sage nach, der fchon den Ariftophanes gegen Socrates aufgewiegelt hatte, und
jetzt den Melitus reitzte ihn förmlich anzukla-
gen e). Die Urfache feines Haffes fcheint un-
bedeutend, aber fie zeigt den ftolzen, rachfüch-
tigen und unverföhnlichen Character des Mannes

---

e) Diog. II. v. 18.

nes. `Er hielt` *ſich nämlich von Socrates belei-*
digt, weil dieſer geſagt hatte, er müſſe ſeinen
Sohn nicht mit einem niedrigen Handwerk `be-`
ſchäftigen, da er ſelbſt ein ſo angeſehener Mann
im Staat ſey; der Jüngling, der große Ta-
lente hatte, würde die niedrige Beſchäftigung
verachten und ſich den Ausſchweifungen erge-
ben. Die Vorherſagung traf ein, und Any-
tus hatte noch nach ſeinem Tode den üblen Ruf,
einen Jüngling von guten Anlagen verwahrloſet
zu haben f). *Doch vielleicht war eine ſtärkere*
Urſache ſeines Haſſes, daß Socrates ſeine ſo-
phiſtiſche Weisheit zu Schanden gemacht hatte g).
Melitus, der zweyte Kläger war ein junger,
nicht vortheilhaft gebildeter Mann, und ein
ſchlechter tragiſcher Dichter h). *Er war es,*
der den förmlichen Proceß anſtellte, und ſein

Name

---

f) Xen. Apol. §. 29.

g) *Die Nachricht des Libanius* (Apol. Socr. I. p. 642) *daß Anytus ſeine Söhne Anfangs von Socrates un-*
terrichten laſſen, aber ſich beleidigt gefunden, weil
Socrates die Gerberey als ein niedriges Handwerk
verachtet; und daß er ſich erboten, die Anklage zu-
rück zu nehmen, wenn Socrates nicht mehr davon
reden wolle, ſcheint, wenigſtens das letztere, eine
Erfindung dieſes Sophiſten.

h) Plato Eutyphr. p. 2. A. Schol. Ariſt. Nub. 1337.

Name steht der Anklage vor i)*;̃ daher kommt
es, daß Plato in der Apologie den Socrates
faft immer den Melitus anreden läßt.   Ob er
bloß durch den Anytus fich dazu bewegen ließ,
wie Diogenes fagt* k)*; oder ob er durch befondere Urfachen gegen Socrates aufgebracht
war, ift ungewiß.   Wahrfcheinlich hatte Socrates ihn, als einen fchlechten Dichter befchämt
und erbittert; welches durch die Nachricht
beym Plato beftätigt wird, daß ihn Melitus
im Namen der Dichter angeklagt habe* l)*; und
diefe Erbitterung ward durch die Erinnerung
erhöht, daß fich Melitus unter denen befunden,
die den unfchuldigen Leon von Salamin zum
Tode herbeyführten, und gethan hatte, was
Socrates zu thun verwarf* m)*.   Der dritte Ankläger war Lycon, der Redner, von dem
wenig bekannt ift, außer was Diogenes fagt,
er habe zum Proceß alles vorbereitet* n)*.   Vermuthlich fuchte er durch Reden und Vorftellungen an das Volk den Socrates vorläufig verhaßt
und verdächtig zu machen, wozu er durch fei-*

nen

---

i) Diog. II. v. 18.

k) l. c.

l) Plat. Ap. 19. A.   Diog. l. c.

m) Andocid. orat. L p. 218.

n) Diog. II. v. 18.

nen Einfluß als Redner oder Demagog vieles
beytragen konnte.

Diese, drey waren die offenbaren Gegner des
Socrates, die mit den Waffen der Gerechtigkeit oder vielmehr der Ungerechtigkeit gegen ihn
zu Felde zogen; aber sie waren nicht seine
einzigen Feinde. Socrates sagt selbst in der
Apologie, daß Melitus von den Dichtern, Anytus von den Handwerkern und Demagogen, Lycon von den Rednern gleichsam abgeordnet gewesen, und im Namen derselben ihn angeklagt
hätten o). Auch bey der Rede, in der er angeklagt ward, waren mehrere geschäftig p).
Also eine Menge rachgieriger Feinde hatten sich
gegen den verdientesten Weisen verschworen, von
welchen die drey genannten nur die Wortführer
waren.

Bey welchem Gerichtshof Socrates angeklagt
worden, ist einer der dunkelsten Puncte in dieser
Geschichte. Sonst glaubte man gewöhnlich,
daß er vor dem Areopagus gerichtet sey, und

A 3

es

---

o) Plato Ap. p. 19. A.

p) Der Sophist Polycrates machte die Rede, ein ge
wisser Polyeuctes bestimmte die Strafe. So scheint
das δικην ειπε verstanden werden zu müssen. Diog.
l. c. aus dem Hermippus und Phavorinus.

es sind für diese Meinung viele Gründe. Der
Areopag war gleichsam das höchste Polizeycol-
legium in Athen, das über die Sitten und Aufführung der Bürger, besonders der Jünglinge
die Aufsicht hatte q). Da Socrates vorzüglich als Jugendverderber angeklagt ward, so
scheint die Sache am natürlichsten vor diesen Gerichtshof zu gehören. Auch urtheilte der Areopag über Neuerungen r), und richtete, außer
den Blutsachen, besonders in Sachen die die
Religion betrafen s). Plutarch erzählt, Euripides habe nicht laut sagen dürfen, daß er
die Götter des Volks läugne, aus Furcht vor
der Ahndung des Areopagus t); und eben so
sagt Justin der Märtyrer, daß Plato wegen
seiner neuen Lehre von Einem Gott den Areopag gefürchtet habe v). Ferner beruft man
sich auf die Beyspiele des Theodorus Atheus,
und des Apostels Paulus, die beide vor dem
Areopag belangt wurden; der letztere aus eben
dem Grunde wie Socrates, weil er neue Götter
lehrte

---

q) Isocr. Areopagit. Opp. T. II. p. 409. sq.

r) επιθετα; μη Πατρια οντα. Harpocrat in επιθετος θεος —— cf. Suid. Et. M. h. v.

s) Demost. in Neaer. p. 528. C.

t) De Placitis Philos. ζ. p. 211. Xyland.

v) Iustin. or. I. ad Gr. p. 24. B.

kehrte °). *Allein so scheinbar einige dieser
Gründe sind, so sind dagegen Schwürigkeiten
die sich nicht heben lassen. Die Zahl der Richter, die in der Sache des Socrates saßen, ist
zu groß. Es wird erzählt, daß 281 Stimmen mehr gewesen, die den Socrates verurtheilt
als ihn lossprachen, und daß von den letztern
zulezt noch 80 gegen ihn gestimmt hätten* x).
*Dieß gäbe wenigstens 361 Richter, so viel wohl
nie im Areopagus gewesen sind* °). *Auch kömmt
in keiner der Apologien eine Spur vom Areopag
vor, oder von den diesem ehrwürdigen Gericht
eigenen Gebräuchen, welches doch sicher zu erwarten wäre. Ferner schickt sich das, was
Plato den Socrates sagen läßt, daß seine Richter Demüthigungen und Erflehungen ihres Mit-
leids und Gnade von ihm erwarteten, gar nicht
zum Areopagus, wo alle diese Mittel, die Ge-*

A 4 *rechtig-*

°) Das Beyspiel von Paulus gehört gar nicht hieher;
nicht um ihn ver dem Areopagus zu verklagen, sondern ihn auf dem erhabnen Platz besser zu hören,
führte man ihn auf diesen Hügel.

x) Diog. II, v, 21.

°) Die höchste Zahl der Areopagiten deren man Erwähnung findet, ist 300 auf einer Inschrift beym Vo-
laterran; ἡ ἀρειὰ παγὺ βϑλη των τριϑϰοσιων. Aber
Meursius hat hier richtiger ϰαι ἡ βϑλη των τρ,
Areop. Cap. V.

rechtigkeit zu beugen, ſtrenge verboten waren y).
Plato endlich läßt den Socrates am Tage ſeiner
Verurtheilung vor der Halle des Königs (ϛοα
βαϛιλεως) wandeln, was ſich zum Areopagus
der unter freyem Himmel Gericht hielt, gar
nicht ſchickt. Aus dieſen Gründen wird wahrſcheinlich; daß die Sache des Socrates, wenn
ſie gleich, der alten Einrichtung des Solons gemäß, eigentlich vor den Areopagus gehörte, doch
vor einem der Volksgerichte geführt ſey, wozu
die Urſachen in der damahligen Verfaſſung
Athens lagen. z). Der Areopag hatte durch
die Verwaltung des Pericles von ſeinem Anſehen
und ſeinen Geſchäften ſo viel verloren, daß ihm in
dieſen Zeiten faſt bloß die Blutſachen übrig geblieben, und die Religionsſachen zu den Volksgerichten gezogen zu ſeyn ſcheinen *). Schon
lange

y) Pollux VIII. 10. 117.

z) Petitus LI. Att. p. 3. glaubt, daß nur Fremde, die
wegen Religionsſachen angeklagt worden, vor den
Areopag gezogen wären, Bürger hingegen vor die Heliäa; wozu aber kein Grund iſt.

*) Eine Stelle des Xenophon (de Rep. Ath. c. 35.) iſt
hier faſt entſcheidend. Er zählt zu den vielen Geſchäften des Athenienſ. Volks, daß es urtheilen müſſe
εαν ὑβριζωσι τινες αυθις ὑβριωμα, εαν τι αϛεβῃϛι.
Dieß zeigt klar, daß die Religionsſachen damahls vor
den

lange vor Socrates wurden Aspasia und Alcibiades, die beide ähnlicher Vergehungen gegen
die Religion beschuldigt waren, nicht vor dem
Areopag, sondern vor einem Volksgericht angeklagt. Man könnte sogar muthmaßen, daß
in diesem Jahre gar kein Areopag existirt habe,
weil in den vorhergehenden Jahren die ganze
Verfassung Athens erschüttert und unter den
30 Tyrannen wenigstens keine Archonten gewesen waren, aus welchen allein der Areopag bestand. Dann wäre ein Grund gefunden, worin
die Feinde Socrates gerade dieses Jahr zu ihrer
Anklage gewählt hätten, weil sie eher hoffen
konnten, die Richter in einem der Volksgerichte
zu blenden und einzunehmen, als die ehrwürdigen Mitglieder des Areopags a). Das Ge-

richt,

den Volksgerichten geführt wurden. Und dieses wird
auch durch die Formel der Anklage bestätigt, wo kö-
nen mit Fleiß gesetzt zu seyn scheint, um die Sache
als bürgerliches Verbrechen zu rubriciren.

a) Andere glauben, daß der Proceß durch Veranstaltung
der Kläger absichtlich an die Heliäa gebracht sey,
statt daß sie vor den Areopag gehörte. Allein, wenn
nicht Umstände gewesen wären, die dieses erlaubt
machten, so hätte sich Socrates, oder wenigstens
seine Freunde darauf berufen können, daß die Anklage nichtig und gesetzwidrig sey, weil sie nicht vor
dieses Gericht gehöre.

rechtigkeit zu beugen, ftrenge verboten waren y).
Plato endlich läßt den Socrates am Tage feiner
Verurtheilung vor der Halle des Königs (σοα
βασιλεως) wandeln, was fich zum Areopagus
der unter freyem Himmel Gericht hielt, gar
nicht fchickt.   Aus diefen Gründen wird wahrfcheinlich; daß die Sache des Socrates, wenn
fie gleich, der alten Einrichtung des Solons gemäß, eigentlich vor den Areopagus gehörte, doch
vor einem der Volksgerichte geführt fey, wozu
die Urfachen in der damahligen Verfaffung
Athens lagen. z).   Der Areopag hatte durch
die Verwaltung des Pericles von feinem Anfehen
und feinen Gefchäften fo viel verloren, daß ihm in
diefen Zeiten faft bloß die Blutfachen übrig geblieben, und die Religionsfachen zu den Volksgerichten gezogen zu feyn fcheinen *).   Schon
lange

---

y) Pollux VIII. 10. 117.

z) Petitus LL. Att. p. 3. glaubt, daß nur Fremde, die
wegen Religionsfachen angeklagt worden, vor den
Areopag gezogen wären, Bürger hingegen vor die Heliäa; wozu aber kein Grund ift.

*) Eine Stelle des Xenophon (de Rep. Ath. c. 35.) ift
hier faft entfcheidend.   Er zählt zu den vielen Gefchäften des Athenienf. Volks, daß es urtheilen müffe
εαν ὑβριζωσι τινες ανθες ὑβριστα, εαν τι ασεβησης.
Dieß zeigt klar, daß die Religionsfachen damahls vor
den

lange vor *Socrates* wurden *Aspaßa* und *Alci-*
biades, die beide ähnlicher *Vergehungen* gegen
die Religion beschuldigt waren, nicht vor dem
Areopag, sondern vor einem *Volksgericht* angeklagt. *Man* könnte sogar muthmaßen, daß
in diesem *Jahre* gar kein *Areopag* existirt habe,
weil in den vorhergehenden *Jahren* die ganze
Verfaßung Athens erschüttert und unter den
30 *Tyrannen* wenigstens keine *Archonten* gewesen waren, aus welchen allein der *Areopag* bestand. *Dann* wäre ein *Grund gefunden, worin*
die Feinde *Socrates* gerade dieses *Jahr* zu ihrer
Anklage gewählt hätten, weil sie eher hoffen
konnten, die *Richter* in einem der *Volksgerichte*
zu blenden und einzunehmen, als die ehrwürdigen *Mitglieder* des *Areopags* a). *Das* *Ge-*
A 5 richt,

<hr/>

den *Volksgerichten* geführt wurden. *Und* dieses wird
auch durch die *Formel* der *Anklage* bestätigt, wo κακ-
κετ mit *Fleiß* gesetzt zu seyn scheint, um die Sache
als bürgerliches *Verbrechen* zu rubriciren.

a) *Andere* glauben, daß der *Proceß* durch *Veranstaltung*
der *Kläger* absichtlich an die *Heliäa* gebracht sey,
statt daß sie vor den *Areopag* gehörte. *Allein*, wenn
nicht *Umstände* gewesen wären, die dieses erlaubt
machten, so hätte sich *Socrates*, oder wenigstens
seine *Freunde* darauf berufen können, daß die *An-*
klage nichtig und gesetzwidrig sey, weil sie nicht vor
dieses *Gericht* gehöre.

richt, vor welchem Socrates angeklagt *wurde*
war höchſtwahrſcheinlich das Heliaſtiſche; *ein*
Gerichtshof, der nach dem Areopagus der an.
geſehenſte und größte in Athen war b). *Es*
wurden vor ihn die wichtigſten Proceſſe gebracht
und die Zahl der Richter die *in* der Heliäa
waren, war größer als in irgend einem andern Volksgericht. Sie wird verſchiedentlich angegeben, war aber wenigſtens fünfhundert c).
Alles dieſes trifft auf die Richter des Socrates
vollkommen zu, und auch der Eid an welchen
Socrates ſeine Richter erinnert, macht es wahrſcheinlich, daß es Heliaſten waren die über ihn
urtheilten d).

Nun kommen wir endlich auf den Hauptgegenſtand dieſer Unterſuchung, die A n k l a g e
ſelbſt. Alles würde hier deutlicher ſeyn, wenn
wir genauere Nachrichten, oder eine Rede der
Ankläger hätten, um die Gründe zu überſehen,
                                                    womit

b) Pauſan. Att. 28. p. 69.

c) ſ. Etym. M. und Harpocr Ηλιαια. Am richtigſten
    ſcheint die Angabe beym Pollux, daß gewöhnlich 500,
    in wichtigen Fällen aber 1000 bis 1500 Richter
    darin geſeſſen.

d) Die Heliaſten nämlich legten allemahl einen Richter-
    eid ab, daß ſie nach den Geſetzen richten wollten.
    Die Eidesformel ſteht beym Demoſth. in Neaer. p. 451.

womit fie ihre Befchuldigungen unterftüzten und
fcheinbar machten. Doch die Anklage felbft
ift erhalten. Sie ward noch lange nachher im
Tempel der Ceres (μητρωον) dem gewöhnlichen
Archiv. für die Gefetze; Proceß - Acten und andre öffentliche Schriften aufbewahrt e), und
war bis auf die Zeit des Phavorinus vorhanden f). Sie lautet folgendermaßen: *Diefe
Klage hat angeftellt und befchworen
Melitus, der Sohn des Melitus der
Pittheenfer gegen Socrates Sophro-
niscus Sohn aus den Alopecenfifchen
Demus. Socrates handelt gegen die
Gefetze, indem er die Gütter, die der
Staat für folche hält, nicht glaubt,
fondern andere neue Dämonien ein-
führt. Er handelt ferner gegen die
Gefetze, indem er die Jünglinge
verderbt. Die Strafe fey der Tod g).*

Hiermit

---

e) Suid. μητραγυρτ. Athen. L. V. IX. Schol. Demofth.
pr. Cor.

f) Diog. II. v. 18.

g) Ταδε εγραψατο και ανθωμολογησατο Μελιτος Μελιτυ
Πιτθευς Σωκρατει Σαφρονισκυ Αλωπεκηθεν. αδικει Σωκρατης, ὁς μεν ἡ πολις νομιζει θεας υ νομιζων, ἑτερα δε
καινα δαιμονια εισηγυμενος· αδικει δε και τυς νευς δια-
φθειρων. τιμημα θανατος. Diog. l. c.

Hiermit stimmt völlig überein die Formel de
Klaglibells beym Xenophon in den Denkwür
digk. b), *und in der Apologie* i). *Beym Plat*
sind eben dieselben Klagpuncte, nur daß de
letztere voransteht, weil Plato den Socrates an
diesen zuerst antworten läßt k).

Dieses ist das doppelte Verbrechen dessen So-
crates schuldig angeklagt wird, Läugnung der
väterlichen Götter und Verderbung der Jugend.
Jedes derselben war nach der Verfassung und
den Grundsätzen des Atheniensischen Staats ein
Staatsverbrechen, *und so schwer, daß*
wenn der Beklagte auch nur des einen hätte
überwiesen werden können, die Kläger gewiß
seyn konnten, ihre Absicht zu erreichen, den
Socrates zu stürzen. Läugnung der väterli-
chen Götter und Einführung neuer Religionen
war in mehrern alten Staaten von welchen wir
Nachricht haben, durch die Gesetze verboten
und ward aufs schärffte geahndet. Ich will
mich nicht darauf berufen, daß bey den He-
bräern Gottesläugner, Gottesläfterer und Diener
fremder Götzen zu Tode gesteinigt wurden, son-
dern

h) Mem. I. 1. init.
i) Xen. Apol. §. 10. 24. 25.
k) Plato Ap. p. 19. B.

dern um keine Metabafis zu machen, mich auf
Rom und Athen einfchränken. In den zwölf.
Tafeln der Römer war ein Hauptgefetz, keine
befondere oder fremde Götter außer den öffentlich eingeführten zu verehren 1). *Als im J.*
326 nach der Erb. Roms anhaltende Dürre,
und verwüftende Seuchen, den Aberglauben des
erfchrockenen Volks erregten, das zur Verehrung
neuer Götter und zu ungewöhnlichen Gottes-
dienften feine Zuflucht nahm, erhielten die Ae-
dilen den Auftrag, darauf zu fehen, daß keine
andere als Römifche Gottheiten, und nach väterlichen Gebräuchen verehrt würden m). *Und*
die Römifche Gefchichte hat mehrere Beyfpiele,
daß, befonders bey ungewöhnlichen Unfällen,
fremde Religionen verboten und vertilgt und die
Tempel zerftört worden mm). In Athen vorzüglich

1) Separatim nemo habeffit Deos nene nouos neue ad-
nenas nifi publice adfcitos priuatim colunto. Cic.
LL. II. 8.

m) Liv. Hiftor. IV. 30. Ne qui nifi Romani dii, neu
quo alio more quam patrio colerentur.

mm) Liv. IX. 30. XXV. 1. XXXIX. 16. *In der leztern*
Stelle fagt der Conful Pofthumius: quoties hoc patrum euorumque aetate negotium datum eft magi-
ftratibus, vt facra externa fieri vetarent, omnem
difciplinam facrificandi, praeterquam more Romano,
abolerent.

züglich *fchärften fchon die älteften Gefe
tze den Dienft der Götter ein; ein uralte
Gefetz des Triptolemus, das zu Eleufin aufbe
halten ward, und ein anderes von Dracon, be
fehlen aufs feierlichfte die väterlichen Götter
und Helden zu verehren* n), *und es ftand Todesftrafe auf der Einführung neuer Gottheiten* o). *Nur darauf, fagt Ifocrates, dringen
die Gefetze, daß nichts von den väterlichen Gebräuchen vernachläffiget, nichts außer dem hergebrachten und feftgefetzten hinzugefügt werde;
und jeder Bürger fchwor einen feierlichen Eid,
daß er die väterliche Religion bekennen und
behaupten wolle* p). *Selbft die Comiker machten neue Götter lächerlich; fo fehr hing man
in der Religion an dem Alten und Hergebrachten*

---

n) *Beide find beym* Porpbyr. de Abft. IV. *aufbehalten;* γο-
νεις τιμᾶν, θεως καρποις αγκαλλειν, ζωαμφσινεσθαι cf.
Hieron. c. Iouin. L. II. — *Am Ende deffelben
Buchs fteht das Gefetz des* Dracon; θεσμος αιωνιος
παςι τοις την Ατθιδα νεμομενοις, Κυριος τον απαντα
χρονον, θεως τιμᾶν και ηρωας εγχωριας εν κοινω,
επομενως νομοις πατριοις ιδια κατα δυναμιν, των ευφη-
μιας και απαρχαις καρπων τελεσι επετειοις. *Porphyrius hatte fie aus dem* Hermippus de legislatorib.
L. II. *genommen.*

o) Iof. c. Ap. II. 37.

p) Ifocr. Panath. Stobaeus de Republ. 41.

ten q). *Neue Götter wurden freylich mehrmahls aufgenommen, sowohl in Athen als in
Rom, aber nicht anders als wenn sie der Areopag autorisirt hatte, so wie sie in Rom von
Priestern oder Magistraten mußten eingeführt
und bestätigt werden* r).

*Daß die Gesetze auf Aufrechthaltung der
hergebrachten Religion und Verehrung der väterlichen Götter drangen; daß sie Läugnung
derselben und Neuerungen in der Religion als
ein schweres öffentliches Verbrechen straften, war
eine natürliche Folge der Staatsverfassung. Diese
Staaten waren gleichsam auf Religion gegründet; Religion und Sitten, bürgerliche und
Staatsgesetze, wären zusammen ein Gegenstand
der alten Gesetzgebung. Die Heiligkeit der
Verträge, die Treue der Magistratspersonen,
die Gewissenhaftigkeit der Richter und der strei-
tenden.*

q) Cic. de Legg. II. 15. Nouos Deos sic Aristophanes
facetissimus poeta veteris comoediae vexat, vt apud
eum Sabazius et quidam alii dii peregrini iudicati
e ciuitate eiciantur. Petitus LL. Att. p. 2. glaubt,
daß es in dem verlornen Stück ὥραι geschehen sey.

r) Harpocrat. απια, iogr. Isocr. Areop. p 188. Iust.
Mart. paraen. ad Graecos, p. 120.

tenden Parteyen beruhten auf Eidſchwüren, und dieſe geſchahen bey den Göttern. Der Glaube an die väterlichen Götter war in die Staatsverfaſſung ſo genau verwebet, daß keine wichtige Unternehmung ohne Befragung oder Anrufung derſelben geſchah. Ein Angriff auf die Religion war alſo ein Angriff auf die Grundſäule des Staats, und wer die väterlichen Götter läugnete, entehrte oder neue einführte, hob die Heiligkeit und Verbindlichkeit der Eide und eines der kräftigſten Mittel zur Beförderung der Sittlichkeit auf, und mußte als ein Empörer gegen die Ruhe und Sicherheit des Staats angeſehen werden. So urtheilten auch die Weiſen des Alterthums, daß Aufrechthaltung der Religion die Grundfeſte der Ruhe der Staaten ſey. Plato duldet in ſeiner Republik keine Gottesläugner und ſetzt auf den Atheismus Todesſtrafe, und Cicero empfiehlt ſehr dringend die Verehrung der väterlichen Götter s). In der merkwürdigen Rede des Mäcenas an den Auguſtus beym Dio Caſſius heißt es: diejenigen die in Religionsſachen Neuerungen machten, ſolle er haſſen und ſtrafen, nicht bloß aus Rückſicht auf die Götter, deren Verachtung

s) Plato de Legg. VII. 960. X. paſſ. Cic. de Legg. II. p. t.

achtung die Folge habe, daß man nichts mehr
achte; sondern auch weil die Lehrer neuer Gottheiten in vielen andern Dingen Neuerungen und
Unruhen veranlaßten, woraus Verschwörun-
gen, Verbindungen und für den Staat nach-
theilige Gesellschaften entstünden t). Eine Maxime, die die folgenden Kaiser beständig befolg-
ten, und die den Grund der nachmahligen sogenannten Christenverfolgungen enthält.

Es sind in der Atheniensischen Geschichte
mehrere Beyspiele von Gottesläugnern und Reli-
gionsentweihern, die auf diese Art von der
Strenge der Gesetze sind verfolgt worden. Das
älteste ist von *Diagoras von Melos.* Er
ward der Religionsspötterey und der Entweihung der Eleusinischen Mysterien beschuldigt,
die in Athen von der größten Heiligkeit waren.
Die Athenienser boten ein Talent auf seinen
Kopf, und doppelt so viel, wenn ihn jemand
lebendig liefern würde; und foderten den ganzen Peloponnes dazu auf v). Er lebte zur
Zeit des Simonides und Pindarus, und scheint
mit

t) Dio Cass. Lib. LII. 36.
v) Schol. Arist. ad Ran. 232. aus dem Karterus. Ios. c.
Apion. II. 37. Lys. c. Andoc. p. 111. et Suid. h. v.
Bibl. d. Litt. 2 St. B.

mit dem Dithyrambendichter *Diagoras* einerley
Perſon geweſen zu ſeyn. *Anaxagoras* von
Clazomene, dieſer berühmte joniſche Weltweiſe und Naturforſcher, ward als Gottesläugner angeklagt (ασεβειας), weil er die Ver-
finſterungen der Sonne und des Mondes und
andere Erſcheinungen aus natürlichen Urſachen
erklärte, und behauptete, die Sonne ſey blos
eine glühende Maſſe, der Mond ein Körper wie
unſre Erde; wodurch er läugnete daß ſie, wie
die Volksreligion glaubte, Gottheiten wären x).
Von den Umſtänden dieſes Prpceſſes ſind die
Nachrichten verſchieden y), doch alle kommen
darin überein, daß er angeklagt und verurtheilt, aber nicht am Leben geſtraft ſey. Der
ganze Proceß macht den aſtronomiſchen Einſichten der Athenienſer wenig Ehre, aber doch ihrer
Religioſität. Es kamen aber andere Umſtände
hinzu; er ward, wie einige ſagen, eines Verſtänd-
niſſes mit den Perſern beſchuldigt; und vielleicht
hatte der Factionsgeiſt gegen den *Pericles*, deſſen

Freund

---

x) Diog. II, III. 9. Plut. Péricl. p. 654. Ioſeph. l. c.

y) *Diogenes* erzählt, aus dem *Sotion*, er ſey der Stadt
verwieſen und zu einer Geldſtrafe von 5 Talenten
verurtheilt, die *Pericles* für ihn erlegt. Nach dem
Hermippus ward er zum Tode verurtheilt aber durch
Vorſchub des *Pericles* befreyt.

Freund Anaxagoras war, die ganze Klage
veranlaßt z). — Zugleich mit dem Anaxagoras ward auch Aſpaſia, die berühmte Buh-
lerinn, der Gottesläugnung angeklagt, und mit
Mühe ward ſie durch Pericles gerettet a). Die
Beſchuldigungen gegen ſie waren wahrſcheinlich
dieſelben, die man gegen den Anaxagoras
brauchte, der ſie in der Naturlehre unterrich-
tete; und ihre Anklage beſtätigt noch mehr die
Vermuthung, daß beides eigentlich gegen den
Pericles angelegt war. Aeſchylus, der in
verſchiedenen ſeiner Stücke etwas von den Eleu-
ſiniſchen Geheimniſſen bekannt gemacht zu haben
verdächtig war, kam in Gefahr auf der Bühne
umgebracht zu werden. Doch ward er, als
er vor den Areopag gefodert wurde, losgeſprochen, da er zeigte, daß er kein Geweihter
ſey b). Die Verurtheilung des Alcibiades
und ſeiner Freunde wegen Entweihung dieſer
Myſterien, iſt bekannt c). — Um eben dieſe
Zeit erfuhr Protagoras von Abdera die
Strenge der Athenienſiſchen Geſetze. Er hatte

B 2

ſich

---

z) Diog. L. c.

a) Plutarch. l. c.

b) Clem. Alex. Strom. II. init.

c) Andocides. orat. I. p. 175. Plutarchus in Vita Alcib.

sich in einer seiner philosophischen Schriften so
ausgedruckt: von den Göttern könne er nicht
behaupten, ob sie wirklich wären oder nicht,
weil die Sache zu dunkel und das menschliche
Leben zu kurz sey, als daß sich dieses erforschen lasse. — — Da diese Behauptung die ganze
Religion des Staats zweifelhaft und wankend
machte, so mußte er, um sein Leben zu retten, die Stadt verlassen.   Seine Schrift ward
von dem Herold bey denen die sie hatten aufgesucht und öffentlich verbrannt; das erste Beyspiel von Bücherinquisition d).

Nach der Verurtheilung des Socrates, die
nicht lange nach der eben erwähnten Geschichte
erfolgte, findet sich kein Beyspiel als das von
Theodorus, der unter dem Namen des Gottes-
läugners bekannt ist.   Er wäre beynahe vor
den Areopagus gebracht worden, weil er das
Daseyn der Götter öffentlich läugnete.   Doch
ward er noch durch den Demetrius Phalereus
gerettet e), obgleich andere erzählen, daß er
Gift habe trinken müssen f). — Iosephus führt
noch

d) Diog. IX, VIII. 5. Iof. c. Ap. II. 37 Cic. de
N. D. I. 23.

e) Diog. II. VIII. 15.

f) Diog. l. c. Athen. XIII. p. 611.

noch ein Beyſpiel einer Prieſterin zu Athen an, die neue Myſterien eingeführt, und daher zum Tode verurtheilt worden, weil Einführung neuer Gottheiten Todesſtrafe nach ſich zog g). Aber Zeit und Umſtände dieſer Geſchichte ſind unbekannt.

Alle dieſe Beyſpiele zeigen, daß Todesſtrafe die gewöhnliche Strafe der Gottesläugnung war, und daß die Anklage und Verurtheilung des Socrates, wenn er ſich der Läugnung der väterlichen Götter ſchuldig gemacht hatte, nichts außerordentliches, ſondern der Denkungsart, Verfaſſung und den Geſetzen von Athen gemäß geweſen ſey.

Das zweyte Verbrechen deſſen Socrates beſchuldigt wird, die Verderbung der Iugend, war nicht weniger ſchwer und ſtrafwürdig. Das Glück und die Dauer eines freyen Staats hängt von der Beobachtung ſeiner Geſetze, und von der, ſeiner Verfaſſung gemäßen Denkungsart und Sitten der Bürger ab. In einem ſolchen Staat wo jeder Bürger ein unmittelbarer Theil des Ganzen iſt, und die Geſinnungen und Sitten des Individuums ſich dem Ganzen mittheilen,

B 3

g) Ioſeph. l. c.

len und darauf Einfluß haben, ift alles wa
diefe verändert, was den jungen Bürgern eine
Geift einflößt, der mit der Einrichtung de
Staats nicht übereinftimmt, für den Staat felbj
nachtheilig und für das Ganze verderblich
und der, der Urheber diefes Verderbniffes ift
verdient als ein fchädlicher Bürger aus der Ge
fellfchaft ausgefchloffen zu werden.   Mehrer
griechifche Republiken duldeten daher keine Phi
lofophen und Rhetoren, weil man glaubte, daf
ihr Unterricht die Sitten der Jünglinge weich-
lich mache, und ihnen neue, mit der alter
Verfaffung und Grundfätzen · des Staats unverträgliche Gefinnungen einflöße; und aus kei
ner andern Urfache wurden aus Rom durch
den Cato, und aus Athen durch ein Gefetz
des Sophocles die Philofophen vertrieben.   Wen
alfo auch nich die Gottesläugnung dem Socrate
konnte bewiefen werden, fo konnte der Kläge
fodern daß ein Iugendverderber geftraft werde
und, da die Gefetze auf diefen Fall keine Straf
beftimmt hatten, nach der Strenge des Alterthum
in Strafen, wenigftens Verweifung darau
fetzen.   Es fcheint aber, daß er die härter
Todesftrafe anfetzte, weil er den Socrates auc
der Gottesläugnung anklagte, für welche diefe
die gewöhnliche Strafe war.

                                        Wi

Wir können nun diese Bemerkungen auf den
Proceß des Socrates anwenden, und die Gründe
unterfuchen, aus welchen die Ankläger wahrfcheinlich bewiefen, daß er diefer Verbrechen
fchuldig fey. Daß Socrates die Götter läugnete, das ift; das Dafeyn und die Kräfte
und Wirkungen der Götter, die in der Volksreligion für folche gehalten wurden, konnte der
Gegner fehr fcheinbar machen. Er zeigte vermuthlich, daß Socrates die alten Erzählungen
und Fabeln von den Göttern als ungereimt ver-
werfe und lächerlich mache, daß er dadurch
ihre Eigenfchaften läugne und ganz andere
Begriffe von ihnen einführe *); daß er Dinge,
die man fonft für Götter oder Würkungen der
Götter hielt, für natürliche Körper, oder
Würkungen der Natur erklärte, weswegen fchon
Anaxagoras verurtheilt war. Durch die Lehre
von Einem Gott, die Socrates zu verbreiten
fuchte, fiel die Vielgötterey und die ganze
Volksreligion über den Haufen. Wenn die Folgen diefer Behauptung, fo große Ehre fie dem
Socrates und der Philofophie der Griechen macht,
auf eine lebhafte Art vorgeftellt wurden, fo
mußte jeder von den Richtern einfehen, daß

B 4 eine.

*) Plato Euthyphr. init.

eine solche Lehre für die Ruhe des Staats gefährlich sey. Noch mehr, diese Lehre konnte
leicht so vorgestellt werden, und ward es wirklich h), daß Socrates alle Götter läugne. Ein
einziges höchstes geistiges Wesen, Schöpfer und
Erhalter des Ganzen, konnte damahls der gemeine Verstand noch nicht fassen. Man unterschied nicht die Götter der Volksreligion und die
höchste unsichtbare Gottheit; und der Unterschied, den Socrates zwischen der obersten Gottheit und Mittelwesen machte, scheint den Athe-
niensern nicht begreiflich oder befriedigend gewesen zu seyn. Wenigstens konnte der Ankläger sie als eine Ausflucht verdächtig machen.

Nicht weniger scheinbar konnte die Einführung neuer göttlicher Wesen, die mit jener Beschuldigung zusammenhing, von dem Kläger
dem Socrates vorgeworfen werden. Schon Aristophanes hatte ihn als Physiker vorgestellt, der
statt der Gottheiten des Staats neue Wesen,
physische Kräfte der Natur zu Göttern mache;
und dieses auf eine Art behandelt, die den Socrates in einem eben so gehässigen als lächerlichen Licht vorstellen mußte. Melitus aber
scheint hier nicht sowohl dieses Argument gebraucht

h) Plat. Ap. 21. F.

braucht zu haben; als vielmehr das, was Socrates von seinem Dämonion sagte; denn blos
auf dieses antwortet er in seiner Vertheidigung.
Bey dem Ariſtophanes hingegen iſt von seinem
Genius noch keine Spur. Die ganze Behauptung von einem warnenden höhern Weſen gehört zur ſchwachen Seite des Socrates, und
wir werden ſehen wie er ſich darüber rechtfertigt. — Ioſephus führt noch unter den Urſachen ſeiner Hinrichtung an, daß Socrates neue
ungewöhnliche Schwüre gebraucht habe i); und
Tertullian ſagt, daß er dieſes aus Spötterey
über die Götter gethan k). Es ſind hier die
bekannten Betheurungsformeln des Socrates zu
verſtehen, die in den Schriften ſeiner Schüler
häufig vorkommen l); allein weder in der Anklage noch in der Vertheidigung ſind Spuren
von der Nachricht des Ioſephus m). Spötterey waren dieſe Formeln wohl nicht; ſie ſcheinen vielmehr einerley mit denen geweſen zu ſeyn,
die man oft in unſern Zeiten hört, wo man

B 5
um

---

i) contra Apion II. 37.

k) Apologet. c. 14.

l) νη την χηνα, τον κυνα, την δρυν u. ſ. f.

m) Vielmehr ſagt Socr. in der Apologie beym Xenophon,
daß er nicht bey neuen Göttern geſchworen habe.
§. 24.

am heilige Namen nicht zu nennen, andere
oft sinnlose und unverständliche Wörter aus
spricht.   Indessen mag Socrates in der ihm
eigenen Sprache solche Betheurungen häufig und
die gewöhnlichen, bey dem Zeus und den übrigen griechischen Göttern, selten gebraucht haben; und so konnte der Ankläger dieses immer
als einen Nebenbeweis der Läugnung der alten
Gottheiten anführen.

Noch mehr konnte der Ankläger den zweyten Punct der Anklage, die Verderbung der
Iugend, ausschmücken, und den Socrates in
einem nachtheiligen Licht darstellen. Da er gezeigt hatte, daß Socrates die Götter läugne,
und die Iünglinge die väterliche Religion verachten lehre, so folgerte er daraus richtig,
daß er ein Verderber der Iugend sey n). Er
bemerkte ferner, daß die Iünglinge, die der
Gesellschaft und des Unterrichts von Socrates
genossen, durch ihren Vorwitz andere zu fragen und ihrer Unwissenheit zu überführen sich
unerträglich und verhaßt machten, welches
selbst Socrates und seine Freunde nicht ganz
läugnen konnten o). Socrates ist Schuld, stellte
er

...n) Daß er dieses gethan erhellet aus Plat. Ap. p. 20.

o) Plato Ap. 5. 18, E. 25, F. Gorg. 355. E.

er vor, daß die Jünglinge die eingeführten Gefetze und Inftitute des Staats, die Sitte der
Vorfahren, das Beyfpiel und Anfehen der Eltern, Vorgefetzten und Verwandten verachten p). Verwandte, behauptet er, können
weder in Krankheiten noch in Rechtsfachen uns
beyftehen; im erften Fall müffe man bey den
Aerzten, im letztern bey den Rechtskundigen
Hülfe fuchen. Auch Freunde feyn zu nichts
nütze, wenn fie uns keine Dienfte erzeigen können. Nur die feyen der Achtung werth, die
wiffen was man wiffen muß, und es andern
vortragen können. Durch diefes alles beredet er
feine Zuhörer, daß er allein der weifefte fey,
der andere unterrichten und weifer machen könne,
und lehrt fie alle andere in Vergleich mit ihm
gering zu fchätzen. Er lehrt ferner eine gefährliche Politik. Seine Jünglinge fpotten darüber daß man Magiftratsperfonen durchs Loos
der Bohnen wähle, da doch niemand einen Menfchen zu einem weit niedrigern Gefchäft durchs
Loos wählen würde r). — Auch brauche Socrates abgeriffene Stellen aus ältern Dichtern, deren

p) Plat. Ap. 19. D. E. Xen. Mem. I, II, 49. Apol.
§. 20.
q) Xen. Mem. l. c. 52.
r) Xen. Mem. I, II, 9.

ren *Ausſprüche unter den Griechen das größte*
Anſehen hatten, und deute ſie auf eine Art
die den Iünglingen tyranniſche, mit der Demo-
cratie unverträgliche Grundſätze einflöße s).
Die Folge von dieſem allen ſey, daß die von
ihm gebildeten Iünglinge gewaltſame Neuerer,
Feinde und Störer der öffentlichen Ruhe und
der ganzen Verfaſſung würden. Als Beſtäti-
gung davon führte er die Beyſpiele des Alcibia-
des und Critias an, die durch ihre Ausſchwei-
fungen und Grauſamkeit dem Staat ſo unerſetz-
lichen Schaden zugefügt hätten. Beide wären
Schüler und Lieblinge des Socrates geweſen,
hätten ihm ihre Aufklärung und Bildung zu
danken, Socrates alſo ſey Urheber ihrer Grund-
ſätze und ihres Betragens t). — *Da überdem*
Müſſiggang, Weichlichkeit, Ausſchweifung und
Regelloſigkeit immer mehr unter den Iünglingen
einriſſen, ſo legte der Kläger dieſes alles den
Grundſätzen bey, die ihnen Socrates einflöße v).
Kurz die Kläger hatten hier einen ſehr ſchein-
baren Vorwurf, und einen Gegenſtand der
viele Beredſamkeit zuließ. Es ſcheint auch daß
daß dieſe Vorſtellung auf die Richter den mei-
ſten

---

s) Xen. Mem. I, III, 4.

t) l. c. I, II. 26.

v) l. c. I, II. init.

ſten Eindruck gemacht habe, wie aus dem Folgenden deutlicher erhellen wird.

Dieß waren, ſo viel wir jetzt ſchließen können, ungefähr die Gründe und Beweiſe der
Gegner des Socrates. Die Ankläger thaten
alles um ihre Abſicht durchzuſetzen. Sie gaben ſich das Anſehen von Rechtſchaffenheit, als
wenn ſie alles aus Patriotismus, und Eifer für
die Erhaltung des Staats und des Wohls der
Bürger thäten. Melitus trat zuerſt auf und
brachte, als Hauptkläger, die Klage gegen Socrates vor; nach ihm redeten Anytus und Lycon x). Sie hielten weitläuftige geſchmückte
Reden, und ſo ſcheinbar, daß Socrates geſteht,
ſie hätten ihn beynahe ſein ſelbſt vergeſſen gemacht y). Sie warnten die Richter vor der
verführeriſchen Beredſamkeit des Socrates; ſie
möchten auf ihrer Hut ſeyn, um ſich nicht von
ihr berücken zu laſſen z); und Anytus ſtellte
ihnen vor, daß ſie den Socrates durchaus verurtheilen müßten. Er müſſe entweder gar
nicht vor Gericht gefordert ſeyn, oder jetzt
—verur-

---

x) Plato Apol. 27. D. E. eben ſo Antiſthenes beym
Diog. Leart. II. v. 18.

y) Plato Ap. 19 A, und gleich zu Anfang.

z) Ibid. p. 14. B.

verurtheilt werden, sonst würde er vollends alle
Iünglinge verderben a). Sie schilderten den
Socrates von einer lächerlichen und verhaßten
Seite, theils als einen spitzfindigen Grübler,
theils als einen Menschen der sich um aller Leute
Angelegenheiten bekümmere, und doch nie in
öffentlichen Geschäften dem Staat diene. Sie
brauchten sogar erkaufte Zeugen, und suchten
die Richter selbst vorher durch Bestechungen einzunehmen; das erste Beyspiel dieser Art in
Athen b). Endlich scheint es auch, daß sie
während des Gerichts durch ihre Parthey die
Freunde des Socrates zu stöhren gesucht; Plato
der auftrat den Socrates zu vertheidigen, mußte
wieder abtreten, weil ihn einer der Umstehenden gleich bey dem Anfang seiner Rede lächerlich machte *).

Socrates zeigte bey der ganzen Anklage eine
Würde und Standhaftigkeit die feinem Character und dem Gefühl seiner Unschuld gemäß war,
Nach dem Rechte das jedem Athenienfischen Bürger,

---

a) Ibid. p. 23. A. B.

b) Xen. Apol 24. Harpocrat. in δικαζειν ex Ariftot.
de republ. Ath. wo es vom Anytus gesagt wird,
vom Melitus sagt es Et. M. δικαζειν.

*) Diog. II. v. 19.

ger, so wie dem Römischen, eigen war, durch
eine freywillige Verlassung der Stadt der Ahndung der Gesetze zu entgehen, hätte er sich
dem ganzen Gericht entziehen können c); aber
im Vertrauen auf seine Rechtschaffenheit, voll
Gefühl seiner eigenen Würde, und mit dem
Entschluß zu sterben ging er vor den Richter-
stuhl d). Er bereitete sich nicht auf seine Vertheidigung e) und nahm die Rede nicht an, die
ihm Lysias anbot, weil eine künstliche Vertheidigung sich für seinen Character nicht schicken
würde f). Gegen seine Vertrauten erklärte er,
es sey sein Wunsch zu sterben. Er halte die
Anklage für eine Gelegenheit und göttliche Auf-
foderung, sich der Bürde des Lebens zu ent-
ledigen, und verehre es als eine Güte der Götter, daß sie ihm einen Tod bey vollen Kräften
zuschickten, so leicht für ihn, als für seine
zurückbleibenden Freunde; einen Tod der keine
Eindrücke von Mitleid und Abscheu in den An-
wesenden zurücklasse, sondern durch den der
Sterbende mit einem gesunden Körper und völlig

---

c) Pollux. VIII. 10. 117. Demosth. in Aristocr.

d) Plato Crit. 34. C.

e) Xen. Ap. 3-5. Plat. Ap. 14. B.

f) Cic. de Orat. I. 54.

lig heiterer Seele hinwelke g). Die Götter selbſt
hätten ſeinen Entſchluß wegen ſeiner Art ſich
zu verantworten gebilligt, indem ſie ihn nicht
gewarnt hätten, und das zu ſeinem Glück;
denn wenn er auch ſeine Losſprechung bewürkte,
ſo würde er ſich nur den Kummer und die Unbequemlichkeiten des Alters zuziehen, von welchen er jetzt könnte befreyet werden h). Er
wolle den Richtern zeigen, welche Vorzüge und
rühmliche Urtheile er von Göttern und Menſchen erhalten habe, und welche Meinung er
von ſich ſelbſt hege. Würde er ſie dadurch
aufbringen, ſo wolle er lieber ſterben, als auf
eine unwürdige Art ſein Leben erbetteln, um
eine kurze Friſt zu gewinnen, die weit ſchlechter ſey als der Tod.

Mit ſolchen Geſinnungen, die offenbar zeigen daß ſeine Abſicht nicht ſowohl war ſein
Leben zu erhalten als ſeine Rechtſchaffenheit
darzuſtellen, antwortete er kurz und entſchloſſen
auf die Beſchuldigungen ſeiner Ankläger k),
und

---

g) Xen. Ap. §. 6.

h) Plat. Ap 30. D. Xenoph. Ap. 4. wo es heißt, ſein
　　Genius habe ihn zweymahl gehindert, da er geſucht
　　ſich auf ſeine Vertheidigung vorzubereiten.

i) Xen. l. c. 9.

k) Xen. §. 22.

und sprach mit einem Selbstgefühl und einer Würde, die seinen Freunden selbst übertrieben, und an Stolz oder Unbiegsamkeit gränzend schien l). Er habe, sagte er, keinesweges die Götter geläugnet, vielmehr sich als einen eifrigen Verehrer der väterlichen Religion betragen, auf öffentlichen Altären geopfert m), keine fremde Gottheiten verehrt oder nur genannt, noch bey ihnen geschworen n). Die Beschuldigung von neuen Dämonen die er einführe, sey ganz ohne Grund. Er sage bloß, daß eine Stimme der Gottheit ihn bey gewissen Handlungen warne, und dieses sey weiter nichts als die Divinationen, Omina und Augurien, an die seine Zeitgenossen allgemein glaubten o). Die Vorkenntniß und Vorhersagung des Zukünftigen die unstreitig eine Eigenschaft der Gottheit sey, und von ihr mitgetheilt werde, legen einige den Vögeln, den Wahrsagern und andern Gegenständen bey; er nenne es ein Dämonion, und mit mehrerem Recht, als die, die Vögeln eine Eigenschaft der Gottheit zuschrieben p).

Daß

l) Xen. Ap. init. Cic. l, c.
m) Xen. §. 11.
n) §. 24.
o) §. 12.
p) §. 13. Xen. Mem. l. 1.

Daß seine Versicherung von diesem, Ihn warnenden Genius wahr sey, könne das Zeugniß seiner Freunde beweisen. Nie sey er als Lügner befunden, wenn er etwas aus Eingebung desselben verkündigt habe q).

- Da die Richter, die vermuthlich die Behauptung daß Socrates unmittelbarer Offenbarungen von den Göttern gewürdigt werde, für Erdichtung und Anmaßung hielten, bey diesen Reden empört wurden, so erinnerte er sie an den Ausspruch des Orakels zu Delphi, das ihn für den weisesten der Menschen erklärt habe; und als dieses sie noch mehr aufbrachte, zeigte er, daß die Gottheit noch ehrenvollere Aussprüche über Sterbliche gethan r). Er zeigte die Unsträflichkeit seines Characters, berief sich auf sein Betragen als Bürger und als Weiser, und forderte alle auf, ihn einer Unwahrheit in diesem Selbstruhm zu überführen s). Desto ungegründeter, fuhr er fort, sey also die Beschuldigung, daß er die Iünglinge verderbe. Melitus möge ihm nur irgend einen als Beyspiel nennen. Wäre jene Beschuldigung wahr, so
würden

q) Xen. Ap. §. 13.
r) §. 15.
s) §. 16 — 18.

würden diese Iünglinge, die nun die Schäd-
lichkeit seiner Lehren einsehen könnten, oder doch
ihre *Verwandte* auftreten und ihn zur Strafe
fodern; aber alle wären vielmehr bereit ihm
beyzustehen t). Wenn die Iünglinge, wie Melitus behaupte, ihm mehr gehorcht hätten als
ihren Eltern, so sey das bloß in Dingen die
die Bildung des Geistes, den Unterricht beträ-
fen, und Melitus gestehe selbst, daß sich jeder
in solchen Dingen an die wenden müsse, die
daraus ihr Geschäft machten v). Er würde
thörigt, und gegen sich selber feindselig gehandelt haben, wenn er Iünglinge zu Bösewichtern
gebildet hätte, die ihm selbst fürchterlich werden
müßten x). Vielmehr habe er durch Lehre und
Beyspiel Iünglinge und Alte, Bürger und Fremde
zur Tapferkeit, Arbeitsamkeit und Mäßigkeit
angeführt, und sie von ihren Pflichten zu belehren gesucht y). –

Dieß ist der kurze Inhalt dessen was Socrates zu seiner Rechtfertigung sagte; auch
seine Freunde sprachen für ihn z). Er ver-

C 2 · · · schmähte

t) Plato Ap. 26. F.

v) Xen. Ap. §. 20.

x) Plat. Ap. 20. C.

y) Plat. Ap. 23. C.

z) Xen. Ap. 22.

ſchmähte die Mittel, die ſonſt in Gerichten gewöhnlich waren, das Mitleid der Richter zu
erregen, Thränen, Bitten, Vorzeigung ſeiner
Kinder, Fürbitte der Freunde; und erklärte,
daß er dieſe nicht brauchen werde, wenn auch
einige Richter aus beleidigtem Stolz mit Erbitterung gegen ihn urtheilen würden a). Er
thue dieſes nicht aus Stolz, ſondern weil er es
überhaupt für unmännlich und ſeiner unwürdig
halte b). Ein ſolches Betragen ſey eben ſo un-
erlaubt für den Beklagten als für den Richter,
der nicht ſitze um das Recht zu ſchenken, ſondern um zu urtheilen, und nach den Geſetzen
entſcheiden c). Diejenigen, die ſolche Mittel
brauchten, wären ein Schandfleck Athens vor den
Augen der Fremden d). Er würde, wenn er
ſie ſich erlaubte, eben dadurch zeigen, daß er
an keine Götter glaube, wenn er die Richter
zu bewegen ſuchte, ihren, bey den Göttern
abgelegten Eid der Unparteylichkeit zu brechen.

Nun iſt noch übrig daß wir die Wirkungen der Klage und der Vertheidigung, und das
Betra-

a) Plat. Ap. 26. D.
b) Plat. Ap. 26. A. E. 29. D.
c) l. c. 27. C.
d) ib. 27. A. B.

Betragen der Richter unterſuchen, um
zu ſehen, wie und warum ſie den Socrates für
ſchuldig erklären und ihn zum Tode verurtheilen konnten. Die Richter waren, wie im vorigen bemerkt iſt, und Socrates in der Apologie
beym Plato äußert, ſchon größtentheils mit
Vorurtheilen gegen den Socrates eingenommen,
theils durch die Eindrücke die die Spöttereyen
des Ariſtophanes zurückgelaſſen hatten, noch
mehr aber durch die heimlichen Verläumdungen
der Feinde des Weiſen *). Man hielt ihn für
einen müſſigen Grübler und vorwitzigen Menſchen, der ſich um alles bekümmere und wei-
ſer ſeyn wolle als andere Bürger e). Den
Vorwitz den verſchiedene ſeiner Schüler vielleicht zu weit getrieben, und viele von den Richtern ſelbſt mochten erfahren haben, legte man
ihm zur Laſt. Es ſcheint allgemeines Vorurtheil gegen die Philoſophie geweſen zu ſeyn,
daß durch ſie die Iünglinge verdorben würden,
weil man die Ausſchweifungen und die Veränderung der Sitten bey den jungen Bürgern ihren Grundſätzen zuſchrieb. Nun kamen die

C 3   Anklä-

---

*) Einige waren auch vielleicht durch Beſtechungen ge-
wonnen. Doch findet man in den Apologien keine
Spuren davon.

e) Plat. Ap. 24. D.

Ankläger und schilderten den Socrates als Ursache von diesem allen, als einen Mann, der
alle Götter läugne, und neue unbekannte höhere
Wesen einführen wolle; der den Iünglingen
schädliche, tyrannische Grundsätze einflöße, und
einen Critias und Alcibiades gebildet habe. Man
denke sich eine Versammlung patriotischer Re-
publikaner, denen das Unheil, das diese zwey
Menschen angerichtet hatten, noch in frischem
Andenken war; die Athen in seiner Größe gekannt, und es unter den dreyßig Tyrannen hatten bluten gesehen. Dazu nehme man die Re-
ligiosität der Athenienser, die den traurigen
Ausgang des Sicilianischen Zuges und des ganzen Peloponnesischen Kriegs dem Zorn der durch
den Muthwillen des Alcibiades beleidigten Götter zuschrieben. Dieses alles mit einnehmender
Beredsamkeit von drey geübten Rednern geschil-
dert, und Socrates als Lehrer dieser Männer
und Urheber des durch sie angerichteten Unglücks dargestellt: mußten sie ihn nicht mit
Unwillen und Abscheu betrachten?

Auch die Art wie sich Socrates vertheidigte
mußte dazu beytragen, die Richter gegen ihn auf-
zubringen. Er rühmte sich mehr selbst, als
daß er widerlegte. Die Zuversicht mit der er
von

von seinen *Verdiensten* sprach, der edle *Stolz*
mit dem er alle Mittel verwarf, ihr Mitleid zu
erwecken, erbitterte Männer die solcher Demüthigungen der Beklagten gewohnt waren f).
Freylich ist dieß für die Einrichtung der Atheniensischen *Volksgerichte* keine Ehre; allein es
war so sehr eingerissener Misbrauch; daß man
Beyspiele von den größten Männern findet, die
sich darnach bequemt haben, und daß man den,
der es verwarf, für trotzig und unbiegsam
hielt. Endlich hielten es die Richter für Prahlerey oder Erdichtung, daß sich Socrates der
Eingebung eines höhern Wesens rühmte; und
daß er den ehrenvollen Ausspruch des Delphi-
schen Orakels vorbrachte und auf sich an-
wandte g). Wenn man dieses alles zusammen-
nimmt, daß der Beklagte schon vorher den Richtern verdächtig gar; daß er von dem Ankläger mit allem Schimmer der Beredsamkeit ihnen
als ein gefährlicher Mann vorgestellt wurde;
daß er sich gar nicht nach der gewöhnlichen,
affectvollen Art vertheidigte, die bey einer solchen Gerichtsverfassung erfodert ward, den Eindruck der ersten Vorstellung zu vertilgen; daß
endlich seine Vertheidigung selbst vieles enthielt,

C 4 das

f) Plat. Ap. 26. D. 29. D.
g) Xen. Ap. 14. 22.

das die Richter gegen ihn aufbringen konnte,
so wird begreiflich werden, daß diese, als es
nun zur Entscheidung kam, urtheilten Socrates
sey schuldig.

Nach der Athenienſiſchen Gerichtsverfaſſung
ward von den Richtern weiter nichts entſchieden
als dieß; ob der Beklagte ſchuldig ſey öder
nicht; die Beſtimmung der Strafe ward, gerade ſo wie in den brittiſchen Gerichten, den
Geſetzen überlaſſen. Iene Entſcheidung geſchah
durch Stimmgebung vermittelſt kleiner Steinchen
(ψηφοι), wobey die Mehrheit den Ausſchlag
gab; in dem Fall aber, wo die Zahl der Stimmen gleich waren, ward der Beklagte losgeſprochen. In dem Proceß des Socrates iſt,
was dieſen Punct anbetrifft, eine nicht geringe
Schwierigkeit. Die einzigen Nachrichten die
wir davon haben, beym Plato und Diogenes von
Laerte, ſind ſehr verſchieden. Plato läßt
den Socrates ſagen, daß, wenn nur drey
Stimmen gefehlt hätten, und wenn nicht noch
Anytus und Lycon gegen ihn aufgetreten wären, ſo wäre Er dem Gericht entgangen und
Melitus um tauſend Drachmen ſtraffällig geworden, weil er nicht den fünften Theil der
Stimmen gehabt hätte h). Das letztere bezieht

---

h) Plato Apol. p. 27. D. E.

zieht sich auf eine Sitte der Athenienſiſchen Gerichte, nach welcher der Ankläger eine Geldſtrafe von 1000 Drachmen erlegen mußte, wenn
nicht wenigſtens der fünfte Theil der Richter
ſeine Klage gegründet fand; ein weiſes Geſetz
in einem Democratiſchen Staat, den allzuhäu-
figen, muthwilligen Anklagen unſchuldiger Bürger, aus bloßem Privatintereſſe, vorzubeugen.
So Plato. Diogenes hingegen ſagt, Socrates
ſey mit einem Uebergewicht von 281 Stimmen
verurtheilt worden i). Wie laſſen ſich dieſe
Angaben vereinigen? Entweder iſt hier von einer doppelten Stimmgebung die Rede, ſo daß
zuerſt nach der Rede des Melitus geſtimmt worden, wobey nur 3 Stimmen über $\frac{1}{5}$ den Socrates für ſchuldig erklärten; dann nochmahls nachdem Anytus und Lycon geredet, wo ſich ein Uebergewicht von 281 Stimmen zeigte. Dieß fände
allenfalls Statt, wenn Melitus z. B. vorzüglich
die Götterläugnung urgirt hätte, und nur $\frac{1}{5}$ der
Richter den Beklagten dieſer ſchuldig befunden
hätte; allein Melitus führt beide Puncte an, und
Socrates antwortet ihm auf beide. Wäre alſo
wirklich eine Stimmung nach Melitus Rede geſchehen, ſo wäre Socrates losgeſprochen gewesen.

C 5

i) Diog. II. v. 21. ἐφ' ᾧ κατεδικάσθη διακοσίαις ογδοηκοντα μιᾷ πλείοσι ψήφοις τῶν απολυόντων.

fen. *Aber eine solche doppelte Stimmengebun*
würde gegen die Athenienſiſche Gerichtsordnun
ſeyn. *Nur einmahl, nachdem beide Parteye*
abgehört, Gründe und Gegengründe, von bei
den vorgebracht waren, ward von den Rich
tern geſtimmt. *Man müßte hier alſo eine Aus*
nahme annehmen, wozu ſich gar kein Grun
einſehen läßt. *Wahrſcheinlicher iſt es, daß*
in einer von beiden Angaben ein Fehler liege
Plato konnte die Umſtände genau wiſſen, und in
der angeführten Stelle iſt kein Verdacht einer
Erdichtung oder falſchen Angabe k). *Dioge-*
nes hingegen ſagt nicht, woher er ſeine Nach-
richt genommen habe, wie er doch zu thun
pflegt wenn er eine vom Plato verſchiedene Nach-
richt von Socrates anführt. *Es ſcheint alſo,*
daß hier einerley Erzählung ſey, und daß es
beym Diogenes ſtatt der angeführten Worte
heiſſen müſſe: *Er ſey mit 281 Stimmen verur-*
theilt, ſo daß drey Stimmen mehr waren, die
ihn für ſchuldig erklärten, als die ihn los-
ſprachen l). *Alſo wären dießmahl 559 Rich-*
ter

---

k) *Die Lesart einiger Handſchriften des Plato,* τριακοντα, *oder* τριακοντα τρεις *für* τρεις *iſt im Zuſam-*
menhang unwahrſcheinlich.

.l) κατεδικασθη διακοσιαις ογδοηκοντα μια ψηφοις, τρισι
πλειοσι των απολυσων.

ter gewesen, etwas über die gewöhnliche Zahl der Heliasten; 281 hätten ihn verurtheilt, 278 losgesprochen. Der Ueberschuß von drey Stimmen, deren Plato gedenkt, ist also nicht drey über den fünften Theil; sondern drey über die Hälfte. Hätten diese gefehlt, so wäre Socrates, nach der oben bemerkten Gewohnheit der Athenienfischen Gerichte, frey ausgegangen. Ferner was Plato sagt, daß Melitus in Gefahr gewesen straffällig zu werden, ist nicht von einer wirklichen Stimmung, sondern von der Aeußerung des Misfallens der Richter an der Klage des Melitus zu verstehen *). So stimmen beide Stellen vollkommen zusammen, und das Urtheil ist für die Mäßigung der Richter sehr rühmlich, daß alle Beschuldigungen des Melitus, und die ganze Kunst der Beredsamkeit, mit der er suchte sie scheinbar zu machen, nur einen kleinen Theil von ihnen bewegen konnte, einen Mann wie Socrates schuldig zu finden. Selbst dann als durch mehrere Umstände ihre Vorurtheile gegen den Beklagten erneuert und ihre Leidenschaften empört wurden, hielt ihn fast die Hälfte noch immer für unschuldig.

*) Plato unterscheidet, diese Stimmen (ψῆφας) deutlich genug, von dem καταψηφίζειν oder der eigentlichen Stimmung, durch die Socrates verurtheilt wurde.

dig, was zugleich für die Unschuld des Socrates der redendste Beweis ist. Sonderbar könn
es hier scheinen, daß Plato in der Apologie de
Socrates fast ganz allein gegen Melitus sich ver
theidigen läßt, da man doch erwarten sollt
daß wenn Anytus und Lycon eigentlich sein
Verurtheilung bewirkten, er sich hauptsächlic
gegen diese verantworten würde. Man muß
dieß daraus erklären, daß Melitus der Haupt
kläger war, dessen Name der Anklage vorsteht
und daß die übrigen keine neue Beschuldigungen auf den Socrates gebracht, sondern nur
durch Vorstellung der Gefährlichkeit dieses Mannes, der Anklage neues Gewicht gegeben und
die Gemüther der Richter in Leidenschaft gesetzt
haben, wozu Anytus als Sophist und Lycon
als Redner vermuthlich sehr geschickt gewesen
sind.

Socrates war also von den Richtern für
schuldig erkannt. Aber nun war die zweyte
Frage, welche Strafe er verdiene? Nach
Atheniensischem Rechtsgebrauch, ward die Strafe,
wenn sie nicht durch die Gesetze ausdrücklich
bestimmt war, von dem Ankläger geschätzt.
Der Beklagte konnte, wenn sie zu hart schien,
sie mildern oder wie der Ausdruck war, sich
gegen-

gegenfchätzen m). *Von den Richtern hing es
dann ab die letzte Entfcheidung zu geben.
Melitus hatte das Verbrechen auf Todesftrafe
gefchätzt, die gewöhnliche Strafe der Gottesläugnung in Athen, wie oben gezeigt worden* n).
*Die Richter erlaubten dem Socrates fich gegen-
zufchätzen, oder fich felbft eine Strafe zu beftimmen; Ein Verfahren woraus es offenbar zu
feyn fcheint, daß die Vertheidigung des Socrates
gegen den Vorwurf der Gottesläugnung mehr
auf die Richter gewürkt habe, und daß fie
ihn in diefer Rückficht nicht für fchuldig gehalten. Denn wäre dieß nicht, fo würden fie ihm
wahrfcheinlich wie dem Anaxagoras, Diagoras
und Protagoras, ohne Bedenken den Tod zuerkannt haben. Aber von der Verderbung der
Jugend konnten fie nach ihren Einfichten, Grundfätzen und Kenntniß des Socrates, ihn nicht
frey fprechen; fondern hielten ihn in diefem Betracht für einen Mann, an dem ein Beyfpiel
müßte aufgeftellt werden, um der einreiffenden*

Abar-

---

m) *Dieß hieß von dem Kläger* τιμᾶϑαι *; von dem Beklagten* αντιτιμᾶϑαι ὑποτιμᾶϑαι, ὑποτιμητις, quaſi
aeſtimatio, *wie es Cicero, nicht ganz bequem,
überfetzt.* De Or, I, 54.

n) τιμημα θανατος, *wie es in der Anklage heiße.* Plato
Ap. 27.

Abartung der Sitten Einhalt zu thun. Socra
tes schätzte sich wirklich. Er konnte entwed
Gefängnißstrafe wählen, oder Verlaßung de
Stadt, oder eine ansehnliche Geldstrafe o). Da
erstere hielt er für ein unglücklicheres Leben a
den Tod selbst; eben so wenig wollte er d
Erlegung einer Geldsumme versprechen, wen
er so lange im Gefängniß bleiben müßte, bis ʃ
abgetragen sey, weil er dazu keine Mitte
habe p). Auch die Räumung der Stadt ver
warf er, weil sein Exil Athens unwürdig, un
für ihn kein Glück seyn würde. Er würde sich
dadurch für schuldig erklären und an jedem
andern Orte dasselbe Schicksal finden, was ihn
jetzt in Athen treffe, weil es ihm unmöglich
sey seinen Beruf zu unterlaßen q). Endlich
erbot er sich zu einer Geldstrafe wenn die Richter das annehmen wollten, was er hätte; er
schätze, sagte er, seine Strafe auf eine Mine,
welche sein ganzes Vermögen ausmache; oder
weil seine Freunde es wollten, und ihre Bürg-
schaft anböten, auf 30 Minen r). Die Richter

o) Plat. Ap. 23. B. 28. D. p. 24.
p) Plato Ap. 28. D.
q) Plat. Ap. 28. E. F. Crit. 39. E.
r) In der Apologie heißt es (§. 23.) Socrates habe sich
    gar nicht geschätzt, auch seinen Freunden es nicht
                                                erlaubt

ta, die dieses für eine gar zu geringe Strafe,
und das Betragen Socrates für Eigensinn hielten, wurden aufgebracht. Aber nun fühlte
Socrates sein ganzes Verdienst, und erklärte,
daß wenn er seine Strafe nach seinen Verdiensten um seine Mitbürger, und nach dem was
er in seinem Leben gethan habe, schätzen solle,
so verdiene er im Prytaneum auf Kosten des
Staats

erlaubt, weil das ein Geständniß der Schuld seyn
würde. Ist dieß Zusatz von späterer Hand, (die
Nachricht des Hermogenes ist mit §. 22. gerudigt)
so könnte man es für Ausschmückung des spätern
Verfassers halten, um den Character Socrates zu erhöhen. Ist die Stelle von Xenophon selbst, so würde dieser mehr Glauben verdienen als Plato, und
der Umstand die Hartnäckigkeit des Socrates beweisen. Wenigstens ist das was Plato von den 30
Minen sagt, verdächtig, und es scheint fast, daß
Plato nur das Anerbieten, das er und seine Freunde
dem Socrates gethan hatten, anbringen wollte, um
seinen Diensteifer für den Socrates zu verewigen.
Wenn Socrates dieses angenommen und seine Strafe
wirklich so hoch geschätzt hätte, so wäre nicht ein-
zusehen, warum die Richter aufgebracht worden. —
Auch Eubulides erzählte, daß er sich auf 100
Drachmen, welche eine Mine ausmachten, geschätzt, und eine andere Nachricht sagt nur von
25 Drachmen. s. Diog. II. v. 28.

Staats unterhalten zu werden s). · · Dieſes w
nach Athenienſiſcher Sitte ſo gut als zu ſage
er verdiene die größte, auszeichnendſte Ehre u
ter den Bürgern. Denn nur diejenigen, a
ſich um den Staat vorzüglich verdient gemach
die durch Tapferkeit und Weisheit Wohlthät
ihrer Mitbürger geworden, und die Iüngling
deren Vater den Tod fürs Vaterland geſtoi
ben waren, wurden dieſer Ehre gewürdig
Eine ſolche Antwort von einem Beklagten bracht
den Unwillen der ſchon erbitterten Richter auf
äußerſte. So ſehr Socrates Recht hatte, ſi
ſehr ihn ſeine Verdienſte jeder vorzüglichen Ehr
werth machten, ſo mußten doch ſie, nach de
Begriffen die ſie von ihm hatten, ihn für einei
unverbeſſerlich ſtolzen, hartnäckigen Mann halten, und denken, daß er die Gelindigkeit, die ſi
ihm

---

s) Plato (Ap. 28. B.) hat dieſen Umſtand in die Apologie ſelbſt eingeflochten, und ſchätet ihn vor der
Schätzung ſeiner Strafe zu 30 Minen. Ich folge
dem Diogenes, weil mir dieſe Ordnung natürlicher
ſcheint. Wenn die Richter erſt durch die Forderung des S. im Prytaneum unterhalten zu werden,
aufgebracht waren, ſo würden ſie ihm kaum eine
Schätzung von Geld erlaubt haben, und bey dem
Socrates ſelbſt würde es eine Art von Furchtſamkeit
verrathen, die ſeinem übrigen Betragen widerſpricht

ihm durch die Erlaubnis feine Strafe zu mildern, zu erweifen glaubten, verachte und ihrer fpotte. In der Heftigkeit des Unwillens
beftimmten fie felbft feine Strafe, oder ließen
fie gelten, die der Kläger angefetzt hatte, und
geboten ihm den Giftbecher zu trinken. Noch
80 Richter, die ihn vorher für unfchuldig erklärt hatten, traten der Verurtheilung bey,
und fo ward Socrates mit einer Mehrheit von
361 Stimmen gegen 198 zum Tode verdammt t).

Dieß war der Ausgang diefes Proceffes, eines der berühmteften im ganzen Alterthum. Es
fey mir erlaubt einige Bemerkungen, als Refuk-
tate der vorhergegangenen Unterfuchungen, beyzufügen.

Wenn man fich in die Denkungsart der
Athenienfer zu Socrates Zeit verfetzt, fo ift
nicht zu läugnen, daß Socrates vielen feiner
Zeitgenoffen als ein Neuerer, oder als ein fonderbarer und verdächtiger Mann vorkommen
mußte. Athen, das kaum den Anfang von
moralifcher Cultur gemacht hatte, war noch
nicht im Ganzen fähig, den Werth feiner Lehren zu faffen, und feine Verdienfte zu fchätzen.
Sein Schickfal war daher fo außerordentlich
nicht.

t) Diog. II. v. 21.

*nicht.   Es war das Schickfal mehrerer große
Männer, die ihrem Zeitalter vorauseilten un
Märtyrer ihrer Bemühungen um ihre Zeitge
noßen wurden.   Allemahl war freylich da
Loos das fie traf, eine natürliche Folge de
Lage und Zeitumftände, unter welchen fie auf
traten; aber ohne Zweifel gehörte felbft diefe
mit in den Plan der Vorfehung, die dadurch
ihren Lehren nur noch mehr Eindruck, Befefti
gung und Ausbreitung verfchaffte.   Der Tod
eines edlen Mannes, der fein Leben gemeinnüt-
zigen Abfichten aufopferte, die rührenden Umftände, die damit verknüpft find, das große
ftandhafte, entfchloffene in feinem Betragen ver-
fehlen nicht, feine Lehren in den Herzen feiner
Anhänger fefter und dauernder einzuprägen,
und felbft bey feinen Feinden und Verfolgern
Bewunderung, Rührung und Duldfamkeit hervorzubringen; und fo wird die Aufopferung
des Einzelnen ein neues Mittel zur Beförderung
wohlthätiger Zwecke in der moralifchen Welt.
Wenigftens kann man diefes bey dem Socrates
annehmen.   Die Athenienfer fahen bald ihre
Uebereilung ein, und feine Schule und Lehren
wurden nicht nur nicht vertilgt und unterdrückt;
fondern blühender, ausgebreiteter und geehrter,
als vielleicht ohne feinen Tod hätte gefchehen
können.*

Socrates

Socrates scheint gleich von Anfang des Pro-
cesses zum Tode entschlossen gewesen zu seyn.
Die ganze Art seiner Vertheidigung und seine
eigenen Aeußerungen darüber verrathen deutlich, daß seine Absicht nicht sowohl war sich zu
vertheidigen, als zu sterben, und nur noch
vorher zu zeigen, daß er es nicht verdiene v).
Eben das zeigt sein ganzes Betragen nach dem
Gericht, die Art mit der er die Bewilligung
der Richter, sich eine Strafe zu bestimmen, und
die Bemühungen seiner Freunde ihn zu retten
verwarf x). Als Verbrecher angeklagt zu
werden, schien dem Weisen, der sich seiner Tugend und Verdienste bewußt war, seiner unwürdig, und er wollte jetzt lieber sterben, als
unter einem undankbaren Volke leben, das seinen
Werth nicht zu erkennen wußte. — Diese un-
erschütterliche Entschlossenheit, und die hohe
Sprache die er von sich selbst führt, hat freylich, wenn man auch nicht alles, was Plato
erzählt, für Aussprüche des Socrates halten
will, beynahe das Ansehen von Stolz und
Schwärmerey; und es ist unläugbar, daß Socrates zu dem letztern natürliche Anlage hatte.
Aber man versetze sich in das Gefühl eines
Mannes, der bey der Ueberzeugung von der
Güte und Wohlthätigkeiten seiner Absichten, sich

D 2

nun

v) Xen. Ap. 281. Plato 28. D. sqq.
x) Xen. l. c. §. 23. Plato Phaed.

nun als *Verbrecher* angeklagt ſieht; der be
dem Bewußtſeyn ſeiner *Verdienſte* um ſeine Mit
bürger, ſich vertheidigen ſoll; ſo wird be
greiflich, daß die gedrängte, aus mannichfal
tigen Gefühlen gemiſchte Empfindung eine hö
here Spannung annimmt, die ſich auch de
Sprache mittheilt, aber dennoch nie von der ge
laſſenen Ruhe des *Weiſen* ſich entfernt. A
dieſem Geſichtspunct betrachtet, behält ſein Be
tragen eine unverkennbare Würde und Größe
die noch deutlicher aus ſeinen letzten Reden i
Gefängniß hervorleuchtet. Allemahl iſt
Ende eines großen Mannes ein rührendes Schau
ſpiel für ein empfindendes Herz, bey dem ma
mit einer Art von Ehrfurcht verweilt; aber d
Tod eines Mannes wie *Socrates*, den man ohn
Uebertreibung einen von der Vorſehung aufge
ſtellten Lehrer eines großen und edlen Thei
der Menſchheit nennen kann, fodert unſre ganz
Theilnehmung auf, und erregt ein mit Weh
muth und Bewunderung gemiſchtes Gefühl vo
menſchlicher Schwäche auf der einen, und menſch
licher Hoheit auf der andern Seite. Wer kan
ohne Rührung die hohen, vortrefflichen Reden
die er nach vollendetem Gericht an ſeine Ver
trauten hielt, leſen? Sie ſind eins der ſchönſte
Denkmahle des menſchlichen Geiſtes, und, ſo wie
                                              ſein

sein ganzes Leben, die kräftigste Apologie des Socrates, gegen diejenigen die aus dem weisesten und bescheidensten der Athenienser, gern einen unruhigen Bürger und politischen Neuerer machen möchten.

Socrates starb nicht als Märtyrer der Lehre von der Einheit Gottes, sondern er ward vielmehr wegen der Verderbung der Iünglinge, der man ihn schuldig glaubte, verurtheilt. Es ist schon oben gezeigt worden, wiefern dieses aus dem Betragen der Richter erhelle; aber auch die Vertheidigungsschriften seiner Freunde verrathen es deutlich. Plato setzt die Verführung der Iünglinge, als die Hauptbeschuldigung, voran, und Xenophon, der gründlichste Vertheidiger des Socrates, ist am ausführlichsten diesen Punct zu widerlegen. So richtig auch seine Gründe sind, so zeigt doch eben seine mühsame Sorgfalt seinen Freund zu rechtfertigen, daß bey dem Gericht selbst diese Anklage den stärksten Eindruck auf die Richter gemacht habe. Endlich stimmt auch damit die Versicherung des Redners Aeschines überein, daß der Umgang des Socrates mit dem Critias die Haupturfache seiner Verurtheilung gewesen sey y). Aus der

D 3 *zuer-*

---

y) Aefch. in Timarch. p. 169. Reifk.

zuerkannten Todesstrafe kann man nicht schließe
daß er wegen Verläugnung der Götter veru
theilt sey; denn jener harte Spruch war ei
Wirkung der hartnäckigen Weigerung des So
crates, sich selbst eine annehmliche Strafe z
bestimmen.

Das Betragen der Richter ist allerding
gewissermaßen zu rechtfertigen. Man thu
nicht selten diesen Männern Unrecht indem ma
auf sie und auf das Athenienfiche Volk überhaupt, besonders der damahligen Zeiten, schilt.
Freylich waren die Athenienser von ihrer alten
Tugend und Strenge der Sitten sehr herabge
funken, aber nie ist doch ein ganzes Volk, das
aus Niederträchtigen besteht, oder ein Zeital
ter das ganz verdorben wäre. Die verdorben
sten Zeiten Athens brachten noch Phocione her
vor, und die Richter des Socrates waren ge
wiß eben so wenig lauter niederträchtige unge
rechte Männer. Bezeugten sie nicht wirklich
anfangs viele Mäßigung? Die erste Anklage
des Melitus machte so wenig Eindruck, daß
fast alle den Socrates für unschuldig hielten,
und bey der endlichen Entscheidung wären doch
nur 3 Stimmen über die Hälfte gegen ihn. Sie
erlaubten ihm seine Strafe zu mildern, da sie,

wenn

wenn sie nach Parteylichkeit und blinder Hitze
hätten urtheilen wollen, ihm sogleich die von
dem Kläger angesetzte Todesstrafe zuerkennen
konnten. Daß sie ihn verurtheilten, war, nach
ihrer Lage, kaum anders zu erwarten. Schon
lange vorher mit Vorurtheilen gegen ihn erfüllt, die jetzt durch die Kläger erneuert und
vermehrt wurden; nicht genug unterrichtet
von den Bemühungen und Verdiensten des Socrates; endlich gereizt durch die unerschüt-
terte Standhaftigkeit und den Stolz des Beklagten, der sie erbittern zu wollen schien, urtheilten sie wie Menschen, nach ihrer Einsicht und
Empfindung. Es würde eben so unnöthig als
unangenehm seyn, Beyspiele aus neuern Zeiten anzuführen, wo Leidenschaft die Richter,
selbst bey guten Absichten, leitete, und doch
ist es jetzt, da alles schriftlich geführt wird,
weit leichter dieses zu vermeiden. Aber man
versetze sich in die Athenensische Gerichtsverfassung, wo so viele Umstände zusammenkamen,
die Leidenschaften zu empören, wo alles mündlicher Vortrag war, wo der Richter durch die
Macht der Beredsamkeit bestürmt wurde, und
zum vergleichen und zum prüfen weder Zeit
noch Ruhe genug hatte; wie schwer mußte es
da seyn, seinen Empfindungen zu gebieten, und

D 4 *ganz*

ganz mit kaltem Blut zu urtheilen, befonder
wenn die Beredfamkeit auf beiden Seiten fo weni
im Gleichgewicht ftand, wie in dem Proceß de
Socrates. Es kam noch dazu, daß nach Athe
nienfifchen Gefetzen jeder Proceß, felbft Cr
minalfachen, an Einem Tage abgethan wurde
Man kannte die heilfame Einrichtung nicht, di
doch andere griechifche Städte hatten, wichtig
Sachen in wiederholten Sitzungen zu unterf
chen z). Der ftärkere Eindruck der Rede
beider Parteyen entfchied gemeiniglich das Ur
theil. Wie viele unferer Gerichte würden nich
unter ähnlichen Umftänden eben fo urtheilen?
Hart fcheint allerdings die zuerkannte Todesftrafe, allein die Richter konnten kaum ander
handeln. Entweichung, Gefängnißftrafe ver
warf Socrates; fie erlaubten ihm fich felbft ein
Strafe zu beftimmen, er fchlug es aus. E
blieb ihnen alfo nichts übrig, als die von dem
Ankläger angefetzte Strafe zu laffen, die fi
dahin beftimmten, daß fie ihm den Giftbecher
zu trinken geboten. Diefe Todesart war damahls in Athen gewöhnlich, und die gelindefte
von allen; ein Tod durch den man, ohne es
zu empfinden, in die andere Welt hinüber
fchlummerte, und der in vielen Fällen vielleicht
noch

z) Plato Ap. 28. D.

noch nachahmungswerth, wenigſtens menſchlicher wäre, als viele unſrer Todesarten, deren
Erfindung die Menſchheit entehrt.

Der ganze Proceß und Hinrichtung des Socrates war nicht Sache des Volks; es war Be-
trieb einzelner Bürger, die ein perſönlicher Haß
gegen ihn aufgebracht hatte, und die erlaubte
und unerlaubte Mittel anwandten, das Volk ſowohl als die Richter, theils vorher einzunehmen,
theils jetzt ihn verhaßt zu machen. Wenn alſo
auch das Verfahren der Richter auf keine Weiſe
könnte entſchuldigt werden, ſo würde man doch
wenigſtens nicht ohne Ungerechtigkeit dieſes dem
ganzen Athenienſiſchen Volk anrechnen können.
Die Kläger des Socrates und ihre Parteyge-
noſſen ſind die einzigen, deren Bosheit und
Niederträchtigkeit eben ſo offenbar als grauſam
und verabſcheuungswürdig iſt.

So verzeihlich das Betragen der Richter war,
ſo rühmlich und edel war das Betragen des
Volks nach dem Tode des Socrates. Die Athenienſer thaten alles um ihre Hochachtung gegen
ihn, und ihren Schmerz über den Verluſt eines
ſo würdigen Mannes auszudrücken. Sie ſchloſ-
ſen die Ring- und Uebungsplätze zu, wie bey

einer

einer allgemeinen Trauer, und straften seine Ankläger mit dem Tode oder der Landesverwei-
sung. Dem Melitus, als Hauptkläger, ward
der Tod zuerkannt, und Anytus, der sich nach
Heraklea geflüchtet hatte, ward von den Hera-
cleoten noch denselben Tag aus ihrer Stadt ver-
wiesen a). An dem Schicksal des letztern soll
Antisthenes Urfache gewesen seyn, der einige
Jünglinge aus Pontus, die nach Athen gekommen waren den Socrates zu sehen, zum
Anytus führte und spöttisch sagte, das sey der
Mann, den man für weiser und tugendhafter
halte als den Socrates. Die Athenienser fühl-
ten die Wahrheit dieses Spotts so sehr, daß
Anytus sogleich die Stadt räumen mußte b).
Dem Socrates ward eine Statue aus Bronze,
an dem vornehmsten Platze der Stadt aufgestellt,
und die große Folge der ganzen Begebenheit
war, daß man nach dieser Zeit kein Beyspiel
von einer ähnlichen Anklage und Verurtheilung
in Athen findet.

So suchten die Athenienser den unschuldig
hingerichteten Weisen so viel Genugthuung zu
geben als damahls möglich war. Es scheint
ungerecht

a) Diog. II; V. 23.
b) Diog. VI. 1. 4. extr.

ungerecht über diese plötzliche und heftige Reue
zu spotten; denn man muß das Volk von den
Richtern unterscheiden. Das Urtheil der Richter war nicht Urtheil des ganzen Volks, und
das Betragen des letztern war nicht sowohl
Reue, als Gefühl der anerkannten Unschuld des
Socrates, und Bestreben den Fehler einiger
Bürger wieder gut zu machen und von sich zu
entfernen. Auch geschah dieses nicht so plötz-
lich: Socrates war 30 Tage im Gefängnis,
ohne daß man daran dachte das Urtheil der
Richter aufzuheben. Vielmehr scheint alles nach
und nach durch seine Freunde bewirkt zu seyn,
deren Vertheidigungen des Socrates die Athenienser nun mit kühlerm Blut prüften, und die
Unschuld des Socrates und die Bosheit seiner
Feinde entdeckten. Vielleicht trugen auch die
Nachrichten von seinem großen und standhaften
Bezeigen im Gefängniß dazu bey. Das Betragen des Volks ist also die schönste Rechtfertigung sowohl für den Socrates, als für die
Athenienser selbst. Ein Volk, das so edelmü-
thig einen Fehler gesteht, verdient bey einem
unparteyischen Urtheil immer noch Achtung.
Die Athenienser begingen in ihren Urtheilen und
Entschlüßen mehrmahls Fehler der Uebereilung, z.
B. bey Beschließung des Kriegszugs nach Sicilien,

bey

bey Verurtheilung des Alcibiades, und der zɛ
Feldherren und andern, die unauslöschlichɛ
Flecken in der Geschichte des Volks sind; aber
in allen äußert sich doch eine Art von rühmli-
lichem, obgleich unüberlegten, Muth und Eifer
für Religion, Sitte und Meinungen der Vorfahren, und allemahl erkannten sie bald nachher den Fehler den sie begangen hatten *).

*) Da diese Abhandlung längst zu einem andern Zweck
geschrieben war, ehe mir des Hrn. Plessing's Osiris
und Socrates zu Gesicht gekommen war, so konnte
auf den dem Socrates beygelegten Entwurf, eine
Veränderung in der Regierungsform zu bewürken,
nicht Rücksicht genommen werden. Die Gründe
worauf Hr. P. seine Hypothese baut, scheinen mir
auch, nachdem ich sie sorgfältig geprüft, so wenig
haltbar und historisch, so wenig dem bekannten Character und Betragen des Socrates, und der Zeit in
der er lebte, gemäß, daß ich eine Widerlegung
so vieler willkührlicher Combinationen für eben so
überflüßig als mühsam hielt.— Einige Bemerkungen
über die Toleranz der Griechen und Römer, und einen
Versuch von einer Parallele zwischen dem Schicksal
des Socrates und dem Schicksal des Stifters des Chri-
stenthums, die in mehrern Puncten zusammentreffen,
sind hier weggelassen, theils um andern Abhandlungen Platz zu machen, theils weil sie nicht zunächst
in den Plan dieser Bibl. gehörten. A. d. V.

———————

II.

G. E. Groddeck

über

die Argonautika des Apollonius Rhodius.

Erster Theil.

Historische Uebersicht der in den Scholien zum Apollonius erwähnten Schriften, die der Argonautensänger bey Verfertigung seines Gedichts vor Augen gehabt oder als Quellen benutzt hat.

Wenn gleich die in der Kindheit der griechischen Nation gebildeten und nach und nach erweiterten Götter- und Heldenmythen, Griechenlands Dichtern reichen Stoff zu epischen Gesängen darboten; so war es bey einer so großen Menge derselben doch unvermeidlich, daß selbst der fruchtbarste Gegenstand durch wiederholte Bearbeitung endlich erschöpft, die großen Züge, Ideen und Bilder den spätern Dichtern von ih-

ren Vorgängern entriſſen, und mit der Zu
nahme an Cultur und der damit unzertrennlich
verbundnen Ausbildung und Verfeinerung der
Sprache, auch dem feurigſten Genie Feſſeln an
gelegt wurden, von welchen es ſich, ohne zu
mißfallen, unmöglich frey machen konnte. Und
ſo auffallender iſt es, daß dieſe traurige Noth
wendigkeit, auf allen Anſpruch an Originali-
tät Verzicht zu thun, in keinem Zeitalter
mächtig genug war, von neuen Verſuchen ab-
zuſchrecken. — Von Olen und Orpheus bis
auf den Alexandriniſchen Dichter herab — welch
eine Zahl von Epikern, deren Werke, wenn
ſie gleich größtentheils ein Raub der Zeiten ge-
worden ſind, wir wenigſtens noch dem Namen
nach in den ſpätern Schriften der Nation auf-
geführt finden, und die die gemeinſchaftliche
Abſicht hatten, die Geſchlechter und Tha-
en der Götter und einheimiſchen Hel-
den a) in ihren Geſängen zu verewigen, und
durch

---

a) Zu jenen gehören, größtentheils wenigſtens, die
    Theogonien und Coſmogonien (ſ. Diogen. Laert. in
    prooem.), der Streit der Titanen und Giganten.
    Zu dieſen die hiſtoriſch epiſchen Gedichte, die die
    Merkwürdigkeiten der griechiſchen Nation vor,
    während und nach dem Troianiſchen
                        Kriege

durch wundervolle Erzählungen die Begebenheiten einer bey den meisten Nationen in undurchdringliches Dunkel gehüllten Periode, gleichsam
in unverwelklichen Kränzen der Musen, ihren
Zeitgenossen und der staunenden Nachwelt zu
überliefern.

Auf der andern Seite mußte dieser große
Ueberfluß an epischen Nationalgesängen, der
den Dichter von großen Talenten beynahe ver-
zweifeln machte, dem mittelmäßigen Kopf,
der sich nie über Nachahmung erheben kann,
überaus willkommen seyn. Er sah hier einen
gebahnten Weg vor sich, auf dem er, ohne Gefahr

Kriege begriffen; folglich die Argonautika,
die Cyprischen Gedichte, Homers Ilias,
die Aethiopis, die Ilias parva, die Ιλιου
περσις, die Νοστοι, die Odyssee, die Telegonie. Zu allen diesen kamen noch die Stamm-
heldengedichte hinzu, als die Phoronis,
Thebais, die Herakleen, die Theseis,
Αμαζονικα, Αιγιμιος u. a. Alle diese Gedichte begriffen den epischen oder mythischen
Cyclus, in welchen sie von den späteren Grammatikern der Zeitfolge nach geordnet, und ihrem
Inhalte nach beschrieben worden. Vergl. Bibliothek
d. alt. Lit. u. Kunst Inedita St. I. p. 15 - 17. 45.
46. Heyne u. Virgil T. II, S. 220 sqq.

fahr zu fallen, ficher fortwandeln, und au,
welchem er fich den Beyfall feiner Zeitgenoffen
der einmahl für die Vortrefflichkeit feiner Vorgänger entfchieden hatte, mit fcheinbarer Gewißheit verfprechen konnte. Hierzu kam bey
zunehmender Cultur, die immer mehr wach-
fende Menge von Gefchichtfchreibern im
Großen, und folchen, die die politifchen und
geographifchen Merkwürdigkeiten einzelner
Länder und Oerter verzeichneten: welche ins-
gefammt ihre Nachrichten nach dem Beyfpiel
eines Pherecydes, Akufilaus und Dionyfius von
Milet, großentheils aus jenen frühern hiftori-
fchen Gedichten und Nationalepopeen entlehnten,
und dadurch, daß fie ein fummarifches Verzeichniß der hin und wieder zerftreuten Fabeln
und Traditionen lieferten, den fpätern Dichtern, die von diefen früheften Annalen des
Menfchengefchlechts Gebrauch machen wollten,
die Mühe der Erlernung nicht wenig erleichter-
ten. So bildete fich nach und nach durch den
Zufammenfluß der erwähnten Umftände unter
dem gelehrteren Theil der Nation ein anders
modificirter Gefchmack, und andre Grundfätze,
nach welchen man den Werth eines Dichters beftimmte.

.∴ Weit-

Weitläuftige Kenntniß des ganzen ungemeſ-
ſenen Feldes der ältern Geſchichte und Mytho-
logie, und folglich genaue Bekanntſchaft mit
den urſprünglichen ſowohl als abgeleiteten Quel-
len derſelben; möglichſte Correktheit und Fein-
heit in Sprache und Ausdruck; endlich gründ-
liche Beurtheilungskraft in der zweckmäßigen
Auswahl der vorhandenen Materialien — mach-
ten nun, neben einem mäßigen, bey ſo vielen
Muſtern leicht zu erwerbenden Talent der poe-
tiſchen Darſtellung, die erſte und vornehmſte
Zierde und den entſchiedenen Ruhm eines Dich-
ters aus b).

Dieß

b) Heyne Proluſ. de Genio Sec. Ptolem. in Opuſcul.
Academ. Vol. I, p. 82. Sed quae eius ſeculi multo etiam interior et notabilior indoles eſt, mirum
aliquod multae et variae doctrinae, et inprimis fabulae atque hiſtoriae antiquae ſtudium omnia inge-
genia occupauiſſe videas, quod etiam inepte oſten-
tare eiusque laudem; intempeſtiue captare dicas. Cu-
rioſi eſſe malunt quam ingenioſi; quae res in ipſis
poetis adeo obuia eſt, maxime in Callimacho et in
Apollonio Rhodio. p. 92. Ingenium elegans, amoe-
num, cultum, in poetis, quorum carmina habemus, facile agnoſcas, ſed neque inueniendo, quae
poetices ſumma eſt, felix, nec ſublime, celſum,
elatum. At dulcedinem habet oratio terſa, nitida,

caſta,

Dieß find, wo ich nicht irre, die hieh.
gehörigen Hauptzüge in dem Gemälde des Zei
alters, das mit dem 'eines Augufts, Lu
wigs oder Friederichs kühnlich wetteifer
könnte, wenn die fchönften Geiftesblüthen w
niger dem blind verheerenden Sturm der Ze
ausgefetzt wären — eines Zeitalters, das i
der Gefchichte mit Recht den Namen der Pto
lemäer, jener einfichtsvollen Kenner und Be
fchützer der Wiffenfchaften, verewigt hat. —

Nachdem einmahl die älteren Meifterftücke
der epifchen Dichtkunft in die Schulen der Gram-
matiker zu Alexandria gleichfam verbannt wa-
ren, fo ift es begreiflich, wie einige diefer frü-
heren Litteratoren, die fich faft einzig mit der
Critik und Erklärung der alten Dichter in ihren
Schulen befchäftigten, und fonach die einzigen
Depofitärs der gelehrteren Kenntniffe in der Ge-
fchichte und Mythologie waren, durch vieles
Studium mit den beften Muftern vertraut, end-
lich felbft Dichter wurden c), und was ihnen
nach

cafta, et in primis aetatibus natioa fimplicitate aliqua fe commendans; mirationem autem facit ingens
doctrinae copia, magnum ftudium fabularum et hiftoriae antiquae.

c) Heyne a. ang. O. p. 83. Nullus ex iis nomen habet, qui non et poeta, et grammaticus — haberetur.

nach ihrem eignen ftillfchweigenden Geftändniffe
an Originalität abging, um dem Vater der
epifchen Poefie an die Seite gefetzt zu werden d), durch Gelehrfamkeit, Feinheit und Politur zu erfetzen fuchten.

Aus diefem Gefichtspunkte allein muß, wie
ich glaube, das fchätzbare Gedicht des Apollonius von Rhodus angefehen und beurtheilt werden, wenn man den Werth deffelben richtig beftimmen will. Als Produkt eines gelehrten,
von eignen Talenten zur Poefie weniger als irgend einer feiner Alexandrinifchen Zeitgenoffen
entblößten, und durch häufige Lektüre der allgemein anerkannten Mufter in diefer Gattung
genährten Dichters, verdient es unftreitig unter
die fchönften Ueberbleifel der griechifchen Lit-

E 2   teratur

tur. und p. 99. Itaque nec poeta tum fuit, qui
non effet grammaticus, nonnullique utroque nomine
clariffimi etc.

d) Wer denkt hier nicht an die bekannte Claffifikation
der vorzüglichften Epiker, die die Grammatiker zu
Alexandria, namentlich Ariftarch und Ariftophanes
von Byzanz einführten; in welchen Canon fie keinen Dichter ihres Zeitalters aufzunehmen
würdigten. Quintil. X, 1, 54. Vergl. Ruhnken in
hift. crit. Oratt. Graec. p. 94 folg.

teratur gerechnet zu werden — und in Rück
ficht auf Vollendung, Genauigkeit, Feinhe
und Anmuth der Sprache und Schreibart, wüf
te ich keinen großen Dichter unter den Gri
chen, der dem Apollonius nur an die Seite g
fetzt zu werden verdiente e). Diefe letzte
Vorzüge überall bemerklich zu machen, würa
mich hier zu weit führen und meiner Abfich
wenig angemeffen feyn. Diefes Gefchäfte bleib
noch einem künftigen Herausgeber des Argonau
tenzugs überlaffen, der nach dem, was H.
Brunks fcharffinnige und gelehrte Critik und
Sprachkunde zur Verbefferung des Textes ge-
leiftet hat, mit nicht geringen Hülfsmitteln zu
einer folchen bis jetzt noch mangelnden Behandlung des Dichters verfehen ift.

Aber die Gelehrfamkeit und viel umfaffende
Belefenheit des Dichters, als Hauptcharakter
deffel-

e) Etwas zu ftrenge, wie mich dünkt, beurtheilt Quin-
tilian l. c. unfern Dichter: non contemnendum edidit opus aequali quadam mediocritate, womit man
die bekannte Critik des Rhetors Longin π. ύψ. §. ss
vergleichen kann. Mit Recht bezüchtigt ihn daher
auch Herr Heyne, diefer fcharffinnige Kenner der
poetifchen Verdienftes, einer kleinen Uebertreibung
a. angef. O. S. 81 in d. Note: contra quod Rhe-
toris iudicium tamen eft, quod moneri poffit.

deſſelben, durch hiſtoriſche Zuſammenſtellung
der hin und wieder bemerkten Schriftſteller; die
er nicht bloß gekannt, ſondern in der Anordnung und Ausſchmückung ſeines Gedichts auch
wirklich benutzt hat, anſchaulich zu machen:
und dann ſeine Beurtheilung in der ganzen Oekonomie des Gedichts und in der Auswahl des
vorräthigen Stoffes meinen Leſern zu zeigen:
endlich die Spuren, wo ſich ſolche finden, auf-
zuſuchen, wo der Dichter ſich ſeinen eignen von
allen ſeinen Vorgängern, ſoviel wir ſie kennen,
verſchiednen Weg gebahnt hat: — dieß ſoll
der Gegenſtand der gegenwärtigen Unterſuchung
ſeyn. Für jetzt will ich, um nicht zu weitläuftig zu werden, nur bey dem erſten ſtehen
bleiben, und aus den zwar unvollſtändigen aber
doch in dieſer Rückſicht ſehr ſchätzbaren Bruch-
ſtücken der alten Commentatoren über den Apollonius f), die in den ſogenannten Scholien enthalten ſind, ein möglichſt vollſtändiges raiſon-
nirtes Verzeichniß der Schriftſteller und Werke
liefern, die der Dichter vor Augen hatte. Hätte
ein günſtigeres Geſchick uns die mehreſten dieſer

E 3   Schrift-

f) Ihre Namen ſind verzeichnet bey Fabric. B. G. l. III,
   c. 21. p. 523. Die berühmteſten darunter ſind Charon, Ariſtophanes von Byzanz und Lu-
   cillus Tarrhäus.

Schriftſteller ſelbſt erhalten, ſo dürften wi
nicht zu dieſen immer nur armſeligen Quelle
unſre Zuflucht nehmen; nun aber müſſen ſ
uns den Verluſt der erſteren ſo gut als mög
lich, erſetzen, und auch hier, wie in ſo vie
len andern Fällen; müſſen wir uns mit den
wenigen uns übrig gebliebenen Broſamen be
gnügen.

Der Natur der Sache nach gehen hier diejenigen Schriftſteller voran, die mit unſerm
Dichter Einen Gegenſtand, es ſey nun in einer
beſandern, dieſem Zweck ganz gewidme-
ten Schrift, oder doch als Theile eines
größern Werks, behandelt haben; dieſen
folgen ſodann die übrigen, deren Dichtungen,
Erzählungen und Nachrichten Apollonius, wenn
ſie gleich keine unmittelbare Beziehung auf den
Gegenſtand ſeines Gedichts hatten, dennoch in
daſſelbe nach dem ausdrücklichen Zeugniſſe ſeiner Commentatoren aufgenommen hat.

Der Erſte, der hier, nach dem Urtheil eines berühmten Grammatikers als Hauptquelle
genannt zu werden verdient, iſt ein gewiſſer
Cleon aus Cypern, der Argonautika in
mehreren Büchern geſchrieben haben
muß

mß **g**). *Allein leider! ift alles was wir von
ihm wiſſen, in dem merkwürdigen Zeugniß des
Asklepiades von Bithynien* h) *beym
Scholiaſt des Ap. Rh. I, v. 623. enthalten, nach
welchem Apollonius ihm in der (Anordnung oder
Ausführung?) ſeines ganzen Gedichts gefolgt
ſeyn ſoll:* Ἀσκληπιάδης ὁ Μυρλεανὸς, δεικνὺς
ὅτι παρὰ Κλέωνος τὰ πάντα μετήνεγκεν Ἀπολλώνιος. *In wiefern dieſem Zeugniß zu trauen iſt,*

E 4 *läßt*

g) *Das* ιte *citirt der Scholiaſt z. Ap. Rh. I, 587.* ὡς
Κλέων ἐν πρώτῳ τῶν Ἀργοναυτικῶν.

h) *Asklepiades von Myrlea oder Apamea aus Bithynien,
ein Schüler des Apollonius Rhodius und Lehrer oder
Vater des A p o l l o d o r s* (Suidas. S. Fragm. Apol-
lodori P. III. p. 1035.) *blühte zu Rom unter Pom-
pejus dem Großen.* Fabric. B. G. l. V, c. 7. p. 54.
Sein berühmteſtes Werk waren die φιλοσόφων βιβλίων
διορθωτικά (Suidas. v. Ασκληπ.) *alſo wahrſcheinlich
kritiſchen Inhalts, nach Art der andern Grammatiker, die ähnliche Recenſionen des Homer und andrer Dichter herausgegeben haben.* Ionſius (de Scr.
Hiſt. Phil. II, 10. p. 199 u. 17, p. 247.) *unterſcheidet ihn von einem jüngern Grammatiker dieſes
Namens, der eine Grammatik und ein andres Werk
de Grammaticis geſchrieben haben ſoll. Iſt dieſe
Vermuthung gegründet, ſo haben wir die Nachricht
des Scholiaſten wahrſcheinlich dem letzteren und nicht
ſeinem früheren Vorgänger zu danken.*

läßt sich beym Mangel aller weitern Spuren unmöglich beſtimmen.   Nur noch an zwey Orten,
außer dem genannten, wird des Cleons in den
Scholien gedacht, und zwar als übereinſtim-
mend mit der Erzählung des Apollonius (Schol.
l. 1, v. 77. 587). *Vielleicht* — was ſich nach
einem ſolchen Urtheil vermuthen läßt — kam
er häufiger in den Commentarien der alten Grammatiker über den Apollonius vor.   In welchem
Zeitalter vor Apollonius er gelebt hat, und ob
ſeine Schrift eine proſaiſche Erzählung oder
Epopee war, bleibt daher ungewiß, doch ſcheint
das letztere, am wahrſcheinlichſten zu ſeyn.   Daß
er aus Cypern gebürtig war, lehrt das an-
gezogne Scholion (I, 623); in dem er kurz
vor der angeführten Stelle Κλέων ὁ Κου-
ριεὺς genannt wird; (alſo aus Curium, einer Stadt in Cypern, vergl. Steph. Byz. v.
Κουριον.)

Mehr bekannt, auch aus andern Schriftſtellern, die ſeiner gedenken, iſt *Herodor aus
Heraklea*, Heraclaeota *nach Athenäus* XI, 7.
p. 474. *oder* Ponticus, *wie ihn* Tzetzes *an mehreren Orten nennt.* Chil. II, 36. 209. Schol. Lycophr.
662. 1332. (an welcher letztern Stelle für Ἡρό-
δοτος, Ἡρόδωρος muß geleſen werden. S. Heyne
z. Apol.

z. Apollod. P. I, p. 330 i). *Er ist durch zwo*
Schriften berühmt, in welchen er den Argo-
nautenzug (τὰ Ἀργοναυτικὰ) *und die Thaten*
ten des Herkules (τὰ καθ᾿ Ἡρακλέα, ὁ καθ᾿
Ἡρακλέα λόγος) l) *beschrieben hatte. Wegen*
der ersteren vorzüglich gehört er hieher. Beide
Werke kommen häufig in den Scholien z. Ap.
vor, und wiewohl sie nicht immer ausdrücklich
unterschieden werden m.); *so läßt sich doch aus*
dem Inhalt der angezogenen Stelle in den meh-
resten Fällen ziemlich wahrscheinlich machen, zu
welchen von beiden sie gehört. Das erstere,
die Argonautica *nämlich, scheint* Apollonius *in*
folgenden Stellen vor Augen gehabt zu haben:
B. I, v. 31. Iason *nimmt auf den Rath des*
Chiron den Orpheus mit — v. 769. Die Ar-

E 5   *gonauten*

i) *Beide Namen sind oft verwechselt worden.* S.Holsten.
ad Steph. v. Γλῆτις *und* Κυψτικόν. Brunk in Indice
Scriptt. in Schol. ad Sophocl. allegat. Heyne ad
Apollod. P. III, p. 984.

l) Steph. l. c. Athen. IX, *am Ende. Fehlerhaft wird*
diese Schrift in einer Note des Schol. z. Ap. Rh. II.
815. ἐν τοῖς περὶ Ἡρακλείας *citirt; Hr.* Heyne *ver-*
bessert mit Recht Ἡρακλέους ad Apollod. P. III. p. 985.

m) *Die wenigen Oerter an welchen dieß geschieht,*
sind Schol. Ap. I, 71. 769. 943. II, 815. 901.
IV, 259.

gonauten wohnen den Lemnierinnen bey — v. 943.
in der Fabel von den sechshändigen Ungeheuern
(Γηγενέες) die das Gebirge Arktos auf der Insel Cyzicus bewohnten. — B. II, v. 685. die
Argonauten weihen mit Aufgang der Sonne
dem Apollo Έῷος einen Altar auf der Insel Thy-
mias — v. 901. 1123. (vgl. v. 1149. 50.) 1211.
in der Fabel des Typhon, der vom Iupiter bis
nach Aegypten getrieben und in den Serboni-
schen See gestürzt ward — B. III, v. 594.
Aeetes war durch ein Orakel von dem ihm durch
Mitwirken seiner eignen Kinder bevorstehenden
Unglück benachrichtiget worden.

An andern Stellen weicht Apollonius von den
Argonauticis des Herodors ab, die ich der Kürze
wegen blaß summarisch hersetzen will. B. I, v.
45. 71. 211. B. II, v. 532. 854. 896. IV, 86.
87. 259. Die umständliche Erörterung dieser
Verschiedenheiten gehört in den zweyten Theil
meiner Abhandlung, in welchem ich die ganze
Oekonomie des Apollonischen Gedichts selbst zu
untersuchen gedenke. Gewissermaßen können zu
den angeführten Abweichnngen noch folgende
gerechnet werden: B. I, v. 23. und II, v. 1144.
wiewohl Herodors Erzählung hier nur umständ-
licher ist, als beym Apollonius.

Zur

Zur Heraklea, die wenigſtens aus 17
Büchern beſtanden haben muß (n), *ziehe ich
folgende Stellen des Schol. B. I, v.* 127. *Herkules trug den Erymanthiſchen Eber nach My-
cene: v.* 139. (*Vgl. B.* II, v. 815.) v. 747.
die Fabel der Telehoer. B. II, v. 752. 815,
Tod des Idmon unter den Mariandynern. v.
848. *In allen dieſen Stellen ſtimmen beide
Schriftſteller, A. und H. überein. Wenn jener aber den Herkules mit unter die Argonauten zählt, und ihn bey Kios, im Begriff den
verlornen Hylas zu ſuchen, ſich von den übrigen Helden trennen läßt* o), *ſo merkt der Scholiaſt an, (was wir ſchon aus Apollodor, und
noch vollſtändiger wiſſen Bibl. I,* 9, 19. S. 59.)
*daß dieß der Erzählung Herodors widerſpre-
chend ſey, der den Herkules gar nicht am Zuge
der Argonauten Theil nehmen läßt. Ich füge
der*

---

n) Athen, IX *ρ.* Ende p. 410 Ηρακλεος δ᾽ ἐν ἑπτα καὶ
δεκάτῃ τοῦ καθ᾽ Ἡρακλία λόγου. *Das X Buch kömmt
bey* Steph. *vor v.* ΓΛΗΤΙΣ. *Andre Fragmente aus der
Heraklea ſtehen bey* Schol. *z.* Pind. Ol. V, 10. Iſth. IV,
87, 92. Conſtant. Porphyr. de Themat. II, 23. *vgl.*
Heyne *a.* Apollod. P. III, p. 985.

o) *Doch könnte dieſe Erzählung mit eben dem Recht
aus den Argonauticis des Herodors entlehnt, oder
in beiden Schriften vorgekommen ſeyn.*

*der Vollständigkeit wegen noch ein paar zu
Heraklea gehörige Stellen hinzu, die auf da
Gedicht weiter keine so nahe Beziehung haben
Sie finden sich bey Schol. B. II; 354. u. 1248*

*Es ist nun noch die wichtige Frage, wenn
Herodor gelebt hat, zu erörtern übrig. Sein
Zeitalter wird, für meine gegenwärtige Absicht befriedigend, durch eine Stelle beym Athenaeus XI, 15, p, 504. bestimmt. Nach dieser
gedenkt seiner schon Lysanias von Cyrene p), der Lehrer des Eratosthenes (Suid.
v. Ερατοσθενης). Er lebte sonach früher als
Lysanias, und Apollonius konnte ihn bey Verfertigung seines Gedichts vor Augen haben. Er
war, wie mehrere in der damahligen und folgenden Zeit, wahrscheinlich Dichter und Grammatiker zugleich. Kinder seiner Muse waren
vermuth-*

---

p) *Die corrupte vielleicht aus einem Druckfehler ent-
standne Lesart Δυσανιας beym* Athen., *muß aus
andern Stellen eben dieses Schriftstellers, in welchen
des Lysanias gedacht wird, verbessert werden:* VII,
15, p. 304 B. XIV, 3. p. 620. C. *Aus diesen
Stellen erhellt, daß Lysanias ein Werk über die
Iambischen Dichter* περι Ιαμβοποιων *in mehrern Büchern hinterlassen hat. Weitläuftiger handelt von ihm Ionsius II, 2, p. 147.*

vermuthlich die beiden oft genannten *Werke*.
Als *Grammatiker* hat er sich in mehreren Schriften, die ihm hin und wieder beygelegt werden,
gezeigt q). Diese letzteren haben wahrschein=
lich zu dem sonderbaren Irrthum Veranlassung
gegeben, daß man unsern *Herodor* mit einem
weit spätern Grammatiker dieses *Namens*, einem
Zeitgenossen des wegen seiner vielumfassenden
Gelehrsamkeit berühmten *A p i o n P l i ß o n i l e s*,
der unter dem Kaiser *Kaligula* nach *Rom* geschickt wurde, um seine heidnischen Glaubens-
brüder gegen den *Iua.n Philo* zu zertheidigen,
verwechselt hat r). *Von eben diesem Alexan-*
drinischen

---

q) *Unter seinem Namen führt der* Schol. Ap. Rh. I,
1024. *ein Werk an über die Sitten und Lebensart*
der Μάκρωνες, *eines benachbarten kriegerischen Volks*
der Dolioner oder Cyzicener. dessen auch Herodot
an mehrern Orten gedenkt II, 104. III, 94. VII.
78. *Ferner legt ihm* Photius Cod. 80. *eine histori-*
sche Schrift über den Orpheus und Musäus bey,
Fabric. B. G. I, 18. p. 110. V, 38. p. 400. *Von*
den übrigen s. Voss. H. Gr. III. p. 374. Jonsius II,
2, p. 147.

r) *Dieses thut sogar* Jonsius IV, 22, p. 255. *und wider-*
spricht sonach seiner eignen Behauptung, die er in
der eben angezogenen Stelle II, p. 147. *auf die glaub-*
würdige Auctorität des Athenäus gründete. Selbst
wenn

*drinifchen Grammatiker Apion ift eine recenfi
Homeri bekannt und Commentarii zur Erklä
rung deffelben, die er gemeinfchaftlich mit den
Herodor veranftaltete, und die in der da
mahligen Zeit einen großen Ruhm erlangt ha
ben* s). *Euftathius gedenkt beider Grammati
ker des Apions mit dem Herodor in feinen Com
mentarien zum Homer an mehreren Stellen* t).

Epimenides aus Creta, *ein Zeitgenoffe
Solons*; *bekannt durch das berühmte* αγος, Κυ-
λωνειον. *Von ihm f.* Diogen. Laert. *in f. Le
ben.* Fabric. B. G. l. l. c. 6. p. 36 fqq. Meurf.
Creta, IV. p. 236 fqq. Voff. H. Gr. IV, p. 431.
Brucker

▪ *wenn diefes deutliche Zeugniß auch nicht vorhanden
wäre, fo würde ich doch kein Bedenken tragen,
den Verfaffer der Heraklea und den Commentator
über den Homer für zwey ganz verfchiedne Perfonen
zu erklären, da der erftere in den Scholien z. Apol
lon. nicht felten den älteften Dichtern und Gefchichtfchreibern an die Seite gefetzt wird, z. B. Schol.
Ap. Rh. II. 1.123. wo er in Gefellfchaft des Hefio
dus, Epimenides und Akufilaus aufgeführt wird.*

s) *Tiber pflegte ihn nur* cymbulum mundi *zu nennen.
S. Plin. in praef. H. N. Senec. Ep. 88. Voff. Hift.
Gr. II, p. 190. Fabric. B. Gr. II, 5. p. 331.*

t) Ionfius IV, p. 255. *vgl. meine Comment. de Hymn.*
Homer. reliq. p. 13. *not.*

Brucker H.Ph. I. p. 419. *Unter seinen Schrif-*
ten, die Diogenes in seinem Leben anführt,
merken wir hier nur seine T h e o g o n i e, und
Argonautica, *unter dem Titel:* Ἀργοῦς
ναυηγία τε καὶ Ἰάσονος εἰς Κόλχους ἀπόπλους
in 6500 Verſen. Auf eine von beiden Schrif-
ten nimmt der Schol. z. Ap. Rh. II, 1125. III,
242 u. IV, 57. *Rückſicht. Die letzte Stelle,*
wo vom Endymion die Rede iſt, iſt wahrſchein-
lich aus der Theogonie entlehnt. Die beiden
erſtern würde ich lieber zu den Argonauticis
ziehen.

H e ſ i o d u s. Von ihm iſt zwar kein dem
Argonautenzug ausſchließend gewidmetes Ge-
dicht bekannt. Indeſſen läßt ſich aus den Scho-
lien zum Apollon, mit ziemlicher Gewißheit dar-
thun, daß er ſowohl die Argonautenfabel ſelbſt,
als auch andre mit ihr in naher Verbindung
ſtehende - Erzählungen in ſeinen E ö e n oder in
dem vielleicht mehr umfaſſenden καταλογος γυναικων, *der eine Fortſetzung der Theogonie*
war (Heyne ad Apollod. P. III, p. 986) *be-*
handelt hat. Die hieher gehörigen Stellen des
Scholiaſten, worin er des Heſiodus erwähnt,
ſind folgende: B. IV, v. 259. 284. *Rückzug*
der Arg. — B. I, 1289. *Herkules verläßt die*
Argonau-

Argonauten bey Magnefia. — B. II, 178. 181
Fabel des Phineus. v. 276. 296. 297. von der
Harpyien. 1123. vom Argus dem Sohn der
Phrixus. — B. III, v. 242. Gattinn des Aeetes
v. 200. 311. von der Circe und ihrer Infel im
Tyrrhenifchen Meer. — B. IV, v. 892. von
der Sirenen Infel ss).

Befremdend ift die Bemerkung, auf die,
wie ich nachher gefunden habe, fchon Cafaubon
zum Strabo (I, p. 26. B.) und andre tt) auf-
merkfam machen, daß an einer Stelle, des
Scholiaften B. II, v. 181. die Eöen des Hefiodus ('Ηοιαι μεγαλαι) von dem καταλογος γυναικων ausdrücklich unterfchieden werden, und
zwar fo, daß aus beiden entgegengefetzte Erzählungen angeführt werden: πεπηρωϑαι δε
Φινεα φησιν Ἡσιοδος εν μεγαλαις ηοιαις, ὅτι
Φριξω την ὁδον εμηνυσεν· εν δε τῶ γ καταλογω,
επειδη τον μακρον χρονον της ὀψεως προεκρινεν.

Eben

<hr>

ss) *Außer den angezeigten Oertern gefchieht noch bey*
andern in den Argonautenzug weniger verwebten
Fabeln, die Apollonius berührt hat, des Hefiodus
in den Scholien Meldung, z. B. bey der Fabel des
gefeffelten Prometheus B. II, 1246. des Endymions
IV, 57.

tt) S. Petit. de Legg. Attic. p. 460 fqq. Meurf. Lect.
Attic. II, 20. Valef. Emendatt. Addenda p. 222.

Eben diese Verschiedenheit der Erzählung beym
Hesiodus findet sich in der Fabel vom Endymion IV, 57. τὸν δὲ Ἐνδυμίωνα Ἡσίοδος μὲν
Ἀεθλίου τοῦ Διὸς καὶ Καλίκης παῖδα λέγει παρὰ
Διὸς εἰληφότα δῶρον, αὐτὸν ταμίαν εἶναι θανά-
του, ὅτε θέλοι ὀλέσθαι.... ἐν δὲ ταῖς μεγάλαις
ἠοίαις λέγεται τὸν Ενδυμίωνα ἀνενεχθῆναι ὑπὸ
Διὸς εἰς οὐρανόν· ἐρασθέντα δὲ Ἥρας, εἰδώλω πα-
ραλογισθῆναι τὸν ἔρωτα Νεφέλης (die Fabel war
also mit der des Ixion vermischt)· καὶ ἐκβλη-
θέντα καταλθεῖν εἰς ᾅδου. In der letztern Stelle
ist zwar der κατάλογος γυν. bey der erstern Erzählung nicht genannt, allein höchst wahrscheinlich ist sie aus demselben entlehnt. — Wie
läßt sich nun damit die bisher von den besten
Critikern angenommene Meinung, daß die Eöen
und der Catalogus nur Ein Gedicht, die He-
roogonie, ausmachen, in welchem das Geschlecht und die Thaten der von Göttern mit
sterblichen Müttern erzeugten Helden episch beschrieben waren, vereinigen? Unmöglich konnte
doch der Dichter in ein und dasselbe Gedicht
verschiedne Einkleidungen Einer Fabel aufnehmen. Oder, wenn Hesiodus auch hier eine Ausnahme von der Gewohnheit andrer alter Dichter
gemacht hätte, wie konnte der unbekannte Verfasser des Scholion Ein Gedicht in zwey unmit-

telbar auf einander folgenden Sätzen unter ver
schiednen Benennungen aufführen, und zwa
so, daß man offenbar sieht, er halte den κα
ταλογος und die ηοιας für zwey verschiedne G
dichte n)? Es bleibt freylich noch die Erklä
rung übrig, die sich auf ein altes Scholio
zum Ασπις gründet, daß die Eöen das 4te Buc.
des Catalogus, aber unter dem genannten be
sondern Titel ausgemacht haben, (S. Petitu
l. c. p 462 Ruhnken. Ep. Crit. II, p. 289), un
in dieser Rückficht also bald von den drey erste
Büchern des Catalogus unterschieden, wie bei
unserm Scholiasten, bald mit dem Catalogus
für Ein Gedicht gerechnet werden konnten, wie
Hesychius thut: Ἡοῖαι, ὁ καταλόγος Ἡσιόδου
Allein auch so scheint es mir seltsam, daß Hesiodus in Einem nur aus mehreren Theilen be-
stehenden Gedickt, Einerley Fabeln wie die vom
Phineus und Endymion, mehrmahls und auf
verschiedne Art sollte erzählt haben. Wozu diese Wiederholungen? Auch lebte der Dichter nicht im Zeitalter der Grammatiker, wo
diese

---

n) Dieß scheint auch Pausanias zu thun IX, 31. p. 771.
ἔστι δὲ καὶ ἑτέρα κεχωρισμένη (δόξη) τῆς προτέρας, ὡς
πολύν τινα ἐπῶν ὁ Ἡσίοδος ἀριθμὸν ποιήσειεν ἐς γυναῖ-
κάς τε ᾀδόμενα καὶ ἃς μεγάλας ἐπονομάζουσιν Ἡοίας
καὶ Θεογονίαν τε καὶ ἐς τὸν μάντιν Μελάμποδα, κ. τ. λ.

dieſe Sitte allenfalls verzeihlich wäre. Kurz,
um dieſe Widerſprüche zu heben, ſehe ich nur
einen doppelten Ausweg möglich. Entweder wir
verwerfen die Auktorität des Scholions zum
Apollonius gänzlich, und bleiben bey der gewöhnlichen Meinung; dazu aber, geſteh ich
gern, ſeh ich keinen entſcheidenden Grund.
Oder dieſe genealogiſchen Gedichte ſind von verſchiednen unbekannten Verfaſſern;
aber in ſpäterer Zeit ihres ähnlichen Inhalts wegen als Ein Ganzes in mehreren
Büchern zuſammengeordnet, und Einem alten Dichter, der in dieſer Gattung berühmt war, dem Heſiodus, untergelegt x).
Weil nun die Ἡοῖαι μεγάλαι, als ein Produkt
des Heſiodus vorzüglich berühmt waren, ſo be-
hielten ſie, auch nachdem man die ganze Sammlung gemacht hatte, bey den Schriftſtellern, die
ihrer gedenken, ihren eigenthümlichen Titel,
wurden aber dennoch als ein Theil der übrigen
Genealogien angeſehen. Dieſe Sammlung beſtand, wie wir aus dem Suidas ſe-
F 2　　　　hen

---

x) Doch gabs ſchon viele unter den Alten, die dem
Heſiodus alle dieſe Gedichte abſprachen. Sogar die
eignen Landsleute des Dichters, die Böotier hielten nur die ἔργα allein für ein ächt Heſiodeiſches
Werk. Pauſan. IX. a. angef. O.

hen y), aus 5 Büchern, und das 4te darunter begriff die Eöen, aus welchen ein kleines
Fragment in dem Schild des Herkules sich
noch erhalten hat: τῆς Ἀσπίδος ἡ ἀρχὴ ἐν τῷ
τετάρτῳ καταλόγῳ Φέρεται. Schol. ad Ασπιδ
argum. z). So, dünkt mich, läßt sich die
verschiedne Erzählung Einer Fabel in
mehreren Gedichten verschiedner Verfasser leicht
erklären.

Αἰγίμιος. Dieß ist der Titel eines, soviel
sich vermuthen läßt, uralten Heldengedichts in
mehreren Büchern, welches einige dem Hesiodus, andre dem Cerkops von Milet a)
beylegten. Athen. XI, p. 503. D. Steph. v. Αβαντις. Der Held desselben scheint Aegimius,
der Stammvater und König der Dorier zwischen

---

y) v. Ἡσίοδος· ποιήματα δ᾽αὐτοῦ ταῦτα· γυναικῶν ἡρωϊναι
κατάλογος ἐν βιβλίοις πέντε.

z) Einen besondern Theil dieser Sammlung machte vielleicht auch die sogenannte Melampodie aus.
Pausan. IX, 31. p. 771 am Ende. Athen. XI, p
498. B. Vgl. Heyne ad Apollod. P. I, p. 157. 8.
wiewohl die Fabel des Melampus auch in den Eöen
vorkam. S. Schol. Apollon. Rh. I, 121.

a) Von diesem Cerkops s. Heyne ad Apollod. P. III,
p. 979.

schen dem Oeta und Parnaß gewesen zu seyn, dessen Söhne Pamphylus und Dymas sich mit den Herakliden unter der Anführung des Hyllus oder seiner Nachkommen verbanden, und den berühmten καϑοδος nach dem Peloponnes veranstalteten. Schol. Pind. Pyth. I, 124. V, 96. Steph. v. Δύμας. Was den Inhalt des Αιγιμιος betrifft, so haben einige, namentlich Valkenaer zu den Phönissen p. 735. aus der Ueberschrift geschlossen, daß der berühmte Krieg zwischen den Lapithen und dem mit dem Herkules verbundnen Aegimius, darin beschrieben worden sey. cf. Apoll. I, 7, 7. p. 158. Soviel sich aber aus den wenigen uns übrig gebliebenen Nachrichten von diesem Gedicht schließen läßt, so ist es von einem weit größeren Umfang gewesen. Aus den beym Schol. z. d. Phönissen l. c. v. 1123. und beym Stephanus v. Αβαντις erhaltenen Fragmenten desselben wissen wir, daß die Irrsaale der Io, der Tochter des Inachus, darin erzählt waren, und nach dem Schol. z. Apollonius III, 587 b) muß auch die Argo- nauten-

F 3

b) ὁ δε τὸν Αἰγιμιον ποιήσας διὰ τὸ δέρας αὐτὸν κᾀϑαιρεθναι φησὶ προσδεχθῆναι, λέγει δε ὅτι μετὰ τὴν ϑυσίαν ἁγνίσας τὸ δέρας οὕτως ὕειχεν εἰς τοὺς Αἰήτου δόμους τὸ

nautenfabel in demselben einen *Platz* gefu:
den haben. Wenn wir nun auch annehm.
wollten, wie ich selbst bald zeigen werde, da
beide Geschichten als *Episode* dem *Gedicht* ei:
gewebt waren: was für eine nur einigermaß.
wahrscheinliche *Verbindung* derselben läßt si
mit dem vorausgesetzten Hauptgegenstand, de:
Krieg mit den Lapithen, denken? –
Diese Verbindung wird im Gegentheil sehr n:
türlich, sobald wir den Αἰγιμιος als ein Stamm
heldengedicht der mit den Herakl:
den verbundnen Dorier ansehen, welche
drey der berühmtesten Unternehmun
gen der letzteren auf die Nachwelt bringe
sollte; ich meyne, die Rückkehr nach de:
Peloponnes, die Gründung einer Colo
nie auf der Insel Thera, und die hierau
　　　　　　　　　　　　　　erfolgt

τὸ ὑῶας ἴχων. Nur noch an Einer Stelle wird di:
ses Gedichts in jenen Scholien gedacht. B. IV, :
816. Vgl. Apoll. Rh. IV, 869 sqq. Vielleicht ka:
diese Erzählung von der Thetis und dem Achill b:
einer ähnlichen Veranlassung in der Episode von d:
Argonauten vor. Apollonius scheint eine ganz äh:
liche Fabel von der Ceres und dem Demophon, de:
Sohn der Metanira auf die Thetis und den Achi:
übergetragen zu haben. S. Hymn. Hom. in Ce:
235 sqq. Pausan. I, c. 38. 39. IX, c. 31. Apo:
lod. I, 5.

erfolgte Erbauung von Cyrene unter der Anführung des Battus. Die Auswanderung nach Thera geschah von Spartanern, den Abkömmlingen der Dorier c). *An ihrer Spitze befand sich Theras, ein Nachkomme des Polynices, der von Seiten seiner Schweßer, Argia, Onkel und Vormund der beiden unmündigen spartanischen Könige Euryßhenes und Prokles war. Unter den Colonißen befanden sich auch die von den Argonauten auf Lemnos erzeugten, und, von den Pelasgern oder Tyrrhenern vertrieben* d), *nach Sparta geflüchteten Söhne.* Herod. IV, 145 fqq. e). *Ia die erße Veranlaßung zu dieser Colonie selbß hatte die dem Argonauten Euphem vom Gott Triton in Afrika mitgetheilte berüchtigte Erdscholle gegeben.* Apoll. Rh. IV, 1551 folg. Pind.

F 4   P. IV,

---

c) *Diese hatten bekanntlich 2* tribus *oder* Φυλας *in Sparta, die von ihren Stammvätern Pamphylus und Dymas, den beiden Söhnen des* Aegimius *den Namen führten.* Stephan. v. Δυμας. Herod. VI, 68. Schol. Pind. P. I, 124. Heyne ad Apollod. P. II, p. 515.

d) S. Apollon. Rh. IV, 1760 fqq. Herodot IV, l. l.

e) *Vgl.* Schol. Pind. V, 96. χρόνῳ δὲ οἱ Λακεδαιμόνιοι συνεξῆλθον τοῖς εἰς Θήραν ἀπικημένοι. Φημὶ δὴ τοῖς ἀπὸ τῶν Δημνιάδων καὶ τῶν Αργοναυτῶν.

P. IV, pr. *Was war also natürlicher, als daß der Verfaſſer des Aegimius bey dieſer Gelegenheit die ganze Fabel von den Argonauten, die mit ſeinem Hauptgegenſtand ſo genau zuſammenhing, in ſeine Erzählung einmiſchte? Er führte hierauf ſeine Helden nach Libyen, um Cyrene zu gründen, und bey der Beſchreibung dieſes Landes, das nach der Fabel ſeinen Namen von der Libya, der Enkelinn der Io, und Tochter des Epaphus hatte, bot ſich ihm die Fabel der Io und ihrer Irrungen ungezwungen dar f).*

Ein Gedicht von ſolchem Inhalte konnte keine paſſendere Ueberſchrift, als den Namen des Stammhelden führen, der ſich theils ſelbſt im Kriege gegen die Lapithen hervorgethan, theils durch ſeine Verbindung mit dem Herkules den

erſten

---

f) *Dieſe Gegend von Afrika, in welcher* Cyrene *lag, wird daher vom* Pindar, *bey einer ganz gleichen Veranlaſſung die* Tochter Epaphus, Επάφοιο κόρα *genannt.* Pyth. IV, 25. *Vgl.* Apollod. II, 1, 4. p. 81. Έπαφος — γαμεῖ Μέμφιν τὴν Νείλου θυγατέρα — καὶ τεκνοῖ θυγατέρα Λιβύην, ἀφ' ἧς ἡ χώρα Λιβύη ἐκλήθη. cf. Tzetz. ad Lycophr. p. 129. ed. Baſ. *Die Geburt des Epaphus am Nilfluſſe von der* Io *erzählt Apollodor kurz vor der angezogenen Stelle:* Bibl. II, 1, 3. p. 80.

erften Grund zur nachher erfolgenden Vereinigung der Herakliden und feiner eignen Nachkommen, der Dorier gelegt hatte. ¡Um fo
mehr bin ich geneigt zu glauben, daß der erwähnte Krieg mit den Lapithen, als der Grund
diefer Vereinignng, einen Theil des Gedichtes
ausmachte. Vielleicht, ja höchft wahrfcheinlich,
fing der Dichter feine Erzählung mit diefem
Kriege an. Nur war er wahrfcheinlich nicht
ausfchließend der einzige Gegenftand deffelben.

Nach diefen angeftellten Unterfuchungen.
fcheint mir die Meinung derer unter den Alten,
die den Αιγιμιος dem Hefiodus beylegten, nicht
unwahrfcheinlich, wenigftens nicht ganz ohne
Grund zu feyn. Hefiodus, der in Böotien
beynahe einheimifch war, hatte Veranlaffung
genug einen Gegenftand zu bearbeiten, bey dem
ein Theil feiner adoptirten Landsleute, die Ae-
giden, ein Stamm der Thebaner, der fich zufolge eines Orakels mit den Doriern verbunden
hatte, nicht wenig intereffirt war. S. Pind.
Pyth. V, 100-102 g), vgl. den Scholiaft zu

F 5 dief.

g) — , — — τὸ δ᾽ ἰ-
μὸν γαρύοιτ᾽ ἀπὸ Σπάρ —
τας ἐπήρατον κλέος.

δ᾽αν

dief. Stelle. Sogar der Stifter der Colonie
felbft, Theras, war ein Thebaner, und ftamm-
te, wie wir gefehen haben, in gerader Linie
vom Oedip und deffen Sohn Polynices ab. Herod. IV. 147. Diefer kleine Nationalftolz aber
ift bey Griechenlands Dichtern nichts ungewöhnliches, wovon uns Pindar a. ang. O. ein Beyfpiel gibt.

Naupaetica. Ein altes epifches Gedicht,
wahrfcheinlich mit den Eöen des Hefiodus von
gleichem Inhalt Paufah. X, p. 898. vgl. IV, 2. p.
Unter den hier aufgeführten mythifchen Heldinnen kam auch Medea vor. Paufan. II, 3, p.
118. Kein Wunder alfo, daß die ganze Fabel vom goldnen Vlies und den Argonauten als
Epifode eingefchaltet wurde h). Daß dieß
wirklich gefchehen, lehren uns folgende Stellen
des Scholiaften z. Apollonius B. II, 299. III,
242.

Ὅθεν γεγενημένοι
Ἴκαντο Θηραῖδε φυ — —
τες Αιγειδαι, ἐμοὶ πατέρες — —

h) So war vermuthlich bey Erwähnung der Mutter des
Aeskulaps, Koronis, die Fabel des letztern einge-
mifcht, aus der Apollodor Bibl. III, 10, 3. p. 234.
mit ausdrücklicher Benennung der Naupaëtica, etwas beybringt.

242. 514. 523. IV, 59 86. 87. *Nur in der erſtern, wo die Fabel von der Flucht der Harpyien nach Creta berührt wird, folgt Apollonius den Naupakticis; in allen übrigen entfernt er ſich von ihnen, vorzüglich in dem Theil der Erzählung, der die Flucht der Medea und die Veranlaſſung dazu enthält, B. IV, 59. 86. 87. Unſtreitig hat hier der Verfaſſer des genannten Gedichts viel vor Apollonius voraus. Er läßt die Venus ſelbſt zur Beſchleunigung der Flucht wirkſam ſeyn; ſie, die ſich einmahl auf Bitten der Iuno für den Iaſon verwandt hatte (S. Apollon. Rh. III, 50 folg.), vollendete jetzt ihr angefangenes Werk, und gab der Medea, während daß ſie ihren Vater Aeetes in den Freuden der Liebe berauſchte, Zeit, mit dem durch ihre Hülfe errungenen Schatz ſich in Iaſons Arme zu werfen* i). — *Der Verfaſſer des Gedichts*

---

i) Ein kleines Fragment aus den Naupacticis, worin dieſe Erzählung zum Theil enthalten iſt, führt der Scholiaſt B. IV, v. 86 an, welches ich, weil ſich daraus auf den Homeriſchen Ton des Gedichts ſchließen läßt, ganz herſetzen will:

Δὴ τότ᾽ ἄρ᾽ Αἰήτῃ πόθον ἔμβαλε δῖ Ἀφροδίτη
Εὐρυλύτης Φιλότητι μιγήμεναι, ἧς ἀλόχοιο,
Κηδομένη φρεσὶν ᾗσιν, ὅπως μετ᾽ ἄεθλον Ἰήσων
Νοστήσῃ οἶκόνδε σὺν ἀγχεμάχοις ἑτάροισιν.

Idmon

Gedichts scheint unbekannt oder zweifelhaft gewesen zu seyn. Nach einigen ward es einem *Milesier von Geburt,* der aber nicht genannt wird, *beygelegt.* Paufan. X, p. 897. In unsern *Scholien* (*B.* II, 299) wird ein gewisser *Neoptolemus* für den Verfasser ausgegeben, den wir weiter nicht kennen 1). *Am glaubwürdigsten ist das Zeugniß des Charon von Lampsakus,* eines Geschichtschreibers vor *Herodot*

(Ol.

Idmon, fährt der Scholiast fort, hätte hierauf die *Medea* ermuntert, die Flucht zu ergreifen:

Φευγέμεναι μεγάροιο θοὴν διὰ νύκτα μέλαιναν.

1) Herr *Heyne* (ad Apollod. P. III, p. 988.) räth auf den *Neoptolemus,* von dem Glossae, eine Poetik, die *Horaz,* wie *Porphyrion* bemerkt, soll vor Augen gehabt haben, und eine Sammlung von Epigrammen bekannt ist. Athen. X, p. 455. Fabric. Bibl. Gr. v. Indic. Reiske in praefat. ad Anthol. Ceph. p. 9. — *Vielleicht könnte, da der Verf. in* viel früherer Zeit gelebt haben muß, wenn *Charon von Lampsakus* sein Gedicht schon kannte, unter dem ανηρ Μιλησιος beym *Pausanias* l. c. dem einige die *Naupactica* beylegten, eben dieser *Neoptolemus* zu verstehen seyn. Doch können der angeblichen Verfasser eben so gut mehrere gewesen seyn. Außerdem kennen wir noch aus dem *Diodor* und and. spätern Schriftstellern einen berühmten Tragiker dieses Namens, der aber ein Zeitgenosse *Philipps von Macedonien* war. S. Leopardi Emendatt. IX, 15.

(Ol. 75. S. Suidas h. v.); *Diefer fchreibt es,
wie Paufanias am angef. Orte* p. 898. *meldet,
einem alten Dichter,* Carcinus von Nau-
paktus zu m): *Und fo wäre auch die Ue-
berfchrift,* τὰ Ναυπάκτια *fc.* ἔπη, *erklärt* n).
Ausführlicher handelt davon Hr. H e y n e *in*
Indice Auctt. ab Apollod. laudatt. P. III. p.
988. fqq.

Eume-

m) *Auch von diefem Dichter wiffen wir, die Stelle
beym Paufanias abgerechnet, weiter nichts. Es hat
mehrere feines Namens gegeben, unter diefen zwey
Tragiker aus Agrigent und Athen, von deren Dramen fich beym Suidas, Athenäus u. a. noch einige
Titel erhalten haben; unter andern eine* Μηδεία,
der Ariftoteles Rhet. II, 23. *gedenkt. Beide aber,
wenigftens der letzte, fcheinen in dem Zeitalter
kurz vor Philipp gelebt zu haben.* Ol. 100. S. Suidas. Meurf. Bibl. Gr. Opp. T. III, d. 1187. 88.

n) *Immer fonderbar genug bleibt es, daß man epifche
Gedichte, ohne Rückficht auf ihren Inhalt, nach
dem Vaterland des Dichters benannte. Doch ifts
nicht ohne Beyfpiel. Iedem meiner Lefer fallen hier
die Cyprifchen Gedichte* τὰ Κύπρια ἔπη *bey, die nach
aller Wahrfcheinlichkeit von ihrem Verfaffer, dem
Stafinus aus Cypern, fo überfchrieben wurden.* S.
Heyne z. Virgil. II. Exc. I. p. 229. *und neuerlichft
an dem fchätzbaren Argument der* Cypriorum *in der*
Bibl. d. alt. Lit. Ined. p. 27.

Eumelus Corinthius. *Einer der ältesten Cyklischen Dichter die wir kennen, der, wie wir bald sehen werden, die Argonautenfabel in einem größeren Gedichte, welches* Corinthiaca *überschrieben war, umständlich erzählt haben muß.* Sein Zeitalter wird vom Hieronymus in Chron. Euseb. *in die 3te und 9te Olympiade gesetzt* o). *Er war aus Corinth gebürtig, aus dem Stamm der Bacchiaden* p), *und hatte sich unter andern ihm zugeschriebnen Gedichten* q)
auch

o) Chronic. Ol. 3. Eumelus poeta, qui Bugoniam et Europiam et Arctikus, qui Aethiopidam composuit et Ilii Perfia', agnoscuntur. Id. Ol. 9. Eumelus Corinthius versificator agnoscitur, et Sibylla Erythraea.

p) S. Pausan. II; pr. p. 110.

q) Von diesen, nemlich v. Bugonia, Europia u. a. s. Voss. Hist. Gr. IV., p. 329. 37. Scalig. ad Euseb. p. 71. 72. Salmas. ad Solin. T. I. p. 602. 3. Heyne ad Apollod. P. III, p. 983. Der *Titanomachie,* die ihm oder dem Arctinus, Athenäus l. VII. beylegt, erwähnt auch unser Schol. z. Apoll. Rh. I. 1165. Einige schreiben ihm auch νόστον τῶν Ἑλλήνων zu; doch gründet sich dieß bloß auf eine Verbesserung, die man beym Schol. z. Pindar Ol. 13, 31. gemacht hat, wo schon Gyraldus statt Εὐμόλπην, Εὐμήλου lesen will. Seltsam sind die Vermuthungen, die Salmasius a. ang. O. p. 603. über den Inhalt dieses Gedichts vorträgt. — Die Nachricht endlich,

auch durch das eben genannte *Werk,* Corinthiaca r), *welches die ältaste Geschichte der*
Stadt Korinth umfaßte, berühmt gemacht.
Daß diese Schrift keine p r a f a i f c h e *Geschichte,*
sondern ein erzählendes oder h i ʃ t o r i ʃ c h e s *Ge-*
dicht gewesen *ʃey,* wird schon durch das
früh e A l t e r *unʃres Dichters* höchʃt wahrʃcheinlich. Allein es treten hier mehrere Gründe
ein, die die letzte Meinung beynahe unumʃtöß-
lich machen: 1) *Ein Theil der fabelhaften Ge-*
. . ʃchichte,

lich, die uns *Clemens von Alexandrien* in ʃeinen
Strom VI, p. 629. A. (Pariʃ. Ausg. I. 1641) aufbehalten hat, daß Eumelus und Akuʃilaus (oi ʃca-
φιογράφοι) die Gedichte Heʃiods in Proʃa übertragen
haben ʃollen, geht, wenn ʃie beym erʃtern überall
Wahrheit zum Grunde hat, wahrʃcheinlich auf einen ʃpäteren Geʃchichtʃchreiber dieʃes Namens, den
man mit dem früheren Dichter Eumelus um ʃo leichter verwechʃeln konnte, da dieʃer gleichʃam das eigenthümliche Prädikat eines h i ʃ t o r i ʃ c h e n D i c h-
t e r s bey den ʃpäteren Schriftʃtellern erhalten hat.
Auch lebten Eumelus der Dichter und Akuʃilaus der
Geʃchichtʃchreiber, ʃelbʃt nach der Angabe des Clemens (Strom. I, p. 333. b.) der Zeit nach zu weit
von einander ab, als daß man annehmen könnte,
Clemens habe den erʃteren bey dieʃer Stelle im Sinne
gehabt.

r) Der Schol. z. Apoll. Rh. citirt dieʃe Schrift ausdrücklich B. I, v. 146. Εὔμηλος ἐν τοῖς κορινθιακοῖς

ſchichte, die Pauſanias (II, 3. p. 119) 8) aus
den Corinthiacis des Eumelus entlehnt, kömmt
beynahe wörtlich in folgenden metriſchen Strophen beym Schol. z. Pindar Ol. 13, 74. vor,
die ich, ſo wie ſie Salmaſius l. c. und nach ihm
Ruhnken (Ep. Crit. II, p. 224.) verbeſſert hat,
hier einrücke:

Εὔμηλός τις ποιητῆς ἱϛορικὸς εἰπών·
Ἀλλ᾽ ὅτε δ᾽ Αἰήτης καὶ Ἀλωεὺς ἐξεγένοντο
Ἡελίου τε καὶ Ἀντιόπης, τότε δ᾽ ἄνδιχα χώρην
Δάσσατο παισὶν ἑοῖς Ὑπερίονος ἀγλαὸς υἱός.
Ἧν μὲν ἔχ᾽ Ἀσωπὸς, ταύτην πόρε δίῳ Ἀλωεῖ,
Ἧν δ᾽ Ἐφύρη κτεάτισσ᾽ Αἰήτῃ δῶκεν ἀνάσσειν.
Αἰήτης δ᾽ ἄρ᾽ ἑκὼν Βούνῳ παρέδωκε φυλάσσειν,
Εἰσόκεν αὐτὸς ἵκοιτ᾽ ἢ ἐξ αὐτοῖο τις ἄλλος,
Π παῖς, ἠὲ υἱωνὸς. ὅδ᾽ ᾤχετο Κολχίδα γαῖαν.

Eben dieſe Verſe, nur mit einigen Veränderungen in der letzten Zeile, wiederholt auch, wie

Salma-

---

8) Εὔμηλος δὲ Ἥλιον ἔφη δοῦναι τὴν χώρην Ἀλωεῖ μὲν τὴν
Ἀσωπίαν, Αἰήτῃ δὲ τὴν Ἐφυραίαν καὶ Αἰήτην ἀπιόντα
ἐς Κόλχους· παρακαταθέσθαι Βούνῳ τὴν γῆν. Daß
Pauſanias hier aus den Corinthiacis des Eumelus
geſchöpft hat, bedarf wohl keines Beweiſes, wenn
man mehrere Stellen dieſes zweiten Buchs, in welchen er des Eumelus erwähnt, mit der angezogenen
vergleicht, vorzüglich l. II, pr. p. 110. 114.

Salmasius schon bemerkt, der Schol. zum Ly-
kophron v. 174. p. 34. ed. Baf. aus dem Theo-
pomp, der sich auf den Eumelus berufen hatte:
περὶ δὲ τῆς Ἡλίου βασιλείας τῆς εἰς αὐτοῦ παῖδας Αἰήτην καὶ Ἀλώεα διαιρέσεως Θεόπομπος ὁ
Χῖος Εὐμήλου τοῦ Κορινθίου ἱσορικοῦ ποιητοῦ μέμ-
νηται λέγοντος· Ἀλλ' ὅτε — κολχίδα γαῖαν. *2)*
Beide Scholiasten nennen den Eumelus ausdrück-
lich ποιητὴν ἱσορικὸν. *3) Dieselbe Schrift des*
Eumelus wird vom Pausanias II;2, p. 114. τὰ
Εὐμήλου *citirt, wo es scheint, daß nach einer*
gewöhnlichen Ellipse ἔτη *zu suppliren ist. 4)*
Endlich merkt unser Scholiast z. Apoll. Rh. III,
1370 an, daß der Alexandrinische Argonauten-
dichter an dem eben genannten Ort einige Verse
aus dem Eumelus in sein Gedicht übergetragen
habe: οὗτος καὶ οἱ ἑξῆς σίχοι εἰλημμένοι εἰσὶ
παρ' Εὐμήλου, παρ' ᾧ Μήδεια πρὸς Ἴδμονα. δια-
λέγεται· *vorausgesetzt nämlich, woran sich nach*
Vergleichung des Pausanias l. c. II, 2, p. 119
kaum zweifeln läßt, daß die Argonautenfabel,
die der Corinthische Sänger nach dieser Angabe
des Scholiasten und dem Pausanias zu urthei-
len, behandelt haben muß, kein besondres Ge-
dicht, sondern nur einen Theil seiner Corin-
thiaca ausgemacht habe t). *Allen diesen bisher*
ange-

---

t) *Vgl.* Voff. Poet. Gr. Opp. Tom. III, p. 200. 1.
Salmaf. ad Solin. l. c. *Auf diese Corinthiaca be-*

angeführten Gründen scheint indeſſen Eine Stelle beym Pauſanias II, pr. p. 110 zu widerſpre-chen. Hier heißt es: Εὔμηλος — ὃς καὶ τὰ ἔπη λέγεται ποιῆσαὶ, Φησὶν ἐν τῇ Κορινθίᾳ συγγρα-φῇ etc. u) *Sonach hätte Eumelus ſeine Ge-ſchichte*

ziehen ſich auch einige Stellen und Fragmente im Schol. z. Eurip. Med., in welchen des Eumelus er-wähnt wird, z. B. v. 9. vgl. v. 20. Wie aber die Argonautenfabel in dieſem Gedichte Platz fin-den konnte, ſieht jeder, der die ſpäteren Schickſale der Medea kennt, ohne meine Erinnerung ein. Me-dea hatte ſogar ſelbſt einſt in Corinth geherrſcht, wie der Schol. zur Medea d. Eurip. l. c. aus dem Eumelus bemerkt.

u) *Man vergleiche damit eine andre Stelle eben dieſes Schriftſtellers IV, 4, p. 287. in welcher er den Hymnus auf den Apoll zu Delus, aus dem l. IV, 33, p. 361. ein paar Verſe angeführt werden, für das einzig ächte Gedicht des Eumelus ausgibt:* τὸ δέ σφισιν (Μεσσηνίοις) ἄσμα προσόδιον ἐς τὸν θεὸν, ἐδίδαξεν Εὔμηλος· εἶναί τε ὡς ἀληθῶς Εὐμήλου νομίζεται μόνα τά ἔπη ταῦτα. *Indeſſen bleibt Er ſich auch in dieſem Urtheil nicht völlig gleich, da er eben die-ſem Eumel l. V, 10, p. 427. die Inſchrift auf dem Kaſten des Cypſelus als Verfaſſer beylegt:* τὰ ἐπι-γράμματα δὲ τὰ ἐπ᾽ αὐτὴν τάχα μέν που καὶ ἄλλος τις ἂν εἴη πεποιηκώς. τῆς δὲ ὑπονοίας τὸ πολὺ ἐς Εὔ-μηλον τὸν Κορίνθιον εἶχεν ἡμῖν, ἄλλων δ᾽ εἵνεκα, καὶ τοῦ προσοδίου μάλιστα ὃ ἐποίησεν ἐς Δῆλον.

ſchichte von Corinth in Proſa geſchrieben , da συγγραφη *bekanntlich nur von proſaiſchen Wer-*
ken gebraucht zu werden pflegt.   Dazu kömmt
der Zwiſchenſatz , ὅς καὶ τὰ ἔπη λ. π. *der eben*
darauf zu führen ſcheint , daß die Κοριν϶ιακα
keine επη *waren. ; Allein da Pauſanias in den*
unmittelbar 'darauf folgenden Worten: εἰ δὴ
Εὐμήλου γε ἡ συγγραφὴ. *ſelbſt Zweifel über die*
Aechtheit dieſes Werks erregt ,   ſo iſt wohl,
wenn man alles obige zuſammennimmt , keine
Vermuthung wahrſcheinlicher, als die, daß jene
συγγραφη, *die Pauſanias gekannt und genutzt*
hat, ein bloßer proſaiſcher Auszug irgend ei-
nes ſpäteren Grammatikers aus dem alten hiſto-
riſchen Gedichte des Eumelus, in welchem die
Argonautika einen Haupttheil ausmachten, ge-
weſen iſt, und daß daher dieſes Gedicht ſelbſt
zu P. Zeit entweder gar nicht mehr vorhan-
den, oder wenigſtens von ihm ſelbſt nicht geſe-
hen oder gebraucht worden iſt.

Simonides.   *Daß es mehrere berühmte*
Dichter dieſes Namens gegeben hat, iſt bekannt
genug.   S. Suidas und aus ihm Voſſ. Poet. Gr.
Opp. T. III. p. 201. Hiſt. Gr. IV, 13. p. 470.
Unter den drey berühmteſten, dem Simo-
nides aus Amorgus (einem Iambiſchen Dichter

und

und Zeitgenoſſen des Archilochus Ol. 29. S,
Hieron. in Chron. Euſeb. Procl. ap. Phot. p.
342), Ceus, *der als Lyriker, Elegiker und
Epigrammatiſt bekannt iſt, und deſſen Zeitalter
zum Theil durch mehrere ſeiner Gedichte hinlänglich beſtimmt wird* *): *gehört, ſoviel ich
vermuthen kann,* der dritte Simonides *mit dem
Beynamen* Genealogus, *ein Enkel des Lyrikers,
der* Ol. 82. *blühte, vorzüglich hieher. Unter
ſeinem Namen kennen wir aus dem Suidas ein
genealogiſches Gedicht in drey Büchern,
in welchem, ſo wie in den Naupakticis und
den Eöen des Heſiodus, die Argonautenfabel
vermuthlich als Epiſode eingewebt war. Der
Schol. z. Apoll. nennt ihn ausdrücklich* B. II.
v. 868. ὅτι Ποσειδῶνος καὶ Ἀςυπαλαίας τῆς Φοί-
νικος ὁ Σάμιος Ἀγκαῖος ἦν παῖς, ὃς ἐκυβέρνα
τὴν

*) Beſonders durch ſeine ναὐμαχία κέρξου v. Suidas.
Schol. Ap. Rh. I, 211. *Von ſeinem Zeitalter f.*
Bentley Reſpont. ad Cenſ. Boyle p. 20 ſqq. ed.
Lennep. *Ausführl. handelt von ihm* Bayle Diᴂ. h.
v. *und von ſeinen Gedichten* Fabric. B. G. l. II, c.
15, p. 565 — 68. *Er erreichte bekanntlich ein ſehr
hohes Alter von* 90 *Iahren, und ſein Todesjahr
wird im* Arundel. Marmor *ins 4te Iahr der* 77ſten
Olymp. *geſetzt. Seine feile Muſe iſt aus dem
Schol. zum* Pindar *u. a berüchtigt genug.*

τὴν ναῦν μετὰ τὴν Τίφυος τελευτὴν, καὶ Σιμωνίδης ὁ γενεαλόγος ὁμοίως τῷ Ἀπολλωνίῳ γενεα-
λογεῖ. *Allein wahrscheinlich beziehen sich zwey*
andre Bemerkungen eben dieses Scholiasten B.
III, 26, wo das Geschlecht des Ερως *angegeben*
wird, und IV, 177. auf denselben Simonides
Genealogus, wiewohl der Beyname Genealogus
in beiden verschwiegen wird *). *Ist dieß, so*
folgt aus dem letzten Scholion IV, 177: πολλοὶ
δὲ Χρυσοῦν τὸ δέρας εἰρήκασιν (οἷς Ἀπολλώνιος
ἠκολούθησεν) ὁ δὲ Σιμωνίδης ποτὲ μὲν λευκὸν,
ποτὲ δὲ πορφυροῦν, *verglichen mit dem ersten II,*
868, wo Simonides Genealogus ausdrücklich
genannt wird, daß der Argonautenzug von
diesem Dichter in seinen Genealogien besungen
worden ist. Ia, diese Vermuthung wird, wo-
fern dem Zeugniß des Tzetzes *zu trauen ist,*
nicht nur durch ein kurzes Fragment aus dem
Simonides Genealogus, *welches uns der ge-*
nannte Scholiast zum Lykophron v. 355. auf-

G 3   *bewahrt*

---

*) *Vielleicht kam auch die Fabel von der Vermählung*
des Achills mit der Medea im Elysium, die Apollo-
nius nach dem Schol IV, 814 aus dem Ibykus und
Simonides *geborgt haben soll, in den Genealogiis*
und zwar in der Argonautenepisode vor.

bewahrt hat *), *völlig beſtätigt, ſondern wir ſehen ſogar, daß Apollonius Rhodius den Simonides in dieſen drey Verſen wörtlich ausgeſchrieben hat.* Argon. I, 550 – 52.

Antimachus *εν Λυδ͂ɲ.* *Den Inhalt und die rührende Veranlaſſung dieſes in* elegiſchen *Verſen abgefaßten Gedichts des berühmten Colophoniſchen Dichters, der bald nach dem Ende des Peloponneſiſchen Krieges* Ol. 93, 4. *blühte, kennen wir aus dem* Plutarch Conſol. ad Apollon. p. 106. B, *und aus dem trefflichen*

elegiſchen

---

*) . . . . . ῦεν αὐτὴν ἐϑεοποίηϲάν ἕλληνεϲ, - καϑάπερ καὶ τὴν πολεμικωτάτην Αϑηνᾶν, Ἰτωνίου μὲν ὑπάρχουϲαν ϑυγατέρα, Ἰοδάμαϲ δὲ ἀδελφὴ, ἣν Ἰοδάμαν ἀντιπολεμοῦϲαν ἀνεῖλεν, ὥϲ φηϲι Σιμωνίδηϲ ὁ γενεαλόγοϲ

Πηλιάδεϲ κορυφῇϲιν ἐϑάμβεον εἰϲορόωϲαι
Ἔργον Αϑηναίηϲ Ἰτωνίδοϲ, ἠδὲ καὶ αὐτὸϲ
ἥρωαϲ χείρεϲϲιν ἐπικραδάοντϲϲ ἐρετμά.

Sowohl dieſes Fragment als das ganze vorhergehende Scholion hat Phavoris *in ſ.* Lex v. Παλλαϲ, *un ſehr verderbt, aufgenommen; dennoch ſcheint aus dem* Etym. M. v. Ἰτωνιϲ *in dem ein Theil des Fragments unter dem Namen des* Apollonius *vorkömmt, und aus welchem das Scholion des* Tzetzes, *wie Hr.* Brunk *in ſ.* Notis ad Apoll. Rh. Arg. XI, 551. p. 26. *bemerkt, zu verbeſſern iſt, zu erhellen daß jene Verſe eigentlich nicht dem* Simonides *gehören.*

elegischen Fragment des Hermesianax, welches
uns Athenäus XIII, p. 597. aufbehalten hatte.
Antimachus hatte das Andenken seiner ihm un-
vergeßlichen Geliebten, die den Namen ihres
Vaterlandes, Lydien, führte, durch mehrere
elegische Gesänge, in welchen er die Leiden und
Unfälle berühmter Personen, aus dem Heldenal-
ter (τὰς ἡρωϊκὰς συμφορὰς Plut.) beschrieb, verewigen wollen, um so, durch das Anschauen
fremden Unglücks, den Schmerz über seinen
eignen Verlust zu mildern. Das übrige, was
von diesem Gedichte und dem Mädchen Lyde,
zu deren Gedächtniß es entworfen war, noch
erinnert werden könnte, hat nach Ruhnken (Ep.
Crit. II, p. 292. und in d. Einleitung z. Fragm.
d. Hermesianax p. 283 sq.) ein hoffnungsvoller
junger Gelehrter Hr. Schellenberg in seinen
vor kurzem erschienenen Fragmenten des
Antimachus am vollständigsten gesammelt.
S. 11 — 14. 28 — 30. Genug, bey einem Gedicht von dem Inhalt läßt es sich schon vermuthen, daß Iason, Medea und die Gefährten
Ihres Zugs nicht werden übergangen seyn.
Diese Vermuthung aber wird durch die häufigen Nachweisungen des Scholiasten z. Apollon.
zur entschiednen Gewißheit. Der Argonautenzug muß einen sehr beträchtlichen Theil der

Lyda

Lyda umfaßt haben. Die hieher gehörige
Stellen des Scholiasten sind vom Hrn. Schellen-
berg vollständig gesammelt und zweckmäßig er-
läutert Fr. 38-46. S: 84-89 x). Bey einige
wird ausdrücklich bemerkt, daß Apollonius den
Antimachus gefolgt sey, z. B. B. II. 296. 297
in der Benennung der Strophaden (Στροφαδε
νησοι *). IV, 156. in der zauberischen Einschlä-*
ferung des Drachen, der das Vlies bewachte,
und der Entwendung des letztern.

. P i s a n d e r Πεισανδρος. *Wir kennen zwey*
Schriftsteller dieses Namens. Der ältre berühmte
Epiker aus C a m i r u s in R h o d u s, dessen
Alter Suidas in die 33ste Olympiade setzt, war
durch eine H e r a k l e a, in zwey Büchern, be-
kannt. Auf d i e s e s Werk beziehen sich wahr-
scheinlich mehrere Scholien zum Apollonius B. I,
151. 471. 1196. II, 98. 1089. IV, 57. 1396.
Vgl. Heyne z. Virgil. T. II, p. 234. u. T. IV,
p. 237 y). Von diesem Camirensischen Dichter
unter-

---

x) *Sie stehen* B. I, 211. 1289. II, 178. 296. 297. III,
    410. IV, 156. 259. 1153.

y) Porro vir doctissimus (Cel. Ruhnkenius) bene mo-
    net, ea quae ab Scholiasta Apollonii Rhodii affe-
    runtur, vix ex Larandensi petita esse posse, cum

unterſcheidet *Suidas* einen weit ſpätern *Piſander*
aus *Laranda*, der unter dem Kaiſer *Alexan-*
der Mammää lebte und ſich durch ein *Cykli-*
ſches Gedicht Ἡρωϊκαι Ἰεογαμιαι, in welchem
auch die *Argonautenfabel* weitläuftig erzählt
war, berühmt gemacht hat. *Zoſim. Hiſtor.* V,
29. *Bekanntlich verwerfen einige Critiker 'das*
angeführte *Zeugniß* des *Suidas* und halten die
Ἡρωϊκὰς Ἰεογαμιας mit der Ἡρακλεια des ältern
Piſanders für ein *Werk. Doch ſcheint dieß*
eine bloße *Vermuthung zu ſeyn; die noch über-*
dieß wenig Wahrſcheinlichkeit für ſich hat. S.
Heyne ad. Virg. T. IV. l. c.

G 5 Mit

<hr>

is ſcriptor recentiſſimus fuerit; in Indice autem
eorum ſcriptorum, quorum teſtimonia in Scholiis
Apollonii afferuntur, nullus, inquit, occurrit, qui non Auguſti et Tiberii aetate
ſuperior ſit. Si ad lib. II, 329. Lucianus laudatur, eum ab interpolatore intruſum videri. Ob
dieſe Behauptung durchaus richtig ſey, ließe ſich doch
noch bezweifeln. Wenigſtens fällt mir außer dem,
für einen ſpätern Zuſatz eines Interpolators anerkannten Beyſpiel des Lucians, gleich noch ein andres bey Schol. lib. I, 292. wo *Apion, der be-*
rühmte Grammatiker, citirt wird, der nicht allein
Zeitgenoſſe des *Tibers* war, ſondern noch unter
Caligula lebte. ſ. oben S.

Mit der Argonautenfabel ging es auf ähnliche Art, wie mit den übrigen Nationalepopeen
der Griechen, die in allen Zeiten gleichſam die
Fundgrube wurden, aus der die ſpäter blühenden Tragiker ihre Sujets hernahmen, und
ſie, wiewohl oft in veränderter Geſtalt, und
mit allen den, ihrem beſondern Zweck angemeſſenen, Erweiterungen und Verſchönerungen,
in das gefällige Gewand der Drama einkleide-
ten. Freylich konnte die Ausbeute hier nicht
ſo reich ſeyn, als in der weit fruchtbareren,
und einen größern Umfang von Iahren und
merkwürdigen Begebenheiten umfaſſenden Tro-
ianiſchen Fabel, aus der ſo viele der noch
vorhandnen, und unzählige, bis auf Titel und
wenige Fragmente, verlorene Dramen entlehnt
ſind. Indeſſen würde ſelbſt die Anzahl der
Tragödien, deren Inhalt ſich um die Argonautenfabel abwindet, groß genug werden, wenn
ſich jemand der verdrießlichen Mühe unterzie-
hen wollte, aus den hin und wieder vorkommenden Ueberſichten und Fragmenten derſelben, ein
vollſtändiges Verzeichniß der hieher gehörigen
Dramen zu entwerfen. Nach den mir einmahl
abgeſteckten Gränzen meiner Unterſuchung, können hier nur die wenigen einen Platz finden,
deren der Scholiaſt zum Apollonius
gedenkt.   Zuerſt

Zuerſt die Lemnierinnen, ein verlornes Drama des Sophokles z). Schon der Titel, noch mehr aber die wenigen daraus erhaltenen Nachrichten überzeugen uns, daß der Inhalt deſſelben aus der Argonautenfabel genommen. Die Ankunft der Helden auf Lemnos, ihre Verbindung mit den verwaiſten Bürgerinnen der Inſel und ihr Abſchied machten wahrſcheinlich den Stoff des Drama aus. Apollonius konnte es alſo in dem ausführlichen Theil ſeines Gedichts, der dieſe Geſchichte enthält (B. I. v. 609 — 909), benutzen, und, wiewohl er in einigen Puncten von demſelben abging, wie z. B. in der vom Schol. B. I, 773. bemerkten Erzählung, daß die Lemnierinnen mit den Argonauten wirklich handgemeng geworden a), ſo hat er es doch in andern Stellen, ſelbſt in einzelnen Schattirungen und Farben, offenbar vor Augen gehabt. So z. B. in der Beſchreibung der Lage von Lemnos gegen

den

z) Es muß eine doppelte Recenſion dieſes Stücks vorhanden geweſen ſeyn, wie Hr. Brunk aus einer Stelle des Stephanus mit Recht vermuthet, der (im Fragm. Seguer.) v. Δωτιον ein paar Zeilen aus den Λημνίαις προτέραις anführt.

a) Schol. l. c. Σοφοκλῆς δὲ ἐν Λημνίαις καὶ μάχην ἰσχυρὰν αὐτὰς συνέψαι φησίν.

den Berg Athos, der einen Schatten auf
Infel wirft, B. I, v. 604. Ἄθω — κολα
— — Λῆμνον — — ἀκροτάτῃ κορυφῇ σκιά
Die Stelle ift höchſt wahrſcheinlich nach ein
ähnlichen des Sophokles, die uns das Etym.
v. Ἄθως aufbehalten hat, kopirt:

　Ἄθως ἀκρωτήριον Θρᾴκης. Σοφοκλῆς.
　Ἄθως σκιάζει νῶτα Λημνίας βοός. b).
Vgl. Brunk in Fragm. Sophocl. Vol. II. P. II
p. 21.

　Von verwandtem Inhalte war ein Dram
des Aeſchylus, Ὑψιπύλη betitelt c). S
hieß bekanntlich jene berühmte Königinn de
Lemnier, die ihren Vater Thoas, bey den
grauſamen Geſchick, das über alle übrigen Män
ner erging, mit der Flucht rettete. Apollon
Rh. I, 620 fqq. Apollod. I. 9, 17. p. 57. u. Not
ad Apollod. P. I, p. 183. Der Schol. z. Apol
lonius erwähnt dieſes Drama B. I, v. 773 d).
　　　　　　　　　　　　　　　　　Nach

b) Aller Wahrſcheinlichkeit nach, wie Hr. Brunk in
der augef. vortrefflichen Sammlung der Sophoklei-
ſchen Fragmente l. c. bemerkt, iſt dieſer Vers aus
den Λημνίαις entlehnt, obgleich das Etym. es unent-
ſchieden läßt.

c) S. Heſych. v. ἀποκορσωσαμέναις.

d) ὅτι δὲ ἐμίγησαν οἱ Ἀργοναῦται ταῖς Λημνίαις, Ἡρό-
δος ἱστορεῖ. Αἰσχύλος δὲ ἐν Ὑψιπύλῃ ἐν ὅπλοις φησ
αὐτὰς

Nach diefer Stelle zu urtheilen war das
Sujet mit dem der Lemnierinnen des Sophokles
Eins, nur mit befondrer Rückficht auf die Kö-
ginn Hypfipyle.   Die vorhergegangnen und
folgenden Thaten und Schickfale derfelben e)
fcheinen nicht mit in den Plan des Gedichts gehört zu haben, oder waren wenigftens nur als
Epifode und O r a k e l f) eingewebt.

Aus

αὐτὰς ἐπελθούσας χειμαζομένοις τοῖς Ἀργοναύταις, μέχ-
ρις οὗ ὅρκον ἔλαβον παρ᾽ αὐτῶν ἀποβάντας μίσγεσθαι
αὐταῖς. Auch Apollonius läßt die Weiber auf Lemnos bey der Ankunft der Argonauten zu den Waffen greiffen I, 633 fq. allein gar nicht in der Abficht, wie Aefchylus, fondern aus bloßer Furcht,
die Anlandenden möchten Thracier, ihre Feinde,
feyn. Sophokles ging, wie wir gefehen haben,
noch weiter; er ließ fie fogar ein hitziges Treffen
mit den A. liefern.

e) Von den letzteren f. Hygin. Fab. 15. 74. 254.
Schmid Proleg. ad Pind. Nem. p. 2. Apollod. III, 6,
4 p. 216. Diefe letzteren Schickfale der Hypfipyle
fcheinen den Inhalt eines verlornen Drama des Euripides unter eben dem Titel ausgemacht zu haben.
S. Valken. Diatr. Eurip. c. 20. p. 211 fq. Fragm.
Eurip. ed. Lipf. T. II, p. 449.

f) Etwa, wie die Irfaale der Io im gefeffelten Prometheus. v. 706, fq.

Aus eben der Argonautenfabel waren di
Κολχιδες *und* Σκυθαι *des, Sophocles entlehnt*
In jenem machte die Expedition der Hel
den in Colchis (B. Schol. Apollon. Rh. III
1039. 1370. IV, 228) *und in diesem wahrschein*
lich ihr Rückzug den Hauptstoff des Drama
aus. Schol. Apoll. Rh. IV, 223 g). 284. *Vgl*
Brunk Fragm. Soph. p. 18. 28. *Fast in allen*
diesen Stellen wird die vom Apollonius ver-
schiedne Erzählung des Tragikers, bemerkt, be-
sonders in der letzten vom Rückzug der Ar-
gonauten, IV, 284. Sophokles führte seine
Helden denselben Weg wieder zurück auf dem
sie gekommen waren.

Ριζοτόμοι *ein zur Argonautenfabel gehöriges*
Drama eben dieses berühmten Tragikers, aus
welchem uns Makrobius (Saturn. V, 19) *und*
der Schol. z. Apoll. III, 1213 einige Fragmente
aufbehalten haben h). *Nach Makrobius hatte*
der

---

g) *Mit dem hier ausgezeichneten Fragment aus den*
  Scythen vgl. man Schol. Ap. Rh. III, 242, *welche*
  Stelle wahrscheinlich auch zu den Σκύθαις *gehört.*
  Die Nereide, die in jenem Fragment als Mutter
  des Apsyrtus verkömmt, wird hier Neära genannt.

h) *Verbessert steht dieses Fragment in* Valken. Diatr.
  Eurip. p. 167. *und neuerlichst in Hrn. Brunks Samm-*
  lung der Sophokl. Fragm. p. 27.

der Dichter hier die Medea aufgeführt, wie sie mit abgewandtem Gesicht die giftigen Zauberpflanzen abmähte: Sophoclis tragoedia id, de quo quaerimus, etiam titulo praefert. Inscribitur enim Ριζοτόμοι, in qua Medeam describit maleficas herbas secantem, sed auersam, ne vi noxii odoris ipsa interficeretur. etc. *Eben dieses lehren die unmittelbar drauf folgenden Fragmente. Der Titel des Stücks, war nur von der Haupthandlung der Medea, auf der das Wohl Iasons einzig beruhte, entlehnt. Denn unmöglich konnte diese für sich hinlänglichen Stoff zu einem ganzen Drama geben. Auch zielen wahrscheinlich nur auf diese einzelne Stelle des Drama des Makrobius Worte, nicht aber auf den Inhalt des ganzen Stücks, der vielleicht darauf abzweckte, den Ursprung der Liebe Medeas zum Iason, den darauf erfolgten Entschluß, ihn durch ihre Zaubermittel zu retten, und endlich die wirkliche Ausführung dieses Entschlusses dramatisch darzustellen. Diese Vermuthung wird durch eine kurze beym Hesychius* v. αἰσώσας *erhaltene* ρησις *aus den Scythen einigermaßen begünstigt. Hier heißt es vom Iason:* κόρην αἰσώσας i) πυρι vrebat Medeam Iason sc. amore. *Vgl.* Brunk in Lexic. Soph. p. 48.

Endlich

---

i) αἰσώσας, διαχέας καὶ τήξας. S. Hesych. l. c.

Endlich könnte ich hier noch den Φινευς, *ei*
ebenfalls verlornes Satyrisches Drama de
Sophokles anführen, insofern dieser von de
Harpyien geplagte Greis mit eine Hauptperso
in den Argonauticis ausmacht, und Apolloniu
seine Helden lange bey ihm verweilen läßt. De
Scholiaft gedenkt zwar desselben nicht ausdrück-
lich, aber höchst wahrscheinlich ist die kurz
Erzählung von der Ursache der Blindheit de
Phineus, die er B. II, v. 178, neben verschied-
nen Meinungen anderer Schriftsteller, dem So-
phokles beylegt 1), *aus diesem Drama*
entlehnt. Vgl. Brunk in Fragm. Soph. p. 34.

Von den Tragödien des Euripides ge-
hört das verlorne Drama hieher, welches Φρι-
ξος

1) Επηρώθη δε τας ὄψεις ὁ Φινευς κατα μεν ἐνίους ὑπὸ τοῦ
Ἡλίου, δια το πολὺν χρόνον αἰτῆσαι μᾶλλον ζῆν ἢ βλέπειν. κατα δε ἐνίους, ὅτι ἐπεβούλευσε Περσεῖ. Σοφοκλῆς δε ὅτι τους ἐκ Κλεοπάτρας υἱους ἐτύφλωσεν, Ὄρ-
θον καὶ Κράμβιν, πεισθεὶς διαβολαῖς Ἰδαίας τῆς αὐτῶν
μητρυιᾶς. *Die Worte des Schol., so wie ich sie*
sie hier ausgezeichnet habe, sind (wahrscheinlich
aus den ungedruckten Scholien) von Hrn. Brunk l.
c. eingerückt. Sie stimmen übrigens, einige nicht
hieher gehörige Zusätze und Veränderungen in der
Wortstellung abgerechnet, im wesentlichen mit den
edirten Scholien überein.

ϟος überſchrieben iſt. Der Dichter ſtellte in
lemſelben die wunderbare Rettung des Phrixus
mit ſeiner Schweſter Helle auf dem Rücken des
Widders von Böotien nach Colchis dar, welche
in der Folge Veranlaſſung des Argonautenzu-
ges wurde d). Daß dieſes den Inhalt des
Stücks ausmachte, läßt ſich mit vieler Wahrſcheinlichkeit aus dem Schol. z. Apoll. Rhod. II,
384 ſchließen, dem zufolge die Fabel von den
Stymphaliſchen Vögeln auf der Inſel Aretias
im ſchwarzen Meer (Apoll. Rh. II, 1031 ſq.
cf. Heyne ad Apollod. P. I. p. 366.) in dieſem
Drama des Euripides vorkam. Fragm. Eurip.
ed. Lipf. T. II, p. 466. Es gab eine doppelte
Recenſion deſſelben. Aus der zweyten und ver-
beſſerten führt der Schol. zu Ariſtoph. Ran.
1256. den Anfang an und aus der erſten der
Schol. zu den Phöniſſen v. 6. ſ. Valken. Diatr.
Eurip. c. 20. p. 216.

(Der Beſchluſs folgt im nächſten Stück.)

———————

III.

Ueber eine Stelle des Pliniu
Hift. Nat. XXXV. 10.

von

Herrn Fiorillo
in Göttingen.

Vielleicht fand kein claffifcher Schriftfteller mehr Ausleger als Plinius, und doch ift noch manche feiner Nachrichten ein Räthfel für de Lefer. Graf Caylus a), Hr. Hofr. Heyne b) u. a. haben bereits bewiefen, daß diefer fchätzbare Sammler kein Kenner der bildenden Künft war, daß er in Rückficht ihrer, älteren Schrift ftellern nachfchrieb, ohne ftrenge Wähl, ohn Sorgfalt Widerfprüche zu vermeiden, und end lich ohne die Meinung feiner Vorgänger immer

richti

a) Reflexions fur quelques chapitres du XXXV Livre d Pline, im 25ten Theil der Memoires de l'Acad des I.

b) Ueber die Kunftlerepochen beym Plinius; von den Schrif ftellern denen Plinius in feiner Kunftgefchichte folg S. Heyne Antiquarifche Auffätze.

richtig gefaßt zu haben. Ich will hier nur bey einer Stelle stehen bleiben, die an und für sich merkwürdig, in mancher Rückficht aber schwierig und dunkel ist.

Die Anekdote, die er vom Apelles und Protogenes erzählt, ist allgemein bekannt, dieß find feine eignen Worte:

Scitum eft inter Protogenem et Apellem, quod accidit. Ille Rhodi viuebat, quo cum Apelles adnauigaffet, auidus cognofcendi opera eius, fama tantum fibi cogniti, continuo officinam petiit. Aberat ipfe, fed tabulam magnae amplitudinis in machina aptatam picturae anus vna cuftodiebat. Haec Protogenem foris effe refpondit, interrogauitque, a quo quaefitum diceret: ab hoc, inquit Apelles, arreptoque penicillo lineam ex colore duxit fummae tenuitatis per tabulam. Reuerfo Protogeni, quae gefta erant, anus indicauit. Ferunt artificem protinus contemplatum fubtilitatem, dixiffe Apellem veniffe: non enim cadere in alium tam abfolutum opus: ipfumque tunc alio colore tenuiorem lineam in illa ipfa duxiffe, praecepiffeque abeuntem, fi rediffet ille, oftenderet, adiiceretque, hunc effe, quem quaereret. Atque ita euenit. Reuertitur enim Apelles, fed vinci erube-

H 3

erubefcens, tertio colore lineas fecuit, n:
lum relinquens amplius fubtilitati locum.
Protogenes victum fe confeffus, in' portum :d
uolauit hofpitem quaerens. Placuitque fic e:
tabulam pofteris tradi, omnium quidem f
artificum praecipuo miraculo. Confumtam ea
conftat priore incendio domus Caefaris in pal
tio, auide ante a nobis fpectatam, fpatiofio:
amplitudine nihil aliud continentem, quam l
neas vifum effugientes, inter egregia mult(
rum opera inani fimilem, et eo ipfo allicie:
tem, omnique opere nobiliorem.

Wer nur ein wenig von der Malerey ve:
fteht, muß diefes Gefchichtchen fo buchftäblic
wie es erzählt ift, und wie ein großer The
der Commentatoren es verfteht, für ungerein
erklären. Auch wagte Carlo Dati c) kei
Erläuterung deffelben, fondern foderte all
Künftler und Gelehrte auf, darüber nachzu
denken; und Lipfius der die Wahrheit der E:
zählung behauptet, überläßt es einem Freund
für ihre Begreiflichkeit zu forgen.

Am beliebteften ift die Vorftellung: Pr
genes habe eine feine Linie des Apelles du

c) Vite di Pittori antichi. Nsp. 1730. p. 168.

feiner der Länge nach in der Mitte der-
t durchfchnitten, daß der Rand der erften
eiden Seiten übergeftanden, und das ganze
Linien ausgemacht habe; endlich fey vom
Apelles in die Mitte der Linie des Protogenes,
wiederum der Länge nach, eine äußerft feine
Linie gezogen, die gleichfalls an beiden Seiten
der Rand derfelben freygelaffen, und folglich
fünf Linien gebildet habe. Z. B. Apelles erfte
Linie war roth, Protogenes Linie die fie durch-
fchnitt fchwarz, giebt eine fchwarze und zwey
rothe; die dritte des Apelles war weiß, und
hatte an jeder Seite eine fchwarze und eine rothe, fo daß ihrer fünf zufammen waren.

Nicht nur Gelehrte, auch Künftler, Künftler
von entfchiednem Verdienft, haben diefe Auslegung angenommen, ohne etwas dagegen einzu-
wenden, ohne zu fühlen daß unmöglich die
Vollkommenheit des gepriefenften der Mahler in
dem Zuge einer feinen Linie beftehen könne.
Diefe fo berühmte Linie, an deren Feinheit Pro-
genes fogleich den Meifter erkannte, und ge-
und non cadere in alium tam abfolutum opus,
nnte gleichwohl noch zwo andern Linien in fich
aum geben.

H 3 *Plinius*

*Plinius sagt, diese Linie sey mit einem Pin
sel gezogen.* penicillo lineam ex colore duxit
*Protogenes war kein Miniaturmahler, und u
streitig wollte er sich des Pinsels, den Apell
ergriff, zu dem großen Stücke bedienen,* i
tabula magnae amplitudinis, *das sich in sei
Arbeitsstube auf der Staffeley,* in machin
befand.

*Ein Künstler der diese vor Augen liegend
Umstände bedenkt, kann die Vollkommenheit d
Linie des Apelles unmöglich in ihrer Feinh
suchen. Auch ist man auf andre Erklärungs
arten verfallen. L. Demontirsius will beweisen
Plinius rede nicht von Linien, sondern von ei
nem allmähligen Uebergange verwandter Tin
ten, oder besser zu sagen von Licht zum Gla
und von Glanz zum Schatten, welches er mi
den Tönen und der Harmonie der Musik ver
gleicht. Iunius und Salmasius widersprache
ihm mit Heftigkeit, sind aber so uneinig unter
einander, indem sie sich an die Worte des Textes halten, als mit ihm der sich davon entfernt
und geben selbst keine Wahrscheinlichkeit zur
bessern Erklärung desselben an. Durand glaubt
Protogenes habe einen von Apelles entworfenen
Umriß verbessert, wie der Meister einer Zei
chenschu*

dieselbe die Arbeit feines Lehrlings. Läßt
fich etwas empörenders denken? etwas das fo
wenig dem *Ausdruck* tam abfolutam opus ent-
fpräche?

Zwar bezieht fich *Durand* auf den *Piles*;
aber *Falconet* verwirft ihn und feinen Gewährsmann, *Rollin*, *Caylus*, *Brotier*, *Poinfinet*,
Jaucourt, *Harduin*, und bekümmert fich um
die Auslegung der ganzen Gefchichte nicht, die
er für ein *Mährchen* erklärt. *Vincenza Car-
ducho* erzählt eine Meinung des *Michel Angelo
Buonarotti*, der das *Verdienft* des *Künftlers*
nicht in einer feinen Linie, fondern in einem
kühnen Umriß fetzte; mit dem er in einem
Zuge den *Contour* einer Figur vollendet habe;
und diefe Erklärung hat wegen des Gewichtes
deffen der fie gab, nicht wenig Anhänger gefunden, zu deren neueften auch *Brotier* gehört.
Aber fchon dem *Salvator Rofa* war fie nicht
genügend. Er ergriff die Reißfeder, fing vom
Fuß einer Figur an, und vollendete ohne inne
zu halten den ganzen übrigen Umriß. ,,Wenn
,,ich, fetzt er hinzu, nichts weiter könnte, fo
,,wär' ich ein armfeliger Mahler. Und in der
That haben unzählige Künftler diefe Gefchicklichkeit befeffen, wie ich dann felbft von *Anni-*

balo

bale Carracci und la Fage *dergleichen mit de*
Feder gemachte Zeichnungen geſehen habe.

Paolo Pini ſchränkt ſich darauf ein zu glau
ben, beide Künſtler hätten in Dreiſtigkeit de
Zeichnung mit einander gewetteifert. Andr
haben die Linie des Apelles, mit dem vollkommenen Cirkel verglichen, welchen Giotto zum
Beweiſe ſeiner Geſchicklichkeit aus freyer Hand
zog. Datti hatte einen Freund, und Perrault
kannte einen Geiſtlichen, die das nämliche zu
thun im Stande waren, und ich könnte ſelbſt
hier in Göttingen einen Gelehrten nahmhaft
machen, der ſeine Hand eben ſo feſt gewöhnt
hat, und ſich ſeiner Cirkel neben dem, das Giotto gewiß nicht zu ſchämen haben würde.

Hogarth, deſſen witzige ſatiriſche Caricatu-
turen ſo allgemein bekannt ſind, ein Mahler voll
Feuer, aber ohne Geſchmack, ſchrieb eine Zer-
gliederung der Schönheit, die er beſſer nicht
geſchrieben hätte, behauptet darin, daß die
ganze Schönheit in der Schlangenlinie beſtehe,
und zieht daraus am Ende ſeiner Vorrede die
Folge, beide Mahler hätten eine Schlangen —
eine Schönheitslinie gezeichnet. Falconet erklärt
dieſe Linie wohl mit Recht für eine Linie der
Trunken-

Trunkenheit, und obgleich Hogarth behauptet,
daß sie sich an keinem niedrigern Thiere zeige,
so findet sie sich doch in auffallender Vollkommenheit bey den Schweinen, welches freylich
das Thier nicht scheint, das auf Schönheit oder
Anstand Anspruch machen könnte.

Hagedorn nimmt an, die Verschönerung der
Umriße, habe den Vorzug der Zeichnung des
Apelles ausgemacht; und glaubt, daß hier von
der Ausführung eines Profils die Rede sey.
Der größte Theil der neueren Gelehrten ist dieser Auslegung gefolgt, so daß sie jetzt die
herrschende scheint. Auch hat sie Wahrscheinlichkeit für sich; aber schon andre haben bemerkt, daß wenn Plinius von einem Profil
spricht, er obliqua imago, nicht linea zu sagen pflegt.

Wie wenn diese Linien gewesen wären, was
Plinius sie nennt? S t r i c h e, aus freyer Hand,
mit einem schlechten Pinsel gezogen, wie sie
grade dem Apelles einfielen. Nicht Linien eines Umrisses, eines Profils, oder irgend einer
bestimmten Gestalt, weil Plinius sonst dieser
Vorstellung erwähnen würde, sondern wie ich
die Sache ansehe, Striche welche die Regeln

H 5 *einer*

Protogenes die Hand des Meisters zu verrathen.

Plinius oder seine Gewährsmänner sahen diese Striche in Griechenland oder in Rom und verstanden sie nicht, jedermann bewunderte sie weil niemand sich darin finden konnte, vornehmlich Künstler weil diese doch ungefähr von ihrer Absicht etwas gehört hatten, und sie waren kaum noch zu erkennen, weil sie durch die Länge der Zeit verbleicht oder abgerieben waren.

Künstlern die ohne Regeln zu arbeiten gewohnt sind, mag diese Vermuthung vielleicht sonderbar scheinen; doch fehlt es nicht an Gründen zu ihrer Unterstützung.

Wir wissen, vornehmlich aus dem Diodor von Sicilien, daß die Aegyptier gewisse bestimmte Regeln der Proportion hatten, deren übrige Richtigkeit uns hier nichts angeht, die aber hinreichten zu bewirken, daß mehrere Künstler an entlegenen Orten, sich mit Ausarbeitung verschiedener Stücke zu einer Bildsäule beschäftigen konnten, die wenn das Werk vollendet

d) lib. I. cap. 98. T. I. p. 110. ed. Wesseling. &. Pausan. VIII, 14. p. 629, X, 48. p. 896.

endet war in einander paßten, und die Arbeit
eines Meisters zu seyn schienen. Diese Regeln,
so erzählt der nämliche Geschichtschreiber, nahmen auch die Griechen an, und die Statue des
Apoll von Samos, des Theleclas und Theodor
war das Werk mehr als eines Bildhauers.

Diese Manier zu arbeiten, zeugt nicht nur
davon daß man sehr genau im Messen war,
sondern auch daß man treffende, untrügliche
Regeln für Stil und Character befolgte; und
die Berge, von denen die Geschichtschreiber erzählen, daß sie die Gestalt eines Menschen oder
eines Thieres annehmen mußten, konnten einzig
nach solchen Regeln gebildet werden. Diese
blieben, wenn man gleich in der Folge der Zeit
aus einem Stücke zu arbeiten vorzog, und Plinius erwähnt ihrer ausdrücklich XXXIV, 8.
fuit Polycletus et —— opere ludicatur. „Po-
„lyclet verfertigte die Figur welche die Künst-
„ler Canon nennen, und die Grundzüge ihrer
„Kunst von ihr, wie von einer Vorschrift, ent-
„lehnen: daher hält man ihn für den einzigen
„Mann, der durch Hülfe der Kunst die Kunst
„geschaffen habe. „

Dieser Canon, dieses Muster des Polyclet,
war also eine Führerinn der Kunst, eine Figur,
　　　　　　　　　　　　　　　　　　　　die

einer *ange en, u*
Protogenes die Hand des Meiſters zu verrathe

Plinius oder ſeine Gewährsmänner ſahe dieſe Striche in Griechenland ode in Rom und verſtanden ſie nicht, jeder mann bewunderte ſie weil niemand ſic darin finden konnte, vornehmlich Künſtle weil dieſe doch ungefähr von ihrer Abſicht et was gehört hatten, und ſie waren kaum noch zu erkennen, weil ſie durch die Länge der Zeit verbleicht oder abgerieben waren.

Künſtlern die ohne Regeln zu arbeiten gewohnt ſind, mag dieſe Vermuthung vielleicht ſonderbar ſcheinen; doch fehlt es nicht an Gründen zu ihrer Unterſtützung.

Wir wiſſen, vornehmlich aus dem Diodor von Sicilien, daß die Aegyptier gewiſſe beſtimmte Regeln der Proportion hatten, deren übrige Richtigkeit uns hier nichts angeht, die aber hinreichten zu bewirken, daß mehrere Künſtler an entlegenen Orten, ſich mit Ausarbeitung verſchiedener Stücke zu einer Bildſäule beſchäftigen konnten, die wenn das Werk vollendet

d) lib. I. cap. 98. T. I. p. 110. ed. Weſſeling. &
Pauſan. VIII, 14. p. 629. X, 48. p. 896.

ndet war in einander paßten, und die Arbeit eines Meisters zu seyn schienen. Diese Regeln, so erzählt der nämliche Geschichtschreiber, nahmen auch die Griechen an, und die Statue des Apoll von Samos, des Thefecles und Theodor war das Werk mehr als eines Bildhauers.

Diese Manier zu arbeiten, zeugt nicht nur davon daß man sehr genau im Messen war, sondern auch daß man treffende, untrügliche Regeln für Stil und Character befolgte; und die Berge, von denen die Geschichtschreiber erzählen, daß sie die Gestalt eines Menschen oder eines Thieres annehmen mußten, konnten einzig nach solchen Regeln gebildet werden. Diese blieben, wenn man gleich in der Folge der Zeit aus einem Stücke zu arbeiten vorzog, und Plinius erwähnt ihrer ausdrücklich XXXIV, 8. fuit Polycletus et —— opere iudicatur. „Polyclet verfertigte die Figur welche die Künst-„ler Canon nennen, und die Grundzüge ihrer „Kunst von ihr, wie von einer Vorschrift, ent-„lehnen: daher hält man ihn für den einzigen „Mann, der durch Hülfe der Kunst die Kunst „geschaffen habe.„

Dieser Canon, dieses Muster des Polyclet, war also eine Führerinn der Kunst, eine Figur, die

die ihre Theile und Unterabtheilungen hatt
Diese mußten die Künstler studiren, und ih
Regeln darauf gründen, wie wir auf eine an
tomische Zeichnung; und durch das tiefe Stu
dium, durch die innige Vertraulichkeit mit du
sen Grundsätzen, wurden sie Meister des erha
benen Stils, bildeten sie jene Gestalten; die auc
ihre minder vorzüglichen Kunstwerke so hervor
ragend machen.   Ich bin fest überzeugt, daß
sie eine ganz andre Eintheilung des menschlichen
Körpers hatten, als die unsrige nach 7, 8 oder
9 Köpfen, und daß sie nach Maaßgabe des
Characters und des Alters verschieden war.

Wie bedauerlich ist auch in diesem Fall der
zu frühe Verlust eines Mannes, den die schönen Künste jedes Himmelstrichs beweinen! Enthusiasmus für die Meisterstücke des Alterthums,
die er in den besten Abgüssen um sich versam-
melt hatte, eigne Kraft und Verdienst das keiner beneiden durfte, machten Mengs zu dem
Einzigen, dem es möglich war, endlich eine ge-
nügendere Bestimmung festzusetzen als die gewöhnliche, deren Mängel ja wohl dem Kenner
nicht vorerzählt werden dürfen e).

Die

e) Winkelmann Gesch. der K. 1764. S. 176, f
  einige Regeln des Mengs über Verhältnisse und F
                                            m

Die Griechen hätten alſo, wie ich glaube,
eine Eintheilung die auf Oſteologie und Myolo-
gie gegründet war, und wofür es eine große
Menge in einander greifender Regeln gab, die
dem Anfänger gänzlich unbekannt, und nur
dem erfahrnen Künſtler geläufig waren. Dieſe
Eintheilungen hatten nun, wie die Fortſchrei-
tung der Farben, unendliche Verſtufungen, der
größere Künſtler wußte mehrere Regeln, und
ſonach verſtehe ich Plinius Worte ohne Schwierigkeit.

Apelles deutete die erſten Regeln der Kunſt
mit wenig Strichen an, gleichſam wie jemand
das Skelet einer Figur entwirft. Protogenes
verbeſſerte an dieſen Strichen nichts, da ihm
aber dieſe Regeln geläufig waren, ſo fügte er
mit andrer Farbe neue Unterabtheilungen hinzu,
wie wir z. B. den Knochen Muſkeln zuſetzen
können, und endlich bezeichnete Apelles mit einer dritten Farbe, die Züge der Schönheit und

Vollen-

---

men an. Hr. F. Hemſterhuis ſoll die Proportion
ausfündig gemacht haben, deren ſich die Etruſker
zu ihren Vaſen bedienten, wenigſtens machen zwey
ſeiner Skizzen die ich geſehen habe, mir ſeine Meinung ſehr wahrſcheinlich.

die beiden Florentinifchen Ausgaben 1522 u
1547 bloße Abdrücke find), gegründet, un
enthält außer dem griech. Text der 7, nac
dem Mufter der Aldina geordneten, bekannt
Tragödien, außer einer, in Ermangelung eine
fortlaufenden Commentars für den Anfänger
fehr brauchbaren, mit vieler Deutlichkeit und
Eleganz gearbeiteten lateinifchen Ueberfetzung,
zugleich einen buchftäblich getreuen Abdruck der
vom Ianus Laskaris zu Rom 1518 zuerft edir-
ten Scholien der alten Commentatoren, mit den
darunter gefetzten und mit kleinerer Schrift ab-
gedruckten Scholien jüngerer Grammati-
ker und dem von allen diefen Scholien gänzlich
abgefonderten exegetifchen Commentar des
Demetrius Triklinius: weiter eine zahl-
reiche meift vollftändige treffliche Sammlung der
noch übrig gebliebenen Fragmente von den
verlornen Sophokleifchen Dramen, fo wie aller
in alten edirten und unedirten Lexikographen
zerftreuten Gloffen zum Sophokles, unter dem
Titel eines Sophokleifchen Lexikons,
endlich einen (unvollftändigen) Index verborum
und ein Regifter der in den Scholien aufgeführ-
ten Schriftfteller. Zu allem diefem kommen
noch die eignen, in der fchon hinlänglich be-
kannten Manier des Herrn Herausgebers, ver-
faßten

faßten Noten oder Anmerkungen zu den ſieben Tragödien hinzu.

Neben der Aldina hat Hr. Brunk 8 Codices verglichen, deren Verzeichniß und Inhalt in der Vorrede nachgeleſen werden kann.   Nur zwey darunter A. und T. enthalten alle Dramen des Sophokles; der letzte iſt von der Hand des Demetr. Triklinius, und hat, nach Hrn. B. Urtheile, vor der Recenſion, welche Turneb abdrucken ließ (1552), weſentliche Vorzüge. Weit mehr aber, als durch die angezogenen Handſchriften, die Rec. insgeſammt von weniger Bedeutung zu ſeyn ſcheinen, hat der griechiſche Text an Richtigkeit theils dadurch gewonnen, daß die alte in den ſpäteren Ausgaben meiſt vernachläſſigte Lesart der Aldina in vielen Stellen wieder hergeſtellt worden, theils durch glückliche von anderen Critikern geborgte oder vom Herausgeber ſelbſt erfundne Conjekturen und Verbeſſerungen.   Hr. B. verfuhr auch hier, wie man es ſchon bey ſeinen übrigen Ausgaben griechiſcher Dichter an ihm gewohnt iſt; er nahm die mehreſten aus bloßer Vermuthung entſtandnen Verbeſſerungen ſogleich in den Text auf.   Daß ſich daher neben vielen vortrefflichen auch manche unnütze und ſehr gewagte Veränderun-

änderungen finden, glauben wir ohne Furch
der Parteylichkeit behaupten zu dürfen. Ei
nige Beyfpiele von beiden mögen unfer Urthei
rechtfertigen.

Marklands Conjektur zu **Oedip.** Theb. 80
τως für τῷ paßt wegen des folgenden ὥσπερ v
81. vortrefflich. In eben dem Drama 184 ließ
Hr. B. mit *Musgrave* αὐτὰν f. ἀκτὰν. Abe
v. 250 ließe fich die gewöhnliche Lesart ἐμοῦ συ.
νειδότος ungeachtet des Machtfpruches: vulgo
prorfus abfurde legitur, wohl vertheidigen. Oedipus hatte *Verwünfchungen* über den Mörde
des Laius ausgeftoßen, die, er möchte auch
feyn wer er wollte, gewiß in Erfüllung gehen
follten. Selbft, fährt er nun im 249 V. fort
wenn der Böfewicht in meinem eignen Haufe, in
meiner Familie fich befände — u n d i c h s er-
führe (ἐμοῦ ξυνειδότος fi refciuerim) — fo
foll er dennoch diefelbe Strafe leiden, die ich
dem Urheber diefer Freuelthat gedroht habe. So
gefaßt, dünkt uns, war die in den Text aufgenommene *Markland.* Verbefferung μὴ οὐ ξυ-
νειδότς fc. ἐμοῦ überflüffig. So fcheint uns
auch die eigne Verbefferung des Hrn. B. V. 740
τότε für die gewöhnliche Lesart ἔχων, die einen
Sinn gab und durch die Auktorität aller Handfchriften

ſchriften beſtätigt wird, ganz verwerflich, theils, weil es nicht wohl begreiflich iſt, wie aus τότε, ἔχων hätte werden ſollen, theils weil das τότε in dieſer Verbindung zu ſehr nach einer Paraphraſe ſchmeckt, als daß wir glauben könnten, der Dichter hätte ſo geſchrieben. V. 845 verändert Hr. B. die gewöhnliche Lesart· εἴς γε τοῖς πολλοῖς ἴσος ohne hinlänglichen Grund in εἴς γέ τις πολλοῖς ἴσος. Er ſagt zwar in der Note p. 192. Articulus hic neutiquam locum tueri poteſt, vbi πολλοῖς indefinite accipiendum. Allein der Artikel bezieht ſich hier auf die vorhergegangne Erzählung der Iokaſte: multis illis quos tu Laium interfeciſſe modo dixiſti. Von gleichem Gehalt ſcheint uns die Verbeſſerung V. 1136 ἐπλησίαζεν. f. ἐπλησίαζον, gegen die Auktorität aller Handſchriften und der Aldina. — Mehr gefielen uns folgende Veränderungen des Textes: V. 374 lieſt Hr. B. vortrefflich: οὐ γὰρ σὰ μοῖρα πρός γ᾽ ἐμοῦ πεσεῖν. Die gewöhnliche Lesart ἐ. γάρ με μ. π. γε σοῦ πεσεῖν gab einen entgegengeſetzten, hier, wegen des folgenden Satzes: ἐπεὶ ἱκανὸς Ἀπόλλων etc. fremden Sinn. V. 413 half Eine Handſchrift zur Auffindung der richtigen Lesart: σὺ, καὶ δεδορκὼς, οὐ βλέπεις, ἵν᾽ εἶ κακοῦ. Im Chor. V. 492 wird aus den Scholien das ausgefallne

gefallne χρησάμενος *gut fupplirt.* V. *1170 if* ἀκούειν *weit ſchöner*, *als das gewöhnliche* ἰκούων. V. *1404 hat durch die Critik, und Erklärung des* V. *neues Licht erhalten* ἃ τοῖς ἐμοῖς ἐσὶν γονεύσι σφῶν θ᾽ ὁμοῦ δηλήματα; quis audebit o gnatae, tot et tanta fuſcipere dedecora, quae generi inhaerent meo, parentibus veſtris vobisque fimul exitialia? *Noch müſſen wir anmerken, daß die mehreſten der hier ausgezeichneten Veränderungen ſchon in dem vor einigen Iahren vom Hrn.* B. *veranſtalteten Abdruck des Oedipus* Rex *befindlich ſind.*

Im Oedipus Coloneus V. *367. würden wir nach unſerm Gefühl doch die gewöhnliche Lesart aller Codd.* ἔρις *der, wenn gleich noch ſo ſinnreichen, Conjektur von Tyrwhitt (der dem Herausgeber ſ. Emendationen z. Sophokles mittheilte)* ἔρως, *vorziehen. Auch führt darauf ſchon der 372* V. *wo* ἔρις *wiederholt wird, aber mit dem Prädikat* κακή. *Man erkläre es in der erſten Stelle nur nicht, wie Hr.* B. *zu thun ſcheint, durch* lis, contentio *im üblen Sinn, ſondern als Synonym mit* Φιλονεικία, *Wetteifer, in welcher Bedeutung es z.* B. *beym* Xenophon. Paed. 8. *vorkömmt, ſo wie* ἐρίζειν *beym* Aelian V. H. I, 24. p. 35. — V. *217 gab der Triklinifche*

klinische Codèx βαίνεις. V. 243 ἐκ ἀλαοῖς war
die alte Lesart, die hier wieder hergeßellt iß.
V. 251 λέχος eine herrliche Vermuthung von
Riſke, die ſowohl wegen ihrer Wahrſcheinlichkeit, als weil ſie in die ganze affektvolle Rede
der Antigone vortrefflich hineinpaßt, das Bür-
gerrecht verdiente. Schön iſt die Verbeſſerung
V. 277 τῶν θεῶν ὥραν ποιεῖσθε für das verdorbne
τὼς θεοὺς μοῖραν ποιεῖσθε. V. 547 gab ἄλλους
keinen erträglichen Sinn. Der Scholiaſt zieht es
zwar auf die Gefährten des Laius. Dem
ſcheint aber der Zuſammenhang nicht günſtig
zu ſeyn. Hr. B. nahm daher mit Recht die
ſinnreiche Conjektur von Tyrwhitt ἄγνως in den
Text auf, wiewohl dann derſelbe Gedanke im
folgenden Verſe wiederholt wird: ἄϊδρις ἐς τόδ᾽
ἦλθον.

Wie der Verf. im Philoktet V. 190 ὑπέ-
κειται in ὑπακούει verwandeln konnte, ſehen wir
nicht ein. Wir behalten die gewöhnliche Lesart
bey, und verbinden nur πικρᾶς οἰμωγᾶς mit
ἀχὼ, ſo wird alles deutlich. ὑπόκειται heißt
dann nichts weiter, wie ſubeſt, adeſt. V. 421
ſehen wir Hrn. Gedikens Vermuthung Λαερτίῳ
durch das Anſehen einer Handſchrift beſtätigt.
V. 438 ließt Hr. B. nach Hemſterhuis σοῦ πα-

fältigem Studium des griechifchen Tragik
nicht wenig Stellen aufgeftoßen, wo der Si
des Originals vom V. verfehlt oder unrichi
gefaßt zu feyn fcheint. Auch hier heben
einige Beyfpiele aus. Im Oed. Tyr. v. 27.
927 heißt es in der Ueberfetzung: pereunt i
maturis partubus foetus mulierum. Im Te
ftand Φϑίνουσα πόλις — τόκοισι ἄγόνοις γυν
κῶν. ἄγονος bedeutet aber, foviel wir wiſſen
nie immaturus. Vielmehr foll der Sinn diefer
feyn: Selbft der fchwangeren Weiber verfchont
die verheerende Peft nicht, fondern rafft mit
ihnen auch ihre noch ungeborne Frucht weg.
In demfelben Drama V. 99 frägt der unglück-
liche König, durch die vom Orakel zu Delphi
eingezognen Nachrichten beunruhigt, nach den
Mitteln durch welche die Stadt von dem ihr un-
glückbringenden μιασμα gereinigt werden könnte:
ποίῳ καϑαρμῷ; τίς ὁ τρόπος τῆς ξυμφορᾶς; die
letzten Worte überfetzt Hr. B. quodnam cala-
mitatis genus eft? Rec. glaubt τρόπος hier in
feiner erften urfprünglichen Bedeutung nehmen
zu müffen: quae auerfio f. reparatio mali adhiberi debet? So entfpricht der Frage die unmittelbar drauf folgende Antwort des Creon
vollkommen: ἀνδρηλατοῦντας, ἢ φόνῳ φόνον πάλιν λύοντας u. f. w.

　　　　　　　　　　　　　　　　Sehr

Sehr willkührlich ift folgende Stelle im Oed. Col. 443. ἀλλ' ἔτους σμικροῦ χάριν — ἠλάμην *übergetragen:* fed quia ne verbulo quidem cauffam meam tueri aggreffi funt, extorris — vagor. *Das verbulum abgerechnet, hat Hr. B. fich hier einen neuen Text gefchaffen. Um fo mehr wundern wir uns, warum der Verf. des Camerarius weit vorzüglichere Erklärung:* ob rem parui momenti, leuem ob praetextam, *der Er doch mit Beyfall in den Noten gedenkt, nicht beybehielt. Man vergleiche V.* 260 *wo* ἐκ σμικροῦ λόγου *in eben der Bedeutung vorkömmt.* — *Der* ἀνὴρ ὑπόπτης *beym Philoktet V.* 137 *ift unferm Verf. fo wie vor ihm Hn. Gedike,* homo fufpicax. *Er überfetzt:* quidue dicam homini fufpicaci? *Viel natürlicher blieben wir hier bey der erften Bedeutung von* ὑπόπτης qui in confpectum venit *h.* accedit.

Beym 210. 11 V. *deffelben Dramas verbindet der Verf. mit dem Schol. und Hrn. Gedike:* ἀλλ' ἔχε, τέκνον — φροντίδας νέας, *fo daß der Sinn der erfteren Worte des Chors durch die dazwifchen liegende Frage des Neoptol.* λέγ' ὅτι *unterbrochen wird:* Ch. Sed concipe, fili — N. Quidnam? cedo — Ch. aliam cogitationem. *Rec. fcheint diefe Wortfügung ohne Noth ge-*

I 5 *zwungen.*

zwungen. Er nimmt ἔχε entweder für προσέχ
ſc. τὸν νοῦν: Merk' auf: oder für ἐπέχε ſc
σεαυτὸν. Halt! In der letzten Bedeutung kömmt
ἔχειν beym Eurip. Hec. 935 vor, vgl. Philoĉt
201. 258. 545. Neoptolemus, durch dieſen Zu-
ruf des Chors aufmerkſam gemacht, fragt dann
λέγ' ὅ τι; dic, cur attendere me inbeas? oder
dic, quid ſit, und ihm antwortet der Chor:
Φροντίδας νέας ſc. λέγω, (aus dem vorhergehenden λέγ') Ich will dir eine Neuigkeit ſagen, die
deine ganze Aufmerkſamkeit und Sorgfalt fodert. Philoktet nähert ſich uns.

Den 405 V. überſetzt Hr. B. unrichtig:
mihique conſentitis quod arbitramini facinora
iſta eſſe Atridarum et Vlyſſis. Wir nehmen προσ-
ᾴδειν hier in ſeiner eigentl. Bedeutung accinere,
canere, (die deſto paſſender iſt, da Philoktet
zum Chor ſpricht) und ſuppliren nach γιγνώ-
σκειν, ἐμὲ: ceciniſtis h. narrauiſtis mihi, vt
intelligerem, factum hoc eſſe Atridarum et
Vlyſſis. So erklärte ſchon Heath die Stelle,
den der letzte Herausgeber dieſes Drama zwar
widerlegt, aber mit Gründen, die für Rec. wenig befriedigend ſind.

In die ihrer gedrungener Kürze wegen etwas ſchwierigen Worte des Neoptolemus V. 660.
661.

661. καὶ μὴν ἐρῶ γε· τὸν δ᾽ ἔρωθ᾽ οὕτως ἔχω.
Εἰ μοι Θέμις, θέλοιμ᾽ ἄν· εἰ δὲ μὴ, πάρες, *dið
einer verſchiednen Erklärung fähig ſind, ſcheinet
uns der Verf. einen ſehr guten dem Zuſammenhang angemeſſenen Sinn gelegt zu haben:* Equidem cupio (ſc. tela attingere); ſed ita tem-
perata eſt cupido: ſi fas mihi ſit, velîm; ſin
minus, omitte.

Im Chor V. 721 καὶ μέγας ἐκ κείνων *folgt
Hr. B. dem Schol. der* κακῶν *ſupplirt und es
mit dem vorhergekenden zum Philoktet zieht:*
magnusque ex illis malis euadet. *Dieſe Ellipſe
aber ſcheint uns hart. Rec. würde daher vorſchlagen nach* ἀνύσει *V.* 720 *zu interpungiren
und* κείνων *mit den* ἀνδρῶν ἀγαθῶν *im* 718 *V.
zu verbinden, ſo daß der* μέγας *hier Neoptolemus wäre.*

Die Worte des Neoptolemus V. 882. 883.
Ἀλλ᾽ ἥδομαι μὲν σ᾽ εἰσιδὼν παρ᾽ ἐλπίδα ἀνώδυνον
βλέποντα κἀμπνέοντ᾽ ἔτι, *die Hr. B. ſo überſetzt
(S.* 235): Gaudeo equidem quod praeter ſpem
te intueor dolore vacuum, videntem et ſpiran-
tem huc: *ließen ſich, wie uns dünkt, beſſer
faſſen, wenn man folgende Verbindung wählte:*
ἥδομαι εἰσιδὼν σὲ — βλέποντα ἀνώδυνον κἀμ-
πνέοντ᾽

πνέοντ' ἔτι: *Es freut mich deine Mien*
harmlos und dich noch mit neue
Kräften wieder geſtärkt zū ſehe
βλέπειν ἀνώδινον ſ. ἀναδύνως *wäre dann in de*
Sinn zu verſtehen, in welchem es öfter bey u
ſerm Tragiker ſelbſt in dieſem Drama vorkömm
Z. B. v. 11Q. πῶς οὖν βλέπων τις ταῦτα τολ
μῆσαι λαλεῖν *u.* 862. ἀλλ' ὥς τις Αἴδα παρακεί
μενος — βλέπει — *eine Bedeutung der unſ*
deutſches ausſehen entſpricht. \ *Nach unſre*
Ueberſetzung bleibt dann auch ἀναπνέειν *in ſei-*
ner eigenthümlichen Bedeutung, da der Verf.
es hier mit ſeinem Primitiv ſynonym erklärt.

Beym 1138 *u.* 38 *V.* (ὁρῶν) μυρὶ ἀπ' αἰχρῶν ἀνατέλλονϑ' ὅτ' ἐφ' Ἡμῖν κάκ' ἐμήσατ'
Ὀδύσσευς *hat ſich der Verf. eine fühlbare Härte*
zū Schulden kommen laſſen. Er überſetzt: cer-
nens virum, turpia ex turpibus edentem infi-
nita, quanta in me machinatus eſt mala Vlyſ-
ſes; *und ſagt in den Noten zu dieſer Stelle S.*
191. Id eſt: μυρία αἰχρὰ ἀνατέλλοντα ἀπ' αἰχρῶν.
Ieder Leſer, dünkt uns, fühlt die Härte dieſer
Wortfügung. Rec. nimmt ἀνατέλλειν *hier in*
ſeiner intranſitiven Bedeutung ſ. oriri, *genitum*
eſſe, *und verbindet den ganzen Satz auf fol-*
gende Art: Ὁρῶν τὸν ἀνατέλλοντα ἀπ' αἰχρῶν

(ſc.

(l̶c. ἀνδρῶν vgl. v, 384. πρὸς τῦ κακίστου κᾳκ
ιακῶν Ὀδυσσέως) ὅσα μυρία-κάκα ἐμήσατο etc.

Wir kommen zu dem, nach dem eignen Urtheil des Hrn. Herausgebers, schätzbarsten Theil
der ganzen Ausgabe, zu der Sammlung
der Fragmente aus den verlornen Sopho-
kleischen Dramen, die mit dem Lexicon Sopho-
cleum und dem angehängten Regiſtern den 3ten
und letzten Theil des 2ten Bandes ausmacht,
und allein 46 S. in geſpaltenen Columnen beträgt. Auch hier rühmt Hr. B. mit Recht die
fremde Hülfe die ihm dieſes unbeſchreiblich müh-
ſame Geſchäfte ſehr erleichterte. Denn außer
dem, was er in Heath's Lectiones in Sophoclis Fragmenta geſammelt und vorgearbeitet fand,
benutzte Er die Papiere des Valkenaer, welche
ihm dieſer würdige Gelehrte, der ſeit langer
Zeit mit dem leider! unausgeführten Plan einer
neuen vollſtändigen Ausgabe des Sophokles um-
ging, im I. 1780 überließ, und worin der
größte Theil der nun gedruckten Fragmente
ſchon geſammelt und kritiſch verbeſſert war. Hn.
B. blieb alſo nur die Nachleſe und Anordnung
des Ganzen übrig. Sie ſind in alphabetiſcher
Reihe geſtellt, und häufig mit den eignen Anmerkungen und Verbeſſerungen des Herausgebers

bers, der zuweilen noch eine metrifche Ueberfetzung von Grotius vorangeht, begleitet.
Viele angebliche Titel von Dramen, deren zahlreiches Verzeichniß man im Fabricius nachfehen
kann, find, da fie nie wirklich exiftirten und
von keinem alten Schriftfteller angeführt waren,
vom V. mit allem Recht übergangen. Allein
ob in diefe Claffe auch das Drama, Τάλως überfchrieben, deffen der Schol. z. Apollon. Rh. IV,
1638 gedenkt, und welches Rec. in der Brun-
kifchen Sammlung vermißt hat, gefetzt werden
könnte, daran möchten wir wohl mit Grunde
zweifeln. Ueberhaupt dürfte auch felbft bey
diefer vortrefflichen Sammlung für den künftigen Herausgeber noch eine Nachlefe übrig bleiben. Rec. find nur zufällig, ohne daß er ab-
fichtlich darauf ausging, ein paar Stellen aus
dem angef. Schol. zum Apollon. Rhodius aufgeftoßen, die Hr. B. überfehen hat. Die verfte
fteht lib. III, v. 1040. und gehört zu den Κολχιδες S. 18; die zweite III, 242 zu den Σκυθαι.
S. 28. Auch kann er es nicht billigen, daß
wenn ein Drama unter mehreren Ueberfchriften
bey den Alten citirt wird, die übrigen, außer
der gewählten, nicht einmahl, um dem Lefer das
Nachfchlagen zu erleichtern, rubricirt und auf
den eigentlichen Ort, wo das Fragment fteht,
hinge-

hingewiesen worden ist. — Das Lexicon So-
phocleum endlich, welches von S. 47–66 die
bey den alten edirten und uneditten Grammatikern erhaltenen Gloſſen über den Sophokles enthält, erwuchs gröſßtentheils aus der Sammlung
des Hrn. Prof. Ruhnken, durch deren freywillige Mittheilung der Verf. des eignen mühvol-
len Nachleſens überhoben wurde. Beyläufig bemerken wir hier zum Worte Καρουλάδα S. 59,
weil es der Verf. zu bemerken vergeſſen hat,
daß das Drama Ναυπλιος bey einer gleichen Gelegenheit vom Schol. Apoll. Rh. IV, 1695 citirt
wird, nur unter dem corrupten Namen Naupa-
ctus. Den Eehler verbeſſerte ſchon aus der vom
Verf. ausgezeichneten Stelle des Photius, Neo-
corus zum Suidas v. κατουλας S. Fabricius B.
G, l. III, c. 21, p. 542.

K.

2.

ΑΡΙΣΤΟΤΕΛΟΥΣ περὶ Θαυμασίων ἀκυσμάτων. Ariſtotelis liber de mirabili bus auſcultationibus explicatus a IO ANNE BECKMANN M. Brit. Reg. A. Conſil. Aul. Prof. Oeconom. Societ. Scient. Gotting. Sodali. Additis adnotationibus Henr. Stephani, Fr. Sylbúrgii, Iſ. Caſauboni, I. N. Niclas; ſubiéctis-ſub finem notulis C. G. Heynii; interpretationibus Anonymi, Natalis de Comitibus et Dominici Monteſauri atque lectionibus variis e cod. Caeſ. bibl. Vindobon. Gottingae ap. vid. Vandenhoeck. 1786. 4. 428 *Seiten.*

Schon oft ſind über die Sorgloſigkeit Klagen erhoben, mit welcher unſre Zeitgenoſſen grade die wichtigſten und lehrreichſten Werke aus dem Alterthume, eines Ariſtoteles, Theophraſt, Hippokrátes, Galenus u. a. unbearbeitet liegen laſſen, und dafür ihre Muße lieber auf Ausgaben unbedeutender Reliquien eines Sophiſten, oder Rhetors

ors oder *Wörterkrämers* wenden. So gerecht
indeſſen dieſe *Klagen* an und für ſich ſind, ſo
hat man doch dabey nicht ſelten vergeſſen, daß,
um jene *Schriftſteller* auch für weniger unter-
richtete *Leſer* nützlich und verſtändlich zu machen, bloße alte *Sprachkunde* und humaniſtiſche
Kenntniſſe, im gewöhnlichen *Sinne* des *Worts*,
nicht hinreichen, und daß ſich anderweitige mannichfaltige *Einſichten* noch damit vereinigen müſſen, die nicht jeder, wenn *Studium* der alten
Literatur ſein eigentlichſter *Zweck* iſt, zugleich
inne haben kann. Es hätte alſo wohl der be-
ſcheidnen *Entſchuldigungen* nicht bedurft, womit *Herr Hofrath Beckmann* dieſe *Ausgabe* des
Buchs de mirabilibus auſcultationibus, von
welchem wir bis jetzt keine hinlängliche *Erläuterung* hatten, ins *Publicum* eingeführt, da ſie
eine um deſto angenehmere *Erſcheinung* ſeyn
muß, weil der *Hr. Herausgeber* außer einer
nicht gemeinen *Sprachkenntniß*, gründliche *Einſichten* in die alte und neue *Naturgeſchichte* beſitzt, und mit allen *Eigenſchaften* ausgerüſtet
iſt, die ihn in den *Stand* ſetzen konnten, ein
muſterhaftes *Beyſpiel* zu geben, wie ein *Feld*
der alten *Literatur* noch angebaut werden müſſe,
das zeither ſo ſehr vernachläſſigt wurde. *Ieder*,
der anders nicht etwa *Studium* der *Alten* über-

haupt zu den noch übrigen Pedantereyen unſer
Jahrzehends rechnet, wird dankbar das Ver
dienſt erkennen, das ſich Hr. B. dadurch erwor
ben hat, und ihn mit uns zu mehrern, ähnl
chen Arbeiten aufmuntern. So wie überhaup
nichts mehr zu wünſchen wäre, als daß al
die Gelehrten, welche ſich vorzüglich mit de
Naturgeſchichte, Mineralogie, Botanik, un
andern Wiſſenſchaften, die außer dem Gebiet
eines Humaniſten liegen, beſchäftigen, ihre Ne
benſtunden dem Leſen der Alten widmen möch
ten, und weder gleich anfangs daran verzwei
felten, ihren Fleiß jemahls hinlänglich belohn
zu ſehen, noch ſich auch die Mühe verdrieße
ließen, ſoviel ſie könnten, zur Auflöſung vor
Schwierigkeiten, und zur Erklärung dunkle
Stellen beyzutragen. Könnte ein kleines Buch
wie das hier vor uns liegende iſt, manches ent
halten, das die Aufmerkſamkeit eines Gelehrten
von ſo ausgebreiteter Beleſenheit auf ſich zog
wie vielmehr Goldkörner ſollten ſich nicht i
größern Werken der oben genannten Weltweiſen
finden laſſen, die wegen ihrer Reichhaltigkeit ver
dienten hervorgeſucht und geläutert zu werden

Das Buch de mirabilibus auſcultationibu
iſt nichts weiter als ein Adverſarienbuch, worü
mytho

mythologiſche, geographiſche, naturhiſtoriſche,
mineralogiſche, botaniſche, literariſche Notizen
ohne Zuſammenhäng und Ordnung geſammelt
ſind. Allein unter dieſen ſind doch viele einzelne wichtige Bemerkungen; Nachrichten, die
von den Erzählungen anderer Schriftſteller ab-
weichen, und alſo zur Prüfung, Berichtigung
oder Beſtätigung dieſer dienen können; auch
ſolche, die ſonſt nirgends angetroffen werden.
Zu den letzten würden wir etwa rechnen Kap.
65. S. 136. daß die Bienen Veranlaſſung geben, die Zeit der Sonnenwende zu beſtimmen,
weil ſie um dieſelbe ihre Arbeiten anfangen.
Kap. 82. S. 180, daß Dädalus nach den ſogenannten Elektrideninſeln gekommen ſey, und
zum Andenken ſeiner Begebenheiten auf der einen ſeine Bildſäule von Zinn, auf der andern
die Statue ſeines Sohns Ikarus von Erz aufgeſtellt habe. Kap. 112. S. 228. daß noch zur
Zeit des Verfaſſers an den Ufern des Iſter Altäre von Iaſon gezeigt würden, und ein von
der Medea zur Ehre der Artemis erbauter Tempel auf einer der Inſeln des adriätiſchen Meers.

Ganz und in der Geſtalt, wie das Buch
auf uns gekommen iſt, iſt es nicht vom Ariſtoteles; daran kann wohl noch kaum gezweifelt

werden.

werden. Deſſen ungeachtet verliert es dadurch
weniger an ſeinem Werthe, als beym erſten Anblicke ſcheinen möchte. Ein Theil deſſelben iſt
wirklich von ihm, inſofern er aus andern Werken deſſelben genommen iſt, oder faſt mit einerley Worten darin vorkommt. Auch die Zuſätze, welche ſich nicht in den uns übrigen
Schriften des Weltweiſen finden, haben einen
alten Schriftſteller zum Verfaſſer, der vor den
Zeiten des Antigonus Karyſtius, Athenäus,
Sotion, Stephan von Byzanz u. a. gelebt haben muß, weil dieſe, gleichwie andere ſpätere
Compilatoren, das Buch ſchon unter dem Namen des Ariſtoteles anführen. Wie es entſtanden ſey, läßt ſich auf eine doppelte Weiſe am
natürlichſten erklären, was auch Hr. B, in der
Vorrede angemerkt hat. Entweder man nimmt
an, daß ein Theil ſelbſt in der gegenwärtigen
Form vom Ariſtoteles herrühre, und nachher
durch ſpäterhin beygeſchriebne Anmerkungen,
welche unvorſichtige Abſchreiber in den Text
aufnahmen, ſo vermehrt ſey, daß ein Buch
daraus geworden, wie wir es jetzt haben.
(Dieſe Meynung iſt nicht deswegen verwerflich,
weil alle bekannte Schriften des Ariſtoteles ſyſte-
matiſch ſind; da hingegen in dieſer gar keine
Ordnung iſt. Denn Ammonius Hermeä hat in
der

*der Eintheilung der Ariftotelifchen Schriften,
welche er in dem Eingange feines Commentars
zu den Kategorieen Fol. 2. a. gemacht hat, auch
eine befondre Claffe angeführt, die er ὑπομνη-
ματικὰ nennt, d. i. Schriften, welche bloß Ma-
terialienfammlungen, ohne nächfte Abficht auf
gefchriebene Notizen, enthielten, zu welcher
Claffe vielleicht unfre aufcultatt. gehört haben.)
Oder man muß fich vorftellen, daß es von einer fpätern Hand aus den Werken des Ariftoteles, Theophraft u. a. excerpirt, daher bald
unter jenes, bald unter diefes Namen gegangen, und bey wiederholtem Abfchreiben verändert, vergrößert, interpolirt, auch wohl ver-
ftümmelt worden fey. (Diefe andre Muthmaßung wird vorzüglich dadurch begünftigt
daß unter den im* Catalogus mftorum Angliae
et Hiberniae. Oxon. 1697. fol. *verzeichneten
Handfchriften eine ift* (n. 1306): de mirabilibus ex Ariftotele et aliis, *die ohne Zweifel
unfer Buch enthält, S. Hrn. B. Vorrede S. 19).
Der hinzugefügte Anhang aber, welcher bey
Hrn. Beckmann von Kap. 163. S. 336. anhebt,
und in den meiften Handfchriften, die Stephanus gebrauchte, den Anhang des Buches ausmachte, verräth' durch feinen Inhalt einen vom
Urheber des Buches ganz verfchiedenen Verfaf-*

K 3   *fer*

fer, und noch dazu einen abergläubischen Neu
Platoniker. Denn Kap. 175. 176. 177. find e
nerley mit Kap. 4, 5. 8. in dem Buche felbf
Die meiften andern Kapitel find aus dem Philo
ftratus de vita Apollonii Tyanenfis, oder de
Pfeudo - Ariftoteles de mundo genommen, un
handeln von Dingen, die eine amuletifche Kra
haben follen. Kap. 182 wird der German
und des Rheins erwähnt, den Ariftoteles un
die alte Welt überhaupt vor Iulius Cäfar nich
kannte. Nur ein paar Kapitel mögen vielleich
noch im Buche felbft geftanden feyn, find abe
daraus durch irgend einen Zufall hieher in ein
unwürdige Gefellfchaft verfetzt worden. Seh
richtig bemerkt aus diefem Grunde der Her
Herausgeber in den Noten zu Kap. 178. 179
S. 351. 353. daß die Beweife, welche Hr. Prof
Schneider im periculo critico in Anthologian
S. 152. aus in diefem Anhange vorkommende
Stellen abgeleitet hat, um darzuthun, der Ver
faffer des ganzen Buchs habe nach dem Nikan
der gelebt, nur von dem Verfaffer des Anhan
ges gelten künnten.

Gewiß find wenige Werke des Alterthums
fo von den Abfchreibern verdorben worden, als
diefes; und doch war es vielleicht bey keinem
                                    wichtige

wichtiger, den Text in ſeiner urſprünglichen
Reinigkeit zu haben; da faſt kein Kapitel iſt,
wo man nicht auf ſeltene, wenigſtens ungewöhnliche Namen und Ausdrücke ſtieße. Mit
Recht iſt es daher des Herrn Herausgebers vornehmſte Sorge geweſen, alles, was ihm möglich war, zur Entdeckung der ächten Lesarten
ſowohl, als zur Ausmerzung der eingeſchobe-
nen Stellen beyzutragen. Der Text, welchen
er hat abdrucken laſſen, iſt der Caſaubonianiſ-
ſche in der Ausgabe der Werke des Ariſtoteles,
Leyden 1590 Fol., dem auch die neuern Herausgeber, Sylburg und Du Val, gefolgt ſind.
Herr B. hat aber die kritiſchen Noten von Hen-
ricus Stephanus und Friedrich Sylburg, außer,
dem noch Lesarten aus einer Handſchrift der
kaiſerlichen Bibliothek zu Wien, die ihm der
gelehrte Freyherr von Locella mitgetheilt, und
die Varianten der Aldiniſchen Ausgabe 1498 Fol.
nach einer Collation des Herrn Matthiä in Göttingen hinzugefügt. Zur beſondern Zierde ge-
reichen der Ausgabe noch vortreffliche kritiſche
Anmerkungen von Herrn Niklas, Rector in
Lüneburg, und von Herrn Hofrath Heyne,
für deren Werth ſchon die Namen ihrer Verfaſſer bürgen. Dennoch iſt bey dem allen im
Texte ſelbſt nichts geändert, ſo manches auch

K 4   wohl

wohl aus den evidenteſten Gründen, und den ei
ſten Geſetzen des Sprachgebrauchs hätte geän
dert werden können und müſſen. Indeſſen ſchä
tzen wir ſchon die eifrigen Bemühungen, d
Herr Hofrath Beckmann auf Herbeyſchaffun
des kritiſchen Apparats gewandt hat, zumal
da wir aus verſchiedenen Aeußerungen ſchließe
zu können glauben, daß nur beſcheidnes Mis
trauen in ſeine eignen kritiſchen Talente, un
Furcht vor dem Tadel der Sylbenſtecher ihn be
wogen haben, den Text zu laſſen, wie er war
Um die Kritik kundigen Leſern noch mehr zi
erleichtern, hat Hr. B. auch alle lateiniſche Ue
berſetzungen des Buchs, die in ältern Ausga
ben enthalten ſind, und welche, da ſie nach
Handſchriften gemacht wurden, gewiſſermaße
die Stelle dieſer vertreten, dem Texte ſelbſt an
gehängt. Nämlich zuerſt die gewöhnliche, di
in der Ausgabe des Caſaubonus ſteht, zugleic
mit den abweichenden Lesarten aus der Martin
ſchen Ausgabe, Leyden 1578, und der Wechel
ſchen Frankfurt 1593. 8. Da ſie ſehr oft fehler
haft und ſchlecht iſt, ſo hat ſie Hr. Nikla
ſehr ſorgfältig verbeſſert, und, wo dieſer Ge
lehrte es nicht gethan, Hr. Beckmann ſelbſt
allein die Aenderungen ſind in den kritiſchen un
erklärenden Anmerkungen beſonders gedruckt
ſ

ſo daß der Leſer, wenn er eine reine und genau richtige Ueberſetzung haben will, ſich dieſelbe aus den Noten machen kann. Zunächſt
folgt die Ueberſetzung des Natalis de Comitibus aus der lateiniſchen Ausgabe der Werke des
Ariſtoteles, Venedig 1560. 8., und endlich eine
dritte vom Dominicus Monteſaurus, die in der
Iuntiniſchen Edition ſich befindet. Vielleicht
wird einigen Leſern dieſe dreyfache, und wenn
wir die Verbeſſerungen der Vulgata mitrechnen,
vierfache Ueberſetzung, unnöthig und überflüßig ſcheinen, da Hr. B. in Rückſicht auf
den kritiſchen Gebrauch derſelben nur die Stellen hätten ausheben dürfen, worin eine ſolche
Abweichung vom gemeinen Texte liegt, daß ſich
auf eine andre Lesart, die der Ueberſetzer vor
ſich gehabt, ſchließen läßt; doch kann man die
Freygebigkeit des Hrn. B. damit entſchuldigen,
daß die Ueberſetzungen bereits ſelten geworden
waren, und immer verdienten, erhalten zu
werden.

Bey der Mannichfaltigkeit der Gegenſtände,
von welchen in dem kleinen Buche die Rede iſt,
bey der Kürze, Unbeſtimmtheit, Dunkelheit,
womit die Beobachtungen oft erzählt ſind, waren ausführliche Erläuterungen unentbehrlich,

K 5   wenn

wenn sie verständlich werden sollten, besonders
aber Vergleichungen mit ähnlichen Erfahrungen
andrer alter und neuer Schriftsteller, um zu
entscheiden, ob jene das Gepräge der Wahrheit trügen, oder nicht. Diesem Bedürfniss
nun hat Hr. B. durch einen genauen und gründ-
lichen Commentar abgeholfen, der eben so vertraute Bekanntschaft mit der griechischen und
römischen Litteratur, als ausgebreitete Belesenheit in neuern Schriftstellern verräth. Nicht
nur die Zeugnisse alter Autoren, die mit dem
Verfasser des erklärten Buchs einerley Umstände
berühren, sind (oft mit zu ängstlicher Pünct-
lichkeit) gesammelt, geprüft und beurtheilt,
sondern auch, was aus den Werken der Neuern,
ihren Entdeckungen und Nachrichten zur Aufklärung dienen konnte, ist mit einem ruhmwür-
digen Fleiße angeführt, und nicht selten sind
ungemein fruchtbare Resultate daraus entwickelt.
Freylich gibt jetzt dieser Commentar dem Büch-
lein erst seinen eigentlichen Werth, und macht
es gleichsam zu einem Repertorium, wo unter
soviel Rubriken als Kapitel sind, eine Menge
schätzbarer Notizen sich finden, welche man
sonst mühsam suchen müßte, und nicht selten
vergebens suchen würde. Wir würden zu weitläuftig werden, wenn wir Proben aus dem

Commen-

Commentare geben wollten, und, weil wir hoffen können, daß alle, denen daran liegt, zu
wissen, was die Alten von nicht ganz alltägli-
chen Naturphänomenen gewußt und gedacht
haben, das ganze Werk lesen und nützen werden, so wollen wir statt dessen noch einige Bemerkungen hinzusetzen.   Kap. 1. enthält eine
Beschreibung des Bonasus, einer Art großer
wilder Ochsen; von der Hr. Beckmann zwei-
felt, daß sie jetzt noch übrig sey. Zu den
merkwürdigen Eigenschaften derselben wird hier
auch gezählt, daß sie, wenn sie verfolgt werden, und ermüdet sind, stehen bleiben, hinter
sich ausschlagen, und einen sengenden Unrath
hinter sich werfen.   Beym Aristoteles in der
historia animalium heißt das Thier Bonasus,
eben so bey andern, mit kleinen Verschiedenheiten der Buchstaben.   Merkwürdig ist, daß es
hier βόλινθος genannt wird, welche Benennung
sonst nirgend vorkommt. Wir sind auf die
Muthmaßung gefallen, ob nicht βόλινθος in βό-
λιτος oder βόλβιτος, welches eigentlich Stercus
boum bezeichnet, geändert werden müsse. (Man
vergleiche Schol. zu Aristoph. Acharn. p. 420
ed. Küster; wo Aristophanes sagt: ἐτρεφέτην
ἐν τᾶσι βολίτοις — und der Scholiast: βολίτοις
δὲ, ὅτι περὶ βοῶν ὁ λόγος. ὅτω δὲ λέγονται, οἱ
σπέλεθοι

σπέλεθοι τῶν βοῶν). Ferner, ob nicht d
Worte τὰ καλέμενον Βόλινθον hier am unrechte
Orte stehen, und eigentlich weiter hin gehören
hinter die Worte: ἐπὶ τέτταρας ὀργυίας — u
der Verfaſſer die Wirkung des vom Bonaſu
ausgeworfenen Unraths beſchreibt. Kap. XI
S. 32. Die letzten Worte dieſes Kapitels ſin
nicht durch Interpolation hinzu gekommen, wie
Hr. B. deshalb glaubt, weil ſie beym Stobäus
fehlen. Sie ſtehen ja beym Ariſtoteles in der
von ihm ſelbſt in den Noten angeführten Stelle.
Kap. XIII. S. 36. Die Fabeln vom Pelekan,
welche in den Werken der Kirchenväter angetroffen werden, daß er ſeine Iungen tödte,
nachher ſich ſelbſt verwunde, und durch Be-
ſprützung mit ſeinem Blute die Iungen wieder
auferwecke, wurden nicht eben erfunden fromme
Geſinnungen gegen Gott überhaupt zu erwecken,
wie ſich Hr. B. ihren Urſprung erklärt. Sie
dienten vielmehr zu Allegorieen des Edelmuths
des Stifters unſerer Religion, womit er ſein
Leben aufopferte. Rec. erinnert ſich einen alten
geſchnittenen Stein geſehn zu haben, der in einen goldnen Ring gefaßt war, worauf der
Künſtler einen Pelekan ſich ſelbſt in die Bruſt
beißend dargeſtellt hatte: die Blutstropfen fielen auf die Iungen herab; drüber ſtand die
                                    Inſchrift:

Inſchrift: 'Saluatoris' Sanguine beor. *Kap.*
XII. S. 34. Vgl. Kap. LXVII, CLX. Die Rede
iſt in dem erſtgenannten Kapitel von einem Vo-
gel, den die Griechen ὀρνοκολάπτης, *wir Deut-*
ſchen B a u m h a c k e r nennen. Der Autor ſagt
von ihm, er laufe an den Bäumen herauf,
ὥσπερ τὰς ἀσκαλαβώτας — *und Plinius* hiſt. na-
tural. X, 18, *drückt es aus:* Scandere eum
Felium modo. *Nun erhellt aus einer andern*
Stelle des Plinius XIX, 4, daß ἀσκαλαβώτης
eine Art Eidexen bedeute, welche die Lateiner
Stellio *nennen, und alſo findet ſich hier ein Wi-*
derſpruch, den Hr. Hofr. Beckmann nicht lö-
ſen konnte. Die Sache läßt ſich indeß erklären.
Ασκαλαβώτης *hat zwey Bedeutungen, die Sui-*
das angibt h. v. ἔστι δὲ, *ſagt er,* ζωῦφιον ἐοι-
κὸς σαύρᾳ, ἐν τοῖς τοίχοις τῶν οἰκημάτων ἀνέρ-
τον· ἢ καὶ ὁ ποντικὸς καὶ ἡ κοινῶς λεγομένη νυμ-
φίτζα. *Das letztere Wort, welches auch* νυφίτζα *geſchrieben wird, brauchten die Alten*
für muſtela, felis, mus marinus; *es iſt ein*
ſpätgriechiſches Wort, und daher auch vom
Du Cange *in ſeinem* Gloſſario *erläutert. Es fin-*
det ſich aber auch ſchon beym Diodor I, 83. T.
I. p. 93. σέβονται (*die Aegyptier*) τὰς τε αἰλύ-
ρες καὶ τὰς ἰχνεύμονας καὶ νυφίτζας καὶ κύνας.
Rhodomann und Weſſeling halten die Worte

καὶ

καὶ νυφίτζας für eine Gloſſe, wodurch jemand di
ἰχνεύμονας habe erklären wollen. Das mag ſeyn
ſoviel kann man doch hieraus ſchließen, da
aſcalabotes bald für Stellio (σαύρα) bald fi
felis (νυφίτζα) genommen ſey. Cap. XVII
hat Hr. Niklas einige zu ſeiner Ausgabe de
Geoponica gehörige Bemerkungen gemacht, wel
ches wir derjenigen Leſer unſrer Bibliothek we
gen anzeigen, die dieſe etwa beſitzen möch
ten. Kap. XXIV. iſt eine Beobachtung erzählt
daß in der Inſel Cypern die Mäuſe Eiſen fräßen
Hr. B. führt mehr ähnliche Erzählungen aus
den Alten an, unter andern auch die bekant
des Herodot, II. cap. 141. daß Mäuſe in eine
Nacht die Bogen und Köcher der Soldaten des
Sandcharib, Königs der Araber und Aſſyrier
welcher Aegypten bekriegte, zerfreſſen und un
brauchbar gemacht, ſo daß die Armee den fol
genden Tag fliehen müſſen. Reſ. glaubt nicht
daß der vom Herodot erzählte Vorfall hieher
gehöre; denn die Mäuſe zerfraßen nicht die
Bogen und Köcher ſelbſt, ſondern vielmehr die
Sehnen und Riemen; wenigſtens iſt die Stelle
des H. ſo zu verſtehen; er ſagt auch ausdrücklich: τῶν ἀσπίδων τὰ ὄχανα. Kap. XXVIII.
wird eines Waſſerwirbels in Sicilien erwähnt,
den der Verfaſſer ὕδατος συςρεμμάτιον nennt. συ-
ςρεμ-

spsμμάτιον bezeichnet beym *Pollux*, dessen Stelle *Hrn. Hofrath Beckmann* anführt, eine Gattung von *Gewändern*, woraus aber der Sinn nicht begreiflich wird, den das Wort hier hat. Deutlicher wird dieser wohl aus einer Glosse des *Suidas*, der συςέμματα durch ςασιχςῶν πλήθη umschreibt. *Zu Kap.* XXIX. *S.* 65 ist in den Noten eine treffliche Untersuchung über den *Tarandus* der *Alten*, den *Hr. B.* für das heutige *Elendthier* hält. *Kap.* XLV. *S.* 88 handelt vom *auro apyro* der *Alten*. Außer dem, was der *Hr. Herausgeber* in den Noten darüber beygebracht, verdient noch bemerkt zu werden, daß nach der griechischen Mythologie, der goldne *Regen*, in welchen sich *Iupiter* verwandelte, als er die *Danae* heimsuchte, aus solchem *auro apyro* bestand. *Euripides* sagt in der *Danae* v. 30.

Σαφῶς δὲ πείθειν ἐκ ἔχων, εἰς μηχανὴν
Τοίαν δ' ἐχώρησ', ὡς ἄπυρος χρυσὸς γεγὼς, —
Ποθεινὸν εἰδὼς τᾶτο κτῆμα τοῖς βροτοῖς
Διὰ τέγας ῥεύσειεν ἐν χερσὶν κόρης.

Dieses *aurum apyrum* findet sich noch jetzt in *Arabien* und *Ungarn*. *S. Samuel Koelefer* Auraria Romano-Dacica *C.* 2. Die Art es auszukochen beschreibt *Georg. Agricola* Rei Metall. lib. IX. p. 311. *Kap.* LXXI. gehört unstreitig

zu Kap. LXIX, oder ift aus einer beygemerkte
Notiz entftanden. Eben fo hätte Kap. CLX
mit Kap. LXXXI. verbunden werden müffen
Kap. CXLI. ift eine Gloffe zu dem erften Ka
pitel. Kap. LXXX. müßte Δαίνϰ gelefen wer
den ftatt Αινέϰ, oder wie Hr. Niklas die Ue-
berfetzung verbeffert hat, Aeneae, nach Hrn.
Hofrath Heyne's Anmerkungen. Kap. LXXXI.
Ariftoteles konnte wohl mit Recht dem Lande
Umbrien zufchreiben, was im eigentlichen Sinne
nur vom Venetifchen Gebiete (agro Veneto)
galt. Man darf fich nur erinnern, daß der
Name Umbrien hier allgemein für den ganzen
Bezirk der Gegend genommen wird, fo wie die
Gränzen der Länder damahls nie ganz geogra-
phifch genau beftimmt waren. So wurde der
Namen Syrien bald in engerer, bald in wei-
terer Beziehung verftanden, fo bekanntlich der
Namen der Celten und Scythen, wie auch Hr.
Hofr. B. felbft zu Kap. LVI. anmerkt. Kap.
LXXXIII. muß Ἔννη ftatt Αἴτνη gelefen werden, gleichwie auch in der in den Notes angeführten Stelle des Plutarch Quaeft. nat. vol. 2.
p. 917, der wahrfcheinlich mit unferm Verfaffer
aus derfelben Quelle gefchöpft hat. Kap. CXLII
ift aus dem Polykrit entlehnt, der res ficulas
gefchrieben, und muß mit Kap. CXXII. vereinigt

nigt werden, weil es dazu gehört. In den Noten zu Kap. CLVI. ſcheint ſich der Hr. Herausgeber ſelbſt zu widerſprechen, indem er die Erzählungen vom Unrathe des Bonaſus und deſſen Wirkungen für Fabeln erklärt. Vergl. die Noten zu Kap. I. — Uebrigens empfiehlt ſich die Ausgabe noch durch typographiſche Schönheit und zwey angehängte ſehr brauchbare Regiſter, welche die Leſer dem Fleiße des Hrn. Matthiä verdanken.

Ve.

3.

A. CORNELII CELSI Medicinae Libri. Octo, ex recenſione Leonardi Targae: accedunt notae variorum, item, quae nunc primum accedunt, I. L. Bianconii Diſſertatio de Celſi aetate, et Georgii Matthiae Lexicon Celſianum. Lugduni Bat. apud Sam. et Io. Luchtmans. 1785. gr. Quart.

Die Herausgeber dieſes Werks waren aufgefodert worden, eine neue Ausgabe des Celſus

(quae caeteris effet luculentior) *in ihrem Ver-*
lage zu veranfalten. Ihre erfte Sorge war alfo,
einen Gelehrten ausfindig zu machen, der als
Arzt noch die zu einem Herausgeber des Celfus
erforderlichen Kenntniffe befäße, allein fie wa-
ren, wie in der Vorrede ganz trocken verfi-
chert wird, weder in Holland noch anderswo
fo glücklich, einen folchen anzutreffen: vielleicht
war indeffen ihre Meinung nur, daß unter
diefen Gelehrten keiner fich mit der Herausgabe
des Celfus habe befaffen wollen. Sie wagten es
alfo, felbft als Herausgeber aufzutreten, und
zogen nur da, wo es ihnen nöthig dünk-
te, einen ungenannten Gelehrten zu Rathe.
Dabey bemüheten fie fich, ihrer Ausgabe vor
den bisherigen diejenigen Vorzüge wenigftens
zu verfchaffen, die in ihrer Macht waren, und
dieß ift alfo der Gefichtspunct, aus dem man
fie beurtheilen muß; unbillig wäre es alfo,
wenn man ihnen bey einer Unternehmung, die
mit großen Koften verknüpft gewefen feyn muß,
und bey welcher der Schaden nur auf ihrer
Seite feyn kann, nicht Gerechtigkeit widerfah-
ren laffen wollte. Unftreitig weicht diefe Aus-
gabe wenig andern holländifchen Ausgaben
an Schönheit und Richtigkeit des Drucks. Die
Verleger haben fie fogar durch manches Neue

aus-

auszuzeichnen gesucht, und ihre guten Absichten verdienen ohne Zweifel von dieser Seite alles Lob, obgleich es von der andern sehr bemerklich ist, daß dieser Celsus von keinem Sachkundigen besorgt wurde. Da Celsus als medicinischer Schriftsteller gar nicht in den Plan der Bibliothek gehört, — so können wir uns begnügen, dasjenige, was man hier zu suchen hat, besonders das neu hinzugekommene, kürzlich anzuzeigen.

Nach einem Schwall von Dedicationen und Vorreden, die aus den vorigen Ausgaben abgedruckt sind, und den auch im Targa befindlichen Verzeichniß der gebrauchten Handschriften und Ausgaben folgt auf 2 Bogen fo. Lud. Bianconii Epistola de Celsi aetate, ein lateinischer, nur das zweckmäßige enthaltender Auszug aus den bekannten Lettere sopra Celso, in Form eines Briefs an die Herausgeber, datirt Rom IX. Kal. Iul. 1780. Dieser Auszug konnte, zumahl in der Lage der HH. Luchtmans, allerdings bequem als eine Art von Einleitung vorgesetzt werden.

Hierauf folgt der Text selbst, ein unveränderter Abdruck der Ausgabe von Targa, Padua 1769.

1769. 4. *mit dem dazu gehörigen kritischen Co*
mentar, außer daß die in jener Edition a
Ende befindlichen Verbefferungen und Zufätze,
wie billig, gehörigen Orts genutzt oder einge-
fchaltet find.

Dann Morgagni Epiftolae in Celfum
nebft den andern im Targa befindlichen Briefen:
ferner Varianten aus einem Münchner Codex,
die Targa deswegen hinten anhängte, weil er
fie zu fpät bekommen hatte, und die alfo hier
hätten mit unter den Text gefetzt werden kön-
nen, da jener fehr triftige Grund wegfiel:
Hierauf Notae variorum auctorum in
Celfi Libros dè re medica *aus der Leid-*
ner Edition von 1745. 8. fo daß die Kraußfchen
Noten, mit Weglaffung deffen, was diefer
aus Morgagni Briefen aufnahm, eingefchaltet
find (die Trillerifchen finden fich nicht): end-
lich Varianten zum Celfus aus einer
noch nicht verglichenen Handfchrift,
auf 40 Seiten. Diefe Handfchrift (von der
man übrigens, außer den Worten der Vorrede:
forte in manus noftras venit vetufta
Celfi membrana, nondum ab aliis col-
lata, cuius variantes excerpendas, et
editioni noftrae adiiciendas curaui-
mus,

mus, nicht die geringste nähere Nachricht findet) fängt mit dem Ende des 6ten Kap. im
zweyten Buch an, und geht bis Lib. VII. c. 31.
Die Collation scheint sehr genau zu seyn, die
Ausbeute aber ist sehr unbeträchtlich, denn die
Lesarten sind entweder schon sonst angemerkt,
oder verändern den Sinn nicht sonderlich, oder
sie sind, und dahin gehört bey weitem die größte
Anzahl, nichts weiter als Fehler des äußerst
nachläßigen Schreibers, welches besonders auch
bey den zahlreichen Auslassungen sichtbar ist.
Es ist nicht unsere, sondern die Sache eines
künftigen Herausgebers, diese Varianten näher
zu prüfen.

Unmittelbar darauf folgt endlich des sel.
Matthiä Lexicon Celsianum, das, ob
es gleich mit äußerst kleiner Schrift, und mit
möglichster Ersparung des Raums in drey Columnen gedruckt ist, gleichwohl nicht weniger
als 463 Seiten anfüllt, und also gewiß eben so
viel beträgt, als das ganze übrige Buch. Man
muß dieses mit einem ungeheuren, aber etwas
undankbaren Fleiße abgefaßten, äußerst vollständige Register als eine Art von Concordanz
betrachten, die allerdings nicht bloß Interpretation und Kritik des Celsus erleichtern, sondern

auch

auch außerdem noch manchen, befonders grammatifchen, Nutzen haben kann. Ieder Artikel hat wieder Unterabtheilungen, je nachdem das Wort entweder in verfchiedenen Bedeutungen und Beziehungen vorkommt, oder mit Subftantiven, Adjectiven, Verbis und andern Redetheilen conftruirt wird: hin und wieder findet man auch grammatifche, zuweilen felbft Sachanmerkungen und Vergleichungen mit andern Schriftftellern. Der fchon 1773 verftorbene Verfaffer hatte die Abficht, den Celfus felbft abdrucken zu laffen, und von dem Index ließ er fchon 1766 hinter eine zu Göttingen unter feinem Vorfitz vertheidigte Differtation de A. Cornelii Celfi Medicina, Refp. Seb. Chr. Kortholt, die Rubrik PER mit einer kleinen Vorrede einrücken, worin er fich über die Abficht und den Zweck feiner Arbeit einigermaßen erklärte. Die Herausgeber kauften nach feinem Tode das Manufcript von der Wittwe, und liefern hier davon einen ganz unveränderten Abdruck. Nur zeigt folgender Umftand wieder den Mangel an hinlänglicher Ueberlegung bey der Herausgabe. Der Verfaffer hatte, wie es bey einem fo ausführlichen Wortregifter unumgänglich nöthig war: den ganzen Celfus in kleine Abfchnitte abgetheilt; quod etiam, fo fagt er in der

ange-

angeführten *Vorrede*, hoc habet commo-
modi, ne in novis editionibus easdem femper paginas, vt poft Almelo-
ueenianam fieri confueuit, fequi neceffe fit: *Das Exemplar nun, auf deffen
Rand die Zahlen der Segmente, nach denen
das Lexicon eingerichtet ift, beygefchrieben waren, erhielten die Herausgeber zugleich mit dem
Manuſcript, und man hätte alſo mit Recht erwarten können, ſie würden dieſe Zahlen auch
ihrer Ausgabe, wenn ſie gleich ein Abdruck
der Targa'ſchen ſeyn ſollte, beygefügt, oder,
wenn ſie dieß einmahl nicht wollten, wenigſtens
im Regiſter allemahl die dritte Zahl weggeftri-
chen haben: aber dieſer Gedanke, ſo natürlich
er auch ift, muß ihnen gar nicht eingefallen
ſeyn. Das Regiſter verweiſet alſo immer auf
Segmente, die im Text ſelbſt nirgends zu finden find.*

* **A.**

Flauii Iosephi de vitá sua liber graece. Re
- censuit, varietatem lectionis et nota
adiecit HENR. PHIL. CONR. HENKE. Bru
nouici in bibliopolio orphanotrophei.
1786. 8.

*Die Ausgabe dieses kleinen Buchs des Iosephus
welche der verdienstvolle Herr Abt Henke besorgt und dem würdigen Hrn. Oberthür gewidmet hat, ist so gut und zweckmäßig gerathen, als es sich nur von dem Eifer und den
Einsichten dieses berühmten Gelehrten erwarten
ließ. Der Häverkampsche Text liegt zwar zum
Grunde, allein er ist dadurch sehr verbessert,
daß verschiedene Lesarten aus einem Codex der
Paris. Biblioth. in den Text aufgenommen sind.
Doruille machte zuerst die Varianten einiger daselbst vorhandenen Manuscripte bekannt, Haver-
kamp konnte sie aber noch nicht nützen, sondern
fügte sie seiner Ausgabe nur hinten an. Eines
derselben*) zog besonders die Aufmerksamkeit
des Hrn. A. auf sich, weil es nicht nur manche
sehr gute Lesart gab, sondern seine Wichtigkeit
auch dadurch noch zeigte, daß es mit den beiden*

*) Hr. H. nennt ihn Cod. reg. I.

den beſten Handſchriften, der Vatikaniſchen und
Voſſiſchen größtentheils übereinſtimmte. Aus dieſem ſind alſo verſchiedene Verbeſſerungen des
Textes gemacht, beſonders da, wo Hudſon ohne
Grund Lesarten verworfen und andere aufgenommen hatte. Hin und wieder wagt der Hr.
Verf. auch eigene Conjekturen, von denen beſonders einige ſeinem Scharfſinn Ehre machen, und
die immer durch die Zuſtimmung irgend einer
wichtigen Handſchrift veranlaßt worden. In den
beygefügten erklärenden Anmerkungen iſt theils
das Gute genützt, was Reland, Spanheim, u. a.
ſchon geſagt haben, theils ſind ſie dem Hrn. Verf.
eigen, und dienen ſowohl zur Erklärung mis-
verſtandener Worte, als zur Berichtigung der
vorhandenen Ueberſetzungen; theils ſind ſie auch
hiſtoriſchen, geographiſchen und antiquariſchen
Inhalts. In beſonderer Rückſicht auf theologi-
ſche Leſer ſind noch die Stellen des N. T. angezeigt, wo ſich Parallelen oder gleiche Bedeutungen der Worte finden. Durchgehends aber iſt
alle Weitſchweifigkeit vermieden, um das Buch
nicht zu übertheuern. Wir wollen unſer Urtheil
dadurch rechtfertigen, daß wir das wichtigſte,
wodurch ſich dieſe Ausgabe empfiehlt, auszeichnen.

 Am Ende des erſten Kap. wird in einer Note
bemerkt, daß Φραζειν τ. χαιρειν nicht immer einen

nen guten Wunſch anzeige; und mit dem bekann
ten οἰμωζειν τινι λεγειν des Lucian für gleichbe
deutend erklärt. Allein eine Verwünſchung ge
radezu, wie das letztere, iſt χαιρειν wohl nie
Richtiger wird es mit dem Lat. valere verglichen
Kap. II. ὑπερ του — ἀκριβεστερον τι γνωναι. In
dieſer bekannten Stelle wird durch den Cod. reg. I.
die Interpunktion beſtätigt, welche Hr. Knitte
in den neuen Kritiken u. ſ. w. vorſchlug,
um dadurch die ſo auffallende Prahlerey des Ioſ.
zu mildern. Hr. A. H. ſcheint ihr Beyfall zu ge
ben, hat aber im Text nichts geändert. Kap.
III. am Ende, iſt die einzig richtige Lesart Κε
σιον für das in allen Editionen ſtehende Γεσσιον
aus dem Cod. reg. I. in den Text genommen.
Sonderbar daß noch keiner dieſen Irrthum be
merkte, da hier die Rede offenbar vom Ceſtius
Gallus, dem Statthalter von Syrien, und
nicht vom Geſſius Florus, dem Procurator
von Iudäa, iſt. Kap. XII, Φθανει δ' Ιησους —
ὸν της των ναυτων και των ἀπορων στασεως ἐφα
μεν ἀρξαι. de bell. Iud. III. 9. 7. erzählt Ioſ.
dieſe Geſchichte, allein da iſt keine Spur weder
von Schiffen noch von Armen. Auf Ver
anlaſſung des Cod. reg. I. der ſtatt των ναυτων,
των αὐτων hat, macht der Hr. Verf. eine ſehr
glückliche und ſcharfſinnige Conjektur, indem
er

π ἀπορων für eine misverstandene Abkürzung ΑΠΟΡΣΝ· (ἀπο Ρωμαιων) hält, und also die Lesart herausbringt: ὁν και της των αὐτων (τιβεριεων) ἀπο Ρωμαιων ςασεως πρωτον κ. τ. λ. Die Stelle erhält durch diese sehr gegründete Verbesserung den besten Sinn, und paßt vollkommen in den Zusammenhang. Kap. XVI. τοις ἐν Ταβεριαδι θερμοις ὑδασι κ. τ. λ. Der Hr. A. zeigt hier aus dem Ios. selbst Antiq. XVIII. 3. 3. und Bell. Iud. IV. 1. 3. und aus andern Schriftstellern, daß diese Bäder nicht in Tiberias selbst, sondern in einem nahe dabey gelegenen kleinen Orte, Ammaus, gewesen sind. Kap. LXII. ὡςε ποιησαντες ἐυπρεπη κλινην κ. τ. λ. Hr. A. bemerkt hier sehr richtig, daß in der Stelle des Herodian, nach welcher Hudson seine Uebersetzung machte, die Rede von der Apotheose eines Imperators sey, hier aber von einem zum Spotte gehaltenen ἐνταφιασμος. Aehnlich ist, was Philo vom Pöbel in Alexandria erzählt, der des Agrippa spottete. Kap. LXV. Προ γαρ εἰκοσιν ἐτων ειχες γεγραμμενην. κ. τ. λ. Der Hr. A. H. beweist hier, daß das Buch des Iustus Tiberiensis, von dem zu unterscheiden sey, welches Photius citirt. Man hat letztern eines großen Irrthums beschuldigen wollen, indem er Biblioth. Cod. XXXIII. behauptet, die Geschichte des Iustus ende mit dem Sterbejahre des Agrippa, da doch Ios. hier sage, daß sie vor 20 Iahren (Ios. schrieb sein Leben etwa im 13. Iahre der Regie-

rung

rung Domitians) fchon gefchrieben fey, und e habe alfo von dem Tode des Agrippa noch nich⸗ er zählen können. Allein ohne Zweifel waren da ⸗Chronicon regum und die hiftoria belli zweyerley nach dem Diog. Laert. II. 41. Stephanus de vrbb. unter der Rubrik Τιβεριας und Suidas. Selbft Photius fcheint einer andern Schrift zu erwähnen, wenn er an der angeführten Stelle hinzufetzt: καὶ την ἱσοριαν δε, ἡν ἐκεινις ἐγραψε κ. τ. λ. Den Irr⸗ thum, daß Agrippa im 3. Iahre Trajans geftor⸗ ben fey, wie am Ende der Stelle gefagt werde, will Hr. H. mehr den Abfchreibern, als dem Photius zur Laft legen und er billigt Pearfons Vorfchlag, ftatt Τραϊχνου κ. lefen του αυτου neml. Ουεστα⸗ σιανου. Kap. LXXV. Εγω δε της πατριδος πεσου⸗ σης μηδεν ἐχων κ. τ. λ. überfetzt Hr. A. nihil pa⸗ tria collapfa pretiofius, vel alicui folatio mihi fu⸗ pereffe cenfebam, quam libertatem meam meo⸗ rumque. Sehr richtig fagt er: σωματα funt ho⸗ mines, allein das meam meorumque fcheint uns nicht in den Worten zu liegen, ob Iof. gleich bald nachher erzählt, daß er fich befonders die Rettung feiner Freunde habe angelegen feyn laffen. Uebri⸗ gens finden wir die aus Xenoph. Kyrop. VII. 5. 73. angeführte Stelle nicht fo ganz paffend, weil da σωματα den χρημασι entgegen fteht. Ganz ähnlich ift: Xenoph. hift. gr. II. 1. 2. Τα ἐλευθερα σω⸗ ματα παντα ἀφηκε Λυσανδρος.

C.

INEDITA

ET

OBSERVATIONES CRITICAE.

Bibl. d. Litt. 2 St.

I.

Epigramma graecum ex Marmore.

Ἀγγελέ Φερσεφόνης, Ἑρμῆ, τίνα τόνδε προπέμπεις

Εἰς τὸν ἀμείδητον Τάρταρον Ἀΐδεω;

Μοῖρά τις ἀεικέλιος τὸν Ἀρίστων᾽ ἥρπασ᾽ ἀπ᾽ αὔρης

Ἑπταέτη· (μέσσος δ᾽ ἐστὶν ὁ παῖς γενετῶν.)

Δακρυχαρὴς Πλούτων, οὐ πνεύματα πάντα βρότεια

Σοὶ νέμεται; τί τρυγᾷς ὄμφακας ἡλικίης;

Nuntie Perſephones, quis hic eſt, quem tu,
fate Maia,

Ducis ad inferni regna ſeuera Iouis?

„Triſtis, Ariſtonem, quem ſors vitae abſtulit
aurae

„Septennem: (medium his, qui genuere,
vides.)

Quid lacrimis laetata, tibi nam, quidquid vbique eſt,

Paſcitur, aetatis, Mors, quid acerba metis?

Epigramma hoc, Neapoli nuper iuxta Hy-
pogaeum repertum, extat in *Caietani Mariae*

a 2 *Cupycii*

Capycii Opufcc. Vol. I. p. 165. cum ipfo Mo
numento, cui illud infculptum eft, ἀναγλύφῳ
quod puerum inter parentes ftantem exhibet
Quod cum idem *Capyc.* paulo ante cum adno
tatione aliqua figillatim euulgaffet, extitere e
alii, qui illud curis poft illum fecundis illu
ftrare conarentur, e quibus Martorellii inpri·
mis, Profeff. Neapol., et alius cuipsdam edi·
tionem impenfe laudat. Cum hoc epigramma,
fiue fententiarum vim et acumen, fiue oratio·
nis cultum fpectes, in fuauiffimis Graecae po·
efeos reliquiis optimo iure reponendum, omni·
noque digniffimum fit, quod cum noftris quo·
que hominibus communicetur; recepi equidem
in me, ita tamen, vt nouam et verfionem et
interpretationem adiicerem, cum Capycium ce·
terosque Italos in fenfu conftituendo mire hal·
lucinatos deprehendiffem; cuius quidem rei ad·
notatio noftra facile, puto, fidem faciet.

v. 1. ῎Αγγελε Φερσεφόνης, Ἑρμῆ,] Mercu·
rius Proferpinae nuntius dictus, quippe
— — — — commune Profundis
Et Superis numen, qui fas per limen
                    vtrumque
Solus habet, geminoque facit commercia
                    mundo
                              fec.

fec. Claudian. R. P. I. 90. ff. adde Horat. I. 10. 20. vbi Superis Deorum gratus et imis audit. Magis tamen huc fpectare videntur Orph. H. in Ἑρμ. Χθον. v. 5.

Ὃς παρὰ Περσεφόνην ἱερὸν δόμον ἀμφιπολεύεις
Αἰνομόροις ψυχαῖς πομπὸς κατὰ γαῖαν ὑπάρχων.

et mox v. 9. — — — σοὶ γὰρ ἔδωκε
Τιμὴν Φερσεφόνεια θεὰ κατὰ Τάρταρον εὐρὺν
Ψυχαῖς ἀενάοις θνητῶν ὁδὸν ἡγεμονεύειν.

nempe quia animas in Orcum deducere credebatur. Hinc eundem Diis inferis adnumerat Aefchyl. in Perf. v. 631. Eodem ducunt et fequentia: τίνα τόνδε προπέμπεις, cet. In anaglypho infculptum videtur προπομπεῖς, fcalpelli errore. Graeca enim lingua non agnofcit h. v. notante iam Capycio, qui v. προπέμπειν opinabatur fignificari, Mercurium praematurae aetatis puerum ad Orcum praemififfe, cum alias πέμπειν fimpl. adhibitum fuiffet. Male. Eft Homericum προϊάπτειν, Il. α. init. vbi v. Erneft.

v. 2. εἰς τὸν ἀμείδητον τάρταρον] Alias Ἀΐδης ipfe dictus ἀμείδητος. Nempe omnia, quae ad res inferas fpectant, poëtis triftia, feuera dicuntur. Orph. Argon. v. 965.

Ῥήξασαι κενεῶνας ἀμειδήτοιο βερέθρου.

vt Nazianz. et alios taceam. *Cocyton feuerum*
dixit Virgil Georg III, 37, qui Orphei tantum lyra
emolliebatur iuxta Hermefian. apud Athen. XIII.
p. 597 C.

Κωκυτόυ τ᾽ ἀθέμιστον ὑπ᾽ ὀφρύσι μειδήσαντα.

v. 3. Μοῖρά τις ἀεικέλ.] Capyc. ita inter-
punxit;

Μοῖρα, τίς ἀεικέλιος τὸν ἀρίστων ἥρπασ᾽ ἀπ᾽
αὔρης
Ἑπταέτη, (μέσσος δ᾽ ἐστίν ὁ παῖς) γενετῶν;

hoc fenfu:

Parca, quis perditus ex optimis rapuit ablaura
Septennem, (medius autem eft hic puer,)
natis?

Et in animum fibi induxit, tres his tribus di-
ftichis contineri ἐπιτροχασμούς, compellationes
fcilicet, cum celeri vehementique indignantis
dolentisque interrogatione, compellari nimirum
Mercurium, Parcam, et Plutonem. Quam rationem fi admittas, omnis fere huius epigram-
matis virtus atque elegantia perit. Equidem
hoc potius fequendum opinor, vt Mercuri
apoftrophae v. 1. 2. ad fe factae altero diftiche
refpondeat, In fatis nimirum fuifle, vt Ari
fton mortem praematuram obiret. Hinc po
ftremis verfibus exprobratur Plutoni cum indi
gnatione

guatione, quod praematurae aetatis iuuenes au-
ferat, cuius imperio omnia aliquando fübiician-
tur. Idem V. D. apoftrophen a matre ad Mercurium factam cenfebat; nec hoc probabiliter,
id quod ipfa interrogationis ratio τίνα τόνδε cet.
docet. — μοῖρα, δαίμων ἥρπασε prifca loquendi
ratione, de fatali mortis neceffitate. ἀεικέλιος
metrum perimit, nifi priores duas fyllabas ἀει
vno fpiritu pronunciandas effe putes. Alias
poffis μοῖρά γ᾽ ἀεικέλιος. — τὸν Ἀρίστων᾽ Ita re-
fcripfi e praeclara Heynii V. S. coniectura,
quam ipfa apoftr. v. 1. τίνα τόνδε προπέμπεις
poftulat. Si pro adiectiuo habeas, reliquis vix
bene accommodes. Aut enim τῶν ἀρίστων ἕνα
fupplendum aut ad γενετῶν trahendum foret.
Hoc tamen fequitur Capyc. — ἀπ᾽ αὔρης, ab
aura vitali, qua fpiramus, viuimus. Adprime
huc facit Infcript. Capycio laudata e Capac.
Hift. Neapol. L. I. c. XXI. p. 341.

Verna puer o mi verna quis ah quis *ab aura*
Te in tenebras *rapuit?* cet. cet.

Alii tamen legendum cenfent ἀπ᾽ αὐγῆς, haud
inepte, nimirum vt *lux* (orae fuperae) oppona-
tur *tenebris* Inferni. Martorellius vero coni.
ἥρπασε Παύλης nomen matris indicans demor-
tui pueri, quod referendum effet ad γενετῶν
v. f. minus probabili ratione. Neque enim hic

a 4   — *matris*

matris fed *filii* nomen requiritur, nifi vtrum
que hic pofitum effe ftatuas, hoc modo: μοῖρ
τις ἀειη. τὸν Ἀριστων᾽ ἥρπασε Παύλης fc. υἱόν
Παύλης certe nullo modo accommodari debe
τῷ γενετῶν.

v. 4. (μέσσος δ᾽ ἐστὶν ὁ παῖς γενετῶν.)
Haec verba refpiciunt ipfum ἀνάγλυφον, in qu
puer inter parentes ftans exhibetur. Capyc
tamen cum quodam V. D. γενετῶν parenthe
excludit, et ad ἀριστων refert, h. fenfu: *aetat*
medius hic puer eſt. Tum vero fcribi debue
rat, μέσσος δ᾽ ἦν ὅγε. παῖς, ne illud moneam,
ellipfin υἱῶν f. ἀδελφῶν h. l. admodum duram videri. Idem γενέτας de *filiis* hic adhiberi putabat,
nempe vt ratio fua, qua γενετῶν cum ἀριστων
iungit, recte procederet, quae tamen, reducto
pueri nomine Ἀριστων᾽ corruit.

v. 5. Δακρυχαρὴς Πλούτων᾽ etc.] *Nonne*
omne, quicquid fpirat, a te depafcitur, tibi
fubiicitur? quid igitur aetatem teneram carpis?
Haec eſt fententia huius diftichi, a qua prorfus aberraffe videas Italos. Vertunt enim:

· Pluto lacrimis gaudens, *non animae omnes*
mortalium

Tibi tribuuntur, quid metis acerbitates
aetatis?

et

et argutiffima difputatione probant, non omnes
Plutoni fubiectas fuiffe animas.(Capyc. p. 169.)
E noftra explicandi ratione verba οὐ πνευματα
τάντα βρότεια σὸι νέμεται, interrogatiue funt
accipienda, πνεύματα h. ὅσα πνέει feu vt Homerus ait Jl. P. 447. ὅσσα τε γαῖαν ἐπιπνείει τε
καὶ ἕρπει. hoc loco πν. βρότεια funt ipfi βρο-
τοί, Ad fententiam vnice fpectat Epigr. DCCXIII.
in Brúnkii Anal. T. III. p. 305.

’Απλήρωτ’ ’Αίδα ’τί με νήπιον ἥρπασας ἄφνω;
Τί σπεύδεις; οὔ σοι πάντες ὀφειλόμεθα.

et Senec. Herc. Fur. 868.

Omnis haec magnis vaga turba terris
Ibit ad manes, facietque inerti
Vela Cocyto, tibi crefcit omne,
Et quod Occafus videt et quod Ortus:
Parce venturis, tibi, Mors, paramur.

v. 6. τί τρυγᾷς ὄμφακας ἡλικίης;) ὄμφακες
de immatura aetate et alibi in vfu. e. g. Theocrit. Eid. XI. 21.

Μόσχω γαυροτέρα, φιαρωτέρα ὄμφακος ὠμᾶς.
fic *cruda fenectus* in Virgilio obuia. τρυγᾶν me-
taphora feruata, h. *decerpere,* quod alias ἀμᾶν,
κλάσαι τὴν ἡλικίην dicitur.

Com-

2.

Commentarius ad Procli Hymnos.

Editos Vol. I. huius Bibl.

Editis quatuor Procli Lycii Hymnis duos, nec minoris pretii illos, e Cod. Matritenfi defcriptos, nuper acceffiffe, eosdemque maiori cultu ac multo, quam a Doctiff. Iriarte exhibiti funt, emendatiores iterum in lucem prodiiffe, vnus quisque harum literarum cupidus Clariff. Editori mecum gratiam habebit haud minimam. Procli enim eos effe nemo dubitet, quandoquidem cum Hymnis quatuor dudum editis tam mirifice confpirant, vt ab vno eodemque au-ctore eos profectos effe facile agnofcas. In vtrisque poetam obferues a numinis, quod fupplex adfatur, laudibus incipientem ad pre-ces follemni tranfitus vocula, κλῦϑι, fere fem-per inferta, eademque paffim deinceps repetita, delabi: precum autem, licet pro diuerfa nu-minis, quod innocatur, perfona, vi ac mu-nere quodammodo diuerfum, in eo tamen fere conuenire argumentum, quod animi corporis-que, quae vulgo habentur, bona, virtutem dico ac fapientiam, inprimis fublimiorem illam,

ad

ad quam philofopho enitendum, morum ac vitae porro integritatem, a vitiis et fceleribus
puritatem, peccatorum veniam; corporis autem fanitatem robur et incolumitatem, denique
victoriam de aduerfariis, auctoritatem et famam
profperam. — Philofophum vbique agnofcas
pietate non fucata contactum, etfi fuperftitio-
fis fuae fectae opinionibus imbutum. Eo autem confilio fcripta effe carmina vt in facris ca-
nerentur, e vita Procli difcimus *a*).

Cum Orphicis hymnis in hoc confentiunt,
fimulque cum his ab *epicis* hymnis dignofcun-
tur, quod precum formam ac fpeciem continuo
referunt: *Orphici* tamen *ad teletas* tantum com-
pofiti, plerique mera Deorum inuocatione in-
numeris modis variata abfoluuntur, addita
modo fub carminis finem breui precationis formula

---

a) V. Marinus in Vita Procli (ad calc. Fabricii Bibl.
Lat. Lond. 1703.) c. 19. p. 37. καὶ τὰς παρὰ
πᾶσι δὲ ὡς εἰπεῖν ἐπισήμους ἑορτὰς κατὰ τὰ παρ᾽ ἑκά-
ϛοις πάτρια, δρῶν ἐνθέσμως διετέλεσε. καὶ ἀδὶ ταύτας
ὥσπερ ἕτεροι πρόφασιν ἐποιεῖτο ἀναπαύλης τινὸς, ἢ καὶ
πληρώσεως τοῦ σώματος, ἐντυχῶν δὲ ἀγρύπνων καὶ
ὑμνωδίας καὶ τῶν ὁμοίων, δηλοῖ δὲ ἡ τῶν ὕμνων αὐτοῦ
πραγματεία. κ. τ. λ. Hymnis his Proclum, dum
amici vel fodales aduerfa valetudine laborabant,
faepe vfum effe, idem Marinus affirmat c. 17. p. 32.

mula, vt facris arcanis propitium adeffe ve
lit numen; at Procli Hymni toti fere preci
bus continentur. Dicendum igitur, Procli car
mina Diis dicata peculiare hymnorum genus
conftituere quod philofophicum appellaueris. *Ly-
ricis* quidem hymnis, quod nuper a viro quodam docto factum effe nollem, ea annumerari
nullo modo poffunt.

I.

Εκατης και Ιανου.

Infcriptio Hymni paullo infolentior, quae
tantum in Orphicis obferuatur, vbi additum
vulgo ϑυμιαμα, *suffimentum*, quoniam inter
suffimenta, in facris Orphicis facrificii loco ad-
hibita, canebantur. An igitur pari ratione et
vfu, vt in facris arcanis decantaretur, compo-
fitum fit carmen hoc, quod forte e vs. 6. 7.

Ψυχην δε περι χθονι μαργαινουσαν
ελκετ' εγερσινοοισι καθηραμενην τελετησι·

elicias, (add. Marin. Vit. Procli c. 28. p. 56.) certo
dicere non habeo. Saltem *Hecates* numen, cui
vna cum *Iano* (fenfu, vt opinor, haud valde ab-
fimili; vtrumque enim *Naturae* fymbolum)
infcriptus eft hymnus, in Orphicis celebratif-
fimum

fimum erat, vnde vel petita effe, quae in
fplendido Theogoniae Hefiodeae loco v. 411-
452 in Deam hanc cumulata vides, praeclare
animaduertit Ill. HEYNE. cf. WOLFII Comment.
ad Theog: p. 103. — Argumentum carminis
breuiufculi per fe fatis patet.

v. 1. Θεῶν μῆτερ. Ita Hecaten alibi appellari non memini. Attamen non deeft cogno-
minis ratio, modo per Hecaten h. l. *naturam
omnium rerum procreatricem* declarari reputes,
vnde vel affinis feu eiusdem numinis, Dianae
πολυμάςου l. Ephefiae notionem proceffiffe fatis
conftat. Hinc etiam apud Hefiodum Θ. 413.
et Orph. in Hymnor. prooemio v. 49. vniuerfi
mundi imperium et moderamen Hecatae tribu-
tum vides. — πολυώνυμε. Orph. H. I, 1. πολυώνυμε δαῖμον cf. Spanhem. ad Callim. H. in
Dian. 7. — καλλιγένεθλε. Haec vox, qua Le-
xica ditari poffunt, fi analogiam fequaris in
ἀρχιγένεθλός, vix alio, quam ad ortum Hecates
referri poteft: quae claris eft natalibus feu parentibus. *Parentes* quidem Hecates diuerfi-
mode traduntur v. Schol. Apollon. Rh. III,
1034. et Schol. Theocr. Id. II, 12. 36. Hefio-
deo tamen commento, fecundum quod Perfae
ex Afteria filia habetur, Θ. 411, obtinente.
cf.

cf. Apollod. I, p. 6. Ceterum poetam apti
fcripfiſſe ἀρχιγένεθλε dixerim cf. Fragm. Orp
VI, 15. p. 366. Geſn.

ꙇ. V. 2. Εκάτη προθυραῖα vulgo vocatur, qu
niam ante aedium ianuas eius ſimulacra pone
folebant. v. Aeſchyl. ap Nat. Com. III, 15.
p. 239. Spanhem. in Callim. H. in Dian. 38.
niſi alio fenſu, nec huic loco alieno, ita appellari mauis, quo nempe Orph. Hymn. auctori I, 4. Diana Ilithyia dicitur

Ωκυλόχεια, παροῦσα νέαις θνητῶν Προθυραῖα
vbi v. Geſn. et mox v. 12. Ἄρτεμις, Εἰλεί-
θυια καὶ ἡ σεμνὴ Προθυραῖα, quandoquidem
aperit partus rite maturos.

v. 3. Χαῖρ' Ἴανε, πρόπατορ, Ζεῦ ἄφθιτε
Ianum, antiquiffimum Aboriginum feu Latinorum numen domefticum fymbolica Naturae no-
tione e philoſophi mente b. L. adhiberi nullus
dubito. Locus claſſ. de eo v. ap. Ouid. Faſt.
I, 103 ſqq. vbi Ianus ipfe originis rationem poetae exponit:

Me obaos antiqui (nam fum res prifca) vo-
dabant
Quidquid vbique vides, coelum, mare, nu-
bila, terras;

Omnia

Omnia funt noftra claufa patentque manu.
Me penes eft vnum vafti cuftodia mundi.

cf. Ill. Heyne ad. Virg. Aen. VII. Exc. V. p.
123. Vocatus igitur noftro Ianus προπάτωρ,
vt Deus antiquiffimus; nec non omnium rerum
auctor et parens et Ζεὺς ἄφθιτος vel honoris
cauffa, qui tantus illi debetur, vt eo ne Ioui
quidem cedat fupremo, quemadmodum in Orphicis H. 7, 13. Sol innocatur ἀθάνατε Ζεῦ,
Pluto H. 17, 3. Ζεῦ χθόνιε vel quatenus Ζεὺς
Vniuerfi fymbolum eft, vt in illo Fragm. Orph.
fupra laud. VI, p. 366. — Ζεῦ ἄφθιτε cf.
Orph. H. 14, 1. — ὕπατε Ζεῦ cf. Fr. Orph.
X, 1. p. 377.

v. 4-6. Τεύχετε — ἐκ ρεθέων, Vitae huius felicitatem, in rerum externarum affluen-
tia corporisque fanitate pofitam, vt fibi lar-
giantur numina, rite precatur auctor. πορείην
βιότοιο αἰγλήεσσαν p. βιοτον h. βίον αἰγλήεντα
curfum vitae pro vita ipfa. αἰγλήεσσαν fplendens
aeuum h. felix, beatum, nota figura. Eandem fententiam, eodem orationis habitu expreffam vides in Homericis, H. in Martem. v.
10-12. h. l. forte ad opes et diuitias refpici-
tur, vtpote quae poetis, etiam Latinis, ni-
tere, fplendere dicuntur v. c. Horatio II. Sat.
5, 12.

5, 12. ad quam opinionem vel infuper me ad
ducunt illa verfu fequenti βριθαμένην ἀγαθοῖ
h. *opibus*, *diuitiis*, χρήμασι, quas propter vti
litatem, quam afferunt, tanquam bona vitaequ
commoda, expetendas effe, ne Socrates ip
quidem negauit v. Aefchin. Dial. II, 23 fq. βρί
θεσθαι translate de *abundantia* accipi debere li
quet, etfi *oneris* notio fubeft. Ita, Soph. Aj
130 εἴ τινος πλέον Ἡ χειρὶ βρίθεις, ἢ μακροῦ
πλούτου βάθει. Caeterum ad vf. 4. cf, Procl.
H. II. in Ven. 19. vbi fimilis loquendi ratio
occurrit: πολύμοχθον ἐμὴν βιότοιο πορεῖν Ἰθύνοις.

ἀπελαύνετε νούσους, *abigite*, *auertite*, *ex-*
pellite morbum — ἐκ ῥεθέων vel poetica vber-
tate pofitum forte contendas, vel pro *toto cor-*
pore adhibitum, quemadmodum nonnunquam
vfurpari ῥέθος et ῥέθη numero multitudinis ob-
feruant Grammatici v. Suid. h. v. fic apud Lu-
cret. VI, 1170 *ardentia morbo membra* (Tragicis aliisque poetis etiam loco τῶ προσώπου
frequentatum vides v. c. Eurip. Herc. Fur. 1204.
Soph. Ant. 529. cf. Euftath. Fol. 1090. l. 27.
et 1257. l. 21. Add. Apollon. Rh. II, 67. ad
q. l. Schol. ῥέθος δὲ ἄταν μέλος). Attamen
h. l. ῥέθη fenfu proprio adhiberi, adeoque peculiare morbi genus Proclum innuere velle,
nempe

nempe morbum *articularem* f. *arthritidem*, fu‑
fpicari licet ex eo, quod arthriticos Proclum.
dolores expertum fibi ab iis metuiffe, e Marino.
difcimus. in vita Procli c. 31. p. 63. 64 *b*). †

v. 6. 7. Ψυχὴν — τελετῇσι. Corporis bo‑
nis leuiter perftrictis, ad mentis animique illa
longe praeftantiora procedit, dogmatum Neo‑
Platonicorum inuolucris fymbolicis vfus. Rogat
primo, vt mentem fuam terreftris vitae amore
infanientem orgiis feu arcanae doctrinae facris
puriorem reddant. numina, adeoque e vinculis
his liberatam furfum attollant. Ex Platonicis
enim placitis anima, diuinae quippe aurae par‑
ticula, in corporis, a quo omnis vitii prauae‑
que cupiditatis femina repetenda duxere, vin‑
cula tradita, his vel Daemonum infeftorum
ope

b) Ἐδεδίει γὰρ ἀκμαζούσης αὐτῷ τῆς ἡλικίας, μήποτε
ἡ τοῦ πατρὸς ἀρθρῖτις (f. ἀρθρώδης) νόσος, ἅτε φι‑
λοῦσα καὶ εἰωθυῖα δὲ τὰ πολλὰ εἰς παῖδας ἐκ πατέ‑
ρων χωρεῖν, οὕτω καὶ ἐπ᾽ αὐτὸν ἔλθοι. καὶ οὐκ ἀδεὲς
οἶμαι, ἐδεδίει. Ἤδη γὰρ ἦν πρὸ τοῦ ἀλγηδόνος τοιαύτης
αἰσθόμενος. — — Οὐδ᾽, ὥσπερ ἔφην, καὶ ἐς ὕστερον
οὐδὲν ἧττον φόβῳ τῆς νόσου κατείχετο. ἱκετεύσας δὲ
τὸν θεὸν περὶ τούτου καὶ δεηθεὶς φῆναι τι αὐτῷ σαφὲς
κ. τ. λ.

ope *c*) tam arcte contineri credita eft, vt, ni
continuis precibus, ieiuniis, luftrationibus aliis
que exercitationibus, e carcere hoc tenebricof
fefe vix expedire, nec ad *aetérnam*, vnde of
ta effet, *lucem* emergere poffit: id vero pei
fici vel maxime *rerum diuinarum adfidua con
témplatione* ad quam facris ac ritibus arcani
aliisque rationibus modo defcriptis animus ad
duceretur *d*). Iam qui ad eam virtuti
gradum (plures enim conftituere, diuiden
tes virtutes in Φυσικὰς, ἠθικὰς, πολιτικάς,
καθαρτικάς, θεωρητικὰς, θεουργικὰς, θείας v
Marin. l. c. c. 2. p. 4. cf. Fabric. Proleg. ad Ma
rin. p. 20 fqq.) peruenere, vt fumma animi in
tentione, contemplando, (ὄψει) mentis diui
nae

---

c) cf. Procl. H. in Solem 28-32.

    Δαίμονες ἀνθρώπων ὀνλήμονες ἀγριόθυμοι.

    Ψυχαῖς ἡμετέραις διεραῖς κακὰ πορσύνοντες

    Ὄφρ' αἰεὶ κατὰ λαῖτμα βαρυσμαράγου βιότοιο

    Σώματος ὀτλεύωσιν ὑπὸ ζυγόδεσμα ποθοῦσαι

    Ὑψιτενοῦς δὲ λάθοιντο πατρὸς πολυφεγγέος αὐλῆς.

  cf. Idem in H. in Mufas. 25. 26.

d) Proclum ipfum exercitationibus his fumma diligentia
    operam dediffe, affirmat faepe iam laudatus Mari-
    nus c. 18. p. 35. ἀφ' ὧν τὸ χωρίζεσθαι συμβαίνει τῇ
    ψυχῇ, νύκτωρ τε καὶ μεθ' ἡμέραν ἀποτροπαῖς καὶ πε-
    φιββαντηρίοις καὶ τοῖς ἄλλοις καθαρμοῖς χρώμενος, ὁτὲ
    μὲν Ὀρφικοῖς, ὁτὲ δὲ χαλδαϊκοῖς.

me exemplar propius fpeⱳarent (ταῖς νοεραῖς
ἐνεργείαις Θεώμενοι τὰ ἐν τῷ Θεῷ νῷ παραδείγ-
ματα Marin. p. 43) it animum in fe ipfum velut
colleⱳum, ab omnibus materiae cupiditatumque
corpori inhaerentium fordibus purgatum, folutum ac liberum habere et ad φῶς illud ἁγνὸν
enifi eique fimiles faⱳi effe dicebantur. Ἀλ δέ
γε καθαρτικαὶ (ἀρεταὶ); verba Marini funt c. 18.
p. 35) πάντη χωρίζουσι καὶ ἀπολύουσι τῶν τῆς
γενέσεως ὄντας μολυβδίνων καὶ φυγὴν τῶν ἐντεῦ-
θεν ἀκώλιτον ἀπεργάζονται. Sententia ita paullo
vberius enucleata, in verborum explicatione
paucis defungi licebit. Ἕλκετέ ψυχήν; eadem
fed plenior occurrit fententia in Hymn. in Muf.
15. ἕλκετ᾽ ἐμὴν ψυχὴν παναλήμονα πρὸς φάος
ἁγνὸν et v. 20. ψυχὰς ἕλκετ᾽ ἐς ἀθανάτους cf.
H. in Min. Πολύμ. 36. Eadem fententia redit
alio loco, quem interpretationis cauffa fubiun-
gam, Hymn. I. in Ven. 14. ψυχὴν δ᾽ ἄψ ἀνάειρ-
ρον ἀπ᾽ αἴσχεος ἐς πολὺ κάλλος. Vnde palam fit,
ἕλκειν et ἀείρειν ψυχὴν vnum idemque effe philofopho noftro, et intelligi feceffum illum
animi e corpore rerumque externarum fpeⱳris,
qui diuturna fit numinis diuini contemplatione,
qua ad Ens infinitum homo propius adfurgit,
resque humanas prorfus defpicere atque contemnere difcit. — περὶ χθονὶ latiffimo fenfu

adhibitum, pro rebus iis omnibus, quae in
funt vitae humanae eiusque vehementer cupi
dos, μαργαίνοντας, vt h. l. praua cupidita
infanientes, reddunt mortales, verbo τὰ ἀνθρα
πινα. In Hymn. in Muf. 9. funt ψυχαὶ ὑλι
τραφθεσσι περὶ κλήρoισι μανεῖσαι.

καθηραμένην τελετῇσι ἐγερσινόοισι cf. Procl
H. in Muf. 4. 21. τελεταὶ ἐγερσίνοοι, facra ar
cana, quae *excitant* mentem h. ad fublimiore
cogitationes virtutesque reddunt propenfiorem
Vocabulum hoc Proclo valde frequentatum, v
H. in Pol. 7. Muf. 4. cf. Id. v. 16. et in Min
Πολυμ. 18. At καθηραμένην adhibuit Procl
pro καθαρθεῖσαν, vti H. in Muf. v. 20.

v. 8. Θεοφραδέας κελεύθους: *Via* h. rati
diuinitus demonftrata. Alludere h. l. Proclus
ad Oracula diuina Deorumque apparitiones, qua
ei frequenter obtigiffe pl. ll. narrat Marinus
nullus dubito, praecipue autem ad *effata Mi
neruae*, cuius impulfu ad Philofophiae ftudium
primum adductus effe fibi videbatur. v. Marin
V. P. c. 6. et 30.

v. 9. 10. Φάος — γενέθλης. Cum femel
mentem corpore inclufam atra velut caligine ob-
ductam

luctam inque vitae tenebris continuo degentem
leclaraffent iuniores Platonici: nihil procliuius
rat ea opinione, qua ftatum animi liberum et
corpore adeo folutum, vt mens, materiae im-
xdimenta fuperans, altius euolare, inque re-
um diuinarum meditationes, tanquam per au-
as ignotae regionis, ire et exfpatiari poffet,
ilmae *fanctae ac purae lucis* fymbolo defigna-
aut. Symbolica autem hac loquendi formula
iihil aliud, nifi quod modo innuimus, latere,
pparet ex Procli Hymno in Mufas 23. 24.

Νεῦσατ' ἐμοὶ Φάος ἁγνὸν ἀποσκεδάσαντες ὀμίχλην
Ὄφρα κεν εὖ γνοίην Θεὸν ἄμβροτον ἠδὲ καὶ
ἄνδρα

f. Id. in H., in Sol. 40 in Muf. 15. in
Min. Πολυμ. 33. et fragm. Orph. apud Stob.
Ecl. Phyf. p. 38. vbi Dil. σοφίης ἐριλαμπέος
ἡγεμονῆες audiunt. Cui ergo alma haec lux
ffulfit, is vulgi fuperftitionum mythorumque
enfum melius intelligere, Summi autem Nu-
uinis naturam multo clarius perfpicete poffe
rutabatur. Id quod de Proclo noftro conten-
it Marinus p. 43. Κατὰ ταύτην δὴ (σοφίαν)
νεργῶν ὁ Φιλόσοφος, πᾶσαν μὲν Θεολογίαν ἑλλη-
ικήν τε καὶ βαρβαρικὴν καὶ μυθικοῖς πλάσμασιν
ασκιαζομένην κατεῖδεν τε ῥᾳδίως καὶ τοῖς ἐθέλου-
ι καὶ δυναμένοις τε συνέπεσθαι εἰς Φῶς ἤγαγεν —

b 3 Φάως

Φάως δ' ἐρίτιμον ἀθρήσω, -ὅθεν ἐςὶ (ἐ
ςι, quando licebit) Φυγεῖν. effugere h. p
gare fe (τὴν) κακότητα γενέθλης κυανέης, a f
dibus materiae tenebris obductae. γενέθλη,
tus, *genus*, *progenies* ap. Proclum idem fig
ficat, quod alias υλη, *materia.* cf. Ei. H.
Muf. 8 14. 27; adeoque. h. l. *corpus ipfu*
cui, quoniam omnium malorum vitiorumq
originem inde repetebant, κακότητα i. e. viti
fitatem tribuit, idemque *nigrum* h. obfcuru
ac tenebricofum vocat, quia menti impedimen-
to eft, quo minus purioris ac fubtilioris doctrinae *lumine* colluftretur. Hinc Marino c. 22.
Procus dicitur κεκαθαρμένος, καὶ τῆς γενέσεως ὑπεραυέχων.

v. II. 12. Ναί, λίτομαι, — κεκμηῶτα. Mu-
tuata rei imago ab homine, qui fluctibus diu
multumque mifere iactatus, tandem vento fecundo fpirante ad portum adpellit. πελάσσατε,
με, facite me appropinquare, prope accedere,
κεκμηῶτα feffum laboribus in fapientiae virtu-
tisque perpetuo ftudio exantlatis, ἐς ὅρμον εὐσεβίης h. virtutis religiofae (σὺν h. διὰ) ἀήταις
ὑμετέροισιν. cf. Procl. H. in Min. 32.

H. II.

H. II.

In Mineruam Polymetin.

Audi me, Iouis aegida tenentis filia, quae a patre tanquam fonte profiluifti, fummumque catenae locum tenes, virili animo praedita, fcutifera, potentiffima, fortique patre edita, Pallas, Tritogenia, hafta armata, aureaque galea. Audi me, hymnumque propitio, o Dea, fufcipe animo, neque preces meas in ventum abire finas. Quae fapientiae portas, Diis frequentatas, aperuifti, turbamque gigantum mortalium, Deos ipfos aggreffam, perdomuifti; quae, cupidi Vulcani defiderium effugiendo, perpetuum virginitatis frenum retinuifti; quae Bacchi regis, quum olim in aere Titanum manibus lacenaretur, cor integrum feruafti, idque ad patrem detulifti, vt ex ineffabili (facra) parentis voluntate nouus inde Dionyfus e Semele exfurgeret, quae, Hecates omnituentis ferinis, abfciffis capitibus, cupiditatum prolem deleuit; quae virtutum omnium, quibus mortales excitantur, fummam complexa es, vitamque variis excoluifti artibus, animis hominum vim indagatricem inftillans. Quae acropolin fortita es, in excelfo colle fitam; quod documento eft, te in magna catena fupremam conftitutam effe. Quae

terram

terram viros alentem habitandam elegifti, libro
rum matrem, patrui (Neptuni) cupiditatem re
péllens, vrbique nomen tuum indidifti et fa
pientiam. Hinc oleam ad fummam montis ra
dicem plantafti, quae et pofteris manifeftur
victoriae tuae, fignum 'effet; quando infiniti ma
ris fluctus, Neptuni iuffu, cum fragore acce
derent, cuncta ftrepentibus fuis vndis verbe
rantes. Audi me, a cuius vultu lux' pura re
fulget, daque mihi per terram vaganti (cupi
ditatibus iactato) felicem portum; da anim
lucem facram e praeceptis tuis' hauriendam; in
ftilla fapientiam, ardoremque; atque vires huit
affla, quibus a terreno gremio ad Olympum,
patris fui fedem attrahatur. Si quis vero pra
uus error me a recto vitae tramite abducat,
(probe enim me multis impiis facinoribus
imprudenter admiffis oppreffum fentio) des ve
niam, beneuola, mortalium tutela. neque pa
tiaris me, qui tibi addictus fim, humi iacen
tem horrendis poenis obiici. Da artubus fir
mam atque bonam valetudinem, et grauiom
morborum carnem adedentes greges procul arce.
Tua, o Regina, dextra tollas, precor, omnes
dolorum moleftias. Nanti mihi (vitam decur
renti) da ventos mare tranquillum reddentes,
prolem, coniugem, honorem, diuitias, iucon
dam

dam hilaritatem, fuadam, vim loquendi, ami-
cos, animum prudentem, robur in aduerfarios,
et dignitatem in populo. 'Audi me, o regina,
qui neceffitate eompulfus tibi fupplico, beni-
gnamque aurem praebe.

---

v. I. ἡ γενετῆρος πηγῆς ἐκπροθοροῦσα] Fabulam, qua Minerua e Iouis capite prognata
dicitur, hic refpici, vix putem. Sed cogitan-
dus hic potius deus ille δημιουργὸς, a quo, tamquam fupremo fonte, et omnes dii et vniuer-
fus orbis emanauerit [1]. v. Procl. ad Tim.
Plat. p. 97. med. Hinc ille audit πρωτουργός
πηγὴ Procl. Theol. Plat. L. V. c. 36. p. 325.
τῆς φύσεως πηγὴ eidem p. 317. ipfique tribuuntur ζωογονικοὶ ὀχετοὶ et ζωοποιὸς τῶν ὅλων πηγὴ
apud Procl. Theol. Plat. V. c. 27. p. 306. Cumque fons ifte in Deos adeo redundet, vt et
ipfi rivos in alias res deducant, hinc cuique
Deo οἰκεῖα πηγὴ tribuitur. Sic Proclus celebrat
Veneris πηγὴν μεγάλην βασιλήϊον, ἧς ἀπὸ πάντες ἀθάνατοι πτερόεντες ἀνεβλάστησαν ἔρωτες.
init. Hymni. Sic Ῥείη τοι νοερῶν μακάρων πηγή
τε ῥοή τε, πάντων γὰρ πρώτῃ δυνάμει κόλποισιν

b 5 ὠφρά-

---

[1] Platonis loca, quae vnum rerum Opificem declarant,
congeffit Cudworth. Syft. Intell. T. I. p. 621. 2. 3.
ed. Mothem.

ἀφράστοις δεξαμένη γενεὴν ἐπὶ πᾶν προχέει τρο
χάουσαν, iuxta Orph. in fragmm. p. 395. ed
Gefn. Nempe Rheae δύναμις erat γεννητικι
qua ἐπιῤῥεῖ τοὺς τῆς ζωῆς ὀχετούς. fecundun
Procl. in Theol. Plat. p. 322. Ceterum fu
πηγῇ, procreatricis facultatis, omninoque pote
ftatis alicuius notionem fubeffe, vix eft vt moneam. Cum verbis confpirat Procli locus apud
Marin. p. 57.

v. 2. καὶ ἀκροτάτης ἀπὸ σειρῆς.] Res deli-
neatâ ad Homeri catenam auream Il. Θ. v. 17 ff.
Nimirum, cum mundi totius partes inter fe
connexas, miroque omnia concentu agi expri-
mere vellent, rem ita fub fenfum reuocarunt,
vt [2]) catenam fingerent, quae caelo adpenfa

b 5 ad

---

[2]) Ariftid. H. in Iov. p. 4. ed. Iebb. δημιουργὸς αὐτὸς
καὶ οἰκιστὴς τοῦ παντός, οὐσίας τε καὶ δυνάμεως ἔχων.
ὡς δὲ καὶ Θεῶν ὅσα φῦλα ἐπαιρομὴν τοῦ Διὸς τοῦ πάντων
πατρὸς δυνάμεως ἕκαστα ἔχει καὶ ἀτεχνῶς κατὰ τὴν
Ὁμήρου σειρὰν. ἅπαντα εἰς αὐτὸν διήρτηται, καὶ πάντα
ἐξ αὐτοῦ ἐξῆπται, Macrob. in Somn. Scip. I. c. 14
p. 75 cumque omnia continuis fucceffionibus fe fe-
quantur, degenerantia per ordinem ad imum meandi:
inneniectur preffius intuenti a fummo Deo vsque ad vl-
timam rerum faecem vna mutuis fe vinculis religans
et nusquam interrupta connexio; et haec eft Homeri
catena

id iñfima vsque pertingeret, cuius supremos
orbes dii maiores, fecundos vero dii inferiores
enerent, tertios, daemones; vltimos tandem
crassiores τῆς ὕλης.[3]) particulae absoluerent. Atque omnes istos ordines pendere dicebant a
summo illo rerum auctore, qui illos lumine suo
colluftraret, quod et ipsi cum aliis communi-
carent. Cumque leuissima quaeque altiora oc-
cupent, grauiora contra deprimantur, facile
perspicitur, illos deos, qui ab omni materiae (ὕλης) contagione exemti ad Iouis απα-
θαρότητα proxime [4]) accedunt, in primis catenae ordinibus constitui, reliquos, tanquam
daemones, ad inferiora vergere, et tandem materiam ipsam extremos catenae orbes absoluere.

Hinc

catena aurea, quam pendere de caelo in terras deum
iussisse commemorat. Huc quoque pertinet Procli
Inftitutt. Theol. c. 32. Hinc dii dicuntur ἐξημμέ-
νοι, ἐξηρτημένοι e. g. Procl. in Theol. Plat. p. 187.
et 319. Iupiter contra habet ἀναγωγὴν, vim redu-
ctoriam Procl. l. l. p. 97. Cuiusuis vero dei ordo
vocatur ὑπόστασις, παριοδδς, περιοχὴ, et generaliori
voc. σειρά. Qua de re pleni funt Procli libri.

3)) Nam et hae ipfae τῇ σειρᾷ incluſae erant. Procl. H.
II. in Ven. v. 18. σειραῖς ἡμετέραις δυνάμεις προχίους
ἀθαμάτους.

4) Huc inprimis ſpectat c. CXLII. Procli Inſt. Theol.
et ſeqq.

Hinc Minerua, cui notionem τοῦ νοεροῦ fubii
ciebant, puriffimum aetherem [5]) fummamqu
adeo σειρὰν tenere ferebatur. Dubitari adeo ne
quit, σειρῆς hic et v. 12. veram effe lectionem

v. 3. 4. Mineruae inprimis tribuebatur δύ
ναμις φρουρητικη, quam Proclus epithetis de
clarare videtur. — ἀρσενόθυμε. Orpheo H. 35.
7. audit illa ἀρσενόμορφε eadem ratione. Φε
ρασπι tanquam Mars apud Homer. H. in eund.
init. qui omnino cum noftro comparandus. ὀμ
βριμοτάτρη itidem Homerico epitheto Il. ε, 747.
ibi tamen fcribitur ὀβριμοτάτρη.

v. 6. μή δ᾽ αὕτως ἀνέμοισιν ἐμόν π. μῦθον
ἐάσῃς] Typorum errore excufum eft οὕτως pro
αὕτως. Ceterum *in ventos difpergi* dicuntur,
quae irrita cadunt, nota loquendi forma. αὕ
τως ad ornatum fere pertinet.

v. 7.

[5]) Diodor. 1. 2. de Minerua: καὶ τὸν ἀκρότατον ἐπέχων
τόπον τοῦ σύμπαντος κόσμου. Procl. in Tim. p. 56.
τὰ δ᾽ οὖν ἀκρότατα — κοσμεῖται μὲν ὑπὸ τῶν Ὀλυμ
πίων θεῶν, ὧν ἡγεῖται ἡ Ἀθηνᾶ. adde Macrob. Sat.
3. 4. Ceterum cum noftro loco prorfus congruit
einsd. H. in Sol. v. 18. σειρῆς δ᾽ ὑμετέρης βασιλεὺς
θεοπειθέος οἴμης ἐξέδορεν Φοῖβος.

v. 7. ἢ σοφίης πετάσασα Θεοστιββέας πυλεῶνας. quae mentem sapientiae praeceptis imbuit, ad Deorum cognitionem adducit. πυλεῶνες Θεοστιβεῖς, vbi dii verſantur, omnis quippe ſapientiae auctores. cf. Iamblich. de Myſt. c. v. fin.

v. 8. Gigantum cum Diis pugna nota vel ex Apollodoto I. VI. 2. vbi v. Ill. Heyn. Orphici quidem diſcidii puriſſimae ſubſtantiae (Deorum) cum impura terrenae materiae faece (Gigantibus) notionem huic figmento ſubieciſſe videntur. Hinc praecipuae partes in hoc bello Mineruae datae, ſiquidem illa, καθαρωτάτη Θεῶν, terrenae ὕλῃ quam maxime aduerſetur. Ariſtid. H. in Minerv. p. 11. Ἐγκέλαδον μὲν καὶ τοὺς ἡγουμένους αὐτῶν κτείνει ἡ Θεός. τοῖς δ' ἄλλοις Θεοῖς ὀλίγον τὸ ἔργον γίγνεται. ἐπεὶ καὶ τῶν ἄλλων γιγάντων ὅσον ἦν κράτιστον κτείνει ἡ Θεός. ἅτε καὶ Φύσει πολεμίους ὄντας ἑαυτῇ διαΦερομένως ἀμυνομένη. ἦσαν γὰρ ἀπεναντίον τοῦ γένους αὐτῇ. οἱ μὲν γὰρ ἐκ τῶν κοίλων τῆς γῆς ἐπεΦύκεσαν καὶ τῶν ἀλογωτάτων. ἡ δέ ἐκ τοῦ καθαρωτάτου τοῦ ἐν τῷ αἰθέρι. Hinc dicti Gigantes χθόνιοι, vti Callimacho πηλογόνες. H. in Iov. Init. Ipſa pugna Mineruae peplo quotannis intexebatur. v. Virgil. Cir. 30—34. et Euripid. Hec. 472.

v. 9.

iicerent, vnde omnia vitam victumque accipe-
rent; pronum fane fuit, cum hanc vim δη-
μιουργικήν per totum. orbem diffufam repraefen-
tare vellent, vt ipfum Bacchum difcerptum di-
cerent. Iactis femel huius fabulae fundamen-
tis noua iam quibus illa exornaretur, acceffere
figmenta poetica. Hinc Titanes, Deorum ho-
ftes ad partes vocati, qui Bacchum difcerpe-
rent, hinc [10]) Mineruae, dabatur, quae ἀμέ-
ριττον illud, cor puta, ipfis eriperet, et ad
Iouem deferret, et fic porro. Deriuatus videtur omniab hic mythus ab Aegyptiis, apud
quos Ofiris eadem fere ratione a Typhone in-
teremtus, eiusque filius, Horus a Titanibus
diffectus ferebatur [11]). Ceterum male hic Proclus antiquiorem Bacchum cum altero Thebano
confundit, aut potius recentiorem ex antiquiori
illo prodeuntem ieiuno acumine fingit.

v. 16. 17. Perturbationes animi diuino fapientiae munere fedari atque exftirpari, decla-
raffe videtur Proclus his vv. Θηρεία κάρηνα πανδερκοῦς Ἑκάτης (haec enim iungenda) funt

                        canes

---

10) Procl. ad Tim. III. p. 184. μόνην δὲ τὴν καρδίαν ἀμέ-
    ριττον εἶναι προνοίᾳ τῆς Ἀθηνᾶς.

11) Diodor. I. 25. Paufan. Arcad. 37. Plutarch. de If.
    et Ofir. §. 20.

anes Hecatae confecrati, qui hic omnino cu-
iditatum fymbolum effe videntur. Quod vt
atuam, fuadet alius Procli locus, in l. de Pro-
iidentia et Fato, cuius verfionem tantum a.
Guiliel. de Morbeka confeſtam tenemus apud
Fabric. B. G. V. 4. p. 488. vbi πάϑη multorum.
apitum beftiam appellat. παϑέων ηὔνασσε γε-
νέϑλην. H. in Sol. 19. 20. κιϑάρῃ δ᾽ ὑπὸ ϑέσ-
κελα μέλπων, εὐνάζει μέγα κῦμα βαρυφλοίσβοιο
γενέϑλης. Idem ad Platonis Alcib. I. f. de
anima et daem. e. v. Ficini p. 197. ed. Lugd.
Intelleſtus ipfe quidem circa nos femper agit
femperque praebet intelligentiae lumen. Et
quando in paffionibus vitam degimus et paffionibus quandoque fedatis, non femper animad-
uertimus, fed quando a quam plurimo gene-
rationis tumultu purgati fumus, atque tran-
quille viuimus (tunc enim intelleſtus nobis ef-
fulget) tunc quafi nobifcum loquitur, tunc fuam
nobis communicat vocem antea filentio praefens.

v. 18. κράτος ἐγερσιβρότων ἀρετάων] τὸ ἀκρότατον τῆς ἀρετῆς vt alibi Proclus. de Minerua.
Hinc eadem Dea ὅλης τῆς ἀρετῆς αἰτία audit.
Illae autem facultates fub h. v. innui videntur,
quae ad indagandas feliciterque traſtandas artes
requiruntur. Hinc dicuntur ἐγερσίβροτοι, quae

hominum ſtudia acuunt, homines ſollertes ef-
ficiunt.

v. 19. ἢ βίοτον κόσμησας τέχναις] 'Trans-
ſumta haec videntur, verbis paulo immutatis,
e Platonis de Legg. L. XI. p. 920. D. Ἡφαίστου
καὶ Ἀθηνᾶς ἱερὸν τῶν δημιουργῶν γένος· οἱ τὸν
βίον ἡμῖν ξυνκατεσκευάκασι τέχναις. Pariter Prometheus dicitur κοσμῆσαι τὸ τῶν ἀνθρώπων γένος Proclo in Theol. Plat. V. 24. init. et ipſa
τεχνικὴ ποίησις dicitur κοσμητικὴ τῆς ὑποκειμένης
ὕλης.

v. 20. δημιοεργείην νοερήν, τὸ νοερὸν τῶν
τεχνῶν ψυχαῖσι βαλοῦσα, ἐμβάλλουσα. Vide
ad v. 8. 9. ibique Procli l. l. Artes ipſas a Minerua inuentas recenſet Homer. H. in Ven. v.
12-15. Hinc Ἐργάνη dicta, vt in vulgus notum.

v. 21. ἢ λάχες ἀκροπόληα καθ᾽ ὑψιλόφοιο κολώνης, σύμβολον ἀκροτάτης μεγάλης σεο, πότνια,
σειρῆς. In hoc acumine placuere ſibi et alii,
tanquam Ariſtides Orat. in Minerv. p. 10. ed.
Iebb. ἅτε δὲ ἐν κορυφῇ τε τοῦ Ὀλύμπου καὶ ἐκ
κορυφῆς τοῦ Διὸς γενομένη, πόλεών τε πασῶν
τὰς κορυφὰς ἔχει κατὰ κράτος ὡς ἀληθῶς ᾑρη-
κυῖα. de Ioue Procl. in Platonis Theol. V. c.
24. p. 299. καὶ μὴν καὶ ἡ ἀκρόπολις ἡ τοῦ Διὸς
τῆς

τῆς νοερᾶς ἐστὶ περιφορᾶς καὶ τῆς ἀκροτάτης κορυφῆς τοῦ Ὀλύμπου σύμβολον.

v. 23. ἢ χθόνα β. ἐφίλαο, μητέρα βίβλων]
Hinc Mineruae Atticam forte obnenifie ὡς οἰ-
κείαν καὶ πρόσφορον, ἀρετῇ καὶ φρονήσει πεφυκυίαν
Plato ait in Critia p. 109. C. cf. eiusd. Tim.
p. 24. C. qui omnino fabulam de Deorum fuper
vrbium regionumque tutela exorta contentione
tanquam ineptam explodit.

v. 24. Communior loquendi ratio ita fere-
bat: βιασαμένη πατροκασίγνητον (Ποσειδᾶνα)
ταύτην τὴν χώραν ἔχειν ποθοῦντα, vim intulit
Neptuno, vi repreffit, quominus iftam terram
teneret. πόθος dicitur ἱρὸς, quippe Dei.

v. 26. ἔνθα μάχης — σῆμα ἀνεβλάστησας
ἐλαίην] Iuxta Apollodorum Minerua, occupandi
loci caufa oleam humi defigit (III, 14. 1) fecundum alios, qui litem Deorum fecundum id,
quod quisque produxiffe vtiliffimum, diiudica-
tam narrant, oleam huius rei gratia edidiffe
dicitur. Qui eft vulgaris narrationis ordo. Hic
vero res ita narratur, quafi Minerua Neptu-
num Atticae terrae imperio vi exuerit, inque
rei huius memoriam oleam, tanquam tropaeum,

c 2   erexerit.

erexerit, Paufan. Attic. c. 27. p. 64. Περὶ δὲ τῆς ἐλαίας οὐδὲν ἔχουσιν ἄλλο εἰπεῖν, ἢ τῇ θεῷ μαρτύριον γενέσθαι τοῦτο ὡς τὸν ἀγῶνα τὸν ἐπὶ τῇ χώρῃ. Ariftid. in Minerv. p. 15. Ποσειδῶν δὲ καὶ συνεχώρησεν ἦτ ὤμενος· ἡ δὲ ὑπερβολῇ τοῦ κράτους, ὅτι καὶ τὸ φυτὸν κατεδείχθη νίκης εἶναι σύμβολον. — ὑπὸ σφυρὸν οὔρεος ἄκρον, alias in ipfa acropoli, in témplo Mineruae Poliadis plantata narratur, vt Paufan. l. c. et aliis.

v. 28—30. Neptuni iram inde excitatam, terraeque Atticae inundationem commemorant et alii. Apollod. III. 14. 1. Ποσειδῶν δὲ, θυμῷ ὀργισθεὶς, τὸ Θριάσιον πεδίον ἐπέκλυσε, καὶ τὴν Ἀττικὴν ὕφαλον ἐποίησε. — πάντα τ. ῥεέθροισιν ἱμάσσον, declarant vndarum violentiam, Sic Latinis verberare eadem de re.

v. 31. ἢ φάος ἁγνὸν ἀπαστράπτουσα προσώπῳ] Procl. in Tim. p. 52. de Minerua: ἀνεγείρουσα τὰς καθαρὰς καὶ ἀδιαστρόφους ἐν ἡμῖν περὶ ἁπάντων θεῶν ἐννοίας, καὶ προσλάμπουσα τὸ θεῖον φῶς ἐξ αὐτῆς. ἐστὶ γὰρ φωσφόρος μὲν, ὡς τὸ νοερὸν πάντη διατείνουσα φῶς etc. Idem in Plat. Theol. VI. c. 17. p. 391. τῶν δὲ ἐγκοσμίων θεῶν μετέχει μὲν ἡ μοιρὰ φύσις, πρώτως, μετέχει δὲ καὶ ἄχραντος ψυχὴ μεθ' ἧς τὸ ὅλον
διατε

διατελοῦσι ζῶον, νοερὸν καὶ θεῖον καὶ μέχρι τῶν σωμάτων ἑαυτῶν ἐλλάμψαντες αἴγλην καὶ δόντες καὶ τούτοις τῆς ἑαυτῶν ἰδιότητος ἴχνος. adde eiusd. vv. apud Marin. p. 57. et Iamblich. de Myst. c. IX. p. 16. 17.

v. 32. Eadem fere loquendi ratio H. in Hecat. v. 11. 12. ὑμετέροισιν ἀΰταις ὅρμον ἐς εὐσε-βίης με πελάσσετε κεκμηῶτα. ἀλωομένῳ περὶ γαῖαν, cupiditatibus abrepto. Nempe ἀλᾶσθαι dicitur ψυχὴ, quae a rerum diuinarum contemplatione auersa, humanas tantum curat, iisque cogitatione inhaeret. cf. Procl. H. in Muf. 15. et 28. Pariter Plutarch., T. X. p. 405. ed. Reisk. ῥεμβόμεθα πάντες ἀσχημονοῦντες καὶ κακοδαιμονοῦντες. Stat. Silv. II. 2. v. 31. celfa tu mentis ab arce, defpicis *errantes*, humanaque gaudia rides. et mox v. 138. At nunc, difcuffa rerum caligine verum adfpicis, illo alii rurfus iactantur in alto. At tua fecuros portus blandamque quietem intrauit non quaffa ratis. qui locus cum noftro prorfus confpirat.

v. 33. Φάος ἀ. ἀπ' εὐιερῶν σεο μύθων] Hunc locum illuftrat alter Procli H. in Muf. v. 10. 11. Ἀλλὰ, θεαί, καὶ ἐμεῖο πολυπτοίητον ἐρωὴν παύετε, καὶ νοεροῖς με σοφῶν βακχεύσατε μύθοις.

μύθοι

μύθοι erunt adeo praecepta, quibus cogniti
mens, humanis spretis, diuina tantum fuspirat

v. 35. ὅσον χθονίων ἀπὸ κόλπων αὖ ἐρύσῃ
πρὸς Ὄλυμπον] Nempe omnes animae a fummo
δημιουργῷ profectae per σειρὰς Deorum demiffae
cum infima ὕλῃ commifcentur. Hinc precatur
Proclus, vt Dea mentem, iftis terrenis fordibus
exemtam, ad fedem patriam reducat, h. ab omnibus vitiis purget. Idem H. in Muf. 31. 32. ἐ-
πειγομένῳ δὲ πρὸς ὑψιφόρητον ἀταρπὸν ὄργια καὶ
τελετὰς ἱερῶν ἀναφαίνετε μύθων. adde eundem ad
Tim. II. p. 66. med. Cum feq. compone Procl.
H. in Solem. v. 35 - 37.

v. 41. ποιναῖσιν ἕλωρ καὶ κύρμα γενέσθαι]
Poenis, membra dilaniantibus, obiici. nihil
amplius. Homericam effe locutionem vix eft,
vt moneam. Innuit morbi articularis dolores,
hinc addit κείμενον ἐν δαπέδοισιν, pedibus male
affectis. Quare optat γυάλοις μελέων h. μελῶν
pedibus, σταθερὴν ὑγείην, vt firmiter incedere
poffit.

v. 44. Mallem fcriptum σαρκοτακῆ, quod
ad ἀγελάσματα referatur, cum νούσων iam ha-
beat fuum πικρῶν. ἀγελάσματα pro ἀγέλαι pofitum

tum videtur, et νούσοι σαρκοτακεῖς vti Nonno
γυιόβοροι et Nazianz. σάρκα ἐκφάγουσαι. Pariter
ξυντήκειν adhibuit Plato in Tim. p. 83. b.

v. 47. Δὸς βιότῳ πλώοντι] βίοτος, vita com-
paratur cum fluctu (hinc λαῖτμα βαρυσμαράγου
βιότοιο H. in Sol. 30.), cuius felicem decurfum,
πλοῦν, exoptat. Refpexiffe videtur hunc locum
Marin. c. XV. ἐν ζάλῃ γὰρ παρελθὼν καὶ τρι-
κυμίᾳ πραγμάτων τυφωνείων ἀντιπνεόντων τῇ ἐν-
νόμῳ ζωῇ ἐμβριθῶς οὗτος ἀνὴρ καὶ ἀστεμφῶς, εἰ
καὶ παρακινδυνευτικῶς τὸν βίον διενήξατο.

v. 48. Malim: τέκνα, λέχος, κλέος, ὄλβον,
εὐφροσύνην ἐρατεινήν: et mox v. 50. προεδρίην δ'
ἐνὶ λαοῖς.

M.

Emen-

3.

Emendationes in quaedam Pindari et in Epigramma Meleagri.

I.

Infignis Scolii initium, quo Pindarus meretrices, quae in Veneris templo, quod Corintho fuit, Sacra faciebant, alloquitur, Athenaeus nobis feruauit L. XIII. p. 573. (v. Schneider in Carm. Pind. Fragmentis p. 12. 13.) fed foede dilaceratum et corruptum, vt certa eius emendatio a melioribus tantum Codd. exipectanda fit. Interim, quid ingenio profici poffit, periclitati fumus. Primum ponam ipfa Pindari verba, vt Schneiderus ea ex Athenaeo propofuit:

’Ηρξατο δὲ οὕτως τοῦ μέλους·

Πολύξενοι νεάνιδες, ἀμφίπολοι
πειθοῦς ἐν ἀφνειᾷ Κορίνθῳ,
ΔΙΑ ΤΕ ΤΑC ΧΕΙΡΑC λιβάνου ξανθὰ
δάκρυα

ΤΕ ΗΜΙΝ πολλάκις ματέρας ἐρώταν
ΟΥΡΑΝΙΑΝ ΙΠΤΑΜΕΝΑΙ ΝΟΗΜΑΤΙ
ΠΟΤΤΑΝ ’Αφροδίταν ὑμῖν ἄνωθεν ΑΠΑ
ΓΟΡΙΑC

ἔπορεν.

Particu-

Particulam tantum difficillimi loci emaculandam nobis fumentes, reliqua felicioribus ingeniis relinquimus. In v. 3. lego:

ΔΟΤΕ ΓΕΧΑΡΑΙΣ λιβάνου ξανθά δάκρυα

vt Tibull. I. VIII. 70.

Nec prodeft fanctis *tura dediſſe focis* ἔχαρα vt Latinorum focus de ara frequenter dicitur. Euftath. in Od. 2. p. 265. 41. paſſim ap. Euripidem. Hercul. Fur. 922. Heraclid. 121. 128. vbi Barneſius Euftathii locum excitat. v. Alberti ad Hefych. V. Sequentem verſum ſic emendandum puto:

ΤΙΜΗΝ ΤΕ πολλαις ματερι ἐρωτων. τιμή donum eft quod Deo offertur. Sic *thuris honores* apud Latinos. TIBVLL. I. VII. 53. et VIRGIL. Aen. III. 547. 'Iunoni Arginae iuſſos adolemus *honores*. Euripides in Alc. 34. Θάνατος ait, — Τιμαῖς κἀμὲ τέρπεσθαι δόκει.

In v. 5to Pindarus dare potuit:

ΟΥΡΑΝΙΩΙ ΝΙΠΤΟΜΕΝΑΙ ΝΑΜΑΤΙ,

quod ad vulgarem vſum ante ſacrificium lauandi ſpectat. ap. Hom. Il. π. 230. Achilles Ioui vota facturus νίψατο δ' αὐτὸς χεῖρας, ἀφύσσατο δ' αἴθοπα οἶνον. et Il. ζ. 276. χερσὶ δ' ἀνίπτοισιν.

c 5 Διὶ

Διὶ λείβειν αἴθοπα οἶνον "Αζομαι. v. ΕΥΣΤΑΘ.
p. 501. 25. — ουρανίῳ νάματι vero confirmar
poteft ex PINDARI Ol. XI. ἐστιν δ' οὐρανίωι
ὑδάτων ὀμβρίων. SOPHOCLES Oedip. Col. 623.
Θάλλει δ' οὐρανίαις ὑπ' ἄχναις. — Νίτρα
ποταμίας δρόσου fimili ratione dixit EVRIPID. in
Helena. 1400. Aliam longe viam SCHNEIDERVS
ingreffus eft, cuius et CASAVBONI coniecturas
vide in Collect. fragm. Pind. l. c. Sextum tandem verfum ita refingo:

   Ἀ ΠΟΤΝ' Ἀφροδίτα δ' ὑμῖν ἄνωθεν ΑΓ.
            ΛΑΙΑΝ ΩΡΑΣ
   ἔπορεν.

In Epigrammate Noffidis. IV. (Anal. V. P. I.
p. 194.) Πολυαρχὶς meretrix Veneri fimulacrum
dedicaffe dicitur — ἐσταυρμένα μάλα πολλὰν κτῆ-
σιν ἀπ' οἰκείου σώματος ἀγλαΐας. Macedon. Epigr.
XVI. οὐκ ἀπὸ πήγης Ἀγλαΐη μελέων ἕλκεται ἀε-
νάου.

II.

Cum ad infringendum Xerxis impetum vni-
uerfa Graecia arma corriperet, vnae Thebae in-
uentae funt, quae, nefcio qua lucri fpe com-
motae, in Perfarum partes tranfirent. Quod
confilium vt caperent, maxime eos mouiffe dicuntur hi Pindari verfus:

                                        Τὸ

Τὸ κοινόν τις ἀστῶν ἐν εὐδίᾳ κατωθεὶς
Ἐρευνασάτω μεγαλάνορος ἀσυχίας·
ἱερὸν Φάος ιστάσιν ἀπὸ πραπίδος
ἐπίκοτον ΑΝΕΜΩΝ, πενίας δότειρὰν
ἐχθρὰν κουροτρόφον.

legitur hic locus apud stob. Senn. CCXXIV.
p. 742. v. Schneider fragm. p. 54. et de Vita
et fcriptis Pindari p. 38. vbi emendandum fu-
fpicatur V. Cl. — ἐπίκοτον ἀνέλκων. dare vt
mihi quidem videtur. Putabam equidem legi
poffe

——— στάσιν ἀπὸ πραπίδος
ἐπίκοτον ΑΛΑΛΚΟΝ,

vt Ol. X. 123. ἅτ᾽ ἀναιδέα Γανυμήδει τὸν πότμον
ἄλαλκε. et Nem. IV. 98. ἄλαλκε δὲ χείρων.

III.

In Carmine cuius particulam _Athenaeus_ feruauit L. XIII. p. 801. in eos inuehit Pindarus,
qui confpecto Theoxeno, quem puerum in de-
liciis habebat poeta, amore non mouerentur.
Ex reliquis, qui ibi leguntur corruptiffimis verfibus, duos mihi hic emendandos fumam

'Αλ᾽ ἐγωγ᾽ ΕΚΑΤΙ ΤΑС κηρὸς ὣς.
ΔΑΧΘΕΙС ἱλαρὰν μελίσσαν

τήκομαι,

τήκομαι, εὖτ' ἂν ἴδω παιδῶν
νεόγυιον ἐς ἥβην.

Doctorum Virorum coniecturas videre est ap.
SCHNEID. Collect. fragm. p. 15. et ap. ad HE-
SYCH. v. ὀδαξει. Mihi placeret si legeretur:

᾽Αλλ' ἔγωγ' ΕΠ' ΑΚΤΙΝΑC κηρὸς ὡς
ΙΑΝΘΕΙC μαλιχρᾶν μελισσαν

τήκομαι ———

κηρὸς ἰανθεὶς et τήκομαι bene sibi respondent,
si quid video. „vti cera apium ad solis radios
liquefacta, sic ego liquesco, cum puerorum con-
spicio florem.„ LVCRETIVS de N. h. VI. 515.
quasi igni Cera super calido tabescens multa li-
quescit. De vsu vv. τήκεσθαι et ἰαίνεσθαι v. T.
HEMSTERHVIS in HESYCH. Vol. II. p. 4. 5.

Coronidis loco adiiciam coniecturam de Epigrammate MELEAGRI XXXIV. (Brunk. Anal. V.
P. I. p. 12.)

᾽Εφθέγξω, ναὶ Κύπριν, ἃ μὴ θέμις, ᾧ
μέγα τολμᾶν
θυμὲ μαθών. Θήρων σοὶ καλὸς οὐκ ἐφάνη.
Σοὶ καλὸς οὐκ ἐφάνη Θήρων· ἀλλ' αὐτὸς
ὑπέστης,
οὐδὲ Διὸς πτήξας πῦρ τὸ κεραυνοβόλον.

TOI

ΤΟΙ ΓΑΡ ΙΔΟΥ, τὴν πρόσθε λάλον προθ-
Θηκεν ἰδέσθαι
δαῖγμα Θρασύστομίης ἡ βαρύφρων Νέ-
μεσις.

Ante oculos habuit hoc Epigramma PHI-
LIPPVS THESSALONIENSIS Epigr. II. Anal. Vol. II.
p. 211. — V. 5. verbis τὴν π. λάλον Nioben
indicari veriſſime animaduertit Brunk V. CI. ſed
admodum vereor, ne ipſum Niobes nomen non
tam ſubintelligendum, ſed potius reſtituendum
ſit. Suſpicor enim Meleagrum ſcripſiſſe

ΤΑΝΤΑΛΙΔΗΝ τὴν πρόσθε λάλον — —

vt hoc nomen vel ab ignoranti librario temere
corruptum ſit, vel eo forte deleto verba quae
nunc leguntur τοὶ γὰρ ἰδου inuecta ſint. Quod
vt verum putem praecipue facit manifeſta imi-
tatio ANTIPATRI THESSALONIENSIS Epigr. LV.
Vol. II. p. 123.

Μούναν σὺν τέκνοις νεκυοστόλε δέξομε
πορθμεῦ
τὰν λαλον. ἀρκεῖ σοι Φόρτος ὁ Ταν-
ταλίδος.

Similiter

Similiter THEODORIDES Ep. VII. Vol. II. p. 42.

στᾶϑι πέλας δάκρυσον ἰδὼν, ξένε, μυρία πένϑη
τᾶς ἀϑυροφλώσσου ταντολίδος
Νιόβας.

SENECA Medea. 952. Vtinam *superbae* turba
Tantalidos meo Exiffet vtero.

F. IACOBS.

Inhalt.

III.

In h a l t.

III. Inedita et obferuatt. criticae.

der

alten Litteratur

und

Kunſt

mit

ungedruckten Stücken

aus

der Escurialbibliothek

und andern.

Drittes Stück.

Göttingen

bey Johann Chriſtian Dieterich. 1788.

Vorbericht.

Die Bekanntmachung dieses Stücks ist durch die Veränderung der Herausgeber etwas verzögert worden; um das Versäumte desto schneller nachzuholen wird das nächste Stück unmittelbar nach diesem folgen.

Der Plan unsrer Schrift wird im Ganzen unverändert bleiben, nur in wie fern wir denselben in einzelnen Theilen mehr erweitern oder einschränken sollen, darüber erwarten wir die Stimme des Publicums.

Wir machen in gegenwärtigem Stücke einen Versuch die alte Kunstgeschichte etwas mehr mit hereinzuziehen, und liefern hier ein Monument, dessen Erklärung unsern Lesern nicht uninteressant seyn wird. Die Abbildungen anderer, bisher unter uns unbekannter oder auch unrichtig erklärter, Kunstwerke des Alterthums, die wir besitzen, und unsre Verbindungen in Rom um beständigen neuen Zufluß von dort zu erhalten, setzen uns in den Stand hiermit fortzufahren, wenn der Beyfall der Leser uns dazu auffordert. Wo nicht, so treten wir gerne damit zurück.

Unser Vorrath an Ineditis ist durch die Schätze der Italiänischen Bibliotheken, die wir Gelegenheit gehabt haben zu nutzen, sehr gewachsen;

Vorbericht.

wachſen; was wir gefunden haben wird nach und nach in dieſen Blättern erſcheinen; und wir hoffen Stücke liefern zu können, die den Freunden der alten Litteratur nicht nnwichtig ſeyn werden.

Bey den Recenſionen wird unſre Abſicht nur dahin gehen, die Werke auszuzeichnen, durch welche die alte Litteratur gewonnen hat, und zu zeigen wie viel ſie dadurch gewonnen hat. Claſſiſche Werke werden daher nie übergangen werden; die minder erheblichen werden entweder nur kurz angezeigt, oder wenn ſie zu unwichtig ſind, wie bloße Abdrücke und alltägliche Ueberſetzungen, mit Stillſchweigen vorbeygelaſſen.

Die gute Aufnahme, die die erſten beiden Stücke unſrer Bibliothek gefunden haben, ſcheinet uns Bürge dafür zu ſeyn, daß alte Litteratur noch unter uns geſchätzt wird; und wir werden uns reichlich belohnt halten, wenn wir zu der Aufrechthaltung derſelben, — das iſt, zu der Erhaltung des richtigen Geſchmacks — durch dieſe Blätter etwas beytragen können.

Th. Chr. Tychſen.
Theol. Prof.

A. H. L. Heeren.
Phil. Prof.

Ueber ein altes Relief
im Museo Vaticano zu Rom a).

D ie große Menge von Kunstwerken, die aus
dem Alterthum auf uns gekommen sind,
stellen zwar größtentheils Perfonen oder Begebenheiten vor die zu gleicher Zeit Gegenstände
der Dichtkunst waren; aber obgleich Dichter
und Künstler hier ihre Ideen aus Einer Quelle
schöpf-

a) Ich habe über dieses Monument während meines
Aufenthalts in Rom eine lateinische Abhandlung
drucken laffen, die hier überfetzt und umgearbeitet
erfcheinet. Von der lateinifchen Abhandlung find
keine andern Exemplare nach Deutfchland gekommen, als die ich felber ausgetheilt habe, und deren
mögen höchstens ein Dutzend feyn. Wenn fie daher auch hier nicht umgearbeitet, fondern bloß überfetzt, erfchiene, fo würden wir den Vorwurf nicht
zu befürchten haben, daß wir bekannte Dinge
lieferten.

teratur und Kunst da fehlten; wo eine mäßige
Belesenheit in den griechischen Dichtern die Erklärung so deutlich darbeut. Aber wie oft dieß
bey dem gelehrten Alterthumsforscher der Fall
seyn kann, kann nur der beurtheilen, der eigne
Erfahrungen in diesem Stücke gemacht hat, und
selber oft mit offnen Augen blind war.

Das Relief, das der Gegenstand meiner Erklärung ist, findet sich auf einem marmornen
Sarcophag, der vordem in dem Pallast Barberini stand, unter Clemens XIV. aber nebst vielen andern Kunstwerken aus diesem Pallast, für
das päbstliche Museum im Vatican, — jetzt das
Museum Pio - Clementinum — gekauft, und in
demselben aufgestellt ward. Sein jetziger Platz
ist in eben dem Saale, wo die colossalische Statue des Tiberflusses steht. Außerdem findet man
es noch zweymal in Rom wiederholt; einmal im
Pallast Giustiniani, und ein andermal in der
Villa Borghese; allein das letztere hat sich nur
halb erhalten, die andere Hälfte ist von einem
neuen Künstler ganz planlos ergänzt. Auch
das in dem Pallast Giustiniani hat ziemlich gelitten, das unsrige hingegen ist ohne alle Be-
schädigung.

Diese

Diese öftere Wiederholung eines und desselben Werkes, ohne alle beträchtliche Verschiedenheit, ist ein Beweis, nicht nur davon, daß die Vorstellung dieser Geschichte auf Sarcophagen sehr gewöhnlich war, sondern auch davon, daß in dem Alterthum ein vorzügliches erhabenes Werk sich fand, von dem diese alle Copien sind. So geht es mit unzähligen Statuen und unzähligen Reliefs. Wenn ein besonders berühmtes Werk eines alten Meisters sich fand, so schränkten sich die geringern Künstler lieber darauf ein, daß sie dieses gut zu copiren, als daß sie eigne neue Ideen darzustellen suchten. Daher unter den Statuen die häufigen Wiederholungen der Venus Medicea, der sogenannten Cleopatra, — richtitiger der Ariadne auf Naxos — des Iupiter fulminans und andere; daher unter den Reliefs so manche Wiederholungen der Iagd Meleagers, und anderer sehr bekannten Vorstellungen, die alle durch ihre auffallende Aehnlichkeit das Gepräge an der Stirne tragen, daß sie Copien eines und desselben Originals seyn. So ist es auch mit unsern Reliefs; keines von allen dreyen ist Original, obgleich das in dem Museo Vaticano auch zu den guten Werken des Alterthums gehöret; bey allen dreyen bleibet die Ausführung zu sehr hinter dem Gedanken und der Anordnung zurück.

Winkel-

Winkelmann a. a. O. erklärte unser Werk von der bekannten Ermordung des Agamemnons und der Cassandra. Wie nämlich der letzte von dem Zuge gegen Troja zurückkehrte, und die Cassandra als Gefangene und Beyschläferin mitbrachte, ward er von dem Aegisth, der während seiner Abwesenheit seine Gemalin Clytämnestra verführt und sich mit ihr vermählt hatte, gleich bey seiner Ankunft bey einem Gastmahle überfallen und meuchelmörderischer Weise umgebracht. So erzählt es Homer d). *Neuere Dichter, wie Aeschylus und Sophocles, sagen, seine eigne Gemalin Clytämnestra habe, als er im Bade war, ihm ein Gewand über den Kopf geworfen, das oben keine Oeffnung hatte, und ihn darauf mit einem Beile erschlagen* e).

Die Figuren der beiden Erschlagenen erklärt Winkelmann von der Cassandra und dem Agamemnon. Der Iüngling mit dem bloßen Schwerdte neben der Cassandra sey Aegisth; die übrigen drey, von denen der eine das Gewand von dem Erschlagenen wegnimmt, ein anderer auf den Knieen liegt und einen Stein in den Händen

d) Hom. Odyss. λ, 405 etc.

e) Aesch. Agam. v. 1377.
   Soph. Electr. 484. und andere.

Händen zu halten scheint, der dritte endlich
von der Ara herabsteigt, seyn Freunde und Gehülfen des Aegisths bey der Vollführung der
That. Die weibliche Figur neben dem Aegisth
sey Clytämnestra, die, weil die That bey Nacht
vollführet wird, ihnen leuchte, die andere hinter
ihr stehende sey ihre Tochter Elektra. Die alte
weibliche Figur, die erschrocken zurückflieht,
sey die gewesene Amme des Agamemnon; von
den drey schlafenden Figuren neben ihr, sey die
sitzende eine männliche, und stelle den Orestes
vor; die beiden übrigen, so wie die liegende
schlafende Figur, an der andern Seite des Monuments, seyn Mägde der Clytämnestra, die
nach der Mahlzeit in Schlaf gerathen seyn.
Das große ausgespannte Gewand sey nach alter Sitte hinzugefügt, nach der die Weiber
durch daßelbe von den Männern in der Gesellschaft getrennt wurden. Die Schlangen im
Haare der Clytämnestra und der schlafenden
Mädchen seyn Symbole des Zorns und der
Rache, die sie bey der That beseelte. Die Scene
sey im Vorhofe der Wohnung des Agamemnons
wo den beiden Diis terminis vor der Mahlzeit ein Opfer gebracht sey. Die Ara endlich
mit dem darauf liegenden Lorbeerzweige sey
eine Ara des Apollo, dessen Priesterin Cassandra war.   A 4   Dieß

Dieß ist Winkelmanns Erklärung, eine
Erklärung, die freylich beym ersten Anblick
befriedigend scheinet, weil sie nichts unerklärt zurückläßt: aber bey genauerer Untersuchung Alles gegen sich hat, was nur
eine Erklärung dieser Art gegen sich haben
kann. Sie paßt nicht nur bey keiner der einzelnen Figuren, sondern legt dem Künstler, in
der Anordnung und Zusammenstellung des ganzen, unverzeihliche Fehler zur Last, die von einem
Künstler der Art, ja die selbst von einem mit-
telmäßigern Künstler sich gar nicht erwarten
lassen, weil sie geradezu gegen die natürliche
Anordnung sind, der jeder Künstler bey der
Vorstellung dieses Gegenstandes folgen würde.

Zuerst von den einzelnen Figuren: Der
vermeinte Aegisth zeigt in seinem Gesicht und
in seiner Stellung Schrecken und Abscheu. Er
blickt zurück und scheinet den Anblick des vor
ihm liegenden erschlagenen Körpers nicht ertragen zu können. Warum das, wenn die Er-
schlagene nur die Cassandra ist, eine Fremde
und eine Gefangene? — Die drey übrigen sogenannten Gehülfen des Aegisths sind eine bloße
Notherklärung; kein Dichter thut Erwähnung
davon, daß Aegisth bey der Vollführung der
That

That Gehülfen gehabt habe; alle hingegen kommen darin überein, daß es ein Meuchelmord gewesen sey. Es wäre auch ohne Zweifel ein unverzeihlicher Fehler des Künstlers gewesen, wenn er drey unbekannte Perfonen ohne allen beſtimmten Charakter als Hauptperfonen aufgeſtellt hätte. Der Ausdruck in der Figur des Jünglings der vom Altar herunterſteigt, widerfpricht diefer Erklärung aber gänzlich. Er tritt mit der größten Vorficht über die fchlafende Figur, die auf der Erde liegt, weg, fchleicht auf den Zehen, und wendet alle mögliche Sorgfalt an fie nicht aus dem Schlafe zu wecken. Wie paßt diefes auf einen Gehülfen des Aegiſth, der zum Morden herbey eilt?

Noch weniger befriedigend iſt die Erklärung der weiblichen Figuren. Die Fackel in der Hand der Clytämneſtra — wenn diefe auch als müßige Zuschauerin daſtehn könnte — ließe fich noch erklären; aber die Schlangen? — Darf denn der Künſtler, um Zorn und Wuth auszudrücken, zu Symbolen feine Zuflucht nehmen? Symbole und allegorische Vorſtellungen darf er, meines Erachtens, nur da gebrauchen, wo der zu bezeichnende Gegenſtand felbſt außer dem Gebiete der Kunſt liegt. War das aber hier

A 5   der

der Fall? — Und zugegeben, daß der Künstler sich dieses bey der Clytämnestra hätte erlauben können, konnte er es auch bey den übrigen
Figuren? konnte er schlafenden Figuren Attribute des Zorns beylegen? — Die Erklärung
des ausgespannten Gewandes aus den Sitten der
Heldenzeit ist auch nur ein Nothbehelf; sie gründet sich auf eine Stelle im Athenäus, beym Homer findet man nichts davon. Auch ist die Erklärung für ein solches Werk viel zu weit her-
geholt. Endlich stimmt die ganze Vorstellung,
so wie wir sie hier sehen, weder mit der Erzählung des Homers noch der späteren Dichter
überein, da wir hier so wenig Anstalten zu einem Bade als zu einem Gastmahle finden.

So viel von den einzelnen Figuren, jetzt etwas von der Zusammensetzung. Wollte der
Künstler das von W. angegebene Sujet ausfüh-
ren, so waren die Hauptpersonen unstreitig Aegisth und Agamemnon, der Mörder und der
Ermordete. Alle andre, selbst Cassandra waren Nebenpersonen; denn um diese war es dem
Aegisth gar nicht zu thun, sie ward nur ein
Opfer der Eifersucht der Clytämnestra. Die
Natur der Sache also hätte es schon erfodert,
daß jene beiden Figuren die Hauptgruppe oder

wenig-

wenigftens eine Gruppe ausgemacht hätten, daß
Aegifth neben dem Agamemnon geftanden hätte.
Aber wie hätte es dem Künftler in den Sinn
kommen können, ihn neben der Caffandra, und
neben der Hauptperfon Agamemnon einen unbekannten Gehülfen zu ftellen? Ift es denn wahrfcheinlich daß Aegifth die Ermordung der Caffandra auf fich genommen, hingegen den Mord
der Hauptperfon, des Agamemnons, einem Gehülfen aufgetragen habe? — Endlich, was für
ein Moment der Gefchichte hätte der Künftler
ausgedrückt? Die That war fchon vollbracht,
denn Agamemnon und Caffandra find fchon
todt; alfo den Moment nach der Handlung, wo
gar keine Handlung mehr war, fondern wo fich
höchftens eine Zerftümmelung der Leichname
denken läßt.

Das bisher angeführte ift, glaube ich, hinreichend, das Unzulängliche der Winkelmanni-
fchen Erklärung zu zeigen; der Lefer mag urtheilen ob die Meinige mehr befriedigend fey.
Es find nach meiner Meinung zwey Scènen aus
dem Leben des Oreftes vorgeftellt; die eine und
die Hauptfcene, wie Oreft nach der Ermordung
feiner Mutter, der Clytämneftra, und des Aegi-
fthus von den Furien ergriffen wird; die andere

dere, wie Oreſt auf der Ara des Apolls zu Delphi, wo er als Supplex hingeflüchtet war, von
den Furien umringt, ihnen heimlich entflieht,
während der Zeit daß Apollo ihm zu gefallen
ſie in einen tiefen Schlaf hatte fallen laſſen. —
Zuerſt ein paar Worte von der Geſchichte des
Oreſtes, wie ſie Aeſchylus uns erzählt, denn
wenn ſie gleich ein Gegenſtand der Geſänge faſt
aller Dichter war, ſo kümmern uns alle die andern Verſchiedenheiten nicht, weil unſer Künſtler bloß dem Aeſchylus folgte.

Wie Clytämneſtra und Aegiſth nach der Ermordung des Agamemnons auch den Oreſtes,
den einzigen Sohn der Clytämneſtra von dem
Agamemnon, aus Furcht daß er den Tod ſeines Vaters rächen mögte, umbringen wollten;
ſo entriß ihn ſeine Schweſter Elektra ihren Nach-
ſtellungen, und ſchickte ihn heimlich zum Strophus, König von Orchomenus. Hier wuchs er
auf, und ſchloß mit Pylades, dem Sohn des
Strophus, jenen berühmten Freundſchaftsbund.
Vielleicht hätte er hier gänzlich ſein Vaterland
vergeſſen, wenn er nicht durch einige Orakel-
ſprüche vom Apollo wäre aufgemuntert worden,
den Tod ſeines Vaters zu rächen. Dadurch
angeſpornt, und um ſein väterliches Reich wieder

der zu erhalten, ging er, begleitet von Pylades,
nach Argos zurück. Bey feiner Ankunft dafelbft traf er feine Schwefter Electra, erkannte
fie, ward von ihr erkannt, und theilte ihr fein
Vorhaben mit, den Tod feines Vaters mit der
Ermordung feiner Mutter und ihres buhlerifchen
Gatten zu rächen. Um aber ficherer zu gehen
nahm er zur Verftellung feine Zuflucht. Als
ein unbekannter Fremdling ging er mit feinem
Freunde ins Haus, und brachte eine erdichtete
Nachricht von feinem eigenen Tode. Aegifth voll
Freude hierüber eilte herbey, und ward von den
beiden Freunden fogleich niedergemacht. Dann
ergriff Oreftes feine Mutter bey der Hand,
führte fie zu dem Orte, wo Aegifths Leichnam
lag, und ftieß ihr gleichfalls das Schwerd in
die Bruft. Aber ein Muttermord konnte nach
den Begriffen der damaligen Zeit nicht unge-
rächt bleiben. Kaum hatte er die That vollbracht, fo ftürzten die Furien auf ihn los, verfolgten ihn unabläffig, und zwangen ihn Argos,
fein Vaterland, wieder zu verlaffen. Er floh
deswegen nach Delphi, und fetzte fich als Supplex auf den Altar des Apollo, auf deffen Befehl er den Mord feines Vaters gerächt hatte.
Sie aber verfolgten ihn dahin. Zwar konnten
fie ihm auf dem Altare felber nicht beykommen,

aber

aber um ihn nicht entfliehen zu laſſen, lagerten
ſie ſich um den Altar herum. Apollo erbarmte
ſich ſeiner, und ſchläferte ſie ein; er entkam ihnen dadurch und ging nach Athen. Die weitere Geſchichte wie ſie ihn auch dahin verfolgten,
und die Sache dorten durch die Minerva ver-
mittelt ward, gehört hier nicht her.

Dieſe Geſchichte iſt es, die Aeſchylus in
zwey Trauerſpielen behandelt hat, in den Choe-
phoren und Eumeniden; aus ihnen nahm der
alte Künſtler die beiden oben erwähnten Scenen,
die auf unſerm Werke vorgeſtellt ſind, die Ergrei-
fung des Oreſts von den Furien, und ſeine
Flucht von dem Altar des Apollo zu Delphi,
da die Furien eingeſchläfert waren. Mit den
beiden Stücken des Aeſchylus in der Hand,
werde ich jetzt verſuchen, das ganze Werk
Stück vor Stück zu erklären, und nach der Erklärung der einzelnen Figuren, noch einige allgemeine Bemerkungen hinzufügen.

Die erſchlagene männliche Figur iſt Aegiſth;
er iſt ſchon im reifen Alter vorgeſtellt, der Geſchichte gemäß, denn er war ſchon zum mindeſten gegen 50 Iahr alt. Der Sitz von dem
er herabgeworfen iſt, iſt der Thron des Agamemnons, den er nach der Ermordung deſſelben

ben eingenommen hatte.   Auf demselben hatte
der junge Orest ihn sitzend gefunden, ergriffen,
getödtet und auf die Erde heruntergeworfen. —
Diese schöne Idee hatte der Künstler mit kluger
Wahl aus dem Aeschylus geschöpft; ehe der
Iüngling dorten zur Vollführung seiner That
in das Haus geht, giebt er seiner Schwester der
Elektra noch vorher folgende Versicherung:

Und find ich ihn auf meines Vaters Thron,
So wiss' und merke dir's, noch eh er frägt:
Woher der Fremdling? Trifft ihn schnell
               mein Schwerdt,
Und strecket todt ihn auf den Boden hin. f)

Ich sage mit kluger Wahl, denn bey der Vollführung der That trifft ihn Orest beym Aeschylus nicht auf dem Throne seines Vaters, sondern
er kommt ihm entgegen. Aber der Künstler war
kein sklavischer Nachahmer, sondern nutzte den
Dichter da, wo er ihn mit Vortheil nutzen
konnte. Und wer fühlt es nicht, wie viel das
ganze Werk durch diese Nutzung der Dichteridee

---

f) Choëph. v. 570 - 574.
   Κακεῖνον ἐν θρόνοισιν οἱ εὕρηεν πατρὸς
   Εδ᾽ ίσθι και κατ᾽ ὀφθαλμοὺς βαλεῖ,
   Πρὶν αὐτὸν εἰπεῖν, ποδαπὸς ὁ ξίνος; μεκρὸν
   Οψον, πέδωκει παραβαλὼν χαλκεύματι.

idee an Leben, Mannichfaltigkeit und Gruppirung gewonnen habe?

Die gleich daneben liegende todte weibliche Figur ist Clytämnestra. Orest hatte sie mit Gewalt zu dem Leichname des Aegisths hingeführt, ihn ihr gezeigt, und dann erst die That vollbracht.

An seiner Seite, will ich, daß du fällst,
Denn lebend zogst du ihn dem Vater vor!
Ietzt schlaf bey ihm im Tode, liebst du doch
Den Mann, und haffest dem du Liebe schuldig warst. g)

Neben ihr steht er selbst, der Thäter, noch mit dem bloßen Schwerdt in der Hand. So eben war die That vollbracht, wie er jetzt die Furien auf sich zustürzen sieht. Mit vorgehaltnen Fackeln und Schlangen greifen sie ihn an; er vermag den Anblick nicht zu ertragen, wendet den Blick zurück, und sucht, wiewohl vergeblich, mit aufgehobnen Händen ihren Anfall abzuwehren. Keine andere Stellung konnte der grie-

---

g) Choëph. v. 404 - 407.

Επει προς αυτον τονδε σε σφαξαι θελω·
Και ζωντα γαρ νιν κρεισον ηγησω πατρι·
Τουτω θανουσα συγκαθευδ' επει φιλεις
Τον ανδρα τουτον ον δ' εχρην φιλειν τυγεις.

griechische Schauspieler als Oreſt in den Choëphoren nehmen, wenn er beym Anblick der Furien die nur er allein — wie Hamlet den Schatten ſeines Vaters — erblickt, dem Chor die
Worte zuruft:

— — — Sie ſind Gorgonen gleich
Im dunkeln Traurgewand, mit Schlangen dicht
Umflochten! — Nein ich weile nicht mehr hier. b)

Hätten wir noch das Original, von dem unſer Werk nur eine Copie iſt, was würden wir
da für eine Figur ſehen? — Iſt doch auch in
der Copie im Geſicht und in der Stellung noch
Geiſt und Ausdruck genug zurückgeblieben, um
unſere Bewunderung zu verdienen!

Daß die beiden weiblichen Figuren hinter dem
Vorhange Furien ſind, brauche ich nicht zu erinnern. Die vordere iſt mit Fackeln und Schlangen nicht nur in den Haaren, ſondern auch in
der Hand, bewaffnet. Mit beiden zugleich geht
ſie auf den Oreſt los. — Die zweyte hat hier
nur Schlangen im Haare; auf dem Marmor

im

b) — — — αἷδε Γοργόνων δίκην
Φαιοχίτωνες καὶ πεπλεκτανημέναι
Πυκνοῖς δράκουσιν — οὐκ ἔτ᾽ ἂν μείναιμ᾽ ἐγώ,

im Pallaſt Giuſtiniani hält auch ſie eine Fackel
und wenn ich recht ſah, — denn das Stück i
dort zu hoch in der Wand eingemauert, — j
iſt dort noch der Kopf einer dritten Furie z
ſehen. Doch das iſt unerheblich; denn die Zahl
der Furien war bey den älteſten Dichtern nicht
beſtimmt, erſt ſpätere Dichter ſchränkten ſie auf
drey ein. — Bey ihrer Darſtellung ſcheinet der
Dichter die eben angeführten Worte des Aeſchylus vor Augen gehabt zu haben. Beide ſind
bekleidet und mit Schlangen bewaffnet. Das
Schreckliche und Unangenehme dieſer Vorſtellung
milderte der Künſtler aber dadurch, daß er ihnen zwar ernſthafte und drohende, aber jugend-
liche und ſchöne Geſichter gab. Der alte Künſtler wußte es ſehr wohl, was ſo viele unſerer
neueren, ſelbſt unſerer größten Künſtler, hätten bedenken ſollen, daß alles Schreckliche, als
ſchrecklich dargeſtellt, außer dem Gebiete der
Kunſt liegt, weil es in dem Zuſchauer nur
Schrecken, das heißt eine unangenehme Empfindung erregt.

Der andere Jüngling, der neben dem erſchla-
genen Aegiſth ſteht, iſt Pylades, der, dem Aeſchylus zufolge, der Gehülfe des Oreſts bey der
That war. Der Künſtler konnte ihm keinen
beſſern

bessern Platz anweisen, als hier bey dem Aegisth; er war bey diesem geblieben, während
daß Orest mit der Ermordung seiner Mutter
beschäfftigt war.

Die alte weibliche Figur ist die gewesene
Amme des Agamemnons; Aeschylus giebt ihr
keinen Namen, beym Euripides heißt sie Gelissa.
Sie flieht erschrocken zurück, nicht wegen des
Anblicks der Furien, denn diese sah, dem Aeschylus zufolge, nur Orestes allein, auch nicht
wegen Misbilligung der That im Ganzen, —
denn sie war Feindin der Erschlagenen und
Vertraute der Elektra, die dem Aeschylus zufolge nicht bey der That gegenwärtig war, weil
sie die Bewachung der Thüre auf sich genommen hatte; — sondern weil ihr, der unentschlos-
senen Alten, der Gedanke daß der Sohn die
Mutter ermordet habe, verbunden mit dem Anblick der Erschlagenen selbst, die Pylades ihr
zeigt, indem er das Gewand, das den Aegisth
bedeckte, wegreißt, Schrecken verursacht.

Die am schwersten zu erklärende Figur auf
dem ganzen Monument ist die knieende Figur
hinter der erschlagenen Clytaemnestra. Weder
beym Aeschylus noch bey einem andern Dichter
findet sich eine Stelle, die uns eine bestimmte Er-

klärung

klärung derselben gäbe. So viel wissen wir aus
dem Aeschylus, daß Orest nicht mit dem Pylades allein, sondern noch mit andern Begleitern
nach Argos kam. Denn bey seiner Ankunft
sagt Clytämnestra, die ihn noch nicht kennet, zu
ihrem Sklaven:

> Auf führ' ihn in des Hauses gastfreyes
> Gemach, mit den Bedienten hier und den
> Gefährten seines Wegs. — — i)

Von diesen, glaub' ich, hat der Künstler einen
vorstellen wollen. So wie er an der andern Seite
die Amme hingestellt hatte, so wollte er hier
auch noch eine Nebenperson haben, die von dieser Seite die Hauptscene einschließen sollte. —
Aber was ist das, was er mit beiden Händen
aufhebt, und was bedeutet der ganze Gestus?
— Dieß läßt sich bloß durch Vermuthungen
ausmachen, im Dichter findet sich gar nichts
was uns hier ein Licht geben könnte. Das was
er in der Hand hat ist nichts anders als eine
Ara: Wer hieran zweifeln will den muß ich
auf das Relief im Pallast Giustiniani verweisen,
dort sieht man dieß so deutlich daß sich gar
nicht

---

i) Choëph. v. 704. 705.
Αγ' αὐτὴν εἰς ἀνδρῶνας εὐξένους λέγων
Ὀπισθόπους δὲ τούσδε καὶ ξυνεμπόρους.

nicht daran zweifeln läßt. Höchſt wahrſcheinlich war der viereckte Stein, auf dem der Arm und Kopf der Clytämneſtra ruht, die Baſis auf der ſie ſtand, und von der, als Clytämneſtra fiel, der Iüngling ſie wegnahm, wahrſcheinlich damit ſie nicht durch Blut verunreiniget würde. Wollte man ſagen der Iüngling wolle damit den Kopf der Clytämneſtra zerſtoßen, ſo wäre dieß, dünkt mich, eine zu unangenehme Vorſtellung, zu geſchweigen daß die Heiligkeit der Ara einen ſolchen Gebrauch ſchwerlich erlaubte. Findet man dieſe Erklärung noch nicht hinreichend, ſo werde ich ſie gerne aufgeben wenn man etwas befriedigenders zu ſagen weiß. Zugleich aber muß ich meine Leſer an ienen Ausſpruch Winkelmanns — des größten Kenners in dieſem Fache — erinnern, daß es faſt kein einziges altes Relief gebe, auf dem nicht irgend eine Figur unerklärbar, oder wenigſtens dunkel, bliebe. Wer will dem Künſtler die Hände binden, wenn er von ſeiner eignen Erfindung etwas zu der Geſchichte, die er darſtellt, hinzuthut? Der Künſtler hat eben ſo oft ſeine Grillen wie andre Menſchen, und vielleicht noch öfter; und wer vermag zu dieſen den Aufſchluß zu finden, wenn ſich der Schlüſſel verloren hat? Es wäre leicht hier noch mehr Muthmaßungen

zu

zu wagen, aber ich begnüge mich die wahr-
scheinlichste angeführt zu haben.

Das große ausgespannte Gewand, das an
der einen Seite an eine Herme gehängt, an der
andern durch einen Knoten befestigt ist, hat wiederum seinen Grund in dem Aeschylus, und ist
nichts weniger als willkührlich. Es ist dieß kein
anderes als eben das, was Clytämnestra einst
ihrem Gemahl über den Kopf warf als sie ihn
umbrachte. Nach vollbrachter That ließ Orest,
dem Dichter zufolge, es ausspannen, und den
Umstehenden zeigen:

Seht hier, ihr Zeugen dieser Schreckenthat,
Die Schlinge, meinem armen Vater einst
Gestellt, und seiner Händ' und Füße Netz.
Auf! spannt es aus, im Kreis herum, und zeigt
Die Heldenfalle, daß der Vater seh
— Nicht meiner, sondern der der Alles sieht,
Der Sonnengott — der Mutter Frevelthat! k)

Diese

k) Choëph. v. 980. 986.
Ἴδεσθε δ' αὖτε τῶνδ' ἐπήκοοι κακῶν
Τὸ μηχάνημα δεσμὸν ἀθλίῳ πατρὶ
Πέδας τε χειροῖν καὶ ποδοῖν ξυνωρίδα·
Ἐκτείνατ' αὐτὸν καὶ κύκλῳ παρασταδὸν
Στέγαστρον ἀνδρὸς δείξατ', ὡς ἴδοι πατὴρ
Οὐχ οὑμός, ἀλλ' ὁ πάντ' ἐποπτεύων τάδε
Ἥλιος, ἄναγνα μητρὸς ἔργα τῆς ἐμῆς.

Diefe bisher erklärte Figuren gehören zu der
Hauptfcene des Stücks. Oreft von den Furien
auf diefe Weife verfolgt, entfloh, und kam nach
Delphi, wo er fich als ein Supplex auf den Altar des Apolls fetzte. Die Furien folgten ihm
aber auch dorthin, und da fie auf dem Altare
ihn nicht ergreifen durften, lagerten fie fich um
ihn herum. Aber Apollo fchläferte fie ein, und
Oreft nutzte diefen Augenblick, er entfloh nach
Athen. Der Dichter behandelt diefe Fabel in
den Eumeniden, und der Künftler nahm daher
das Sujet feiner zweyten Vorftellung, die Entweichung des Orefts von dem Altare des Apollo
während daß die Furien fchliefen, und fchöpfte
hier faft noch mit vollern Zügen aus dem Dichter, als bey der vorhergehenden Vorftellung.
Daß es nichts ungewöhnliches fey, verfchiedene
Scenen einer fortgehenden Handlung auf einem
und demfelben Relief vorgeftellt zu fehen, brauche ich Kennern alter Kunftwerke nicht erft zu
fagen; fonderbarer könnte es fcheinen daß der
Dichter diefe Scene getrennet, und zwey Figuren derfelben an dem einen, drey an dem andern Ende des Werks geftellt habe. Aber
auch dieß ift nicht ohne Beyfpiel. So findet
man auf einem andern Relief des Mufei Vati-
cani einen Waffentanz vorgeftellt, der aus fechs

Figuren

Figuren besteht, von denen nicht nur die 2te
und 3te und die 4te und 5te, sondern auch die
1ste. und 6ste im Tanz zu streiten scheinen. —
Ueberdem muß man bedenken daß diese zweyte
Scene überhaupt nur Nebenscene sey, die der
Künstler bloß zu der Ausfüllung des Raumes
hinzusezte.

Zuerst die Stelle des Dichters, die der Künstler fast völlig copirt hat. Sie steht in den Eumeniden; die Priesterin des Apollo, Pythia,
— die Scene ist zu Delphi — kommt aus dem
Tempel, und redet: 1)

Ich seh dort am Altare einen Mann,
Verhaßt den Göttern, sitzen; noch von Blut
Trieft ihm die Hand; er hält ein blankes Schwert
Und eines Oelbaums hochgewachsnen Zweig,
Um den ein großes Band von Wolle sich
Nach altem Brauche schlingt, so scheint es mir.

Und

---

1) Aesch. Eumen. v. 40 - 56.

Ὁρῶ δ᾽ ἐπ᾽ ὀμφαλῷ μὲν ἄνδρα θεομυσῆ
Ἕδραν ἔχοντα προστρόπαιον, αἵματι
Στάζοντα χεῖρας, καὶ νεοσπαδὲς ξίφος
Ἔχοντ᾽, ἐλαίας θ᾽ ὑψιγέννητον κλάδον
Λήνει μεγίστῳ σωφρόνως ἐστεμμένον
Ἀργῆτι μαλλῷ· τῇδε γὰρ τρανῶς ἐρῶ.

Πρόσθεν

Und vor ihm ſchläft ein ſonderbares Heer
Von Weibern, die auf Thronen ſich geſetzt.
Nicht Weiber;— nein, Gorgonen nenn' ich ſie!
Und dennoch gleichen ſie auch dieſen nicht!
(Ich ſah ſie im Gemälde einſt die Koſt
Des Phineus rauben.)   Ohne Flügel ſind
Hier dieſe anzuſehn, und ſchwarz und wild.
Ein lautes Schnarchen iſt ihr Athemzug.
Aus ihren Augen triefet wilde Wuth;
Ihr Aufzug iſt nicht wie man ihm zum Bild
Der Gottheit und der Menſchen Wohnung
                                bringt!

In dieſen Worten des Dichters liegt, wie man
auf den erſten Blick ſieht, die ganze Scene, wie
ſie der Künſtler dargeſtellt hat.   Oreſt ſelber
ſteigt mit leiſem Tritt vom Altare herunter, wie
die Furien eingeſchläfert ſind; er geht auf den

                    B 5   Zehen,

Πρόσθεν δὲ τ' ἀνδρὸς τοῦδε θαυμαςὸς λόχος
Εῦδει γυναικῶν ἐν θρόνοισιν ἥμενος
Οὔτοι γυναῖκας, ἀλλὰ Γοργόνας λέγω·
Οὐδ' αὖτε γοργείοισιν εἰκάσω τύποις·
(Εἶδον ποτ' ἤδη Φινέως γεγραμμένας
Δεῖπνον φερούσας) ἄπτεροί γε μὴν ἰδεῖν
Αὗται, μέλαιναι δ' ἐς τὸ πᾶν βδελύκτροποι·
Ῥέγκουσι δ' ἐν πλαςοῖσι φυσιάμασιν.
Ἐκ δ' ὀμμάτων λείβουσι δυσφιλῆ βίαν,
Καὶ κόσμος οὔτε πρὸς θεῶν ἀγάλματα
Φέρειν δίκαιος, οὐδ' ἐς ἀνθρώπων ςέγας.

Zehen, aus Furcht die vor ihm liegenden Furien
aufzuwecken.

— — *Er hält ein blankes Schwert*
  Und eines Oelbaums hochgewachsnen Zweig.

Ganz nach der Beschreibung des Dichters. Der
Zweig auf der Ara ist also kein Lorbeerzweig,
wie Winkelmann glaubte, sondern ein Oelzweig,
dergleichen die Supplices (ἱκεταῖς) immer zu tragen pflegten, wenn sie sich zu dem Altare einer
Gottheit flüchteten.

Die Ara oder der Dreyfuß ist jener berühmte
pythische Dreyfuß, von dem die Priesterin Apolls
ihre Orakelsprüche zu geben pflegte. Auch darin
ist der Künstler der Geschichte treu geblieben, daß
er ihn auf Felsen gestellt hat, denn er stand über
der Oeffnung einer Höle in einem Felsen, aus der
begeisternde Dünste aufstiegen. m)

Der Furien sind vier, eine liegt vor dem Altar,
die andern drey, an der andern Seite des Werkes,
muß man sich als hinter dem Altare denken. Alle
sind im Schlafe, der Fabel gemäß, und mit den
gewöhnlichen Waffen, mit Fackeln und Schlangen, ausgerüstet. Außerdem sind sie gestiefelt
und die eine hat ein Beil. Beides ist ungewöhnlich

m) Diod. Sic. T. II. p. 101. 102. Ed. Weß.

lich und vielleicht von den *Amazonen* entlehnt, aber zu beiden fand der Künftler im Dichter hinreichende Veranlaffung; indem derfelbe ihnen bald Zerfleifchungen und Mord zufchreibt, bald von ihnen fagt daß fie, Iägern gleich, den Schuldigen verfolgen n):

— — — — Doch ich
Verfolge diefen Mann dem Iäger gleich.

Bald daß fie auf ihn zufpringen und ihn mit ihren Füßen zertreten o)

Mit mächtigem Sprunge
Zertritt fie von oben
Mein furchtbarer Fuß!
Die Flücht'gen ereilet
Des Todes Verderben
Im zitternden Lauf!

Darin ift der Künftler aber wieder feinem oben angeführten Grundfatze treu geblieben, nichts
fchreck-

n) Eumenid. v. 231.
— — — Ἐγὼ n
Μέτειμι τόνδε φῶτα ὡς κυνηγέτις.

o) Eumenid. v. 374-378.
Μάλα γὰρ οὖν ἀλλομένα
Ἄγκαθεν βαρυπεσῆ
Καταφέρω ποδὸς ἀκμάν,
Σφαλερὰ τανυδρόμοις
Κῶλα δύσφορον ἄταν.

ſchreckliches, ſondern nur ſchöne Natur, darzuſtellen, daß er ſie nicht, wie der Dichter ſie uns
beſchreibt, von wildem und fürchterlichen Anſehen, ſondern jugendlich und angenehm abgebildet hat. Ueberhaupt gehen die Beſchreibungen
und Abbildungen der Furien, ſowohl bey Dichtern als Künſtlern, ſehr von einander ab, indem
ſie bald als alt und fürchterlich, bald als jugendlich und ſchön, bald geflügelt, bald ohne Flügel,
bald ganz, bald halb bekleidet dargeſtellt werden.

So viel von den einzelnen Figuren, ich hoffe
ſie aus dem Dichter hinreichend erklärt zu
haben. Ietzt noch einige Anmerkungen über das
Ganze, vornehmlich über die Hauptſcene, denn
die andere verdient weniger unſere Aufmerkſamkeit.

So wenig auch alle 3 Reliefs in Rom, die
dieſes Sujet vorſtellen, zu den ſchlechten Arbeiten
gehören die aus dem Alterthum auf uns gekommen ſind, ſo iſt es doch auffallend, daß die me-
chaniſche Ausführung ſowohl hinter der Idee des
Künſtlers als der Anordnung des Ganzen ſo
weit zurückbleibt, daß meine im Anfange gemachte Behauptung, daß unſere drey Reliefs
nur Copien irgend eines großen und berühmten
Werks des Alterthums ſeyn, ſchon bloß hierdurch

ein

eine große Wahrscheinlichkeit erhält. Der geringere Künstler nahm von dem größern so viel er konnte, aber die Meisterhand zu der Ausführung fehlte; war diese aber bey dem Original der Idee und Anordnung des Ganzen gleich, — wie sich der mehreren Copien wegen von guten Künstlern doch wohl mit Recht vermuthen läßt, — so war das Original unstreitig eins der vorzüglichsten Werke des Alterthums.

Der Künstler wählte aus der ganzen Geschichte des Orestes ohne Zweifel den glücklichsten Moment zu seiner Darstellung. Es ist dieß, wie ich schon oben gesagt habe, der, da Orest nach vollbrachter That zuerst die Furien erblickt, und erschrocken den Umstehenden zuruft: -

Ihr Weiber seht, sie sind Gorgonen gleich,
Im dunkeln Trauergewand, mit Schlangen dicht
Umflochten; — Nein! ich weile nicht mehr hier!

Es war dieß unstreitig der interessanteste Moment der ganzen Geschichte, interessanter als wenn er den Mord selbst dargestellt hätte; dieser hätte nur Schrecken und Abscheu erweckt; der unsrige erregt Mitleid und Theilnahme: denn wer kann sich die Lage des unglücklichen Iünglings denken, der so eben dem Schatten seines ermordeten

mordeten Vaters, die Mörderin seine Mutter mit ihrem Buhlen zum Tödtenopfer gebracht,
und sogleich darauf so hart dafür büßen mußte,
ohne Theil an seinem Schicksale zu nehmen?

Es war ferner unstreitig derjenige Moment,
wo er, ohne die Einheit der Zeit zu verletzen,
den möglichst größten Theil der Geschichte des
Orestes dem Zuschauer zeigen konnte. Die
Körper der Erschlagenen lehren, was vorgegangen war, die hereinbrechenden Furien was gegenwärtig geschieht, und der schon zur Flucht sich
umwendende Jüngling was weiter vorgehen wird.

Es war dieß endlich der Moment, wo er die
größte Anzahl und Verschiedenheit der Chara-
ctere dem Zuschauer darstellen konnte. Der vom
Throne gestürzte Bösewicht Aegisth — die er-
schlagene Clytämnestra — die beiden jugendlichen
Helden — die erschrockene Alte — die hereinbrechenden Furien — welch eine Mannichfaltigkeit in
den acht Figuren die zu der Hauptscene gehören,
und welch ein Contrast zwischen jungen und alten, männlichen und weiblichen, bekleideten und
nackten, lebendigen und todten, erschreckenden
und erschrockenen Figuren!

Eben

Eben fo groß zeigte fich der Künftler in der Anordnung des Ganzen, der Vertheilung der Figuren und der Gruppirung. Die vier Hauptfiguren, die beiden Ermordeten und die beiden Mörder, nehmen die Mitte des Stückes ein und formiren zwey Gruppen, in die fie fo vertheilt find wie es die Natur der Sache erfodert. Der Sohn fteht bey der erfchlagenen Mutter, und der Gehülfe bey dem erfchlagenen Aegifth. Zu jeder Gruppe hat er noch eine Nebenfigur hinzugefetzt, um fie voller zu machen und mehr Abwechfelung hervorzubringen, zu der einen die Geliffa, zu der andern den Gehülfen des Oreftes. — Wie vortrefflich hat er nicht die Nachricht des Dichters von dem ausgebreiteten Gewande genutzt? Er gewann dadurch einen doppelten Vortheil: zuerft daß er dadurch den leeren Platz, der hinter der liegenden und knieenden Figur nothwendig hätte entftehen müffen, ausfüllte, und dann daß er uns von den Furien nicht mehr zu zeigen brauchte, als nöthig war um den Eindruck zu erregen den er erregen wollte. Wie viel gewinnt nicht das Schauderhafte ihrer Erfcheinung dadurch, daß fie unvermuthet hinter dem Vorhange hervortreten?

Ueber

Ueber die zweyte Scene, die nur Neben-
fcene, aber dennoch mit gleichem Fleiße behandelt ift, will ich nur die einzige Anmerkung
machen, daß der Künftler mit Recht von der
Befchreibung des Dichters abgegangen ift, der
alle Furien als fitzend fchildert. Er mußte
dieß der Gruppirung wegen thun, und kein
Kenner wird die Meifterhand in der Gruppe
der drey Furien an der linken Seite des Werkes verkennen.

Heeren.

II.

Cludius

von den

Skolien der Griechen.

(Fortfetzung der Abhandl. St. 1. S. 54.)

Nächft jenem Skolion des Kalliftratus verdient nach meinem Urtheile das von Arifto-
tes auf den Hermeias oder Hermias gefchätzt

ſchätzt zu werden, die uns Diog. Laert. V, 5.
Athen. XV, 16. und Stob. Serm. I. (nach der
2 und 3ten Gesnerſchen Ausgabe S. 2. und der
Grotiusſchen S. 6.) überliefert haben a). Es
hat zwar nicht ſo viel Feuer und Schwung, iſt
indeſſen doch ganz lyriſch, und mußte den
Griechen, vor deſſen Phantaſie ein ſchönes
Ideal der Männlichkeit, Tapferkeit und edlen
Thätigkeit ſchwebte, in ſympathetiſche Schwär-
merey bringen,

Die Veranlaſſung dazu war eine Betrachtung, die der Philoſoph über die edle Thätigkeit ſeines Freundes, des *Hermeias* anſtellte.
Dieſer Mann b) war zuerſt ein Sklav eines
gewiſſen

a) Ueberſetzt ſteht es in der Abhandlung von den Lie-
    dern der Griechen in *Hagedorns* poetiſchen Werken
    3 Th. S. 257.

b) Dieſer Mann, ſage ich, der ſonſt ein Verſchnittener
    genannt wird, Demetr. περι ερμην. §. CCXCIII.
    Diog. Laert. V, 2. wozu vielleicht das Sinngedicht
    des chiiſchen Theokrits, das beym Diog. Laert. V.
    edit. Caſaub. p. 307. ſteht, die Veranlaſſung gege-
    ben hat. Es ſcheint aber zweifelhaft, ob er wirk-
    lich ein Eunuch geweſen iſt, nicht allein weil man
    bey einigen Stellen der Alten auf die Gedanken
    kommt, daß ευνυχος überhaupt ſo viel als einen
    Kammerherrn oder wenn man will Kammerdiener
bedeutet

gewiſſen *Eubulus zu Atarneus*, hörte zu
Athen den *Plato* und *Ariſtoteles*; gab ſ
Herrn Anſchläge die Städte *Atarneus* und *Aſſus*
der Herrſchafft der Perſer zu entziehen, und
unterſtützte ihn, ſich derſelben zu bemächtigen;
riß dann, nach deſſen Morde oder Tode, die
Herrſchaft an ſich und erweiterte ſie durch Eroberung mehrerer benachbarten Städte; fing an
den perſiſchen Satrapen, die Lydien und Ionien
verwalteten, beſchwerlich oder gefährlich zu
werden, und wurde von einem derſelben, Namens Mentor, unter Vorſpieglung einer Aus-
ſöhnung mit dem perſiſchen Monarchen und der
Heiligkeit der Gaſtfreundſchaft, gefangen nach
Perſien gebracht, und da Olymp. 108, 4.
ſtrangulirt. S. Diodor. Sic. XVI, 33. Strabo
edit. Caſaub. XIII. p. 420. lin. 10 ſqq. Diog.
Laert. V, 3-7.

Ariſtoteles,

bedeutet habe: ohne gerade darauf zu ſehen, ob
einer nach morgenländiſcher Art dazu inſtallirt worden; ſondern, weil Diog. Laert. aus dem Demetrius
Magneſius die Nachricht beybringt, *Ariſtoteles*
habe dem *Hermeias* ſeine Tochter oder Nichte
zugeheurathet, und aus dem Ariſtippus, der Philoſoph habe die Maitreſſe des *Hermeias* geliebt, und
nach deſſen Ableben geheurathet. Dieſe und andere
Umſtände machen es glaublich, daß *Hermeias* kein
Caſtrat geweſen ſey.

Ariſtoteles, der ſich drey Iahre bey ihm
aufgehalten, viel Freundſchaft von ihm genoſſen, ihn wegen ſeiner perſönlichen Vorzüge ſo
bewundert und geliebt hatte, daß Neider daher
Gelegenheit zu mannickfaltigen übeln Deutungen nahmen, und über ſein unwürdiges Ende
ſich betrübte, dachte — "Wie groß und edel
war der Mann! gleich den Helden des Alterthums, den Dioſkuren, Herkules, Achill und
Ajax, war er thätig, und nicht nur thätig
aus Liebe zur Ehre, die der große Haufen der
Menſchen nicht kennet, der unthätig bleibt, bis ihn
thieriſches Bedürfwiß forttreibt, ſondern thätig aus
Liebe zu anderer Wohl. Dazu wandte er Zeit
und Kräfte muthig und raſtlos an. Was hat
er nun davon, da er einem unverdienten Schickſal untergelegen? Edelen Nachrukm, der in
Liedern tönt, ſo wie ihm im Leben das Gefühl
ſeiner Kraft und Vorzüge beſſeres Glück ge-
währten, als Reichthum, Ahnen, oder Wonne-
leben dem unnützen Menſchen. Verdienſt, biſt
du denn gleich ſchwer zu erringen, ſo biſt du
doch das ſchönſte, was wir im Leben erjagen
können! Mit dieſem Gedanken bricht er aus:

'Αρετὰ

Ἀρετὰ πολύμοχθε γένει βροτείῳ,

Θήραμα

v. 1. Ἀρετὰ *ist Verdienst im Sinn der Alten. Je-*
der Mensch, jedes Zeitalter, schätzt anderes Ver-
dienst. Daher ist es begreiflich, daß der Begriff
von ἀρετὴ *schwankend ist. Bald wird darunter*
Kraft, Stärke, Tapferkeit verstanden, ἀρετή τε βίη
τε Ἰλ. ψ, 578. Πήλεως καὶ Τελαμῶνος ἀρετὴ Plut.
Thes. edit. Francof. p. 5. A. *Bald Ueberlegenheit*
und Vorzüge, ἀρετὴ ποδῶν, χείρων, νόος u. s. f.
Ἰλ. ο, 642. Ὀδ. ξ, 212, 402. Pind. Isthm. III, 6.
so gehört denn auch Reichthum und εὐγένεια *mit*
dahin Eurip. Orest. 805. f. Ὀδ. ξ, 222. *und biederer*
Gebrauch des Reichthums Pind. Nem. I, 44–49.
Bald Mannhaftigkeit, Wohlgemuthheit und edle Thä-
tigkeit, wovon der Grund Streben nach Ehre ist.
Pind. Isth. VI, 14. ff. S. bey N 7. Olymp. V, 34–36.
Bald Ehre selbst Ἰλ. ι, 494. Pind. Olymp. VII, 163.
VIII, 7 f. Sophocl. Philoct. 1414 f. Medea 629.
Hier wird edle Thätigkeit damit vorzüglich gemeint.

πολύμοχθε γ. β. *entweder* πολὺν μόχθον παρέχουσα
τοῖς ἀνθρώποις. *So heißt Mars* πολύμοχθος Eurip.
Phoeniss. 791. *oder* ἥ σὺν πόλλῳ μόχθῳ κτᾶται *schwer*
zu erringendes Verdienst. So nimmt es Hr. Köppen.
S. dessen Skolion auf den Hermeias. *Hildesheim* 1784.
S. 19. *Beym* Orpheus hymn. LXVII, 10 *ist* πολύμοχθος ἀνήρ, ὃς πολὺν μόχθον φέρει. *So auch* ἄγγελοι
πολύμοχθοι fragm. III, 9 *und* πολύμοχθος βιοτὰ *beym*
Eurip. Clem. Alex. pag. 623. *ein mühseliges Leben.*

γένει

Θέαμα κάλλιστον βίῳ!
Σᾶς ἥσρὶ, παρθένε, μορφᾶς

C 3 Καὶ

-γίνεσβε. Die Dichter fagen γένος ἀνθρώπων, γένος θηρίων, γένος φύλλων etc. und zeigen alfo durch γένος nicht genau das an, was wir durch Geſchlecht, ſondern Gattung, Art, Race.

v. 2. θήραμα x. β. für τὸ κάλλιστον θηράσθαι oder θηράεμμεν ἐν τῷ βίῳ, das Schönſte, was der Menſch erlangen kann. Und weil das Erlangen nur auf Mühe und Beſtreben folgt, heißt es erjagen, Beute. Doch nennet der Grieche nichts anders θήραμα als Erlangung deſſen, wornach man aus Liebe ſtrebt. Helena ſagt beym Eurip. Helen. 192. θήραμα βαρβάρου πλάτας ἑλλανίδες κόραι, und Chariton V, 5. pag. edit. Lipſ. 139 ſagt θηρᾶν θήραμα S. D'orville. In Proſa iſt ſogar gewöhnlich θηρᾶν ὄλβον, κέρδος, ὄνομα, κάλλος. Eurip. in Aul. 568. μέγα τι, θηρεύειν ἀρετάν.

v. 3. παρθένε. Die Ἀρετὰ wird παρθένος genannt, weil man mit dieſem Worte den Begriff von Unſchuld und Liebenswürdigkeit, oder ſonſt angenehme Ideen zu verbinden pflegte. So nannten die hebräiſchen Dichter idealiſche Weſen בחולות, παρθένους, wenn ſie dieſelben als einen Gegenſtand von Verehrung und Liebe, oder als Dämonien verſtelleten.

μορφᾶς für κάλλους, wie forma f. pulcritudo, Virg. Aen. I, 27. Pind. Olymp. IX, 98. Nem. III, 33. Athen.

Καὶ θανεῖν ζαλωτὸς ἐν Ἑλλάδι πότμος

5 Καὶ πόνους τλῆναι μαλεροὺς ἀκάμαντας.

. Τοῖον ἐπὶ φρέν' ἔρωτα βάλλεις

Κριτῳ

---

v. 5. Stob. μαλερούς καὶ ἀκάμ. *6. f.* Athen.
ἐπὶ φρένα βάλλεις, καρπόν τ' ἀθάνατον Diog. und Stob.
τὸν εἰς ἀθάνατον. Hr. v. Brunk hat die Emendation
gel Engländers beym Hard über Horazens Dic²
Eschenburg ſchehr Auſg. S. 170. aufgenommen. Da die
art der Alten keinen Sinn giebt, ſiehet man auch
daß die Stelle corrupt ſeyn müſſe. Von ἔρωτα
Φέρους können aber leicht die erſten Buchſtaben erl
ſeyn, daß nichts als α und αις geblieben. Das ς
θαν. möchte ich gern in θ' verwandeln So iſt es G
ſatz: du gewinnſt die Herzen der Menſchen für dich
ſterben, und raſtloſe Mühe zu dulden; aber du brin
ihnen auch göttliches Glück.

Athen. XIII. p. 564. D. Σάπφω πρὸς τὸν ὑπερβαλλόντως θαυμαζόμενον τὴν μορφὴν etc.

τὰς π. μ. καὶ θ. καὶ τλ. nun müßte folgen

v. 4. ἐν ἑλλάδι ζαλωτόν ἐσι oder ἡγεῖται. Weil aber
der Dichter θανεῖν geſagt hat, ſo folgt ζαλ. πότμος,
wodurch zuweilen das Ende des Lebens ausgedrückt
wird. Quint. Cal III, 571.

v. 5. μαλερὸς πόνος heftige Arbeit, wie μαλερὸν πῦρ
(von μάλα) heftiges Feuer Il. I, 242. v. 316
Φ, 375. und μαλερὸς πόθος Aeſchyl. Perſ. 62.
ἀκάμαντας ſ. δι διαλείποντας. So heißt ἥλιος ἀκάμας
Il. ε, 239 484. πόντος ἀκάμας Pind. Nem. VI. 67.

v. 6. τοῖον ἔρωτα nämlich, ὥστε σε ἕνεκα αὐτοῦ
τλῆναι καὶ θανεῖν.

Καρπὸν Φέρεις τ' ἀθάνατον,
Χρυσοῦ τε κρέσσω, καὶ γονέων,

C 4   Μαλα-

λ. 6. Athen. χρ. τ. αρ. Dion. χρ. τ. κρεῖσσαν. Stob.
τ. τ. κρείσσονα.

7. καρπὸν ἀθάνατον nämlich εὐκλείας καὶ εὐδαι-
μονίας. Du giebſt innere Zufriedenheit, und Ver-
gnügen über den Beyfall anderer. Und ſowohl ſeiner
Größe als Dauer wegen heißt das Gut, was das
Verdienſt giebt, ἀθάνατον. So ſagt Pind. Iſthm.
VI, 14 ff.

Εἰ γάρ τις ἀνθρώπων δαπάνᾳ τι χαροὶς
Καὶ πόνῳ πράσσει θεοδμάτους ἀρετάς,
Σύν τέ οἱ δαίμων φυτεύει
Δόξαν ἐπήρατον ἐσχατιαῖς
Ἤδη πρὸς ὄλβου βάλλετ' ἄγκυ-
ραν θεότομος ἐών.

8. κρέσσω χρυσοῦ f. πλούτου. Brav ſeyn verſchafft mehr Vergnügen und Vortheile, als Reichthum. Um das, womit das Verdienſt lohnt, zu erheben, zeigt der Dichter den Vorzug deſſelben vor
dem, was ſonſt von den Menſchen ſehr geachtet
wird. Nun iſt χρυσὸς κτέαμα ἀδειότατον. Pind.
Ol. III. 76.

καὶ γονέων. Eignes Verdienſt iſt beſſer, als
Ruhm der Ahnen, und angenehmer als der Umgang mit den Eltern. Ol. I, 34. οὐδὲ γλύκιον
ἐκ πατρίδος οὐδὲ τοκήων γίγνεται. Pind. Iſthm. I, 5.
τί φίλτερον κεδνῶν τοκέων ἀγαθοῖς;

Καὶ θανεῖν ζαλωτὸς ἐν Ἑλλάδι πότμος
5. Καὶ πόνους τλῆναι μαλερούς ἀκάμαντας.
   Τοῖον ἐπὶ φρέν' ἔρωτα βάλλεις

Καρπὸν

---

v. 5. Stob. μαλερούς καὶ ἀκάμ. *6. f.* Athen. τοῖον
ἐπὶ φρένα βάλλεις, καρπὸν τ' ἀθάνατον Diog. und Stob. καρπὸν εἰς ἀθάνατον. Hr. v. Brunk hat die Emendation eines
gel Engländers beym Hurd über Horazens Dichtkunß,
Eschenburgscher Ausg. S. 170. aufgenommen. Da die Lesart der Alten keinen Sinn giebt, siehet man auch leicht
daß die Stelle corrupt seyn müße. Von ἔρωτα und
φέρεις können aber leicht die erßen Buchstaben erloschen
seyn, daß nichts als α und εις geblieben. Das τ' von
ἀθαν. möchte ich gern in δ' verwandeln So iß es Gegensatz: du gewinnß die Herzen der Menschen für dich zu
sterben, und raßlose Mühe zu dulden; aber du bringß
ihnen auch göttliches Glück.

Athen. XIII. p. 564. D. Σαπφὼ πρὸς τὸν ὑπερβαλλόντως θαυμαζόμενον τὴν μορφὴν etc.

σᾶς π. μ. καὶ θ. καὶ τλ. nun müßte folgen

v. 4. ἐν ἑλλάδι ζηλωτόν ἐςι oder ἡγεῖται. Weil aber
der Dichter θανεῖν gesagt hat, so folgt ζαλ. πότμος,
wodurch zuweilen das Ende des Lebens ausgedrückt
wird. Quint. Cal III, 571.

v. 5. μαλερὸς πόνος heftige Arbeit, wie μαλερὸν πῦρ
(von μάλα) heftiges Feuer Ιλ. I, 242. v, 316.
Φ, 375. und μαλερὸς πόθος Aeschyl. Perf. 62.
ἀκάμαντας f. ἀν διαλείποντας. So heißt ἥλιος ἀκάμας
Ιλ. ε, 239 484. πόντος ἀκάμας Pind. Nem. VI. 67.

v. 6. τοῖον ἔρωτ.α nämlich, ἵνα σῦ ἕνεκα πόνους
τλῆναι καὶ θανεῖν.

Καρπὸν Φέρεις τ' ἀθάνατον,
Χρυσοῦ τε κρέσσω, καὶ γονέων,

C 4   Μαλα-

---

v. 8. Athen. χρ. v. αρ.   Dion. χρ. τ. κρείσσον. Stob.
χρ. τ. κρείσσονα,

---

v. 7. καρπὸν ἀθάνατον *nämlich* εὐκλείας καὶ εὐδαι-
μονίας. *Du giebst innere Zufriedenheit, und Ver-
gnügen über den Beyfall anderer. Und sowohl seiner
Größe als Dauer wegen heißt das Gut, was das
Verdienst giebt,* ἀθάνατον. *So sagt* Pind. Isthm.
VI, 14 ff.

Εἰ γάρ τις ἀνθρώπων δαπάνᾳ τι χαροὶς
Καὶ πόνῳ πράσσει θεοδμάτους ἀρετὰς,
Σύν τέ οἱ δαίμων φυτεύει
Δόξαν ἐπήρατον ἐσχατιαῖς
Ἤδη πρὸς ὄλβου βάλλετ' ἄγκυ-
ραν θεότομας ἐών.

v. 8. κρέσσω χρυσοῦ *f.* πλούτου. *Brav seyn verschafft mehr Vergnügen und Vortheile, als Reichthum. Um das, womit das Verdienst lohnt, zu erheben, zeigt der Dichter den Vorzug desselben vor
dem, was sonst von den Menschen sehr geachtet
wird.* Nun ist χρυσὸς κτεάνων ἀδοιότατον. Pind.
Ol. III, 76.

καὶ γονέων. *Eignes Verdienst ist besser, als
Ruhm der Ahnen, und angenehmer als der Umgang mit den Eltern.* Ol. I, 34. οὐδὲν γλύκιον
ἧς πατρίδος ἀλλὰ τοκήων γίνεται. Pind. Isthm. I, 5.
τί φίλτερον κεδνῶν τοκέων ἀγαθοῖς;

Καὶ θανεῖν ζαλωτὸς ἐν Ἑλλάδι πότμος
5. Καὶ πόνους τλῆναι μαλερούς ἀκάμαντας.
Τοῖον ἐπὶ φρὲν' ἔρωτα βάλλεις

Καρπὸν

---

v. 5. Stob. μαλερούς καὶ ἀκάμ. 6. f. Athen. τοῖον
ἐπὶ φρένα βάλλεις, καρπόν τ' ἀθάνατον Diog. und Stob. καρπὸν εἰς ἀθάνατον. Hr. v. Brunk hat die Emendation eines
gel Engländers beym Hurd über Horazens Dichtkunst,
Eschenburgschebr Ausg. S. 170. aufgenommen. Da die Lesart der Alten keinen Sinn giebt, siehet man auch leicht
daß die Stelle corrupt seyn müßte. Von ἔρωτα und
φέρει können aber leicht die ersten Buchstaben erloschen
seyn, daß nichts als. α und εις geblieben. Das τ' von
ἀθάν. möchte ich gern in δ' verwandeln So ist es Gegensatz: du gewinnst die Herzen der Menschen für dich zu
sterben, und rastlose Mühe zu dulden; aber du bringst
ihnen auch göttliches Glück.

Athen. XIII. p. 564. D. Σαπφὼ πρὸς τὸν ὑπερβαλλόντως θαυμαζόμενον τὴν μορφὴν etc.

σᾶς π. μ. καὶ θ. καὶ τλ. nun müßte folgen

v. 4. ἐν ἑλλάδι ζαλατόν ἐςι oder ἡγεῖται. Weil aber
der Dichter θανεῖν gesagt hat, so folgt ζαλ. πότμος,
wodurch zuweilen das Ende des Lebens ausgedrückt
wird. Quint. Cal III, 571.

v. 5. μαλερὸς πόνος heftige Arbeit, wie μαλερὸν πῦρ
(von μάλα) heftiges Feuer Ἰλ. I, 242. v, 316.
Φ, 375. und μαλερὸς πόθος Aeschyl. Pers 62.
ἀκάμαντας f. δν διαλείποντας. So heißt ἥλιος ἀκάμας
Ἰλ. ε, 239 434. πόντος ἀκάμας Pind. Nem. VI. 67.

v. 6. τοῖον. ἔρωτα nämlich, ὥςτε σὲ ἕνεκα τινος
l. τλῆναι καὶ θανεῖν.

Καρπὸν Φέρεις τ' ἀθάνατον,
Χρυσοῦ τε κρέσσω, καὶ γονέων,

C 4

Μαλα-

---

v. 8. Athen. κρ. τ. αρ. Dion. κρ. τ. κρείσσον. Stob.
κρ. τ. κρείσσους.

---

v. 7. καρπὸν ἀθάνατον nämlich εὐκλείας καὶ εὐδαιμονίας. Du giebst innere Zufriedenheit, und Vergnügen über den Beyfall anderer. Und sowohl seiner Größe als Dauer wegen heißt das Gut, was das Verdienst giebt, ἀθάνατον. So sagt Pind. Isthm. VI, 14 ff.

Εἰ γάρ τις ἀνθρώπων δαπάνᾳ τε χαρεὶς
Καὶ πόνῳ πράσσει θεοδμάτους ἀρετάς,
Σύν τέ οἱ δαίμων φυτεύει
Δόξαν ἐπήρατον· ἐσχατιαῖς
Ἤδη πρὸς ὄλβου βάλλετ' ἄγκυ-
ραν θεότμος ἐών.

v. 8. κρέσσω χρυσοῦ s. πλούτου. Brav seyn verschafft mehr Vergnügen und Vortheile, als Reichthum. Um das, womit das Verdienst lohnt, zu erheben, zeigt der Dichter den Vorzug desselben vor dem, was sonst von den Menschen sehr geachtet wird. Nun ist χρυσὸς κτεάνων ἀδοίστατον. Pind. Ol. III, 76.

καὶ γονέων. Eignes Verdienst ist besser, als Ruhm der Ahnen, und angenehmer als der Umgang mit den Eltern. Ol. I, 34. οὐδὲν γλύκιον ἧς πατρίδος οὐδὲ τοκήων γίνεται. Pind. Isthm. I, 5. τί φίλτερον κεδνῶν τοκέων ἀγαθοῖς;

Καὶ θανεῖν ζαλωτὸς ἐν Ἑλλάδι πότμος
5. Καὶ πόνους τλῆναι μαλερούς ἀκάμαντας.
Τοῖον ἐπὶ φρέν᾽ ἔρωτα βάλλεις

Καρπὸν

---

v. 5. Strob. μαλερούς καὶ ἀκάμ. 6. f. Athen. τοῖον ἐπὶ φρένα βάλλεις, καρπόν τ᾽ ἀθάνατον Diog. and Strob. καρπὸν εἰς ἀθάνατον. Hr. v. Brunk hat die Emendation eines gel Engländers beym Hurd über Horazens Dichtkunst, Eschenburg scehr Ausg. S. 170. aufgenommen. Da die Lesart der Alten keinen Sinn giebt, siehet man auch leicht daß die Stelle corrupt seyn müsse. Von ἔρωτα und φέρεις können aber leicht die ersten Buchstaben erloschen seyn, daß nichts als a und εις geblieben. Das τ᾽ von ἀθάν. möchte ich gern in δ᾽ verwandeln So ist es Gegensatz: du gewinnst die Herzen der Menschen für dich zu sterben, und rastlose Mühe zu dulden; aber du bringst ihnen auch göttliches Glück.

Athen. XIII. p. 564. D. Σάπφω πρὸς τὸν ὑπερβαλλόντως θαυμαζόμενον τὴν μορφὴν etc.

σᾶς π. μ. καὶ θ. καὶ τλ. nun müßte folgen

v. 4. ἐν ἑλλάδι ζαλωτόν ἐσι oder ἡγεῖται. Weil aber der Dichter θανεῖν gesagt hat, so folgt ζαλ. πότμκ, wodurch zuweilen das Ende des Lebens ausgedrückt wird. Quint. Cal III, 571.

v. 5. μαλερὸς πόνος heftige Arbeit, wie μαλερὴ τὸς (von μάλα) heftiges Feuer Il. I, 242. v. 316. Φ, 375. und μαλερὸς πόθος Aeschyl. Perf 62. ἀκάμαντας f. ἐν διαλείποντας. So heißt ἥλιος ἀκάμας Il. ε, 239 454. πόντος ἀκάμας Pind. Nem. VI. 67.

v. 6. τοῖον ἔρωτα nämlich, ὥς᾽ σὲ ἕνεκα τινὸς τλῆναι καὶ θανεῖν.

Καρπὸν φέρεις τ' ἀθάνατον,
Χρυσοῦ τε κρέσσω, καὶ γονέων,

C 4 Μαλα-

---

v. 8. Athen. χρ. v. αρ. Dion. χρ. τ. κρεῖσσον. Stob.
χρ. τ. κρείσσονα,

---

v. 7. καρπὸν ἀθάνατον *nämlich* εὐκλείας καὶ εὐδαι-
μονίας. *Du giebst innere Zufriedenheit, und Ver-
gnügen über den Beyfall anderer. Und sowohl seiner
Größe als Dauer wegen heißt das Gut, was das
Verdienst giebt,* ἀθάνατον. *So sagt* Pind. Isthm.
VI, 14 ff.

Εἰ γάρ τις ἀνθρώπων δαπάνᾳ τι χαρεὶς
Καὶ πόνῳ πράσσει θεόδματους ἀρετὰς,
Σύν τέ οἱ δαίμων φυτεύει
Δόξαν ἐπήρατον· ἐσχατιαῖς
Ἤδη πρὸς ὄλβου βάλλετ' ἄγκυ-
ραν θεότιμος ἐών.

v. 8. κρίσσω χρυσοῦ *f.* πλούτου· *Brav seyn verschafft mehr Vergnügen und Vortheile, als Reichthum. Um das, womit das Verdienst lohnt, zu erheben, zeigt der Dichter den Vorzug desselben vor
dem, was sonst von den Menschen sehr geachtet
wird.* Nun ist χρυσὸς κτεάνων ἀδοιότατον. Pind.
Ol. III, 76.

καὶ γονέων. *Eignes Verdienst ist besser, als
Ruhm der Ahnen, und angenehmer als der Umgang mit den Eltern.* Ol. I, 34. οὐδὲν γλύκιον
ἧς πατρίδος οὐδὲ τοκήων γίγνεται. Pind. Isthm. I, 5.
τί φίλτερον κεδνῶν τοκέων ἀγαθοῖς;

Καὶ θανεῖν ζαλωτὸς ἐν Ἑλλάδι πότμος
5. Καὶ πόνους τλῆναι μαλερούς ἀκάμαντας.
Τοῖον ἐπὶ φρέν' ἔρωτα βάλλεις

Καρπὸν

---

v. 5. Strob. μαλερούς καὶ ἀκάμ. 6. f. Athen. τοῖον
ἐπὶ φρένα βάλλεις, καρπὸν τ' ἀθάνατον Diog. und Strob. καρπὸν εἰς ἀθάνατον. Hr. v. Brunk hat die Emendation eines
gel Engländers beym Hurd über Horazens Dichtkunst,
Eschenburgscebr Ausg. S. 170. aufgenommen. Da die Lesart der Alten keinen Sinn giebt, siehet man auch leicht
daß die Stelle corrupt seyn müßte. Von ἔρωτα und
φέρως können aber leicht die ersten Buchstaben erloschen
seyn, daß nichts als α und αις geblieben. Das τ' von
ἀθαν. möchte ich gern in δ' verwandeln So ist es Gegensatz: du gewinnst die Herzen der Menschen für dich zu
sterben, und rastlose Mühe zu dulden; aber du bringst
ihnen auch göttliches Glück.

Athen. XIII. p. 564. D. Σαπφώ πρὸς τὸν ὑπερβαλλόντως θαυμαζόμενον τὴν μορφὴν etc.

σᾶς π. μ. καὶ θ. καὶ τλ. nun müßte folgen

v. 4. ἐν ἑλλάδς ζαλατόν ἐσι oder ἡγεῖται. Weil aber
der Dichter θανεῖν gesagt hat, so folgt ζαλ. πότμος,
wodurch zuweilen das Ende des Lebens ausgedrückt
wird. Quint. Cal III, 571.

v. 5. μαλερὸς πόνος heftige Arbeit, wie μαλερὸν πῦρ
(von μάλα) heftiges Feuer Ιλ. I, 242. v. 316.
Φ, 375. und μαλερὸς πόνος Aeschyl. Pers 62.
ἀκάμαντας f. οὐ διαλείποντας. So heißt ἥλιος ἀκάμας
Ιλ. σ, 239. 484. πόντος ἀκάμας Pind. Nem. VI. 67.

v. 6. τοῖον ἔρωτα nämlich, ἕνεκα σῦ ἕνεκα τινὲς
τλῆναι καὶ θανεῖν.

Καρπὸν Φέρεις τ' ἀθάνατον,
Χρυσοῦ τε κρέσσω, καὶ γονέων,

        C 4   Μαλα-

---

v. 8. Athen. κρ. τ. ας. Dion. κρ. τ. κρεῖσσον. Stob.
κρ. τ. κρείσσονα.

---

v. 7. καρπὸν ἀθάνατον *nämlich* εὐκλείας καὶ εὐδαι-
μονίας. *Du giebst innere Zufriedenheit, und Ver-
gnügen über den Beyfall anderer. Und sowohl seiner
Größe als Dauer wegen heißt das Gut, was das
Verdienst giebt,* ἀθάνατον. *So sagt* Pind. Isthm.
VI, 14 ff.

   Εἰ γάρ τις ἀνθρώπων δαπάνᾳ τι χαροὶς
   Καὶ πόνῳ πράσσει θεοδμάτους ἀρετὰς,
   Σύν τέ οἱ δαίμων φυτεύει
   Δόξαν ἐπήρατον ἐσχατίαῖς
   Ἤδη πρὸς ὄλβου βάλλετ' ἄγκυ-
   ραν θεότομας ἐών.

v. 8. κρέσσω χρυσοῦ *s.* πλούτου. *Brav seyn verschafft mehr Vergnügen und Vortheile, als Reichthum. Um das, womit das Verdienst lohnt, zu erheben, zeigt der Dichter den Vorzug desselben vor
dem, was sonst von den Menschen sehr geachtet
wird. Nun ist* χρυσὸς κτεάνων ἀδούστατον. Pind.
Ol. III, 76.

καὶ γονέων. *Eignes Verdienst ist besser, als
Ruhm der Ahnen, und angenehmer als der Umgang mit den Eltern.* Ol. I, 34. οὐδὲν γλύκιον
ἧς πατρίδος οὐδὲ τοκήων γίνεται. Pind. Isthm. I, 5.
τὶ φίλτερον κεδνῶν τοκέων ἀγαθοῖς;

Μαλακαυχητοῖο ϑ᾽ ὕπνου.

10   Σεῦ δ᾽ ἔνεχ᾽ οὐκ Διὸς Ἡρακλέης

Λήδας

---

v. 9. Athen. Diog. und Stob. μαλακαύγητοῖο, *welches aber keinen Sinn giebt.* γ *iſt ops* χ *leicht entſtanden.*

v. 10. Athen. Σεῦϑ᾽ ἕνεκεν ὁ Διὸς Ἡρακλῆς. Diog. *und* Stob. σῦ δ᾽ ἕνεκ᾽ ἐκ Διὸς Ἡρακλέης.

---

v. 9. Der Schlaf wurde μαλακὸς weich *genannt; dieß war ſo ſehr in den Sprachgebrauch verwebt, daß nun andere Dinge, die als ſanft oder weich ſollten beſchrieben werden, mit dem Schlafe verglichen wurden. So nennt* Theocrit *Wolle weicher als der Schlaf* Εἰδ. V, 51. ὕπνῳ μαλακώτερα; *purpurne Decken weicher als der Schlaf.* Εἰδ. XV, 125. *Bekannt iſt* Virg. Ed. VII, 45. ſomno mollior herba. *Weil nun der Schlaf ſo ſehr als ſanft gerühmt wurde, ſo heißt er hier mit einem neuen Worte* μαλακαυχητὸς, *welches* Käppen *erklärt,* ὃς ἐπὶ τῇ μαλακίᾳ καυχᾶται aus A. Q. S. 231. *Das paſſiuum von* αὐχεω *mit ſeinen* derivatis *iſt übrigens ohne Beyſpiel.*

v. 10. Σεῦ δ᾽ ἕνεχ᾽, *deiner Schönheit wegen, v. ſ. dir zu gefallen, dich zu erringen. Es kann aber auch ſeyn* τῶν καρπῶν σῦ ἕνεκα *v. 7. denn* ἀρετὴ *ſteht auch für den Ruhm und das Glück, das dadurch erlangt wird.* Pind. Olymp. VII, 163. *lobt einen olympiſchen Sieger* πὺξ ἀρετὰν εὑρόντα, *der Lob der Tapferkeit erlangt hat, und* VIII, 7. *f. nennet er die ſich die Ehre des Sieges wünſchen* μαιομένους

ϑυμῷ

Λήδας τε κοῦροι πόλλ᾽ ἀνέτλασαν,
Ἔργοις σὰν ἀγορεύοντες δύναμιν
Σᾶίς τε πόδας Ἀχιλλεὺς
C 5 Ἄιας

---

v. 11. Athen. πολλὰ ἀνέτλ. *12.* So Athen. Beym
Diog. und Stob. fehlt σὰν, aber bloß aus Mangel eines σ,
denn das folgende Wort ſchreiben ſie ἀναγορεύοντες.
13. Athen. σοῖς δέ.

θυμῷ μεγάλαν ἀρετὰν λαβεῖν. Beym Sophocl. Philoct.
1414. f. ſagt Herkules σοι λέξω θεους ποιηςας καὶ
διεξελθὼν πόνους ἀθάνατον ἀρετὴν ἐσχον.
ὃκ Διὸς ſonſt ὁ τᾶ Διός, διογενής, Διὸς ἔκγονος u. ſ. f.
Ἡρακλέης — τελίσας στονόεντας ἀέθλους —
ναίει ἀπήματος καὶ ἀγήρωος ἥματα πάντα. Heſiod.
Theog. 951. 955. S. Jani bey Horat. III, 3, 9.
Sil. Ital. III, 32–44. Quint. Cal. VI, 200 ff.

v. 12. Λήδας τε κ̄ῦ̄ρ̄ο̄ῑ ſonſt Διὸς κοῦροι. *Caſtor und
Pollux waren Helden, die unter die Wohltbäter des
menſchlichen Geſchlechts gerechnet, und daher unter
die Sterne verſetzt und zu den Dämonien gewählt
wurden.* Pind. Nem. X, 91 ff. Homer Od. λ,
299 ff. und Hymn. 2 in Διοσκ.

v. 12. ἔργοις f. πόνοις. Xenoph. Mem. Socr. IV, 6, 1.
7. 9. σὰν δύναμιν *d. i. wie viel du über die
Herzen vermagſt v. 6 und 13.* ἀγορεύοντες *wie*
dicentes f. praedicantes.

v. 13. σοῖς πόθοις, *διὰ τοὺς* π. σᾶ, *oder* ἕνεκα *τᾶ*
πόθᾶ σᾶ. Ἀχιλλ. Ἄιας τε. *Von Achill iſt bekannt,*

Αιας τε Ἀΐδαο δόμους ἦλθον·
15. Σᾶς δ' ἕνεκα Φιλίου μορφᾶς, μ·
Ὁ Ἀταρνέως ἔντροφος
Ἀελίου χήρωσεν αὐγάς.

Τοῖγαρ

---

15. Athen. ἕνεκε, Stob. ἕνεκεν.   16. Athen.
καὶ Ἀταρνέως ἔντροφος ἠελίου χήρωσεν αὐγάς. Brunk nimmt
αὐγὰς an. Diog. und Stob. Ἀταρν. ἔντροφον ἀελίου χ. αὐγᾶ.
16. Brunk ſetzt für καὶ, ὁ.

---

kannt, daß er ein kurzes rühmliches Leben, einem
langen unrühmlich hinſchleichenden vorzog. Homer.
Il. ς, 329 ff. α, 352 ff. Quint. Cal. IV, 150 ff.
Maxim. Tyr, diff. V, 7. edit. Lipſ. P. I. pag, 76.
Ajax aber war nächſt Achill der tapferſte Held unter
den Griechen vor Troja Il. β, 768. Od. λ, 549 f.

v. 14. Ἀΐδαο δόμους ἦλθον f. τεθνήκασι. Ἀΐδης —
    ὑπὸ χθονὶ δώματα ναίει, νηλεὲς ἦτορ ἔχων. Heſiod.
    Theog. 455.

v. 15. σᾶς δ' ἕι φ. μ. u. ς. Deine Schönheit bezau-
    berte den Hermeias ſo, daß er für dich willig ſtarb.
    φίλιος μορφὴ, liebenswürdige Schönheit.

v. 16. ἔντροφος eine gelinde Benennung für τύραννος.
    Beym Homer iſt gewöhnlich τράφη ἐνι Il. γ, 201.
    λ, 222. Σκύρῳ ἐνι τρέφεται Il. υ, 926. ἔντροφος
    kommt auch beym Sophocl. und Apollon. Rhod. var.

v. 17. ὁ Λ. ς. d. i. Ἑρμείας. ἐχήρωσεν ἑαυτοῦ τὰς
    αὐγὰς, τοῦ ἡλίου Inverſion für ἐχήρ. ἑαυτὸν τῆς
    αὐγῆς

Τοίγαρ ἀοίδιμον ἔργοις
Ἀθάνατόν τέ μιν αὐξήσουσι Μοῦσαι
20   Μναμοσύνας θύγατρες
              Διός

---

v. 18. Athen und Diog. ἀοίδιμος ſc. ἰςι. Diog. und
Stob. τοῖ γὰρ. *19.* Diog. und Stob. ἀθάνατοί τιμ. α. Μ.
20. fehlt beym Stob.

ἀυγῆς τ. η. ſ. ἰςέρησεν ἰ. τῆς ζωῆς. *Er opferte sein
Leben auf, er beraubte die Welt seiner. Dieß letzte
soll seinen Werth der Welt fühlen machen. Der
Sinn ist deutlich aus v. 14. und Athen. XV. p. 696 E.
erklärt es durch* τελευτᾶν. *vergl.* Ἰλ. α, 642. ς. 36.

v. 19 folg. Die Worte sind so zu nehmen. τοίγαρ μιν
(αὐτὸν) ἀοίδιμον καὶ ἀθάνατον ἔργοις (ἕνεκα τῶν ἔργων
καὶ πόνων ἀρετῆς) αὐξ. Μȣσαι. *Durch seine Thaten
ist Hermeias des Gesanges und ewigen Nachruhms
werth.* ἀοίδιμον Ἰλ. ζ. 357.

αὐξήσουσι· αὔξειν *ist ein Synon. von* ἀείδειν *oder* ἐπαίνειν.
Der Dichter konnte ohne Uebelklang nicht sagen
ἀοίδιμον ἀείσουσι, *darum sagt er* ἀυγήσουσι. Pind.
Pyth. X, 107. 110 ἐπαινήσομεν — αὔξοντες.

ἀθάνατον Pind. Pyth. III, 203. ἁ δ᾽ ἀρετὰ κλειναῖς
ἀοιδαῖς χρονία τελέθει *vergl.* IX, 133. Nem. IX,
13 ff. ἁ δ᾽ ἀρετὰ καὶ θανȣσι λάμπει. Eurip.
Andromache 777 ſ.

*v. 20. Die Musen heißen Mnemosynens Töchter, weil
die Gesänge in der alten Welt das einzige Mittel
waren,*

Διὸς ξενίου σέβας αὔξουσαι,
Φιλίας τε γέρας βεβαίου.

Ver-

waren, wichtige Begebenheiten und Thaten im Andenken zu erhalten. In so fern sie also Nachruhm
verschaffen, werden sie hier nicht müßig Μνεμ θυγ.
genannt. Beym Orph. hymn. 75, 2 vergl. 76, 3, 6.
Pind. Nem. IV, 4. ἀγλαόφημοι.

v. 21. σέβας zeigt beym Homer Schrecken, Erstaunen,
Bewunderung an. od. γ, 123. δ, 75. ζ, 161. Bey
andern die Ursache davon, Größe, Erhabenheit,
Majestät. Aeschyl. beym Athen. XIII. pag. 602.
ist σέβας ein synon. von ἅγιον. So auch Eurip.
Orest. 1246. Hier stebt es für τιμη Δίκ Εἰχον εἰ-
βατον ἱκαιν. — Zeus der Beschützer der beiligen
Rechte der Gastfreundschaft wird hier genannt, weil
Hermeias sich darauf verließ, und schändlich verrathen wurde. So lange die Musen den Zeus ξένιος
ehren, müssen sie auch den Hermeias ehren.

v. 22. und eben so auch bey treuer Freundschaft des
Hermeias gedenken. γέρας φ. β. stebt für και
φιλίαν β. γεράσμιόν.

Ich übersetze dieß Lied also:

A

Verdienst, mühselig der Gattung der
                    Irrdischen,
Schönster Preis zu erjagen im Leben!
Ob deiner Wohlgestalt hält Hellas, o Mädchen,
Sogar zu sterben für neidenswerthes Geschick,
Und starke rastlose Arbeit zu tragen.

Zu solcher Lieb' entzündest du die Herzen,
   Doch bringst du unsterblichen Lohn,
      Werther, als Gold, als die Eltern,
      Selbst als der weichgerühmte Schlaf.
Um dich ertrug viel Zeus Sohn Herkules,
Und Ledas Söhne, die mit Thaten
Verkündeten die Größe deiner Macht.

   Aus Liebe zu dir ging selbst Achill
Und Ajax hin ins Schattenreich.
   Ob deiner liebenswerthen Schöne
Verwais'te (beraubte) sein Atarneus Saße
   Das Licht der Welt.

   Doch werden ihn für Thaten —
Der Lieder werth, und der Unsterblichkeit —
   Die Musen erheben,
      Die Töchter Mnemosynens,
Die des gastfreundlichen Zeus Majestät erheben,
Und ehrwürdige treue Freundschaft.

Athenaeus,

Athenaeus, der es nicht zugeben will, daß man dieß Skolion des Ariftoteles einen Päan nenne, weil der, der darin befungen wird, nicht vergöttert werde, und unter Skolien bloß Gefellfchaftslieder will verftanden wiffen, nennel ein anderes Lied auf die Gefundheit einen Päan, welches von andern unter die Skolien gezählt wird; die da glauben, daß die σκολιὰ *genannt würden* κατὰ τῆς μελοποιίας τρόπον. *(S. die Stelle dafür beym* Fabric. Biblioth. gr. Vol. I. pag 574. nota q.)

Daß es ein uraltes Lied fey, welches als ein Gebet gefungen worden, fagt uns Maxim. Tyr. diff. XIII. edit Reifk. Tom. I. p. 229. *und daß es allgemein bekannt gewefen,* Lucian. pro lapfu inter falutandum c. 6 ἵνα σοι τὸ γνωριμώτατον ἐκεῖνο, καὶ πᾶσι διὰ ςόματος λέγω· Ὑγίεια *π. μ. etc.*

Athenaeus *giebt* XVI. c. 26. pag. 702. *A r i p h r o n aus Sicyon als den Verfaffer an, einen der älteften Dichter, wovon wir weder Nachrichten noch fonftige-Gedichte haben, von deffen vortrefflichen Dichtergeifte dieß Skolion aber genugfam zeugt.*

Die Griechen wußten den Werth der Gefundheit fehr zu fchätzen, und fangen häufig

das

das Lob derselben. Philemon hält sie für das
beste Gut:

'Αιτῶ δ' ὑγείαν πρῶτον, ἐιτ' εὐπραξίαν,
Τρίτον δὲ χαίρειν, ἐιτ' ὀφείλειν μηδενί.

Lucian. p. lapsu inter salut. l. c.

Ich wünsche mir zuerst Gesundheit, und dann
Glück,
Dann auch ein frohes Herz, und — niemand
schuldig seyn.

Simonides, den Plato, Lucian am A. O.
und Athen. XV, 14. pag. 694. E. anführen,
sang:

Ὑγιαίνειν μὲν ἄριϛον ἀνδρὶ θνατῷ·
Δεύτερον δὲ φυὰν καλὸν γενέϛαι,
Τρίτον δὲ πλουτεῖν ἀδόλως· ἔιτα
Τέταρτον ἡβᾶν μετὰ τῶν φίλων.

Anacr. ed. Brunc. 8. pag. 144.

Gesund seyn ist das beste Gut dem Erdenmann,
Darnach das zweyte schön gebildet seyn,
Das dritte reich seyn ohne Trug, und dann
Das vierte mit den Freunden sich der Jugend
freun.

Ich setze dieß Gedichtchen desto lieber hieher,
weil es ausdrücklich von Lucian, Athen. und
dem von ihm angeführten Anaxandrides eine
Skolion genannt wird.

Dieser

Diefer Simonides hat in einer feiner Oden
gefagt:

μηδὲ καλᾶς σοφίας
εἶναι χάριν, εἰ μή τις ἔχοι
σεμνὰν ὑγείαν.

Sextus Empir. adv. Mathem. pag. 447. C.

Der fchönen Weisheit felbft
Fehlt es an Anmuth, hat jemand nicht
werthe Gefundheit.

Sextus gedenkt ebendafelbft G. D. eines Päans
des chiifchen Dichter Licymnius auf die Gefundheit, der fich prächtig anhebt:

Λιπαρόμματε μᾶτερ ὑψίστων θρόνων
Σεμνῶν Ἀπόλλωνος, βασίλεια ποθεινὰ,
Πραϋγέλως Ὑγεία.

Augenblinkende Mutter der höchften ehrwürdi-
gen Throne
Apolls, erwünfchte Königinn,
Mildlächelnde Gefundheit!

In diefem herrlichen Päan kam auch vor,
was Ariphron vor Augen gehabt, oder Licymnius aus ihm genommen haben mag:

Τὶς γὰρ πλούτου χάρις, ἢ τοκήων,
Ἦ τᾶς ἰσοδαίμονος ἀνθρώπου βασιληίδος ἀρχᾶς — —
Σέθεν δὲ χωρὶς οὔτις εὐδαίμων ἔφυ.

Denn

Denn welchen Reiz hat Reichthum, oder Eltern,
Oder Königsherrschaft eines göttergleichen Menschen! — —

Ohne dich ist keiner beglückt.

So sehr dieß dienen kann das gleich bey-
zubringende Skolion Ariphrons auf die Göttinn
der Gesundheit zu erläutern: so viel und noch
mehr ist in dem 67sten orphischen Hymnus, den
ich hier übersetzt darlegen will.

An die Gesundheit.

Frohe, beliebte, vielbeblümende, höchste Re-
gentinn,

Höre mich, Göttinn Gesundheit, Glückbrin-
gerinn, mütterlich allen. —

Denn, erscheinst du, so fliehen von den Sterblichen ferne die Seuchen,

Blühet um deinetwegen das ganze Haus in
viel Freude,

5. Bringt das Gewerbe viel Segen. Nach dir
sehnt, Fürstinn, die Welt sich,

Dich verwünschet allein die immer verschlin-
gende Hölle. —

Lieblichblühende, bester Schatz, Erquickung
der Menschen!

Ist ja sonder dich den Sterblichen alles un-
brauchbar.

Ohne dich schafft weder der Schätzegebende
Plutus

Süße Gelage, noch kommt der Mann nach
viel Arbeit zum Alter.

Denn allein beherrſcheſt du alle, Königinn
aller.

Nahe dann, Göttinn, dich uns. Steh immer
bey den Geweihten,

Und bey Unglücksbeſorgniß entreiß uns
Schmerzen und Krankheit.

Einen frohern Schwung nimmt *Ariphrons*
Skolion, welcher deu Werth der Geſundheit
nach einer Krankheit v. 3. ſtark ſcheint gefühlt
zu haben, und nun wünſcht ſeine übrige. Le-
benszeit geſund zu ſeyn. Athen. XV, 20.
Lucian. l. c. Maxim. Tyr. diff. XIII, 1.

Ὑγιεία, πρεσβίστα μακάρων,
Μετὰ σεῦ ναίοιμι

Το

v. 1. Die Göttinn Geſundheit wird πρεσβίστ
μακ. d. i. τιμιωτάτη θεῶν genannt. So erklärt Homers Scholiaſt Il. δ, 59. πρεσβυτάτην durch ἐντιμο-
τάτην. vergl. Aeſchyl. Perſ. 625. Agem. 1402. —
Orpheus hymn. 67, 1. nennt ſie παμβασίλεια, und
Eurip. die Göttinn des Friedens καλλίστην μακάρων
θεῶν. Stob. ſerm. LIII. pag. 365.

v. 2. μετὰ σεῦ ναίοιμι d. i. σὺ δ᾿ ἐμοὶ π.
ε. ι. bey dir möcht' ich wohnen: o möchteſt du
auch bey mir wohnen! Ausdruck der Sehnſucht.
Der Grieche ſagt von der Gottheit, daß ſie bey
einem

Τὸ λειπόμενον βιοτᾶς.

Σὺ δ' ἐμοὶ πρόφρων σύνοικος εἴης.

5. Εἰ γάρ τις ἢ πλούτου χάρις, ἢ τοκέων,
Τὰς ἰσοδαίμονας τ' ἀνθρώποις

D 2 Βασι-

einem wohnet, wenn er von ihr beglückt wird,
oder das hat, dem die Gottheit verſteht. S. Köp-
pens griech. Blumenleſe 1 Th. S. 109. ganz im
Geiſt der griech. Sprache, wo das, womit einer zu
thun hat ἑταίρα, πάρεδρος, σύντροφος, ἐφέτιος u. ſ. f.
genannt wird. Theocr. Id. XXI, 16. Herod. v.
Porti lex. ion. h. σύντροφος. Pind. Olymp. VIII,
29. od. ψ, 55.
μετὰ σεῦ ſ, παρὰ σῦ v. Pind. Nem. IV, 99. ſ.

v. 3. Τὸ λειπόμενον βιοτᾶς ſ. τὸ λοιπὸν τῦ βίυ.
βιοτὴ zeigt erſt an Nahrungsmittel Heſiod. Εργ. 299.
474. dann Zuſtand des Lebens Homer. od. λ, 565.
dann aber auch das Leben ſelbſt Pind. Pyth. IV,
103. Eurip. Iphig. in Aul. 551. 567. wie βίοτος
Anacr. IV, 8. XXIV, 2. Eurip. tragm. 7. 2.
edit. Lipſ. pag. 471.

v. 4. σύνοικος Orph. hymn. 63, 10. νὸς ψυχῇ σύνοικος. Ebend. 76, 4.

v. 5 – 7. Licymnius braucht faſt eben dieſe Worte,
und gleicher Sinn iſt bey Orph. hymn. 67, 8. 9.

Σῦ γὰρ ἄτερ πάντ' ἐςὶν ἀνωφελῆ ἀνθρώποισιν·
Οὔτε γὰρ ὀλβοδότης πλῦτος γλυκερὸς θαλίησιν etc.

v. 6. ἀρχὰ ἰσοδαίμων d. i. ἡ ἰσοδαίμονας oder ἰσο-
θέους τὰς ἀνθρώπους καθίςασι. Pind. Nem. IV. 137.
Pyth. II. 5.

Βασιλῆιδος ἀρχᾶς, ἢ πόθων,
Οὓς κρυφίοις Ἀφροδίτης ἄρκυσι Θηρεύομεν,
Ἢ εἴ τις ἄλλα Θεόθεν ἀνθρώποισι τέρψις,
Ἢ πόνων ἄμπνοα πέφανται·
Μετὰ σεῖο, μάκαιρ᾽ Ὑγίεια,

10.

Τέθηλε

v. 7. πόθος Sehnsucht Öd. δ, 596. Dann Liebe Sco-
lion Ariſtot. v. 13. πόθος ὅσιος ein unbeflecktes Ehe-
bett Eurip. Iphig. in Aul. 555. zeigt hier die ἔργα
Ἀφροδίτης an. So ſind Cupidi die ihre Lüſte befriedigen Tibull. I. Eleg. IX, 58. IV. Eleg. VI, 11.

v. 8. κρυφ. Ἀφρ. ἀρκ. Man muß nicht denken,
daß hier der Venus Netze beygelegt werden, ſondern der Dichter, anſtatt zu ſagen, ὃς κρυφίως Θηρεύομεν ſagt κρυφίοις ἄρκυσι, und weil die Sache
Beziehung auf die Venus hat, ſetzet er Ἀφροδίτης
hinzu. Er meint alſo κρυπταδίην φιλότητα wie es
Mimnermus El. I, 3. nennet, Tibull. I, VIII, 57.
furtiva Venus. — Von Θηρεύειν oder Θηρᾶν ἔρωτα,
γυναῖκας etc. S. beym Skolion des Ariſtot. v. 2.

v. 9. Θεόθεν Orph. fragm. XXVI. ἀπὸ τῶν Θεῶν.

v. 10. πονῶν ἄμπνοα, Erquickung nach der Arbeit.
Pind. Olymp. VIII, 9. πέφανται f. ἐςὶ oder γίνεται. So
ſteht Ζεὺς σήματα φαίνων f. διδὸς oder παρέχων Il. δ,
381. und 336. Οδ. φ. 413. ἀπεφήναντο f. παρεῖχεν
Plato Menex. c. VI. φαίνεται f. ἐςὶ Il. γ, 457.

v. 11. μάκαιρα Pind. Pyth. X, 2. iſt die Ὑγίεια in
ſo fern ſie als Göttinn gedacht wird.

Τέθηλε πάντα, :ἢ λάμπει Χαρίτων ἔαρ·
Σέθεν δὲ χωρὶς οὔτις εὐδαίμων.

Gesundheit, du verehrungswürdigste
　Der seligen Götter,
　　Möcht' ich bey dir wohnen
　　Mein übriges Leben!
　O wärst du freundlich meines Hauses
　　Genossinn! Denn giebt
　Der Reichthum Wonne, oder Kinder,
　Und Königsherrschaft, die Menschen
　　Gleich macht den Göttern, oder die Freuden,
　Die in verborgenen Netzen der Venus wir
　　　　　fangen;
　Oder ist irgend ein andres Ergötzen
　　Den Menschen verliehen,
　Oder Erquickung nach Arbeit gezeigt:
So blühet mit Dir nur, Göttinn Gesund-
　　　　　heit,

　　　　D 3　　　　　　Alles,

v. 12. τέθηκε πάντα Orph. hymn. 67, 1. πολυ-
　δάλμια. Alles Schöne, alle Güte, ist nichts ohne
　Gesundheit. Bey ihr lächelt uns alles an, blühet
　alles, glänzt der Frühling.

　ἰὰς χαρίτων weil die Grazien die Göttinnen
　alles Schönen sind. Pind. Olymp. XIV, 7 ff.
　Horat. I. od. IV, 9. Anacr. XXXVII, 1. f. L. I, 6.
　　Ἴδε πῶς ἴαρος φανέντος
　Χάριτες. μίδα βρύουσιν.

Alles, und glänzt der Grazien Lenz;
Doch ohne dich ist niemand glücklich.

In ganz anderm Geist und Geschmack, krie-
gerisch tönend, ist das Lied eines Kretensischen
Dichters *Hybrias*, von dem wir sonst nichts
wissen und haben, als ein Skolion beym Athen.
XV, 15. pag. 685. F. 686. A. Erläutert ist es
von Köppen griech. Blumenlese Th. II. S. 107.
übersetzt in Hagedorns poet. Werken 3 Th. am
Ende der ersten Abhandlung von den Liedern
der alten Griechen, und im 1 Th. der Volkslieder S. 327.

Es ist Ausbruch der Freude eines Kriegers
über die Vortheile, welche Stärke, Muth und
Waffen ihm gaben.

ἔστι μοι πλοῦτος, μέγα θορυ, καὶ ξίφος,
Καὶ τὸ καλὸν λαισήϊον, πρόβλημα χρωτός.

Τούτῳ

---

v. 1. Beym Athen. steht ἔστι μοι πλῆτος μέγας.

v. 2. λαισήϊα waren leichte Handschilde von unbereitetén Rinderhäuten gemacht, welche bey den Völkerschaften Natoliens, besonders Ciliciens, nach Herodot üblich waren. Homer nennet sie πτερόεντα d. i. ἐλαφρά. Ἰλ. ε, 453. μ, 426. Herod. VII, 91. λαισήϊα εἶχον ἀντὶ ἀσπίδων, ὠμοβοίνε πεποιημένα. Xenoph. Anab. IV; 7, 16. γέρρα δασέων βοῶν ὠμβοΐνα. πρόβλημα χρωτὸς, σώματος.

Τούτῳ γὰρ ἀρῶ, τούτῳ θερίζω,
Τούτῳ πατέω τὸν ἡδὺν οἶνον ἀπ' ἀμπέλω,
Τούτῳ δεσπότας μνοίας κέκλημαι.
Τοὶ δὲ μὴ τολμῶντες ἔχειν δόρυ
Καὶ τό καλὸν λαισήϊον,

D 4   Πάντες

v. 3. Τούτῳ kann nicht auf πλῆτος gezogen werden, sondern geht zunächst auf λαισήϊον, dann aber ξίφος
und δόρυ nicht ausgeschlossen. Τούτῳ steht also für
τούτοις ὁπλισμένος oder τούτοις τοῖς ὅπλοις ἀρῶ, θερίζω etc. oder διὰ τῦτο, διὰ ταῦτα τὰ ὅπλα, durch
diese verschaffe ich mir Sicherheit zu säen und zu
ärnten. So paßt denn v. 5. διὰ τῦτ. δεσπ. μνα
κέκλημαι. Cyrus räth seinen Leuten, sich immer
in den Waffen zu üben, den besiegten Völkern aber
nie Waffen zu geben, um immer sicher über sie die
Obermacht zu behalten, ὅτι ἐλευθερίας ταῦτα ὄργανα
καὶ εὐδαιμονίας οἱ θεοὶ τοῖς ἀνθρώποις ἀπέδειξαν.
Xenop. Cyrop. VII, 5. §. 79. Erinna sagt von
der Tapferkeit v. 19. σὺ μόνα κρ. ἀνδρ. α. μ. λ.
ζυτάχυν Δάματρος ὅπως συνοίσης καρπὸν ἀπ' ἀνδρῶν.

v. 4. πατεῖν οἶνον ist vom Keltern gewöhnlich.
Anacr. L, 5. XVII, 16. οἶνος ἀπ' ἀμπέλα
(Athen. ἀμπέλων) ist ausgesuchte Redensart für οἰν.
τῆς ἀμπ. So sagt Theocrit. Id. V, 95. λεπτὸν ἀπὸ
σφίκοιο λεπύριον und VI, 15. χαίτας ἀπ' Αιάνθας f.
τᾶς Αιάνθας.

v. 5. δεσπ. μνοίας, δεσπ. οἰκέταις Hesych. v. μνοια
κεκλημαι f. εἰμὶ Ιλ. δ, 61. Schol. Od. ζ, 244.

v. 6. ἔχειν f. φέρειν, Ιλ. ν, 230.

Πάντες γόνυ πεπτηότες ἐμοὶ, κυνέουσι
Δεσπόταν, καὶ βασιλέα μέγαν φωνέοντι.

Hybrias

v. 8. (εἰς) γόνυ πίπτειν, γουνπετεῖν, ἄπτεσθαι γόνυν,
λαμβάνειν γόνυν. Homer. Il. α, 407. 512. ζ, 45.
λ, 608. ω, 357. 465. Pind. Nem. VIII, 22. und
κυνέειν, προσκυνεῖν zeigt *Verehrung überhaupt,*
hier sklavische Verehrung an.

v. 9. βασιλέα μέγαν *einen großen König. Sollte es*
heißen den persischen König: so müßte eigentlich der
Artikel τὸν davor stehen. Allein der fehlt in ähn-
lichen Fällen zuweilen. S. Köppen griech. Blu-
menlese Th. II. S. 108. und beym Arrian. Anab.
VII, 1. sehen wir, daß die Könige der Perser und
Meder sich τοὺς μεγάλους βασιλέας nannten, wie aus
Xenoph. daß sie zu seiner Zeit allgemein so genannt
wurden. Nimmt man den Ausdruck, "die keine
Waffen zu tragen sich getrauen, nennen mich einen
großen König," so sagt er wenig; aber versteht
man ihn so, "die es nicht wagen gewaffnet zu
erscheinen, kriechen vor mir, und nennen mich den
großen König" — so ist es Spott eines Kriegers
über die feigen und sklavischen Menschen, und
mahlt, wie sie sich zitternd vor ihm demütbigen,
und vor Angst nicht wissen, was sie sagen.

H y b r i a s

Lied eines Kriegers.

Ha! reich bin ich; mein Reichthum ist
    Ein großer Speer und Schwerdt,
Und dieser Handschild leicht und schön,
    Der meinen Körper deckt.

Denn damit pflüg' und ärnt' ich ein,
    Mit diesen tret' ich froh
Der Reben süßen Wein, und bin
    Dadurch der Sklaven Herr.

Die aber sichs nicht traun, den Speer
    Zu tragen, und den Schild:
Verehren knieend mich als Herrn,
    Ja nennen mich den Schach. — *)

---

*) Die Herausgeber haben sich in dem Auffatz des ge-
lehrten Verf. keine Aenderungen erlauben wollen,
obgleich sie weder den Anmerkungen noch der Uebersetzung überall beytreten können. Der gewöhnli-
chere Name der Stadt, die hier Atarneus heißt,
war Atarna. — Anm. der Herausg.

         III.

III.

H. J. P. Siebenkees

N a c h t r ä g e

zur *Befchreibung der Venetianifchen Hand-*
fchrift des Homer.

(Vergl. I. St. S. 63 folg.)

Die Scholien find nicht gleich alt; man findet
Verfchiedenheit in den Schriftzügen und in der
Dintenfarbe bey ihnen. Die großen Scholien
auf dem breiten Rande, oben und unten, und
an der äußern Seite des Textes find die älte-
ften, und am beften gefchrieben. Ihr Charakter
ift zwar nicht fo fchön und regelmäßig, wie
der des Textes; er ift mehr flüchtig und leicht —
aber doch fchön genug, um aus einigen Zügen
auf die Gefchicklichkeit des Schreibers fchließen
zu können. Da einige von diefen viele Aehn-
lichkeit mit der Schrift des Textes haben, und
auch in der Dintenfarbe von diefem nicht fehr
verfchieden find, möchte ich fchließen, fie wären,
wo nicht von Einem Schreiber, doch wenigftens

von

von einem gleichzeitigen geſchrieben worden.
Freylich iſt die Dinte in den Scholien etwas
bleicher, als die im Texte; aber dieſer iſt auch
viel größer und in ſtärkern Zügen geſchrieben.
Durch die ganze Handſchrift fort, ſind ſie
von Einer Hand geſchrieben, und größer oder
kleiner, nach dem Verhältniß ihrer Anzahl;
die meiſten ſind in den erſtern Büchern der
Iliade, und da ſind ſie am kleinſten geſchrieben: weniger findet man in der Folge, wo ihr
Charakter größer wird. Dieſe Scholien enthalten die Anmerkungen zu den mit kritiſchen
Zeichen bemerkten Verſen, und ſcheinen der
Hauptzweck bey der Verfertigung der Handſchrift geweſen zu ſeyn. Da faſt alle dieſe
Zeichen, — bis auf einige Diplae und Aſte-
riſci — von der erſten Hand zu ſeyn ſcheinen,
ſo werden die dazu gehörigen Scholien wohl
nicht viel ſpäter dazu geſchrieben worden ſeyn.
Man findet zwar an einigen Orten bezeichnete
Verſe, bey denen die Scholien fehlen — im 22.
Buch der Iliade giebt es deren viele — aber
dieſe können ſchon in dem Exemplar, woraus
unſere Handſchrift abgeſchrieben worden iſt,
gemangelt haben. Bey vielen athetiſirten Verſen,
oft bey 20 hinter einander, fehlen dieſe Scholien
ganz. Die neuergänzten Stücke der Handſchrift

schrift haben weder Zeichen noch Anmerkungen.
Diese Scholien werde ich in meinen Excerpten
immer mit N. 1. bemerken. Andere (N. 2.)
sind von einer nicht viel spätern Hand. Ihr
Charakter ist kleiner und spitziger als der bey
den Hauptscholien. Diese stehen gewöhnlich in
dem Raum der zwischen dem Text und diesen
leer gelassen ist, auch an den Orten wo die
größern fehlen; und enthalten meistens Anzeigen verschiedener Lesarten, des Aristarchus besonders, und kurze Bemerkungen über die Ac-
cente und Interpunktion; seltener beziehen sie
sich auf ein Zeichen, und unter diesen nur auf
die Dipla und den Asteriscus. Oft kommt auch
in den großen Scholien weitläufig vor, was in
diesen mit ein paar Worten gesagt ist. Sie
scheinen Anmerkungen eines Gelehrten, und Excerpte zu seyn, die im Lesen hingeschrieben worden sind.

Bey den zwischen die Linien des Textes geschriebenen kurzen Worterklärungen, — die
meistens die kleinen Scholien sind die beym
Aldus und Barnes vorkommen; denn die großen
sind unter N. 1. — bemerkt man verschiedene
Handschriften. 1) Einige scheinen ein mit dem
Texte fast gleiches Alter zu haben, und diese
werden

werden auf den erſten Seiten beſonders angetroffen. Zwiſchen dieſen ſtehen oft andere von
iner andern Hand, ſo daß man auf einer Linie
manchmal von zwey bis dreyerley Schrift, Anmerkungen ließ, die alle in einander hineinge-
ſchrieben ſind, und das Leſen dadurch ſehr erſchweren. Andere ſind von der Schrift N. 2.
welche man in den ſpätern Büchern manchmal
antrifft. Eine dritte Art ſcheint erſt im 14ten
Jahrhundert geſchrieben zu ſeyn, und dieſe
ſind die wenigſten, und am ſchlechteſten geſchrieben.

Vielleicht wird es Ew. nicht unangenehm
ſeyn, wenn ich Ihnen ein Verzeichniß von den
Schriftſtellern gebe, die in den Scholien angeführt werden. Ich ſchreibe dazu, wo ſie im
erſten Buch der Il. vorkommen; denn nur dieſes habe ich erſt in Ordnung bringen können.
Außer dem Ariſtarchus und Zenodotus — die
auf allen Seiten genannt werden, ſind es folgende: Apollonius Grammaticus, Il. A. 98,
503. Antimachus Il. A. 7, 296, 425. Ariſtophanes der Grammaticus. Il. A. 91, 108, 124,
296, 424. Apollodorus, Il. A. 244. Ariſto-
nicus, Il. A. 323. Chryſippus Stoicus, Il. A.
129. Callimachus, Il. A. 415. Calliſtratus,
Il. A.

Il. A. 424. Dictys, Il. A. 106. Didymus in
den Scholien die beym Aldus gedruckt sind.
Herodianus Gram. Il. A. 62, 129, 136, 168,
217, 272, 311. Homers Odyssee wird citirt
Il. A. 1, 153, 174, 293. Hesiodus, Il. A. 1,
264. Ixion, Il. A. 424. Lykophron, Il. A.
149. Nikebar, Il. A. 62. Ptolomäus Oroan-
ders Sohn wird getadelt Il. A. 100, 231, 395,
461, 465. Porphyrius, Il. A. 117. Pindarus, Il. A. 1, 29, 311. Philoxenus, Il. A. 231.
Pamphilus, Il. A. 493. Platon. y. 219. Sosi-
genes, Il. A. 91, 124, 435. Seleukus, Il. A. 236,
381. Sophokles, Il. A. 424. Sidonius, Il. A.
424. Tasinus — so wird der Verfasser der
Cyprischen Gedichte genennet, in Il. A. 5. Ty-
rannion, 243, 421. Von den Ausgaben wird
citirt die von Massilia, von Sinope Il. A. 296,
424, 435. Die Argolische Il. A. 296, 424,
435. Die Cyprische, Il. A. 424. Noch werden in dem Verzeichnis der Namen Theopom-
pus, Polemon, Euripides, Zoilus, Alkman der
Lyriker, Theogenes, Theophrastus, Eurus,
und Rhianus genannt, von denen aber im ersten Buch nichts vorkommt.

Von den Gemählden in der Handschrift
würde ich schon in meiner Nachricht von ihr
einiges angezeigt haben, wenn ich die Abzeich-

nung

nung der Tabula Iliaca damals bey der Hand gehabt hätte: denn auch ich vermuthete, es möchte vielleicht eines oder das andere mit einer in dieser abgebildeten, Fabel Aehnlichkeit haben; und aus dem Gedächtniß fiel mir nicht alles bey, was auf ihr vorgestellt ist. Nun habe ich aber gesehen, daß nicht ein einziges Gemählde aus ihr erklärt werden kann; — und nun habe ich die Ehre Ew. eine kurze Nachricht von ihnen zu geben.

So elend diese Gemählde der Zeichnung und dem Kolorit nach sind, so haben einige unter ihnen doch den Werth, daß sie Fabeln aus verlornen Dichtern vorstellen, die vom Trojanischen Krieg geschrieben haben; andere aber sind nur eine Wirkung der Fantasie des Mählers, und diese berühre ich gar nicht. Beyde Arten aber sind unter aller Kritik in Rücksicht auf Kunst. Sie sind theils auf dem Rand der Blätter wo die Auszüge aus dem Proklus vorkommen, theils auf eigenen Blättern gemahlt, und stellen Scenen, vor oder nach der Periode vor, die Homer besingt. Ich führe sie nach der Ordnung an, und setze zugleich hinzu, bey welchen Stücken aus dem Proklus sie stehen.

S. 1. Das Leben des Homer. — Ein Schiff das den Paris nach Lacedämon führt.

Venus

Venus begleitet ihn. Die Figuren sind bis auf den Kopf des Paris, und einen Theil des Maſtbaums mit dem ausgeſpannten Segel verloſchen. Noch lieſt man die Namen Ο ΠΑΡΙΣ *und* Η ΑΦΡΟΔΙΤΗ. *Wahrſcheinlich iſt Venus als die Begleiterinn des Paris auf ſeiner Reiſe von einem nun verlornen Dichter vorgeſtellt worden, wovon nur beym Homer Il. γ. 399 etc. und beym Coluthus 198-200 einige Spuren vorkommen. Vielleicht ſind dieſe und die folgenden Gemählde, welche Geſchichten von der Helena vorſtellen, und aus dem Koluthus und Quintus Calaber erläutert werden können, alle aus den Cypriſchen Gedichten? Ew. werden dieſes entſcheiden können, da Sie des Proclus Aufſatz über dieſelben beſitzen, der in der Venet. Handſchrift ehemals geweſen ſeyn mag, aber nun verloren gegangen iſt.* *)

S. 2. Helena mit zwo Frauensperſonen an einem Fenſter, mit der Unterſchrift Η ΕΛΕΝΗ. *Dieſe beiden könnten ihre, ſie überall hin begleitende Sclavinnen, Aethra, und Clymene ſeyn. Der Sinn der Vorſtellung wäre nach meiner Meinung: Helena, welche den Paris ankommen ſieht.*

N. 2.

---

*) *Aus dieſem läſt ſich hier, wegen der groſſen Kürze, nichts entſcheiden. S. St. I. Ined. p. 23. — T.*

N. 2. Helena mit eben diesen Personen — Sie scheinen ihr Vorstellungen zu machen; zur Einwilligung in den Wunsch des Paris vielleicht. Ganz nach dem Ovid. Heroïd. XVII. 62, 63.

Caétera per focias Clymenen, Aethramque
loquámur
Quae mihi funt comites, confiliumque duae,

N. 3. Des Paris Rückreise nach Troia, mit der Venus und Helena — die Stadt Troia. Auf der Mauer waren sonst Personen, die aber nun fast ganz verloschen sind — Es könnte Kassandra eine von diesen gewesen seyn, die den Paris ankommen sieht, und die Erklärung könnte aus dem Koluth genommen werden. Ueber den Figuren steht Ἡ ΕΛΕΝΗ, Ο ΠΑΡΙΣ, Ἡ ΑΦΡΟΔΙΤΗ, Η ΤΡΟΙΑ. *Nun fehlen zwey Blätter, die vielleicht des Proclus Auffatz über die cyprischen Gedichte enthalten haben.*

S. 7. Von den Reisen und der Telegonie des Eugamons. Am Rande ist Ulysses der die Freier erschießt, die bittend vor ihm stehen.

S. 8. Das Ende der Nachricht von der Telegonie — Achilles bewaffnet mit der Auf-

Bibl. d. Litt. 3. St.　　　E　　　*schrift*

schrift Ο ΑΧΙΛΛΕΥΣ. Sieben andere Krieger
stehen um ihn herum. Der blaue Grund des
Gemähldes war sonst mit weißen Buchstaben beschrieben, von denen man noch einige einzelne
erkennt. An den Orten wo das Gemählde verloschen ist, sieht man, daß es auf ein schon
beschriebenes Stück der Handschrift gemahlt
worden ist. Einige halbe Wörter sind davon
noch kenntbar. Nach S. 8 fehlt abermal ein
Blatt.

S. 11. Des Lesches Ilias parua. Ein Be-
waffneter führt drey Frauenzimmer aus einer
Stadt. Der Kleidung nach sind diese, die oben
beschriebene Helena, mit Aethra und Clymene.
Ich glaubte zuerst: es könnte ihre Ausführung
aus Troia, durch den Menelaus vorstellen,
und erklärte es aus dem Quintus Calaber XIV.
17, 18. Aber dabey war Aethra nicht, die
Demophoon fand, und aus Troia führte.
Besser kann man es von ihrer Entführung aus
Lacedämon durch den Paris erklären —

　2) Des Arctinus Aethiopis. Ein gehar-
nischter Reiter; etwa Memnon?

　3) Helena erscheint in Begleitung des bey
N. 1. erwähnten Gewaffneten vor einem König,

nig, der auf dem Thron fitzt, mit dem
Scepter in der Hand. Ihre Darstellung vor
dem Priamus könnte dieſes Gemählde vorſtellen.

4) Ein Mann auf einem Bett liegend, vor
ihm ſteht ein anderer Ungewaffneter — Es
könnte die Heilung des Philoktetes ſeyn.

S. 12. Ein ſitzender König mit dem Scepter in der Rechten. In der Linken hält er etwas das einem Trinkgefäß ähnlich ſieht. Vor
ihm ſteht ein alter Mann mit einer Prieſter-
binde, hält in der Rechten einen Scepter, und
in der Linken etwas, das einem Ring ähnlich
iſt. Da die letzte Figur mit dem gleich darauf
folgenden Laokoon viele Aehnlichkeit hat, ſo
könnte dieſes Gemählde wohl ſich auf eine Un-
terredung zwiſchen dieſem und dem Priamus
beziehen:

N. 2) Von der Ιλιου περσις. Laokoon
mit dem Rauchfaß vor dem Neptunusbild, das
auf einer Anhöhe in einer Niſche ſteht.

S. 16. 1) Vier Krieger zu Pferd, und
zwey andere auf einem Wagen — Der Wagen iſt ein quadriga.

2) Ein ſitzender alter, König mit dem Scepter — ein Trupp Reiter ſprengt auf Troia zu. Der König ſcheint ſie davon abzumahnen.

3) Eben dieſer Reiter Angriff auf Troia, und die Vertheidigung von der Mauer herab. Beide letztern Stücke ſcheinen auf den beym Q. Calaber erzählten Angriff auf Troia, von dem Neſtor die Griechen zurückhalten will, ſeine Beziehung zu haben.

S. 19. 1) Das Banket des Iupiters — ſehr erloſchen. Noch ſieht man den Iupiter, etwas von den drey Göttinnen, den Tiſch mit Speiſen, und den Apfel auf demſelben, mit der Aufſchrift: Η ΚΑΛΗ ΛΑΒΕΤΩ ΤΟ ΜΗΛΟΝ. Ueber dem Platz der Iuno liegt Iris mit einer andern Perſon in einem Fenſter, und hält den Apfel über den Tiſch hinein.

2) Iſt ganz verloſchen. Nur den Kopf der Venus und die Namen: Η ΗΡΑ und Η ΑΦΡΟΔΙΤΗ ſind zu erkennen. Wahrſcheinlich ſtellte dieß Gemählde die Anfangsſcene des Streits vor, den dieſe Göttinnen über den Apfel angefangen haben.

S. 20.

S. 20. 1) *Das Urtheil des Paris.* Man sieht noch etwas vom Kopf der Iuno, der Venus, und den Paris, der den Apfel in der Hand hält, und die Namen Ἡ ΑΦΡΟΔΙΤΗ, Ἡ ΗΡΑ und ...ΘΗΝ...

2) *Scheint eben dieses Stück oder eine gleich darauf folgende Handlung vorgestellt zu haben. Außer einigen Buchstaben von den Namen der Göttinnen ist nichts mehr zu erkennen.*

Abzeichnungen davon an Ew. zu überschicken glaube ich fast nicht, daß es der Mühe lohnte.

Ich habe die andere Handschrift der Iliade, von der ich Ew. das letzte Mal schrieb angesehen. Sie ist im Catalogus der Handschriften von S. Marco N. 453. und sehr schön, sowohl in Ansehung des Textes, als der ältern Scholien, geschrieben *). *Zanetti setzt sie ungefähr ins eilfte Iahrhundert; ich möchte sie aber noch vor die Zeit setzen, in der die eben gedachte Villoisonische Handschrift geschrieben ist.*

E 3 Der

_____

*) *Die neuen Scholien mit kleinerer Schrift sind schlecht geschrieben, und sehr schwer zu lesen.*

Der Charakter der Scholien, besonders der
ältern ist weit deutlicher als der in jener ist,
ohne schwer zu errathende Abbreviaturen.
Die meisten der Scholien sind ungedruckt. Einige haben viel ähnliches mit denen in der
Villoisonischen Handschrift, und scheinen Auszüge aus den weitläuftigern Scholien derselben
zu seyn. Manche sind aber auch viel bestimmter, und können zur Verbesserung jener dienen.
Andere sind in den Scholien des Barnesischen
Homers schon abgedruckt. — Die verworfenen
Verse zeigt auch diese Handschrift an, aber
nicht in der Menge wie jene, Kritische Zeichen
hat sie nicht. Merkwürdig ist in Il. β. 484-
493, daß diese Verse von der ersten Hand mit
Zeichen bemerkt sind welche vermuthen lassen,
daß sie sonst in einer andern Ordnung gelesen
worden sind. Ich will sie hersetzen:

α Εσπετε νυν μοι, Μουσαι, ολυμπια δωματ'
                              εχουσαι·

γ υμεις γαρ θεαι εςε, παρεςε τε, ιςε τε ταυτα·

δ ημεις δε κλεος οιον ακουομεν, ουδε τι ιδμεν·

β οιτινες ηγεμονες Δαναων και κοιρανοι ησαν·

ε πληθυν δ' ουκ αν εγω μυθησομαι, ουδ' ονομηνω·

ζ ουδ' ει μοι δεκα μεν γλωσσαι, δεκα δε ςοματ'
                              ειεν,

η Φωνη δ' αρρηκτος, χαλκεον δε μοι ητορ ενειη·

                                         θ. α

Θ εἰ μη Ολυμπιαδες Μουσαι, Διος αιγιοχοιο
ι Θυγατερες, μνησαιαθ' ὅσοι ὑπὸ Ἰλιον ἦλθον·
2 αρχους αὖ νεων ἐρεω, νηας τε προτασας.

Kein Scholium findet sich dabey, das auf diese Versetzung Beziehung hätte.

N. S. Erst vor einigen Tagen fand ich in einer Handschrift von S. Marco aus dem 14ten Iahrhundert eine noch ungedruckte Nachricht von den Zeichen, die beym Homer gebraucht wurden. Ich will sie mittheilen.

Ταυτα εὑρηται ἐν τινι παλαιῳ βιβλῳ

Τοις παρ' Ὁμηρῳ στιχοις παρακειται ταδε. Διπλη καθαρα >, διπλη περιεστιγμενη ⸖, ὀβελος —; ὀβελος συν ἀστερισκῳ — ※, ἀντισιγμα Ɔ, κερεα ꠵ του ᾱ ⸓. ῶ πλαγιον Ϡ. Ἡ μεν διπλη καθαρα παρακειται προς την ἁπαξ λεγομενην λεξιν· προς την του ποιητου συνηθειαν· προς τους λεγοντας μη εἶναι του αυτου ποιητου Ιλιαδα καὶ Οδυσσειαν, προς τας των παλαιων Ἱστοριας· προς τας των νεων ἐκδοχας, προς την ἀττικην συνταξιν· προς την πολυσημον λεξιν· προς μεν οὖν την ἁπαξ εἰρημενην λεξιν· μαντι κακων, οὐ πωποτε μοι το κρηγυον ἐνειπες· ἁπαξ γαρ εἰρηται, και ἐπι των λοιπων σημειων ὡς αυτου· (leg. ὡσαυτως) ἃ δεῖ τιθεναι.

Εν αλλῳ οὑτως· Τα παρατιθεμενα τοις Ὁμηρικοις στιχοις σημεια, ἀναγκαιον γνωναι τους εν-

E 4

τυγχα-

τυγχανοντας· εἰσι δε ταυτα· διπλη ἀπερισικτος >,
διπλη περιεστιγμένη ⸖, ὀβελος —, ὀβελος μετὰ
ἀστερισκου — ※, ἀστερισκος καθ᾽ ἑαυτον ※, ἀντισιγμα ἀσικτον ⊃, ἀντισιγμα περιεστιγμενον ⊃·.
Ἡ μεν ουν ἀπερμεικτος διπλη, τιθεται προς Ἱστο-
ριας καὶ σχηματισμους, καὶ ἑτερας ποικιλας χρειας,
καὶ προς τας ἀπαξ εἰρημενας λεξεις, καὶ προς τα
ἐναντια καὶ μαχομενα ·των νοηματων· Ἡ δε
περιεστιγμενη διπλη προς τας Ζηνοδοτου καὶ Κρα-
τητος γραφας, καὶ αὐτου Ἀρισταρχου. Ὁ δε
ὀβελος προς τα νοθα καὶ ἀθετουμενα, ὁ δε μετ᾽
ὀβελου ἀστερισκος, ἐνθα εἰσι μεν τα ἐπη του
ποιητου, ου καλως δε κεινται, ἀλλ᾽ ἐν ἀλλῳ. ὁ δε
καθ᾽ ἑαυτον ἀστερισκος, ἐνθα καλως εἰρηνται τα
ἐπη ἐν αὑτῳ τῳ τοπῳ ἐνθα κεινται. το δε καθ᾽
ἑαυτον ἀντισιγμα, προς τους ἐνημλλαγμενους τοπους
καὶ μη συναδοντας. Το δε περιεστγμενον ἀντισιγμα,
ὁταν ταυτολογῇ, καὶ την αὐτην διανοιαν δευτερον
λεγῃ. Ιστεον ὁτι αἱ ραψωδιαι Ὁμηρου παρα των
παλαιων, κατα συναφειαν αὐδωντο, κορωνιδι μονῃ
διαστελλομεναι, ἀλλαι δε οὐδενι· της δε κορωνιδος
τουτο ἐστι το σχημα ⸎. λεγεται δε ἀπο μεταφορας
της ἐν τοις πλοιοις ἀνακεκαμμενης κορωνιδος. *)

*) Zur Erläuterung dieser Nachrichten vergl. diese Bibl.
   St. I. S. 68 folg. völlig deutlich werden sie erst werden,
   wenn die nun bald zu erwartende Villoisonsche Ausgabe
   erscheint. Die erste, S. 71. ist offenbar Fragment und
   fehlerhaft geschrieben; κορεα (vermuthl. κορεια) und
   was folgt ist mir unverständlich. Auch S. 72. αὐδωντο ist
   sonderbar. Man erwartete ἐγραφεντε. — T.   a

Recensionen.

I.

Oppiani Poemata de Venatione et Pifcatione cum Interpretatione latina et Scholiis. Acceffit Eutechnii Paraphrafis Ἰξευτικων et Marcelli Sidetae Fragmentum de Pifcibus. T. I. Cynegetica. Ad quatuor Mff. Codd. fidem recenfuit et fuis auxit animaduerfionibus Iac. Nic. Belin de Ballu. In Galliae Monetarum Curia Senator. Argentorati. Sumptibus Bibliopolii Academici. 1786. 4.

Die erfte Forderung die man an den Herausgeber eines Schriftftellees machen kann, ift unftreitig diefe, daß er mit dem Werth oder Unwerth feines Autors vollkommen bekannt fey. Ohne diefe Kenntniß wird fein Bearbeitungs-Plan unrichtig, oder doch unficher feyn, indem er fich entweder in ängftliche Ungewißheit verliert,

E 5   liert,

liert, oder, wenn vorgefaßte Meinungen die
Stelle des richtigen Urtheils vertreten sollen,
durch unverständige Zuversicht die Gedult seiner Leser ermüdet.

Indeßen ist es ein alter Gebrauch unter den
Editoren alter Schriftsteller, wenn sie mit mehr
Gelehrsamkeit als Geschmack, oder vielleicht mit
keinem im überflüßigen Maße versehen waren,
den Schriftsteller, auf den oft Laune oder blinder Zufall sie geführt hatte, wo nicht über alle
andere zu erheben, doch den vornehmsten gleich
zu setzen, so daß der, welcher sich mit diesen
Urtheilen beruhigen wollte, in dem Alterthum
fast keine als vollkommene Werke fast alle von
demselben Werth würde anerkennen müssen.
Ein Wahn der dem Alterthum mehrere Ver-
ächter zugezogen hat, als es sich die Urheber
desselben in ihrer zu herzigen Lobsucht haben
träumen laßen.

Wir müssen gestehn daß es uns befremdend
war, jetzo, da sich ein richtiger Geschmack in
Schätzung der Werke des Alterthums immer
mehr verbreitet, aus Frankreich, dem Mutter-
land dieses Geschmacks, über den Verfaßer der
Cynegetika, in allem Ernst das Urtheil zu hören,

ren, daß es nur äußerst wenig Dichter gäbe
die ihm vorgezogen zu werden verdienten, ja
daß er mit Fug und Recht sich den mächsten
Rang nach Homer anmaßen könne. Ein Urtheil das von dem unsrigen so weit verschieden
ist, als der Gegenstand Oppians von dem Gegenstand der Gedichte Homers.

Ohne uns an die sonderbare Vergleichung
zweyer Dichter zu halten, die in Absicht der
Gegenstände die sie behandeln, der Zeit in der
sie schrieben, der Verhältnisse in denen sie lebten, so unendlich verschieden sind, wollen wir
vielmehr jeden in die Classe zurücksetzen, in die er
gehört, um so mit mehrerer Billigkeit Fehler
und Schönheiten nach den jeder Dichtart
zustehenden Regeln, beurtheilen zu können.
Der Stoff den Oppian wählte ist unstreitig für
die didaktische Poesie geschickt; da aber diese
Poesie einen großen Aufwand der Sprache erfordert, um den Gegenständen Reitz und Würde
zu geben, so wird man gestehen müssen, daß
Oppian, bey aller richtigen Kenntniß der
Sachen von denen er schrieb, jener Forderung
so wenig Genüge thut, daß er vielmehr alle
seine Vorgänger im Lehrgedicht, an Fruchtbarkeit der Ausführung und Reichthum der Sprache
bey weitem nicht erreicht.

Das

Das Lob welches Hr. Balla ihm in diesem Stück ertheilt kündigt sich sogleich als partheyisch an. Nachdem er seinem Dichter dem Homer an die Seite gesetzt ist, erhebt ihn selbst über Virgil, und wirft zugleich den Lateinern eine naturam frigidam *vor, die nur erst durch den Genius der Griechen habe erwärmt werden können. Schwerlich wird man doch einem Dichter wie der Verf. der Cynegetika diese Ehre zuschreiben wollen, einem Dichter, der seine Sprache ohne Kraft und Geist aus der Homerischen zusammenstoppelte, und das Wesen der Dichtkunst in eine Ueberladung an Epitheten setzte; der wenn er die gewöhnlichen Wendungen verändern will, nicht selten lächerlich und ungereimt wird, wie z. B. in dem Gespräch mit der Artemis im Anfang des Werks; dessen Digressionen theils ohne Interesse, theils arm an Phantasie, theils gar nicht zur Sache gehörig sind, wie im* II. B. V. 105. *die Stelle von Herkules; der in wahres* βαϑος *verfällt wenn er seine Einbildungskraft aufbietet etwas recht schönes und rührendes zu sagen. Hierher rechnen wir die von Hr. B. bewunderten Stellen* III. 220. *und* II. 365. *der seine Gleichnisse ungeschickt wählt; indem er oft allzu ähnliche Dinge in Vergleichung setzt. Die Vergleichung*

chung der äklichen Handlangen bey Thieren und Menschen find darum schön, weil fie eine Aehnlichkeit zwischen Dingen höchft verschiedener Natur bemerklich machen: aber wenn Oppian von einem Panther sagt, daß er nach der Lockspeise eilt wie die Fische nach dem Köder (IV. 220); so ist die Vergleichung dürftig, weil die Einbildungskraft nicht durch fie gereizt wird. Eine andere Vergleichung IV. 368. eines Hundes der einen Bären aufgespürt hat, mit einem Mädchen das eine schöne Blume findet, dürfte der gute Geschmack eben so wenig billigen, ohngeachtet Hr. B. fie fo vortrefflich findet, daß er glaubt die Tadler Oppians mit ihr widerlegen und zu Schanden machen zu können.

Wir würden uns bey dieser Beurtheilung nicht so lange verweilt haben, wenn nicht das falsche Urtheil über den Werth dieses Dichters, einen merklichen Einfluß auf seine Bearbeitung gehabt hätte. Hr. B., der einmal beschlossen hatte, seinen Autor, es koste was es wolle, von den Beschuldigungen, die Schneider auf ihn gewälzt hatte, zu befreyen, und ihn allenthalben als einen glücklichen Dichter und reinen Griechen darzustellen, hat eine Menge Anmerkungen

gen darauf verwendet, zu zeigen, daß *Homer*,
Pindar und *Euripides*, und alle guten Schriftsteller der Alterthums eben so reden wie *Oppian*, und daß er sie hier und dort vor Augen
gehabt habe. Daher sind ihm die kleinsten
Aehnlichkeiten hinreichend Nachahmungen zu
finden, und diese sind ihm dann Bürge, daß
Oppian wenigstens ein eben so vortrefflicher
Dichter seyn müsse, als die, so er nachgeahmt
hat. Wir haben in der That uns zuweilen
nicht enthalten können zu glauben, daß Hr. B.
mehr um seine Gelehrsamkeit auszukramen und
das Volumen seiner Anmerkungen anzuschwel-
len, als aus wahrer Ueberzeugung die Partey
seines Autors so eifrig genommen habe. Woher sonst so viele weitschweifige Anmerkungen,
die mit einer einzigen Berufung hätten erspart
werden können? Woher z. B. die ganz unnütze Note I. 69. von der Achtung der Römer
für die Muränen, und die noch unnützeren,
welche die bekannten Anekdoten von *Bucephalus*
und dem Hengst des *Darius Hystaspis* in ihrer
ganzen Weitläuftigkeit hererzählen?

Aus dem bisher gesagten werden unsre Leser
schon vorausfehen, wie Hr. B. *Schneiders*
Vermuthung, daß der Verf. der *Cynegetika*
ein

ein ganz anderer fey als Oppian der Cilizier,
deffen Halieutika wir befitzen, beurtheilt habe.
Der größte Theil der Vorrede ift der Widerlegung diefer Behauptung gewidmet. Schneider ftützte fich auf folgende Gründe. Einmal
widmet der Verf. der Cynegetika fein Gedicht
dem Antoninus Carakalla, lebt alfo weit fpäter
als Oppian der Cilizier der einer Stelle im Athenäus zu Folge (I. p. 13.) noch vor dem Commodus lebte, Der erfte ift ferner aus Apamea, wie
er felbft Cyneg. II. 127. zu verftehen giebt, der
andere hingegen war aus Cilizien. Halieut. III. 9.
Einen andern Grund nimmt Schneider aus der
großen Verfchiedenheit beider Gedichte, indem
das erfte von einem trocknen Kopf, der eben
keine fonderliche Fertigkeit in der griechifchen
Sprache befaß, das andere hingegen von einem
blühenden, an glücklichen Gedanken reichen Genie
gefchrieben ift.

Um diefe Gründe zu entkräften, unterfucht
Hr. B. zuerft die Zeugniffe der Schriftfteller
von Oppian und zeigt daß wenn auch Oppian
unter dem M. Antoninus dem Philofophen ge-
bohren war, wie Svidas fagt, er doch gar
wohl bis an die Zeiten des Caracalla hinab leben
konnte; wenn aber Eufebius ihn unter dem
                                    M. Anto-

M. Antoninus schreiben läßt, so irrt er entweder, oder er meynt den Caracalla, welcher auch den Namen M. Aurelius Antoninus führte. Das Zeugniß des Athenäus aber soll von keinem Belang seyn. Denn entweder sind die Worte τὸν ὀλίγον πρὸ ἡμῶν γενόμενον Ὀππιανον Κιλικα von dem Epitomator angeführt, welches Hr. B. um desto wahrscheinlicher ist, da des Oppians nicht wieder Erwähnung geschieht, oder sie beweisen nichts, da Athenäus Zeitalter selbst nicht gewiß ist, und auch er, nach dem Tod des Commodus geschrieben haben muß, welches B. aus den Worten ὁ καθ' ἡμᾶς Κόμμοδος L. XII. p. 137. folgert. Endlich sagt Sozomenus ausdrücklich, daß Oppian für seine Halieutika von Severus belohnt worden. Der Zeit nach konnten also die Verf. beyder Gedichte dieselben seyn, und sie sind es dem Zeugniß der Alten zu Folge, die die Halieutika und Cynegetika Einem Verf. zuschreiben. (Freylich sind diese nur ein Constantinus Manasses und ein Svidas, der gleichnamige Schriftsteller so oft verwechselt.) Hierauf kömmt er zu Schneiders wichtigstem Grund, welcher aus der Verschiedenheit des Vaterlands genommen ist. Dieses Argument beruht auf dem v. II. 127. wo es heißt, daß der Fluß Orontes χερσον
ὁμευ

ὁμοῦ καὶ νῆσον ἐμὴν πόλιν ὕδασι χεύων. wo ἐμὴ πόλις *Apamea* ſeyn muß. Da χεύων kein Verbum hat von dem es abhängt, verbeſſerte Schneider χεύαις Ballu aber ἔβη πόλιν ὑδ. χεύων, durch welche Veränderung alſo das ganze Argument über den Haufen fällt. Iede dieſer Conjecturen hat die Aehnlichkeit der Buchſtaben für ſich, denn μ und β ſind in den Handſchriften vielleicht eben ſo oft als ει und ω verwechſelt worden. Aber B. Lesart iſt hart und einem Dickter, wie er will daß Oppian geweſen ſey, nicht angemeſſen. Man ſieht leicht daß die Sache auf dieſem Weg zu keiner Evidenz gebracht werden wird. Wahrſcheinlichkeiten ſtehen hier andern Wahrſcheinlichkeiten entgegen, und der Unparteyiſche wird ſchwanken, ohne ſich für eine Meinung beſtimmen zu können. Das meiſte beruht auf der Uebereinſtimmung der Gedichte ſelbſt, welche aber nicht aus einzelnen Worten und Redensarten, nicht aus ähnlichen Sätzen, ſondern aus dem Ton des Ganzen, und der Wirkung deſſelben auf den Leſer erkannt werden muß. Aber dieß iſt leider eine Sache des Gefühls, das nicht demonſtrirt, ſondern nur durch langwierige Uebung, wo nicht erlangt, doch geſchärft werden kann. Denn damit iſt es fürwahr nicht

Bibl. d. Litt. 3. St. F gethan,

gethan, daß *Hr. B. bey einem in den* Halieuticis *auf gleiche Weife gebrauchten Worte fagt:*
Se ipfum imitatur Oppianus (I. 64) *und gar*
I. 77. Similis eft ad maris Dæmones ἐπιφώ-
νησις in Halieuticis, vnde nonum accedit argumentum ab eadem manu profecta effe. *Auf*
ähnliche Weife urtheilt er II. 1. IV. 1. II. 233.
Eine gefunde Critik würde vielleicht gerade
umgekehrt fchließen. Eben fo wenig hinreichend,
um den Vorwurf eines ungriechifchen Bildes von
Oppian abzuwenden, ift es, bey einzelnen, von
niemand angegriffenen Worten, zu zeigen, daß
auch andre gute Dichter fie brauchen.

Zur Verbefferung des Textes hatte Hr. B.
vortreffliche Hülfsmittel, die in der Vorrede
S. XXX *angezeigt find. Außer* 2 *Handfchrif-*
ten der königl. Bibliothek hatte er die Ver-
gleichungen einer Venetianifchen und einer Va-
ticanifchen, welche fehr gute Lesarten und felbft
einen neuen Vers I. 292. *liefert, welcher der*
ganzen Stelle aufhilft. Vermittelft diefer Va-
rianten find eine Menge Stellen glücklich ver-
beffert, und viele von Schneider zuerft aufge-
nommenen oder erfundenen Lesarten bekräftigt
worden.

Unter dem griechischen Text steht die lateinische Ueberſetzung und die kritiſchen Noten;
am Ende ſind Animadverſionen angehängt,
welche theils von den kritiſchen Veränderungen
Rechenſchaft geben, theils die Worte und Sachen erläutern. Wir glauben unſern Leſern
einen angenehmen Dienſt zu erweiſen, wenn
wir die neuen wichtigen Lesarten hier anmerken, da zumal die wenigſten Luſt haben möchten ſich ſelbſt eine ſo koſtbare Ausgabe anzu-
ſchaffen. Wir wollen zugleich dasjenige beyfügen was uns aus den Animadverſionen be-
merkungswürdig geſchienen hat.

Das erſte Buch, in welchem O. alles was
zur Jagd erforderlich iſt, den Leibeszuſtand
und die Kleidung des Jägers, die Beſchaffenheit und verſchiedenen Gattungen der Pferde
und Hunde, beſchreibt, fängt mit einer Dedi-
cation an den Antonius Caracalla an, wo er
den Kindern des Iupiters (οὐδὲν ἀφαυρότερον
ἡνὸς κρονίδαο γενέθλης) an die Seite geſetzt
wird. Dieſem Lob fügt er den V. bey: εὐμενέες
ἵταν Φαέθων, καὶ Φοῖβος Ἀπόλλων ad invidiam
molliendam, wie es Ritterhaus richtig erklärt.
Hr. B. verbeſſert im vorhergehenden V. ἀφαυρότερον indem er es auf den Caracalla ſowohl

F 2   als

als seinen Vater Severus bezieht, und es mit ἐυμένεες verbindet. Seiner Meynung nach ist hier der Titan Phaeton, Severus, so wie Apollo, Caracalla. Denn 1) sagt er, würde der Dichter durch diesen Zusatz das vorhergehende Lob ganz vernichten. (Nichts weniger als das. Aehnliche religiöse Ausdrücke in ähnlichen Fällen finden sich bey den alten Dichtern häufig genug.) 2) Konnte ja der Dichter nicht Verzeihung beym Titan, wegen einer Sache die den Iupiter anging, bitten, da Titan weit älter ist als Iupiter. (Diesen Grund verstehen wir nicht, können ihn also auch nicht beurtheilen.) 3) Der Dichter nennt ja in diesem Vers nicht einen, sondern zwey Personen, Hr. B. hat vergessen anzumerken, daß seiner Lesart zu Folge nach dem τ Vers interpungirt werden müßte. Sie ist aber mehr als einer Schwierigkeit unterworfen. Denn einmal ist die Verbindung selbst hart, und dann ist es doch durchaus unbegreiflich, daß vor und nach diesen 2 Versen immer nur von Einer Person und bloß in diesen beiden von Vater und Sohn gesprochen wird. Ζηνὸς γενέθλη muß schlechterdings Soboles Iovis seyn. Nun bittet der Dichter (unsrer Meynung nach) Söhne Iupiter wegen dieser Vergleichung, um Begünstigung

Ei

Eine solche Verbindung dünkt uns würde die
Sache erfordern. Die Schwierigkeit bleibt nur
zu bestimmen wer der Τιτὰν Φαέθων hier ist.
Sollte es etwa Bacchus seyn? S. Diodor. Si-
cul. I. p. 14. 15. und Macrob. Saturn. I. 18.
Bacchus und die Sonne wurden einem gewissen
System zu Folge für Eins gehalten, darum
heißt Bacchus Ἀστεροφυης und Φανήτης. In
so ferne nun die Sonne auch zuweilen Titan
heißt, so konnte Oppian auch wohl den Bacchus so nennen, indem er ihn durch das Bey-
vort Φαέθων charakterisirt. Daß dieser wirklich von Apoll unterschieden ist, sieht man aus
I. 681. A. wo freylich der gewöhnlichen Fabel
nach der Titan kein andrer als Jupiter seyn
könnte. Indeß wurde dieser Mythus auf sehr
mannichfaltige Weise erzählt. S. Heyne in
Apollod. p. 191. Interpr. Hygini. Fab. 19.
und Oppian hatte vielleicht eine Tradition daß
Bacchus den Phineus geblendet habe; zumal
r auch sonst unbekannte Mythen vorträgt, so
wird II. 8. Perseus unter die Schüler des
Chiron gerechnet. Einige Wahrscheinlichkeit ge-
innt diese Vermuthung durch eine sehr ähn-
che Stelle in der Medea von Seneca v. 82 sqq.

    Si formâ velit adspici.
    Cedent Aesonio dui

Proles fulminis improbi
Aptat qui iuga tigribus:
Nec non qui tripodas movet,
Frater virginis asperae.

— *Indeſſen ſind wir weit entfernt, unſere Er*
klärung für gewiß zu halten. — *V. 42. be*
ruft ſich B. bey ἐπίσκοπος *in dem Sinn, qui*
scopum ferit *auf* Theocrit. Heraclis c. 105,
wo es aber einen ganz andern Sinn hat.
85. *wird* τόσσιν ἐλαφρίζοντα *ſtatt* ὥς κεν αυ
dem Cod. Reg. *hergeſtellt.* v. 93. *vielleicht τ*
γὰρ καί? v. 97. ἐυσταλέως δὲ χιτῶνα καὶ ἐ
ἐπιγουνίδα πήξας. Ἑλκέσθω. *vermuthen wir*
πτύξας, *in* plicas componens. 104. στιβαροῖ
ſtatt λιπαροῖς *aus den Handſchr.* 115. *wird*
γαληνιόωσα *als ein gutes griechiſkes Wort ge*
gen Schneider *aus dem* Orpheus *vertheidigt*
Manchem möchte hier der Bürge ſelbſt nicht
ſonderlich ſicher ſcheinen. v. 127. *vermuthe*
Hr. B. καὶ βότρυα ἡμερίδων ἔλιβον ἐπιλήν
σκαιρεῖ, *et* torcularius *ſaltat.* ſaltationem pre
ſupra vitis uvas, *unſtreitig ſehr hart.* 134. ἱ
ἄζαν τ' ἠελίου *aus einem* Cod. Reg. *aufgenommen.*
145. ἐϋκραίρω *ſtatt* ἐϋκεράους. 164. *vermuthe*
Chivot ἀίοντες ὅκα *ſtatt* ἀυδὴν, *um dem Metr*
zu Hülfe zu kommen. 189. *iſt* τερπηθές *aufge*
nommen. 230. *vermuthet Hr. H. glücklich, daß*

ὅπλησιν statt ὅπλοισιν gelesen werden müsse. 253. statt ὀδμὴν ἡγήτειραν vermuthet Villoison ὀηλήτειραν. Nach v. 291. καὶ λίβυας μετὰ τοὺς δολι χόν δρόμον ἐκτελέουσιν, liest man jetzt aus dem Cod. Venet. den Vers: ὅσσοι Κυρήνην πολυψηφῖδα νέμονται, welcher nothwendig war, wenn Oppian nichts abgeschmacktes gesagt haben sollte. 295. liest B. τῶν ἄλλων πλαῦνες σταφυλην κτένα τ', ὄυνεκέν εἰσι, in den Noten aber gedenkt er der neuen Lesart nicht mehr, sondern erklärt die gewöhnliche; welche aber auch selbst nach sei-ner Erklärung, etwas ungereimtes hat. Illi equi omnes alios lateribus vincunt; quia maio-res visu sunt latere, costae latitudine et ordine ac distantia costarum. 315. ziehen wir die Les-art des Cod. Venet. ἐλιχρύσοισιν var., ohne doch zugleich ὀπώπαις statt ἐθείραις mit ihm zu lesen. 364. verbessert B. höchst glücklich ἡμιθέους statt ἠιθέους. 373. Μάγνητες, Ἀμοργοὶ. B. erklärt ἀμοργοὶ von Hunden, aus Amorgus; aber dann müßte es wohl ἀμοργινοι heißen. s. Stephanus Byzant. v. Ἀμοργος. 317. wird die Gattung von Pferden, die Oppian ἄρογγες nennt, mit dem Zebra verglichen, hiezu passen vornehmlich die Worte γεγράφαται δολιχῆσι ταινίησι. 411. ver-muthet B. στιφρὴ statt στριφνή; aus dem Xeno-phon p. 571. 424. καὶ σθένος ἄφραστον, καθαρὸν. B. vermuthet κερρηκτὸν, uns scheint dieß unnöthig. 468. nimmt B. den Hund, der hier Ἀγασσαῖος heißt, für den Dachshund (Baſ ſet a jambe torſe) welchen Vlitius ad Nemeſian. 124. für den Beagle erklärt. B. führt dieß zu v. 471. an, ohne es jedoch zu widerlegen. 507. wird κινυζεῖ aus den Codd. wieder herge-stellt. 523. ἦν δὲ statt εἰ δὲ.

Im 2ten Buch kommt Oppian, nach einem Ein-gang von den Erfindern der Iagd, auf die Ge-genſtände derſelben, und handelt die Naturge-ſchichte des Hornviehes ab, worunter er auch die Elephanten rechnet. Dieſen fügt er noch einige kleine Thiere bey, die er nicht weitläuf-tig beſchreibt. V. 15. vermuthen wir: ἐπίσκο-πον ἰθὺς ἄκοντα βαλλόμενοι vergl. I, 42. statt ἐπὶ σκοπὸν ἰθὺς ἄκοντι. v. 38 kann vielleicht statt des verdorbenen αὐτοῖσι geleſen werden ἀγροῖσι. v. 19. ist uns die aufgenommene Les-art ξυνόχησι noch nicht evident. 49. ἀγρίουσι. 50. μυκήσαιτ᾿ ἄγριον statt μυκήσαιτο ἄγριοι. Die Stelle bleibt für noch immer corrupt. Wir wür-den ſchreiben: Ἀλλ᾿ ὅτε ταῦρος Ἄλλος ἀπο-κρινθεὶς welches Tzetzes in Scholiis Mſſc. in Poſthomerica v. 320. zu beſtätigen ſcheint: Ὅτ-τοι δὲ ἐν ταῖς μυκηρετικοῖς τοὺς ἀγρίους ταύρους

Φησὶ ἕνα ἑκαστον ἀγελῆς δεσπόζειν βοῶν. Ὅταν δὲ
ἕτερος ταῦρος μετὰ ἀγελῆς ἰδίας ἐπέλθῃ, συμβάλ-
λωσιν ἀμφότεροι. κ. τ. λ. v. 89. ἀπέρουσιν ἐνῆῆες,
aus dem Cod. Vatic. 95. aus demselben Cod.
κλίνουσι-καὶ ἀγελλύουσι. v. 99. vielleicht schrieb
Oppian: μέγα χρῆμα statt πῆμα. 118. δανόμενος νύμφης aus dem Vat. und Venet. Cod. statt
δανόμενος. 180. conjecturirt B. μηκεδανῇ δαιρῆ
statt εὐτιδανῇ, was freylich schlecht auf den
Hirsch paßt. 196. ξεῖνοῖτε aus dem Vat. Cod.
statt ξένιοῖτε. 198. κεκλιμέναις aus dem Cod.
Venet. welcher κεκλιμένοις hat. 223. aus drey
Handschr. ὁμαρτεῖ πουτεπορεύαν. 243. ὑπεαῦ-
ρευ, aus einem Cod. Reg. 207. billigt B. Geß-
ners Verbesserung, wo es von der kreißenden
Hirschkuh heißt: τρίβον ἀνδρῶν... ἀλεείνει,
welche Schneider aus falschen Gründen verwirft.
Richtig wird bemerkt, daß βέβηλος auck so viel
ist, als ἀβάσιμος, woraus der Sinn entsteht: die
Hirschkuh vermeidet die Pfade der Sterblichen
nicht, weil diese Wege von den Thieren nicht
betreten werden. Wodurch Oppian mit allen
andern alten Naturforschern einstimmig gemacht
wird. 244. πεφρίκοντας aus dem Cod. Rug.
250. ταιφύσσοντα nach Arnaud's Verbesserung.
Der Cod. Venet. gab παιφύσσοντα. 282. vermuthet B. richtig, daß φθιμένοι περ statt γὰρ

gelesen

gelefen werden müſſe. 296. den Ἴορκος hält er,
mit Schneider, für Ein Thier mit dem Axis
oder Cerf du Gange. 317. πυρώκεες ſtatt πυ-
ρώδεες. Unter dem Δορκάς verſteht er die Ga-
zelle. 380. ἀπαλή wird Pierſons Conjectur
ἀταλή durch Handſchr. beſtätigt. Die von Oppian 377 beſchriebenen Schaafe hält B. für die
Musmones der Alten (Moufloas), ob ihnen gleich
Oppian vier Hörner zuſchreibt, da ſie gewöhnlich nur zwey haben. Die Anzahl der Hörner
iſt kein ſicheres Kennzeichen. 414. giebt B. aus
dem Cod. Reg. ἦλθες ἐς αἰθέρα ἔδδεισαν δέ σε
μακρός Ὄλυμπος, ſtatt ἤλυθες εἰς αἰθήρ' οἶδεν δὲ
σε. Uns ſcheint indeß εἶδεν vorzüglicher (wie
Horat. 1. Carm. XV, 26.) und ἔδδεισεν die Verbeſſerung eines Librarii, welcher den Vers verſtümmelt fand. Vielleicht iſt ein Wort heraus-
gefallen ἦλθες ἐς αἰθέρα, οἶδε δὲ σὸν κράτος
αὐτὸς Ὄλυμπος. 455. ἰοφόρον κείκοις, ſtatt ἰοφό-
ροι κεῖνηι. Hier hätte aus Diodor. Sic. v. 3.
p. 331. angeführt werden können: διὰ δὲ τὴν
ἀπὸ τῶν φυομένων αὐθῶν εὐωδίαν, λέγεται τοὺς
κυνηγεῖν εἰωθότας κύνας μὴ δύναθαι σταιβεύειν
ἐμποδιζομένους τὴν φυσικὴν αἴθησιν. 493. ἀλλ'
οἱ μὲν. 496. geben mehrere Handſchr. richtig:
σὴ ματα δ' οὐκ εἴδηλα. 519. uns dünkte es doch
immer angeſchickt, daß dem Elephanten kleine
Ohren

Ohren zugeschrieben werden; ob gleich Hr. B.
sagt: aures elephanti breues videntur, tantae
molis habita ratione. Aber sie werden ja nicht
mit dem ganzen Thiere, sondern nur mit seinem Kopfe verglichen; und außerdem sind die
Ohren des Elephanten, verhältnismäßig grüßer,
als die von den meisten andern Thieren. Wir
möchten daher lesen: Ἰφθιμον δὲ κάρηνον ἐπ᾽
οὔασι μακρστέροισι. statt βαιοτέροισι. Der Irrthum entstand aus der Aehnlichkeit des β. und
μ. dieses ist uns um desto wahrscheinlicher, da
die kleinen Augen den Gegensatz machen: ἀτὰρ
ὀφθαλμοὶ τελέθουσι Μείους ἢ κατ᾽ ἐκεῖνα δέμας.
528. σχιστός τε von der Haut des Elephanten,
statt αἴσχιστος. 599. ἐχίνου μείονος statt μείζο-
νις. 610. τὸ δ᾽ ἐχθαίρουσι χόλοισιν, wodurch
dieser Vers glücklich verbessert ist. Der folgende: αὐταῖς δ᾽ ἀγκαλίδεσσιν ἑῶν ἔκτεινε τοκήων
bleibt indessen noch unverbessert. Es ist von den
Affen die Rede, die eines ihrer Iungen hassen
und oft tödten. B. schreibt αὐτὸς statt αὐταῖς,
und erklärt es durch mas, welches er in den
Animadversionen bereuet, wo er den ganzen V.
seinem Schicksale überläßt. Wir vermutheten:
αὐταῖς δ᾽ ἀγκαλίδεσσιν ἑῶν ἔκπνευσε τοκήων.
618. χωλοσαμένου statt χολωσάμενος, aus dem
Cod. Reg. Die gewöhnliche Lesart aber scheint
die

die wahre zu seyn. 628. ἐδωδαῖς ſtatt ἐδωδῆς.
— Von dem Oryx, den Oppian unter allen
Alten am weitläuftigſten beſchreibt, und dem
Ariſtoteles nur Ein Horn giebt; wird gezeigt,
daß die meiſten Alten ihm mehrere Hörner zu-
ſchreiben; und da ihn Bochart ſchon für eine
Ziege erklärt, ſo beſtimmt es Hr. B. genauer,
und hält ihn für die Gemſe (Chamois). Da
aber Oppian ihn mit dem Rhinoceros vergleicht,
und Herodot ihm die Größe einer Kuh giebt; ſo
erklärt B. das erſte für eine dichteriſche Em-
phaſe, auf die man nicht zu achten brauche.
(Aber bedachte denn Hr. B. nicht, daß Oppian
hier nicht Dichter, ſondern Geſchichtſchreiber
ſey? Man höre ihn ſelbſt: Das Rhinoceros iſt
nicht viel größer, als der Oryx. — Weiter hin
v. 551. fällt Hrn. B. erſt ein, daß Oppian nur
das junge Nashorn geſehen haben möge.) Aus
dem Herodot aber folge nur, daß die Africani-
ſchen Gemſen größer als die unſrigen ſind.
Allein wie paſſen ferner die Beſtimmungen Oppians auf die Gemſe? Nach ihm iſt der Oryx
ſo muthig, daß er weder Hunde noch Menſchen,
und kein reißendes Thier fürchtet, ja daß er
ſogar mit ihnen kämpft.

Im

Im 3ten Buch behandelt Oppian die reißenden Thiere, den Löwen und sein Geschlecht, den Bären, Onager, das wilde Pferd, die Wolfsarten, das wilde Schwein und den Hystrix, den Ichneumon, den Fuchs, den Giraffe, den Strauß und den Hasen. v. 4. sagt B. nihil sane est infelicius Georgii d'Arnaud coniectura κεράατα quam tamen in textum receptam voluit Schneiderus. Er hätte doch auch anmerken sollen, daß sich Schneider in den Anmerkungen selbst darum tadelt. 16. verbessert er ἀφιματοῦντο statt ἀμφιβάλοντο. 70. ist μαρμαίρουσαι ausgenommen, statt μαρμαίρουσι. 76. θέειν statt θείει. 95. κροκόεις τε und είκελαοι aus dem Cod. Vatic. 111. vermuthet der B. ὑψιτότοις ἀγέλαισιν statt ὑψιπόλοις, uns scheint die gewöhnliche Lesart dem Oppian vollkommen angemessen. 117. πολύκραζοι Κορῶναι statt πολυζῶοι. 123. θοῶς statt ἑαῖς. 128. λυσιτόκων θαλάμων statt λυσικόμων. In den Noten conjecturirt er ῥυσιτόκων thalamorum foetus tuentium. 143. ὄμμα θόον, σφυρὸν ὠκὺ, τορὸν δέμας aus dem Cod. Reg. wo aber Schneiders daraus hergeleitete Verbesserung ὄμμα τορὸν und θόον δέμας nicht erwähnt wird. 144. πόδες ἠύτε πόδσσιν aus dem Cod. Vatic. 145. ἄγριον statt αἰόλον. 161. wird die alte Lesart γάμῳ κριδατροφίη wieder

der

der hergeftellt. Es ift hier wiederum vergeffen,
anzumerken, daß auch Schneider in den Anmerkungen fie vorzieht, und das in dem Text
aufgenommene γαμος verwirft. 207. ftatt γε ς
γε μεν ift aufgenommen δον γενος. 176. weil
der V. der Cynegetica den Bär, der feine Füße
leckt, mit dem Polypen vergleicht, der feine Arme frißt, und der Verf. der Halieutica das
Gleichniß umgekehrt braucht, fo macht daraus
B. ein neues Argument für die Identität der
Verfaffer. Aber wir haben unfre Meinung
über diefe Art zu fchließen, fchon geäußert.
208. behauptet B. in einer langen Note gegen
T. Faber und Hemfterhuis, daß ηβηδον nicht
omnino fondern puberum modo heißen müffe.
Uns haben feine Gründe nicht überzeugt. Denn
die Hauptbedeutung von ηβηδον ift καθ᾽ ηβας-
κοντας Iüngling für Iüngling. f. Aelian. V. H.
II. c. IX. f. Perizon und L. Bos Animadv. p. 27.
210. ως δ᾽ οποτ᾽. 223. Ιοφορον. 241. vermuthet
B. ω παιδας τειρησε φιλους, quo enfe trucidat
caros natos, und beruft fich auf II. p. 376. wo
aber τειροντο die ganz gewöhnliche Bedeutung
hat: vrgebantur. Außerdem hat Hr. B. wohl
nicht bedacht, daß von τειρω kein Aoriftus ετει-
ρησα herkommen kann. Wir beruhigen uns bey
der gewöhnlichen Lesart, ungeachtet fie durch
                                               den

den Gebrauch beßrer Dichter schwerlich bestätigt werden dürfte. 251. erklärt er die ιππι-
γρους für Nilpferde. 257. scheint uns die Verbeßerung σϑένος für γένος überflüßig. 267. wird
Piersons Verbeßerung αργυιων durch den Vat. Cod.
bestätigt; so wie 277. εκπελειουσιν αοιδοι, worauf schon Brunck gefallen war. 301. τύροεντι.
318. wird groß Aufhebens davon gemacht, daß
Schneider in dem Cod. R. προφερέστερος statt
προφερέστες gelesen habe, welches B. für Vorsatz hält; weil Sch. seinem Freund Brunck, der
so emendirte, ein Compliment habe machen wollen. Solche Urtheile sind doch fürwahr wenig
human! 327. νώτοισιν für ώμοισιν. 337. κρα-
τερόφρονα. 353. σελαγευσιν in den Anmerk. vermuthet B. σφαραγευσιν. 364. ένναλιοις statt
έννάλιος. 338. zeigt B. daß der Thos und
Goldwolf zweyerley Thiere sind, und also der
erste nicht der Chacal. 403. αυζηον τοξον.
393. vermuthet B. των δ' ουτοι μεγεθος, welches
wir nicht recht begreifen. Denn so ist es doch
eine offenbar lächerliche Vergleichung: Der Hystrix ist nicht so groß als der Wolf. — Aus
solchen Beschreibungen lernt man eben nicht viel.
418. vielleicht schrieb Opp. αγχι δ' αρ ελυσθεις.
430. μεγάθυμε. 437. κεφαλη δρυεει δ' έμεν ρίσι.
442. υπεσχρεν, wie schon Schneider vermuthete.

459.

459. *ſteht im Text:* και θῆραν κικρὴν ἐπὶ, *und in der Note:* θηρᾶν - ἐτι, ſic e Cod. Vat. reſti-tuimus. 492. νωθροῖσι. 496. κείνγσι.

Das 4te Buch beſchäfftigt ſich mit der Iagd. Es handelt von der Witterung und dem Wind, der Iagd von Löwen, Panthern, Bären und Haſen. v. 82. *vermuthen wir* πελωρίου - θηρὸς *ſtatt* πελώριος. 145. κτύπον. 158. ἀόλλες. 167. μέλαν. 131. *wird dem* V. *durch die In-terpunktion aufgeholfen:* ἀσπίδος ἐν κατάγῳ θηρ-σὶν μέγα δεῖμα. Clypei in fragore feris ma-ximus timor eſt. *Dieß bleibt aber noch immer noch ungriechiſch. Wir vermutheten ehemals:* ἔχει κύτος ἐν χερὶ λαιῇ Ἀσπίδος εὐκατάγου. 165. *werden mehrere Verbeſſerungen bey* Maru-anδla *verſucht, die wir nicht alle hieher ſetzen mögen. Die beſte, dem Sinn nach, iſt* μελα-ναυγεα. 177. *iſt in dem Text* θρώσσων, *und in den Anmerkungen* θρόσσων, *beides falſch für* θρώσκων. 195. τανυροίζησιν. *Bey* 204. *ver-gleiche man* Theocrit. XXVII, 98. ἔστη δὲ πλη-γαῖς μεθύων. 208. ἐρεισαμένη. 209. ἤμινον. 242. *iſt* μάλα *aufgenommen.* 297. ἀλλ' οὐκ ἀδ-μήτοιο, *wir möchten leſen:* ἀκλ' ἦν ἀδμητός γε θεοῦ τ' οὐκ ἅπτετο δέσμα. 300. πᾶσαι - παρειαι *aus mehreren* Codd. 339. ἐκάλεσσεν 357. *möch-ten*

ten wir ſtatt des verdorbenen αὐτολύγοις, wofür
B. λυγοδέτοις leſen will, ἀμφίλυκοι ſetzen: früh,
in der Morgendämmerung. 383. μειλινέοισι πά-
γαισιν, fraxineos laqueos. 386. die Lesart des
Cod. Reg. γέμον ſcheint auf κεδλου zu deuten.
393. ὑπὸ ῥωπάσι aus dem Cod. Vat. ſtatt ῥωγάσι.
Aus Hr. B. franzöſiſcher Ueberſetzung, welche
nächſtens erſcheinen ſoll, ſoll die Wahrheit dieſer Lesart erhellen. 412. τοὔνεκα — ἄρκυος.
421. vermuthet B. aus der Lesart des Cod. R.
ἐκλάσε für χήρωσε, daß die richtige Lesart
ἀλάωσε oder ἐκλεψε ſey. 422. τάνυσέν τε πότὶ
ξύλα Θῆρα.

Wir bemerken noch, daß im Ganzen die Ueberſetzung von Turnebus beybehalten, aber an
manchen Stellen verändert iſt. Nach welchen
Grundſätzen B. hiebey verfahren iſt, iſt uns
eben ſo unbekannt als unerforſchlich. In unzähligen Fällen ſtimmt ſie mit dem Text nicht
überein, da wo neue Lesarten aufgenommen ſind.
In andern Fällen, wo ſie nach der neuen Lesart geändert iſt, iſt ſie nicht genau. Wir müſſen alſo auch hiebey das Urtheil fällen, das ſich
uns bey dem ganzen Werk aufgedrungen hat,
daß es dem Hrn. B. an Feſtigkeit und richtigen
Grundſätzen in der Critik fehlt. Für die Be-

kanntmachung fo. vieler fchöner Lesarten, durch
welche der Text von Oppian unftreitig viel gewonnen, hat, wird ihm die Critik Dank wiffen;
durch eigenen critifchen Scharffinn aber, und
ausgebreitete Kenntniß der Sprache, hat er nur
wenig hinzugebracht. Was die Naturgefchichte,
oder richtiger, unfre Kenntniß von dem Umfang der alten Naturgefchichte, gewonnen, über-
läffen wir andern zu beurtheilen. Was Herr
Ballu für neu ausgiebt, haben wir größtentheils
angemerkt, fo befchwerlich es auch immer war
fich durch den Wuft von weitläuftigen, oft
zwecklofen, Anmerkungen durchzuarbeiten, von
denen er das meifte und befte Rittershaus, Gef-
ner und Schneider zu danken hat.

Bs.

2.

Plutarchi de Phyficis philofophorum
decretis L. V. Emendatiores edidit et
lectionis varietatem adiecit Ch. Dan.
Beck. Lipfiae 1787.

Je weniger wir eine neue Ausgabe diefes
fehr vernachläffigten Plutarchifchen Werkes er-
warte-

warteten, deſto angenehmer war uns die Erſcheinung derſelben, zumal da ſie den Namen
eines ſolchen Verfaſſers an der Stirne trägt,
und ſich ſchon durch ihren äußern Anblick empfiehlt. Voran geht ein Brief an den H. H.
Harles, der dem Buche zugleich ſtatt einer Einleitung dient, und in welchem von der Beſchaffenheit und dem Werth deſſelben gehandelt wird.
Die Sätze die der Verf. hier aufſtellt, ſind folgende: Das Werk, ſo wie es hier iſt, könne
unmöglich von der Hand des Plutarchs ſeyn;
es ſeyen bloße Excerpte, höchſtwahrſcheinlich
aus einem größern Werke von einem Compilator, ohne Plan und Ordnung. Dieß werde
noch deutlicher, theils aus der dem Galen zu-
geeigneten hiſtoria philoſophica, theils aus dem
1ſten Buche der Eclog. phyſ. des Stobäus; beide
haben ſichtbarlich aus demſelben Werke geſchöpft. Die philoſophumena des Origenes, die
der V. anführt, gehören weniger hieher. — Wir
ſind zwar in dieſen Stücken ganz der Meinung des V., bedauren aber zugleich, daß er ſeine
Sätze — deren Erörterung bey einer neuen Ausgabe dieſes Buchs ſo unumgänglich näthig wär —
nicht etwas weiter ausführte. Durch eine genauere
Vergleichung, vorzüglich mit dem Stobäus, hätte
ſich noch vieles ſagen und vieles genauer beweiſen

G 2   laſſen.

laſſen. Rec. iſt überzeugt, daß noch ein großer
Theil des Plutarchiſchen Werkes in dem Stobäus ſteckt; ja ſogar daß alle die kurzen
Excerpte, die ſich in jenem Buche des Stobäus
finden, aus eben dem größern Werke abgeſchrieben ſind, aus dem unſer Compilator geſchöpft hat,
und hofft eine bequemere Gelegenheit zu finden,
dieſes zu beweiſen, als eine Recenſion es geſtattet.

Gewundert haben wir uns ferner, daß dem
Herausgeber bey der Bearbeitung dieſes Werks,
eben ſo wie ſeinem Vorgänger Corſini, eine
Bemerkung hat entgehen können, die ſich bey
dem erſten Anblick dem Auge gleichſam aufzu-
dringen ſcheint, und die auf einmal ein ganz
neues Licht über das alte Werk, wie es urſprünglich war, wirft. Wenn man nähmlich
die 7 erſten Capitel dieſes Werks mit den folgenden vergleicht, ſo findet man zwiſchen dieſen
einen ſolchen Abſtand, daß man auf einmal ein
anderes Buch aufgeſchlagen zu haben ſcheint.
In jenen, vorzüglich in dem dritten, Vollſtändigkeit, chronologiſche Ordnung, ja ſelbſt eigt-
nes Urtheil; in dieſen auf einmal nichts mehr
von dem allen, ſondern ſtatt deſſen bloß flüchtig hingeworfene Sätze, bey denen ſich der V.
kaum ſcheint zum Schreiben Zeit gelaſſen zu
                                        haben;

haben; ohne Ordnung und ohne Zusammenhang. Was ist daher wahrscheinlicher, als daß
wir die ersten Capitel dieses Buchs, wenn gleich
nicht ganz vollständig, doch große Stücke aus
ihnen noch so besitzen, wie sie der erste Verf.
geschrieben hat. Es scheint der Compilator war
willens das Werk ganz abzuschreiben, aber bey
dem 7ten Capitel ging ihm die Gedult aus; er
fing an zu excerpiren, und excerpirte sichtbar
immer elender, immer mehr ohne Plan und Ordnung, je tiefer er hineinkam. Aus diesen Ca-
piteln also, und vorzüglich aus dem 3ten, können wir mit Recht auf den Werth, Plan und
Ausführung des alten Werks schließen, und
mit Bedauren sehen, wie viel wir daran verloren haben. Der Verfasser desselben ging die
Meinungen der alten Philosophen, über die Gegenstände der Physik nach den Secten, durch;
fing mit Thales und seinen Nachfolgern an;
kam dann auf die Pythagoräer, ferner auf
den Heraclit, Democrit und seinen Schüler Epi-
cur; und zuletzt auf die Socratische Schule
und ihre Zweige. Auch führte er nicht bloß
die Meinungen der Philosophen an, sondern be-
urtheilte sie auch, wie man aus eben diesem Capitel zur Gnüge sieht. Das 4te Capitel ist wiederum kein bloßes Excerpt, sondern eine wört-

liche

liche Abſchrift eines Theils des ganzen Capitels,
und eben ſo die übrigen 7 erſten Capitel. Wenn
man nun das ganze alte Werk nach dieſen uns
daraus erhaltenen Stücken beurtheilt, ſo war es
auf keine Weiſe des Plutarchs unwürdig. Es
war eine Geſchichte der Phyſik nach den Materien abgetheilt, und mit eignem Räſonnement
durchflochten. Jünger wie Plutarch war es
ſicher nicht, denn ſelbſt in den vollſtändigern Excerpten des Stobäus, die daraus genommen ſind,
wird kein Weltweiſer erwähnt, der jünger wie
Plutarch wäre; doch kann es auch nicht viel
älter ſeyn, weil des Poſidonius darin Erwähnung geſchieht. Da nun mehrere ältere Schriftſteller und ſelbſt Euſebius es dem Plutarch zu-
ſchreiben, ſo ſieht man keinen Grund, warum
man hieran zweifeln wollte?

Die auffallende Aehnlichkeit und wiederum
Verſchiedenheit, die ſich zwiſchen unſerm Werke,
dem des Galeus, und dem des Stobäus findet, darf uns nicht wundern. Alle 3 waren
Excerpte aus demſelben Werke, von verſchiedenen Grammatikern, aber wahrſcheinlich nur von
jedem zum Privatgebrauche, gemacht. Ein
anderer kam darüber, ſchmierte ſie ab, weil ſie
weniger Mühe machten als das große Werk,
und

und fo wurden fie erhalten. Natürlich alfo
mußten fie fich zu gleicher Zeit fehr ähnlich
und fehr unähnlich feyn, etwa wie mehrere
Hefte eines und deffelben Collegii. Traurig genug für uns, — und vielleicht auch für die Alten felbft — daß wir ihre Weisheit aus Heften
ftudieren müffen!

Unfer Werk hatte befonders das Unglück,
einem der elendeften Compilatoren in die Hände
zu fallen. Er excerpirte nicht nur ohne Plan
und Ordnung was ihm vor die Hand kam, fondern verrückte fogar die Ordnung der Capitel.
Dieß zeigt wiederum die Vergleichung mit dem
Stobäus, und befonders der Anfang des 3ten
Buchs, wo fich mitten in die Pfychologie ein
Abfchnitt über das Wachfen des Nils ver-
irrt hat.

An critifchen Hülfsmitteln nutzte der Verf.
außer den Conjecturen von Reifke und den Bemerkungen von Corfini, die Lesarten eines Mos-
kauer Codex, den H. P. Matthäi verglichen hat,
und die Lesarten mehrerer Handfchriften, die fich
hinter der Ausgabe von Corfini befinden. Andere Handfchriften hatte der Herausgeber nicht.
(Eine der älteften, vielleicht die ältefte von allen,
die die mehrften moralifchen Werke des Plut-

G 4   archs

archs enthält, findet ſich in der Bibliothek Corſini zu Rom. Sie iſt aus dem 10. oder 11ten Iahrhundert, und mit großem Fleiß auf Pergamen geſchrieben. Rec. behält es ſich vor, an einem andern Orte Nachricht davon zu geben.) Er legte den Text des Stephanus zum Grunde, und verglich von Ausgaben bloß die des Carſini. Mehr als alles dieß half unſtreitig die Vergleichung des Stobäus und Galens. Alle Emendationen und critiſche Bemerkungen ſind hinter den Text zurückgeworfen: wir halten es aber für unnütz, über einige einzelne Lesarten unſere Meinung zu ſagen, und begnügen uns mit der Verſicherung, daß jeder der das Buch gebraucht, es dankbar erkennen wird, wie viel es durch die neue Bearbeitung des Herausgebers gewonnen habe.

Rn.

3.

Specimen Emendationum in Auctores veteres cum Graecos tum Latinos. Epistola critica ad Virum Celeb. *C. G. Heyne.* Auctore *F. Iacobs* Gothae 1786. 112 S. 8.

Unsere Leser kennen schon den Hrn. Verf. aus seinen Verbesserungen einiger Stellen des Lucian, Pindar und Meleager, in den vorigen Stücken der Bibliothek. Die vor uns liegende Sammlung, die kein unbeträchtlicher Beytrag zu der bereits vorhandenen Menge critischer Schriften ist, enthält eine Auswahl von Emendationen und Vermuthungen, die von den vorzüglichen Talenten ihres Verfassers für diese Art von Critik einen neuen Beweis geben. Soviel sich über eine Sammlung von Conjecturen allgemein urtheilen läßt, offenbart sich überall ein sehr glücklicher Blick Verdorbenheiten im Text wahrzunehmen, Bekanntschaft mit dem Eigenthümlichen der emendirten Schriftsteller, feines Sprachstudium, und scharfes ästhetisches Gefühl, welches letztere Hrn. I. zuweilen ver-

G 5 leitet

leitet haben möchte, mehr am Schriftsteller als am Abschreiber zu beßern. Schon der Umstand, daß man auf mehr als eine Verbeßerung stößt, die bereits von Andern vorgeschlagen war, (denn Hr. I. bediente sich, wie es scheint, nicht immer der besten critischen Ausgaben), muß für die übrigen ein günstiges Vorurtheil erwecken. So fand er nachher erst, daß auch Valckenaer Theocr. IX, 33. ἔδαρ ἐργχτίναις *vermuthet hatte, und Rec. bemerkt bey dieser Gelegenheit noch, daß im* Quint. Smyrn. IV, 25. *schon Pauw* ἄιsl δ' οἱ χsίρsσσιν, *und* Dausqueins VIII, 107. ὡς μένεν ἄτρομος υἱὸς Αχ. ὀμβριμοθύμs las: *daß im* Lōngin c. 42. *auch* Portus *auf* ἐτsυθύνsι fiel, *und daß* Theocr. XV, 20 *schon* Brunck *die Bemerkung aus* Euſtathius *wegen der Lesart* ἄτsν ῥύπον, *die er auch in einer Handschrift fand, benutzte.*

Nach den Hauptschriftstellern, von denen gehandelt wird, ist die ganze Schrift in 18 Capitel getheilt, so daß die übrigen Conjecturen, wie in ähnlichen critischen Sammlungen, nur gelegentlich mit beygebracht werden. Cap. I. *betrifft den* Hymnus in Cererem, II - VII. *den So*phocles, VIII. *den* Quintus Smyrnaeus, IX - XI. *den* Theocrit, Bion *und* Moschus, XII. *den* Euri-

Euripides, XIII - XV. *die latein. Anthologie*,
XVI. *den Petron*, XVII. *die kleinen Virgilia-*
nifchen Gedichte, *und* XVIII. *enthält noch eine*
Nachlefe von Vermuthungen über verfchiedene
Schriftfteller. — *Aus einem fo großen Vorrath*
können wir nur einige Vermuthungen, die uns
vorzüglich glücklich zu feyn fchienen, zur
Probe ausheben.

Apollodor. I, 4. p. 15. lieſt *Hr. I.* ὁ ἐευεις
Ἀρτεμιν προκαλεμαϊος, *für* διϛκαυϛιν. Homer.
Il. π. 668. ἔλκων ἐκ βελεων Σκρατηδονα, *für*
ἐλθων, *welches durch* v. 678. *fehr beſtätigt*
wird. Bion I, 18. Δεινον - - ωρυϛαντο. — Sophocl. Electr. 149. (Br.) ἔιαρος ἀγγελος; *für* ἡ
Διος ἀγγελος, *eine Conjectur, der niemand leicht*
feinen Beyfall verfagen wird, fo lange man
nicht zeigt, daß die Nachtigall ais auguralis
gewefen fey. Ebend. v. 364. τὰ πομπιμα πνευματα, *für* τὰ πεποκι *welches keine bequeme Er-*
klärung leidet. — Oedip. Tyr. 1279. ὄμβρος,
χαλαζ̔ ὡς, ἀιματος γ᾽ ἐτεγγετο. Oedip. Colon.
1084. τερπνον ὄμμα, *ſtatt* τουμον ὁ. — Eurip.
Suppl. 275. κρουϛτε τὰς χειρας, *für* κρινετε τ. χ.
Bacch. 626., *wo Hr. Brunck eine fehr willkühr-*
liche Aenderung in den Text aufgenommen hat,
unſtreitig der alten Lesart gemäßer: εἰς μάχην
ἐλθειν

ἐλθεῖν ἐτόλμησ', αὐτὸς δ' ἐκ Βάκχας ἄγων, obgleich αὐτὸς ἐτινας müßig ſcheinen könnte. ebend.
306. δύναμιν ἐν Θεοῖς ἔχων (man könnte ſehr
leicht auf ἀμβρότοις fallen). Die gewöhnliche
Lesart: ἀνθρώποις, iſt eben ſo widerſinnig, als
v. 808. τοῦ χρόνου δὲ σ' οὐ Φθονῶ, wofür Hr. I.
τοῦ χρόνου σ' ἤδη Φθονῶ emendirt: noch leichter
wäre: τοῦ χρόνου δὲ σοὶ Φθονῶ. Helen. 965.
σοῦ πατρὸς σποδῷ für πόθῳ. Theocr. VIII, 69.
γλυπταῖς ἐν καλύκεσσιν. XXII, 116. ἐγὼ δὲ
Θεῶν ὑποφήτης. XXIII, 39. αἵματι Φοινίχθη.
Quint. Smyrn. XIII, 72. παρδάλιας für ἀργαλέω.

Zu dieſen Proben fügen wir noch einige Bemerkungen über die Emendationen im Sophocles,
Theocrit und Quint. Smyrnaeus.

Soph. Aj. 674. finden wir die Worte: δεινῶν
τ' ἄημα πνευμάτων ἐκοίμισε Στένοντα πόντον, weniger widerſinnig als Hr. I. Warum ſollte der
Dichter den Satz: Auf Sturm folgt heit-
res Wetter, nicht ſo ausdrücken können, als
ob das letztere Würkung des erſtern wäre?
Hr. I. lieſt für δεινῶν, λείων. — Die Verbeſſerung im 790 v. Ἀιάντος ἡμῖν βάξιν für πρᾶξιν
finden wir unnöthig, denn πρᾶξις heißt hier
ohne Zweifel ſo gut Schickſal, wie zwey Verſe
nachher. — V. 1350. verwirft Hr. I. die Lesart

art τὸν τοι τύραννον εὐσεβεῖν οὐ ῥᾴδιον aus dem
Grunde, weil es wider die Gewohnheit der Tragiker sey, ihren Personen so ruchlose Aeußerungen in den Mund zu legen. Ohne zu untersuchen, ob dieser Grundsatz so ausgemacht
richtig sey, daß sich eine Emendation darauf
bauen ließe, erinnern wir nur, daß in den
Worten, so wie sie da stehen, eigentlich gar
nichts ruchloses liegt, und wir würden also mehr
wegen der Antwort des Ulyß: ἀλλ᾽ εὖ λέγουσι
τοῖς φίλοις τιμὰς νέμειν, die zu Hrn. I. Conjectur εἰσιδεῖν besser zu passen scheint, als
wegen jenes Grundes, ihr Wahrscheinlichkeit
zugestehen. — Electr. 1161. ὦ δέμ᾽ ἄτιμον,
für δέμας οἰκτ. ohne Noth, wie wir glauben:
vergl. 1216. — Antig. 53. wird die von Hrn.
Brunck aufgenommene Lesart des Scholiasten,
ἐτος, sowohl, als das bisherige πάθος verwor-
und dagegen ἄγος vorgeschlagen: aber eigentlich ist hier kein διπλοῦν ἄγος. — An dem Gedanken, im 1182. v. ἄτην κλύουσα παιδὸς zu lesen, ist ohne Zweifel ein Misverständniß Schuld:
bey der gewöhnlichen Lesart, ἤτοι κλύουσα παιδὸς muß, wie schon der Schol. bemerkt, περὶ
verstanden werden, also: de filio audiens. —
Trachin. 323. χρόνῳ διοίξει γλῶσσαν statt διοίσει.
Bey dem letztern muß, wie auch Camerarius
bemerkt,

bemerkt, κατὰ verſtanden werden: διαφέρειν κατὰ
τὴν γλῶσσαν, und dann hat die gewöhnliche
Lesart allerdings Sinn: der Sprachgebrauch
von διοίγειν γλῶσσαν wird, wie uns dünkt,
durch die angeführten Stellen nicht hinlänglich
erwieſen.

Mit dem Theocrit hat ſich Hr. I. vorzüglich beſchäftigt, und mehrere Stellen mit Glück
zu verbeſſern geſucht. Unſre Bedenklichkeiten
betreffen folgende Emendationen: Id. VI, 8.
In Abſicht auf dieſe Stelle gehört Rec. zu denen, die in der Wiederholung des τήλαι Nachdruck zu finden glauben, und bezweifelt alſo
die Nothwendigkeit der Correctur τάλαν, τάλαι
u. ſ. w. — XV, 100. χρύσειος ξ ΄ουσ΄ Ἀφροδίτη
für τυίδεσισ΄. Die Veranlaſſung zu dieſer Conjectur gab der Gothaiſche Codex, der στάζουσ΄
lieſ: aber es wäre eine paſſende Stelle zu
wünſchen geweſen, wo στάζειν auf dieſe Weiſe
von Perſonen vorkäme. — Sinnreich iſt bey
XX, 25. die Vermuthung: Ὄμματά μοι γλαυκᾶς χαροπώτερα πολλὰ γαλάνας, und es wäre an
ſich ſehr möglich, daß die gewöhnliche Lesart
πολλὸν Ἀθάνας durch γλαυκᾶς veranlaſt ſeyn
könnte. Nur iſt die Schwierigkeit, daß γλαυκᾶς in der Aldiniſchen und andern alten Ausgaben

gaben fehlt, woraus sich eben so gut der Schluß machen ließe, die Sache verhalte sich gerade umgekehrt. — Ebend. v. 34. verbessert Hr. I. das verdächtige αὐτὸν Ἄδωνιν auf doppelte Art, entweder ἀδὺ δ᾽ Ἄδωνιν, oder καλὸν Ἄδωνιν, beides, wie uns dünkt, sehr willkührlich. Das leichteste wäre ohne Zweifel: αὖ τὸν Ἄδωνιν u. s. w. Völlig befriedigend aber ist die Emendation des Vossius, οὗ τὸν Ἄ. — ἔκλαυσε; die H. I. übersehen hat. v. 52. derselben Idylle wird für ἤνυσ᾽ Ν∂ὐ τὸν ἄεϑλον, welches sich freylich nicht wohl vertheidigen läßt, vermuthet: ἤνυσ᾽ ἔχων τὸν ἄεϑλον, "vbi ἔχων, sagt H. I., atticae abundantiae est." Im Theocrit und im Munde eines Fischers wäre indessen eine solche Attische Abundanz wohl nicht ganz an ihrem Orte: warum also nicht lieber mit Warton: ἤνυσ᾽ ἐγὼν τὸν ἄ. oder, was Rec. auch beygefallen ist: ἤνυσ᾽, ἑλὼν, τὸν ἄεϑλον? nämlich ἑλὼν τὸν ἰχϑύν.

Im 8ten Capitel werden einige Stellen des Quintus Smyrnaeus verbessert, die zeigen, wie unsicher es ist, in einem Schriftsteller ohne Handschriften Lücken ausfüllen zu wollen, denn wenigstens keine von den Handschriften, die wir anführen können, bestätigt die hier gethanen, an sich keinesweges unwahrscheinlichen Vorschläge.

So

So lieſt III, 430 *Hr. I.* τὸν τότε πολλ᾽ ἀχέων:
Beſſarions Handſchrift: τὸν τότε δακρυχέων.
XII, 324. *haben die Handſchriften zu München
und im Eſkurial; und die wichtigſte unter allen,
die Venetianiſche :*

> ὅσσους χάνδανεν ἵππος ἐΰξοος ἐντὸς ἐέργειν. (ων)
> ἐν δὲ σφι πύματος κατεβήσατο δῖος Ἐπειὸς,
> ὅς ῥα καὶ ἵππον ἔτευξεν.

X, 304. *wird die Vermuthung:* ἀλλὰ χόλον σὺ
μαλάσσε *durch* Cod. Eſcur. *und* Vindob. II.
nicht beſtätigt, denn dieſe leſen: καὶ χόλον· ἀλλὰ
σὺ τότυχ. *u. ſ. w.* ἔρυκε *verbeſſerte hier übrigens ſchon Rhodomann.*

At.

4.

Rufi Festi Auieni descriptio orbis terrae, cum coniecturis nonnullis clar. Schraderi nunc primum editis ac textui subiectis. Accedunt Nic. Heinsii, Casp. Barthii, Cl. Salmasii aliorumque adno- tationes in Auienum, impensis et curis H. Friesemanni, qui hic illic sua adiecit. Amstelodami 1786. 8. 13½ *Bogen.*

Rec. glaubt nur anzeigen zu dürfen, was man in dieser Ausgabe findet, und wie Hr. Fr. seine Materialien gestellt hat, um alles weitern Urtheils überhoben seyn zu können. Seinen Zweck giebt der Herausgeber auf folgende Weise an: „Quum editiones Auieni rarissimae aut fere nullae sint, sed collectaneis vbique adhaereant (*hier ists umgekehrt*), consilio quo- rundam amicorum adductus nouam separatim editionem impensis meis dare constitui."

Die Vorrede enthält außer dem Artikel von Avien aus dem Fabricius, der ohne weitere Rücksicht auf dasjenige, was Cannegieter und

Bibl. d. Litt. 3. St.　　　H　　　　*noch*

noch kürzlich *Wernsdorf* über diesen Dichter
beygebracht haben, Wort für Wort abgedruckt
ist, noch einige Anmerkungen von *Pet. Fonteyn*,
meist critischer Art, die der Herausg. auf sein
Bitten erhielt, dann auch einige von *Schrader*.
Und obgleich sich vom Herausgeber selbst in der
Vorrede wenig eignes findet, so schließt sie sich
doch mit den Worten: „haec sunt, Lector,
quae praefari libuit. Vale, et conatibus *meis*
fauere perge!"

    Der *Text* selbst, der ein bloßer Abdruck
der *Hudsonschen* Ausgabe, Oxf. 1717. 8. nebst
den dabey befindlichen kleinen critischen Noten
ist, denen indessen *Hr. Fr.* die von seinem Lehrer *Schrader* ihm ehemals mitgetheilten Conjecturen (wobey aber auf die in der Vorrede
aufgeführten nicht zurück gewiesen ist) nebst
verschiedenen eignen eingeschaltet hat, ist jedoch
weit nachläßiger, als jener, gedruckt, und besonders in Absicht auf Interpunction fehlerhaft.
Schrader hinterließ eine Menge Anmerkungen
zum *Avien*, den er selbst herauszugeben Willens war, *Hr. Fr.* hatte aber keine Gelegenheit,
sie zu benutzen. Wir schränken uns hier mit
Vorbeylassung der *Schraderschen* Conjecturen,
die uns außerdem nicht sehr erheblich scheinen,
nur auf die *Friesemannischen* ein.

                                 V. 49.

V. 49; Et maris ipfeffi moles; ftatt infefti. *Wenn gleich Dionys v.* 27. ἀκαμάτα Ὠκεανοῖο *hat, fo rechtfertigt dieß doch fchwerlich die Einführung eines fo ungewöhnlichen Worts beym Avien, der als Metaphraſt ohnedieß nicht alle Epitheta feines Originals auszudrücken brauchte. Beſſer gefällt uns v.* 372. Serbonidis acta (ἀκτή) paludis, *für* alta, *auf welches Wort auch Schrader und Fonteyn bey v.* 119. *fielen. So billigen wir auch* opima bidentum *v.* 674. *für* virentum, *wegen Dionys* 501: *deſto verwerflicher ſcheint dagegen* 930 *die Vermuthung:* Tendere non horum quisquam certauerit aruis, *für* arcum, *denn im Dionys ſteht ja v.* 750: Τόξα Σάκαι Φορέοντες, ἃ μηκέτις ἄλλος ἐλέγχοι Τοξευτής, οὐ γὰρ σφι θέμις ἀνεμώλια βάλλειν, *vergl.* Priſcian. 725. *Die Veränderung im* 998. *V.* creber olos *für* creber ales, *die wir aber nicht vorziehen möchten, beſtätigt Hr. Fr. aus der Venet. Ausgabe von* 1488. 4. *Wir bemerken dieß bloß deswegen, weil aus dieſer und ein paar andern Stellen ſich vermuthen läßt, daß unſer Herausg. dieſe Ausgabe ſelbſt zu Rathe gezogen habe, welches wir indeſſen nirgends ausdrücklich angeführt finden. vergl. bey v.* 1250. *Im* 1248 *v. würden wir bey der Lesart:* Quin

impa-

impacatos amor eſt ſi diſcere Perſas, *geblie-*
ben ſeyn, ohne dafür Quin etiam impactos
u. ſ. w. zu vermuthen.

Nach dem Text folgt noch eine Compilation
von Noten aus den Schriften verſchiedener Ver-
faſſer, nämlich: zuerſt *einige Emendationen aus*
Heinſii Aduerſariis, *dann drey Capitel aus*
Barth's Aduerſariis, XXVIII. 16. XLVI. 16.
XLIX. 13. *ferner Salmaſii Anmerkungen zum*
Avien aus den Exercitat. Plinianis, *wo Hr. Fr.*
nicht einmal die Verſe numerirt hat, weil dieß
Salmaſius unterlaſſen hatte. Hierauf folgt das
zum Avien gehörige aus den Obſ. miſc. *und*
eben daher Oudendorp's Conjecturae et vindiciae
in Auieni deſcriptionem orbis terrarum: *dann*
ein geographiſches Regiſter, und endlich Ad-
denda, die nichts anders ſind, als dasjenige,
was der Hudſonſchen Ausgabe unter dem
Titel: Conjecturae quaedam et Emendationes
ad R. F. Auieni Periegeſin, *hinten angehängt*
iſt. Ein anderer würde alle dieſe zuſammenge-
rafften Anmerkungen entweder unter den Text
geſetzt, oder doch nach der Ordnung der Verſe,
mit Angabe der Namen ihrer Verfaſſer, am
Ende beygefügt haben.

Noch

Noch bemerken wir aus der Vorrede, daß der Herausgeber, im Fall diese Probe gut aufgenommen wird, auch Avien's Ora maritima, Priscian's Paraphrase des Dionys nebst den übrigen Geographis minoribus *folgen lassen will. Unter den letztern besonders den* Dionysius Periegetes *selbst, der mit vielen ungedruckten Scholien bereichert, und mit einem hauptsächlich geographischen Commentar, nächstens erscheinen soll. Wir wünschen aufrichtig, daß Hr. Fr. diesen Dichter, bey dem sich dem Herausgeber so vorzügliche Hülfsmittel darbieten, mit mehr Geschmack, nach einem bessern Plan, und mit mehrerer Rücksicht auf die Bequemlichkeit der Leser bearbeiten möge, als sich aus dieser Probe vermuthen läßt. Im entgegengesetzten Falle wäre es zu bedauren, wenn durch Hrn. Fr. Arbeit andere brauchbarere Ausgaben, denen wir entgegensehen dürfen, hintertrieben werden sollten.*

Ae.

---

§.

AMMONIOY περὶ ὁμοίων ϰαὶ διαφόρων λέξεων. Ammonius de Adfinium vocabulorum Differentia. Cum felectis L. C. Valkenaerii notis atque Animaduerfionibus edidit fuasque obferuationes adiecit Chriftoph. Frid. Ammon, Baruthinus. Erlangae. Sumtibus J. I. Palmii. 1787. (285 *Seiten ohne Vorrede und Regifter*).

*D*ie Schriften der griechifchen Grammatiker, *deren fich verhältnißmäßig mit andern Werken des Alterthums, fehr viele bis auf unfre Zeiten erhalten haben, können denen, die fich um eine genaue Kenntniß der Sprache bemühen, nicht dringend genug zum fleißigen Studium empfohlen werden. Die meiften von ihren Verfaffern fchrieben da die Sprache noch lebend war, oder fie hatten wenigftens den Vortheil die Bemerkungen älterer Grammatiker nutzen zu können; und fo ift uns durch fie ein Schatz von Bemerkungen erhalten worden, die in Zeiten gemacht waren, da die beften und feinften Köpfe die griechifche Sprache mit Scharffinn und Fleiß* *ftudierten.*

ſtudierten. Ohne ſie, wie viel würde uns nicht in der Kenntniß der Sprache und ihrer Geſchichte dunkel und unbekannt ſeyn?

Indeſſen giebt es auf der andern Seite wohl ſchwerlich eine Claſſe von Schriftſtellern, die mit mehr Behutſamkeit und Vorſicht behandelt, die mit mehrern Mißtrauen geleſen werden müßten. Denn nicht nur daß diejenigen Grammatiker, deren Schriften bis zu uns gekommen ſind, die Bemerkungen ihrer ältern und gelehrtern Vorgänger, mit ihren eignen oft ſehr unverſtändigen Erfindungen vermiſchten, ſo hatten ſelbſt die berühmteſten in dieſem Fach, ein Ariſtarch, Zenodotus, Ariſtophanes, nur wenige ganz richtige Canones, nach denen ſie ihre Sprache beurtheilen konnten. So waren z. B. die Grundſätze der Etymologie unbeſtimmt, ſchwankend und zum Theil offenbar falſch, und ſie mußten es ſeyn, da der philoſophiſche Geiſt noch nicht an ausgeſtorbnen Sprachen geübt worden war. Das Gebäude der alten Sprachkunde wankte, da der Grund deſſelben nicht geſichert war; und der Scharfſinn der Grammatiker ſelbſt, da er nicht von ſichern Regeln geleitet wurde, ward die Quelle mannichfaltiger Fehler und Irrthümer.

Hiezu

Hiezu kommen noch mehrere Mängel, die sich beynahe an allen den Grammatikern und Lexicographen, die wir kennen, bemerken laßen; und die ihren Grund nicht sowohl in den Umständen der Zeit, als in einem Mangel an Kenntnissen haben. Oft war die Belesenheit dieser Männer nur auf wenige Schriftsteller eingeschränkt, und dann bildeten sie Regeln und setzten Bedeutungen fest, die nicht aus dem Reichthum der griechischen Sprache, sondern aus ihrer eignen Armuth geschöpft waren. Oft sind sie sogar aus einer einzigen Stelle genommen, deren Lesart eben so wenig berichtigt als ihr Sinn hinlänglich klar war, und oft ward ihnen die Verschiedenheit der Dialecte, und die Unkunde dieses Theils der Sprachlehre Veranlaßung einen wesentlichen Unterschied in der Bedeutung von Wörtern zu träumen, die nur in ihrer äußern Form und in der Aussprache verschieden waren.

Ein hauptsächlicher Vortheil dieser Art von Schriften ist unstreitig der, daß in ihnen nicht nur eine Menge Fragmente verlorner Schriftsteller sondern auch merkwürdige Lesarten in den noch vorhandenen, aufbewahrt worden. Aber es ist bekannt, wie vorsichtig man hierinne vererfahren müsse; da eines Theils die Grammatiker selbst falsch und aus dem Gedächtniß citierten, oft auch — ja in den spätern Zeiten fast immer — nicht die Quellen selbst, sondern andre, vielleicht schon verfälschte Citate brauchten; andern Theils aber, diese abgerißnen Stellen immer die Klippen waren, an denen die Genauigkeit der Abschreiber scheiterte; so daß in nicht wenigen Fällen nur die Lesart derjenigen Worte für gültig gehalten werden darf, um derentwillen die Stelle angezogen worden ist.

Dieses zusammengenommen muß die Pflichten des Herausgebers eines Grammatikers bestimmen: für wie viel mehr wird er zu sorgen haben als der Editor eines jeden andern Schriftstellers! Nicht genug den Text seines Autors so richtig und so gereinigt als möglich zu liefern, muß er jede Behauptung desselben mistrauisch untersuchen, abwägen und bestimmen, und keiner eher Glauben beymessen; bis seine eignen Nachforschungen in den innersten Tiefen der Sprache ihn auf dieselben Resultate geführt haben. Wo sein Autor einseitig urtheilt, muß er die Stellen, die ihn verführen konnten, so viel als möglich ist, aufsuchen und die allgemeinen Sätze auf ihren wahren Werth zurückführen; jeden Satz und

jede

jede Regel aber, mit passenden und gewählten
Stellen der Alten zu belegen suchen.

Wie viel oder wie wenig von alle dem in
dieser neuen Ausgabe der nützlichen Schrift
des Ammonius, die uns zu diesen Bemerkungen
veranlaßte, geleistet worden, werden wir unsern Lesern in der gegenwärtigen Beurtheilung
anzeigen. Indessen wollen wir dasjenige vor-
ausschicken, was H. Ammon in der Vorrede von
seinem Schriftsteller sagt.

Als die kleine Schrift von den griechischen
Synonymen zuerst von Aldus edirt worden
war, zweifelte niemand daß sie dem Ammonius
zugehörte, dessen Namen ihr vorgesetzt war,
bis man durch einige Stellen im Eustathius
veranlaßt, sie bald dem Philoxenus, bald dem
Herennius Philo zuzuschreiben anfing. Valk-
naer hat in der Vorrede zu seiner Ausgabe
gezeigt, daß diese Meynungen, welchen die
Handschriften insgesammt widersprechen, nichts
weniger als gegründet sind. Nun aber entsteht
die Frage wer der Ammonius ist, dem dieses
Buch zugehört? Das Alterthum nennet viele
die diesen Namen geführt haben, aber unter
diesen nur wenige, die Grammatiker waren; Ammonius,

monius; den Nachfolger Aristarchs, und noch
einen andern Alexandriner diefes Namens, der
um das Jahr Chr. 389 lebte, und als Heyde
von Theodofius vertrieben wards. Da in dem
genannten Buch Schriftfteller aus Augufts Zeit
angeführt werden, fo kann der erfte nicht der
Verfaffer feyn, daß mehrere Gelehrten, infon-
derheit Fabrizius, haben daher den letzten dafür erkannt; und Hr. A. ftimmt diefer Meinung bey, indem er Valkenaer widerfpricht,
welcher aus der häufigen Anführung von
Schriftftellern des Auguft. Zeitalters, und aus
einer in unferm Ammonius, wo er den Heraclides (welcher wahrfcheinlich in dem 2ten Secu-
jum lebte) ηυτροφω nennt, — mehren Lehrer,
wie er Valkenaer nimmt — dem Verf. diefer
grammat. Schrift ein höheres Alter anweißt.
Hr. A. hat das gewagte diefer fonft finnreichen
Vermuthung, in einer Note zu Valken. Vorrede, welche im Auszug mitgetheilt ift, fehr
richtig gezeigt.

Wir kommen nunmehr zur Beurtheilung der
Schrift felbft.

Was erftl. den Text des A. betrifft, fo
ftand es nicht in Hr. Ammons Macht, ohne
neue Hülfsmittel, eine neue Recenfion zu verfertigen,

fertigen, und er ist daher größtentheils dem
Valkenaer. Text gefolgt. Renocaui tamen,
sagt er, in quibusdam obseruationibus genui-
nam lectionem ex Eustathio aliisque Grammaticis, in aliis etiam VV. DD. emendationum,
quae mihi quidem innotuere, nonnullas in
textum recepi (*Vor. S. X.*).

   *Die einzige Regel nach welcher Hr. A. bey
diesen Veränderungen hat verfahren können, ist
unstreitig diese, die Lesart oder Verbesserung
aufzunehmen, wenn sie einen so hohen Grad
von Evidenz hatte, daß sie um dieserwillen die
dringendsten Ansprüche auf die Aufnahme in
den Text machen konnte. Daß aber dieses
nicht die feste Regel des H. war*, erklärt er
selbst einige Zeilen vorher: in quibusdam locis,
vbi emendatior lectio facile potuisset restitui
librariorum oscitantiae documenta studio in textu
reliqui. *Wir wollen in einigen Beyspielen zeigen wie schwankend überhaupt die critischen
Grundsätze des H. sind, und wie sehr es ihm
oft an dem feinen Gefühl fehlt, das zur richtigen Abwägung der critischen Wahrscheinlich-
keiten erforderlich ist. S. 23. in der Gloße:*
ἀναλγής δὲ ὁ μὴ ἀνιῶν: wo *die alten Ausgaben*
ἀινῶν *lesen*, nimmt Hr. A. *die Lesart eines
Mss.* ὁ μὴ ἀλγῶν *auf. Wir sagen nicht daß*
ἀλγῶν

ἀλγῶν ohne Wahrscheinlichkeit ist; aber einige
Bekanntschaft mit den Handschriften würde Hr.
A. gelehrt haben, daß ἀνιῶν weit leichter mit
ἀινῶν als mit ἀλγῶν vertauscht werden konnte,
und daß dieses letztere vielmehr Verbeſſerung
eines Abschreibers als wahre Lesart scheint.
S. 45. wird bey der corrupten Gloſſe; ἐσχάρα
δὲ ἢ πρὸς τὴν βιωτικὴν ἐπὶ τῆς τάδε πολυεσσία
Arnaldus Verbeſſerung nicht vollſtändig angeführt, welcher außer der Verändrung der letzten Worte in ἐπὶ ταύτης δὲ τὰ πόλυ ἐσσία, auch
χρείαν oder χρῆσιν zu βιωτικὴν ſupplirt, worauf
außer ihm noch mehrere gefallen waren. Miror,
ſagt hier Hr. A., quare Cl. Valkenaerius hanc
Arnaldi emendationem non ſtatim in textum
receperit. Wir wundern uns nicht. Ein richtiges crit. Gefühl ſagte Valkenaeren wohl, daß
dieſer Verbeſſerung, ſo ſchön ſie iſt, doch noch
immer etwas fehle, um auf eine Stelle im Text
Anſpruch zu machen. Er urtheilt ſo von ihr:
Quo ſaepius hanc coniecturam conſidero, eo
propius ad veritatem mihi videtur accedere,
quam aliis inveſtigandam committo. Und ſiehe,
ſein Gefühl hatte ihn nicht betrogen. Denn
nachdem er dieß Urtheil in den Animadverſ.
gefällt hatte, zeigte ihm Duker eine Stelle aus
dem Euſtathius an, welche die richtige Lesart

zu

zu enthalten schien: Ἐσχάρα δ. η. π. τ. β.
χρῆσιν ἐπὶ γῆς· τὰ δὲ πολυτελῆ ἐστίν. Hr. A.
hat dieses ganz übergangen, ohngeachtet V.
dieser Lesart den Vorzug gab. Aber das son-
derbarste bey dem allen ist, daß Hr. A. einen
Theil der Arnaldischen Verbeßrung aufnimmt,
mit dem allein gar nichts gebeßert wird. Er
ließt: ἐπὶ τῆς τάδε πολὺ ἐστία. S. 52. ist die
ganz verdorbne Lesart der alten Ausgaben,
welche Valk. nach Valesius verbessert hatte, wiederum in den Text aufgenommen, weil dem
Herausg. Valesius Verbeßerungen zu gewagt
schienen. Wir misbilligen dieses nicht, da sich
allerdings gegen Valesius Aenderungen Einwen-
dungen machen laßen; ohngeachtet auf der andern Seite, einige derselben, wie ἡ σχῆμα und
ὡς ἐν τῷ Δ. Ω., unzweifelhaft scheinen. Aber
Hr. A. macht sich hier einer Inconsequenz der
ersten Größe schuldig: denn nachdem er Valesius Lesarten aus dem Text herausgeworfen,
läßt er ein Einschiebsel Valkenaers, von weit
weniger Evidenz mit gutem Bewußtseyn stehen;
und diese Inconsequenz steigt noch um einige
Grade, indem er folgende Note hinzusetzt:
Vt ab omnibus intelligeretur Ammonius, in
hac nota paululum obscurus (uns dünkt mehr
als das) cl. Valkenaer textui inseruit voculas:

τὰ

τὰ δὲ praemissa interpunctione. Wer sollte nicht glauben daß V. diese Aenderung bloß um der Bequemlichkeit der Leser gemacht habe, und wer würde dann nicht vermuthen daß der H. sie ohnverzüglich ausstreichen würde? aber Valkenaer nahm sie auf, (was er sonst bey seinen Verbesserungen nicht zu thun gewohnt ist) ut haec nota prodiret emendatissima. Also weil das übrige von Valesius so glücklich verbessert war, daß er diesen Flecken nicht gern zurücklassen wollte. S. 88. nimmt Hr. A. in der Gloße ἐπιτιμος die Valkenaersche von Einer Ausgabe bestätigte Verbesserung ἐπιτίμησιν αὐτῷ in den Text auf. Mit Recht, wie es uns dünkt, wenn er alle evidenten Lesarten aufnehmen wollte. Aber das ist sie ihm unglücklicher Weise nicht, denn er setzt in der Note hinzu: Quod ad lectionem antiq. ἐπιτίμησιν αὐτὸν attinet, eam pro plane falsa declarare non ausim.

Aber wir sind müde alle veränderten Stellen auf gleiche Weise zu prüfen und aus ihnen nur Ein Resultat herauszuziehen. Wir gehen lieber zu der zweyten Arbeit des H. zu den Anmerkungen über die Sachen selbst über.

Wer hier die Arbeit eines Rhunken, Pierson oder Koen, oder wenigstens etwas, das dieser ähnlich ist, erwartet, also Berichtigungen

des

des Grammatikers, wohl gewählte Beweise, praktische Anwendungen, wer mit einem Wort das erwartet, wodurch die Ausgabe eines Grammatikers, die das Studium der Sprache erweitern soll, ihren wahren Werth erhält, der wird sich in seinen Hoffnungen betrogen finden. Dem Anfänger, und diesen wollte Hr. A. den Ammonius bekannt und brauchbar machen, ist mit halb wahren, schielenden und falschen Bemerkungen nichts gedient; ja sie halten ihn in der Kenntniß der Sprache auf. Aber Hr. A. scheint hieran nicht gedacht zu haben. Seiner Anmerkungen sind überhaupt wenige, und keine von ihnen zeigt eine tiefe Sprachkenntniß oder eine ausgebreitete Belesenheit; die meisten sind aus dem Eustathius, Suidas und andern Grammatikern gezogen, worinne größtentheils Valkenaer vorausgegangen war; nur einige wenige Anmerkungen sind auf die Berichtigung des Ammonius verwandt. Aber diese verrathen größtentheils daß der H. von seinem Schriftsteller und von der Pflicht eines Herausgebers wenig bestimmte Begriffe gehabt habe. S. 4 wird bey ἄγειν ein Beyspiel gegeben, daß es, gegen A. Regel, auch bey leblosen Dingen gebraucht wird, aber sogleich setzt Hr. A. hinzu: Non vero adieci h. l. ad labefactandam Ammonii notam.

notam. Qui enim fieri poffet vt vnus feu per-
pauca veterum loca regulam a communi linguae
vfu dictatam irritam faciant? propterea tantum
eum addidi vt intelligatur quam difficile fit
in huiusmodi rebus praeceptum vniuerfale for-
mare: id quod femel monuiffe fufficiet. *Auf
diefe Art glaubte er fich einer freylich etwas
mühfamen Pflicht entledigt zu haben. Indeffen
fällt es ihm doch noch einmal ein daran zu
denken, daß fein Grammatiker bisweilen eine
Berichtigung nöthig habe. Aber was folgert er daraus:* Peccare itaque videntur atque
parum aeque iudicare Grammaticorum Com-
mentatores, qui pauca vniuscuiusque antiqui
Scriptoris loca bonam alias obferuationem ftatim abolere opinantur. (S. 40.) *Freylich wenn
fie das thun! aber fie werden vielmehr die Of-
feruation erft dann zu einer guten Obferuation
machen, wenn fie das Wahre und Falfche in ihr
gehörig gefichtet haben. — Wenn Hr. A. zuweilen eine Bemerkung des Grammatikers beftätigt, fo ift es gewöhnlich etwas fehr bekanntes,
z. B. daß ἄστρον ein Sternbild heißt. Nachdem
er hier eine Stelle aus Pindar und Anacreon
beygebracht hat fetzt er hinzu:* Neutrius locus
noftro repugnat, nec tanti effet poëtarum dif-
ceffio. *Seltfam! als wenn es nun genug wäre,*

daß

daß, gerade Pindar und Anacreon dieser Ob-
servation nicht widerſprechen! und wenn
die Abweichung des Gebrauchs bey den Dich-
tern nichts beweiſt, ſo wird, wie uns dünkt,
wohl ihre Beyſtimmung eben ſo wenig beweiſen
können; und dennoch ſind ſo viele Régeln von
A. aus ihnen abgezogen. — Hin und wieder
wird Valkénaer widerlegt, aber dann ſind des
H. Beweiſe gewöhnlich dunkel vorgetragen, und
ſelten ſtringent. Man vergl. die Note (p 33.)
zu ὅρρος, welche nicht am rechten Ort ſteht ſon-
dern zu ὅρος (S. 34.) gehört. S. 44. zu βρύ-
ϰαιν u. a. m. Der Raum unſrer Blätter erlaubt
uns nicht in das Einzelne hineinzugehn.

Nun noch einige Worte über die äußre
Einrichtung. Zwiſchen dem Text und den
Noten ſtehen die Varianten aus Valk. Noten
ausgezogen; warum nur einige Verbeſſ. Valk.
nicht gleich unter dieſe geſetzt worden (wie
S. 9. ἀναπόλησιν. S. 11. ἀπαρεμφάτως. S. 76.
ἀδιϰήματι.) ſehen wir nicht ein. Aus V. reich-
haltigen Animadverſionen ſind die, welche dem H.
die richtigſten ſchienen, ausgezogen. Eine Menge
vortrefflicher Worterklärungen, die Gründe für
ſeine Verbeſſerungen etc. enthalten, haben alſo
keinen Platz finden können; ſo daß die Holländ.
Aus-

Ausgabe noch immer unentbehrlich bleiben wird.
Nicht immer ist Valkenaer alles zugeschrieben
was ihm zukömmt. Die Anmerkungen S. 25.
sind fast ganz von ihm, imgl. S. 33, zu όp-
pωδεĩv. S. 34. zu τaῦpoς u. f. w. Bey den
Anführungen alter Schriftsteller hat Hr. Ammon eine kleine Notiz von ihnen in den Noten
beygebracht. Dem Buche selbst ist ein Confpe-
ctus lectionum variarum e Codice Traiectino,
welcher einige gute Lesarten enthält, und ein
Catalogus Codicum et editionum Ammonii vorgesetzt.

6.

Ueber Malerey und Bildhauerarbeit in
Rom für Liebhaber des Schönen in der
Kunst von Friedr. Wilh. Basil. von
Ramdohr, Erster Theil, zweyter Theil,
dritter Theil, Leipzig bey Weidmanns
Erben und Reich 1787. 8.

Zu einer Zeit wo R. es am wenigsten erwartete, sieht er hier einen Wunsch befriedigt, den

I 2　　　　　　jeder

jeder Liebhaber der Kunſt ſchon ſo oft gethan
hatte, ohne hoffen zu können daß derſelbe
auf eine ſolche Weiſe erfüllt werden würde.
Es fehlte uns bisher ſo wenig an trocknen Ca-
talogen von Kunſtſachen, als an großen und
prächtigen Werken die uns Abbildungen und
Beſchreibungen derſelben lieferten; aber es fehlte
uns noch ein Buch das für den eigentlichen
Liebhaber beſtimmt geweſen wäre, für den Mann
dem es ſo wenig um trockne Namenkenntniß
als um declamatoriſche Lobpreiſungen von Kunſtwerken zu thun iſt, ſondern der vielmehr in
der Entwicklung des Schönen den Genuß deſſelben ſucht; ein Buch, in dem zuerſt die Ge-
ſichtspunkte, aus denen man Kunſtwerke anſehen und nach denen man ihren Werth beſtimmen muß, gezeigt, und von dieſer vorange-
ſchickten Theorie zugleich die Anwendung ſelbſt
auf die vornehmſten Kunſtwerke gemacht worden
wäre. Nur durch eine ſolche Anweiſung kann
der Liebhaber, wenn er das Heiligthum der
Kunſt betritt, ſeinem Geſchmacke eine ſichere
Richtung geben; bleibt er ſich ganz ſelbſt überlaſſen, ſo geräth er in Gefahr auf manche Abwege zu gerathen; um ſo mehr in Gefahr, da
das Ohngefähr ihn oft gleich im Anfange zu
Kunſtwerken führt, die ihn durch betrügeriſche

Vor-

Vorzüge blenden, und sein richtiges Gefühl
ersticken. Oder soll er etwa an der Hand eines
Kenners die Kunstwerke sehen? — Aber der
Kenner sind nicht viel, und dem wievielsten
wird das Glück zu Theil einen von ihnen zum
Begleiter zu haben? Man sehe doch in Rom
die Haufen von Fremden bald an der Hand ihrer
Miethbedienten, bald an der Hand eines Cicerone,
der sich oft erst seit kurzem vom Miethbedienten zu diesem Posten emporschwang, die Kunst-
sammlungen duchwandern! Der Fremde sieht gewöhnlich Alles was zu sehen ist: aber er bedenkt
nicht daß mit dem bloßen Sehen noch wenig
gethan ist; daß man schon gewisse Kenntnisse
besitzen muß, wenn man mit Nutzen sehen,
wenn man seinen Geschmack bilden, und Kunstwerke richtig beurtheilen lernen will, daß man
den Maaßstab mitbringen muß, wenn man
messen will!

Um aber ein Buch zu liefern das diesen
Mangel völlig ersetzen konnte, mußten sich in
dem Verfasser mehrere Eigenschaften vereinigen,
die sich nicht so leicht vereinigen lassen; er
mußte nicht bloß gelehrter Kunstkenner, er
mußte eben so wenig Künstler von Profession,
er mußte Liebhaber seyn wenn er für Liebha-

ber

ber schreiben sollte. Feinheit und Richtigkeit
des Gefühls, Enthusiasmus für Kunst, und gelehrte Kunstkenntniß mußten bey ihm im Gleich-
gewichte stehen. War er gleich nicht selber
Künstler von Profession, so durfte er doch auch
nicht ganz unerfahren in dem Mechanischen der
Kunst seyn; er mußte selbst Hand angelegt
haben, um Andre richtig beurtheilen zu können. Dieß sind die Forderungen die man an
einen Mann zu machen berechtigt ist, der ein
Werk dieser Art liefern wollte; und dieß sind
die Forderungen die unser Verfasser auf eine
solche Weise erfüllt, daß er den Dank eines
jeden Kunstfreundes dafür einärnten wird.

R. kennt aus eigner Erfahrung die Schwierigkeiten die mit einem solchen Unternehmen
verbunden sind, weiß es was für Fleiß, was
für Thätigkeit und was für Mühe dazu gehört, um in 6 Monaten — länger war d. V.
in Rom nicht, — die Materialien zu einem
solchen Werke sich zu sammlen; weiß es was
für Ueberwindung dazu gehört, Stundenlang
in Gallerien zu stehen mit der Schreibtafel in
der Hand, und zu schreiben und zu denken,
wo man nur sehen, nur genießen wollte. Kurz
R. kennt die Schwierigkeiten die der V. zu

über-

überwinden hatte, und weiß fein Werk darnach zu fchätzen; um defto weniger aber
glaubt er auch um Entfchuldigung bitten zu
müffen, wenn er ihn mit Freymüthigkeit beurtheilt, und ohne Rückhalt da feine Meinung
fagt wo er mit dem V. nicht übereinftimmen
kann.

Mit Recht hat fich der V. bloß auf Rom
eingefchränkt; wer Rom fo gefehen hat, wie
der V. es lehrt, braucht keinen Wegweifer
mehr für die übrige Welt; hat er dorten feinen Gefchmack nicht bilden können, fo kann er
es anderswo gewiß nicht.

Der V. vereinigt in feinem Buche die Theorie mit der Anwendung. Stückweife, fo wie die
Gelegenheit fich darbietet, lehrt er den Lefer
die wichtigften Theile der Theorie der Malerey
fowohl, als Bildhauerkunft kennen, und macht
bey der Beurtheilung der Kunftwerke felbft fogleich die Anwendung davon. Eben fo find
die Charaktere und Verdienfte der berühmteften
Künftler, fo wie fich die Gelegenheit dazu fand,
auseinandergefetzt. Diefe Vereinigung war
fchlechterdings nöthig, wenn fein Buch ohne weitere Beyhülfe hinreichend feyn follte den Gefchmack der Liebhaber zu bilden; bloßes Rai-

fon-

sonnement über einzelne Stücke hätte dazu nicht
hingereicht. Zugleich erhält der V. dadurch
den wichtigen Vortheil, daß er seine Leser mit
der Künstlersprache bekannt macht, von der so
mancher nur die Wörter kennt, ohne deutliche
und bestimmte Begriffe damit zu verbinden;
eine Hauptquelle so vieler faden Raisonnements! Der V. geht nach den Orten in Rom
wo die Kunstwerke aufbewahrt werden; die
ersten beiden Theile beschäftigen sich mit den
Palläßen und Villen, der letzte mehrentheils
mit den Kirchen. Wir werden ihm der Ordnung nach folgen; und auch seine Theorien und
Raisonnements an denjenigen Stellen beurtheilen,
wo er sie eingeschaltet hat.

Der Pallast Farnese ist derjenige mit dem
der V. anfängt, und mit dem seiner Meinung
nach jeder Fremde anfangen sollte. Durch die
Werke der Caracci hat er hier Gelegenheit sein
Auge an richtige Zeichnung und Größe des
Styls zu gewöhnen. — Diese Werke der Caracci sind aber auch fast das Einzige was dieser
Pallast noch aufzuweisen hat, da alle dort befindlichen Antiken, besonders der Hercules und
die Flora, nach Neapel gebracht sind. Die Flora
die Winkelmann für eine tanzende Muse hielt,

und

und von der nach des V. Meinung sich gar
nichts bestimmen läßt, ist gewiß eine Spes. Eine,
obgleich schlechte, Copie oder Nachahmung derselben im Kleinen findet sich im Garten Ludovisi
mit der Unterschrift spem rest. das übrige ist verloschen. Die einzige Antike von Werth die sich noch
da findet ist der Toro Farnese, oder die Gruppe
des Farnesischen Stiers, über die der V. ein
etwas hartes Urtheil fällt. Sie macht, sagt
er, kein schönes Ganze; es fehlt ihr an Ausdruck und an Zusammenhang. Das letzte ist
wahr; aber was den Ausdruck betrifft, so ist
das Urtheil des V. wenigstens zu allgemein.
Höchstens gilt es von der Antiope, aber von
keiner andern Figur der Gruppe, am wenigsten
von dem Stier und den beiden Iünglingen; von
der Dirce können wir gar nicht urtheilen, da
ihr ganzer Obertheil neu ist.

Vortrefflich sind die Bemerkungen des V.
bey dieser Gelegenheit über die weitläuftigen
Compositionen der Bildhauer, und die damit ver-
knüpften Unbequemlichkeiten, die sie lieber ganz
abzurathen scheinen. Nur wünschten wir, daß
der V. hier mehr Rücksicht auf den sehr wesentlichen Unterschied genommen hätte, ob die
Figuren einzeln für sich bestehende Stücke sind,

I 5　　　　　　　　　　　　so

ſo wie in der Gruppe der Niobe, des Apollo und
Marſyas, zu der der Schleifer gehörte; oder
ob ſie aus Einem Blocke ſind, wie der Laocoon,
unſer Toro, Paetus und Arria und andere.
Die Alten hatten beide Arten von Gruppen,
wie die oben angeführten Beyſpiele zeigen, aber
die Regeln, die die Künſtler bey jeder derſelben
zu beobachten hatten, waren ſehr verſchieden,
und die Schwierigkeiten bey der erſtern gewiß
weit größer als bey der letztern.

Ehe der V. uns in die berühmte Gallerie
der Caracci führt, giebt er uns eine Schilderung
von dem Styl dieſer 3 großen Maler, und beſtimmt zugleich was maleriſche und dichteriſche
Erfindung ſey. Den mehrſten Gemälden des An-
nibale Caracci ſpricht er die letzere ab, da er
hingegen die erſtere in einem vorzüglichen Grade
beſaß. Aber leider! war es bey den mehrſten
Malern der damaligen Zeit der Fall, daß ihre
dichteriſche Erfindungskraft zu ſehr beſchränkt
wurde, weil man ihnen die Gegenſtände die ſie
darſtellen ſollten entweder zu genau vorſchrieb,
oder weil ſie der dichteriſchen Erfindung wenig
oder gar keinen Raum ließen. Gern wären
wir über dieſen ſo wie über andere Punkte die
die neue Kunſtgeſchichte betreffen, ausführlicher,

wenn

wenn der Plan unsrer Blätter es nicht erfor-
derte daß wir uns mehr auf alte Kunstwerke
einschränkten, doch werden die Leser bey so
nahe verwandten Materien und einer so natürlichen Veranlassung uns zuweilen eine kleine
Ausschweifung zu gute halten.

Vorbereitet durch den Anblick der Kunstwerke im Pallast Farnese führt uns der V.
jetzt in das Heiligthum der alten und neuen
Kunst, in den Vatican. Und mit desto größerm
Vergnügen folgt ihm hier der R. da er selber
hier unter den Göttern und Helden der Vorwelt, im vollen Genusse der Empfindungen
die der Anblick idealischer Schönheit hervorbringen kann, mehrere der glücklichsten Stun-
den seines Lebens zugebracht hat. Wie viel
besser belehrt werden jetzt unsere jungen Lan-
desleute aus diesen herrlichen Sammlungen weg-
gehen, wenn sie mit dem Buche des V. in der
Hand diese Werke werden studieren, und ihre
dunkeln Gefühle auf Grundsätze werden zu-
rückbringen können! Gefühl fürs Schöne ist
freylich das erste Bedürfniß des Liebhabers;
aber ihn zum Kenner zu machen reicht es eben
so wenig hin, als persönlicher Muth den guten
Officier bilden kann.

Die

Die, gleich im Anfange der Sammlung, aufgestellten Etruskischen Kunstwerke führen den V. natürlich auf einige Bemerkungen über den Etruskischen Styl. Er sey, glaubt der V., entstanden aus der Vermischung des Alt-Griechischen Styls mit dem ursprünglich Etruskischen: aber mit Recht setzt er hinzu daß es auch vielleicht der Altgriechische Styl selber seyn kann, den die griechischen Colonien nach Italien brachten, und unabhängig von den Fortschritten der Kunst in ihrem Vaterlande jetzt weiter für sich ausbildeten. Um zu beweisen daß Griechen, wo nicht seine Erfinder, doch gewiß seine Ausbilder waren, (wiewohl R. auch gar keinen Grund sieht, warum sie nicht auch die Erfinder hätten seyn können) braucht man wie R. glaubt gar nicht einmal zu der Beschaffenheit des Styls selbst seine Zuflucht zu nehmen; man braucht nur auf die vorgestellten Subjecte zu sehen; man wird unter ihnen nicht leicht eins finden, das nicht aus der griechischen Mythologie geschöpft wäre. Aber auch eben daraus kann man wiederum einen Beweis ziehen, daß diese Absonderung des ältesten griechischen Styls in zwey Branchen schon in den ältesten Zeiten geschehen, und nachher die Ausbildung des einen sowohl als des andern unabhängig von einander

fort-

fortgerückt seyn muß. Denn obgleich beide,
Griechische sowohl als Etruskische Künstler,
aus Einer Quelle, aus der ältesten Griechischen
Mythologie, schöpften, so hatten sich doch beide
ein ganz eignes Feld für ihre Vorstellungen
abgesteckt, und die Ideen der sogenannten
Etruskischen Künstler drehen sich in einem
ganz andern Zirkel herum als die der Griechischen. Wir brauchen Kenner hier nur an
die auf den Etruskischen Monumenten so oft
wiederholten Vorstellungen des sogenannten Todes
des Echetlus, des Raubes des pythischen Drey-
fußes von dem Hercules und seine Verfolgung
vom Apollo, und andere Gegenstände zu erinnern, die man auf griechischen Monumenten
nicht leicht antreffen wird.

Und nun in das innere Heiligthum dieses
Tempels, wo das höchste Ideal männlicher ju-
gendlicher Schönheit, das die glühende Einbildungskraft des Künstlers in Einem glücklichen
Augenblicke empfangen, gefaßt und dargestellt
zu haben scheint, wo Apollo, wie er im stolzen
Gefühle seiner Kraft unter den Unsterblichen
einherwandelt, gleich bey dem ersten Eintritt
den Blick des Zuschauers auf sich zieht. „So
„wie ich," sagt der V. „zum erstenmal in
„meinem

„meinem Leben an Genuas Küſten die Sonne
„ſich aus dem Meere heben ſah, ſo ſchwebte
„mir im Belvedere die Statue des Apollo ent-
„gegen. Es ergriff mich das Gefühl über-
„menſchlicher Majeſtät, und ich ward billig
„gegen die Sterblichen, die bey andern Lehr-
„begriffen ſich vor dem Anblicke eines höheren
„Weſens niederwerfen können. Der Eindruck
„den das erhabenſte Schauſpiel in der Natur,
„und die Darſtellung des erhabenſten Geiſtes
„durch menſchliche Formen auf ähnliche Art
„in mir hervorgebracht haben, führt mich auf
„die Vermuthung: das Kunſtwerk iſt die ſym-
„boliſche Vorſtellung eines Gegenſtandes in der
„Natur, den die Kunſt durch würkliche Nach-
„ahmung nur mangelhaft erreicht; Phöbus,
„der Beherrſcher des Himmels, der ſeine erſten
„Strahlen auf die Erde ſchießt." —

So ſehr wir auch mit dem V. die Größe
dieſes Bildes empfinden, ſo fürchten wir dennoch daß dieſe Erklärung bey einer kaltblüti-
gen Unterſuchung zu vieles gegen ſich haben
wird, als daß wir derſelben unſern Beyfall
ſchenken könnten. Es kommt, dünkt uns, dabey auf die Beantwortung folgender Fragen
an: Iſt dieſe Vorſtellung, ſo wie der V. ſie

ſich

sich dachte, eine ächt griechische Idee? —
Liegt sie in dem Kreise in dem die Künstler-
Ideen der Griechen sich herumzudrehen pflegen? — Beide Fragen glauben wir mit Nein
beantworten zu müssen.

Es ist wahr daß Phöbus bey den Griechen
das Symbol des Sonnengottes ist; aber wenn
er als ein solcher vorgestellt wird, wird die
Vorstellung anders modificirt. Auf keinem alten
Kunstwerke wird der V. ein Beyspiel auffin-
den daß der Sonnengott zu Fuße vorgestellt
wäre, er hat Roß und Wagen; und bey keinem griechischen Dichter oder Schriftsteller wird
er das Bild finden daß die aufgehende Sonne
als ein stolz einhertretender Held abgebildet
wird. Noch viel weniger konnte diese Idee, da
sie nicht einmal Dichter - oder Volksidee war,
in dem Kreise der Künstlerideen liegen! —
Oder ging unser Künstler etwa darüber hinaus,
erlaubte das Feuer seiner Einbildungskraft ihm
nicht sich in den gewöhnlichen Grenzen zu halten? — Allein wer hätte ihn sodann verstanden? O es ist eine gefährliche Sache um die
Allegorie! Weg mit der symbolischen Vorstellung
wenn sie nicht schon in den Volksideen ihren
Grund hat!

Ferner:

Ferner: Hat die Statue ſelbſt einige Merk-
male, ſey es im Ganzen, ſey es in einzelnen
Theilen oder Attributen, die die Idee des V.
begünſtigen? Wir glauben Nein! Nicht im
Ganzen — eben weil die ganze Vorſtellung nicht
griechiſch iſt; nicht in den einzelnen Theilen und
Attributen; — denn das einzige Attribut das der
V. hier für ſich anführen könnte wäre der
Köcher mit den Pfeilen. Aber dieſer iſt ein
beſtändiges Attribut des Apollo, wenigſtens
nicht bloß wenn er als Sonnengott dargeſtellt
wird.

Nun aber auf der andern Seite, hat die
gewöhnliche Erklärung daß es Apoll, der Sieger des Pythiſchen Drachens ſey, eins oder das
andre gegen ſich, oder im Gegentheil für ſich?
— Gegen ſich — iſt dieſe Idee an ſich weniger groß als die des Verfaſſers? Wir glauben Nein! Eine ſiegende Gottheit darzuſtellen,
die ihren Feind an eben dem Orte erlegt hat
wo jetzt ihr Heiligthum errichtet werden ſoll,
— iſt, dünkt uns, das höchſte Ziel des Erhabnen, das der Künſtler ſich zu erreichen vor-
ſetzen darf. — Für ſich — Alles! Sie iſt aus
eben dem Meere der Mythologie geſchöpft, aus
dem alle alten Künſtler zu ſchöpfen pflegten! —

Sie

Sie liegt mitten in dem Ideenzirkel der griechischen Künstler. — Die Attribute der Gottheit
kommen damit überein; seine Stellung begünstigt die Idee vollkommen, — und endlich der
Künstler selbst gab uns einen Fingerzeig, indem
er die Figur der Schlange an dem Tronk an-
brachte, an den Apollo sich stützt.

Aber der Ausdruck auf dem Gesichte des
Gottes? Kommt er mit der Vorstellung überein? — Nach unserm Gefühle, — denn hier
stehen wir auf dem Puncte wo nur Gefühl
mehr entscheiden kann — allerdings! Wir erkennen darin so wenig als der V. mit Winkelmann den zürnenden Sieger, aber wohl den
Sieger im vollen Gefühl seiner Größe;
die oberste Stufe auf der Leiter des Erhabnen die der Mensch zu erklettern vermag!

Unmittelbar vom Apollo tritt man im Belvedere zum Laocoon; von dem Bilde der größten und erhabensten Ruhe — der Ruhe nach dem
Siege — zu dem Bilde der größten und ange-
strängtesten Thätigkeit, — des Kampfes für
Leben und Rettung; dargestellt in dem Augenblicke wo die Wagschaale der Hoffnung so eben
im Begriff ist sich auf die andere Seite zu

neigen, zum Theil durch das Hinſterben des
Eines Sohnes ſchon wirklich neigt. — Ein
Werk, das, wenn gleich Apollo die Seele mehr
erhebt, dagegen eine reichere Beſchäftigung für
das Herz gewährt, indem es alle die verſchiedenen Empfindungen, die das Große, das
-Schreckliche, das Traurige, die der vereinte
Anblick von väterlicher Liebe, von höchſtem
Iammer, von Kampf für Leben und Rettung,
und endlich von dem herannahenden Tode ſelbſt
erregen kann, in unſrer Seele aufſteigen, ver-
ſchwinden und ſich gleichſam wechſelsweiſe ver-
drängen macht!

„Darſtellung höchſter Bewegung der Seele
„und des Körpers," ſagt der V. „mit mög-
„lichſter Bewahrung der Schönheit, ſcheint,
„nebſt dem Eindruck des Mitleidens, der davon
„abhängt, die Abſicht geweſen zu ſeyn, welche
„der Künſtler bey Bearbeitung der Geſchichte
„des Laocoon ſich vor Augen geſetzt hat."

Wir fürchten nicht daß der V. uns einer
kleinlichen Kritik beſchuldigen werde, wenn wir
ihm hier einwenden, daß er den Endzweck, den
der Künſtler ſich vorſetzte, falſch gefaßt
habe. Darſtellung des allgemeinen Ausdrucks
irgend eines Affekts ſoll nie die Abſicht der

bilden-

bildendenden Künste seyn, wohl aber Darstellung einer Person in einer individuellen Lage
aus der gewisse bestimmte Affecte entspringen.
Oder mit andern Worten: der Künstler soll
nicht von dem abstracten Begriffe einer Leidenschaft ausgehen, und diesen zu Gefallen ein In-
dividuum schaffen, auf das er ihn transferirt,
sondern er soll von dem Individuo ausgehen,
und ohne Rücksicht auf den allgemeinen Begriff
irgend einer Leidenschaft, den Ausdruck in
das Gesicht des Individui legen, den die specielle Lage desselben erfordert. Angewandt also
auf unsern Fall: der Künstler ordnete nicht
dem Ausdruck der Leidenschaft den Kopf des
Laocoon, sondern dem Kopf des Laocoon den
Ausdruck der Leidenschaft unter.

Ueber die Richtigkeit der Stellung des rechten Arms sagt der V. nichts; es sollte auch
kein Streit mehr darüber seyn. Winkelmanns
Idee er solle mehr über den Kopf gebogen
seyn, war gewiß unrichtig! Man sehe doch die
Copie des Baccio Bandivelli in Florenz; wo
der Arm mehr auf diese Weise ergänzt ist;
welche matte Stellung, und wie viel verliert
das Ganze!

K 2   Die

Die Entwickelung der Schönheit des Laocoon ist übrigens um so viel besser gerathen, da der V. schon so vieles hier vorgearbeitet fand.

Bey dem Allen gesteht der V. daß diese Stück auf ihn nicht den angenehmen Eindruck habe machen können, den er bey der Schönheit anderer Statuen, des Apollo und Antinous, erfahren habe. Der V. sucht davon die Ursache nicht in sich, wo er sie doch vielleicht hätte suchen können *), sondern in dem Werke selbst, und führt sie zuletzt auf den Grundsatz zurück: Bildhauerey sey mehr geschick Ruhe, als Thätigkeit auszudrücken; Schönh der Form also sey das höchste Ziel was d Bildhauer sich vorsetzen müsse: Ausdruck hin gegen heftiger Leidenschaften, und daraus er

folgt

*) Nicht als fehlte es dem V. überhaupt an vic
   Gefühl für das Schöne und die Werke der Kunst
   sondern er konnte, wie jeder andre Mensch, durc
   zufällige kleine Umstände, vielleicht selbst durch di
   Betrachtung des Apollo und Antinous, weniger
   pfänglich für die Schönheiten und Eindrücke de
   Laocoon seyn. Ueberhaupt aber sind ja diese Werk
   an sich schon so verschieden, daß die Eindrücke d
   sie erregen können und sollen, gar nicht mit einan
   der sollten verglichen werden!

folgte Thätigkeit des Körpers; müsse er dem
Maler überlassen, und zwar hauptsächlich aus
folgenden Gründen: dem Bildhauer fehle Darstellung des Auges, in dem ein großer Theil
des Ausdruckes der Thätigkeit liege; ihm fehle
die Farbe die gleichfalls vieles dazu beytrage;
für ihn endlich gehe das feinere Muskelspiel beynahe gänzlich verlohren.

Es ist unleugbar daß in diesen Gründen
etwas wahres liegt, nämlich so viel daß der
Bildhauer bey Darstellung leidenschaftlicher Thätigkeit einige Schwierigkeiten zu überwinden hat
die dem Maler nicht im Wege stehen, die vielleicht für ihn auch völlig unüberwindlich sind,
und in Rücksicht auf welche er immer hinter
dem Maler zurückbleiben muß; aber eine andre
Frage ist es, ob diese Hindernisse oder Mängel
so groß sind, daß sie diese ganze Classe von
Vorstellungen als außer den Grenzen seiner
Kunst dem Bildhauer gänzlich verbieten, und es
ihm dagegen zur Regel machen, sich bloß auf
Schönheit der Form einzuschränken? Wir wollen über jeden der vom Verfasser angeführten
Gründe einige Anmerkungen machen, um ein
bestimmteres Urtheil hierüber fällen zu können.

K 3   Die

Die erste Behauptung des *V.* daß der Aus
druck im Auge für den Bildhauer gänzlic
verloren gehe, bedarf einer Einfchränkung
Der Ausdruck im Auge beruht unfers Bedün
kens auf zwey fehr verfchiednen Dingen; zuer
nämlich auf der Richtung des Blickes, die be
kanntlich bey dem Ausdrucke verfchiedner Lei
denfchaften auch verfchieden zu feyn pflegt;
daher das gen Himmel gerichtete Auge der
Ausdruck des Jammers; das niedergefchlagne
Auge der Ausdruck entweder der Ruhe, oder
der Schaam u. f. w.; zweytens aber auf der
Befchaffenheit des Blickes mit aller jener unendlichen Abftufung von dem hellen Blick der
Freude bis zum düftern Blick der Verzweiflung.
Diefer letzte Theil des Ausdruckes hängt nur
von den Farben ab, und geht deshalb allerr-
dings für den Bildhauer völlig verlohren; aber
nicht fo der erfte. Diefer hängt ab von der
Stellung des Augapfels und von der Lage der
äußern Theile des Auges. Diefe drücket aber
auch der Bildhauer aus, und alfo liegt der
Ausdruck im Auge in fo fern er hievon abhängt nicht außer den Grenzen feiner Kunft.
Wollte der *V.* uns hier einwenden er könne
dieß doch nur fchwach ausdrücken, fo antworten wir, es brauchts auch nicht mehr. Der

Aus-

Ausdruck im Auge steht mit dem Ausdrucke des Geſichts in ſo genauer und natürlicher Verbindung, daß wenn der letzte nur richtig dargeſtellt iſt, es bey dem erſtern nur einer geringen Andeutung für den Zuſchauer bedarf, um ſich das Fehlende durch eine faſt unwillkührliche Wirkung der Einbildunskraft zu ergänzen.

Der zweyte Grund des V. daß dem Bildhauer der Gebrauch der Farben abgehe, fällt unſers Bedünkens ganz weg, da wir den großen Einfluß der Färbung auf den Ausdruck nicht abſehen. Daß ſich durch die Färbung bey Darſtellung einer Figur in leidenſchaftlicher Thätigkeit gewiſſe Vortheile erreichen laſſen, iſt unleugbar; aber dieß iſt auch der Fall bey Darſtellung einer Figur in Ruhe, weil in der Natur Färbung ſich bey beiden findet, und Färbung in der Kunſt nur Nachahmung von jener iſt. Iſt daher der Mangel von Färbung von ſolcher Wichtigkeit, ſo beweiſet das Argument des V. mehr als er ſelber will, denn er verwirft dadurch die ganze Bildhauerkunſt.

Der letzte Grund des V. daß für den Bildhauer das feinere Muſkelſpiel beynahe gänz-

lich

lich verloren gehe, weil die auf dem Marmor
grell gegen einander abstechenden Flecken, die
durch die aufgeschwellten Adern und angespann-
ten Muskeln entstehen, eine Härte hervorbringen die dem Auge mißfällt, ist in der That
am schwersten zu beantworten, weil nur der
Anblick der Kunstwerke selbst uns hierüber eine
Auskunft geben kann. Offenbar kommt es hier
auf die größere oder mindere Geschicklichkeit
des Künstlers an, in wie fern er die Härte des
Marmors zu besiegen weiß; und daß sie nicht
unüberwindlich sey davon geben uns mehrere
der herrlichsten Werke der Alten, wie der
Borghesische Fechter, und die Ringer in Florenz hinlänglichen Beweis. Wenigstens möchten
wir so große Schönheiten nicht einer geringen
Unvollkommenheit aufopfern.

Was den berühmten Torso betrifft, so
glauben wir nicht daß er je zu einer ganzen
Figur gehört habe. Monsignore Borgia hat
in seinem Museo zu Velletri eine antike Copie
desselben im Kleinen, die um nichts vollständiger ist. Einen andern eben so schönen Torso
wie der im Belvedere, auch von gleicher
Größe, besitzt der Prinz Bissari in Ca-
tanea; eine Zeichnung davon ist schon nach
Deutsch-

Deutschland gekommen, und wir haben Hoffnung daß sie bald durch einen Stich wird bekannt gemacht werden. — Ueber die Figur des Venus Felix werden wir unten noch Gelegenheit haben unsre Meinung zu sagen.

Die Figur des Apollo Musagetes hat in R. nie die angenehmen Empfindungen erregen können, die sie in dem V. erweckt hat. Ein männlicher Körper in einer fast ganz weiblichen Kleidung macht, dünkt uns, nie eine angenehme Würkung. Die gespannte Stellung des Begeisterten scheint uns zur Carricatur überzugehen. Wir möchten überhaupt wohl fragen ob bloße Begeisterung, die sich nur in einer gewaltsamen Anstrengung des Körpers ohne alle äußre Gegenstände zeigt auf die sie sich bezieht, Vorwurf des Bildhauers seyn sollte? — August stellte in den Tempel des Apollo Palatinus eine colossalische Statue dieses Gottes als Anführers der Musen; war dieselbe so wie die unsrige, so begreifen wir nicht wie ein Coloß dieser Art eine angenehme Wirkung habe hervorbringen können.

Die sogenannte Cleopatra und der Sardanopal, von denen der V. nicht zu entscheiden wagt was sie vorstellen, sind in dem letzten

K 5 Bande

Bande des Musei Pio - Clementini von dem
Abbate Visconti zuverläßig richtig erklärt.
Iene ist die schlafende Ariadne, wie Theseus
sie verlaßen hat; dieser der Indische Bacchus.
Beide Erklärungen sind durch Reliefs bewiesen,
und die erste wird durch den Ausdruck der sich
auf dem Gesichte zeigt so sehr bestätigt, daß
Niemand der die Statue, — und noch mehr
die andre ihr ähnliche in der Villa Medici, —
sieht, einen Augenblick daran zweifeln wird.
Die Schlange um den Arm ist nichts seltnes, wie
der V. richtig bemerkt, sie ist ein bloßer
Zierrath; selbst eine ganz nackte Venus in der
Gallerie Giustiniani hat sie.

Den Beschluß machen die colossalischen Statuen in der neuen Rotunda, einem der schönsten
Gebäude die das neuere Rom aufzuweisen hat.
Der V. findet die Beleuchtung unbequem, weil
das Licht nicht bloß von vorne, sondern von
allen Seiten auf die Statuen fällt, allein diese
Unbequemlichkeit wird durch die Vorhänge an
den Fenstern, die man nach Gefallen öffnen
kann, größtentheils gehoben; wenigstens möchten wir dieser kleinen Unbequemlichkeit nicht die
großen Vortheile aufopfern, die die Statuen
durch die Größe und Pracht des Saales, oder

viel-

vielmehr des Tempels, — denn diesen Namen
verdient es mit Recht — erhalten. Der antike
Fußboden von Mosaik, dessen der V. S. 116
erwähnt, ist jetzt würklich in dieser Rotunde;
und dient besonders dazu uns einen richtigen
Begriff von dieser Art Fußböden zu geben.
Der Fußboden selbst ist weiß: die eingelegten
Figuren schwarz. Die Figuren bestehen meh-
reutheils in Centauren die Nymphen tragen,
von herrlicher Zeichnung. Iede Figur steht
einzeln für sich, und zwar, da der Fußboden
rund ist, in zwey parallellaufenden Kreisen.
Die Arbeit ist nicht sehr fein, sondern so wie
sie sich für einen Fußboden schickt. Den Mit-
telpunkt macht ein colossalischer Medusenkopf
aus, von vortrefflicher Arbeit, und natürlichen
Farben. Aber man hat die sonderbare Grille
gehabt, eine große Porphyrne Vase, die sonst
in dem Hofe des Belveders stand, in diese Rotunda zu setzen, wodurch ein großer Theil des
Fußbodens, und besonders der herrliche Medusenkopf in der Mitte desselben, bedeckt wird.

Aus diesem Tempel der alten Kunst führt
uns der V. in das Heiligthum der neuen; der
Reihe nach durchwandert man an seiner Hand
die Säle des Vaticans, und lernt Rafael, Mi-
chael

chael. Angelo und Mengs hier kennen. Wir
halten bey weitem diesen Theil seines Werkes
für den vortrefflichsten und lehrreichsten; hier
findet man keine Declamation, kein Urtheil was
auf bloßes Gefühl sich gründet; sondern Unterricht. Der V. fängt wie billig mit Rafael
an, spürt den Weg auf, den sein Genie von
seiner ersten Entwickelung bis zu seiner Vollendung nahm; folgt ihm hier Fuß vor Fuß,
und weiß ihn selbst auf seinen geheimsten Ne-
benwegen zu belauschen. So auch bey den
übrigen. Mit dem Blick des Kenners zergliedert der V. ihre Werke, und bestimmt mit
gerechter Hand die Verdienste des einen wie des
andern. Welch ein Gewinn für den künftigen
Liebhaber der Rom besucht und diese Werke
sieht! Wer so vorbereitet hineintritt der kann
was lernen, wenn er nur Kopf und Gefühl
mitbringt!

Weniger als seine Urtheile über Künstler
und den wahren Werth ihrer Werke haben
uns die Raisonnements gefallen, die der V. zuweilen über einige Gegenstände der Philosophie der Künste mit einflicht. Es fehlt ihm
hier oft an deutlicher Darstellung und richti-
gem Zusammenhange seiner Ideen, und er hüllt
                                                    sich

sich in ein Dunkel das wenige seiner Leser
durchdringen möchten. Einen Beweis hievon
geben seine Bemerkungen über Symbol und Allegorie S. 188 etc. Der V. scheint ein ziemlicher Freund von allegorischen Vorstellungen
zu seyn; R. der sein Herz und seinen Verstand
zu oft bey ihnen betrogen fand, denkt sehr
strenge in diesem Puncte und haßt jede Allegorie, wenn sie nicht schon auf Volksbegriffen oder
auf ganz allgemein angenommnen und jedermann
bekannten Künstlerideen gegründet ist.

Die erste Antikensammlung in Rom nach
der Vatikanischen ist die auf dem Campidoglio.
Der V. läßt sie deßhalb auch sogleich auf die
Vaticanische folgen. Die bronzene statua equestris des M. Aurelius ist die erste die dem Zuschauer in die Augen fällt. Der V. sucht die
vielen Kritiken die man über das Pferd gemacht
hat damit niederzuschlagen, daß dieses nur
Nebenfigur seyn und eigentlich M. Aurelius
selber unsre Aufmerksamkeit auf sich ziehen
sollte. Wir sind hier nicht der Meinung des
V. so wenig als wir glauben daß es der
Künstler mit Vorsatz nachläßiger behandelt
habe, um die Figur des Reuters dadurch zu
heben. Nebenfigur ist für den Künstler nicht

das

das was sie für den Philosophen ist; dieser unterscheidet Hauptfigur und Nebenfigur durch
ihren innern Werth, jener darnach wie sie in
die Augen fallen. Will er daher eine Nebenfigur als Nebenfigur behandeln, so muß er es
auf eine solche Weise thun daß sie wenig oder
gar nicht von dem Zuschauer bemerkt wird;
aber nie darf er diejenige Figur die durch ihre
Größe am ersten die Aufmerksamkeit des Zuschauers auf sich zieht, zur Nebenfigur machen
oder als eine solche behandeln. Am wenigsten
glauben wir ist dieses bey einer statua equestris
der Fall, wo die Schönheit des Ganzen gewiß
mehr von dem Pferde, als der größern Masse,
als von der Figur des Reuters abhängt.

In dem Innern der Sammlung beschäftigt
sich der V. besonders mit dem sterbenden Fechter, der auch unstreitig das erste Stück der
Sammlung ist. Daß der Kopf zu der Statue
gehört, wie der V. mit Recht behauptet, daran
wird Niemand leicht zweifeln der die Statue
gesehen hat. Wir wissen nicht warum die Antiquare den Stutzbart so unerklärlich finden;
man findet ihn an mehrern alten Statuen,
z. B. an dem sogenannten Paetus in der
Villa Ludovisi.

Die

Die Vermuthung die der V. S. 227 bey
Gelegenheit des sogenannten Ptolomaeus macht,
daß die Binde um das Haar und die läng-
lichten Locken in die das letztere gelegt ist, bey
dieser so wie bey andern Statuen einen Ringer
bezeichnen, möchte schwerlich Grund haben.
Was die besondre Art Locken betrifft, so gesteht R. nie darauf geachtet zu haben, aber
die Binde ums Haar kann auch das Diadem
seyn, wenigstens läßt sie sich nicht immer davon unterscheiden.

Bey Gelegenheit der Venus Capitolina S. 238,
die er mit Recht für eine solche hält die aus
dem Bade steigt, äußert der V. seine Zweifel
ob die Venus Anadyomene in Statuen so sey
vorgestellt worden wie sie auf Münzen und Reliefs vorkommt, mit nassem und triefenden Haar,
wenigstens glaubt er nicht daß sich noch jetzt
eine solche Statue von irgend einigem Werthe
aufzeigen lasse. Aber es gibt allerdings eine
solche in Rom, die der Aufmerksamkeit des V.
entgangen ist. Sie steht im Pallaste Colonna,
in der großen Gallerie, gleich beym Eingange
rechter Hand. Die Göttinn ist nackt, und hält
in jeder Hand eine Flechte Haare die weit vom
Kopf absteht, und die sie auszudrücken scheint.
Freylich

Freylich ist die Hand neu; aber von den Haaren und den Armen ist so viel alt, daß sich an der Richtigkeit der Ergänzung nicht zweifeln läßt. Die Statue ist in Rücksicht auf Kunst zwar nur von mittelmäßigem Werth, aber sie ist doch auch nicht schlecht; obgleich die Bemerkung des V. sich an derselben bestätigt daß das struppige Haar eine üble Wirkung thut.

Auf die Beurtheilung der Antikensammlung folgt die Beurtheilung der Gemäldegallerie, die jener Sammlung gegenüber in dem Pallaß der Conservatori di Roma aufbewahrt wird. Voran geht eine Charakteristik von Giorgione, Tintoretto und Paolo Veronese. Kein Künstler ist von dem V. so hart behandelt als der letzte, es ergeht über ihn ein unbarmherziges Gericht. „Er war," heißt es, „in der Kunst das, was „die Sophisten in der Philosophie waren; ein „gefährlicher Betrüger; er hatte die Schwä- „chen des großen Haufens studiert; und wußte „daß wer diesem schmeichelt, für beleidigte „Wahrheit leicht Nachsicht erhält. — Der „Hauptzweck seiner Zusammensetzungen war „durch Pracht und Reichthum zu blenden, des- „wegen stellt er häufig Gastmale vor. Er „hatte

„hatte zwar viele malerische, aber wenig oder
„gar keine poetische Erfindung. — Seinen
„Ausdruck suchte er in der Stellung. — Seine
„Köpfe haben Charakter, aber nicht den, den
„die Handlung erfordert; — seine Zeichnung
„ist ohne Bestimmtheit und oft incorrect; —
„seine Gewänder sind schlecht geworfen; er malte
„reiche Stoffe um zu blenden; — sein Colorit
„ist mehr glänzend als wahr; das Costume
„endlich ist in allen seinen Gemälden auf das
„gröbste beleidigt." Ohne zu fürchten daß
uns der V. zu denjenigen zählen werde, die
sich von diesem listigen Betrüger hintergehen
lassen, — wir wären auch selbst in diesem Fall
in ehrenvoller Gesellschaft, — wagen wir es
zu der Vertheidigung dieses Meisters ein paar
Anmerkungen über die eine und andere dieser
Beschuldigungen zu machen, denn über die
mehrsten läßt sich nicht urtheilen, wenn man
nicht seine Gemälde selbst vor Augen hat. —
Wahl der Gegenstände sollte, dünkt uns, wenn
man den Werth der Maler jener Zeiten bestimmen will, gar nicht in Betracht kommen, da
sie bekanntlich sehr selten von ihnen abhing. Dieß
war bey Paolo Veronese gewiß der Fall; selbst
bey seinem Hauptstück, der Hochzeit zu Ca-
naan, in dem Refectorio der Benedictiner zu St.

Giorgio maggiore in *Venedig*. War er's aber
auch nicht, so liegen die Vorstellungen von
Gastmälern nicht außer dem Gebiete der
Kunst, und man kann daher einen Maler nicht
deswegen tadeln, daß er sich diese zu seinen
Vorstellungen wählte. — Der Mangel an
poetischer Erfindung entsprang zum Theil aus
der Beschaffenheit der Gegenstände selbst, die er
darstellte. Ienes Hinstreben aller Figuren zu
Einem gemeinschaftlichen Zweck, welches eigentlich das Ziel aller poetischen Erfindung seyn
soll, findet nur auf solchen Gemälden statt, wo
nur eine oder ein paar handelnde Hauptfiguren
sind, und die Handlung aller übrigen nur Beziehung auf diese hat. — Grade aber auf
dem oben genannten Hauptgemälde von Paolo
Veronese, das der V. bey seiner Kritik besonders scheint vor Augen gehabt zu haben, war
dieß nicht der Fall. Die Haupthandlung, die
Verwandlung des Wassers in Wein lag schlechterdings außer dem Gebiete der Kunst; hätte
der Künstler demungeachtet diese als Mittel-
punkt der ganzen Handlung darstellen wollen,
so hätte ihn Niemand verstanden; der Commentar hätte bey seinem Gemälde liegen müssen.
Mit Recht opferte er daher hier die poetische
Erfindung der malerischen auf; zeigte sich aber

auch

auch dafür, — wie der V. selbst nicht in Abrede seyn wird, — desto größer in dieser. —
Ob aber auch in andern Gemälden dieses Meisters, wo der Gegenstand es erlaubte, die poetische Erfindung fehlt? — Wir erinnern den V.
aus vielen nur an Eins; an die Fußsalbung
der Maria Magdalena im Pallast Durazzo zu
Genua. Hier ist auch ein Gastmal vorgestellt,
aber hier ists nicht so wie in Venedig. Hier
hatte der Künstler eine handelnde Hauptfigur,
der die Handlung aller übrigen untergeordnet
werden konnte; und wir berufen uns dreist auf
den Ausspruch aller Kenner, ob es diesem Stück
an poetischer Erfindung fehle, oder ob selbst
diese der malerischen Erfindung untergeordnet
sey? — Ausdruck liegt in der Natur eben so
gut in der Stellung als im Gesicht; suchte der
Künstler daher ihn in der Stellung, so kann dieß
gar nicht als ein Fehler ihm zur Last gelegt
werden, wenn er nur der Natur treu blieb,
und nicht übertrieb. Seine Köpfe sind freylich
keine Ideale von Antiken hergenommen und nach
der individuellen Lage der handelnden Personen modificirt; aber welcher Maler erstieg
denn auch diese höchste Stufe der Kunst?
Will der V. dem Künstler hieraus einen Vorwurf machen, so muß er ihn fast bey jedem

andern

andern Maler wiederhölen. — *Ueber Zeichnung und Colorit wollen wir nichts sagen, weil
sich ohne die Gemälde selbst vor Augen zu
haben nichts darüber sagen läßt; aber die In-
correctheit der Zeichnung, die man bey manchen
andern großen Malern, wie bey Tizian und
Rubens, findet, wird der V. doch auf keinem
Werke des Paolo gefunden haben; und giebt es
auch kleine nur dem Künstler sichtbare Unrich-
tigkeiten, so werden sie durch die sweeten und
angenehmen Umrisse der Figuren hinreichend
ersetzt.*

Den Beschluß des ersten Bandes macht die
Beschreibung der Kunstwerke in dem Pallaste
und in der Villa Borghese. Iener enthält
die Gemälde, diese die Antikensammlung.
Ueber Tizians Verdienste und besonders über
Colorit, die Erfordernisse desselben, und die
verschiedene Behandlungsart in den verschiednen
Schulen, hat der V. hier eine meisterhafte Abhandlung eingerückt.

Bey der Beschreibung der Villa und der
daselbst befindlichen Alterthümer finden wir
nichts worin wir nicht mit dem V. überein-
stimmten. Ob der Borghesische Fechter ein
Gladiator oder ein Krieger sey, gilt am Ende
gleich.

gleich. Der V. hat das erste sehr wahrscheinlich gemacht. Sollte aber auch die Vermuthung
des H. Hofrath Heyne gegründet seyn, daß er
zu einer Gruppe gehöre, und im Begriff sey
einen Streich abzuwenden, den ein vor ihm stehen-
der Reuter ihm versetzen wolle, so sehen wir
ihn doch lieber allein als in der Gruppe. Stünde
zumal eine so große Figur vor ihm so würde
er, dünkt uns, sehr dadurch verlieren.

In dem 2ten Theile beschäftigt sich der
V. zuerst mit der Villa Albani. Mit Recht
merkt er an, daß Winkelmann durch seine Liebe
zu dem Besitzer derselben, oft zu übertriebenen
Lobsprüchen sey hingerissen worden. Wenn auch
gleich die daselbst befindliche Sammlung der
Zahl nach stärker ist als die Borghesische, so
steht sie doch in Rücksicht auf innern Gehalt
ihr unstreitig nach. Aber sie übertrifft sie allerdings in der geschmackvollen Anordnung.
Unter den Statuen behaupten die der Minerva
und der Iuno, unter den Reliefs die Figur des
Antinous den ersten Rang. Die letzte ist einzig
in ihrer Art; wir kennen kaum eine so große
Figur en relief; aber sie ist nicht bloß merkwürdig in dieser Rücksicht, sondern noch merkwürdiger durch ihre Schönheit. Wir hätten

gewünscht

gewünscht, daß der H. V. die Verdienste der
selben etwas weiter auseinander gesetzt hätte.

Unter den neuen Kunstwerken die sich in
dieser Villa finden, behauptet der berühmte Pla-
fond von Mengs den ersten Platz. Der V.
liefert eine ausführliche Kritik desselben, bey
der R. durchgängig seiner Meinung ist.
Mengs hatte gesucht sich nach Antiken zu bilden, besonders hatte er die Reliefs der Alten
sich zum Muster genommen. Eine Folge davon
war, daß er mehr auf die Erreichung eines schönen Ideals in einzelnen Figuren, als auf die
Vereinigung derselben zu einem gemeinschaftlichen Zweck sah, daß er mehr für das Auge
als für das Herz arbeitete. Am mehrsten glückte
ihm der Ausdruck einer Seele in Ruhe, eben
weil es hier nicht der Ausdruck, sondern
die Schönheit des Körpers ist, die unsre Aufmerksamkeit auf sich zieht; selten hingegen
Ausdruck der Leidenschaft, Darstellung der
Seele in Thätigkeit. Bey dieser Gelegenheit
kommt der V. auf seine, schon beym Laocoon
geäußerte, Behauptung zurück, daß die letzte,
— Darstellung der Seele in Thätigkeit, Handlung, — eigentlich letzter Endzweck der Malerey; jene — Darstellung der Seele in Ruhe,

und

und daher Schönheit der körperlichen Form — Gegenstand der Bildhauerkunst seyn sollte.

Freylich muß hier jedem die Frage auffallen, die auch der V. aufwirft; ob sich nicht beide Vollkommenheiten mit einander vereinigen laßen, ob sich nicht eine idealisch-schöne Figur im Ausdruck einer Leidenschaft darstellen läßt, ohne daß die Schönheit dabey verliert? Der V. hält dieß für unmöglich. Aber erstlich ließe sich noch wohl zweifeln; ob denn das Vergnügen, das aus der möglichst vollkommenen Vereinigung beider entspringt, nicht größer seyn sollte als das, was Schönheit der Form für sich allein, in einem höhern Grade, uns gewähren kann? — Und ferner sollte dann, um mit dem V. zu reden, der Punkt, wo die idealische Gestalt, die der Künstler in Ruhe sah, mit dem Ausdruck der thätigen Seele zusammentraf, noch nie von ihm gefunden seyn? Sollten ihn nicht unter den Künstlern des Alterthums, wenn wir auch dem V. zu Gefallen den Laocoon nicht in Anschlag bringen, der Verfertiger der Niobe, sollte ihn unter den neuen Künstlern Guido in seinen Magdalenen nie getroffen haben? Die Niobe macht doch sicher eine Ausnahme von der Bemerkung des V. daß die wenigen Figuren der Alten,

L 4   die

die in einem merklichen Grade von Thätigkeit
gebildet find, es vorzüglich in Rückficht auf
den Vortheil feyn den die Stellung ihres Kör-
gers daraus zieht, nicht in Rückficht auf den
Ausdruck des Geſichts. Und eben die Ausnahmen möchten auch wohl bey der *Arria* und
noch mehr, bey der *Agrippina* in *Dresden*
ſtatt finden.

Auf die *Villa Albani* folgt der *Pallaſt Colonna*, wo der *V.* zugleich lehrreiche Abhandlungen über die Manier und Vorzüge des *Cor-
reggio*, über den Begriff des Helldunkeln, über
die Verſchiedenheit deſſelben von Colorit, Rün-
dung, Beleuchtung etc. eingeſchaltet hat. Wir
übergehen denſelben, da er für alte Kunſtgeſchichte nichts merkwürdiges enthält, und das
einzige intereſſante Stück, die *Venus Anadyomene*, ſchon oben von uns angeführt iſt.

In der *Villa Negroni* werden die Liebhaber
künftig die vom *V.* angeführten Statuen vergeblich ſuchen. Sie waren ſchon im vorigen
Iahre von dem Kunſthändler Herrn *Jenkins*
gekauft, und ſollen nachher nach *England* oder
Rußland gegaugen feyn, wiewohl wir für die
Richtigkeit dieſer letzten Nachricht nicht einſte-
hen können. Wir vermiſſen in des *V.* Beſchreibung derſelben die beiden wichtigſten Stücke,

— viel-

— vielleicht daß sie schon damals nicht mehr
in der Villa waren — die zwey sitzenden Statuen des Posidippus und Menander, beide in
Lebensgröße und vortrefflich gearbeitet; an der
ersten findet sich der Name, an dessen Aechtheit sich nicht zweifeln läßt; der zweyte ist
willkührlich so genannt. Sie gehörten vordem
zu den bekannten Statuen in Rom.

Um die genauere Kenntniß der Gruppe der
Niobe, deren Beschreibung bey der Villa Me-
dicis mit eingerückt ist, wo sie vordem stand,
hat sich der V. ein wahres Verdienst erworben. Man weiß wie viel Streit über diese
Gruppe gewesen ist; ob die Figuren ursprünglich eine Gruppe ausmachten; ob alle oder
welche von ihnen dazu gehören? etc. Der
Verfasser geht die Figuren der Reihe nach
durch, und bestimmt es endlich dahin, daß
außer der Mutter, der jüngsten Tochter und
dem todten Sohne noch 6 Figuren, 3 Söhne
und 3 Töchter dazu gehören, so daß die
Gruppe überhaupt aus 9 Stücken bestand. Wir
glauben daß der V. sowohl hierinnen Recht
habe, als in seiner Behauptung gegen Winkel-
kelmann, daß die beiden Ringer nicht mit dazu
zu zählen sind.

L 5 Der

Der Pallaſt Corſini iſt reich an Gemälden
und Büchern, aber ziemlich arm an Antiken.
Der ſilberne Becher mit erhabner Arbeit, deſſen
Winkelmann erwähnt, und den der V. nicht
konnte zu ſehen bekommen, wird in der Bibliothek aufbewahrt, und dorten gezeigt. Er war
vormals im Hauſe Borgia, und kam durch
eine Schenkung dahin. Er iſt merkwürdiger
für den Gelehrten als für den Liebhaber; es
ſind darauf einige Scenen aus der Geſchichte
des Oreſtes vorgeſtellt; beſonders ſeine Losſprechung zu Athen. Ienes Urtheil gilt auch
von der ſogenannten ſella curulis in dieſem Pal-
laſte, die der V. vielleicht eben deswegen nicht
anführte. Es iſt ein marmorner Seſſel, deſſen
Lehnen ſowohl als Füße mit Reliefs geziert
ſind, die Opfer und Iagden vorſtellen, und deren
nähere Erklärung, wenn ſie gleich für R. ein
Räthſel iſt, für die Ritus romanos wichtig
ſeyn würde.

Bey Gelegenheit der Aldobrandiniſchen Hochzeit, führt der V. mehrere Bemerkungen über
die Malerey der Alten an. Wir können über
den Grad der Vollkommenheit den ſie erreichten
nicht mit Zuverläſſigkeit urtheilen, da wir keins
ihrer Meiſterſtücke, ſondern nur größtentheils
Wandgemälde beſitzen. Ihr größtes Verdienſt
beſteht durchgängig in der Zeichnung. Wer
kennt nicht die herrlichen Figuren im Muſeo zu

Por-

Portici! Den Ausdruck findet der V. zu oft
übertrieben; das heißt doch wohl nur den Ausdruck in der Stellung? Und auch hier ließe
sich noch wohl der Einwurf machen, daß die
Stellung die uns zu übertrieben, oder die Bewegung die uns zu heftig dünkt, es noch nicht
dem Griechen zu scheinen brauchte, der einmal
an heftigere Gesticulationen gewöhnt war. In
ihren Zusammensetzungen waren sie nicht glücklich, ihre Gemälde sind wie ihre Basreliefs, die
Figuren stehen einzeln für sich. Doch giebt es
einige Stücke die hievon eine Ausnahme machen,
aber allerdings sind sie selten, und unter 5-600
Stücken zu Portici werden kaum ein halb Dutzend
seyn, von denen man sagen kann, daß sie Vorzüge
in der Composition besitzen. Es würde uns zu
weit führen, wenn wir dem V. in seinen Bemerkungen über das Mechanische der Malerey der
Alten folgen wollten; die neuen Versuche die
Wachsmalerey der Alten wieder herzustellen hätten wohl eine weitere Anzeige verdient; die
neuesten, sowohl in Rom als Bologna von dem
H. Hofrath Reifenstein und dem H. Grafen
Gini gemachten Proben konnten doch dem V.
nicht unbekannt seyn?

Unter den Antikensammlungen in Rom vom
2ten Range behauptet die in der Villa Ludovisi
einen der ersten Plätze. Zu den bekannten
Stücken gehören außer dem ruhenden Mars, und
der

der Gruppe vom Papirius und feiner Mutter, befonders die bekannte Gruppe der Arria und Paetus. Dieß ift der gewöhnliche Name, die wahre Erklärung ift bisher zweifelhaft, und der V. gläubt aus diefer Gruppe einen neuen Beweis für feine mehrmal gemachte Behauptung hernehmen zu können, daß die hiftorifche Kenntniß der vorgeftellten Handlung, oder die gelehrte Erklärung des Kunftwerks, das Vergnügen das es uns gewährt zwar erhühe, aber doch nicht allein ausmache. — So gefaßt braucht, dünkt uns, diefer Satz nicht nur keines Beweifes, denn wer wird es bezweifeln daß Schönheit fchon an fich gefalle? — fondern brauchte auch gar nicht einmal angeführt zu werden. Aber daß zum vollen Genuffe eines Kunftwerks Kenntniß der Handlung nothwendig fey, und daß der V. deshalb eigentliche antiquarifche Gelehrfamkeit nicht fo tief hätte herabwürdigen oder für den Liebhaber entbehrlich halten follen, wie er es hin und wieder thut, davon mag die Begierde ein Beweis feyn, mit der jeder Zufchauer fich zuerft zu erkundigen pflegt, was das Bild vorftelle? Der V. der fich dem Stücke nicht ganz nähern konnte um zu unterfuchen was alt und neu daran fey, glaubt aus der Verfchiedenheit des Styles der beiden Figuren, aus der Nichtübereinftimmung des Kopfes

mit

mit dem Körper bey der männlichen Figur, und andern Merkzeichen, mit Gewißheit schließen zu können, daß die Gruppe stark ergänzt und zusammengesetzt sey. — Allein eben diese Gruppe kann uns zum Beweise dienen, wie trüglich solche Raisonnements sind, die sich mehr auf Gefühl als Untersuchung stützen; eine Bemerkung die wir keinesweges einflechten, um dem *V.* einen Vorwurf dadurch zu machen, denn er hat dieß Schicksal mit jedem andern Kunstkenner gemein; sondern um Andre zu warnen, nicht zu voreilig in solchen Behauptungen zu seyn. Was der *V.* zuerst aus der Verschiedenheit des Styls in den beiden Figuren schließen will, sehen wir nicht ab; doch nicht daß sie nicht zusammen gehören? Sie stehen ja, alles andre abgerechnet, auf Einem Block! der Kopf des Paetus ist nicht nur nicht neu, sondern auch nicht einmal angesetzt, wie *R.* aus eigner Untersuchung mit Gewißheit behaupten kann, und an der ganzen Gruppe ist überhaupt, unbedeutende Kleinigkeiten abgerechnet, nichts neu, als der rechte Arm mit dem Griff des Schwerdts, und der linke Arm vom Ellenbogen bis an die Hand. Allein die Hand selbst, mit der er die Arria hält, ist alt, zum Beweise daß der Arm richtig ergänzt sey.

Den coloſſaliſchen Kopf der Iuno, der ſonſt in dieſer Villa ſtand, hat R. vergeblich geſucht; einige ſagen er ſey verkauft und aus Rom gegangen. Man muß hoffen daß die Nachricht ungegründet ſey.

Die Antiken in dem Pallaſt Mattei, die Reliefs ausgenommen, haben faſt alle dieß Schickſal gehabt. Das einzige erhebliche Stück, das ſich dorten noch findet, iſt der Kopf des Cicero mit der Unterſchrift *CICERO.* Der Streit über die Aechtheit der Schrift ſcheint R. dahin beſtimmt werden zu müſſen, daß es ein alter Betrug aus den ſpätern Iahrhunderten ſey. Neu ſcheint die Schrift auf keinen Fall zu ſeyn. — Bey Erwähnung der Ehebrecherinn von *Pietro da Cortona* liefert der V. einige Bemerkungen über dieſen Maler, und giebt ihm einigen Erſatz für das Unrecht das er ihm im erſten Bande S. 179. bey Beſchreibung der Gallerie des Capitols zugefügt hatte.

Den Beſchluß dieſes Bandes macht die Beſchreibung des Pallaſtes Barberini, bey welcher Gelegenheit der V. zugleich eine muſterhafte Kritik des berühmten Bildes von *Pouſſin*, den Tod des Germanicus, liefert. *)

*) Der Schluß folgt im nächſten Stück.

7.

Pindari Carmina selecta. Ol. I. II. IV.
V. IX. XI. XII. XIV. Pyth. I. VI.
VII. IX. XI. Nem. I. XI. Isthm. III.
VII. cum scholiis selectis suisque notis
in usum academiarum et scholarum
edidit *Frid. Gedike*, supremi Senatus ec-
clesiastici consiliarius, et Gymnasii Fri-
dericiani Berolinensis director. Bero-
lini 1786.

Die Absicht des H. O. C. R. der uns hier
einige ausgesuchte Gedichte Pindars erklärt liefert, konnte keine andere seyn,
als die Freunde der griechischen Litteratur dadurch mit dem Geiste des Dichters so bekannt
zu machen, daß sie nachher durch eignen Fleiß
sich weiter forthelfen könnten. Wir billigen im
Ganzen diese Idee, und sind völlig der Meinung des H. daß wenn gleich ein neuer Commentar über den ganzen Dichter in mancher
Rücksicht eine wünschenswürdige Sache wäre,
es für Anfänger dennoch besser sey, ihrem
eignen Fleiße etwas zu überlassen, und sie nur

durch

durch die Erklärung ausgesuchter Stücke er
lich auf den rechten Weg zu leiten. Um dest
mehr aber kommt es darauf an, sie durch dieſ
wenigen Stücke mit dem Geiſte des Dichter
ſchön ſo vertraut zu machen, daß ſie für das
Uebrige keiner fremden Hülfe weiter bedürfen.
Bey einem Lyriſchen Dichter, und zwar einem
ſolchen Dichter wie Pindar, werden hiezu mehrere Dinge erfordert, die ſich nicht ſo leicht
mit einander vereinigen laſſen. Bloße Worterklärungen, ſelbſt Sacherklärungen, in ſo fern
ſie Umſtände aus der Mythologie oder Geſchichte
betreffen, auf die der Dichter anſpielt, reichen
hiezu eben ſo wenig hin, als Entwickelungen
von Schönheiten in einzelnen Stellen; die Hauptſache iſt hier, daß man den Leſer, beſonders
den Anfänger, der noch keine Bekanntſchaft
mit Lyriſchen Dichtern hat, mit dem Ideen-
gange des Dichters bekannt macht, die Ideen
ſupplirt, die er als Dichter überſprang und
überſpringen konnte, und, indem man ihm Schritt
vor Schritt folgt, den ganzen Gang entwickelt,
den ſeine Phantaſie in dem Gedichte nahm.
Mehr alſo als bey irgend einem andern alten
Schriftſteller verlangen wir hier einen beſtändigen Commentar, der, indem er dem Leſer Nichts
unerklärt zurückläßt, ihm zugleich eine ſo innige Bekanntſchaft mit dem Dichter verſchafft,
daß er bey den übrigen Stücken auch ohne
Wegweiſer ihm folgen kann.

Ohne Zweifel war dieß auch das Ziel das
der H. O. C. R. ſich bey dieſer neuen Ausgabe vorgeſetzt hatte; er wollte aber zugleich
damit noch einige andre Abſichten verbinden,
und faſt fürchten wir daß er eben dadurch.

daß

daß er zuviel umfaſſen wollte, ſich zu ſehr
von dem Hauptziele entfernt habe. Er wollte
die Anfänger zugleich mit den Anfangsgründen
den der Kritik, und dem Gebrauche der Scholien bekannt machen. In Rückſicht auf das
erſte liefert er hin und wieder einzelne Varianten und Emendationen, theils aus der Heynb-
ſchen Ausgabe, theils aus eignen Conjecturen;
und was die Scholien betrifft, ſo hat er aus den
ältern Scholiaſten die erheblichſten Stellen unten
abdrucken laſſen. Der Leſer geräth dadurch
in die unangenehme Nothwendigkeit, daß er
die Erklärungen an zwey Orten, bald in den
Scholien, bald in den Noten ſuchen muß; aber
was ſchlimmer war wie dieß, jenes Haupterforderniß, das wir ſo eben angeführt haben,
jene fortlaufende Entwickelung des Ganges der
Ideen beym Dichter, mußte nothwendig dadurch unbefriedigt bleiben, indem der H. O. C. R.
ſich jetzt nur auf die Erklärung einzelner
Stellen einlaſſen konnte, die durch die Scholien
unerklärt blieben.

Dieſe Erklärungen des H. erſtrecken ſich
nun ſowohl auf Worte und Ausdrücke, als
auf Sachen, oft auch auf Entwickelungen einzelner hin und wieder zerſtreuter Schönheiten.
Dem größern Theil derſelben können wir unſern Beyfall nicht verſagen, aber bey Dingen
wo ſo vieles auf das Gefühl ankommt, iſt es nicht
zu verwundern, wenn uns oft der H. O. C. R. den
Sinn des Dichters nicht recht ſcheint gefaßt zu
haben. Wir heben zum Beweiſe unſrer Behauptung nur einige Stellen aus der erſten
Olympiſchen und Pythiſchen Ode aus. Gleich
im 4ten Verſe, ὁ δὲ χρυσὸς αἰθόμενον πῦρ
ἅτε

ἅτε διαπρέπει νυκτὶ μεγάνορος ἔξοχα πλούτου will
der V. unter τῦρ den Blitz verstehen. Wir
sehen hiezu eben so wenig Grund, als zu der
Erklärung des Scholiasten, der es auf die Sterne
zieht. Πυρ ist Feuer überhaupt, nichts weiter.
„Unter allen Schätzen strahlt am herrlichsten das
Gold gleich dem Feuer in der Nacht.” — Eben
so gesucht scheint uns die Erklärung V. 10,
ἐρήμας δι᾽ αἰθέρος, „die von den Sternen verlaßne
Luft.” Wenn der Dichter die Luft wüste nennt,
so denken wir überhaupt an das Bild das sich unsern Augen bey dem Blick in jene grenzenlose
Ferne darstellt, ohne dabey auf so specielle Umstände zu sehen. Noch weniger will uns die Erklärung des V. v. 13-15 einleuchten: ὅθεν (von
Olympus) ὁ πολύφατος ὕμνος ἀμφιβάλλεται σοφῶν μήτισσι, „consilia i. e. ipsa mens poetarum
cingitur hymno (ceu alis), euolat hymno.” Von
jenem Aufsliegen des Herzens steht nicht nur
nichts im Text, sondern es ist auch gar keine
griechische Dichteridee. Jenes μήτισσι kann der
Dativ sowohl als der Ablativ seyn. Ist das erste,
so ist μητις cura, und ἀμφιβάλλεται μήτισσι bloß
Dichterausdruck für μέλει. Das Ganze heißt
dann weiter nichts als Hymnus curae est poetis.
Ist μήτισσι der Ablativ so stünde ἀμφιβάλλεται
absolut für πλεκεται wie der Scholiast will, ne-
ctitur curis poëtarum. Aber dieß wäre zu
hart, und wir sehen bey der ersten Erklärung
keine Schwierigkeiten.

Bey der ersten Pythischen Ode, gleich im Anfange, wo es in der Heynischen und Oxfurther
Ausgabe heißt: χρυσέα Φόρμιγξ, Ἀπόλλωνος καὶ
ἰοπλοκάμων Μοισᾶν σύνδικον κτέανον, ist die
alte Interpunction wieder aufgenommen χρυσέα
Φόρ-

Φόρμιγξ Ἀπόλλωνος, καὶ etc. weil, sagt der H. die Leyer nicht zugleich dem Apoll und den Musen zugehören kann. Wir lassen die Kraft dieses Beweises dahin gestellt seyn, sehen aber dennoch nicht ein, wie der H. O. C. R. selbst bey seiner Interpunktion, verbinden kann Φόρμιγξ Ἀπόλλωνος, χρυσέα καὶ κτέανον etc. χρυσεα ist doch offenbar ein Beywort von Φορμιγξ. womit es der Dichter verbindet, wie kann dieß einzelne Adjectiv erst zu dem folgenden Satze gezogen werden, mit dem es in gar keiner Verbindung steht? dieß sind Versetzungen wie sie sich wohl ein gothischer Dichter erlaubt, aber kein griechischer!

Die Erklärung der herrlichen Stelle v. 8. etc. wo es von dem Gesange der Lyra heißt: καὶ τὸν αἰχματὰν κεραυνὸν σβεννύεις αἰανδου πυρός· war uns noch auffallender: Iupiter ipse, Musarum cantu delinitus in dulcem quasi soporem soluitur, ita vt fulmen excidat manibus et exstinguatur. Ob es ein edles, ob es ein zweckmäßiges Bild sey, daß Iupiter bey dem Gesange der Musen in Schlaf gerathe, wollen wir nicht entscheiden; wir wissen wohl daß das „Eingelullt von Nachtigallenchören" ein Bild sey dessen sich die Dichter bedienen, aber es wird gebraucht als Bild der wollüstigen Ruhe, nie als Beschreibung der Schönheit des Gesanges, wovon hier die Rede ist. Wo findet sich denn aber auch das Bild im Text? Von dem Adler sagt es der Dichter gleich nachher, und das ist etwas anders; aber wenn der Stral des ewigen Feuers in Iupiters Hand, vor dem Gesange der Musen erlöscht, so denken wir uns nichts anders darunter, als daß der erzürnte Iupiter, der so eben ihn schleudern wollte, besänftigt wird, und ihn ruhen läßt.

Die

Die vorgeſchlagnen Verbeſſerungen des H.
finden ſich mehrentheils an Stellen wo wir ſie am
wenigſten erwarteten. Πῆμα παλιντράπελον Ol. II.
70. iſt ein Unglück, das von der Μοῖρα zu einer
andern Zeit wieder abgewandt wird, wir brauchen daher das vorgeſchlagene παλιντράπελος
nicht. Ueberhaupt iſt uns kein Beyſpiel bekannt
daß παλιντράπελος eine aktive Bedeutung hätte.
Alsdann heißt es πάλιντροπος· Χθόνα ταράσσον-
τες v. 113. giebt eben ſo gut einen Sinn als χα-
ράσσοντες. Ὀλβον ἄρδειν Ol. E. 55. ſcheint uns
weit dichteriſcher zu ſeyn als das vorgeſchlagne
ὄλβον ἀρύειν. Eben ſo wenig möchten wir Ol. Ι.
50. für οὐδ᾽ Ἀΐδας ἀκίνεταν ἔχε ῥάβδον, ἀνί-
κηταν leſen, da gerade die Rede davon iſt daß
Pluto ſeinen Scepter bewegt, ſich damit gegen
den Hercules vertheidigt habe. Pyth. VI. 7. will
der V. ὄμφαλον ἐριβρομον χθονός für ὄμφαλον
ἐριβρόμου χθονὸς leſen; aber das Epitheton ἐρί-
βρομος paßt unſers Bedünkens beſſer für χθὼν als
für ὄμφαλος, die tönende und erbebende Erde.
Auf allen Fall gewinnt der V. Nichts mit der
Emendation: da das Ganze doch nur Um-
ſchreibung von Delphi iſt. Glücklicher ſcheint
uns der V. geweſen zu ſeyn wenn er Ol. Ι. 11.
ἐπιτεῖναι für ἐπικεῖμαι und Ol. XIV, 172. ἀμφ᾽
ἀρεταῖς für ἀμφοτέροις vorſchlägt.

Rn.

INEDITA

ET

OBSERVATIONES CRITICAE.

Bibl. d. Litt. 3 St.

Isaei Oratio
de
Meneclis haereditate.

Praemonenda.

Seruata est haec oratio in Codice Bibl. Medi-
ceae Florentiae, (qui secundum Catalogum
huius Bibl. est Cod. XI. Plutei IV. Chartaceus
40. mai. Sec. XV.) vbi legitur p. 27. auersa sqq.
Apographum eius, quod, nescio quo casu aut
tempore, Angliam peruenerat, typis vulgauit
nuper Vir doctus aliquis, non prodito nomine,
sub titulo: Ισαιɐ λογος περι τɐ Μενεϰλεɐς ϰληρɐ.
Excudebat Joh. Nichols. Londini MDCCLXXXV.
(22 pag. 8 mai.) nulla adiecta aut praefatione
aut adnotatione, nisi quod extrema pagina
paucae notulae leguntur siue potius errorum
correctiones. Nos libellum in Germania ra-
rissimum, quod hic repetimus, non ingratum
fecisse lectoribus speramus, cum praesertim pluribus locis emendatiorem exhibeamus, argumento quoque adiecto et sectionibus adscriptis,
ad iuuandam lectionis facilitatem. Caeterum ge-
nuinam esse hanc orationem et eandem quam

laudat

laudat Harpocration *a*), nemo, puto, dubitabit,
qui in his exercitatum habet iudicium;' Ita
plane orationis colore et vniuerso tractationis
modo reliquarum, quas habemus, Isaei est
simillima, eadem cum simplicitate vis et elegantia; et fere dixerim hanc in mente habuisse
Dionysium Halicarnass. in iudicio de Isaeo,
quod vid. in edit. Reiskii Vol. VII. p. 247.

Argumentum.

Menecles Atheniensis, liberis destitutus,
filium adoptauerat Eponymi, veteris amici filium, suae vxoris, quam vt improlem dimiserat,
fratrem. Quod cum aegre ferret frater ipsius,
bonis eius inhians, mortuo Menecle litem in-
tendit filio adoptiuo, legitimam esse negans
adoptionem, quippe hunc a sene deliro, et
vxoris artibus inducto, testamento demum scriptum esse filium. Se igitur bonorum legiti-
mum esse haeredem. Filius, siue huius nomine Isaeus, pro adoptione dicit, et prae-
misso

a) Ita ille: Ἀγενὴς, ἀντὶ τῶ ἄπαις παρ' Ισαίῳ ἐν τῷ ὑπὲρ Μενε-
κλέυς κλήρῳ. Mirum hanc vocem in nostra oratione non oc-
currere, sed non debet hoc suspicionem mouere. Potuit
eam in suo codice legere Harpocration, vbi in nostra est
ἄπαις, posito a librariis consueto vocabulo pro insolentiori.
nisi tote in legibus occurrebat, quae in nostro exemplari
non sunt adscriptae. Saltim malim alterutrum sumere, quam
suspicari, in orationis nomine erratum esse a Grammatico.

miſſo, exordio et cauſſae expoſitione (Sect. 1-4)
oſtendit, ſe recte, et ſecundum leges factum
eſſe filium Meneclis, non teſtamento ſcriptum
aut a deliro, ſed XXIII ante eius obitum annis. — Meneclem hoc non feciſſe a muliere
illectum, quippe tum iam dimiſſa, ſed orbitate
et in ſe beneuolentia motum, cum non eſſet alius
genere magis propinquus. (S. 6. 7.) — Tûm
docet, cur litem ſibi mouerit aduerſarius, ſci-
licet inuidere eum ſibi Meneclis bonorum poſ-
ſeſſionem, quae tamen, poſtquam iſte maximam
partem ſibi ſumſerit, ſint tenuiſſima. Hoc qui
factum ſit, copioſe narrat, 8-11. monens ſimul
iudices, ipſos aduerſarios ſuis factis fateri, ſe
legitime fuiſſe adoptatum. S. 12. Denique addit, ſe tam parum cupidum eſſe bonorum, vt
vltro ſuo iure ceſſurus fuiſſet, niſi in parentem
pietas et dedecoris timor cauſſam deſerere ve-
tuiſſent. S. 13. Inde peroratio. S. 14.

Ὑπόθεσις τοῦ ἑξῆς.

Μενεκλέας ποιησαμένȣ υἱὸν, ϰαὶ ἐπιβιώσαντος τῇ
ποιήσει εἴϰοσι τρία ἔτη, ἀδελφῶν ἀμφισβητησάν-
των τȣ ϰλήρȣ, ἐμαρτύρησέ *) τις Φιλωνίδης μὴ
εἶναι τὸν ϰλῆρον ἐπίδιϰον, ϰαταλείψαντος υἱὸν Με-
νεϰλέȣς. Τέτῳ ἐπέσϰηψαν ψευδομαρτυρίας οἱ
a 3 ἀδελφοὶ

*) Apograph. habet ἀμφισβησάντων et ἐμαρτηϱησε.]
Notae vncinis incluſae ſunt editoris Angli.

τοῦτον, εἰ τις ἐρωτήσειεν αὐτὸν, τί δὴ a) πότ᾽ ἂν
ἐποίησεν, εἰς τὴν αὐτὴν τύχην ἐκείνῳ κατασὰς,
οὐκ ἀλλ᾽ οὐδὲν εἰπεῖν, ἢ ὅτι ἐποίησατ᾽ ἂν ὅς τις
αὐτὸν ἔμελλε ζῶντα θεραπεύειν, καὶ τελευτήσαντα
θάψειν· καὶ δηλονότι κατὰ τὸν αὐτὸν τοῦτον νόμον
ἡ ποίησις ἐγένετ᾽ ἂν, καθ᾽ ὅν περ ἡ ἐμή. Εἶτα
αὐτὸς μὲν, εἰ ἦν ἄπαις, ἐποίησατ᾽ ἂν· τὸν δὲ
Μενεκλέα ποιήσαντα ταυτὰ b) τούτῳ, παραφρονεῖν φησι, καὶ γυναικὶ πειθόμενον c) ποιήσασθαι.
Πῶς οὖν οὐ σχέτλια λέγων φαίνεται; Ἐγὼ γὰρ
οἶμαι πολλῷ μᾶλλον τοῦτον παραφρονεῖν, τῷ τε
λόγῳ τούτῳ, ᾧ νυνὶ λέγει, καὶ οἷς ποιεῖται.
Τοῖς τε d) γὰρ νόμοις καὶ δικαίοις, καὶ οἷς αὐτός
ἐποίησεν ἂν, τἀναντία λέγων φαίνεται, καὶ οὐκ
αἰχύνεται αὐτῷ e) τὸν νόμον, τὸν περὶ τῆς ποιήσεως, ποιῶν κύριον, τῷ δὲ ἀδελφῷ τὸν αὐτὸν
τοῦτον ζητῶν ἄκυρον ποιῆσαι.

9 Εἶτα νῦν διὰ τί διαφερόμενος ζητεῖ οὗτος
τὸν ἀδελφὸν τὸν ἑαυτοῦ ἄπαιδα κατασῆσαι, ἄξιόν
ἐστιν, ὦ ἄνδρες, ἀκοῦσαι. Εἰ μὲν γὰρ περὶ τοῦ
ὀνόματός

a) Apogr. ἤδη.]

b) Sic ſcripſi pro ταῦτα, addita interpunctione poſt
τότῳ. Si ταῦτα legas τότῳ iungendum ſeq. bac in
re etc.

c) Apogr. πυθόμενον.]

d) Apogr. γε.]

e) In Lond. male eſt αὐτὴ.

ὀνόματός μοι διαφέρεται, καὶ ἀναίνεται, ὡς ἐγὼ f) ἔσομαι υἱὸς Μενεκλέους, πῶς οὐ φθονερός ἐςιν; Εἰ δὲ περὶ χρημάτων ἐςιν ὁ λόγος αὐτῷ, ἐπιδει- ξάτω g) ὑμῖν, ὁποῖον χωρίον, ἢ συνοικίαν, ἢ οἰκίαν κατέλιπεν ἐκεῖνος, ἃ ἐγὼ ἔχω νυνί. Εἰ δὲ μηδὲν τούτων κατέλιπεν, ἃ δ' ἦν αὐτῷ ὑπό- λοιπα, ἐπειδὴ τῷ ὀρφανῷ τὸ ἀργύριον ἀπέδωκεν, οὗτος ἔλαβε ζῶντος ἐκείνου ἔτι, πῶς οὐ περι- φανῶς ἐξελέγχεται ἀναιδὴς ὤν h); Ὡς δὲ ἔχει ἐγὼ ἐπιδείξω. Ἐπειδὴ γὰρ ἔδει τῷ ὀρφανῷ τὰ χρήματα ἀποδίδοσθαι, ὃ δ' οὐκ εἶχεν, ὁπόθεν ἀποδῶ, τόκοι δὲ πολλοῦ χρόνου συνερρυηκότες ἦσαν αὐτῷ, τὸ χωρίον ἐπώλει. Καὶ οὗτος καιροῦ i). λαβό- μενος καὶ βουλόμενος αὐτῷ ἐπηρεάζειν, ὅτι ἐμὲ ἐποιή- σατο, διεκώλυε τὸ χωρίον πραθῆναι, ἵνα κατόχιμον γένηται, καὶ ἀναγκασθῇ τῷ ὀρφανῷ ἀποςῆναι. Ἠμφισβήτει οὖν αὐτῷ μέρους τινὸς τοῦ χωρίου, πρότερον οὐδὲ πώποτε ἀμφισβητήσας· καὶ ἀπηγό- ρευε τοῖς ὠνουμένοις μὴ ὠνεῖσθαι. Κἀκεῖνος ἠγα- νάκτει k), οἶμαι, καὶ ἠναγκάζετο ὑπολείπεσθαι, οὗ ἠμφισβήτησεν οὗτος, τὸ δὲ ἄλλο ἀποδιδόναι Φι- λίππῳ, τῷ Πιτθεῖ, ἑβδομήκοντα μνῶν. Καὶ οὕτω

διαλύει

---

f) Apogr. οἷς ἐγὼ.]

g) ἐπιδειξάτω male erat in Lond.

h) Apogr. ὤ.]

i) Apogr. καὶ ρού.]

k) Apogr. ἠγανάγκηει.]

διαλύει τὸν ὀρφανὸν, ἕπτα μνᾶς καὶ τάλαντον l)
ἀποδοὺς ἀπὸ τῆς τιμῆς τοῦ χωρίου· τούτῳ δὲ
10 λαγχάνει δίκην τῆς ἀποῤῥήσεως. · Λόγων δὲ πολλῶν γενομένων καὶ ἔχθρας πολλῆς, ἔδοξεν ἡμῖν
χρῆναι, ἵνα μή ποτε εἴπῃ τις ἐμὲ φιλοχρηματεῖν,
καὶ ἐχθροὺς ἀδελφοὺς ὄντας αὐτοῦ καθιστάναι, ἐπι-
τρέψαι τῷ τε κηδεστῇ τῷ τούτου, καὶ τοῖς φίλοις
διαιτῆσαι. Ἐκεῖνοι δὲ εἶπον ἡμῖν, εἰ μὴ ἐπιτρέποι-
μεν αὐτοῖς, ὥστε τὰ δίκαια διαγνῶναι, οὐκ ἂν ἔφασαν
διαιτῆσαι· οὐδὲν γὰρ δεῖσθαι ἀπέχθεσθαι οὐδετέροις
ἡμῶν. Εἰ δ᾽ ἐάσομεν αὐτοὺς γνῶναι τὰ συμφέροντα πᾶσιν, ἔφασαν διαιτήσειν. Καὶ ἡμεῖς, ἵνα
δὴ πραγμάτων ἀπαλλαγῶμεν, ὥς τε δεώμεθα m),
οὕτως ἐπιτρέπομεν· καὶ ἐκεῖνοι ὀμόσαντες ἡμῖν
πρὸς τῷ βωμῷ τῷ τῆς Ἀφροδίτης Κεφαλαίας n)
τὰ συμφέροντα γνώσεσθαι, διῄτησαν ἡμᾶς ἀπο-
στῆναι ὧν οὗτος ἠμφισβήτησε, καὶ δοῦναι δωρεάν.
Οὐ γὰρ ἔφασαν εἶναι ἄλλην ἀπαλλαγὴν οὐδεμίαν,
εἰ μὴ μεταλήψονται οὗτοι τῶν ἐκείνου. Ἐκ δὲ
τοῦ λοιποῦ χρόνου ἔγνωσαν ἡμᾶς εὖ ποιεῖν ἀλλή-
λους

l) Siue 67 Minas.

m) Fort. leg. ὡς δεόμεθα.

n) Κεφαλαίνειν dederunt Londinenſes, ex Apographo,
vt videtur. Ipſi tamen κεφαλαίας legendum eſſe mo-
nuerunt; addita nota: vt intelligatur Venus in pago,
cui nomen Κεφαλή, conſtituta. Κεφαλή, δῆμος τῆς
Ἀκαμαντίδος. Harpocrat. v. κεφαλῆθεν.

λους καὶ λόγῳ καὶ ἔργῳ, καὶ ταῦτα ὀμόσαι ἠνάγκα-
σαν ἡμᾶς ἀμφοτέρους πρὸς τῷ βωμῷ, ἦ μὴν ο)
ποιήσειν· καὶ ἡμεῖς ὠμόσαμεν εὖ ποιεῖν ἀλλήλας ἐκ
τῇ ἐπιλοίπῳ χρόνῳ, κατὰ δύναμιν εἶναι, καὶ λόγῳ
καὶ ἔργῳ. Καὶ ὡς ὅ, τε ὅρκος ἐγένετο, καὶ ἔχεσιν
ἔτοι, ἃ ἐγνώσθη αὐτοῖς, ὑπὸ τῶν οἰκείων τῶν τότε μή-
εἶτα νυνὶ ταυτὶ τὰ ἀγαθὰ ποιῦσιν ἡμᾶς, τὸν μὲν
τεθνεῶτα ἄπαιδα βουλόμενοι κατασῆσαι, ἐμὲ δ' ἐκ-
βάλλειν ὑβρίσαντες ἐκ τῇ οἴκου, τὰς γνόντας αὐτὰς
ὑμῖν παρέξομαι μάρτυρας, ἐὰν ἐθέλωσιν ἀναβαίνειν,
εἰσὶ γὰρ τέτων οἰκεῖοι. εἰ δὲ μὴ, τὰς παραγενομένους.
Καί μοι τὰς μαρτυρίας ἀνάγνωθι ταυτασὶ σὺ δ'
ἐπίλαβε q) τὸ ὕδωρ· ΜΑΡΤΥΡΙΑΙ. Λάβε δή II
μοι τὰς μαρτυρίας ἐκείνας, ὡς τότε χωρίον ἑβδομήκοντα μνῶν ἐπράθη, καὶ ὡς ἀπέλαβεν ὁ ὀρφα-
νὸς ἑπτὰ καὶ ἑξήκοντα μνᾶς πραθέντος τῇ χωρίε.
ΜΑΡΤΥΡΙΑΙ. Ὁ θεῖος τοίνυν οὑτοσὶ, ὦ ἄνδρες,
κεκληρονομηκὼς τῶν ἐκείνῳ ἔργῳ, καὶ ᾧ λόγῳ
ὥσπερ ἐγὼ, καὶ ἔχων ἐμῇ πολλῷ πλείονα· ἐγὼ
γὰρ τὰς τριακοσίας δραχμὰς r) ἔλαβον, τὰς
περιλειφθείσας ἀπὸ τῆς τιμῆς τῇ χωρίε, καὶ οἰ-
κίδιον

o) Apogr. ἡμῖν.]
p) Sic dedi, monente iam editore Londin. Edicam:
&ἀπὸ τῶν οἰκ. τῇ τότε.
q) Apogr. ἐπιβάλλε.]
r) Tres minas.

κίδιον ὅ ἐςιν ἐκ ἄξιον τριῶν μνῶν· ἔτος δὲ πλεῖον
ἢ δέκα μνῶν χωρίον ἔχων, εἶτα προσέτι νῦν ἥκει
τὸν οἶκον αὐτοῦ ἐξερημώσων. Καὶ ἐγὼ μὲν ὁ
ποιητὸς ἐκεῖνόν τε καὶ ζῶντα ἐθεράπευον, καὶ
αὐτὸς, καὶ ἡ ἐμὴ γυνὴ, θυγάτηρ οὖσα τετουὶ Φι-
λωνίδα, καὶ τῷ ἐμῷ παιδίῳ ἐθέμην τὸ ὄνομα
τὸ ἐκείνε, ἵνα μὴ ἀνώνυμος ὁ οἶκος αὐτῶ γένηται·
καὶ τελευτήσαντα ἔθαψα ἀξίως ἐκείνε τε καὶ
ἐμαυτῶ, καὶ ἐπίθημα καλὸν ἐπέθηκα, καὶ τὰ ἔννατα καὶ τ' ἄλλα πάντα ἐποίησα, τὰ περὶ τὴν
ταφὴν, ὡς οἷόν τε κάλλιςα, ὥςε τοὺς δημότας
ἐπαινεῖν ἅπαντας· οὗτος δὲ ὁ συγγενὴς, ὁ ἐπιτι-
μῶν αὐτῷ, ὅτι υἱὸν ἐποιήσατο, ζῶντος μὲν τὸ
χωρίον τὸ περιλειφθὲν αὐτῷ περιείλετο, τελευτήσαντα δ' αὐτὸν ἄπαιδα καὶ ἀνώνυμον βέλεται
καταςῆσαι. Τοιοῦτος ἐςιν οὗτος. Καὶ ὡς ἔθαψα
τ' ἐγὼ αὐτὸν, καὶ τὰ τρίτα ς) καὶ τὰ ἔννατα
ἐποίησα, καὶ τ' ἄλλα περὶ τὴν ταφὴν, τὰς μαρτυρίας ὑμῖν τῶν εἰδότων ἀναγνώσεται. ΜΑΡ-
ΤΥΡΙΑΙ.

12 Ὅτι τοίνυν ὁ Μενεκλῆς, ὦ ἄνδρες, ἐποιήσατό
με οὐ παρανοῶν, οὐδὲ γυναικὶ πειθόμενος, βέλομαι ὑμῖν καὶ αὐτὸς μάρτυρας παραχέσθαι, καὶ
ἐμοὶ

ς) In Lond. legitur τὰ τρία pró quo τὰς τριάκαδας coniecit Editor, laudato Harpocr. in τριάκαδ. — Sed pronum erat reftituere τρίτα. cf. Pollux Onom. VIII. 121.

ἐμοὶ μαρτυροῦντας ἔργῳ, καὶ ὁ λόγῳ, ἐξ ὧν
ἔπραξαν αὐτοὶ, ὅτι ἐγὼ τ' ἀληθῆ λέγω. Τὰς γὰρ
διαλύσεις φαίνονται πρὸς με ποιησάμενοι ἀμφότεροι ἕτοι, καὶ ἡ πρὸς τὸν Μενεκλέα, καὶ ὁμό-
σαντες ὅρκους, καὶ ἐγὼ τούτοις. Καίτοι εἴ γε μὴ
κατὰ τοὺς νόμους ἐγένετο ἡ ποίησις, μηδὲ κληρονόμος ἦν ἐγὼ τῷ Μενεκλέει, ὑπ' αὐτῶν τούτων δε-
δοκιμασμένος, τί ἔδει αὐτοὺς ὀμνῦναι ἐμοὶ, ἢ παρ'
ἐμοῦ λαμβάνειν ὅρκους; Οὐδὲν δήπου. Οὐκοῦν
ὁπότε ἐποίησαν ταῦτα, φαίνονται αὐτοὶ οὗτοι
οἱ μαρτυροῦντες, ὅτι κατὰ τοὺς νόμους ἐποιήθη
ἡ ποίησις, καὶ δικαίως εἰμὶ κληρονόμος τῶν Μενεκλέους. Ἐγὼ δ' οἶμαι καταφανὲς ὑμῖν ἅπασι
τοῦτ' εἶναι, ὡς καὶ παρὰ τούτων αὐτῶν ὁμολογού-
μενόν ἐστιν, ὅτι ὁ Μενεκλῆς ὁ παρεφρόνει, ἀλλὰ
πολὺ μᾶλλον οὗτος νυνί, ὅς τε ποιησάμενος τῆς
ἔχθρας διάλυσιν πρὸς ἡμᾶς, καὶ ὁμόσας ὅρκους,
πάλιν νῦν ἥκει τὰ ὁμολογηθέντα καὶ ὁμοθέντα
παραβὰς, καὶ ἀφελέσθαι με ἀξιοῖ ταυτὶ τὰ λοιπὰ,
οὕτως ὄντα μικρά. Ἐγὼ δὲ εἰ μὴ πάνυ τὸ 13
πρᾶγμα αἰσχρὸν εἶναι ἐνόμιζον καὶ ἐπονείδισον, προ-
δοῦναι τόν πατέρα, οὗ εἶναι ὠνομάσθην, καὶ ὃς
ἐποιήσατο με, ταχὺ ἂν ἀπέστην αὐτῷ τῶν ἐκείνου.
Ἔστι γὰρ ὑπόλοιπον οὐδὲ ἕν, ὡς καὶ ὑμᾶς οἴομαι
αἰσθάνεσθαι. Νυνὶ δὲ δεινὸν τὸ πρᾶγμα καὶ
αἰσχρὸν εἶναι τῇδε νομίζω, εἰ, ἡνίκα μὲν ὁ Μενεκλῆς εἶχέ τι, τότε μὲν ἔδωκα ἐμαυτὸν υἱὸν

αὐτῷ

αὐτῷ ποιήσασθαι· καὶ ἀπὸ τῆς ἑστίας τῆς ἐκείνου,
πρὶν πραθῆναι τὸ χωρίον, ἐγυμνασιάρχει ἐν τῷ
δήμῳ, καὶ ἐφιλοτιμήθην ὡς υἱὸς ὢν ἐκείνου, καὶ
τὰς στρατείας, ὅσαι ἐγένοντο ἐν τῷ χρόνῳ
τούτῳ, ἐστράτευμαι ἐν τῇ φυλῇ τῇ ἐκείνου,
καὶ ἐν τῷ δήμῳ· ἐπειδὴ δὲ ἐκεῖνος ἐτελεύτησεν,
εἰ προδώσω, καὶ ἐξερημώσας αὐτοῦ τὸν οἶκον
ἀπιὼν οἰχήσομαι, πῶς οὐκ ἂν δεινὸν τὸ πρᾶγμα
εἶναι καὶ καταγέλαστον δοκοίη, καὶ τοῖς βουλομένοις
περὶ ἐμοῦ βλασφημεῖν πολλὴν ἐξουσίαν παράχω-
ρίαν t); Καὶ οὐ μόνον ταῦτ' ἐστὶ τὰ ποιοῦντά με
ἀγωνίζεσθαι τὸν ἀγῶνα τοῦτον, ἀλλ' εἰ οὕτως φαῦ-
λος ἄνθρωπος δοκῶ εἶναι καὶ μηδενὸς ἄξιος, ὥστε
ὑπὸ μὲν εὐφρονοῦντος μηδ' ὑφ' ἑνὸς ἂν ποιηθῆναι
τῶν φίλων, ὑπὸ δὲ παραφρονοῦντος, ταῦτ' ἐστὶ
14 τὰ λυποῦντά με.

E'γὼ οὖν δέομαι ὑμῶν πάντων, ὦ ἄνδρες, καὶ
ἀντιβολῶ, καὶ ἱκετεύω ἐλεῆσαί με καὶ ἀπο-
ψηφίσασθαι τοῦ μάρτυρος τουτουί. Ἀπέφηνα
δ' ὑμῖν πρῶτον μὲν ποιηθέντα ἐμαυτὸν ὑπὸ τοῦ
Μενεκλέους ὡς ἄν τις δικαιότατα ποιηθῇ, καὶ οὐ
λόγῳ, οὐδὲ διαθήκην τὴν ποίησιν γεγενημένην, ἀλλ'
ἔργῳ· καὶ τούτων ὑμῖν τούς τε φράτορας καὶ τοὺς
δημότας, καὶ τοὺς ὀργεῶνας παρεχόμην μάρτυρας·
καὶ ἐκεῖνον ἐπέδειξα τρία καὶ εἴκοσιν ἐπιβιοῦντα
ἔτη. Εἶτα τοὺς νόμους ἐπέδειξα ὑμῖν, τὲς ἅπασι
τοῖς

t) Apogr. παρέχματ.]

τοῖς ἀνθρώποις ἐξουσίαν διδόντας υἱεῖς ποιεῖσθαι.
Καὶ ἔτι πρὸς τούτοις ζῶντά τε φαίνομαι θερα-
πεύων αὐτὸν καὶ τελευτήσαντα θάψας. Οὗτος δὲ
νυνὶ ἄκληρον μὲν ἐμὲ ποιεῖν τοῦ κλήρου τοῦ πα-
τρῴου, εἴτε μείζων ἐστὶν οὗτος, εἴτε ἐλάττων,
ἄπαιδα δὲ τὸν τελευτήσαντα, καὶ ἀνώνυμον βούλεται καταστῆσαι· ἵνα μήτε τὰ ἱερὰ τὰ πατρῷα ὑπὲρ
ἐκείνου μηδεὶς τιμᾷ, μηδ᾽ ἐναγίζῃ αὐτῷ καθ᾽ ἕκα-
σον ἐνιαυτόν· ἀλλὰ ἀφαιρεῖται τὰς τιμὰς τὰς
ἐκείνου· ἃ προνοηθεὶς ὁ Μενεκλῆς, κύριος ὢν τῶν
ἑαυτοῦ, ἐποιήσατο υἱὸν ἑαυτῷ, ἵνα τούτων ἁπάντων τυγχάνῃ. Μὴ οὖν, ὦ ἄνδρες πεισθέντες ὑπὸ
τούτων, ἀφέλησθέ με τὸ ὄνομα τῆς κληρονομίας,
ὃ ἔτι μόνον λοιπόν ἐστι u)· ἄκυρον δὲ τὴν ποίησιν
αὐτοῦ καταστήσητε x). Ἀλλ᾽ ἐπειδὴ y) τὸ πρᾶγμα

b 3   εἰς

---

u) Apogr. ἔτι.]

x) Apogr. καταστήσετε.]

y) Particula haec ἀλλ᾽ ἐπειδὴ etc., quae in editionibus
adnexa est orationi de Cleonymi haereditate, vbi
alienam esse, quisque videt, nunc demum quasi
postliminio suo loco redditur. Reiskius lacunam
esse suspicabatur, quam explere etiam vtcunque co-
natus est. Sed mihi videtur oratio ista in fine esse
mutila. Forsan ex eo codice, e quo profluxit Aldina editio, exciderant folia intermedia, quae istius
orationis finem et nostram fere totam continebant,
vnde factum vt extremae vtriusque partes coa-
lescerent. T. C. T.

Inhalt.

III. Inedita et obseruatt. criticae.

1. Isaei Oratio de Meneclis haereditate.

Inhalt.

III. Inedita et obferuatt. criticae.

1. Isaei Oratio de Meneclis haereditate.

Inhalt.

III. Inedita et obferuatt. criticae.

1. Ifaei Oratio de Meneclis haereditate.

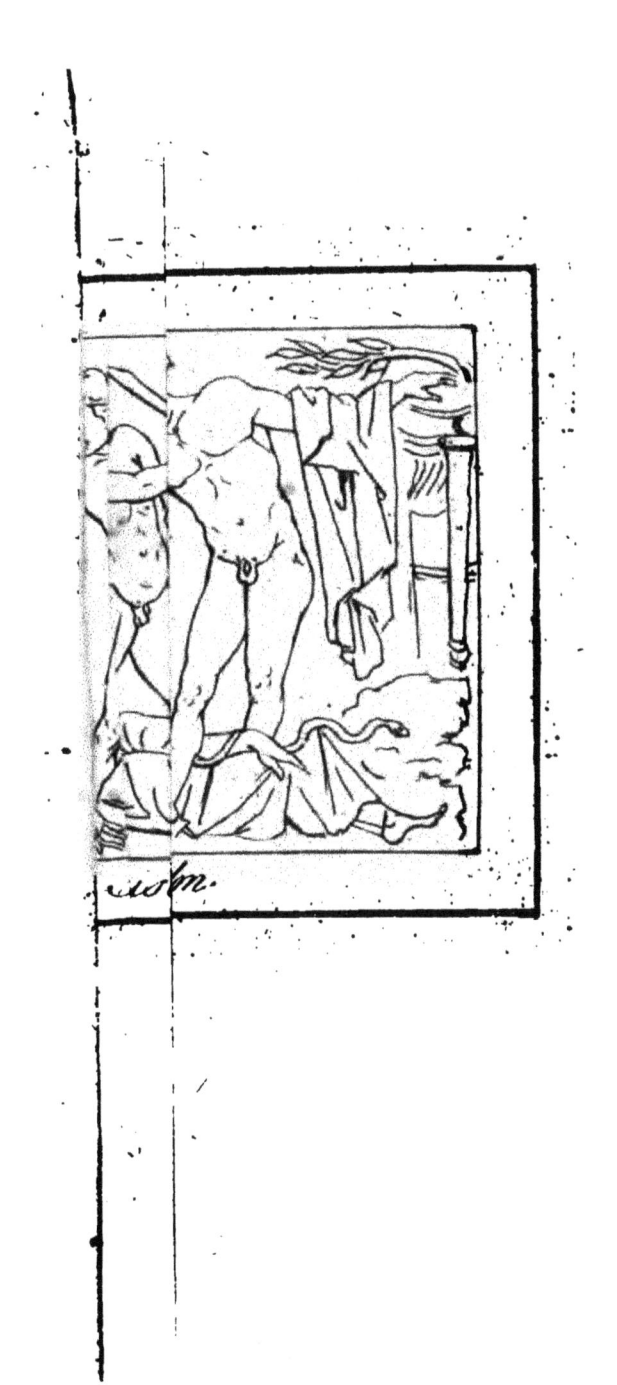

I n h a l t.

III. Inedita et obseruatt. criticae.

1. Isaei Oratio de Meneclis haereditate.

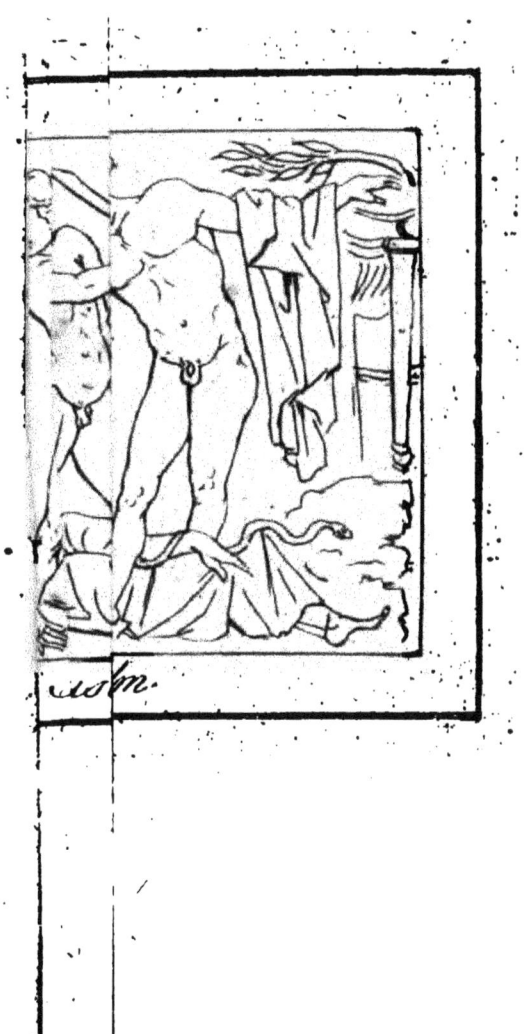

Inhalt.

III. Inedita et obferuatt. criticae.

der

alten Litteratur

und

Kunst

mit

ungedruckten Stücken

aus

der Escurialbibliothek

und andern.

Viertes Stück.

Göttingen,

bey Johann Christian Dieterich, 1788.

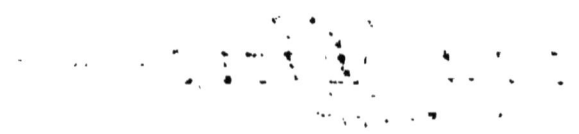

I.

J. G. Buhle

über

die Aechtheit der Metaphysik des Aristoteles.

Für die Nutzbarkeit und den richtigen Gebrauch der Aristotelischen Schriften ist noch ein Hauptgeschäft übrig, vor dessen Vollendung sie nicht als gültige Urkunden mit Gewißheit angesehen werden können, nämlich, eine strenge Untersuchung, was eigentlich davon dem Aristoteles wirklich gehöre, und was auf der andern Seite irgend einer spätern Hand zu verdanken sey. Es ist zwar bisher in dieser Absicht schon manches geschehen; sowohl die älteren, als die neuern Ausleger haben die Aechtheit dieses und jenes einzelnen Buches bestritten oder vertheidigt, und besonders sind die Stücke, welche die Araber unter dem Namen des Aristoteles geltend machen wollten, als untergeschoben

A   schoben

ſchoben, kenntlich genug geworden. Aber demohngeachtet iſt noch in den wenigſten Fällen
der Streit ganz entſchieden; gegen einige
Bücher weiß man nur die Zweifel, nicht ihre
Gründe und die Beweiskraft derſelben; bey
andern iſt es niemanden eingefallen, überhaupt
die Frage zu thun, ob man auch ein ächtes
Werk des Ariſtoteles leſe oder nicht. Dennoch
hat man Urſache bey den meiſten Büchern,
die den Namen des Stagiriten an der Stirn
führen, ſo zu fragen, weil es ſelten an Gründen zum Verdachte gegen ihre Aechtheit fehlt,
und man alſo nie hoffen kann, wahre Ariſtoteliſche Philoſophie vor ſich zu haben, oder
eine lautere Quelle zur Geſchichte der ältern
griehiſchen Weltweisheit in einem Ariſtoteliſchen
Buche anzütreffen, bevor jene Gründe geprüft
und widerlegt ſind.

Ich glaube daher, keine unnütze Mühe
übernommen zu haben, wenn ick hier den Verſuch mache, einen ehemals geführten Streit
über die Aechtheit der Metaphyſik des
Ariſtoteles, gewiß an und für ſich eines
der wichtigſten Werke, das wir unter ſeinem
Namen beſitzen, wo nicht zu ſchlichten und zu
beendigen, doch aufs neue zu beleben, und
etwas

etwas zu seiner Entscheidung beyzutragen.
Die neuern Geschichtschreiber der ältern griechischen Philosophie haben sich zeither auf die
Metaphysik des Aristoteles berufen, als ob über
die Aechtheit des ganzen Werks, oder einzelner Theile desselben, niemals ein Streit gewesen
wäre, oder hätte seyn können, und daher ist
zu erklären, daß oft Behauptungen, die den
evidentesten Stellen in andern Aristotelischen
Büchern geradezu widersprechen, aus der Metaphysik bewiesen wurden, ja daß man sogar
aus den verschiedenen einzelnen Büchern derselben für entgegengesetzte Meinungen selbst
Gründe hernahm. Schon dieser Umstand hätte
die Metaphysik, wenigstens ihre gegenwärtige
Beschaffenheit, verdächtig machen müssen, wenn
nicht das allgemeine Vorurtheil, daß sie wirklich ganz, so wie sie ist, vom Aristoteles herrühre, oder auch Unkunde überhaupt, jeden
Zweifel an ihrer Aechtheit gleich im Keime
erstickt hätte.

Bekanntlich haben wir in den neuesten Ausgaben der aristotelischen Werke vierzehn
Bücher der Metaphysik, die aber nicht
in derselben Ordnung auf einander folgen, wie
sie die ältern griechischen Ausleger, und die

A 2 ersten

erſten Herausgeber und Ueberſetzer zuſammenzu-
ſtellen pflegten; vielmehr iſt die Abtheilung der
griechiſchen Commentatoren von der itzt ange-
nommenen ſo abweichend, daß nach jener
auch nicht einmal die gleiche Zahl von
Büchern herauskommt. Die Griechen zählen
die beiden erſten Bücher als eins; unterſcheiden
ſie zwar in ſo fern, daß ſie das erſte A τὸ
μεῖζον und das andre A τὸ ἔλαττον nennen;
rechnen aber doch überhaupt nur dreyzehn
Bücher der Metaphyſik a). In Anſehung der
Folge

a) Du Val glaubte, daß Alexander von Aphrodiſium
nur zwölf Bücher der Metaphyſik zähle, und die
beiden letzten Bücher, das dreyzehnte und vierzehnte, entweder als unächt verworfen, oder gar
nicht gekannt habe, weil ſeine Scholien ſich nur
auf die erſten zwölf Bücher erſtrecken. S. Synopſin
doctrinae Peripateticae P. IV. Opp Ariſtot. T. IV.
p. 11. ed. du Val. Aber dieſe Vermuthung iſt irrig,
denn es ſind auch zum XIII und XIV Buche Scholien des Alexander Aphrodiſeus vorhanden in einer
Handſchrift der kaiſerlichen Bibliothek zu Wien.
Fabric. B. G. lib. III. cap. 6. p. 148. Hingegen iſt
gewiß, daß Thomas von Aquino, der um das Jahr
1271 eine lateiniſche Ueberſetzung der Werke des
Ariſtoteles veranlaßte, die beiden letzten Bücher der
Metaphyſik in ſeinen Handſchriften nicht fand.
Auch ſind ſie nicht in der ſpätern lateiniſchen Ueberſetzung

Folge der Bücher machen, das zwölfte und dreyzehnte Buch bey den Griechen, das eilfte und zwölfte beym Du Val aus, ſo wie das zehnte und eilfte bey jenen, das dreyzehnte und vierzehnte bey dieſem. Indeſſen iſt dieſe Ver-ſchiedenheit erſt durch Du Val entſtanden, wel-cher glaubte, daß die in den Büchern behan-delten Gegenſtände eine ſolche Ordnung, wie er angegeben, erforderten. Eine ganz andre Ordnung der einzelnen Bücher ſchlug Samuel Petit vor, weil nach ſeiner Meinung die bis-herige weder der Abſicht des Ariſtoteles, noch der Zeitfolge, worinn er die Bücher geſchrie-ben, gemäß ſey b).*

Für itzt wollen wir nun nicht weiter auf die Ordnung der einzelnen Bücher ſehen, da aus dem Folgenden von ſelbſt erhellen wird, wel-ches die beſte und natürlichſte iſt, wenn es anders überhaupt eine für uns giebt; ſondern erſt im Allgemeinen die Zweifel anführen, die ſich ge-

A 3 *gen*

ſetzung des *Johann Argyropulus* entbalten: und der erſte Ueberſetzer derſelben, der Cardinal *Beßarion*, zweifelte ſchon an ihrer Aechtheit. S. *Beſſario* praef. ad verſ. Metaphyſ.

b) *Sam. Petiti* Miſcellan. lib. IV. cap. 9. p. 35. cf. leg. Att. p. 64.

gen die Authenticität des ganzen Werks, was
wir Metaphyſik des Ariſtoteles nennen, vorbrin-
gen laſſen. Hier iſt es zuvörderſt auffallend,
daß kein Zeitgenoſſe oder Nachfolger des Ariſtoteles, ſo wie überhaupt kein Schriftſteller aus
den drey Iahrhunderten nach ihm, eine Metaphyſik, welche ſich von ihm erhalten habe,
namhaft macht. Cicero, der den Ariſtoteles,
ſobald er ihn durch den Grammatiker Tyrannio
kennen gelernt, eifrig ſtudirte, und aus mehrern andern Schriften deſſelben ganze Stellen
in die ſeinigen, beſonders in die Bücher über
die Natur der Götter, eingerückt hat c), erwähnt doch der Metaphyſik nicht, ohngeachtet
er dieſer vorzüglich in dem genannten Werke
hätte erwähnen ſollen; und dieß ſein gänzliches
Stillſchweigen, davon läßt ſich unter den Umſtänden nicht wohl anders begreifen, als wenn
man annimmt, daß er ſie gar nicht gekannt
habe. Daß die frühern Peripatetiker vor dieſer Zeit ihrer gar nicht gedenken, davon läßt
ſich noch der Grund angeben, daß die Ariſtoteliſchen Originalhandſchriften nach dem Tode
ihres Verfaſſers ſo lange unbekannt blieben, bis
Sulla ſie von Athen, aus der Bibliothek des

Apel-

c) Die Stellen ſind geſammelt in: Patricii diſcuſſ. Peripatet. T. I. lib. VII. p. 75.

Apellico von Teos, nach Rom brachte. Auch
könnte man fagen, daß vielleicht die Metaphyfik bey Lebzeiten des Arifloteles noch nicht
genug verbreitet war, als daß fie von vielen
hätte gelefen werden können. Allein, daß auch
nachher, wo fie hätte bekannt feyn müffen,
Cicero von ihr fchweigt, und gar in Büchern
über einen Gegenfland, der in ihr tieffinniger,
als in irgend einem andern Arifotelifchen Buche,
das er doch anführt, vorgetragen war, berechtigt uns allerdings zu einigem Verdachte gegen
ihre Aechtheit. Selbft Diogenes von Laerte,
der doch, wie er ausdrücklich immer anmerkt,
bey feiner Compilation über das Leben und die
Philofophie des Arifoteles, ältere Verzeichniffe
feiner Werke, und andre diefe zum Theile be-
treffende Schriften, welche damals noch vom
Hermippus, Demetrius, Ariflippus, Eumelus,
u. a. vorhanden waren, benutzt hatte, kennt
keine Metaphyfik, und ob es gleich fonft bey
der Kritik über die Aechtheit eines kleinern
Arifotelifchen Buchs, wenn weiter nichts gegen
diefelbe wäre, wenig in Betrachtung kommen
würde, daß es im Verzeichniffe des Diogenes
nicht genannt ift, fo kann doch in dem vorlie-
genden Falle kein ganz unbedeutender Einwurf
gegen die Aechtheit der Metaphyfik daher ge-

A 4   nommen

nommen werden, da es gar keine Wahrfcheinlichkeit hat, daß ein fo großes Werk vom
Diogenes und feinen Vorgängern follte überfehen und vergeffen feyn d). Endlich auch die
Schriftfteller nach Cicero, in deren Werken
man fonft Spuren findet, daß fie der Philofophie des Ariftoteles kundig waren, als Strato,
der unter Auguft und Tiber lebte, Varro,
Seneca, Plinius der ältere, Sextus Empiricus,
Athenäus u. a. fcheinen, in fo weit fich aus
ihrem gänzlichen Stillfchweigen fchließen läßt,
von der Exiftenz einer Ariftotelifchen Metaphyfik nichts gewußt zu haben; wiewohl es aus
der Zeitperiode der letztern, wie wir hernach
fehen werden, doch fchon zwey giebt, die derfelben erwähnen, nur freylich auf eine Art, welche
die Bedenklichkeiten über ihre Aechtheit eher
vergrößert, als vermindert.

Noch auffallender aber ift es, daß Ariftoteles felbft in feinen Schriften fich nirgend auf
eine Sammlung von Büchern beruft, die er
unter dem Titel μετὰ τὰ Φυσικὰ verfaßt, und
bey feinem Leben bekannt gemacht, oder fchriftlich
hinterlaffen habe. Da er das ganze Syftem
der Philofophie, in dem Umfange, welchen es
damals

d) Diog. Laert. lib. V. S. 22. ibique Menag.

damals hatte, bearbeitete, ſo hiengen auch alle
ſeine einzelnen Schriften genau zuſammen, und
theils um die Ordnung der Materien zu beobachten, theils auch ſeinen Freunden einen Leit-
faden zu geben, wie ſie ſeine Schriften nach
einander leſen müßten, oder woran ſie erkennen könnten, wie ſie zuſammen gehörten, pflegte
er immer von einer auf die andre deutlich zu
verweiſen, und ſelbſt zu beſtimmen, wie er in
der Ausarbeitung den Uebergang von einer zu
der andern gemacht hatte. So verkehrt daher
auch nach itzt die Ordnung der Ariſtoteliſchen
Schriften in den neueſten Ausgaben iſt, ſo darf
man ſich doch nur beym Leſen die Stellen
merken, wo er ſie einzeln anführt, und man
kann alsdenn ſelbſt ihre wahre Ordnung wieder
finden. Bey einem ſo wichtigen Werke, wie
die Metaphyſik ihrem Zwecke und Inhalte nach
iſt, könnten wir alſo mit Recht erwarten, daß
Ariſtoteles ſich irgendwo auf ſie auch berufen,
oder den Ort angedeutet hätte, den ſie in der
Reihe ſeiner Schriften einnehmen ſollte. Da er
das aber nie gethan, ſo muß dieß nothwendig
neuen Argwohn gegen ihre Aechtheit erzeugen.

Doch wir dürfen uns vielleicht nicht an dem
Namen μετὰ τὰ Φυσικὰ allein halten, und ver-

langen,

langen, daß *Ariſtoteles ſein Werk gerade unter dieſem angeführt haben ſolle; der Name kann ſpätern Urſprungs ſeyn, und er ſelbſt kann es mit einem andern bezeichnet haben. Denn das iſt wohl unleugbar, daß Ariſtoteles überhaupt ein Werk geſchrieben, worinn er die Lehren vorgetragen, die wir itzt metaphyſiſche nennen. Samuel Petit* hat daher auch in ſeinen Miſcellaneïs *darzuthun geſucht, daß die Bücher, welche Ariſtoteles unter dem Titel* περὶ Φιλοσοφίας *anführt* ε), *keine andern, als die metaphyſiſchen wären. Er gründet ſeine Muthmaßung auf eine Stelle beym Simplicius, worinn geſagt wird, daß Ariſtoteles in den Büchern* περὶ Φιλοσοφίας *die Lehren der Pythagoräer und des Plato von den Grundweſen erzählt habe* f). *Da das nun auch in dem* XIII *und*
           XIV

ε) **Ariſtot. Auſcultat. phyſ. II, 2. p. 466. C. Opp. T. I.** ed. du Val. ἐσμὲν γάρ πως καὶ ἡμεῖς τέλος· διχῶς γὰρ τὸ οὗ ἕνεκα· εἴρηται δὲ ἐν τοῖς περὶ φιλοσοφίας· **cf. de Republ. III, 12. p. 470. B. Opp. T. III. de part. animal. I, 2. p. 475. A. Opp. T. II. de Anima I, 2. p. 5. E. Opp. T. II. cf. Diogen. Laert. lib. V. l. c.**

f) **Simplicius ad Ariſtot. de anima I, 2.** περὶ Φιλοσοφίας νῦν λέγει, τὰ περὶ τἀγαθὸ αὐτῷ ἐκ τῆς Πλάτωνος ἀναγεγραμμένα συνουσίας· ἐν οἷς ἱσορεῖ τάς τε Πυθαγορείας καὶ Πλατωνικὰς περὶ τῶν ὄντων δόξας.

XIV *Buche der Metaphysik (nach der Casau-
bonschen Ausgabe) geschieht, so schließt er daraus, daß diese mit jenen dieselben seyn müßten.
Mehr hat die Conjectur unstreitig für sich,
als eine andre des Muretus, der die Bücher*
περὶ Φιλοσοφίας *aus Misverstand der Stelle des
eben genannten Auslegers des Aristoteles für
einerley mit den Büchern* περὶ τῦ ἀγαθῦ *hielt* g).
*Diese ist ganz falsch, weil Aristoteles die
Bücher* περὶ τῦ ἀγαθῦ *besonders citirt, und von
denen* περὶ Φιλοσοφίας *ausdrücklich unterscheidet* h). *Allein auch die Meinung des Petitus kann
nicht erwiesen werden. Denn der Inhalt, welchen die Bücher* περὶ Φιλοσοφίας *nach den Stellen, wo Aristoteles ihrer erwähnt, und nach
einem Fragmente, das beym Cicero daraus erhalten ist, zu urtheilen, gehabt haben müssen,
stimmt mit dem Inhalte der Metaphysik nicht
überein, sondern widerspricht ihm vielmehr gewissermaßen. Ich darf nur das Fragment aus
dem Cicero hiehersetzen um dieses zu beweisen:*
Cic. de nat. Deor. I, 13. T. XI. p. 19. ed. Bip.
Aristoteles quoque in tertio de philosophia libro
multa

g) Mureti. Var. lect. VII, 21.

h) Metaphys. IV, 2. p. 303. E. Opp. T. IV. εἰλήφθω
γὰρ ἡ ἀναγωγὴ ἡμῖν ἐν τῷ πρώτῳ περὶ ἀγαθῦ.

multa turbat, a magiſtro Platone non diſſen-
tiens; modo enim menti tribuit omnem diui-
nitatem: modo mundum ipſum Deum dicit
eſſe; modo quendam alium praeficit mundo,
eique eas partes tribuit, vt replicatione quadam mundi motum regat, atque tuęatur:
tum coeli ardorem Deum dicit eſſe, non in-
telligens. coelum mundi eſſe partem, quem
alio loco ipſe deſignarit Deum. *Wie man
ſieht, ſo beſchuldigt hier Vellejus, der redend
eingeführt iſt, den Ariſtoteles einer Unbeſtimmtheit und Verwirrung in ſeinen in den Büchern
de philoſophia über die Gottheit geäußerten
Meinungen. Bald räume er einem Weltgeiſte
alle Göttlichkeit ein, bald erkläre er die Welt
ſelbſt für die Gottheit; bald gebe er jener
einen beſondern Vorſteher und Regierer, und
bald halte er den feurigen Aether des Himmels für das höchſte Weſen. Sollen nun die
Bücher de philoſophia mit dem XIII und XIV
unſerer Methaphyſik einerley ſeyn, ſo müßte
doch in einem derſelben dieſes Mancherley von
Meinungen über die Gottheit bemerkt werden.
Es kommt freylich in den letzten Büchern der
Metaphyſik das Syſtem des Stagiriten über die
Gottheit vor; er legt darin dem Weltgeiſte
die höchſte Göttlichkeit bey, und nimmt noch*

außerdem eben ſo viele göttliche und ewige Naturen an, als Sphären ſind; daß er aber darin den feurigen Aether für die Gottheit erklärt, davon iſt keine Spur vorhanden. Ferner in der Metaphyſik ſelbſt werden die beiden letzten Bücher angeführt, aber nicht unter einem beſondern Titel, noch weniger unter dem Namen περὶ Φιλοσοφίας i). Nothwendig muß alſo Cicero ein von der Metaphyſik ganz verſchiedenes Werk vor Augen gehabt haben, oder man müßte, wie Petit auch gethan hat k), den Sinn des Fragments gewaltſam verdrehen, und das, was nicht zur Conjeßtur paßt, durch Veränderung der Lesart ausmerzen. Dazu kommt nun noch, daß für den Beweis der Aechtheit der ganzen Metaphyſik durch dieſe Muthmaßung wenig gewonnen wird. Geſetzt, ſie wäre wahr, ſo kannten die Alten nicht mehr als drey Bücher unter dem Titel περὶ Φιλοσοφίας; Diogenes von Laerte zählt nicht mehr derſelben; Cicero weiß auch nur von dreyen; und wir haben keinen berechtigenden Grund gegen dieſe Zeugniſſe das ehemalige Daſeyn von mehrern anzunehmen; folglich wären dann nur drey Bücher unſerer Ariſtoteliſchen Metaphyſik ächt, die übrigen aber untergeſcho-

i) Metaphyſ. VII, 1.   k) Miſcell. lib. IV. p. 47.

*geſchoben; und dieſe Hypotheſe dürfte noch
ſchwerer zu vertheidigen ſeyn, als eine andre,
welche die Aechtheit der Metaphyſik überhaupt
leugnet.*

*Andre haben geglaubt, daß Ariſtoteles unter
den* ἐγκυκλίοις Φιλοσοφήμασι περὶ τὰ Θεῖα, *ſeine
Metaphyſik verſtanden habe, und vielleicht könnte
dieſes auch noch am annehmlichſten ſcheinen,
da er ſelbſt von ihnen ausdrücklich ſagt, er
habe darinn mit vielen Gründen gezeigt, daß das
Göttliche* (τὸ Θεῖον) *unveränderlich ſey* 1).
*Allein der gewöhnliche Sprachgebrauch ſteht
dieſer Muthmaßung entgegen, nach welchem
Ariſtoteles ſonſt das Wort* ἐγκύκλιος *als gleich-
bedeutend mit* ἐξωτερικὸς *zu nehmen pflegt. m).
Wenn wir aber hier das* ἐγκύκλιος *als gleich-
bedeutend mit* ἐξωτερικὸς *nehmen wollen, ſo
müßte die Metaphyſik zu den exoteriſchen
Schriften des Weltweiſen gehört haben, da im*

Gegen-

1) Ariſtot. de coelo I, 3. T. I. p. 348. H. ed. Caſaub.
καθάπερ ἐν τοῖς ἐγκυκλίοις Φιλοσοφήμασι περὶ τὰ Θεῖα
πολλάκις προφαίνεται τοῖς λόγοις, ὅτι τὸ Θεῖον ἀμε-
τάβλητον ἀναγκαῖον εἶναι πᾶν πρῶτον καὶ ἀκρότατον.

m) Ariſtot. de republ. I. 7. II, 5. cf. Strabo Geogr. I,
p. 13. B. Caſaub. Demoſthen. Orat. adv. Leptin.
in Orat. graec. Reiskii Vol. I. p. 463, 13. Orat.
in Ariſtogit. I. Vol. I. p. 792, 16. Eunapius ap.
Suid. v. ἐγκύκλιον.

*Gegentheile die alten und neuen Forfcher in der
Gefchichte der ältern Philofophie darinn übereinftimmen, daß' fie zu den. akroamatifchen im
eigentlichften Sinne des Worts zu rechnen fey.*

*Am beften, dünkt mich, gelangen wir wohl
zum Ziele, da es doch gewiß ift, daß Ariftoteles eine Metaphyfik verfaßt, ob er ihr gleich
diefen Namen nicht gegeben, wenn wir diejenigen Stellen in den Schriften des Ariftoteles auf
die Metaphyfik deuten, wo er einer πρώτης
Φιλοσοφίας, oder, wie wir es nennen würden,
einer höchften Philofophie erwähnt; denn nach
den Gegenftänden, die ihr Gebiet ausmachen,
zu fchließen, hatte fie mit unferer Metaphyfik
einerley Zweck. So erklärt er am Ende des
erften Buchs der Unterfuchungen über die Natur der Dinge, daß die genaue Beftimmung
des Princips der Form der Subftanzen und
feiner Einfachheit oder Mehrheit, nicht
für feine dermalige Abficht, fondern für
die höchfte Philofophie gehöre, und fo lange
verfchoben werden müffe, bis er zur Abhandlung derfelben komme n). An einer andern
Stelle*

n) Aufcultatt. phyf. I, 10. p. 462. A. περὶ δὲ τῆς κατὰ
τὸ εἶδος ἀρχῆς, πότερον μία ἢ πολλαὶ, καὶ τίς ἢ
τίνες εἰσὶ, δι' ἀκριβείας τῆς πρώτης φιλοσοφίας ἔργον
ἐστὶ διορίσαι· ὥστε εἰς ἐκεῖνον τὸν καιρὸν ἀποκείσθω.

Stelle sagt er, die höchste Philosophie lehre,
daß ein Urwesen alles in der Welt in ewiger
Bewegung erhalte o). Endlich beruft er sich
sogar einmal auf λόγυς ἐκ τῆς πρώτης Φιλοσοφίας, worinn er, den auch in unserer neuen
Kosmologie nicht unbekannten Satz entwickelt
habe, daß, wenn es andre Weltalle gäbe, sie
eben so seyn müßten, wie dieß unsrige p). Da
also, wie wir sehn, die höchste Philosophie dieselben Lehren enthielt, wie die neuere Metaphysik, so kann Aristoteles unter den λόγοις ἐκ τῆς
πρώτης Φιλοσοφίας auch nichts anders, als
seine Metaphysik verstanden haben, und folglich kömmt es nun darauf an, ob in der Metaphysik, die wir dem Aristoteles beylegen, diejenigen Materien behandelt sind, welche er
darinn behandelt zu haben bezeugt. Und hier
muß man eingestehen, daß zwar von dem zuletzt angeführten kosmologischen Satze kein
Wort darinn vorkommt, daß aber doch die
beiden erstern Gegenstände in eigenen Abschnitten

o) Aristot. lib. de animal. motu cap. VI. p. 116. C. Opp.
　　T. II. ed. du Val. περὶ μὲν τῦ πρώτυ κινεμίνυ, καὶ
　　ἀεὶ κινεμίνυ, τίνα τρόπον κινεῖται, καὶ πῶς κινεῖ τὸ
　　πρώτως κινῦν, διώρισται πρότερον ἐν τοῖς περὶ τῆς
　　πρώτης φιλοσοφίας.

p) Auscultatt. phys. VIII., §. p. 594 A. T. I.

ten derselben genau erörtert ſind. Ueber das
Principium der Form der Subſtanzen hat er
ſich ſehr ausführlich verbreitet, auch kann man
die Unterſuchung der Lehren des Plato von
den Ideen, und der Pythagoräer von den Zahlen hieher ziehen, und mit dem Beweiſe von
dem Daſeyn eines erſten, alles bewegenden Ur-
weſens hat er ſich mehrere Bücher hindurch be-
ſchäfügt. Demnach können die λόγοι ἐκ τῆς
πρώτης Φιλοσοφίας mit vollkommenem Rechte
für einerley mit unſerer Metaphyſik gehalten
werden, und was die Stelle betrifft, die Ariſtoteles aus jenen anführt, und die ſich gegenwärtig in dieſer nicht entdecken läßt, ſo darf
man nur annehmen, daß ſie in irgend einem
itzt verlornen Buche, was ehmals zu ihr gehörte, geſtanden ſey, und braucht deshalb noch
nicht die ganze Metaphyſik, als unächt, zu
verwerfen.

Aus dem bisher geſagten ſcheint mir alſo
ſo viel einleuchtend zu ſeyn, daß wenigſtens
ein Theil des Werks, was wir itzt unter dem
Namen, Metaphyſik des Ariſtoteles, beſitzen,
auch wirklich von ihm herrühre, nämlich derjenige, auf welchen er ſich in den Stellen bezieht, wo er ſeine Leſer wegen der weitern

Aus-

Auseinanderfetzung der Lehren vom Principium
der Form der Subftanzen und dem Urwefen
auf die λόγους ἐκ τῆς πρώτης Φιλοσοφίας, die
mit einigen metaphyfifchen Büchern, wie wir fie
nennen, diefelben waren, verwiefen hat. Dieß
ift aber auch alles, was wir mit Gewißheit zu
behaupten im Stande find; denn daß das
übrige, was mit jenem ächten Theile zu einem
Ganzen verbunden ift, oder alle die einzelnen
Bücher, welche itzt unfre Ariftotelifche Metaphyfik ausmachen, eben fo authentifch find, ift
durch das oben beygebrachte noch nicht erwiefen, und hat auch wegen der innern Befchaffenheit mancher einzelnen Bücher, und des
Mangels an Zufammenhange derfelben mit den
übrigen, gar keine Wahrfcheinlichkeit. Schon
der erfte Schriftfteller, der von der Metaphyfik des Ariftoteles überhaupt, und auch unter
diefem Namen, fpricht, Nicolaus von Da-
mafcus, klagt darüber, daß der Vortrag un-
ordentlich, die Gedanken unzufammenhängend,
und die einzelnen Bücher, welche in feinem
Exemplar zur Metaphyfik gezählt waren, nicht
in der Reihe auf einander folgten, wie fie der
Verfaffer vermuthlich zufammengeftellt habe.
Vielleicht hätten wir uns hierüber noch genauer
unterrichten können, wenn das Buch des Nicolaus

taus ſelbſt, worinn er dieſes Urtheil über die
Metaphyſik gefällt q), ſich erhalten hätte. So
aber kennen wir dieſe ſeine Aeußerung nur aus
einer beyläufigen Anmerkung des Averrhoes,
eines gelehrten Arabers, in ſeinem Commentar
zur Metaphyſik r) des Ariſtoteles. Selbſt
Averrhoes hat dieſe Notiz nicht aus der erſten
Quelle geſchöpft, ſondern dieſelbe, wie den
größten Theil ſeines Commentars, aus einer

B 2 ältern

q) Der vollſtändige Namen des Buchs war: ἡ Θεωρία
τῶν Ἀριςοτέλυς μετὰ τὰ φυσικὰ. So wird es angeführt in einer Gloſſe am Ende des Fragments der
Metaphyſik, das dem Theophraſt beygelegt wird,
und unter den Werken deſſelben, ſo wie auch in
einigen ältern Ausgaben des Ariſtoteles, und zwar
in dieſen hinter der Metaphyſik, ſich findet. - Vermuthlich enthielt es eine lichtvollere Darſtellung der
metaphyſiſchen Ideen des Stagiriten, und in einem
beſſern Zuſammenhange.

r) Averrhois Opp. T. VIII. Commentar. ad Metaphyſ.
prooem. lib. X. Ex his igitur dictis patet, quidnam contineat vnusquisque liber haius ſcientiae, ex
libris, qui Ariſtoteli adſcribuntur. Et quod pro-
cedunt ordine peroptimo, et quod nihil in eis con-
tingit praeter ordinem; quemadmodum inuenimus
eſſe opinatum Nicolaum Damaſcenum in libro ſuo;
propterea quod ipſe declarauit, vt opinatus eſt,
hanc ſcientiam debere doceri praeſtantiori ordine.

ältern griechischen Auslegung der Metaphyſik
genommen, die ehmals vom Alexander Aegeus
vorhanden war. Außer dem Nicolaus iſt von
den ältern Schriftſtellern Plutarch der einzige,
der die Metaphyſik namentlich anführt; es erhellt aber aus der Art, wie er ſie charakteri-
ſirt, daß er ſie in einer andern Form gekannt
haben müſſe, als worinn wir ſie itzt haben.
Ariſtoteles nämlich, wie Plutarch erzählt, gab,
während Alexander, ſein ehemaliger vertrauter
Schüler in Aſien war, gegen ſein dieſem ge-
thanes Verſprechen, die akroamatiſchen Unterſuchungen über die Philoſophie, die er vorher
ihm allein nur mitgetheilt, heraus, und machte
ſie dadurch allgemein bekannt. Der König,
hierüber unwillig, machte dem Philoſophen in
einem Briefe deswegen Vorwürfe, und dieſer
entſchuldigte ſich nun in ſeiner Antwort damit,
daß er die akroamatiſchen Unterſuchungen zwar
bekannt gemacht, daß aber durch dieſelben an
und für ſich niemand in die innere Weltweisheit, worinn er von ihm eingeweiht ſey, würde
eindringen können, weil ſie ohne mündliche oder
beſondere Erläuterung durchaus unverſtändlich
wären. Wirklich, ſetzt Plutarch hinzu, hatte
Ariſtoteles darinn nicht Unrecht; denn die Metaphyſik (die Plutarch unter den akroamatiſchen
Unter-

*Unterſuchungen verſtand): enthält nichts, wo-
durch man ſich erſt Weisheit erwerben
könnte, ſondern iſt urſprünglich nur geſchrieben, um denen, die ſchon unterrichtet ſind, als
Grundriß ihrer Wiſſenſchaft zu dienen s).
Wenn ich dieſe etwas dunkele Stelle des Plutarch nicht misverſtehe, oder wenn der ganze
Beyſatz nicht eine Gloſſe von ſpäterer Hand
iſt, wie ich beynahe vermuthe, ſo hat Plutarch
ſchwerlich dabey unſere Ariſtoteliſche Metaphyſik im Sinne gehabt. Wie hätte er von dieſer
ſagen können, daß ſie nichts enthalte, woraus
man im Stande wäre die metaphyſiſchen Ideen
des Stagiriten erſt kennen zu lernen; wie hätte
er ſagen können, daß ſie bloßer Grundriß für
eingeweihte Metaphyſiker, und unbegreiflich für
den Layen in der Wiſſenſchaft ſey? Vielleicht
hatte er noch die unverfälſchte ächte Metaphyſik des Ariſtoteles vor ſich, die für ihn ein
ohne Erklärung dunkles Compendium zu ſeyn
ſchien; eine Muthmaßung, die durch das Fol-*

gende

---

s) Plutarch. Vita Alex. T. I. p. 668. ed. Fref... ἀληθῶς γὰρ ἡ μετὰ τὰ φυσικὰ πραγματεία, πρὸς δι-
δασκαλίαν καὶ μάθησιν οὐδὲν ἔχουσα χρήσιμον, ὑπό-
δειγμα τοῖς πεπαιδευμένοις ἐν ἀρχῆς γέγραπται cf.
Gellii noct. Att. XX, 5. Simplic. ed Ariſtot.
Auſcultatt. phyſ. I. fol. 2. b.

gende noch mehr Gewicht bekommen wird, wo
ich verfuchen werde, den nach meiner Einficht
ächten Theil unfrer Ariftotelifchen Metaphyfik
von dem Uebrigen abzufondern.

Auch dadurch wird es glaublich, daß die
ganze Metaphyfik nicht fo, wie fie itzt ift, den
Ariftoteles felbft zum Urheber habe, daß die
fpätern griechifchen Peripatetiker und Commentatoren über die Aechtheit oder Unächtheit einzelner Bücher mit einander ftreiten. Schon das
erfte Buch wurde von mehrern angefochten;
wir wiffen zwar nicht, von welchen und mit
was für Gründen; allein Alexander Aegeus,
den Averrhoes anführt t), bezeugt es, und es
läßt fich auch daraus abnehmen, daß Syria-
nus u), ein Alexandrinifcher Philofoph, der
nachher zu Athen lehrte, und über einige
Bücher der Metaphyfik einen Commentar fchrieb,
diejenigen für belachenswerth erklärt, die an
der Authenticität des erften Buchs zweifeln
könnten, weil Ariftoteles in einem der folgenden Bücher fich darauf berufe; wiewohl Syria-
nus die Stelle doch nicht näher beftimmt, wo

Arifto-

t) Averrhoes ad Metaphyf. lib. III. comment. 29.

u) Syriani Comment. in libb. III. XIII. XIV. Metaphyf.
  Ariftot. fol. 17. a. edit. latin. Venet. 1558. 4.

*Ariſtoteles ſich, darauf bezogen haben ſoll.
Auch das zweyte Buch haben einige dem Ariſtoteles abgeſprochen, und nach dem Zeugniſſe
des Johannes Philoponus den Paſikrates,
einen Sohn des Bonaeus von Rhodus, und
Bruder des Eudemus, als Verfaſſer, angegeben x). Dieſer Paſikrates war ein Schüler des
Ariſtoteles, und hatte auch einen Commentar
über deſſen Kategorieen geſchrieben, den Galen
noch benutzt hat y). Iſt aber das zweyte
Buch der Metaphyſik unächt, muß es auch
das dritte ſeyn, denn beide hängen unmittelbar
zuſammen z). Endlich ſchienen noch das fünfte
und ſechſte Buch nach dem Alexander Aegeus
beym Averrhoes, mehrern Peripatetikern verdächtig, und über die Aechtheit des zehnten,
dreyzehnten und vierzehnten ſind auch die neuern
Kritiker des Ariſtoteles verſchiedener Meinung a).*

*Vorausgeſetzt alſo, es ſey bewieſen genug,
daß die Metaphyſik nicht ganz ächt ſey, ſon-*

B 4 *dern*

---

x) Io. Philoponi παραβολαι in Ariſtot. Metaphyſ. fol. 7. a.

y) Menag. ad Diog. Laert. lib. V. ſegm. 35. cf. Nun-
neſ. ad vitam Ariſtot.

z) Metaphyſ. II. *gegen das Ende.* cf. Metaphyſ. III, 1. 2.

a) Voſſ. lib. de philoſophia. p. 1; 2. Du Val Synopſ.
Analyt. doctr. Peripatet. l. c. Beſſario praef. ad verſ.
lat. Metaphyſ.

dern nur ein Theil derselben, so kommt es itzt darauf an, ob sich dieser ächte Theil nicht genau bestimmen, und von dem untergeschobnen trennen lasse. Um dieses aber zu bewirken, bleibt für uns nichts anders übrig, als erstlich den Begriff festzusetzen, welchen Aristoteles mit seiner πρώτη Φιλοσοφία, die, wie wir vorher sahen, mit dem, was wir itzt Metaphysik nennen, einerley war, verbunden hat, und das Gebiet derselben, so wie die Gegenstände, welche er ausdrücklich dahin gerechnet, sorgfältig zu bezeichnen. Denn hienach müssen wir allein sowohl über die Aechtheit der einzelnen Bücher unserer Aristotelischen Metaphysik selbst, als über die Ordnung, in welcher sie nach einander zu stellen sind, entscheiden, und diejenigen, worauf jener Begriff nicht paßt, von denen, welche ihm entsprechen, absondern.

Aristoteles unterschied drey Theile der speculativen Weltweisheit, die Physik, die Mathematik, und seine sogenannte höchste Philosophie. Iene erste beschäfftigt sich mit Untersuchung der wandelbaren und beweglichen Substanzen, sowohl ihrem Wesen (Φύσει) nach, als nach ihren Zufälligkeiten (συμβεβήκεσι, accidentibus). Der Mathematiker beschäfftigt

ſchäfftigt ſich auch mit den natürliqhen Kör-
pern, aber nur in ſofern ſich an ihnen Flächen,
Dichten, Linien und Punkte finden, die er in
der Vorſtellung von ihnen abſondern, und an
und für ſich betrachten kann; die Unterſuchung
hingegen, in wie weit etwas Gränze eines phyſiſchen Körpers iſt, und in wie weit Zufälligkeiten bey ihnen, als Subſtanzen, ſtatt haben,
überläßt er dem Phyſiker, Gäbe es nun außer
den wandelbaren Subſtanzen, die in der Natur
exiſtiren, keine andre, ſo wäre die Phyſik die
höchſte Philoſophie, ἡ πρώτη ἐπιςήμη. Iſt
aber außer ihnen noch eine unwandelbare Sub-
ſtanz, ſo iſt dieſe über jene erhaben, und folglich muß der Wiſſenſchaft von ihr die Phyſik
den Rang laſſen, und jene wird die erſte und
allgemeinſte Weisheit, die das Urweſen, als
ſolches, ſeine Natur und allgemeinſten Eigenſchaften, die ihm als Urweſen zukommen, betrachtet b). Dieſe höchſte Weisheit aber grün-
B 5   det

b) Ariſtot. Auſcultatt. phyſ. lib. II, 2. p. 465. Opp.
   T. L. A. ἐπεὶ δὲ διώριςαι, ποςαχῶς ἡ φύσις λέγεται,
   μετὰ τᾶτο θεωρητέον, τίνι διαφέρει ὁ μαθηματικὸς τᾶ
   φυσικᾶ· καὶ γὰρ ἐπίπεδα καὶ ςερεὰ ἔχει τὰ φυσικὰ
   σώματα, καὶ μήκη, καὶ ςιγμὰς, περὶ ὧν σκαπεῖ ὁ μα-
   θηματικός. cf. Analyt. poſter. I, 2, 11. Opp. T. I.
                                         p. 188.

det die Metaphyſik des Ariſtoteles, und wir
wollen alſo in der, walche wir unter ſeinem
Namen haben, dasjenige auffuchen, was dahin gehört.

Nach meiner Meynung fängt ſich die ächte
Ariſtoteliſche Metaphyſik erſt mit dem
vierten Buche an, und die drey erſten
Bücher machen für ſich beſtehende und von
derſelben ganz verſchiedene Fragmente anderer Werke aus. Dem erſten Buche iſt
nämlich eine Einleitung vorgeſetzt, worinn von
den erforderlichen Seelenfähigkeiten zur Er-
kenntniß, von dem empiriſchen Urſprunge jeder
Kunſtfertigkeit und Wiſſenſchaft gehandelt, und
zuletzt der Begriff entwickelt wird, welcher
mit σοφίᾳ eigentlich zu verbinden ſey. Insbe-
ſondre

p. 188. D. πρότερα δ᾽ ἐτὶ καὶ γνωριμώτερα διχῶς·
ὁ γὰρ ταὐτὸν, πρότερον τῇ φύσει, καὶ πρὸς ἡμᾶς πρὸ-
τερον καὶ ἡμῖν γνωριμώτερον. Λέγω δὲ πρὸς ἡμᾶς μὲν
πρότερα καὶ γνωριμώτερα, τὰ ἐγγύτερον τῆς αἰσθήσεως·
ἁπλῶς δὲ πρότερα καὶ γνωριμώτερα, τὰ ποῤῥώ-
τερα· ἔτι δὲ ποῤῥωτάτω μὲν, τὰ καθόλε μάλιστα. — Deutlicher wird der Begriff der höchſten
Philoſophie freylich erſt in der Metaphyſik ſelbſt beſtimmt; z. B. Metaphyſ. V, 1. X, 6. und in andern
Stellen, die aber hier, eben weil die Aechtheit der
einzelnen Bücher noch zweifelhaft iſt, nicht zum
Grunde gelegt werden dürfen.

ſondre wird gezeigt, daß diejenige Wiſſenſchaft nur Weisheit genannt werden könne,
welche ſich mit Betrachtung der Principien
und Urſachen der Dinge beſchäfftige, und damit wird am Ende des zweyten Kapitels der
Uebergang zur Unterſuchung dieſer ſelbſt gebahnt. Die ganze Einleitung iſt aus Stellen,
welche wörtlich in andern Ariſtoteliſchen Schriften, namentlich in den Ethicis ad Nicomachum,
vorkommen, zuſammengeſetzt, hat faſt gar keinen neuen Gedanken, und iſt ſchwerlich ſo aus
der Feder des Stagiriten gefloſſen c). Auch
erhellt aus einer Aeußerung des Ariſtoteles in
einem andern Buche, daß er die hier in der
Einleitung vorgetragene Lehre nicht zur Metaphyſik, ſondern zur Phyſik oder Ethik gerechnet habe d). Der Anfang des dritten Kapitels ſtimmt oft wörtlich mit dem Anfange des
erſten Kapitels im erſten Buche der Auſcultatt.
phyſ. überein, und dann folgt nichts weiter,

als

c) Man vergleiche nur damit folgende Stellen: Ethic. ad
 Nicom. III, 4. T. II. p. 23. E. VI, 4. p. 57. B. C. 3.
 p. 56. Analyt. poſter. I, 1. ed. Caſaub.

d) Analyt. poſter. I, 33. ſub fin. τὰ δὲ λοιπὰ, πῶς δεῖ
 διανεῖμαι ἐπί τε διανοίας, καὶ νῦ, καὶ ἐπιστήμης, καὶ
 τέχνης, καὶ φρονήσεως, καὶ σοφίας· τὰ μὲν, φυσικῆς
 τὰ δὲ, ἠθικῆς θεωρίας μᾶλλόν ἐστιν.

als eine weitläuftigere Auseinandersetzung und
Bestreitung der Meinungen der älteren Philosophen, die in dem genannten ersten Bucke der
Auscultationen nur zum Theile oder kürzer berührt waren. In diesem hatte Aristoteles z. B.
nur mit einem Worte angeführt, daß die Physiker, worunter er hier die Ionischen Philosophen
versteht, entweder das Waffer oder die Luft
als Grundelement aller Dinge angenommen hätten, in jenem aber wird nun weitläuftig darge-
than, nicht bloß, daß Thales, Anaximenes und
ihre Anhänger so geurtheilt, sondern auch
warum sie so geurtheilt hätten. Eben das ist
der Fall bey der Darstellung der Meinungen des
Parmenides und Melissus über denselben Gegenstand in den Auscultationen und in unserm ersten
Bucke der Metaphysik; dort geschieht sie mit
der dem Aristoteles gewöhnlichen Kürze; hier
sehr umständlich. Nun aber ist es in der höch-
sten Philosophie, nach dem von ihm selbst festgesetzten Begriffe derselben, gar nicht die Absicht des Aristoteles, die Lehre von den Principien der Dinge zu entwickeln, und die Irrthümer der ältern Philosophen darüber zu widerlegen, sondern er setzte bey derselben schon
gewisse Principien, als ausgemacht, voraus,
und sucht nur darinn das Principium von
diesen

diefen Principien felbft auf. Auch war ja jenes
fchon in der Phyfik gefchehen, weil es eigentlich
das Gefchäft der Phyfik ift, die vor der Metaphyfik hergeht, und alfo eine Wiederholung
des in jener Gefagten in diefer überflüffig. Mir
ift es daher wahrfcheinlich, daß das erfte Buch
unfrer Metaphyfik entweder ein Fragment eines
Ariftotelifchen Werks περὶ ἀρχῶν fey, deffen
Diogenes von Laerte erwähnt, oder auch der
Anfang eines fehr alten griechifchen Commentars über das zweyte und dritte Kapitel des
erften Bucks der Aufcultationen. Diefe letztere
Muthmaßung fcheint mir noch der Wahrheit
näher zu kommen, als jene. Denn nach meinem Gefühle ift auch die Sprache im erften
Buche der Metaphyfik nicht die des Ariftoteles;
fie ift dafür zu leicht, nicht gedrängt und kurz
genug, und die fonft ihm eigenthümlichen Ideen-
fprünge find weniger darinn bemerklich. Ueberdem laffen fich, ohne diefe Conjectur anzunehmen, die fo häufig vorkommenden Anführungen
der Aufcultationen, wobey der Verf. immer
hinzufetzt, in diefem Werke fey zwar fchon
deutlich genug von der Sache gefprochen; er
wolle aber doch noch diefes und jenes anmerken,
gar nicht erklären. Denn ein folcher Beyfatz,
wenn er fo oft wiederholt wird, verräth viel-

mehr

einen Commentator, als einen Verfaſſer eines
Originals. Auch läßt ſich alsdenn die compilirte
Einleitung gar nicht entſchuldigen.

Das zweyte Buch hängt mit dem erſten
gar nicht zuſammen; darinn ſind die ältern und
neuern Ausleger einig. Denn am Ende des
erſten Buchs verſpricht der Verfaſſer, daß er
die Zweifel, welche bisher über die Principien
der Dinge geweſen wären, von neuem durchgehen wolle, um dadurch vielleicht Gelegenheit zu
neuen Unterſuchungen zu bekommen. Wenn
alſo das zweyte Buch richtig auf das erſtere
folgen ſollte, ſo müßte doch in demſelben hievon
die Rede ſeyn; ſtatt deſſen aber enthält es nur
einige allgemeine Bemerkungen, daß die Entdeckung der Wahrheit in gewiſſer Rückſicht
ſchwer, in andrer leicht ſey; die Urſache der
Schwierigkeiten liege nicht ſowohl in den Gegenſtänden, als in unſerer Erkenntnißfähigkeit; es
gäbe keinen unendlichen Fortgang der Urſachen,
ſondern man müſſe zuletzt bey einer ſtehen
bleiben, und ſich ein gewiſſes Ziel ſetzen, woran
man ſich halten könne, um ſich nicht im Unendlichen zu verlieren u. ſ. w. Weil die Incon-
ſequenz dieſes Buchs in Beziehung auf den
Inhalt des erſtern ſo in die Augen fallend iſt,

ſo

so sind deswegen von den neuern Kritikern verschiedene Versuche gemacht, es mit dem Ganzen
der Metaphysik dadurch in Verbindung zu bringen, daß sie ihm einen andern Platz unter den
einzelnen Büchern anwiesen. Samuel Petit
glaubte, es gehöre zu dem vierten Buche der
Metaphysik, weil beide verwandten Inhalt hätten, und sey nur zufällig von demselben abge-
rissen; ob es aber den Anfang oder das Ende
davon ausmache, bestimmt er nicht weiter. Indessen sehe ich nicht ein, wie Petit auf diese
Meinung gerathen konnte. Das vierte Buch
begreift die eigentliche höchste Philosophie des
Aristoteles, und handelt schlechthin von dem
Urwesen und seinen allgemeinsten Eigenschaften;
dahingegen im zweyten bloße allgemeine und gewöhnliche Reflexionen über die Erforschung der
Wahrheit, und über die nöthigen Erfordernisse
zur Wesenkunde sich finden. Auch läßt sich
weder der Anfang, noch das Ende jenes auf
irgend eine Weise mit diesem verknüpfen, wie
ein jeder auch nur aus einer flüchtigen Vergleichung abnehmen kann. Besser ist daher schon
die Muthmaßung des Patrik e), der das zweyte
Buch der Metaphysik zwischen dem ersten und
zweyten der Auscultationen einschieben will;

denn

e) Patricii discuss. Peripatet. T. I. p. 106.

denn daß es in Beziehung auf eine Unterſuchung
über die Phyſik geſchrieben ſey, iſt aus mehreren
Stellen offenbar. Allein ich kann ihr demohngeachtet nicht beypflichten, weil das Ende des
zweyten Buchs der Metaphyſik nicht damit
übereinſtimmt. Es ſchließt ſich nämlich ſo: διὸ
σκεπτέον πρῶτον', τί ἐςιν ἡ Φύσις· οὕτω γὰρ ϗ
περὶ τίνος ἡ Φυσικὴ, δῆλον ἔςαι, ϗ εἰ μιᾶς
ἐπιςήμης ἢ πλειόνων τὰ αἴτια ϗ τὰς ἀρχὰς Θεω-
ρῆσαί ἐςιν. Wie? ſollte Ariſtoteles ein ganzes
Buch der Unterſuchungen über die Natur der
Dinge haben vorausgehen laſſen, worinn er die
Meinungen der ältern Philoſophen über die Principien und Elemente der Natur zergliedert und
widerlegt, und erſt nachher gefragt haben, was
iſt denn eigentlich Natur! Er mußte doch
erſt einen allgemeinen Begriff von der Sache
ſelbſt geben, ehe er ſeine Leſer zu den Beſtand-
theilen derſelben führte. Sollte er einen beträchtlichen Abſchnitt der Phyſik vorgetragen, und
erſt nachher ſeinen Leſern angedeutet haben, er
wiſſe noch nicht, auf was für Gegenſtände überhaupt die Phyſik ſich erſtrecke, und müſſe dieſe
erſt auffuchen? Das annehmen zu wollen, von
einem ſo methodiſchen und ſyſtematiſchen Schriftſteller, wie Ariſtoteles war, hieße ſeine Aſche
entweihen. Ich glaube daher, vorausgeſetzt,

daß

daß das zweyte Buch der Metaphyßik wirklich
von dem Stagiriten iß, allen Schwierigkeiten
könne abgeholfen werden, wenn man es als
Fragment eines Buchs betrachtet, welches ursprünglich das erße der Aufcultationen ausmachte, und worinn Arißoteles
theils den Begriff des Worts Φύσις, das bey
ihm einen eigenen noch itzt nicht ganz deutlichen
Sinn hat, auseinandersetzte, theils die Grenzen
der Phyßik beßimmte, die er nachher in den folgenden Büchern der Aufcultationen vorgetragen hat. Diese Muthmaßung wird noch dadurch begünßigt, daß Iußinus Martyr, der
unter Marcus Antoninus lebte, nicht acht
Bücher der Aufcultationen, als so viel wir
haben, sondern neun zählt f). Will man es
aber auch nicht als Fragment eines besondern
Buchs der Aufcultationen gelten laßen, so nenne
man es Fragment einer Einleitung dazu,
und mache das dritte Buch der Metaphyßik,
das mit dem zweyten zusammenhängt, zum
rßen Buche der Aufcultationen. Oder man
spreche böide dem Arißoteles ganz ab, und erkläre sie, wo nicht für eine unvollendete Arbeit
les Paßkrates, doch, für ein Bruchßück eines
für

f) Ibid. p. 23.

für verloren gehaltenen Werks des Theophrast:
περὶ Φύσεως.

Mit dem vierten Buche fängt sich nun,
wie schon gesagt, die ächte Aristotelische Metaphysik an. Das zeigt gleich der Anfang.
"Es giebt eine Wissenschaft, sagt der Weltweise, die das Urwesen, insofern es Urwesen
ist, und seine Eigenschaften, welche ihm an
und für sich zukommen, betrachtet. Diese
Wissenschaft aber ist mit keiner dieselbe, sondern von jeder andern unterschieden. Denn keine
von diesen untersucht das Wesen allgemein, in
soweit es Wesen ist; sondern sie trennen nur
einen Theil von den Dingen ab, und betrachten daran das Zufällige, wie z. B. die ma-
thematischen Wissenschaften. Wenn wir aber
die Urprincipien und die letzten Ursachen aufsuchen, so ist einleuchtend, daß, da sie doch ein
gewisses Wesen nothwendig haben, wir diesem
nachspüren müssen, und uns nicht bloß an den
Zufälligkeiten halten dürfen. So wie also die
Philosophen, welche den Elementen der Dinge
nachforschen, diese ihrem Wesen nach kennen
zu lernen streben, so müssen auch wir, die wir
wir den Elementen des Urdings nachforschen,
es nicht bloß nach seinen Zufälligkeiten untersuchen.

ſuchen, ſondern nach ſeinem Weſen, in ſo weit
es eigentlich Urding iſt." Aus dieſem Eingange erhellt klar, daß erſt mit dem vierten
Buche unſerer Ariſtoteliſchen Metaphyſik die λόγοι
περὶ τῆς πρώτης Φιλοσοφίας anheben, und daß
nichts vorhergegangen ſeyn könne, was zum
Verſtändniß derſelben nothwendig gehöre. Ariſtoteles bleibt auch in dem Folgenden ganz ſeinem Gegenſtande treu, und der Inhalt entſpricht demnach ganz dem Begriffe, welchen er
von der höchſten Philoſophie ſelbſt gegeben hatte.

Das Fünfte Buch gehört wiederum nicht
zur Metaphyſik, und ſollte billig als ein ein-
zelnes, ganz für ſich beſtehendes Werk angeſehen werden, worin Ariſtoteles die Erklärungen der mannichfaltigen Kunſtausdrücke geſammelt, die in der damaligen philoſophiſchen
Sprache, und vorzüglich in der ſeinigen, am
häufigſten gebraucht wurden. So ſind die verſchiedenen Bedeutungen von ἀρχὴ, αἴτιον, στοι-
χεῖον, Φύσις, Ἀναγκαῖον, Ἕν, τὸ ὄν, und οὐ-
σία, die Unterſchiede der Wörter ταὐτὰ, ἕτερα,
διάφορα und ὅμοια, ἀντικείμενα und ἐναντία,
πρότερα und ὕστερα angegeben, und am Ende
iſt die Lehre von den Prädikamenten wiederholt, oft mit denſelben Worten, wie in dem

Buche

Buche von den Kategorieen. Daß es nicht zu
den πρώτοις λόγοις gehöre, kann man schon
daraus sehen, daß auch die Bedeutung des ὂν
noch einmal weitläuftig entwickelt ist, die doch
schon in dem vierten Buche der Metaphyſik,
was ich als das erſte ächte genannt habe, im
zweyten Kapitel ausführlich auseinandergeſetzt
war. Ferner hätte Ariſtoteles die Erläuterung
der Kunſtwörter, deren er ſich in ſeinen Auſcul-
tationen, und den übrigen Schriften ſchon bedient hatte, wohl nicht erſt in der Metaphyſik,
als der letzten Wiſſenſchaft, die er ſeinen Zuhörern mittheilte, geben dürfen, ſondern dieſe
mußte billig vor allem andern vorausgehen,
weil ohne ſie alles unverſtändlich war. Daß
aber Ariſtoteles wirklich ſo unzweckmäßig ſeine
Schriften und ſein Lehrſyſtem geordnet, läßt
ſich nicht wohl annehmen. Dazu kommt endlich, daß Diogenes von Laerte ein beſonderes
Buch des Ariſtoteles anführt: περὶ τῶν πολλα-
χῶς λεγομένων; und daß ſogar der Stagirit
ſelbſt dieſes Buch unter eben dem Titel citirt;
der Gegenſtand aber, warum er ſich darauf
beruft, gerade in dieſem fünften Buche der
Metaphyſik abgehandelt iſt g). Was bedürfen
wir

---

g) Metaphyſ. VI, 3. p. 351. B. Opp. T. IV. ed.
du Val.

wir also mehr Gründe, es aus der Zahl der
metaphysischen Bücher auszustreichen, und für
das Werk zu erklären, wofür es der Verfasser
selbst erklärt hat? Wenn er selbst es zu den
λόγοις περὶ πρώτης Φιλοσοφίας hätte rechnen
wollen, warum hat er es denn unter diesem
Titel nicht genannt?

Das sechste Buch folgt nun unmittelbar
auf das vierte, und macht also das zweyte
ächte Buch der Aristotelischen Metaphysik aus.
Aristoteles wiederholt zuvörderst den schon gegebnen Begriff von der πρώτη Φιλοσοφία, und
sucht ihn noch genauer zu bestimmen, als er
bisher gethan. Das Urwesen selbst wird betrachtet. 1) als Urwesen an und für sich 2) in
Rücksicht auf seine Zufälligkeiten 3) in Rücksicht auf seine Möglichkeit 4) in Rücksicht auf
seine Wirklichkeit 5) in Rücksicht auf seine
Kraft und Thätigkeit. Hier bemerkt Aristoteles nun, daß es von dem Urwesen in Rücksicht
auf seine Zufälligkeiten gar keine Wissenschaft
(ἐπιςήμη) geben könne. Denn ein Urwesen per
accidens könne nicht seyn, weil dieses keine Ursachen an und für sich habe, nicht durch sich
erzeugt oder zerstöhrt werde, noch ewig, noch
nothwendig sey. Wenn es also eine Wissen-

C 3   schaft

schaft vom Urwesen überhaupt geben solle, so
müsse dieselbe das Urwesen an und für sich betreffen, und an und für sich könne es nur in
den übrigen angegeben Beziehungen unterſucht
werden. Dieſes letztere geſchieht auch nicht
allein in dieſem ſechsten, ſondern in den folgenden Büchern, dem ſiebenten, achten,
und neunten.

Das zehnte Buch möcht' ich zwar nicht
ganz verwerfen, aber auch nicht ganz als ächt
und zur Metaphyſik gehörig anerkennen. Schon
Voß hat mit Recht bemerkt, daß darinn vieles
wörtlich wiederholt werde, was ſchon im vierten und fünften Buche geſagt iſt. Dieſe Wiederholung wäre aber auch der einzige Grund,
es für untergeſchoben zu halten. Denn es
kommen doch hin und wieder metaphyſiſche
Ideen vor, die Ariſtoteles in den übrigen nicht
beygebracht hat.

Hingegen das eilfte und zwölfte, nach
den ältern Ausgaben, oder das dreyzehnte
und vierzehnte, beym Du Val, ſind offenbar nicht vom Ariſtoteles. Man kann hier beynahe von jeder Stelle anzeigen, woher ſie genommen iſt. Die beiden erſten Kapitel des XI.
Buchs ſind aus dem dritten Buche der Metaphyſik;

phyſik; Cap. III – IX aus dem vierten und
ſechsten Buche; und das Ende iſt aus den
phyſiſchen Auscultationen zuſammengeſchrieben.
Das XII Buch iſt im Anfange bis Cap. VI.
ebenfalls theils aus der Metaphyſik, theils aus
der Phyſik compilirt. Aber vom ſechsten Kapitel
geht eine eigene Theorie über die Gottheit an;
welche ſich von den in den vorhergehenden Büchern behaupteten Grundſätzen über das Urweſe-
ſen ſehr unterſcheidet, und denſelben widerſpricht. Denn dieſen nach nahm Ariſtoteles
einen höchſten Weltgeiſt an, der das ganze All
in ewiger Bewegung erhalte; in jenem räumt
er noch außerdem ſo vielen andern Göttern, als
den Lauf der Sphären im Weltalle bewirkten,
die Exiſtenz, Ewigkeit und Unveränderlichkeit
ein. Daß Ariſtoteles dieſer letztern Meinung
wirklich auch anhieng, iſt unleugbar, nach dem
Fragmente, welches Cicero aus ſeinen Büchern
de philoſophia aufbewahrt, und das ich oben angeführt habe. Allein in der eigentlichen ächten
Metaphyſik erwähnt er derſelben doch nicht; und
daher iſt es glaublich, daß dieſer letztere Theil
des zwölften Buches ein Bruchſtück eines früher geſchriebenen itzt verlornen Werks ſey; bey
deſſen Abfaſſung er noch jene Meinung hatte,
die er vielleicht in reifern Jahren und bey ſchär-

ferem

ferem Nachdenken, als mit der Idee von einem
allgemeinen Weltgeiste unverträglich, erkannte,
und nicht weiter lehrte. Denn wäre fie ihm
da, wo er in der ächten Metaphyfik die Lehre
von dem allgemeinen Urwefen vortrug, noch
annehmlich gewefen, warum follte er fie nicht
zugleich mit vorgetragen haben?

Das dreyzehnte und vierzehnte Buch
nach den ältern Ausgaben, oder das eilfte
und zwölfte beym Du Val hängen wieder
mit dem neunten genau zufammen, und find
für ächt zu halten. Ariftoteles prüft darinn
die Lehre des Pythagoras von den Zahlen,
und des Plato von den Ideen, und er verweift
auch felbft in der Metaphyfik auf diefe beiden
Bücher fo, daß man fieht, er habe fie mit zu
derfelben gerechnet.

Das Refultat meiner Unterfuchung, um es
noch einmal kurz zufammen zu faffen, wäre
alfo diefes: Von den vierzehn Büchern, die
wir bisher als Metaphyfik des Ariftoteles angefehen haben, ift das erfte höchft wahrfcheinlich unächt; das zweyte und dritte gehört
nicht dahin; das fünfte macht ein eignes für
fich beftehendes Werk aus; das eilfte ift Arbeit eines fpätern Compilators, und das
zwölfte Bruchftück eines andern Werks; nur
das

das vierte, sechste, siebente, achte,
neunte, dreyzehnte und vierzehnte nach
den ältern Ausgaben, gehören zu den wahren
λόγοις ἐκ τῆς πρώτης Φιλοσοφίας, oder zur
eigentlichen ächten Metaphyfik des Ariftoteles.

Itzt bleibt noch eine Frage zu beantworten
übrig, wie es gekommen fey, daß man zu der
Metaphyfik des Ariftoteles theils ganz davon
verfchiedene, theils unächte Werke und Fragmente gezählt, und fie dadurch zu einem Ganzen gemacht habe, in deffen Theilen gegenwärtig weder Zufammenhang noch Verhältniß ift.
Es fcheint, als ob diefes fchwer zu erklären
wäre, und es würde es auch wirklich feyn, wenn
wir nicht die Gefchichte der Manufcripte des Ariftoteles, und feines Erben und Nachfolgers, des
Theophraft, wüßten. Theophraft hinterließ diefelben dem Neleus, der fie nach Skepfis brachte,
und als diefer ftarb, geriethen fie unwiffenden
Leuten in die Hände, welche fie aus Furcht
vor der Bücherfucht der Könige von Pergamus
in einem Keller verbargen, wo fie fehr durch
Näffe und Würmer verdorben und unleferlich
gemacht wurden. Von ihnen bekam fie endlich
Apelliko von Teos, und fchon der ift an vielen
Veränderungen und Verfälfchungen fchuld,
weil er das, was Raub der Würmer gewor-

C 5 den

den war, aus seinem eignen Genie wieder ersetzen wollte. Als Sulla sich der Stadt Athen
bemächtigte, nahm er auch die Bibliothek des
Apelliko weg, und brachte sie nach Rom. Hier
wurden nun die Werke des Ariftoteles zuerst
durch den Grammatiker Tyrannio, welcher
der Bibliothek des Sulla vorstand, und den
Andronikus von Rhodus verbreitet. Der letztere
fand sie schon unter einander geworfen, und
nicht in ihrer natürlichen Ordnung. Er über-
nahm also das Geschäfft, sie in gewisse πραγμα-
τειας zu vertheilen, von denen die πραγματεια
Φυσικη die letzte war. Nun aber fand sich
noch eine Zahl andrer Schriften, wo Andronikus nicht wußte, in was für eine Classe er sie
werfen sollte, und so wies er ihnen den Ort nach
der Physik an, und nannte daher die ganze
Sammlung τὰ μετὰ τὰ Φυσικά. Die spätern
Peripatetiker und Ausleger nahmen nachher aus
Misverstand diese Sammlung von Miscellaneen
als ein Werk an, das die höchste Philosophie
des Aristoteles in sich fasse; und suchten durch
mancherley Hypothesen, den Mangel an Zusammenhang, der aus den angeführten Ursachen
nothwendig darinn seyn mußte, und den sie
auch bald bemerkten, sich begreiflich zu machen.

II.

den war, aus seinem eignen Genie wieder ersetzen wollte. Als Sulla sich der Stadt Athen
bemächtigte, nahm er auch die Bibliothek des
Apelliko weg, und brachte sie nach Rom. Hier
wurden nun die Werke des Aristoteles zuerst
durch den Grammatiker Tyrannio, welcher
der Bibliothek des Sulla vorstand, und den
Andronikus von Rhodus verbreitet. Der letztere
fand sie schon unter einander geworfen, und
nicht in ihrer natürlichen Ordnung. Er über-
nahm also das Geschäfft, sie in gewiße πραγμα-
τειας zu vertheilen, von denen die πραγματεια
Φυσικη die letzte war. Nun aber fand sich
noch eine Zahl andrer Schriften, wo Andronikus nicht wußte, in was für eine Claße er sie
werfen sollte, und so wies er ihnen den Ort nach
der Physik an, und nannte daher die ganze
Sammlung τα μετα τα Φυσικα. Die spätern
Peripatetiker und Ausleger nahmen nachher aus
Misverstand diese Sammlung von Miscellaneen
als ein Werk an, das die höchste Philosophie
des Aristoteles in sich faße; und suchten durch
mancherley Hypothesen, den Mangel an Zusammenhang, der aus den angeführten Ursachen
nothwendig darinn seyn mußte, und den sie
auch bald bemerkten, sich begreiflich zu machen.

II.

den war, aus seinem eignen Genie wieder ersetzen wollte. Als Sulla sich der Stadt Athen
bemächtigte, nahm er auch die Bibliothek des
Apelliko weg, und brachte sie nach Rom. Hier
wurden nun die Werke des Ariſtoteles zuerſt
durch den Grammatiker Tyrannio, welcher
der Bibliothek des Sulla vorſtand, und den
Andronikus von Rhodus verbreitet. Der letztere
fand ſie ſchon unter einander geworfen, und
nicht in ihrer natürlichen Ordnung. Er über-
nahm alſo das Geſchäfft, ſie in gewiſſe πραγμα-
τείας zu vertheilen, von denen die πραγματεία
Φυσική die letzte war. Nun aber fand ſich
noch eine Zahl andrer Schriften, wo Andronikus nicht wußte, in was für eine Claſſe er ſie
werfen ſollte, und ſo wies er ihnen den Ort nach
der Phyſik an, und nannte daher die ganze
Sammlung τὰ μετὰ τὰ Φυσικά. Die ſpätern
Peripatetiker und Ausleger nahmen nachher aus
Misverſtand dieſe Sammlung von Miſcellanzen
als ein Werk an, das die höchſte Philoſophie
des Ariſtoteles in ſich faſſe; und ſuchten durch
mancherley Hypotheſen, den Mangel an Zuſammenhang, der aus den angeführten Urſachen
nothwendig darinn ſeyn mußte, und den ſie
auch bald bemerkten, ſich begreiflich zu machen.

II.

den war, aus ſeinem eignen Genie wieder erſetzen wollte. Als Sulla ſich der Stadt Athen
bemächtigte, nahm er auch die Bibliothek des
Apelliko weg, und brachte ſie nach Rom. Hier
wurden nun die Werke des Ariſtoteles zuerſt
durch den Grammatiker Tyrannio, welcher
der Bibliothek des Sulla vorſtand, und den
Andronikus von Rhodus verbreitet. Der letztere
fand ſie ſchon unter einander geworfen, und
nicht in ihrer natürlichen Ordnung. Er über-
nahm alſo das Geſchäfft, ſie in gewiſſe πραγμα-
τείας zu vertheilen, von denen die πραγματεία
Φυσική die letzte war. Nun aber fand ſich
noch eine Zahl andrer Schriften, wo Andronikus nicht wußte, in was für eine Claſſe er ſie
werfen ſollte, und ſo wies er ihnen den Ort nach
der Phyſik an, und nannte daher die ganze
Sammlung τὰ μετὰ τὰ Φυσικά. Die ſpätern
Peripatetiker und Ausleger nahmen nachher aus
Misverſtand dieſe Sammlung von Miſcellaneen
als ein Werk an, das die höchſte Philoſophie
des Ariſtotels in ſich faſſe; und ſuchten durch
mancherley Hypotheſen, den Mangel an Zuſammenhang, der aus den angeführten Urſachen
nothwendig darinn ſeyn mußte, und den ſie
auch bald bemerkten, ſich begreiflich zu machen.

II.

den war, aus seinem eignen Genie wieder ersetzen wollte. Als Sulla sich der Stadt Athen
bemächtigte, nahm er auch die Bibliothek des
Apelliko weg, und brachte sie nach Rom. Hier
wurden nun die Werke des Aristoteles zuerst
durch den Grammatiker Tyrannio, welcher
der Bibliothek des Sulla vorstand, und den
Andronikus von Rhodus verbreitet. Der letztere
fand sie schon unter einander geworfen, und
nicht in ihrer natürlichen Ordnung. Er über-
nahm also das Geschäfft, sie in gewisse πραγμα-
τείας zu vertheilen, von denen die πραγματεία
φυσική die letzte war. Nun aber fand sich
noch eine Zahl andrer Schriften, wo Andronikus nicht wußte, in was für eine Classe er sie
werfen sollte, und so wies er ihnen den Ort nach
der Physik an, und nannte daher die ganze
Sammlung τὰ μετὰ τὰ Φυσικά. Die spätern
Peripatetiker und Ausleger nahmen nachher aus
Misverstand diese Sammlung von Miscellaneen
als ein Werk an, das die höchste Philosophie
des Aristoteles in sich fasse; und suchten durch
mancherley Hypothesen, den Mangel an Zusammenhang, der aus den angeführten Ursachen
nothwendig darinn seyn mußte, und den sie
auch bald bemerkten, sich begreiflich zu machen.

II.

ΥΑΙ
ΜΟ
ΜΕ
ΙΟΝΟΣΔΕ
ΡΤΟΥΚΑΙΑΓΑΥΗΣ
ΝΘΕΥΣ
ΑΘΑΜΑ
ΚΑΠΝΟΥ
ΚΑΙΜΕΛ

ΘΑΡ
ΥΟΥ
ΙΑΤΩ
ΟΝΕΝ
ΑΝΟΝ
ΟΙΑΝΠΕ
ΤΕΡΟ
ΝΑΕΝ
ΜΑΧΙ
ΕΠΕΣ
ΝΟΙΔ
ΤΕΣΕ
ΝΤ

ΠΡΟΣ
ΗΣΓΟΝ
ΥΣΗΣΕΠΙ
ΡΙΡΘΟΝΙΟΣ
ΑΣΠΡΟΣ
ΕΙΤΑΙΤΑΔΕ
ΘΥΜΝΑΙΟΣ
ΠΩΝΚΑΙΤΟΝ
ΙΘΩΝΟΣΤΟ
ΕΝΘΗΒΑΙΔΑ
ΟΝΟΝΤΑΘΡ
ΥΤΑΥΤΗΙΔΕ
ΟΝΑΥΚΑΘΟ

Fragarmoreae
Operibus tibutionibus ornatae
ex Velitris.

II.

Ueber

ein Fragment

einer alten Marmortafel im Museo von
Monsignore Borgia zu Velletri,
bey Rom *).

Das Monument, dessen Erklärung ich hier
liefre, gehört zu einer eignen Classe von Kunstwerken, aus der noch mehrere Stücke sich erhalten haben. Es scheint nämlich eine sehr gewöhnliche Beschäftigung der spätern Künstler gewesen zu seyn, daß sie die ganze Reihe von
Fabeln, die in Einem oder mehrern epischen
Dichtern lagen, copirten, und dieselben in eben
so vielen kleinen Reliafs auf einer und derselben
Tafel vorstellten. Das beträchtlichste Werk dieser Art, das sich erhalten hat, ist die Tabula
Iliaca, die die ganze Geschichte des Trojanischen
Kriegs, nach dem Homer, Arctinus, Lesches
und Stesichorus enthält, und noch jetzt auf dem
Capitolio aufbewahrt wird. Zwey Stücke einer

Ähnli-

*) S. die Kupfertafel.

ähnlichen *Tafel,* die *Montfaucon* a) *und Maffei* b) erläutert haben, finden fich zu Verona in
der *Bibliothek des Domcapitels,* und noch ein
andres hat der Abbé Barthelemy c) befchrieben.
Man fieht leicht ein, daß alle diefe *Werke* in
Rückficht auf Kunft keinen großen *Werth* haben
können. *Copien der Art zu machen* war keine
Befchäftigung für große *Künftler*; und wenn
fie fich auch damit hätten abgeben wollen, fo
würde fchon die *Kleinheit der Figuren* fie ver-
hindert haben, etwas ihrer würdiges zu liefern.
Man muß diefe *Werke* vielmehr als g e l e h r t e
Denkmäler betrachten, die uns gewiffermaßen
den *Verluft der Gedichte* erfetzen können, aus
denen fie copirt find. *Aus diefem Gefichtspunkte
muß man* alfo auch gegenwärtiges *Monument*
anfehen, das feinen *Werth* eigentlich dadurch erhält, daß fich in den darauf befindlichen *In-
fchriften Nachrichten von* mehreren verloren
gegangnen *Gedichten* erhalten haben. *Wo es
gefunden feyn* mag kann ich nicht beftimmen;
jetzt ift es in dem *Mufeo des Prälaten Mon-
fignore Borgia zu Velletri bey Rom,* einer der
reich-

a) Montfauc: Antiq. erpt. fuppl. T. IV. p. 84. pl. 78.

b) Maffei Muf. Veronef. p. 468. 469.

c) Memoires de l'acad. des Infcript. T. XXIV.

reichsten Privatsammlungen von Alterthümern,
die Italien besitzt. Wir behalten uns vor, nächstens eine genauere Nachricht davon zu geben,
da noch kein Reisender eine Beschreibung desselben im ganzen geliefert hat.

Das Fragment selbst ist von Marmor, und
von eben der Größe wie es hier abgebildet erscheint; die Abbildung selbst ist so genau gemacht als nur immer möglich war: sowohl was
die Figuren, als die Form der Buchstaben, betrifft. Die vordere Seite der Tafel war, wie
man aus diesem Fragment sieht, in viereckte
Felder abgetheilt, die aber von ungleicher Größe
waren, und in horizontaler, nicht in verticaler
Ordnung auf einander folgten. Iedes enthielt
ein kleines Relief mit einer kurzen Unterschrift,
die die vorgestellte Geschichte erläuterte. Die
hintere Seite hingegen (die sich weit besser erhalten hat als die vordere) war ganz mit Inschriften bedeckt, die theils eine Nachricht von den
Dichtern und ihren Werken enthielten, aus denen
der Künstler schöpfte, theils die Fabeln die in
den Gedichten behandelt waren.

So viel von dem Ganzen; ich wende mich jetzt
zu der Erklärung der einzelnen Theile, und
fange

fange mit der vordern Seite an. Von der obern
Reihe von Reliefs haben sich nur bloß die Unterschriften erhalten, und selbst diese sind mehrentheils verstümmelt. Der Künstler hatte hier
das Geschlecht des Cadmus, und die Geschichte
deßelben, abgebildet; denn die 4 Unterschriften
beziehen sich auf die 4 Töchter des Cadmus, die
Autinoe, Semele, Ino und Agaue. In der
erßten, die die bekannte Fabel der Semele enthält, find die letzten Worte verloschen. Sie iß
auf folgende Weise zu ergänzen: Ζευς Σεμέλη
πλησιάσας, ανελόμενος τον Διόνυσον, εγράπτει εις
τον μηρον, υςερον δια Ερμου δίδωσιν Ινοι τρέφων
ως κόρην. Der Beweis für den letztern Um-
ßand, daß Iupiter den jungen Bacchus durch
den Mercur der Ino mit dem Befehl geben ließ,
ihn als Mädchen zu erziehen, findet sich beym
Apollod. III, 4, 67. Die folgende Tochter des
Cadmus war die Agaue, deren Gemahl und
Sohn auf unserm Marmor angegeben wird.
Εχίονος δε σπαρτου και Αγαυης ην Πένθευς.
Sie war die Gemahlinn des Echion, eines von
den Riesen, die aus den Drachenzähnen ent-
ßunden, die Cadmus säete. Das Schickfal des
Pentheus, ihres Sohns, der von den Bacchantin-
nen zerrissen ward, ist aus den Bacchis des
Euripides bekannt. Die zte Inschrift iß zwar

nicht

nicht ganz mehr vorhanden, allein sie wird leicht
ergänzt. Wir wiffen aus dem Ovid, Apollodor
und andern, daß Ino die 3te Tochter des
Cadmus an den Athamas verheyrathet war,
von dem fie 2 Söhne, den Learch und Melicertes
bekam. Diefe Nachricht enthielt auch die In-
fchrift, die alfo fo muß gelefen werden. Ἀθα-
μάντος δὲ καὶ Ἰνοῦς Λέαρχον καὶ Μελικέρτης.
Auf die weitere Gefchichte der Ino kommen wir
nachher noch zurück. Ueber die vierte Unterfchrift, von der nur noch einige Buchftaben
übrig find, läßt fich nichts beftimmen: denn es
ift nur zu vermuthen daß fie das Gefchlecht der
noch übrigen Töchter des Cadmus, der Anti-
noe, betraf, die an den Ariftaeus verheyrathet
war, und von ihm den Aktaeon hatte.

Ich gehe jetzt zu der untern Abtheilung fort,
in der noch 2 Reliefs mit ihren Unterfchriften
fich erhalten haben. Von einem 3ten ift noch
eine halbe Figur übrig, von der fich nichts mit
Gewißheit fagen läßt. Auf dem erften fieht
man eine weiblich lang bekleidete Figur, und
die Figur eines Gottes oder Helden, der ein
Pferd neben fich hat. Aus der faft ganz ver-
lofchnen Unterfchrift find noch die Worte oder
Sylben übrig: - - - λαια - - - κεφις - - - νιου

Ich

Ich vermuthe daß das Werk den Streit des Neptuns und der Minerva über Athen vorstelle. Es war zwischen ihnen ausgemacht, daß derjenige der Schutzgott Athens werden sollte, der die für das menschliche Geschlecht nützlichste Sache hervorbringen würde. Neptun schlug mit seinem Dreyzack die Erde, und das Roß sprang heraus, Minerva stieß ihren Spieß in den Boden, und der Oelbaum sproßte hervor. War dieß der Gegenstand den der Künstler vorstellte, so erklären sich die Figuren von selbst. Es fehlt nur der Oelbaum, der aber bey einem so beschädigten Werke leicht verloschen seyn kann. Die Erklärung wird theils dadurch wahrscheinlich gemacht, daß auf der hintern Seite des Werkes diese Geschichte ausdrücklich erwähnt wird, (es heißt dort: πρὸ τῆς ἐρίδος Ἀϑηνᾶς πρὸς Ποσειδῶνα πρόκειται τάδε) woraus man mit Recht vermuthen kann, daß sie auf der vordern Seite auch sey abgebildet gewesen; theils scheinen auch die Ueberreste der Unterschrift sie zu bestätigen. - - λαια - - nehme ich für ἐλαίαν, ferner καϑισ - - scheint der Anfang des Worts καϑισαμένη zu seyn, und endlich - - -νίου würde ich durch Σουνίου dem Vorgebürge von Attica erklären, wo der Streit gewesen seyn soll.

Auf

Auf dem 2ten Felde sieht man eine weibliche und männliche Figur, die beide einen Knaben in ihren Armen halten. Die Spuren der fast gänzlich erloschnen Unterschrift verrathen noch die Buchstaben oder Sylben Ιω και - λα - oder vielleicht καταλα - - -. Wenn man das Werk bloß aus sich selbst erklären will, so kann man kaum zweifeln, daß nicht die Geschichte der Ino und des Athamas darauf sollte vorgestellt seyn. Beide waren von der eifersüchtigen Iuno rasend gemacht. Der wüthende Athamas ergriff seinen ältern Sohn Learchus, und zerschmetterte ihn, Ino ergriff den jüngsten Melicertes, und stürzte sich, von Athamas verfolgt, mit ihm ins Meer. Liegt nun diese Geschichte zum Grunde, so erklären sich auch hier die Figuren von selbst. Die männliche Figur stellt den Athamas vor, der seinen Sohn Learchus ergreift; die weibliche die Ino, die den Melicertes zu schützen sucht. Nur die Unterschrift macht Schwierigkeit. Dieser zu Folge wäre hier von der Geschichte der Io etwas vorgestellt: denn es heißt Ιω και etc. Aber da sich in der ganzen Geschichte der Io nichts findet was hier paßte, so zweifle ich nicht, daß Ιω ein bloßer Schreibfehler für Ινω sey, dergleichen unser Künstler mehrere began-

begangen hat. Noch wahrſcheinlicher wird
dieß, da in der obern Reihe ſchon von der
Ino die Rede geweſen war. Man kann daraus mit Recht die Vermuthung ziehen, daß
der Künſtler ihre Geſchichte weiter verfolgt,
und hier die letzte Scene derſelben vorgeſtellt
habe.

So viel von der vordern Seite unſers Monuments; ich gehe jetzt zu der Erklärung der
Inſchriften auf der hintern Seite fort, die ich
zuerſt einzeln durchgehen werde, um über das
ganze urtheilen zu können.

Die erſte Inſchrift iſt folgende: Ἥφαιϛον
ϰαὶ μὴ ϖροσ - - - μένης τὸ λέχος τῆς γο - - -
ἐπὶ τὴν γῆν πεσούσης ἐπὶ τὴν γεννᾶται ὁ Εριρ-
θόνιος.

Obgleich der Anfang fehlt und die Inſchrift verſtümmelt iſt, ſo ſieht man doch leicht,
daß hier von der Geburt des Erichthonius die
Rede iſt, der ſeine Entſtehung einer mißlun-
genen Umarmung des Vulcans und der Minerva verdankte. Die weitere Geſchichte ſteht
beym Apollod. III, 17. § 7. Durch Hülfe
dieſer Stelle wird unſre Inſchrift leicht ergänzt
und ausgebeſſert. Es muß heißen: Ἀθηνᾶς
δὲ φευγούσης τὸν Ἥφαιϛον, ϰαὶ τῆς γονῆς ἐπὶ
τὴν

τὴν γῆν πεσούσης, γεννᾶται ὁ Ἐριχθόνιος. *Die*
Worte ἐπὶ τὴν *hatte der Künstler aus Ver-*
sehen wiederholt, und dieß durch darüber ge-
setzte Punkte selber angedeutet.

In der nächsten Inschrift πρὸ τῆς ἔριδος
Ἀθηνᾶς πρὸς Ποσειδῶνα πρόκειται τάδε· *muß*
für πρὸ *ohne Zweifel* περὶ *gelesen werden.*
"*Von dem Streit der Minerva und des*
„*Neptuns wissen wir folgendes.*" *Die Erzäh-*
lung selber folgte denn wahrscheinlich weiter an
der rechten Seite des Marmors.

Ich komme jetzt zu demjenigen Theil un-
sers Monuments, der daßelbe eigentlich in-
tereßant macht. So wie auf der Tabula Iliaca
die Dichter genannt sind, aus denen der Künst-
ler schöpfte, eben so ist dieses auch auf unserer
Tafel geschehen, und glücklicherweise hat sich
gerade das Stück erhalten, auf dem diese
Nachrichten befindlich sind. Diese Dichter nun
gehörten zu den sogenannten cyclischen Dich-
tern, die den ganzen Inbegriff von Mythen,
von der Entstehung des Weltalls bis auf das
Ende des Trojanischen Kriegs, bald ganz,
bald in seinen einzelnen Theilen zu dem Ge-
genstande ihrer Epopeen machten. Einige von
D 2 *ihnen*

ihnen find bekannt; das Andenken von andern
hingegen hat fich bloß auf unferm Monumente
erhalten. Da die Zeilen nicht ganz mehr
find, und deshalb keine Verbindung mehr unter
einander haben, fo werde ich fie einzeln durchgehen.

Lin. I.

--- μαχίας οὐχ ἦν Τέλεσις ὁ Μηθυμναῖος --

Ein Hauptgegenftand der älteften epifchen
Dichtkunft der Griechen war der Kampf der
Götter mit den Titanen und Giganten; daher
die Namen Τιτανομαχίαι und Γιγαντομαχίαι.
Daß irgend ein folches Gedicht durch das
halberlofchne Wort --μαχης angedeutet werde,
ift außer Zweifel, da felbft von dem Verfaffer des Gedichts geredet wird. Zwar ift
fein Name verloren gegangen, da der Künftler
nur fagt, daß er nicht von der Titanomachie
rede, die Telefis von Methymnae verfaffet
habe; aber der fehlende Name ift doch mit
Wahrfcheinlichkeit zu errathen. Ob es nemlich
gleich mehrere Gedichte diefes Namens gab;
fo war doch befonders Eine Titanomachie berühmt, die von einigen dem Arctinus, von
andern dem Eumelus von Corinth zugefchrieben
wird. Wir kennen fie aus dem Athe-
naëus,

naeus, VIII. p. 227. Εγὼ δὲ οἶδα, ὅτι ὁ τὴν
Τιτανομαχίαν ποιήσας, εἴτ᾽ Εὔμηλος ἐςιν ὁ Κορίνθιος, εἴτ᾽ Αρκτῖνος, ἢ ὅςις δήπου χαίρει ὀνο-
μαζόμενος, ἐν τῷ β᾽ οὕτως εἴρηκεν.

Εν δ᾽ αὐτῇ (τῇ πήγῃ) πλωτοὶ χρυσωπίδες ἔλλοι
Νήχοντες παίζουσι δι᾽ ὕδατος ἀμβροσίοιο.

Und bald nachher: Εὔμηλος ἢ Αρκτῖνος ὁ Κορίνθιος τὸν Δία ὀρχούμενόν που παράγει, λέγων.

Μεσσοίσιν δ᾽ ὠρχεῖτο πατὴρ ἀνδρῶν τε θεῶν τε.

*Bey dieſer letzten Stelle entſteht nur die
Schwierigkeit, daß hier ein Arctinus Corinthius genannt wird, da wir ſonſten nur einen
Arctinus von Milet kennen. Allein es wäre
übereilt hieraus einen neuen Arctinus machen
zu wollen, denn wahrſcheinlich ſind hier beym
Athenaeus die Namen verſetzt; und ſtatt Εὔμηλος δὲ ἢ* Αρκτῖνος ὁ Κορίνθιος *muß es
heißen:* Αρκτῖνος δὲ ἢ Εὔμηλος ὁ Κορίνθιος,
*ſo wie in der oben citirten Stelle. Von
dieſer Titanomachie alſo redet wahrſcheinlich
unſer Künſtler. Eine andre ältre Giganto-
machie wird ſchon dem Thamyris, dem Zeitgenoſſen des Orpheus zugeſchrieben, allein dieſe
ſcheint ſchon zu den Zeiten des Plutarchs, der
ihrer erwähnt, verloren gegangen zu ſeyn* a).

D 3 *Es*

_____

a) Plutarch. de Muſ. Op. T. II. p. 1132 R.

Es frägt sich jetzt nur noch wer der Telesis sey, dessen auf unserm Marmor Erwähnung geschieht? Ein Dichter Telesis wird
zwar, so viel mir bewußt ist, bey keinem alten
Schriftsteller erwähnt; allein sein Name scheint
nur mit einem andern verwandten Namen, mit
dem Namen Telestes vertauscht zu seyn. Daß
diese Verwechselung sehr gewöhnlich war, sagt
Athenaeus ausdrücklich e). Καὶ Τέλεσις ἢ Τελέσης ὁ ὀρχησοδιδάσκαλος. Ein Dichter Telestes nun
wird von mehrern alten Schriftstellern angeführt. Athenaeus nennt ihn bald einen Comiker, bald einen Lyriker. Fabricius f) schloß
daraus, daß es zwey verschiedene Dichter dieses Namens gegeben habe, aber gewiß mit
Unrecht, denn Athenaeus sagt sowohl von dem
einen als von dem andern, er sey aus Selinus gewesen; von dem Lyriker. p. 625 διὸ
καὶ Τελέσης ὁ Σελινούντιος Φησιν und von dem
Comiker p. 616. Αλλ' ὅγε Σελινούντιος Τελέσης
ἐν Αργοῖ ἔφη. Diese Argo war eins von seinen Stücken wie Suidas sagt. Τελέσης κωμι-
κὸς, τούτου δράματα ἐςὶν Αργὼ καὶ Ασκλήπιος.
Wenn man also nicht annehmen will, daß 2
Dichter dieses Namens, einer ein Comiker, einer
ein

e) Athen. I. c. 19.
f) Fabric. bibl. Gr. II. c. 15.

ein Lyriker, beide aus Selinus gewesen seyn, so folgt daß der Lyriker und Comiker nur Eine Person ausmachen. Die Titel seiner Comödien haben wir so eben aus dem Suidas kennen gelernt, seine lyrischen Gedichte waren weit berühmter. Er war nemlich einer der größten Dithyrambendichter, und ward selbst dem Philoxenus an die Seite gesetzt. Alexander, wie er im Orient war, ließ dem Plutarch zu Folge g) diese beiden Dichter, nebst den Trauerspielen des Aeschylus, Euripides und Sophocles sich kommen. Selbst Aristoxenus beschrieb das Leben unsers Dichters in seinen vitis virorum illustrium h). Er blühte in der 95sten Ol. wohin er sowohl von Diodor. Siculus i) als auch von dem Arundelischen Marmor gesetzt wird k). Man könnte ihn deshalb, wenn die Verschiedenheit der Namen es erlaubte, für denselben mit dem Dichter Telestus halten, van dem Plinius sagt, daß er um die Zeiten des ältern Philipps gelebt habe l). Eine Vermuthung die schon Fabricius hatte m).

D 4

So

g) Plutarch. Op. T. I. p. 879.
h) Apollon. Dyscol. narrat. mir. c. 40.
i) Diod. Sic. T. I. p. 679.
k) Prideaux ad Marm. Oxon. p. 226.
l) Plin. XXXV, 10.
m) Fabr. B. Gr. l. II. c. 15.

So viel von dem Lyriker Telestes, ich komme jetzt auf unsern Epiker Telesis zurück. Auf unserm Marmor ist außer seinem Namen auch sein Vaterland angeführt; er war aus Methymnae. Ein Beweis daß er von dem Lyriker Telesis oder Telestes verschieden war, indem derselbe allgemein Selinuntius heißt. Das ist aber auch alles was wir von ihm wissen, sein Name ist nur bloß durch unser Monument dem Untergange entrissen; kein alter Schriftsteller, so viel mir bekannt ist, erwähnt seiner.

Lin. II.

--- ἔπεσιν, καὶ Δαναΐδας ΕΦ ἐπῶν, καὶ τὸν ---

Unser Künstler begnügte sich nicht bloß damit, die Gedichte selbst und ihre Verfasser anzuführen, aus denen er schöpfte, sondern er führte auch zugleich die Anzahl der Verse an, die ihre Werke enthielten, die er nicht wie gewöhnlich, στίχοι, sondern ἔπη nennt. Die ersten Worte unsrer Zeile beziehen sich noch auf ein Heldengedicht, aus dem er die Zahl der Verse angeführt hatte; und, dann erwähnt er ein anders, die Danaiden, in 5500 Versen. Wir wissen zwar wohl daß die Fabel der Danaiden, als ein Theil der Fabel der Io, von epischen

epischen Dichtern häufig ift behandelt worden;
doch finden wir keine Nachricht, daß sie allein
den Stoff eines Heldengedichts ausgemacht hätte.
Daß es ein Heldengedicht dieses Namens gab,
lernen wir wiederum nur bloß von unsern
Marmor, aber bey dem gänzlichen Mangel an
Nachrichten läßt sich auch von demselben außer
seiner Exsistenz nichts weiter sagen.

Lin. III.

-- τὴν Οἰδιποδείαν τὴν ὑπὸ Κιναιθῶνος τοῦ --

Eine Nachricht von einem unbekannten
Werke eines sonst sehr bekannten Dichters!
Mehrere Nachrichten von ihm hat Meursius n)
gesammlet. Er war dem Pausanias o) zufolge
ein Lacedämonier, und sein Hauptwerk war
ein episches Gedicht über die Genealogie der
Götter und Helden, gleich der Theogonie des
Hesiodus, das Pausanias öfters citirt. So sagt
er gleich im ersten Buche p): Κιναίθων δὲ ὁ
Λακεδαιμόνιος, ἐγενεαλόγησε γὰρ καὶ οὗτος ἔτα-
σιν, Μήδον καὶ Θυγατέρα Ἐριῶπιν Ἰάσονος εἶπεν
ἐκ Μηδείας γενέσθαι. Und gleich nachher q):
Τὸν δὲ Ὀρέσου νόθον Πενθίλον Κιναίθων ἔγραφεν

D 5

n) Meurs. Miscell. Lacon. c. IV.
o) Pauf. L. I. p. 119.   p) Pauf. L. c.
q) Pauf. p. 151.

ἐν τοῖς ἔπεσιν Ἠριγόνην τὴν Αἰγίσθου τεκεῖγ. Ferner in den Meſſenicis r): Πρὸς δὲ αὐτοῖς, ὁπόσα Κιναίθων, καὶ Ἄσιος ἐγενεαλόγησε. Endlich in den Arcadicis s): Κιναίθων δὲ ἐν τοῖς ἔπεσιν ἐποίησεν ὡς Ῥαδάμανθυς μὲν Ἡφαίσου, Ἡφαισος δὲ εἴη Τάλω, Τάλων δὲ εἶναι κρητὸς παῖδα. Dazu kommt noch das Zeugniß des Scholiaſten des Homers t): Κιναίθων δέ φησι· Νικόστρατος καὶ Αἰτιολας, Ἐλένης δύο παῖδες, παρὰ Λακεδαιμονίοις τιμῶνται. Ich habe dieſe Stellen in der Abſicht hergeſetzt, einen Irrthum daraus zu berichtigen, den mehrere Litteratoren, ſelbſt Fabricius, begangen haben. Nach der Vergleichung dieſer Stellen läßt ſich nicht zweifeln, daß dieſe Genealogien des Cinaethon einerley mit einer Theogonie ſind, die ihm ſonſt zugeſchrieben wird u); denn wir ſehen daraus daß er in die älteſten Zeiten zurückging, und ſelbſt die Geſchlechtsregiſter der Götter ſchon anführte. Mit Unrecht behauptet daher Colomeſius gegen den Gyraldus a. d. a. O. und nach ihm Fabricius x), man müſſe Telegonia für Theogonia leſen. Er nahm den Beweis dazu aus dem Chronicum

des

r) Pauſ. p. 282.   s) Pauſ. p. 797.

t) Schol. Hom. ad Iliad. I, 478.

u) Cf. Gyrald. Dial. de vitis poët. p. 120.

x) Fabric. B. G. l. II, c. 8. p. 378.

des Eufebius, wo es von dem Cinaethon heißt er
habe eine Telegonia gefchrieben y). Es ist vielmehr weit wahrfcheinlicher daß beym Hieronymus
für Telegonia Theogonia zu lefen fey, oder
wenn eine Telegonia des Cinaethon vorhanden
war, fo war fie wenigftens von der Theogonie
verfchieden.

Cinaethon muß übrigens ein fehr fruchtbarer
Dichter gewefen feyn, denn wir finden auch
noch eine Heraclea von ihm angeführt z). Das
Werk hingegen, das auf unferm Monumente
ihm zugeeignet wird, eine Oedipodea, finden
wir, fo viel ich weiß, nirgends fonften erwähnt. Daß übrigens die ältefte Gefchichte
von Theben, in der Oedipus eine Hauptrolle
fpielte, fehr häufig der Gegenftand der epifchen
Gedichte war, ist fchon an fich fehr bekannt,
und wir werden bey der nächften Zeile noch
Beweife davon finden. Das Zeitalter des Cinaethon würde ungewiß feyn, wenn es nicht
durch den oben angeführten Ort des Eufebius
genau beftimmt würde. Wir fehen daraus daß
er einer der älteften Dichter war, der fchon in
der dritten Olympiade blühete.

Lin.

y) Eufeb. ap. Hieron. ad. Ol. III. Cinaethon Lacedae-
monius poëta, qui *Telegoniam* fcripfit, agnofcitur.

z) Schol. Apoll. l. l. v. 1357.

Lib. IV.

--- τας ἐπῶν οὖσαν EX ὑποθήσομεν Θηβαΐδα ---

Es ist deutlich, daß am Anfang dieser Zeile wieder von einem Heldengedichte die Rede war, dessen Verse sich bis auf 5600 beliefen; ob sich dieß aber auf die gleich nachher erwähnte Thebais bezieht, läßt sich nicht entscheiden, so wenig als sich über den Dichter derselben mit Gewißheit etwas bestimmen läßt. Ich habe schon oben bemerkt, daß die Anzahl von Thebaiden beträchtlich war, die bekannteste darunter war indessen die des Antimachus von Colophon, eines Dichters der in der 93sten Ol. lebte a), und dessen Ansehen bey den Alten so groß war, daß selbst die Grammatiker zu Alexandrien, die den bekannten Recensum scriptorum anstellten, ihn unter die Zahl derjenigen setzten, die als Muster dienen konnten; ein Umstand, dem wir die Erhaltung vieler seiner Fragmente zu verdanken haben, die neulich gesammlet find. Indessen ist es doch wahrscheinlicher, daß hier von einer andern Thebais die Rede sey, nemlich von einer ungleich ältern, die unter dem Namen Thebais cyclica bekannt ist, weil sie einen Theil des Cyclus Epicus ausmachte, und von der des Antimachus verschieden war. Die Ursache warum

a) Diod. S. c. XIII. p. 390.

*warum ich dieß glaublicher finde, ist, weil
alle andere hier erwähnte Gedichte zu einem
Cyclus Epicus gehören, der ungleich älter war
als das Werk des Antimachus. Die wenigen
Nachrichten die von jenem alten Werk uns
übrig sind, so wie auch die Fragmente die sich
daraus erhalten haben, findet man gesammlet
in des H. M. Schellenbergs* Reliquiis Antimachi
Colophonii p. 23.

Lin. V.

— · · · ν τὸν Μιλήσιον λέγουσιν ἐπῶν ὄντα ΘΡ · · ·

*Auch hier hat sich der Name des Gedichts
sowohl als des Dichters verloren, bloß das
Vaterland des Dichters wird uns genannt, und
die Anzahl der Verse bestimmt, die sein Gedicht
enthielt. Er war aus Milet, und sein Werk
enthielt* 9100 *Verse. Milet war zwar fruchtbar an Schriftstellern, aber nicht so fruchtbar
an Dichtern, wenigstens nicht an epischen Dichtern. Der einzige Dichter der einen ausgezeichneten Ruf erhielt, war Arctinus, der Verfasser der Aethiopis oder des Memnons, und
des Untergangs von Troja* (Ιλίου πέρσις) *obgleich
von andern diese Gedichte fälschlich für einerley
gehalten worden sind* b). *Das noch übrige ν*

scheint

b) Cf. Salmas. ad Solin. p. 599. 600. Heyne V. I. Excurs.
ad Aen. II. p. 230. Bibl. d. a. Litt. St. 1. Ined. p. 57.

*scheint der letzte Buchstab seines Namens zu
seyn, und* ὄντα *das im Masculino steht, macht
es wahrscheinlich, daß vom Memnon die Rede
gewesen sey. Daß übrigens dieser Arctinus
Milesius derselbe sey der beym Athenaeus durch
Schuld der Abschreiber Corinthius genannt wird,
habe ich schon oben bewiesen.*

Lin. VI. VII.

— — — π ΜΔΥ ταύτη δὲ · ⸗ —

— · — : τὸν Λυκάον — ·⸗ · : ·

*Aus den Spuren dieser beiden letzten Zeilen
läßt sich weiter nichts schließen, als daß auch
hier von einem epischen Gedicht die Rede gewesen sey, das aus 44400 Versen bestand, wenn
dieß nicht vielleicht durch ein Versehen des
Künstlers für* ἐτῶν ΔΥ *4400 gesetzt ist. In
der letzten Zeile endlich scheint von der Fabel
des Lycaons die Rede gewesen zu seyn.*

*Aber meine Leser werden nachgerade mit
mir des Rathens müde seyn, ich werde daher
nur noch einige Resultate aus dem bisher gesagten ziehen, woraus sich auf den Werth und
die Beschaffenheit unsers Werks, als es noch
ganz war, wird ein Schluß machen lassen.
Die Dichter und Gedichte also nach denen unser*

                                              Künstler

Künſtler ſein Werk ordnete, waren folgende:
die Titanomachie des Arctinus oder Eumelus
von Corinth; ein Heldengedicht die Danaiden
von einem unbekannten Verfaſſer; die Oedipodea des Cinäthon, und eine Thebaïs, vermuthlich die Thebais Cyclica, nicht die des Antimachus; endlich der Memnon oder die Aethiopis des Arctinus. Die Titel der übrigen haben
ſich zwar nicht erhalten, allein ſchon aus dieſen ſieht man daß unſer Werk von einem großen
Umfange muß geweſen ſeyn. Höchſtwahrſcheinlich enthielt es den ganzen Cyclum Mythicum, von
der Entſtehung der Welt bis auf das Ende des
Trojaniſchen Kriegs. Der Künſtler fing an von
einer der älteſten Fabeln, dem Streite der Götter
und der Titanen, wobey zugleich, ſo wie in der
Theogonie des Heſiodus, die Entſtehung des
Weltalls, und die Genealogie der Götter angeführt wird. Dann ging er fort zu den Fabeln
die Argos betreffen, denn auf dieſe bezog ſich
das Gedicht die Danaiden, und wahrſcheinlich
noch andre, deren Namen ſich nicht erhalten
haben. Hierauf folgte die ganze Reihe der
Thebaniſchen Fabeln, die gleichſam den 2ten
Hauptzweig der griechiſchen Mythologie ausmachten. Endlich kam er auf die Trojaniſchen
Geſchichten; und daß er dieſe ganz bis zu Ende

fort-

fortgeführt habe, sieht man daraus daß er den Memnon copirte, der die letzten Schickfale von Troja enthielt. Es ist dieß also ein Beweis daß unser Werk von weit größerem Umfange war als die Tabula Iliaca, welche bloß die Begebenheiten des Trojanischen Kriegs umfaßte.

Eine andre Frage ist es, zu welchem Gebrauche sowohl gegenwärtiges Werk, als auch die andern, ihm ähnlichen, mögen gedient haben? Daß sie als Kunstwerke keinen Werth haben, ist schon oben bemerkt, und schon daraus ließe sich die Vermuthng des Herausgebers des Musei Capitolin widerlegen c), daß die Tabula Iliaca für den Nero verfertigt sey, eine Vermuthung, die bloß darinn ihren Grund hatte, daß die Tabula Iliaca zu Bovillae gefunden wurde, wo ein Sacrarium gentis Iuliae war. Höchst wahrscheinlich ist es vielmehr, daß sie zum Unterricht der Iugend bestimmt waren, damit sich bey Lesung der griechischen Dichter, die die Hauptlectüre der Römer ausmachten, das Gelesene besser dem Gedächtnisse eindrücken möchte. Selbst der Vers den man auf der Tabula Iliaca lieset:

- - - - μάϑε τάξιν Ὁμήρου

Ὄφρα δαεὶς πάσης μέτρου ἔχης σοφίας.

scheint

---

c) Muf. Capitol. T. IV. p. 364. 365.

scheint dieß zu begünstigen. Dazu kommt noch, daß bey den Fragmenten einer ähnlichen Tafel, die zu Verona aufbewahrt werden, auf der Hinterseite eine Art Spiel vorgestellt ist; indem nemlich einige Buchstaben, ohne weitere Bedeutung, in kleine abgetheilte Felder einzeln so gesetzt sind, daß immer dieselben Worte herauskommen, wo man auch anfangen mag zu lesen. Ein Spielwerk, das mehr für Kinder als für Erwachsene zu passen scheint.

Heeren.

II.
Recensionen.

I.

F. W. B. von Ramdohr, über Malerey und Bildhauerarbeit in Rom etc. (Beschluß der im vorigen Stück S. 174. abgebrochenen Recension.)

Den dritten und letzten Theil seines Werks fängt der V. mit der Untersuchung der wichtigen Frage an, auf welche Wirkung von seinen

Werken

Werken der Künstler bey dem Beschauer vorzüglich rechnen, und wie er sich darnach bey
der Wahl der Gegenstände die er darstellt,
richten müsse? Soll er bey der Wahl seines
Sujets mehr auf intellectuelles Vergnügen,
auf Nutzbarkeit, auf Aufklärung des Verstan-
des und Besserung des moralischen Gefühls, —
oder mehr auf sinnlishes Vergnügen, auf angenehme augenblickliche Beschäftigung der Einbildungskraft des Beschauers sehen? Es ergiebt
sich von selbst, daß selbst nach der Meinung derjenigen, die mehr auf Nutzen als Vergnügen sehn
wollen, diese Fragen dennoch eine doppelte Ein-
schränkung leiden. Erstlich daß Nutzbarkeit dem
Vergnügen wo nicht untergeordnet, doch wenigstens gleich gestellt werden soll; zweytens daß
diese Forderung sich nur bloß auf historische
Compositionen einschränken kann. Aber selbst
Werke dieser Art, wenn sie gleich einzeln betrachtet nichts zu unsrer intellectuellen Vervoll-
kommnung beytragen, thun es doch im Ganzen,
indem der Geschmack in den bildenden Künsten
von der Wahrnehmung so feiner Verhältnisse
abhängt, daß der Mann, der sich anhaltend
hierin übt, den Einfluß der hierbey erlangten
Fertigkeit notwendig in allen den Lagen fühlen
muß, wo er nicht nach festgesetzten Regeln,

sondern

sondern nach Convenienz handeln muß. Eben
dieses Gefühl ferner des sichtbar vollkommnen,
steht in einer so genauen Verbindung mit dem
Gefühl des moralisch-vollkommnen, daß die
Verfeinerung des letzten nothwendig mit der
Verfeinerung des ersten verbunden ist. Diese
beiden Gründe beweisen also schon so viel, daß
die Darstellung des Sichtbarvollkommnen, ohne
Rückficht auf Nutzbarkeit, intellectuelle Vervoll-
kommnung, dennoch schon ein würdiger Gegenstand der bildenden Künste sey, indem die letzte
auch schon ohne besondre Rückficht darauf, dennoch durch dieselbe befördert wird. Es entsteht
jetzt die zweyte Frage, ob absichtliche Rückficht
auf Nutzen bey historischen Compositionen unserm
Vergnügen nachtheilig sey oder nicht? Also
zuerst: Ist es Endzweck der bildenden Künste,
unser Herz durch den Anblick solcher Bilder
zur Tugend aufzufordern, welche edle und er-
habne Thaten verewigen? — Nein! sagt der V.
denn es läßt sich wohl die edle Fassung mahlen mit
der eine edle Handlung gethan wird, aber nicht
die edle Gesinnung. (Aber braucht es denn mehr
wenn man nur die Veranlassung zu der Handlung kennt? Auch ist es zu viel gesagt, daß
edle Gesinnung, ruhige Geistesstärke, sich gar
nicht auf dem Bilde versinnlichen lasse, ohne zur

Apathie

Apathie zu werden; man erinnre sich nur
z. B. an die Figur des Regulus, wie er unbewegt
von dem Bitten des Senats und dem Flehen seiner
Familie seinem Tode entgegen geht.) Ferner:
können die bildenden Künste sich die versinnlichte
Darstellung der Folgen der Tugend und Laster
zum Gegenstande wählen, ohne in Gefahr zu
kommen das Vergnügen der Beschauer zu stören?
— Der V. antwortet mit Nein! Aber statt
eines allgemeinen Beweises für einen so allgemeinen Satz, führt er nur ein paar Beyspiele an,
die doch am Ende nichts weiter beweisen, als
daß die Künstler bey diesen beiden speciellen
Fällen ihre Sujets schlecht gewählt haben.
Im Ganzen genommen ist dieser Satz wiederum
wie so viele Sätze des V. zu allgemein. Daß es
oft der Fall seyn kann, wer wird daran zweifeln; aber daß es immer der Fall seyn muß,
wer wird das glauben? Wir möchten doch wissen, was unser Vergnügen darunter verliert,
wenn uns der Künstler die Belohnung der Tugend unter dem Bilde des Hercules darstellt,
der nach vollbrachten Heldenthaten in den Rath
der Götter geführt wird; oder die schrecklichen
Folgen des Kriegs und der Eroberungssucht,
wenn Mars geführt von der Bellona mit brennender Fackel sich den Armen der Venus ent-
reißt,

reißt, die weinende Erde zurückſtößt, und die Muſen und Grazien mit ſeinem Blicke verſcheucht a)!

Wir haben hier den Hauptfaden dieſes Raiſonnements des V. verfolgt, in dem er, wie an vielen andern Orten, oft dunkel wird weil er deutlich ſeyn will, und über zu vieles Suchen den wahren Geſichtspunkt verliert. Wir ſind im Ganzen ſeiner Meynung, daß angenehmerſinnlicher Eindruck Hauptzweck der bildenden Künſte ſeyn ſoll, und finden den nächſten Grund dazu darin, daß der Zuſchauer dieſes in ihnen ſucht, und nicht hingeht um ſich von ihnen belehren zu laſſen, oder ſein Herz zu beſſern. — Auch zweifeln wir, ob es mit den Regeln eines guten Styls ſich reimen läßt, daß der V. bey dieſen Unterſuchungen, wo eigentlich der mittlere Styl gefordert wird, in den niedern oder vertraulichen Styl herabſinkt; wie z. B. S. 21. Ich, Comteſſe de Genlis; ich, Graf Caylus, u. ſ. w.

Noch weniger können wir ihm in ſeinem Paradoxon beypflichten, daß die Malerey nichts dadurch verloren habe, daß die Bibel das Volksbuch geworden ſey, aus dem die Künſtler ihre Sujets ſchöpften. Es kann hier nicht die Frage

E 3   ſeyn,

a) Die berühmte Allegorie von Rubens im Pallaſt Pitti zu Florenz.

seyn, ob die Bibel überhaupt reich oder arm an
malerischen Sujets ist, sondern, da wir von ver-
gangnen Zeiten sprechen, ob die Gegenstände,
die die Mahler zu ihren Lieblingsgegenständen
aus ihr wählten, geschickt zu der malerischen
Darstellung seyn? Es wäre doch eine sonderbare
Behauptung, daß eine Grablegung, eine Kreuzi-
gung, eine Marter der H. Agnes, ein besseres
Sujet für die Malerey seyn sollte, als eine
Alexanders Schlacht, ein Tod des Germanicus,
ein Tanz der Grazien? — Aber man höre
den Beweis des V. "Der kleine Kreis von Affekten die zur Malerey geschickt sind, muß in
jedem Geschichtschreiber, (also auch in der
Bibel) wieder in Umlauf kommen, da alle den
Menschen in einer gewissen Folge von Zeiten
schildern." Der kleine Kreis von Affekten?
Sind es denn ein halb Dutzend Affekte, nach
dem Compendio der Psychologie geordnet, die
der Künstler darstellen kann? Unzählbare Mo-
dificationen von Affekten sind es, eben so un-
zählbar als die Lagen und Verhältnisse der
Personen aus denen sie entspringen.

Bey den Verzeichnissen und kurzen Beur-
theilungen der Kunstwerke in den Pallästen
Giustiniani, (die Ringer daselbst werden allgemein für alt gehalten) Verospi, Chigi und andern,

dern, halten wir uns nicht auf, und machen
nur noch ein paar Anmerkungen über die neue
Eintheilung von Kunstwerken, oder bestimmter,
von Malereyen, die der V. S. 112 angiebt. Er
theilt sie ab in beschreibende und handelnde, und
die letzten wiederum in lyrische und dramati-
sche. Die erste allgemeine Abtheilung erklärt
sich schon durch den Gegensatz, sie begreift
alle Gestalten in Ruhe; die 2te aber alle Gestalten in Thätigkeit. Die erste Unterabtheilung
von dieser, die lyrische, begreift Darstellung
des Affects in einer einzelnen Figur, die dra-
matische, Darstellung des Affects in mehrern
Personen, deren Handlung eine gemeinschaftliche
Beziehung hat. — Zuerst muß es einem jeden
auffallen, daß diese Eintheilung nur eigentlich
für die historische Malerey paßt; sehr unei-
gentlich zählt der V. unter die erstern die
Landschaften und Blumenstücke mit; nicht bloß
weil Landschaften oft nichts weniger als ein
Bild der Ruhe sind, sondern weil der Begriff
der Ruhe, der der Thätigkeit entgegengesetzt
wird, nur Personen zukommt, und also gar
nicht auf sie paßt. Wenn man aber diese Clas-
sification bloß auf historische Stücke einschränken will, so sehen wir in der That nicht wie
sie neu genannt werden kann, da sie eigentlich

E 4   nur

nur Darstellung der alten Eintheilung von einer
etwas andern Seite, und unter andern Namen ist.

Um soviel besser hingegen hat uns das Raison-
nement des V. über die Ursachen des Verfalls der
Künste in neuern Zeiten gefallen, das bey der
Beschreibung des Pallastes der Französischen
Academie mit eingeflochten ist. Abgerechnet,
daß die Geschichte der Künste es beweiset, daß
gewisse Iahrhunderte, aus Ursachen die sich
unserm Blick entziehen, fähigere Köpfe hervor-
brachten, als andere, kommen jetzt noch folgende Gründe hinzu: In Italien sind die bildenden Künste zu sehr durch die Musik verdrängt; die Künstler werden weniger geschätzt,
haben weniger Verdienst. — Es fehlt jener
Enthusiasmus für Kunst, den nur Republica-
nische Freyheit erzeugt; — Unsre neuen Künstler sind nur Nachfolger der alten, sie studieren
nach ihnen und verlieren darüber das Verdienst
der Originalität; oder gerathen auf Abwege
wenn sie originell bleiben wollen; — Es fehlt
an guten neuen Sujets, weil die besten, die die
Geschichte oder Fabel uns darbeut, schon behandelt sind; die großen Meister machten sich
diese schon zu eigen; und wenn unsere neuen Künstler Erfinder seyn wollen, so gerathen sie in Gefahr

witzig

witzig oder gar gelehrt zu werden. — Endlich die Forderungen die man an Künstler macht, sind durch Engländer und Franzosen zu sehr erhöht worden.

Die letzte Hälfte dieses Bandes beschäftigt sich mit den Kunstwerken in den Kirchen in Rom. Voran geht eine vortrefliche Abhandlung über den Kirchenstyl, sowohl den der Malerey als Bildhauerkunst, aber es würde uns zu weit führen, wenn wir dem V. ins Detail hier folgen wollten. Auch liegen die Kunstwerke, auf die sich dieser letzte Theil des Buchs bezieht, da sie durchgängig modern sind, zu sehr außer unserm Plan.

Den Beschluß machen endlich einige Nachrichten über einzelne Kunstwerke in Rom die sich auf öffentlichen Plätzen finden, die Colonna Traiani, Antonini, die Pferdebändiger auf Monte Cavallo etc. Die letzten hält man jetzt für 2 Alexanders mit dem Bucephalus. Unter den Pallästen die der V. nicht sah, hat er am mehrsten am Pallast Rondimini verloren. Er enthält eine vortrefliche Sammlung von antiken Kunstwerken, von denen wir vielleicht nächstens eine genauere Nachricht ertheilen werden.

Rn.

2. Histoire

2.

Hiſtoire d'Hérodote traduite du Grec avec des remarques hiſtoriques et critiques, un Eſſai ſur la Chronologie d'Hérodote et une table Géographique par *M. Larcher*, de l'academie des Inſcript. et B. L. Honoraire de l'academie des ſciences et B. L. de Dijon. T. I - VII. à Paris 1786. 8 mai.

*H*érodots Geſchichte bleibt immer ein merkwürdiges Denkmal des Griechiſchen Alterthums, nicht nur wegen ihres reichen Inhalts, da ohne ſie die ganze Vorwelt uns noch ungleich dunkler ſeyn würde, als ſie durch den Schleier der Iahrhunderte erſcheint, ſondern auch wegen der Art wie der Verfaſſer ſie ausführte. Als Herodot ſeine Geſchichte unternahm, hatte die hiſtoriſche Muſe in Griechenland kaum die erſten Schritte gewagt. Hecätäus, Xanthus, Hellanicus aus Milet, Charon von Lampſacus waren die einzigen die es verſucht hatten hiſtoriſche Aufſätze zu ſchreiben; aber ihre Werke enthielten bloß Beſchreibungen einzelner Länder, und

und Nachrichten von einzelnen Völkern, die
den Griechen durch die Perſiſchen Kriege bekannt und wichtig geworden waren. Herodot
ſchuf ſich einen umfaſſendern Plan; die Geſchichte der Großthaten der Griechen und Ausländer, oder der Revolutionen des thatenvollen
Zeitraums, wo die Griechen von Aſiatiſchen
Monarchen unterjocht und gedrückt waren,
aber mit beyſpielloſem Muth und Kühnheit gegen eine überlegne Macht Freyheit und Vaterland behauptet hatten. Glücklicher konnte ein
Grieche nicht wählen, der für Griechen ſchrieb,
zu einer Zeit ſchrieb, wo die Nation im Genuß des errungenen Wohlſtands und Rahms,
und mit dem Gefühl ihres Uebergewichts auf den
Aſiaten herabſah; wo die großen Thaten von
Platäa und Salamin, durch Geſänge und Schauſpiele und Denkmale der Kunſt gefeyert, noch im
friſchen Andenken waren, und noch eine Menge
von den Helden lebte, die jene Tage für Griechenland unſterblich gemacht hatten. Indem er
auf die Anfänge und Urſachen dieſer Begebenheiten zurückging, hatte er Gelegenheit ſowohl
von den Griechiſchen Völkerſchaften ſelbſt als von
fremden Ländern und Völkern, die in den Plan
ſeiner Geſchichte gehörten, Nachrichten einzu-
weben, und ſo theils die Griechen mit ihrer
eignen

eignen Nation bekannter zu machen, theils ihnen
eine neue Welt zu öffnen, die dem großen
Haufen der Griechen eben so reizend und wun-
derbar vorkommen mußte, als unsern Vorfahren
die so genannte neue Welt. Mit dem beharrlichsten
Eifer wandte er einen großen Theil seines Lebens dazu an, Materialien zu seinem Werke
zusammenzubringen, durchreißte Griechenland,
Aegypten und einen großen Theil von Asien
bis nach Babylon hin, und sammelte mit be-
wundernswürdigem Beobachtungsgeist theils eigne
Bemerkungen, theils Localsagen und Volkser-
zählungen, theils Nachrichten von den Gelehrten der Ausländer. Alles zusammen ordnete er
mit Homerischer Kunst zu einem Ganzen, und
so entstand, nach mehrmaliger Ueberarbeitung,
seine Geschichte, die den Beyfall und die Bewunderung seiner Zeitgenossen und aller com-
petenten Richter seit 23 Iahrhunderten erhalten
und behauptet hat, und sich so sehr über die
Chronikschreiber des Orients und Occidents erhebt, als sich der griechische Geist in allen übrigen Arten von Geistesbildung in seinen ersten Versuchen durch kühne und glückliche
Schritte unterscheidet.

Wir dürfen also bey der Anzeige eines
Commentars über den Herodot, der alle vorigen

an

an Reichthum, Vollſtändigkeit und Genauigkeit
übertrifft, den Vorwurf nicht fürchten, daß
wir ein altes Werk beurtheilen, zumal da wir
unter den Leſern unſrer Bibliothek wenige annehmen dürfen, die bloß nach literariſchen Ephe-
meren haſchen; auch das Larcherſche Werk,
wegen ſeiner Koſtbarkeit in Deutſchland wenig
bekannt iſt. Das Ganze beſteht aus 7 Bänden;
wovon der erſte, nebſt einer genauen Lebensbe-
ſchreibung des Herodot und einem Verzeichniß
der Schriftſteller und Ausgaben, die Hr. L.
brauchte, das erſte, der zweyte das 2te Buch
enthält. Der 3. 4. 5te befaſſen jedes 2 Bücher,
der 6te das 9te Buch und eine Abhandlung
über die Zeitrechnung des Herodot. Im 7ten
endlich iſt ein doppeltes Regiſter table géographique und table générale des matieres.

Die Veranlaſſung ſeiner Ueberſetzung erzählt der Verf. ſelbſt in der Vorrede. Der
Abbé Bellanger, Ueberſetzer des Diönys von
Halicarnaß, hatte eine Ueberſetzung des Herodot hinterlaſſen, die Hr. L. nachdem ſie ſchon
durch mehrere Hände gegangen war, von den
Buchhändlern erhielt, mit dem Auftrag ſie zu
verbeſſern. Da er dieſes unmöglich fand, ſo entſchloß er ſich lieber zu einer eignen Ueberſetzung,

setzung, um 1770, und verglich, weil ihm die Wesselingsche Ausgabe unbekannt war, die Handschriften der Königl. Bibliothek, die gedruckten Ausgaben, las die alten Schriftsteller, befragte die berühmtesten neuern Kritiker Toup, Valkenaer, Wyttenbach und Brunk, und sammelte so den Vorrath von historischen und kritischen Erläuterungen die in den Anmerkungen enthalten sind. Die Uebersetzung ist mit vielem Fleiß und Genauigkeit gemacht, und läßt sich wie ein Original lesen; und obgleich der Verf. hie und da, seiner Sprache zu Gefallen, Versetzungen machen, andre Wendungen nehmen, und die dem Herodot eigenen, wiederholenden Schlußformeln aufopfern mußte; so ist doch im Ganzen der Sinn treu dargestellt, und mehrentheils die ausgelassenen, oder anders ausgedrückten Wörter in einer wörtlichen Uebersetzung unter den Text gesetzt. Mehr von der Uebersetzung zu sagen, oder ins einzelne zu gehen, liegt außer dem Plan dieser Bibliothek.

Wichtiger sind für uns die Anmerkungen, die eigentlich das sind, was die Arbeit des V. Ausländern schätzbar macht, obgleich auch die Uebersetzung, als fortlaufender Commentar, dem

nützlich

nützlich seyn kann, dem das Griechische weniger
geläufig ist als das Französische. Sie stehen abgesondert hinter jedem Bande, und sind sehr
mannigfaltigen Inhalts. Einige betreffen die
Sprache, andre enthalten Erläuterungen zur
Erzählung des Herodots, Vergleichungen mit
andern alten Schriftstellern, Bestreitungen der
Erklärungen, Behauptungen und Einwürfe
neuerer Französischer Gelehrten, sonderlich Voltaires. Zuweilen sind ganze Digressionen und
Untersuchungen über einzelne Punkte aus dem
Alterthum eingerückt, alles mit einer Umständ-
lichkeit, die den Franzosen in dieser Art von
Untersuchungen eigenthümlich, den Deutschen aber
oft lästig ist. Einige Anmerkungen endlich sind
kritischen Inhalts und enthalten Verbesserungen
nicht nur zum Herodot, sondern auch manchmal zu andern alten Schriftstellern. Die Wesse-
lingschen Noten sind mehrentheils mit eingerückt, nur oft noch ausführlicher gemacht. Wir
wollen mit Uebergehung des bekannten einige
dem Verf. eigne Bemerkungen ausheben. Gleich
zu Anfang hält der Verf. die vom rothen Meer
herkommenden Phönizier für Homeriten oder
Hamjariten, weil dieses mit Φοίνικες einerley bedeute und am Sinus Aelaniticus sich ein phoeni-
cum oppidum finde; wobey zugleich Voltaires,

auf

auf. Unkunde gebauter Einwurf, wie man damals habe ganz Afrika umschiffen können,
beantwortet wird. Gegen ersteres ist aber der
Umstand, daß die Homeriten ein ganz verschiedener, rein arabischer Stamm waren, auch
nicht in den Gegenden des Aelanitischen Meer-
busens sondern viel südlicher, in Iemen wohnten.
In dem geographischen Register (Vol. 7. p. 296.)
hat der Verf. wieder die gewöhnliche Ableitung
von Φοῖνιξ, oder vom rothen Meer, ohne der
eben angegebnen zu gedenken, vielleicht weil
er jetzt selbst ihre Unwahrscheinlichkeit fühlte.
§. 25. finden wir eine richtigere Erklärung
von dem ὑπορρητηρίδιαι διεμροῦ κολλητὸν, das
man sonst von Aniöthen verstand. Der Verf.
zeigt, daß es eingelegte Damascener-Arbeit
gewesen sey; so wie man λιθοκολλητὸς von Arbeit mit eingelegten Steiden findet, und κοῖλα
χρυσόκολλα, vergoldete, oder mit Gold eingelegte Gefäße in fragm. Sophocl. Athen.
Deipn. XI. 9. p. 466. Das Sprichwort Γλαύκε
τέχνη hatte davon seinen Ursprung. Auch im
Lateinischen wird ferruminare so gebraucht
Petron. Satyr. 32. p. 172. Burm. Die Stelle
des Athenäus V. 13. p. 210. wo ausdrücklich
der in diese Schale eingegrabnen Figuren gedacht
wird, setzt die Erklärung außer Zweifel.

Nun

*Nun folgt eine Digreſſion über das Alterthum
des Eiſens, die gute Sammlungen enthält, und
eigentlich Caylus Behauptung, daß das Eiſen
um die Zeit des Alyattes ſelten und koſtbar geweſen ſey, widerlegen ſoll. Daß der bey Te-
geäa gefundne Sarg des Oreſtes (Herod. 1. 68.)
von Eiſen geweſen ſey, iſt ein Irrthum. Herodot
ſagt davon nichts, aber vermuthlich entſtand
das Verſehen daraus, daß in der Stelle, die
Hr. L. nicht genau anſah, von Eiſen die
Rede iſt. §. 30. Ausführlich von der Zeit der
Reiſe Solons zum Cröſus, und daß ſie wirklich geſchehen ſey. Solon ſah noch Schauſpiele
des Thespis um Ol. 61. 1. 563 vor C. Geburt,
die Eroberung von Sardes fällt nach der Pari-
ſchen Chronik 278. Ol. 59. 3. und Piſiſtratus
bemächtigte ſich der Oberherrſchaft Ol. 54. 4.
Er konnte alſo ſehr wohl den Cröſus ſehen.
In ſeiner Chronologie ſetzt der V. den Aufenthalt Solons in Sardes in Ol. 51. 3. — Ueber
die ſchwürige Stelle §. 32. von den Schaltmona-
ten, führt er die verſchiedenen Erklärungen an,
ohne zu entſcheiden. Gegen die Meynung, der
auch Weſſeling beytrat, daß ein Iahr von 350
Tagen zu verſtehen ſey, bemerkt er, daß alsdann der Monat nicht, wie Herodot ſagt, 30
Tage haben könnte, oder das Iahr nur von*

11 M. 20 Tagen seyn müßte. Nicht zu gedenken, daß ein Jahr von 350 Tagen sonst gänzlich unbekannt ist. Indessen möchten wir kaum mit dem Verf. sagen, daß die Stelle gewiß verderbt sey, da die Berechnungen vollkommen zusammentreffen, lieber möchten wir glauben daß Herodot selbst aus Versehen den Schaltmonat zu 30 Tagen angenommen habe. Man würde sonst voraussetzen müssen, was unwahrscheinlich ist, daß Abschreiber die ganze Rechnung verändert hätten, oder daß sie einen doppelten Fehler begingen der zufälliger Weise mit sich selbst übereinstimme. §. 54. erklärt er die ἀτεληία womit die Delphier den Crösus beehrten, von der Freyheit von Abgaben, die von Ausländern, die das Orakel fragten, sonst gefordert wurden, nach Strabo IX. 641. In der streitigen Stelle §. 56. worüber in Frankreich so viel geschrieben worden, folgt er Wesselingen, wie aber die ganze Nachricht mit dem was andre Schriftsteller von den Stämmen und Wanderungen der Griechen sagen, zusammenstimme, hat der V. nicht gezeigt. Bey §. 94. ist eine weitläuftige Discussion gegen Freret, der die Auswanderung der Lydier nach Italien läugnet, so wie §. 105. über die Scythische Weiberkrankheit gegen Bouhier, wo man doch

am

am Ende kein neues Refultat oder Bemerkungen über die Krankheit felbft bekommt. Die
Abhandlung des Hrn. Hofr. Heyne über diefe
Stelle war dem Verf. unbekannt. §. 178 flg,
vergleicht der Verf. die Angaben der Alten
von der Höhe und dem Umfang der Mauern
Babylons, meiftens nach Danville, und beftrei-
tet die Nachricht des Arrian und Strabo, daß
der Tempel des Iupiter Belus von Xerxes zerftört fey, weil ihn Herodot nach fah, und Plinius fagt durat adhuc etc. Allein das letztere
ift nicht fehr beweifend, weil Plinius oder fein
Amanuenfis vielleicht einen ältern Schriftfteller
excerpirte. Zu Strabos Zeit mochte er längft
zerftört feyn, und Strabo, oder der, dem er
folgte, legte es dem Xerxes bey; Arrian hingegen fcheint die Nachricht des Herodot, von
der Wegnahme der goldnen Statue durch den
Xerxes mit der Zerftörung des Tempels ver-
wechfelt zu haben. Im II Buch §. 5. bezweifelt der Verf. mit Freret die allgemein angenommene Meynung, daß der Boden in Aegypten
durch die Ueberfchwemmungen des Nil höher
werde, und daß Unterägypten, oder doch das
Delta, wie Herodot fagt, ein Produkt des Nil-
fchlamms fey, Er beruft fich auf das durch
fo viele Iahrhunderte gleiche Maaß von Frucht-

F 2   barkeit

barkeit, das zu Herodots Zeiten, beym Plinius
und andern bis auf den Geographus Nubienſis
herab im 12 Iahrh. ſtets zu 16 Ellen angegeben werde, und nicht aus Veränderung des
Maaßes zu erklären ſey. Indeſſen in einem
ſpätern Zuſatz ſtimmt er wieder dem Herodot
bey, weil doch der Nil ſo vielen Schamm führe
und ehedem noch mehr geführt haben möge.
Auch ſey von Herodot bis jetzt noch nicht
2300 Iahre, hingegen von Herodot bis auf den
Menes zurück über 11000 Iahre. Der letzte
Grund wird wenigen befriedigend ſcheinen, die
nicht von dem ſo hohen Alterthum der Aegyptier
mit ihm überzeugt ſind. Den Schwierigkeiten,
die er vorher ſelbſt gemacht hatte, ſetzt er
nichts entgegen, als die Vermuthung des Pocock, daß die 8 Ellen, wovon die Aegyptiſchen
Prieſter redeten, von dem Anwachs des Stroms
über ſeine gewöhnliche Oberfläche, und die 16
Ellen von ſeiner ganzen Tiefe zu verſtehen
ſeyn, woraus er folgert, daß die 22 Ellen,
die nach neuern Berichten jetzt zur Fruchtbarkeit erfordert werden, von dem Bette des
Stroms an gerechnet werden müſſen. Allein
dieſes iſt gegen die Ausdrücke des Herodot und
der Reiſebeſchreiber. Die Sache verdiente eine
genauere Unterſuchung. Die Stellen des Plinius
und

und *Ammian* sind nicht ganz entscheidend, weil beyde ältern Schriftstellern folgen können. *Ma-fudi's* Nachricht zeigt wenigstens daß damals (Sec. X.) 16 *Ellen* nicht mehr das waren, was *Plinius* deliciae nennt. *Schemseddin*, dessen Beschreibung von *Aegypten* in dem 1 Theil der notices et extraits des MSS. der *Königl. Bibl.* ausgezogen ist, sagt deutlich, daß vorher 17 *Ellen* das Maaß der Fruchtbarkeit waren, zu seiner Zeit, um die Mitte des 17 Iahrh. 23, wo man doch einerley Art der Berechnung annehmen muß. — §. 6. erklärt er sehr gut die verschiedenen Angaben der Größe *Aegyptens* beym *Herodot* und *Strabo* aus der Verschiedenheit der Stadien. Der letztere rechnete nach Olympischen, jedes zu 94½ Toisen, *Herodot* nach dem gemeinen Stadium zu 51 T. Nach dieser Annahme geben die 1970 Stadien des *Strabo* eine Summe die den 3600 des *Herodot* sehr nahe kommt. §. 14. führt der *V.* einen sonderbaren Gedanken von *Bellanger* an, der die ὖς die man in *Aegypten* auf die Aecker trieb, von Furchen verstand, weil *Plinius* (18, 18.) porcellae von Furchen gebrauche. *L.* glaubt nicht wie die meisten Neuern daß die ganze Erzählung Fabel sey; *Herodot* habe nur die Absicht und die Zeit misverstanden, man

F 3   habe

habe wahrſcheinlich vor dem Beſäen Säue auf
die Aecker getrieben um die Wurzeln der Waſ-
ſerpflanzen die dem Korn nachtheilig würden
geweſen ſeyn, zu verzehren. Indeſſen ſieht Rec.
nicht ein worin das unglaubliche liegt, wenn man
nur nicht annimmt, daß die Heerden Tage lang
auf den Aeckern frey herumgegangen ſind. §. 17.
Weitläuſtig von den Mündungen des Nil. Sa-
vary behaupte mit Unrecht daß kein Alter des
Ausfluſſes zwiſchen dem Mendeſiſchen und Phat-
nitiſchen gedenke, da Strabo und Diodor ausdrücklich ſagen, daß es mehrere gegrabene
Ausflüſſe gebe, die ſie aber nicht beſonders
nennen. Vom Phönix §. 73. findet ſich nichts
als die Bemerkung, daß Herodot nichts davon
ſage, daß der Phönix aus ſeiner Aſche wieder
auflebe, und daß die Kirchenväter nicht wohl
gethan die Fabel als einen Beweis der Aufer-
ſtehung zu gebrauchen. Von der ſymboliſchen
Erklärung des Phönix ſcheint dem V. nichts
geahndet zu haben. Auch von den geflü-
gelten Schlangen §. 75. iſt nichts beygebracht,
was nicht ſchon im Weſſeling ſich findet. Vom
Ibis §. 76. eine lange Note, die hauptſächlich
gegen den Aufſatz in den Mem. de l'acad.
des Sciences T. III. p. III. p. 64. gerichtet iſt,
deſſen Verfaſſer aus Misverſtand den Ibis zu

Verſailles

Verfailles nicht mit der Beschreibung des Herodot übereinstimmend fanden, weil er keinen kah-
len Hals und keine Menschenfüße hatte. Uebrigens ist aus diesem Auffatz die ganze Beschreibung eingerückt, aber die naturhistorische Bestimmung der Gattung des Vogels fehlt. Von
der Einbalsamirung der Mumien §. 85. nichts
als was in der Abhandlung von Rouelle in
den gedachten Mèm. 1750. steht; die neuern
Untersuchungen darüber von der hiesigen Socie-
tät der Wiss. kannte also Hr. L. nicht Bey
den Pyramiden werden die Nachrichten der Alten und neuern umständlich angeführt, nur
Greaves, ein Hauptschriftsteller, fehlt; übrigens die gewöhnliche Meinung vertheidigt, daß
es Grabmäler waren, wieder bloß gegen Di-
derot, der in der Encyclopedie sie für Monumente hielt auf welchen die Aegypter ihre wif-
fenschaftlichen Kenntniffe verewigen wollten.
Indeffen zur Entschädigung weißt der V. den
Obelisken diese Bestimmung an, §. 170. weil diese
Hieroglyphen haben; aber der ganze Beweis
für diese Hypothefe ist die Sage von den Säu-
len des Hermes. Den λίϑος αἰϑιοπικὸς erklärt
er richtig vom Basalt nach Plin. H. N. 36, 7.
Vom Labyrinth §. 148. wo gegen Danville der
wegen der verschiedenen Angaben des Erbauers

F 4   und

und der Lage beym Herodot und Diodor ein
zwiefaches annahm, gezeigt wird, daß es nur
eines gab. Das Caſr-Kerun, das Pocock für
das Labyrinth hielt, ſey dafür zu klein, vielmehr
ſcheinen die Ruthen bey Sennur, der Lage nach,
Ueberbleibſel davon. Uebrigens läſſt er ſich
auf die Beſchreibung des Gebäudes und Muthmaßungen über ſeine Beſtimmung nicht ein.
Den See Moeris hält er nicht wie Danville für
das Bahr Bathen, ſondern mit Gibert für
Bahr Iuſuf. Uebrigens iſt es zu viel behauptet, daß Herodot bloß vom Communica-
tionscanal ſage, er ſey von Menſchenhänden ge-
graben, der See ſelbſt aber Werk der Natur.
Herodot unterſcheidet ja den See, worin die beyden
Pyramiden mit den Statuen ſtanden, von dem
διωρυξ. Wahrſcheinlich benutzte man ein tiefes
Thal, dem man durch Kunſt nachhalf und
durch einen Canal mit dem Nil Verbindung
gab. Die ganze Lage des Sees führt auf
dieſe Vorſtellung, und ſo verſchwindet auch
die Schwierigkeit die Herodot ſchon fühlte, wo
eine ſolche Mäſſe von ausgegrabner Erde geblieben ſey. B. V. 58. wieder eine gelehrte Ex-
curſion, vom griech. Alphabet, Herodot ſage
nicht daß Cadmus der Erfinder des Alphabets
ſey, ſondern daß er γραμματα (ohne Artikel)

Buch-

Buchftaben nach Griechenland gebracht habe,
nemlich die 16 Buchftaben, die das alte pelasgi-
fche Alphabet ausmachten, habe Cadmus mit
Z Θ Ξ und den Zahlzeichen Vau, Sanpi und
Koppa vermehrt. Der Verf. folgt hier Bou-
hier. Doch am Ende giebt er zu, daß der
Artikel deswegen fehlen könne, weil Herodot
andeuten wollte, daß nicht alle zu feiner Zeit
üblichen Buchftaben von Cadmus herkämen.
Doch wir dürfen nicht mehr Beyfpiele von den
Erklärungen des Verf. auszeichnen, um auch
ein paar Proben von feinen Verdienften um die
Berichtigung des Textes anführen zu können.
B. I. 2. folgt er mit Recht der Lesart der
Aldina in οὐ Φείνασε und zeigt daß die von
Gale angeführte Stelle des Paufanias nichts
für die gemeine Lesart beweife. S. 65 verfetzt
er mit Marsham ἐπιστρατεύσαντα ἀδελφιδέω μὲν
ἑωυτῷ, βασιλεύοντος δὲ Σπαρτιητέων λεωβώτεω.
Die Schwierigkeit der Zeitrechnung wird dadurch freylich gehoben, nur fcheint das μὲν
und δὲ die Erklärung fo wenig zu begünftigen,
daß felbft nach der Verfetzung fich der Sinn
der gemeinen Lesart aufdringt. Entweder muß
man hier einen Fehler im Namen annehmen,
wie fchon mehrere gethan, oder das μὲν vor
ἀδελφ. hinein rücken. Gelegentlich amendirt er

S. 285. in einem Epigramm von *Lollius Baſſus*
(Anthol. Steph. p. 204.) τᾶ βαγᾶ μνᾶμα Λεω-
νίδεω für τᾶ τατᾶ, weil βαγος im ſpartaniſchen
König hieß. Eben ſo erkält bey §. 93. die
Stelle des *Athenäus* XII. 3 p. 515. verſchiedene
Verbeſſerungen, wovon jedoch ſchon mehrere in
der Aldina ſtehen, und §. 94. ließ er (S. 348.) im
Strabo V. 335. C. συσηόας λαὸν (für συσείλας)
nach einem Cod. Reg. und *Euſtath.* in Dionyſ.
Perieg. 347. §. 130. nimmt er einen Fehler im
Text an, weil nach ſeinen Berechnungen die
Anarchie der Meder nicht, wie man nach der
gewöhnlichen Erklärung annimmt 6, ſondern
39 Iahre dauerte, die Herodot nicht mit in die
Summe der 128 Iahre begreiffe. Da die
Regierung Dejoces und ſeiner 3 Nachfolger
nach Abzug der 28 Iahre 100 die Scythen
herrſchten, 122 Iahre ausmacht, ſo müſſe Herodot ſo geſchrieben haben. Aus ähnlichem
Grunde glaubt er, ſey es fehlerhaft, wenn
II. 141. ſtatt 1366 Iahre, wie die Rechnung
ergiebt, geleſen wird 1340. Die Autorität, die
Hr. L. für ſich anführt, daß nämlich Philemon beym *Porphyrius* (Quaeſt. Hom. 8.) ſage,
im Herodot ſeyn mehrere Fehler, die man nicht
dem Verfaſſer, ſondern den Abſchreibern beylegen müſſe, kann wenig gelten, weil es bloßes

Urtheil

*Urtheil ist, vielleicht entstanden aus derselben
Bemerkung, daß Herodot nicht stets in seinen
Zahlangaben mit sich selbst übereinstimme, was
sich doch auch aus Achtlosigkeit des Schriftstellers oder seiner Referenten erklären läßt. Ueberhaupt kann man von keinem Schriftsteller, der,
wie Herodot aus mündlicher Erzählung schreibt,
höchste Genauigkeit der Chronologie erwarten.
So würden wir auch bey der Folge der Aegypti-
schen Könige denken, wo der V. nach B. II. 40.
eine Lücke im Text annimmt, nämlich zwischen dem Tode des Anysis (954. v. C. G.)
und Sethos, der Zeitgenoß des Sanherib war
(also um 713 v. C.) ist ein Zeitraum von 241
Iahren. Gleichwohl läßt Herodot beyde unmittelbar auf einander folgen; ferner von Möris,
der nicht volle 900 Iahre vor Herodot soll gelebt
haben, bis auf den Sethos sind beym Herodot
nur neun Könige. Schon Bouhier hätte zwischen Rhampsinit und Cheops (§. 124) eine
Lücke angenommen, die er mit den 7 Königen,
von welchen Diodor spricht, ausfüllte. Nr. L.
zeigt sehr gut, daß man ihm Diodor wegen
seines Systems wenig trauen könne, und setzt
die Lücke zwischen §: 140. 141. so daß μετα
τουτον auf den letzten der ausgelassenen Könige
gehe. In demselben §. liest er für τρια ετεα
κοσια,*

κόσια, πεντακόσια, was auch, nach der Verbeſſerung des Hrn. Prof. Reiz, die Borheckſche
Ausgabe lieſt.　Man kann der Art wie Hr. L.
dieſe Hypotheſe zu erweiſen geſucht hat, Scharfſinn und Wahrſcheinlichkeit nicht abſprechen,
aber alles gründet ſich auf die Vorausſetzung,
daß Herodot alles richtig gefaßt und ſeine
Aegyptiſchen Ciceroni die vollſtändige Geſchichte
mit genauer Zeitrechnung ſelbſt anzugeben
wußten, was aus der wenigen Genauigkeit, mit
der die Regierungsjahre der vorigen Könige
angegeben ſind, nicht ſehr wahrſcheinlich wird.
Wenn man in einerley Zeitraum 200 Iahre an
einer Stelle abſchneiden, und 240 Iahre anderswo hinzuſetzen muß, ſo kann man ſich doch
kaum des Verdachts erwehren, daß es nicht
Schreibfehler, ſondern Verwirrungen des Schriftſtellers ſelbſt ſind, die einer Verbeſſerung bedurf-
ten.　B. II. 105. verkeſſert er Σαρδωνικὸν für
Σαρδονικὸν, ſehr ſinnreich.　106 lieſt die Aldina
καὶ γὰρ Αἰγυπτίην etc. wahrſcheinlich die wahre
Lesart, die aber Weſſelings Aufmerkſamkeit
entgangen iſt.　III. §. 97. lieſt er für στέρ-
ματι mit Valken. σήματι daß es auf die Ver-
zehrung der Todten (§. 33.) ſich beziehe. Aber
ob σῆμα ſo gebraucht werden könne, zweifeln
wir ſehr.　Eine neuere Conjektur, ἀσθήματι,
würde

würde hier viel vorzüglicher ſeyn, wenn nur
Herodot von der Kleidung dieſer Völker, die
wahrſcheinlich beyde gar keine hatten, etwas geſagt hätte. Die gewöhnliche Lesart hat wenigſtens die Uebereinſtimmung mit Herodots
eigner Erzählung §. 101. für ſich. Hr. L.
erinnert dagegen daß ſie lächerlich ſey, und
daß Herodot würde γονή oder θορή geſagt
haben; allein erſteres iſt gar kein Grund, da es
nicht lächerlicher iſt als §. 101, und daß
σπέρμα die Bedeutung habe, iſt unſtreitig.
III. 135 μὴ ἔν, Ioniſch für οὔ, wie Reiske verbeſſerte. So lieſt auch Cod. A. der Königl. Bibl.
Ueberhaupt folgt der Verf. meiſtens den Verbeſſerungen von Valkenaer, Reiske, Toup u. a.
beſtätigt ſie aber nicht ſelten durch dieſe Handſchriften, die er genauer verglichen hat als
Weſſeling. Z. B. II. 148. hat Cod. A. Ald.
und Steph. ἐξ δὲ πρὸς νότον, wo Weſſeling
keine Variante anführt. III. 140. (p. 270.
Weff.) haben alle 3 Handſchr. ὦ ἐγὼ προαι-
δεῦμαι. V. 92. (p. 422. Weff.) leſen Cod. B. D.
διαπλεύσαντος, διαπλέξαντος aber Cod. A. wovon Weſſeling keinen nennt. VI. 85. extr. wo
Weſſ. keine Variante hat, lieſt Cod. A. ἐπι-
σπόμενον, wie Reiske ſchrieb, und kurz vorher
Cod. B. βωλεύεσθαι. Wichtig iſt die Bemerkung
die

die Hr. L. Vol. I. p. 269. gelegentlich einstreut;
er habe alle Varianten die am Rande der griech.
Ausgabe Stephani stehen, in den gedachten
Handschriften gefunden, sie find also aus diesen
genommen, und gelten, wenn sie mit den Pari-
ser Handschriften zugleich angeführt werden,
nur für eine Autorität; daher auch Hr. L. die
Steph. Randlesart III. 135. nicht hätte befonders anführen follen. Unnöthig ist es II. 99.
ἄλλη ῥέει hinzuzufetzen, für ὃς ἀπαργμενος ῥέει,
(Reiske emendirte ἀ. ῥέει) der Begriff des ἄλλη
liegt ſchon in dem ἀπαργμ. IV. 158. fand
Hr. L. die richtige Interpunktion in dem Pariſer Codex A., wie ſie von Hr. Reiz wieder
hergeſtellt iſt; weil er aber dieſe Ausgabe nicht
kannte, ſo glaubt er, daß Hr. Borhek, der
ihr folgte, ſie auch in irgend einem Mſc. gefunden
habe. Indeſſen hat der V. von dieſer Entdeckung
in ſeinem geographiſchen Regiſter keinen Gebrauch gemacht, denn da heißt es noch bey
Iraſa: eine Gegend wohin die Libyer die Griechen führten, anſtatt: vorbey oder durch führten.
B. IV. p. 480. verbeſſerte er im Apollodor
(I. 3, 6.) μιγνυται δὲ Ζεὺς Μήτιδι für Θετιδι,
ohne zu wiſſen daß dieſes in der Heyniſchen
Ausgabe längſt verbeſſert iſt. Ueberhaupt
würde der Verf. manche mythologiſche Diſcuſ-
ſionen

fionen erfpart haben, wenn ihm nicht, welches
zu verwundern ift, der vortreffliche Commentar
bey diefer Ausgabe gänzlich unbekannt geblieben
wäre. Von den häufig eingeftreuten Sprachbe-
merkungen find die meiften von geringerer Erheb-
lichkeit; nur ein paar wollen wir auszeichnen,
II. 169. daß διξὰ θυρώματα eine Nifche mit
Flügelthüren bedeute. Die Bedeutung von ἐξ
ἠθέων, für ἔξω ἰᾷ. noch mehr erwiefen.
IV. 207. τί γὰρ πάθωμεν, daß es heiße, quid
faciamus, durch Beyfpiele gezeigt. VI. 128.
daß ὀργὴ nicht iracundia, wie es bey Weff.
überfetzt ift, fondern Neigung überhaupt bedeute.
VII. 199. ἐπαγγελομένυς nicht promittentes,
fondern fponte, vltro. u. f. f.

Diaß ift hinreichend um einen Begriff von
der Einrichtung diefer Ausgabe und dem Verdienft des Verf. um den Herodot zu geben.
Man wird daraus fehen, daß es ihm nicht an
Fleiß, Kenntniß und Gefchmack fehlt feinen
Schriftfteller aufzuklären, nur macht die Ver-
mifchung aller Arten von Erläuterungen und
die Ausführlichkeit mit der er oft Seitenlange
Stellen aus alten und neuern Schriftftellern einrückt, und die bekannteften Sachen auseinander
fetzt, den Gebrauch des Werks dem, der in
der

der alten Litteratur nicht ganz fremd ist, sehr
beschwerlich. Besser hätte der Verf. gethan,
wenn er die critischen Anmerkungen abgesondert
hätte; und die häufigen Bestreitungen von
andern Ueberseßungen würde man ihm ganz
erlassen haben. Was sich aus den Alten zur
Erläuterung des Herodots gewinnen läßt, findet
man hier mit großer Vollständigkeit gesammlet,
und Hr. L. hat dabey dabey das eigenthümliche
Verdienst der Genauigkeit im Citiren, gegen
die Gewohnheit seiner Landsleute, die er auch
B. 1. S. 300. und anderswo laut misbilligt.
Eben so fleißig ist alles benußt was in Frankreich über und wider den Herodot gesagt ist,
so daß in dieser Absicht dieses Werk einem künftigen Commentator des Herodot statt eines Re-
pertorii dienen kann; aber von dem was in
Deutschland zur Aufklärung des Herodot geschrieben ist, nimmt Hr. L. selten Notiz. Die
Untersuchungen unsers Hrn. Hofr. Gatterer über
Herodots Thracien und Scythien sind ihm unbekannt geblieben, nicht einmal die Abhandlung
über den Plan des Herodot, die doch Hr. L. in
der Borhekschen Ausgabe lesen konnte, ist angeführt, sondern der Verf. begnügt sich auf
den Dionysius von Halicarnaß, aus dem er die
Hauptstelle in der Vorrede S. 23. citirt, zu verweisen.

weiſen. *Andre Hülfsmittel, Geſchichte und Geographie des Orients und Reiſebeſchreibungen hat der Verf. zwar genutzt, aber hier iſt noch eine reiche Nachleſe zu machen. Wie vieles läßt ſich hier nicht in den Nachrichten von den Scythiſchen und andern Völkerſchaften aus ähnlichen Gebräuchen andrer Völker erläutern! Wenn wir uns eine Bearbeitung des Herodot aus dieſem Geſichtspunkt vorſtellen, wo allemal der ſpätere oder jetzige Zuſtand der Länder und Völker, wie er aus der Geſchichte und Reiſebeſchreibungen bekannt iſt, verglichen, die dunkeln, auf bloße Sagen gegründete Nachrichten aus andern ähnlichen Sagen erklärt, und die Entſtehung des fabelhaften gezeigt wäre, ſo würde Herodot ein intereſſanter Beytrag zur Geſchichte der Erde und der Menſchheit ſeyn. Die nothwendige Unterſcheidung der eignen Beobachtungen Herodots von dem was er Griechen, Perſern und Aegyptern nacherzählt, hat Hr. L. nicht ſtets genau genug beobachtet. Denn obgleich er ſehr bemüht iſt, ſeinen Schriftſteller gegen den Verdacht der Erdichtung und Leichtgläubigkeit zu ſchützen, ſo ſpricht er doch in andern Stellen ſo, als wenn Herodot die Archive der Länder die er bereißte, durchgegangen wäre, und ſchreibt manches, was Folge von Misverſtand oder*

Schuld der Erzähler feyn kann, auf Rechnung der Abfchreiber, oder nimmt es für buchftäblich wahr an. Z. B. die Züge des Sefoftris, B. II. S. 401. wo er glaubt, daß die Soldaten des Sefoftris die Lehre von der Seelenwanderung aus Indien mitgebracht, daher auch der frühere Mofes von Unfterblichkeit der Seele noch nichts gehört hätte. Andre Dinge erklärt er geradezu für Fabeln; z. B. B. II. 142. p. 456. die Nachricht, die Herodot den Aegypt. Prie-ftern nachfagt: daß die Sonne zweymal da aufgegangen fey wo fie jetzt untergehe, ohne daß dieß in dem Anfchwellen des Nils oder dem Wachfen der Früchte Veränderung hervorge-bracht; wo doch die von Scaliger oder Bellan-ger vorgefchlagene Erklärung viele Wahrfchein-lichkeit hat. Nämlich die Priefter wollten da-durch die Verrückung der Iahrszeiten ausdrücken, die eine Folge des unvollkommnen Iahrs von 365 Tagen find, und wo in 730 Iahren der kürzefte Tag auf den Tag des Sommerfolftitiums fiel. Was Hr. L. dagegen einwendet, daß in 11340 Iahren, die die Aegypter von Menes an zählten diefes 15 mal hätte gefchehen müffen, fcheint nicht von Gewicht. Wir würden viel-mehr daraus fchließen, daß die genauen aftro-nomifchen Beobachtungen und Iahrrechnungen der

Aegypter

Aegypter nur 1460 Iahre hinaufgingen, und glauben daß Herodot das, was ihm die Aegypti-chen Gelehrten von der Zeit fagten, vom Ort verstanden habe. Nicht genau ist es, wenn Hr. L, in der Befchreibung IV. 23. Tatarn zu erkennen glaubt. Die Haarlofigkeit und die platte Gefichtsform ist offenbar Befchreibung einer Kalmückifchen Nation, die damals kaum in jenen Gegenden angekommen, und noch im erften, rohen Naturftande gewefen feyn muß. — Die Beurtheilung der beiden letztern Bände müffen wir, um nicht für andere Schriften den Raum zu fehr zu beengen, auf das nächste Stück verfparen.

Ch.

3.

Saggi ful riftabilimento dell' antica
arte de' greci e romani pittori, del S. Abate D. Vincenzo Requeno. Tom. I. II. Parma, dalla ftamperia reale 1787.

Seitdem der V. diefes Werks, ein gebörner Spanier, fich aufs neue mit der Wiederherftel-

lung

lung der Encauftifchen Malerey der Alten befchäftigte, und mehrere glückliche Verfuche darüber machte, ift diefes Studium eine folche Lieb-
lingsbefchäftigung der Künftler geworden, daß
es unfern Lefern gewiß nicht unintereffant feyn
wird, bey Gelegenheit diefes Werks, in dem
der V. nicht bloß feine Verfahrungsart befchrieben, fondern auch mehrere durch feine Erfindung veranlaßte Auffätze eingerückt hat, genauere Nachricht davon zu erhalten. Die Alten
reden an mehrern Stellen von ihrer Malerey mit
fo großen Lobfprüchen, fchreiben ihren Werken
befonders eine folche Dauerhaftigkeit zu, daß
unfre Oelmalerey für den Verluft den wir er-
litten, da ihr Verfahren in Vergeffenheit gerieth, kaum ein hinreichender Erfatz zu feyn
fcheint. Zwar haben fie uns an mehrern Stellen
Fingerzeige von ihrer Verfahrungsart gegeben;
aber da fie von einer damals ganz bekannten
Sache redeten, fo find ihre Nachrichten hierüber
zu kurz und unvollftändig, als daß nicht noch
große Lücken in der Befchreibung follten gelaffen
feyn. Diefe auszufüllen, und die verlorne
Kunft wieder herzuftellen, befchäftigte fchon
mehrere Antiquare und Künftler. Einer der
erften war der Spanier Palomino, auf den
nachher Herr von Mont-Jofieu, Graf Caylus,

der

ler *Pater Harduin, und Bachilier folgten. Ehe
noch unfer Verf. die Verfahrungsarten feiner
Vorgänger prüft, fchickt er eine kurze Gefchichte
ler griechifchen Malerey voraus, die die ganze
rfte Hälfte des erften Theils ausmacht. Wir
rerzeihen dem V. diefe Weitfchweifigkeit gerne,
lenn ob fich gleich über diefe Materie nicht viel
Neues fagen läßt, fo ift doch das Alte in einer
fehr guten Ordnung und mit vieler Deutlichkeit
vorgetragen. Erft in der letzten Hälfte des
rften Bandes kömmt der Verf. zu feinem eigentlichen Zweck. Aber auch hier ift man gezwungen fich erftlich wiederum durch einige Capitel
durchzuarbeiten, in denen er die Mängel der
Oelmalerey befchreibt, um den Werth, oder wie
r fich ausdrückt, die Nothwendigkeit feiner Erfindung dadurch zu zeigen, und ausführlich
den Satz beweifet, daß zur Wiederherftellung
der alten Wachsmalerey es unumgänglich nöthig
fey, fie zu kennen. Solche Weitfchweifigkeiten
find Nationalfehler, die man bey Italienifchen
Werken fchon einmal gewohnt ift zu überfehen,
wir wollen fie alfo auch hier dem Verf. fchenken,
und unfern Lefern dafür nur einen Auszug aus
lem brauchbaren Theile feines Werkes, einen
Begriff von feiner Erfindung und Verfahrungs-
irt geben.*

Es

Es kam bey der Wiederherstellung dieser verlornen Kunst zuerst darauf an, die Nachrichten
die die Alten uns davon hinterlaffen haben, zu
fammlen, und die Verfuche mit diefen übereinstimmend zu machen; und dann ferner die
Lücken zu ergänzen, die fie uns noch durch
das Magelhafte ihrer Nachrichten auszufüllen
übrig gelaffen hatten. Mit Recht fing daher
der Verf. mit dem erften an, und liefert in
dem XI. Capitel die Refultate die fich aus den
Stellen der Alten für ihre Verfahrungsart ziehen laffen. Aus diefen nun, und befonders aus
dem Plinius, ift es klar, daß die Alten felbft
mehrere, nämlich dreyerley, Arten der Encauftifchen Malerey hatten. Das Zeugniß darüber
findet fich beym Plin. XXXV, c. 11. Encaufto
pingendi duo fuiffe antiquitus genera conftat,
cera, et in ebore caeftro, i. e. veruculo, do-
nec claffes pingi coeperunt, hoc tertium acceffit,
refolutis igni ceris, pennicillo vtendi. Mit der
letzten, der Malerey mit dem Pinfel, hat es
keine Schwierigkeiten; dunkler hingegen, durch
die Kürze mit der Plinius fich ausdrückt, find
die beiden erften Arten. Offenbar find fich, unfers Bedünkens, cera und ceftro hier einander
entgegengefetzt. "Entweder mit Wachs (alfo
ohne weiteres Inftrument) oder, wenn es auf

Elfen-

Elfenbein ist, mit dem Griffel. Dieses ist, dünkt uns, die natürlichste Erklärung der Stelle, und wir würden uns alsdenn die erste Verfahrungsart mit dem bloßen Wachs ohne Instrument etwan so denken, daß man sich dünner schon gefärbter Wachsstangen bediente, die man bey der Arbeit zergehen ließ, und so die Farben damit auftrug. (Eine Erklärung die wir übrigens für nichs als eine bloß mögliche Erklärung ausgeben.) Andere haben hingegen cera für in cera "auf Wachs" verstanden; welche Auslegung aber auch selbst unser V. mit Recht verwirft. — Bey allen diesen Verfahrungsarten ferner gebrauchte man das Feuer, um die Farben, wie die Alten sagen, einzubrennen, inurere picturam, pingere encausto. Auch dieser Satz ist durch ausdrückliche Zeugnisse der Alten bestätigt, so wie auch der, daß das Wachs, dessen man sich bediente, die cera punica war, dessen Zubereitung, so wie auch die Farben die man gebrauchte, wir gleichfalls aus dem Plinius kennen. — Dieß ist überhaupt alles was wir von der Verfahrungsart der Alten bey ihrer encaustischen Malerey wissen; die Schwierigkeit lag nun darin, daß das bloße Wachs für sich noch nicht zu der Malerey brauchbar ist; indem die damit verfertigten Gemälde weder

der

der Wärme wiederstehen würden, noch auch
selbst das aufgelöste Wachs sich mit dem Pinsel
behandeln läßt. Es kam also darauf an die
Mischungen zu erfinden, durch welche das Wachs
die erforderlichen Eigenschaften erhält; und dieß
ist der Hauptpunct der Erfindung des V. Er
glaubt nämlich entdeckt zu haben, daß sich die
Alten hierzu der Erdharze und Gummire-
sinen bedienten, und sucht diese seine Entdeckung sowohl durch Stellen der Alten, die
darauf deuten, als durch eigne Versuche zu beweisen. — Unter den Zeugnissen der Alten, die
der V. für sich anführt, verdient bloß eine Stelle
des Plinius Aufmerksamkeit, wo derselbe, indem
er die Sarcocolla oder den Kleyschlamm erwähnt,
hinzusetzt: Gummi vtilissimum pictoribus, L.
XIII. C. 11. Also doch im ganzen ein Beweis,
daß man sich dieser Materialien bey der Malerey bediente.. Die übrigen angeführten Stellen
wiegen auf der Waagschaale der Critik wenig
oder nichts. Mehr als sie mußten die eignen
Versuche des V. entscheiden, die er jetzt der
Reihe nach beschreibt. Der Raum unsrer Blätter erlaubt es uns nicht, ihm hier ins Einzelne
zu folgen; wir begnügen uns bloß das Allgemeine anzugeben, da ohnehin diejenigen, die
selber Versuche anstellen wollen, das Werk un-

                                        sers

fers V. nicht werden entbehren können. Der V.
bediente sich zuerst des Iüdenpechs, allein da dieses durch seine Schwärze den Farben schadete,
so vermechselte er es mit dem griechischen Pech,
und nachher mit Maſtix.   Vom erſteren ließ er
3 Theile mit einem Theile Wachs in einem glaſir-
ten Becken zergehen, und ſättigte die geſchmol-
zene Maſſe mit Farberde oder andern bey der
Oelmalerey gebräuchlichen Farben.   Wenn ſie
alsdenn erkaltet war, ſo blieb ſie zerbrechlich,
und ließ ſich auf der Palette ſehr gut zerrei-
ben, und mit Waſſer aufgelöſet mit dem Pinſel
behandeln.   Der V. entwarf jetzt daher ohne
Schwierigkeiten ſeine Gemälde damit auf einem
Tuch, das auf die gewöknliche Art vorbereitet
wär; und es kam jetzt nur darauf an, das Ein-
brennen der Farben zu verrichten.   Dieſes that
der V. vermittelſt brennender Lichter, mit denen
er ſo nahe vor dem Tuche herfuhr, daß ſich die
Farben auflößten.   Freylich mußte dieſes mit
vieler Behutſamkeit geſchehen, und der V. bediente ſich ſtatt der Lichter zuweilen des Kohlen-
beckens; allein dieſe Operation hatte auch die
Folge, daß ſich die Farben unter ſich auf das
genaueſte vereinigten, und in das Tuch hinein-
ſogen.   Dieß war die Malerey mit dem Pinſel,
Bey der andern mit dem Griffel, deren wir

G 5   oben

oben aus dem *Plinius* erwähnt haben, werden
die Farben nicht mit *Waſſer* gerieben, ſondern
der Künſtler erhitzt zuerſt die Spitzen des eiſer-
nen Griffels hinreichend, um damit bey der Be-
rührung die gefärbten *Wachspaſtelle* zu ſchmel-
zen, und trägt alſo auf dieſe Weiſe die ge-
ſchmolzene Farbe auf das Tuch. Das Einbren-
nen geſchieht auf dieſelbige Weiſe.

Wir glauben, daß dieſes hinreichend iſt, unſern Leſern einen Begriff von der Verfahrungsart zu geben. Nachdem der *V.* einmal auf
dieſe Weiſe die Bahn gebrochen hatte, ſind eine
Menge Verſuche in Italien gemacht worden,
die natürlich auch zu vielen Streitſchriften An-
laß gaben, die zum Theil in dem 2ten Bande
dieſes Werks geſammlet ſind. Mag die Verfahrungsart des *V.* mit der Verfahrungsart der
Alten genau übereinſtimmen oder nicht, ſo verdient ſie allemal die größte Aufmerkſamkeit.
Freylich ſtehen dieſe neuen encauſtiſchen Gemälde
noch in mancherley Betracht hinter der Oelmalerey zurück; allein ſie übertreffen ſie bey weitem
an Dauerhaftigkeit; denn nach den angeſtellten
Verſuchen kann weder Näſſe noch Luft ihnen
den mindeſten Schaden zufügen. Ohnehin muß
man bedenken daß die Erfindung noch in ihrer

Kind-

Kindheit ift, und noch fehr kann vervollkommet werden. Wir zweifeln auch keineswegs daß diefes gefchehn werde, da fie nicht bloß in Italien, fondern auch an auswärtigen Großen, befonders dem Herzoge von Kurland und der Kaiferin von Rußland, großmüthige Befchützer gefunden hat.

Rn.

4.

Antimachi Colophonii reliquiae.

Nunc primum conquirere et explicare inftituit Car. Ad. Gottl. Schellenberg. — Acceffit epiftola Fr. A. Wolfii. Eloq. et Poef. Prof. Halae Saxonum 1786.

Wenn gleich das Sammlen der Fragmente verloren gegangner Werke des Alterthums in fehr vielen Fällen eine undankbare Arbeit zu feyn fcheint, fo dürfen wir doch dreift den vor uns liegenden Verfuch als einen Beweis anführen, daß es auch Ausnahmen von diefer Behauptung gebe. Freylich, wenn man die geringe Anzahl der Ueberbleibfel betrachtet, die aus den größten Werken des Alterthums auf uns gekommen find,

fo

ſo frägt man mit Recht, ob ſich am Ende die
Mühe belohne, die eine Sammlung und Zuſammenſtellung derſelben verurſacht? Sind es Gedichte, was helfen uns dann einzeln abgerißne
Verſe? Ihre Schönheit verſchwindet, ſo wie
man ſie aus dem Zuſammenhange reißt; und
ihre Anzahl iſt zu geringe, als daß wir durch
ſie einen Blick über die Anordnung des ganzen,
oder ſelbſt den poetiſchen Werth des Werks be-
kämen. Wichtiger könnte vielleicht der Nutzen
bey proſaiſchen, beſonders hiſtoriſchen Werken,
ſeyn; einzelne daraus erhaltene Stellen enthalten oft intereſſante Notizen; allein da die ſpätern
Schriftſteller, beſonders die Grammatiker, ſich
faſt bloß auf Dichter berufen, ſo vermindert die
geringe Anzahl der noch übrigen Bruchſtücke
dieſen Nutzen um vieles. — Dieſe Einwendun-
gen ſind gegründet; allein auf der andern Seite
muß man auch erwägen, daß nicht bloß die
Zuſammenſtellung der noch übrigen angeführten
Worte des verlornen Schriftſtellers den Sammler
beſchäftige, ſondern mehr noch als dieſe die
Nachrichten, die andre uns von ihm und von
ſeinem Werk hinterlaſſen haben. Eine einzige
ſolche Stelle, oder vielleicht ein Paar derſelben
unter einander verglichen, werfen dann oft ein hel-
leres Licht über das verlorne Werk als
                                                    alle

alle Fragmente deſſelben nicht zu thun vermögen.
Wie viel vollſtändiger würde unſre Kenntniß
der alten Litteratur in kurzem werden, wenn
unſre jungen Humaniſten, die eine Probe ihrer
Kenntniſſe geben wollen, dem hier gegebnen
Beyſpiele folgten! Wenn man nur frühzeitig
ſeine Wahl beſtimmt; und dann fleißig während
der anderweitigen Leſung der Alten die Stellen
anmerkt, die zu dem beſtimmten Zweck gehören,
ſo ſammlet man ſich die nöthigen Materialien
ohne Mühe und ohne Zeitverluſt, und damit iſt
bey ſolchen Schriften die größte Arbeit gethan.

Antimachus gehört ohne Zweifel zu denjenigen verlornen Dichtern, aus dem uns noch die
mehrſten Fragmente übrig geblieben ſind. Das
Urtheil der Alexandriniſchen Grammatiker
räumte ihm einen Platz unter den claſſiſchen
Dichtern ein; das war die Urſache warum ſpätere Grammatiker ſo oft ſich ſeiner Autoritäten
bedienen. Bey dem Allen erſtreckt ſich die Anzahl der Fragmente doch nicht völlig auf 100,
und unter dieſen ſind nur 17 die mehrere Verſe
enthalten. Viel reicher iſt hingegen die Aernte
ausgefallen an Stellen, die Nachrichten über ihn
und ſeine Werke geben. Der V. hat dieſe in
der vorausgeſchickten Abhandlung de Antimachi

Colo-

Colophonii vita et operibus, veterumque de eo iudiciis zufammengeftellt und mit einander verglichen. Von den Lebensumftänden des Dichters ift wenig mehr bekannt, als daß er aus Colophon gebürtig war, und um die 92fte Ol. blühte. Ungewiß ift es ob Panyafis fein Lehrer war. Unter den poetifchen Werken die ihm zugefchrieben werden, gehören ihm nur zwey mit Gewißheit, die Thebais und ein Gedicht Lyde. Alle andere, wie eine Artemis, δελτοι, Ιαχινη und Centauromachia, fcheinen der Flüchtigkeit der Abfchreiber ihr Dafeyn zu verdanken zu haben, oder haben auch zu unbedeutende Zeugen für fich. Wie viele Werke mögen noch wohl in der alten Litteratur angeführt werden, von denen nie etwas mehr als der Titel da war! die Thebais war das Hauptwerk unfers Dichters; es ift indeffen ungewiß wie groß der Umfang derfelben gewefen fey, und ob der Dichter bloß den erften Krieg der vereinigten Fürften, oder auch die 2te Unternehmung befchrieben habe? — Man muß übrigens diefes Werk unfers Dichters fo wie von andern fpätern Thebaiden, fo auch befonders von einer ältern Thebais cyclica unterfcheiden. — Das andre Werk Lyde hatte feinen Urfprung der Neigung des Dichters zu einem Frauenzimmer zu verdanken die feine

Liebe

Liebe verſchmähte. Es war in Elegiſchen Verſen geſchrieben, und enthielt Erzählungen von
Heroen, die gleiche Widerwärtigkeiten in der
Liebe gehabt hatten. Eine ungeheure Weitſchweifigkeit, und doch dabey eine Dunkelheit,
die aus dem geſuchten Gebrauch veralteter Redensarten und Wörter entſtand, Schwulſt und
eine übertriebene Nachahmung des Homers, ſind
Fehler, die die alten Critiker unſerm Dichter
vorwerfen; die letzte ſcheint indeß, wie bey
allen damaligen epiſchen Dichtern, mehr in
der Sprache als in den Sachen gelegen zu
haben. Homers Sprache war einmal Sprache
der Epiſchen Poeſie geworden; die Rhapſoden,
die ſeine Gedichte beſtändig im Munde führten
und doch ſelbſt Dichter waren, mögen am mehrſten dazu beygetragen haben, und ſo entſtand
das ſonderbare Phaenomen, daß man ſelbſt zu
den Zeiten des ausgebildeten Attiſchen Dialects
ſich in der Epiſchen Poeſie noch immer des Homeriſchen bediente.

Die Fragmente ſelbſt ſind zwar bey weitem
nicht hinreichend, um den Plan, oder auch nur
den Werth des Gedichts daraus kennen zu lernen, — es haben ſich aus der ganzen Thebais
kaum 55 Verſe erhalten —, doch ſind einige
darunter die beträchtlich ſind und inneres Intereſſe
haben,

haben, wohin wir besonders das 23ste von der
Nemesis rechnen. Sie haben sich durchgängig
besser erhalten als man hätte erwarten sollen,
und haben daher der Critik des V. nicht viele
Mühe gemacht. Nur bey einem scheint er uns
die wahre Lesart verfehlt zu haben; es ist
das 16te.

Ε'ν δὲ σὺ τοῖσι μάλα τροφρῶν ἐπίκουρος ἀμορβῶν
Ὡμίλησας, ὡς διεπέρσατε Δύμιον ἄςυ.

Der V. will hier ἐπίκουρος ἀμορβῶν mit Bergler,
dessen lange Note er einrückt, durch praefectus
auxiliorum übersetzen. Allein ἐπίκουρος kann
nicht praefectus heißen, wenn gleich eine Gloße
des Hesychius etwas ähnliches sagt. Die wahre
Lesart ist unstreitig ἐπίουρος, ein Homerisches
Wort, das eben deshalb Antimachus sicher
brauchte. Wir enthalten uns mehrerer einzelner
Wortcritiken, können aber diese Beurtheilung
nicht schließen, ohne dem V. für diesen vortrefli-
chen Beytrag zu der griechischen Litteratur zu
danken, der sich eben so sehr durch zweckmäßige
Gelehrsamkeit als musterhafte Schreibart empfiehlt, und uns die besten Hoffnungen von den
Arbeiten des V. auf die Zukunft macht.

Der angehängte Brief des Hrn. Prof. Wolf
liefert einige nicht unwichtige Notizen aus dem
Leipziger

Leipziger Schollasten des Homer. Vielleicht hät-
ten wir auch von ihm selbst noch einige inter-
essante Bemerkungen erwarten dürfen, wenn
nicht andre Geschäfte ihn abgehalten, und Ver-
suche dieser Art ihm zu unerheblich oder un-
dankbar geschienen hätten. Wir haben darüber
gleich zu Anfange unsrer Gedanken geäußert,
und hoffen, daß der Hr. Prof. eben durch diese
Schrift wird überzeugt worden seyn, wie viel
solche Arbeiten zu der Erweiterung seines
eignen Studii beytragen können.

Rn.

5.

Car. Franz. Gottl. Schoenemann,
Commentatio de Geographia Homeri,
in concertatione ciuium Acad. Georg.
Aug. d. IV Jun. 1787. ab Ill. philoſ. ordine praemio ornata. (Ενϑα δ᾽ ἐμὸς φίλος υἱὸς, ἅμα κρατερὸς καὶ ἀμύμων!)
Goettingae. Typis J. C. Dieterich. 4.
17 Bogen.

Aug. Gul. Schlegel, de Geographia
Homeri commentatio, quae — — pro-

xime ad praemium accessisse pronuntiata
est. (Ημεις δὲ κλέος οἶον ἀκούομεν οὐδέ
τι ἴδμεν) Hannov. 1788. 8. 13 *Bogen.*

Herm. Schlichthorst, Geographia Homeri, Commentatio quae, — — alterum a praemio locum obtinuit. Goettingae, sumtibus Vandenhoekianis et Ruprechti. 4. 24 *Bogen.*

*Die Absicht der von der philos. Facultät, oder
eigentlich vom Hrn. Hofr. Gatterer aufgestellten Preisfrage war, dem Studium der alten
Geographie eine zweckmäßigere Richtung zu
geben, da sonst die Bücher die wir darüber haben, fast bloße Commentare über den Ptolemäus
sind, bereichert aus dem Strabo, Plinius und
andern, wobey der ältere Zustand der Erde
entweder ganz übergangen, oder doch die verschiedenen Zeiten und Zustände der Länder und
Völker und ihrer Bewohner nicht unterschieden
werden. Der genannte würdige Gelehrte hatte
daher schon vor mehrern Iahren (Vorr. z. allg.
Weltgesch. 33 B.) den Wunsch gethan, den er
jetzt in der Vorrede zu der Schlichthorstischen
Abhandlung wiederholt, daß besondre Geogra-
phien für jedes Zeitalter, aus Moses, Herodot,*
Thucy-

*Thucydides, Polybius, Strabo, Ptolemäus u. a.
möchten ausgezogen und in eigenen Charten dargestellt werden; eine Idee, deren Nutzen für
die Geschichte der Menschheit, und für die Erklärung der alten Schriftsteller, nicht entwickelt
zu werden braucht. Für den Moses hat schon
Hr. Michaelis einen schätzbaren Beytrag geliefert, und Hr. Gatterer selbst hat in 3 Abhandlungen (Commentatt. Soc. Gött. Vol. II. sq.)
die Geographie von Thracien nach Herodot bearbeitet. Die Aufgabe über die Geographie des
Homer entsprach so sehr ihrer Absicht, daß sie
die Erwartung beynahe übertraf. Von 5 Abhandlungen, die eingelaufen waren, war keine
ohne Verdienst. Drey derselben sind gedruckt,
von welchen wir unsern Lesern einige Nachricht
geben wollen.*

*Die erste gekrönte Abhandlung zerfällt in
5 Abschnitte; der erste berührt kurz einige allgemeine geographische Punkte, in Absicht auf
Homer, als 1) Vom Ocean, 2) Von den äußer-
sten Grenzen der Erdkunde des Homers, welche
der V. mit Hrn. Hofr. Heyne in Westen bey
Circeii setzt; 3) von der Ausdehnung der Erde,
nach heutigen Längen- und Breitegraden (Besser wären diese beyden §§. so versetzt, wie wir*

sie

sie hier genannt haben); und vergleicht endlich die Summe der Homerischen Länder mit der gewöhnlichen Klassification.

Der 2te Abschnitt nun, mit dem eigentlich die Länderkunde selbst anfängt, handelt unter der Rubrick: Unbekannte Welt, von den beym Homer vorkommenden Küsten und Inseln des Italischen Meeres, wohin der Dichter alles wunderbare versetzt, nämlich (cap. I.) auf der Küste von Italien, die Lästrygones, Cimmerier, Temesa die davor liegenden Inseln der Circe, der Sirenen und der Kalypso; (cap. II.) Sicilien (voraus etwas von Scylla und Charybdis) und daselbst die Cyclopen, die benachbarte Insel des Aeolus, die irrenden Inseln, Trinacia auf der ändern Seite; endlich Scheria und die Insel der Lotophagen Meninx an der Africanischen Küste.

Der 3te Abschnitt begreift Griechenland und Thracien in 6 Kapiteln: Peloponnes; das nachher so genannte Hellas, das wie gesagt auch Homer als einen besondern Theil von Griechenland, Aetolien ausgenommen, bezeichnet; Epirus; Thessalien; Thracien, das südliche auf beyden Seiten des Axius, und das nördliche oder Land der Myser und Nomaden (Scythen); und die gesammten Inseln um Griechenland.

Der

Der 4te Abschnit stellt die Afiatifchen Länder,
Homer erwähnt, ebenfalls in 6 Kapiteln dar;
nlich cap. I. das Priamifche Reich öder Trofa
engen Sinn, die Herrfchaften des Aeneas,
ius, Merops, Pandarus, Altes etc. Vafallen
d Verwandten des Priamus; cap. 2. die Völ-
fchaften längft der Küfte des Pontus Euxinus,
yfier, Phrygier, Caucones, Paphlagones und
lizones; cap. 3. die Weftküfte von Troas an;
p. 4. die Südküfte; cap. 5. die Infeln um
leinafien; cap. 6. Phönizien.

Der 5te Abfchnitt endlich befchäftigt fich
it dem, was bey dem Dichter von Afrika vor-
mmt, Aegypten famt der Infel Pharus vor
r Südweftfeite der Wüfte, wo nachher Alexan-
rien erbaut worden und ein Arm vom Nil
urchgeleitet worden ift, ganz verfchieden von
en natürlichen Mündungen des Nils im Delta,
on deren füdlichfter die Homerifche Stelle
on der Diftanz der Infel Pharus vom Nil zu
verftehen ift; Libyer und die Aethiopes. Das
ganze befchließt eine kurze aber deutliche Ueber-
ficht der ganzen Abhandlung und ein alphabeti-
fches Regifter einzelner Namen.

Der

Der Verf. der zweyten Abhandlung, Hr. Schlegel aus Hannover, folgt einem andern Plan. Er fängt mit der Beschreibung von Griechenland an, geht von da zu der Geographie von Kleinaflen, Cypern, Phönicien, Aegypten, Libyen und Aethiopien über, so weit sie dem Dichter bekannt war, und bleibt bey den fabelhaften Gegenden stehen, worauf sich ein beträchtlicher Theil der Odyssee bezieht. Am Ende werden die Begriffe erläutert, die Homer von der Natur des Oceans, und dem Umfange der Erde gehabt hat. In der Abhandlung sind viele feine Bemerkungen und Winke zur Erklärung des Dichters selbst zerstreut, und dieses macht sie noch von einer andern Seite schätzbar. Hoffentlich wird der Verf. doch die Charte vom Griechenland nach der Homerischen Beschreibung vollenden, die er in der Vorrede verspricht; wenigstens vereinigen wir unsern Wunsch mit der Aufmunterung, die ihm Hr. Hofr. Gatterer dazu gegeben hat.

Die Dritte Abhandlung, von Hr. Schlichthorst aus Bremen, ist im Plan wenig von der ersten verschieden. Der Verf. handelt nach einigen vorläufigen Bemerkungen, in 3 Abschnitten von Europa, Afien und Africa, wie es Homer beschreibt;

beſchreibt; nimmt aber Spanien mit, weil er
dahin, obgleich aus unzureichenden Gründen,
die Elyſiſchen Gefilde des Homers ſetzt. Auch
ihm gebürt das Lob des Fleißes und der Vollſtändigkeit, nur die einzige Inſel Aeguſa, die
Homer dem Wohnplatz der Cyclopen gegenüber
ſetzt, iſt ausgelaſſen. Beſonders hat er die Epitheta, die Homer einzelnen Städten giebt, ſorgfältig geſammlet, und obgleich er meiſtens andern folgt, und den Strabo, Pauſanias und
Euſtathius oft mehr excerpirt als zur Erklärung
angewandt hat, ſo kann doch dieſe Abhandlung
neben den andern mit Nutzen gebraucht werden.
Alle machen, wenn man, was die Geſchmeidig-
keit und Richtigkeit der Schreibart betrifft, nicht
den Maaßſtab zum Grunde legt, nach welchem
man die Schrift eines Veteranen beurtheilen darf
und muß, ihren jungen Verfaſſern Ehre, und
ſind ein brauchbares Handbuch für die Homeri-
ſche Geographie.

Cſ.

6. Händ.

6.

Handbuch der Mythologie aus (dem)
Homer und Hesiod, als Grundlage zu
einer richtigern Fabellehre des Alterthums
mit erläuternden Anmerkungen begleitet von
Martin Gottfried Hermann. Nebst einer
Vorrede des Hrn. Hofrath Heyne. Ber-
lin und Stettin, bey Friedrich Nicolai, 1787.
8. S. 456. mit einem Regifter.

So vieles Licht auch in neuern Zeiten über die
wahre Beschaffenheit der ältern griechischen und
römischen Mythologie, besonders durch die Untersuchungen des Hrn. Hofr. Heyne verbreitet
worden, so hatten wir doch bis jetzt noch kein
Handbuch, in welchem sie aus einem beffern Ge-
fichtspuncte, als der gewöhnliche ist, dargestellt
wäre, und das dem Zwecke, warum man sich
eigentlich mit ihr befchäfftigen foll, völlig ent-
sprochen hätte. In den Compendien derselben von
Aufonius Popma, Pomey, Danm, Seybold u. a.
die in den Schulen beym Unterrichte zum Grunde
gelegt zu werden pflegen, sind die Mythen nicht
aus den erften und lauterften Quellen geschöpft;
ihre ursprüngliche Gestalt ist nicht forgfältig genug von derjenigen Form unterschieden, welche
fie durch mannichfaltige Veränderungen und Um-
bildungen erft in den folgenden Zeitaltern nach
und nach erhalten haben; und am wenigsten ist
darin mit Critik und Einficht bestimmt, welche
Mythen sich bloß auf die bildliche Sprache des
fernften Alterthums gründen, und welche für
Symbole

Symbole uralter Philosopheme, oder für historische Stammsagen, oder bloß für Erfindungen
einer dichterischen Phantasie angesehen werden
müssen. So lange dieses aber nicht geschieht,
sondern alle vorhandene Mythen in Eine Classe
geworfen, und nicht nah der Verschiedenheit ihrer
Entstehung, ihrer Urheber, ihres Inhalts, so
wie des Locals, worauf sie sich beziehen, von
einander abgesondert werden; so lange kann man
sich von der Mythologie weder einen richtigen Begriff machen, noch ihren Werth und Nutzen gehörig beurtheilen, und die ganze Fabellehre des
Alterthums erscheint alsdenn als ein sonderbares
Chaos von Mährchen, Allegorien und Sagen,
ohne Ordnung, Zusammenhang und Sinn. In
dieser Hinsicht war ein vollkommneres und zweck-
mäßigeres Lehrbuch der Mythologie, worin besonders die Resultate neuerer Forschungen benutzt
und angewandt wären, noch sehr zu wünschen,
zumal da die Richtigkeit oder Unrichtigkeit der
Begriffe von alter Mythologie auf das antiquarische Studium überhaupt den größten Einfluß
hat, und nur wenige Schullehrer die nötigen
Hülfsmittel besitzen, um die Fehler der gemeinen
Führer selbst verbessern zu können.

Der Verf. dieses neuen Handbuchs der Mythologie hat dem bisherigen Bedürfnisse ziemlich abgeholfen, obgleich seine Arbeit sich nur
auf einen Theil der griechischen Fabellehre er-
streckt, und also nicht auf die ganze Wissenschaft, nach dem, was gemeiniglich dazu gerechnet wird. Da der V. ein Schüler des Hrn.
Hofr. Heyne, und mit den Ideen und Meynungen dieses Gelehrten über den Ursprung, die
Natur, und den Sinn der ältern Mythen sehr
vertraut ist, so läßt sich schon aus dem Grunde

H 5

etwas

etwas vorzüglich Gutes über die Mythologie von
ihm erwarten; selbst, wenn er nicht sowohl
Früchte eigner Untersuchungen geliefert, als
vielmehr nur die hieher gehörigen in den einzelnen Werken seines Lehrers zerstreuten Materialien gesammelt und geordnet hätte. Wirklich
rührt auch die Hauptidee seines Plans, die Mythologie, so wie sie in den Gedichten des Homer
und Hesiodus vorkommt, besonders abzuhandeln,
und als Grundlage des ganzen Mythensystems
der folgenden Zeiten festzusetzen, ursprünglich
von Hrn. Heyne her, der sie nicht nur in seinen
Schriften mehrmals geäußert, sondern auch
selbst schon gewissermaßen, am meisten in dem
vortrefflichen Commentar über den Apollodor,
befolgt hat. Eben dieser hat auch schon in seinen Abhandlungen über den Ursprung der Fabeln beym Homer, und über die Theogonie des
Hesiodus, die verschiedenen Theogonien und Kosmogonien, welche sich in den Werken beyder
Dichter finden, und durch deren Vermischung
die ältere Mythologie zeither immer mit sich selbst
im Widerspruche war, von einander geschieden,
und dadurch dem Verf. es sehr erleichtert, in die
Homerische und Hesiodische Fabellehre Licht und
Ordnung hineinzubringen und manche sonst
dunkle Gegenstände derselben aufzuklären. Auch
verdankt unser Verf. seinem Vorgänger die
Auslegung vieler einzelner Mythen selbst, so wie
eine große Zahl der richtigern Bemerkungen
über alte Welt, alte Sprache und alte Denkart
überhaupt, wodurch sich sein Buch vor allen andern, in denen dieselbe Materie bearbeitet ist,
auf die vortheilhafteste Weise auszeichnet. Allein
demohngeachtet gebührt ihm zugleich das Lob,
daß er nicht unbedingt seinem Lehrer nachgegan-

gen

gen ist, sondern Homerische und Hesiodische Mythologie in ihren Quellen selbst studirt, und hin
und wieder in Auseinandersetzung und Erläuterung derselben, eine andre Bahn betreten hat.
Ohnedem würde auch sein Werk nicht einmal die
Vollständigkeit haben erhalten können, die ihm
im Ganzen genommen eigen ist, und so ist unser
Verf. nicht bloß als Sammler, sondern auch als
Selbstuntersucher anzusehn.

Die Einrichtung des Buches selbst ist folgende: Voran geht eine allgemeine Abhandlung
über die Götter Homer's, worin der Verf. den
Begriff zu bestimmen sucht, welchen Homer mit
seinen Göttern verbunden, und hernach die besondern Eigenschaften ausführlich durchgeht,
die er jedem derselben beygelegt. Unter Gottheit
dachte man sich in den ältesten Zeiten Griechen-
landes nichts mehr, als ein Wesen, das erhabe-
ner und stärker als der Mensch wäre, und dessen Gegenwart sich nicht auf alle Gegenden der
Welt erstreckte, sondern das bloß für einen einzelnen Staat und Canton, oder auch für eine
Stadt lebte. Homer fand diese Idee vor sich,
und da sie ihm als Dichter vortrefflich zu statten
kam, bildete er sie aus, verfeinerte sie, und
formte seine Götter ganz nach den damaligen
edelsten Menschen. - Daher räumte er ihnen lauter
menschliche Eigenschaften, nur in erhöhtem
Grade, ein; z. B. den Vorzug einer übernatür-
lichen Lebensdauer, einer ewigen Iugend, einer
großen Stärke und schönen erhabenen Figur.
Unter diesen Eigenschaften aber war Kraft und
Macht nach der Vorstellung der alten Welt die
vornehmste; und demnach ist Zeus der Beherr-
scher der Götter, weil er der mächtigste ist.
Ieder, der die Gedichte Homers aufmerksam ge-
- lesen

lefen hat, wird diefe Schilderung feiner Götter
wahr und treffend finden, und der Verf. hat fie
auch durch Beyspiele, wo der Dichter diefelben
handelnd einführt, zu beweisen und anschaulich
zu machen gesucht.

Nach der Einleitung über den Homerischen
Begriff von den Göttern, fetzt der Verf. die
ältefte Mythologie ohne Localbeziehung, oder die
älteften Theogonien und Kosmogonien auseinander. Er schöpft diefe allein aus dem Hefiodus,
der felbst über die Entstehung der Dinge kein
eigenes bestimmtes Syftem hatte, fondern feine
Ideen, wie der Verf. fehr gut bemerkt, aus
mehrern ältern philosophischen Dichtern, von
denen jeder über denfelben Gegenstand verschieden dachte, entlehnte, die mannichfaltigen Hypo-
thefen derfelben in eine Zeitfolge nacheinander
stellte, und dadurch die abweichenden Götterfy-
steme veranlaßte. Hefiodus nimmt zuvörderst
vier Grundurfachen aller Dinge an, das Chaos,
die Erde, den Tartarus und den Eros. Iede von
diefen hat ihre eigene Familie, die aus Perfoni-
ficirung physischer und moralischer abstracter Begriffe entstand. Dann folgen die drey älteften
theokosmogonischen Syfteme, des Uranus, des
Kronus und des Zeus, welche beyden letztern in
den Homerischen Gedichten zum Grunde liegen.
Der zweyte Abschnitt enthält Mythen von be-
stimmtem Local, oder folche, die eine nähere Beziehung auf eine gewiffe Gegend der alten Welt
haben. Hier werden also zuerst alle die Mythen
erzählt, die Griechenland, Klein-Afien, oder
die Infeln des Archipels und des mitteländischen
Meeres betreffen, fo viele in den Homerischen Gedichten davon angeführt werden; ferner die Mythen, in fo weit fie Italien, als Homers Unterwelt.

velt, und einige Stricke von Africa angehn.
Daß dieser Abschnitt der ausführlichste ist, und
seyn mußte, war natürlich, da er die ganze Geschichte des mythischen und heroischen Zeitalters
in sich begreift, und der Verf. alles darin gesammelt hat, was sich aus dem Homer zur Geschichte eines jeden Heroen nehmen ließ, so daß
man ihn zugleich, da jedesmal die einzelnen Mythen durch Anmerkungen erläutert sind, als Commentar über die Homerischen Gedichte selbst gebrauchen kann. Hin und wieder hätten wir
freylich in der Lebensgeschichte der Helden mehr
Kürze und Auswahl des Merkwürdigen gewünscht. So ist der Verf. z. B. sehr umständlich in der Geschichte des Nestor S. 115. und ver-
schweigt doch sein Hauptverdienst, das er sich
durch die Stellung des Argivischen Heeres erworben, und wadurch er gleichsam der Erfinder der
Taktik geworden ist, wie noch neuerlich Hr.
Hofr. Heyne in seiner Abhandlung: de acie Homerica, gezeigt hat. S. 160. sagt der Verf.
vom Tiresias, er sey ein blinder Wahrsager aus
Theben gewesen, der durch ein Geschenk der
Persephone seinen Verstand auch in der Unterwelt
behalten habe, um welchen die übrigen Schatten
dumm und gedankenlos herumschwärmten. In
diesen Worten liegt eine doppelte Unrichtigkeit.
Erstlich, Tiresias behielt in der Unterwelt nicht
nur seinen guten Verstand, sondern vielmehr die
Gabe des Weissagens, die er im Leben gehabt hatte. Zweytens, die Schatten schwärmten
nicht dumm und gedankenlos um ihn herum; sie
horchten, nach dem Homer (Odyss. x, 492 - 495.)
nur dem Tiresias, wie er die Schicksale ver-
kündet; denn daß sie noch eben so vernünftig
waren, wie auf der Oberwelt, wird offenbar
aus

aus den Gesprächen, die Ulysses mit den Schatten der abgeschiedenen griechischen Helden führte. Uebrigens wünschten wir, daß der Verf. auf das Philosophema geachtet hätte, welches darunter verborgen zu seyn scheint, daß die Schatten erst von dem Blute der Opferthiere trinken mußten, ehe sie sich mit dem Ulysses, als einem noch lebenden Menschen, unterhalten konnten. Wir erinnern uns noch einer andern Stelle, wo der Verf. von dem Blute der Götter spricht, nach einer Beschreibung desselben beym Homer. Die Götter, sagt er, vergießen kein eigentliches Blut, weil sie nicht, wie die Menschen, Wein und Brodt genießen, aber doch eine dem Blute ähnliche Flüssigkeit (ιχωρ). Allein die Stelle, worauf diese Behauptung sich gründet (Il. 2, 340. 41. 42.) ist höchstwahrscheinlich unächt; sie sieht ganz einer Interpolation gleich; auch kommt das Wort ιχωρ sonst nicht im Homer vor, denn der Dichter braucht immer, wenn vom Götterblute die Rede ist, αμβροτον αιμα, z. B. Il. 5, 870.; überdem räumt ja Homer den Göttern einerley physisches Temperament mit den Sterblichen ein, und kann sich also wohl nicht ihr Fleisch und Blut anders gedacht haben.

Von der lesenswürdigen Vorrede des Hrn. Hofr. Heyne, worin theils von dem Werth der alten Mythologie für uns, theils allgemein von dem Nutzen des Studiums der alten Litteratur für Gelehrte, gehandelt wird, geben wir keinen Auszug, weil wir glauben daß kein Liebhaber alter Litteratur sie ungelesen lassen werde.

7.

Vermischte Nachrichten.

Es ist seit kurzen viel von einer Arabischen
Handschrift des Livius gesprochen, die in Sicilien
entdeckt seyn sollte. Folgender Brief des Prinzen
Toremuzza in Palermo, dessen Mittheilung wir
der Gewogenheit Sr. Eminenz des Hrn. Cardi-
nals Garampi verdanken, wird die beste Auskunft darüber geben.

Palermo d. 17 Jan. 1788.

"Dem Wunsche Ew. — gemäß, kann ich
,,Ihnen Nachricht geben, daß man hier ange-
,,fangen hat die Arabischen Codices zu sammlen,
,,die in den Theilen des Königreichs zerstreut
,,waren. Unter andern hat man einen sehr
,,starken Codex gefunden, mit dem Titel: Ge-
,,schichte des Titus Livius. Ob sie aber
,,vollständig ist oder die alten Lücken hat, hat
,,man noch nicht untersuchen können. Wir ha-
,,ben hier nur zwey Gelehrte die Arabisch ver-
,,stehn, und beyde sind jetzt mit 2 andern Wer-
,,ken beschäftigt, die auf königl. Befehl ge-
,,druckt werden. Das eine ist ein Kanzelley - Re-
,,gister unsrer Saracenischen Emirs, von dem der
,,Abate D. Giuseppe Vella eine lateinische und
,,Italienische Uebersetzung besorgt; das andre
,,eine Sammlung der Arabischen Inschriften in
,,Sicilien, deren Herausgabe der Canonicus
,,D. Rosario di Gregorio übernommen hat. Nach

L ,,Vol-

„Vollendung dieſer Arbeiten wird man ſich an
„den Livius machen.

Ein ſo eben erhaltener Brief aus Rom meldet uns
daß es von dem Livius ganz ſtille geworden ſey,
und alſo wohl ſchwerlich etwas zu erwarten
ſtehe *).

Dagegen iſt in Rom jetzt ſo eben ein wichti-
ges Werk für Geſchichte, und Numismatik er-
ſchienen, eine Erklärung der Römiſch-
Aegyptiſchen Münzen, von Hrn. Zoëga
aus Kopenhagen, dieſem großen Kenner der Numismatik, und tiefen Forſcher des Aegyptiſchen
Alterthums. Der Pabſt hat den Verf. mit einer
goldnen Medaille belohnt, und wir werden bald
im Stande ſeyn unſern Leſern von dieſem Werk
genauere Nachricht zu ertheilen.

Ein anderer Gelehrter Däne, Hr. M. Schow,
der Herausgeber des Heraclides Ponticus, der
ſich in Rom aufhält, hat ein andres Griechiſch-
Aegypti-

---

*) Dieſe Nachricht benimmt der ohnehin ſehr verdäch-
tigen Sage von einem Arabiſchen Livius vollends
alle Glaubwürdigkeit. Nicht zu gedenken daß eine
Arabiſche Ueberſetzung aus dem Lateiniſchen ohne
Beyſpiel iſt, muß es jedem der mit Arabiſcher Litteratur
irgend bekannt iſt, unglaublich vorkommen, daß Araber ſollten die Geſchichte eines republicaniſchen Staats
überſetzt haben. Wenn man aber auch die Ueberſetzung von einem Arabiſchen Chriſten wollte verfertigen
laſſen, was doch in jenen Zeiten wenig Wahrſcheinlichkeit hat; ſo ſind die Ausflüchte, womit ſich die
Siciliſchen Gelehrten der Unterſuchung entziehen,
Beweiſes genug, daß der angebliche Titel bloß errathen,
oder die ganze Sache ein Figment ſey, wie das von
den Büchern des Tacitus, die neulich in Corvey
ſollten gefunden ſeyn, wovon man aber zu Corvey
ſelbſt nichts wußte.

*Aegyptisches Ueberbleibsel entziefert, deſſen Er-
klärung jetzt gedruckt wird. Es iſt ein beträcht-
liches Fragment einer Handſchrift auf Aegyptiſchen Papyrus, die nebſt 800 andern Rollen vor
einigen Iahren in einem alten Thurm in Aegypten
gefunden ward, aber die einzige war, die der
Barbarey der Türken entging. Sie brauchten
die andern ihre Pfeifen damit anzuzünden. Das
noch übrige Stück iſt in dem* Muſeo des Mon-
ſignore Borgia, *und enthält ein Verzeichniß von
Arbeitern, die unter der Aufſicht eines Prieſters
an einem Canal des Nils arbeiteten. Da bloß
Griechiſche und Aegyptiſche Namen darin vorkommen, ſo ſcheint es ſelbſt über die Zeiten der
Römer hinauszugehn, und aus dem Zeitalter
der Ptolomäer zu ſeyn. Es wäre alſo die älteſte
Handſchrift die überhaupt vorhanden iſt. Die
Abhandlung des Hrn. M.* Schow *wird uns bald
das Nähere lehren.*

*Noch ein andres Werk von dem wir uns viel
verſprechen, iſt eine* Unterſuchung der älteſten Sprachen Italiens, *nebſt einer Erklärung der vornehmſten Volſkiſchen und Etruſki-
ſchen Monumente die noch vorhanden ſind, von
Hrn.* Abate Lanzi *Der Druck iſt auch von dieſem bereits ſeit geraumer Zeit angefangen, und
wir vermuthen daß es ſchon der Vollendung nahe
ſeyn werde.*

INEDITA

ET

OBSERVATIONES CRITICAE.

I.

Joannis Tzetzae
Carminum Iliacorum
initium.

E cod. Vindobonensi
nunc primum editum.

Praemonenda.

De vita et fcriptis huius auctoris, grammaticorum fui temporis vaniffimi et fcribaciffimi, pluribus egit Fabricius Bibl. Gr. Vol. I. p. 294. et
Vol. X. p. 245 fqq. in quibus tamen quaedam
funt confufa et perperam dicta, faltim non fatis
perfpicue tradita. Etenim tria opera nomine, argumento, fcribendique genere diuerfiffima, Allegorias homericas, metaphrafin Homeri et carmina Iliaca non fatis diftinguit, adeoque Vol. X.
p. 251. Allegorias easdem effe affirmat, quae
Iliaca carmina; mira incuria, qui illas verfibus
politicis fcriptas effe, modo dixiffet, adductis
quoque fpeciminibus, Iliacorum autem, quae
funt Hexametra, Fragmentum a Dodwello vul-
gatum haberet. Vifum igitur eft huic fragmento
breuem fcriptorum Tzetzianorum, quorum plu-
rima in varis bibliothecis ipfe tractaui, praemit-

a 2   tere

tere notitiam, omiffis iis quae aut ipfe oculis non vfurpaui, aut a Fabricio recte traduntur.

Edita funt:

1. Chiliades, fiue variae hiftoriae.
2. Carmen jambicum, de filiorum educatione.
3. Scholia in Hefiodum.
4. Scholia in Lycophronem.
5. Breue carmen, quod fub titulo: Allegoriae mythologicae, phyficae et morales edidit Fr. Morellius. Parif. 1616. 8.

Inedita funt, faltim non integra:

1. *Scholia in Oppiani Halieutica*, quae extant fub Tzetzae nomine in Codice Bibl. S. Laur. Efcurialenfi fub nota I. Σ. 17. a) Fabricio non memorata. Vberiorem huius codicis notitiam dabit fortaffe aliquando Vir S. V. Moldenhawerus Havnienfis; hoc faltem memini, effe ea fcholia exigui ad Oppianum illuftrandum momenti, plerumque in grammaticis fingulorum verborum explicationibus occupata.

2. *Expofitio Ifagoges, feu libri de V. vocibus, Porphyrii*, verfibus politicis. Extat in Bibl.

Caefa-

---

a) Et cum fcholl. in Oppian. de Venat. et Philoftrat. Icones in Bibl. Reg. Londin. (vid. Catal. of the Kings Libr. p. 257.)

Caefarea Vindob. vid. Lambec. Catal. T. VII. p. 63. Kollar. Lib. VII. p. 140.

4. *Epitome rhetoricorum Hermogenis.* Ibidem. vid. l. c. neutrum horum laudatur Fabricio.

4 Ἐξήγησις *b*) fiue *Metaphrafis Homerica* qua tota Ilias paraphrafi, pedeftri fermone conscripta, explicatur, ita vt fingulae lineae fingulis Homeri verfibus refpondeant, quibus aut fubiectae leguntur aut ex aduerfo pofitae. Extat in Cod. Efcurialenfi II. Σ. 7. *c*) et Matritenfi Regio XVIII. vid. Iriarte, Catal. Bibl. Mattit. p. 70.

Idem opus, quod *Commentarii in Homerum* titulo laudat Fabricius Vol. X. B. gr. p. 251 fq. extat in Cod. Bibl. Paullinae Lipf. defcripto in actis Erudit. a. 1719. p. 307. porro Londini in Bibl. Epifc. Norvicenfis, et Bibl. Caefarea Vindob. vid. Fabric. I. 294.

5. Λογισμῶν βίβλος quem laudat Chil. XI. 361. porro, de vrinis, Cod. Bodleian. Baroc. 88. de

a 3 Beli-

b) Hoc titulo laudatus ab auctore Chil. IX. 282. quod de Allegoriis Homericis male intellexit Fabricius. Vol. I. 294. not. **).

c) Plures olim extitiffe in Bibl. Efcur. huius exegefeos Codices didici e Catalogo vetufto, qui ibi adferuatur, ante incendium confecto. Laudantur ibi duo alii, in quibus fuiffe debet Codex Auguftini laudatus poft Labbeum a Fabricio. Bibl. Gr. Vol I. pag. 249.

Belifario. Cod. Reg. Parif. 3025. et plura alia
quae conquirere non vacat.

6. Allegoriae Homericae, fine vt e Kuftero laudat Fabric. Vol. I. p. 294. ὑπόθεσις τῷ Ὁμήρε
ἀλληγορηθεῖσα παρὰ Ἰωάννῳ Γραμματικῷ τῷ
Τζέτζε τῇ κραταιοτάτῃ βασιλίσσῃ καὶ ὁμηρικω-
τάτῃ Κυρίᾳ Εἰρήνῃ τῇ ἐξ Ἀλαμανῶν, verfibus
politicis. Spiffum opus, quippe quod plus
8000 verfibus conftare arbitror. Sunt expli-
cationes mythorum Homericorum, fecundum
rhapfodiarum feriem, quibus finguli mythi ad
phyficas maxime et morales rationes detor-
quentur, plerumque ineptiffime. In Prooemio ad Irenen Auguftam, cuius iuffu et
aufpiciis fufceptum fuerat hoc opus, agit de
vita et fcriptis Homeri, easque exponit quae
Troiae oppugnationem et Homeri carmen an-
tecefferunt; quae fine dubio optima carminis
pars eft. Integrum carmen extat in Bibl.
Efcurialenfi Plut. III. Y. 20. qui eft ipfiffimus
Codex Auguftini, Fabricio laudatus I. 294. d).
Ex hoc ego codice prooemium defcripfi integrum

d) Eft etiam in Bibl. Bodleiana e Codd. Barocc. Cod.
24 et Cod. 194. e quorum altero defcripferat Kufte-
rus. Porro in Bibl. Reg. Parif. Cod. 2644. 2705.
2707. In Vindobonenfi Caefarea bis extare affirmat
Fabricius I. 294. nefcio an recte.

tegrum, quarum fpecimina fortaffe aliquando dabit haec bibliotheca. Continetur
praeterea in Codd. Bibl. Reg. Parif. 2644. 2705.
et 2707. Labbeo iam memoratis in Bibl. noua
Mff. p. 110 et 134. An ex hoc opere defumta
fint, quae fub titulo *Allegoriarum mytholo-
gicarum etc.* edidit Fr. Morellius, fupra memorata, nondum comperi. Sunt verfus LI.
numero, qui de allegoria agunt vniuerfe,
eodem metro iambico fiue politico, vt videan-
tur effe procemium, quod fiue autor fiue alius,
nefcio quis, carmini praefixit. In Codice
Efcurialenfi faltem non legantur.

7. *Iliaca* fiue carmen de rebus Troianis, verfibus hexametris, omnem belli Troiani fabulam compendio complexum. In Codicibus
varie infcribitur, Vindobonenfis habet Ἰωάννα
γραμμάτικοῦ τοῦ Τζέτζη τὰ πρὸ Ὁμήρε, καὶ
ὅσα παρέχει Ὅμηρος μέχρι καὶ τῆς ἁλώσεως ἡ
μικρὰ μεγάλη (l. μικρομεγάλη) Ἰλιάς. Matri-
tenfis Regius Ἰωάν. γρ. τ. Τζ. ἡ μικρὰ Ἰλιάς,
quo Iliadis paruae nomine laudatur etiam
a Labbeo et aliis. Pleno et vero titulo infcribitur in Huetiano Codice apud Fabricium
Vol. X. 251. Ἰω. γρ. τ. Τζέτζη τὰ πρὸ Ὁμήρε,
καὶ τὰ Ὁμήρε, καὶ τὰ μεθ' Ὁμήρον ἐν συντόμω
καλῶς διδοθέντα, quod etiam legitur in

editióne Schirachii, ex Codice Augustano.
Confentit titulus Regii Londin. Prohomerica,
Homerica et Posthomerica: vid. Fabric. I. 294.
Scilicet continet hoc carmen, trifariam divi-
fum, Parte I. τὰ πρὸ Ὁμήρου, Antehomerica,
f. cauffas et origines belli Trojani, a nativi-
tate inde Paridis, vfque ad annum X. belli,
vbi incipit Ilias Homeri. Parte II. τὰ Ὁμήρου,
five Homerica, argumenta XXIV. Rhapfodiarum Homeri. P. III. τὰ μεθ' Ὁμηρον, res
ad Troiam geftas, a morte inde Hectoris ad
vrbis vfque excidium et reditum Graecorum,
quod eft argumentum Paralipomenon Quinti
Smyrnaei.

Extat hoc carmen, maximam partem ineditum:

1. In Codice Matritenfi regio, Cod. XX. quo
cum aliis continetur integrum. Scriptus eft
ille a Conftantino Lafcaride, Meffanae in Sicilia
circa a. 1488, quod docet infcriptio Oppiani
Cynegeticis fubiecta. Tzetzianis nulla addi-
tur anni nota; fed cum Sicilia non excefferit
Lafcarides, fato ibi functus 1493. probabile
fit haec ibidem fcripta effe. Verfuum nume-
rus in prioribus partibus, quas fub Iliados
μικρᾶς titulo comprehendit codex, traditur
effe

effe 897. Pofthomericorum 776. (öf, Iriarte
Catalog. p. 82.) Pofteriorem numerum fal-
fum effe mox docebo. Equidem integrum
carmen ex hac codice, quem manibus trini,
defcribere cupiens; aliis rebus diftentus, ad
Vindobonenfem fecefflum reiiciebam, ratus in
Bibl. Caefarea extare integrum poema. Quae
fpes poftea me fefellit.

2. Integrum quoque extare puto in Bibl. Bodleia-
riae Cod. Fabricio laudato l. 294. faltem pars III.
qua vfus eft Dodwellus effe debet integra.

3. In Regio Londinenfi, Antehomerica cum
fcholiis. vid. Catal. of the Mff. of the Kings
Library. p. 257. funt tamen faltim verfus 240.

4. In Codice Auguftano, ex quo fluxit apogra-
phon a Schirachio editum. Antehomerica,
poft v. 29. lacunofa, 233 verfus habent, Homerica, non minus mutila, verfus 233.
Pars III. plane abeft.

5. In cod. Vindobonenfi 308. ap. Neffelium
P. IV. Hic a fine partis prioris itidem defide-
rantur aliquot verfus cum parte II. integra,
nulla tamen in medio lacuna. Pars III. integra
780 verfus explet. Antehomerica funt verfuum 351, adeoque defunt in fine 59 verfus
quos habet Auguftanus, ipfe tamen in medio mutilus. Ex hoc Vindobonenfi codice

a 5   defcripfi

quae ad tumulum Hectoris spectant, quem
Tzetzes ex more suo, statuis ornauerat.

De carminis ipsius indole et ratione vniuersa,
non opus est multa addere, cum vel ex parti-
culis adhuc editis satis appareat, esse illud
simile Tzetzianorum omnium, hoc est, hiulcum,
salebrosum, tenue, intempestiua eruditione et
saepe ineptiis plenum. Putet aliquis eum, in
hoc carmine vsum esse scriptoribus antiquis de-
perditis, vt Lesche, Stesichoro, aliis quos passim laudat, quae opinio me quoque ad spem
haud exiguam erexerat, fore, vt ex his aliquid
lucis accedat Cypriis. Carminibus et Quinti
Paralipomenis. Sed postea deprehendi, eum nullos
vidisse scriptores, nisi qui vel nunc extent, neque
Epitomatore siue Collectore aliquo, quod putabat Dodwellus, Cyclicorum poetarum vsum
esse, sed omnem qua se iactat, eruditionem
e Scholiis hausisse, quae habuit iis, quibus nos
vtimur, Byzantinorum grammaticorum excer-
ptis, pleniora. In Antehomericis cum Chrestomathiae Proclianae fragmentis conuenit, nisi
quod missa poetica ratione, quae a Pelei nuptiis
filum orditur, Parin grammaticum facit, commentatione edita Venerem reliquis deabus prae-
ferentem. Scilicet ita ad historicam rationem

rem

em reuocaffe fibi videbatur! In Poßhomericis
Quintum, quem tamen ridet, maxime fequitur,
Philoftrato quoque, (Flauium appellat) in for-
nis praefertim heroum defcribendis, qua re mi-
ifice fibi placet, faepius adhibito. Sed vtut
fit, non pigebit legiffe hoc poemation, cuius
vitia non foli auctori, fed feculo quoque, quo
fcripfit, imputanda funt.

In edenda hac particula hoc tantum propofi-
tum nobis fuit, vt textum vtcunque emendatum
fifteremus, fublatis, quae manifefta effent, vitiis.
Etenim in hoc auctore, qui tam faepe metri
leges migrauit, omnes tollere qui vellet maculas,
nae is non librariorum aberrationes, fed ipfius
poetae peccata correcturus effet, ingrato labore.
Nobis fatis erat expuliffe errores indocti fcribae,
qui codicem Vindob. exarauit, quorum quae ex
Iotacifmo orta erant aliaque nimis minuta pige-
bat adnotare, reliqua in marginem reiecimus.
Quaedam plane corrupta, vt eft mendofiffimus
codex, intacta reliquimus, futuro horum car-
mibum editori largam crifeos materiam.

T.

Ante-

Antehomerica.

Ἀργαλέα πολέμοιο κακὸν πόνον Ἰλιακοῖο
Ἔννεπε, Καλλιόπεια, ὑφ᾽ ἡμετέρῃσιν ἀοιδαῖς,
Ἀρχῆθα δ᾽ ἐπάειδε καὶ ἐς τέλος ἐξερέεινε,
Ἐξ ὅτε ὁ Πρίαμος λοιγὸν Τρώεσσι φυτεύει
5 Δύσπαριν ἑλόμενον, ἀρχὴν πολέμοιο κακοῖο,
Τὸν νόος ἐκ ἐρέεινεν Ὁμήρε κυδαλίμοιο.
Ἔννεπε δ᾽ Ἀργείης Ἑλένης ἐρόεσσαν ὀπωπὴν,
Πῶς τέ μιν a) ἦγεν Ἀλέξανδρος Σπάρτηθε Τροίην.
Ἔννεπε δὲ πλόον Ἑλλήνων καὶ νῆας ἁπάσας·
10 Εἰπὲ δὲ Πηλείδαο χότον καὶ ὄλεθρον Ἀχαιῶν,
Σαρπηδόντος Πατρόκλα τε καὶ Ἕκτορος οἶτον·
Εἰπὲ δὲ Πενθεσίλειαν, κούρην ἀντιάνειραν.
Ἔννεπε δ᾽ Αἰθιόπων σρατὸν, υἷα δ᾽ ἠριγενείης.
Φράζεο δ᾽ Αἰακίδαο πότμον δακρυόεντα·
15 Εὐρύπυλον δ᾽ ἄειδε καὶ υἱέα Αἰακίδαο·
Μαντείας δ᾽ Ἑλένε, καὶ Ἀλεξάνδροιο φονῆα.
Εἰπὲ δὲ καὶ πτολίπορθον Ἐπειὲ δούρεον ἵππον,
Εἰσοκεν ἤϊσασε πελώρια τεύχεα Τροίης.
Ταῦτά μοι εὐπατέρεια, Διὸς τέκος, ἔννεπε Μῆσα.

20 Ἤτοι μὲν Τροίη πολέμοις προτέροις μογέεσκε.
Πέρσε γὰρ αὐτὴν Ἡρακλέος μένος ἀγριοθύμε·
Δερὶ δ᾽ αὖ σκυθόμητρες ἐπέδραμον εἶτα γυναῖκες,
Θυγατέρες Ἄρηος, Ἀμάζονες ἀγκυλότοξοι·
Αὐτὰρ ἐπεὶ παύσαντο χερῶν ἀγέρωχοι ἐρωαὶ,

Ἄρεας

a) In Cod. est μεν.

Ἄρεας αἱματόεντας ἐπ' ἀλλήλοις προφέρησαν 25
ρῶες, ἀναπνεύσαντες ἀπὸ πτολέμη κρυεροῖο,
αἴης ἔργα νέμοντο παρ' εἰρήνῃ κομόωντες.
Ὀυ δ' ἄρα μὴν τάδε Μοίραις ἥνδανε χαλκεομήτοις.
Ἀλλα γὰρ αὖθις μέρμερα Τρωσὶ μητιόωντο.
Γόφρα γὰρ οὖν τέρποντο παρ' εἰρήνῃ κομόωντες 30
Εἴσοκεν οὔνομα λυγρὸν ἀπ' αὐτόφιν ἔπλετο Πάρις.
Αὐτὰρ ἐπεὶ μοίρας τιβαροὺς κλώσαντο ἀτράκτους,
Τοὶ γαῖαν κλονέουσι καὶ b) οὐρανὸν ἠδὲ θάλασσαν.
Εἴξαν δ' ἀτράκτοισι θεοὶ μαθέοντες ὀλύμπου,
Φαίνων c) ἠδὲ Ζῆν, καὶ Ἄρης καὶ Φοῖβος Ἀπόλλων, 35
Ἀφροδίτη Ἑρμῆς τε, καὶ Ἄρτεμις ἀγλαόμορφος,
Ἠδ' ἄλλοι δυεκαίδεκα d); τρὶς τε δέκα καὶ ὄκτω.
Καὶ τότε δὴ Τρώεσσι ἐτεύχετο πήματος ἀρχή,
Αὐτίκα γὰρ Πριάμῳ βασιλῆϊ κυόνεν Ἑκάβη.
Πρῶτα δὲ τὴν σροβέεσκον ὄνειροι ἠεροφοῖται. 40
Πυρσὸν e) γὰρ πυρόεντα τεκεῖν δοκέεσκεν ὀνείροις,
Ὃς πρῆσε Τροίην τε καὶ ἄστεα Τρωϊκὰ πάντα.
Μάντεις δ' αὖ τὸν ὄνειρον ὑπεκρίνοντο λέγοντες
Γαστέρι παῖδα φέρεις Ἑκάβη, Τρώεσσιν ὄλεθρον.
Ὡς ἄρα μάντεις ἀτρεκέες ὑπεκρίνοντο· 45
Αὐτὰρ ἐπεὶ τέκε Τρώων Ἑκάβη δύσγονον υἷα,

Οὔνομα

---

b) καὶ Inferni.

c) Φαίνων videtur indicare .... niſi f. leg. Ἥφαιστος καὶ Ζῆν.

d) In Scholiis dicit, illa δυεκαίδεκα eſſe τὰ δώδεκα ζώ-
    δια. Ceteros eſſe nomina aliorum aſtrorum.

e) In Cod. eſt γεωδν, corrupta vox.

Οὔνομα τῷδε Πάριν θέτο, τὸν μὴ f) ὄφελε
         τεκέσθαι.

Αὐτὰρ ἄρα Πρίαμος παιδὸς γενέθλην ὑποτρείσας,
Ἤλυθε χρησόμενος παρὰ βωμοῖς g) ἠελίοιο.

50 Ἦν δέ τις ἐν Τρώεσσιν Ἀπόλλων, μάντις ἀμύμων
Νηῷ ἐν ἠγαθέῳ Φαεσιμβρότου ἠελίοιο,
Ὃς χρησμοῖς h) τάδε πρόσειπε μαντοσύναις τε·
Φράζεο. Τρώων ὄρχαμε, Φοίβου μύθον ἐμοῖο·
Ἀρχιτόκοιο i) λοχεύματος ἐκ Πάριδος σέο παιδὸς

55 Ἄστυ τόδε Τροίης πολύμαχθος Ἄρης ἐκπέρσει,
Εἴσοκε καῖς Λυκαβάντας ὑπαρθορέῃ τριάκοντα.
Αὐτὰρ ἐπεὶ τὸν ἄκουσε βίη Πριάμου βασιλῆος
Ἔλθετο μὲν παῖδα παρ' ἀγρεῦσι οἷσι τρέφεσθαι,
Δείματο δ' αἱ Πάριον, τιμῇ Πάριος εὖ παιδός.

60 Κεῖσε δε παῖς ἐτίταλλε, διδασκόμενος παρὶ πάντων,
Ὅσσα γόνους ἐπέοικε εὐγενέων βασιλήων.
Ῥήτωρ δ' αὖτε γεγαγω k) γράμματα γράψατο πολλὰ,
Ἐν ἐνὶ δ' αὖτε θεὰν ἐπιθυμίαν, Ἀφροδίτην
Κρίνων, Παλλάδος ἠδ' Ἥρης μάλ' l) ὑπέρτερα
         δῶκεν.

65 Αὐτὰρ ἐμοὶ δοκέει τόδε λῷον ἔμμεναι. ἄλλων
Ὣς ῥά, σοφός τε ἐών, παρὰ κόσμου γράψε γενέθλης,
                 Ἐκ

---

f) Scriptum μὲν.   g) Script. Ἀωμοῖσιν.

h) In Cod. vitiose est χρησμήσει.

i) Cod. Ἀρχιτιτόκοιο.

k) Versus corruptus. leg. συνετὸς καλὰ γράμματα. H.

l) μάλα inserendum esse putavi.

Ἐκ χάεος ἐρέβευ τε ὅπως πρώτιςα Φαάνθεν
Ἰηλεὺς, γαῖα Φερέσβιος *m*), ἠδε Θέτις γε
Θάλασσα,
Ἠδ' *n*) Ἥρη πυρόεσσα, ναὶ ἠέρος *o*) ὦζος Αθήνη.
Σὺν δ' ἄρα τῆς ἐπεῆν *p*) Φιλίη χρυσῆ Αφροδίτη   70
Εΐλετο *q*) κόσμον ἅπαντα ναὶ ἔμπεδον εἰσέτι ἴσχει.
Τοὔνεκα μυθήσαντο, γάμους ναὶ ἔριν δὲ *r*) θεαῶν,
Τοῖα μὲν υἱὸς Πριαμοῖο Παρίῳ, ῥέζεσκεν *s*),
Αὐτὰρ ἐπεὶ τριάκοντα παρέδραμον οἱ Λυκαβάντες,
Αὐτίκ' ἄρα Πρίαμος ναὶ Τρώων ἄσπετα Φύλα   7
Ἐκ Παρίου κολπῆσιν ἀγίνεον οἴκαδε *t*). Πάριν.
Ἄφρονες, οὐδ' ἐνόησαν ἕον Φθόρον ἐγκονέοντες.
Ξαντικὸς ἦεν μεῖς, ὅτ' ἀγίνεον αὐτὸν εἰς ἄςυ,
Ξαντικὸς, ὃν Απρίλιον Ἕλληνες καλέουσιν·
Εἰκόςῳ ναὶ δευτέρῳ ἤματι τοῖο δὲ ἤχθη.   8
Τέρπετο δ' αὖ τοκέεσσι κασιγνήτοις τ' ἐνὶ Τρόιῃ,
Ῥέζων πατρῴοισι θεοῖς κλειτὰς ἐκατόμβας
Ἕπτασιν ὀκταςπόροις καλλιχρόου Ηριγενείης.
Εὖτ' ἂν δ' ἕβδομον *u*) ἦμαρ ἐὴν πεντήκοςόντε
                                        Ογδοάτη

m) Peleum terram interpretatur, a πηλῳ

n) In Cod. eft ἐν δ'.   *o*) Vox obfcura in Cod.

p) Cod. ἐπ ἐην.   *q*) Leg. Εΐλε δε.

r) Leg. γε. H.

s) Leg. Τοῖα μὲν ἐν Παριᾷ υἱὸς Πριαμοῖο ῥέζεσκεν. H.

t) Repofui ἀγίνεον οἴκαδε. Ced. habet ἀγίνεον ἐς Τρίην, pro ἐς Τροίαν quod eft e glofa.

u) Cod. male ἰο δομον.

Bibl. d. Litt. 4 St.   **b**

85 Ὀγδοάτῃ δεκάτῃ Δεσίου Ἰουνίοιο·
Καὶ τότε μιν προσέηκε πατὴρ ἐπὶ Ἄργεος ἄςυ,
Ῥέξαι νηῷ Ἀπόλλωνος κακῶν ἀπερωὴν.
Δῶκε δὲ οἱ ἄνερας ἕκατον καὶ κάλλιμα δῶρα·
Δῶκε δὲ γράμματ' ἄγειν Ἀργείων εὖ βασιλεῦσιν,
90 Ὄφρα γένοιτο φίλος καὶ ἐκτελέσῃ ἑκατόμβας.
Δείδιε γὰρ αἰὼν Γανυμήδης οἷα πέπονθει
Ταντάλου ὑπὸ ἄνακτος, εὐγενέος βασιλῆος·
Τοὔνεκα τὸν προσέηκε σὺν ἀνδράσι, γράμμασι, δώροις.
Αὐτὰρ ὅγ' ἁλμυρὸν ὕδωρ πλεύσας Ἐννοσιγαίου
95 Ἐς Σπάρτην ἐπαγαλλόμενος Διὸς ἤλυθεν οὔροις,
Δέκτο δ' ἐπ' Ἀτρειδάο δόμοις ξανθοῦ Μενελάου x)
Ὃς Μενέλαος τοῖο δεδέγμενος ἀγλαὰ δῶρα
Ἔπλεεν ἐς Κρήτην Διὶ εἶο προπάτορι ῥέξων,
Αςερίῳ βασιλῆι Κρηταῶν περ y) ἐόντι
100 Οἱ πρὶν γάρ τε δίας πάντας κάλεον x) βασιλῆας.
Οὕνεκά μιν καλὸς Διὸς ἀςὴρ σκῆπτρον ὀπάζει·
Ἔξοχα δ' οὖν μοίρῃσι παρὰ νεμεοῖο λέοντος a)
Ἐν πέμπτῃ δὲ μάλιςα, τὸ γὰρ βασιλεύτατον ἄλλων,
Ἠελίοιο Ζῆνα παρ' ἀκτίνεσσιν Φαείνειν.
105 Ἤτοι ὅγ' ἐς Κρήτην πλέεν εἶο προπάτορι ῥέξων,

Δώμασι

x) Versus 96. 97. transpositi in Codice, adiecto tamen
signo α. β.
y) πὲρ istud sensu caret, sed quid reponendum sit,
non diuino.
z) Cod. ἰκάλεεν.
a) Locus corruptus, vix restituendus.

κύμασι δ' οἷσιν ἔλειπεν Ἀλέξανδρου σὺν ἑταίροις

Ὃς δὴ τοι ἰδὼν ἐπὶ δείελα *b*) τοῖο δάμαρτα,

οὔλαις *c*) ἀμφιπόλοισι κατερχομένην περὶ *d*)
　　　　κῆπου,

ἄλλει ἱμερόεντι περιπρεπέϊ γανόωσαν.

Ἐρωτος βελέεσσιν πυριφλεγέεσσιν ἐπλήγει·　　11

 Ἡ δὲ μὲν οὐκ ἀντέπληξε. Πλῆξε δὲ καὶ αὐτήν.

Ἀμφοτέροις ἐρατὸν γὰρ ἐπ' εἴδει κάλλος ἔκειτο.

Ἦ γὰρ ἔην λευκή, τερενόχροος, εὔοφρυς, εὐρῖν.

Λευκωδηριόωσα, καὶ ἀργεννῇ *e*) χιόνεσσιν,

Στήθεα θ' ἱμερόεντα καὶ ἄγλαον εἶδος ἔχουσα,　　11

Γυρῶπις, μελιχήρης, εὔχαρις ἠδὲ βοῶπις·

Θριξὶν ἑλισσομένῃσι, χρυσοχόοις κομόωσα

Εὐστολος *f*) ἠδὲ τελείη *ff*) πάντα φέρουσα τέλεια.

Γόσσον δ' αὖ προφέρεσκε γυναικῶν κάλλεϊ πασῶν,

Ἀστράσιν ἐννυχίοισιν ὅσαον προφέρῃσι σελήνη.　　12

Ἦμος δ' αὖ χρόνον *g*) εἶχεν ἐεικοσόντε καὶ ἕκτον.

Τοῖα μὲν αἰὲν κάλλεϊ κούρη Τυνδαρεώνη.

Αὐτὸς δ' αὖτε Πάρις χαριτῶν ἀπὸ κάλλος ἔσχεν·

Λευκὸς ἔην, εὐήλιξ, εὔχαρις, ἠϋγένειος,

Θριξὶν ἐλιχρύσοισι καρηκομόων περὶ πάντων *h*)　　12

　　　　b 2　　　　Τεῖος

<hr/>

b) Cod. ἐπὶ δείελα ἰδὼν. f. leg. κατιδὼν.

c) Cod. δόλησιν.　　*d*) Mox pro περὶ fort. leg. παρὰ. H.

e) corrupte legitur Ἀργεννῆς.　　*f*) Cod. vitiose ἐυτέσολος.

ff) Cod. τελείη.　　*g*) χρόνιον male est in Cod.

h) Sic scripsi pro ὑπὲρ πάντας. quod e glossa ductum,
　　metrum evertit.

Τοῖος ἐὼν ἐράσατο πόθει δὲ καὶ αὐτὸς ἰ).
Αὐτὰρ ἐπεὶ σήμηναν ἐπ' ἀλλήλοισιν ἔρωτα,
Αἴθρης ἐννεσίησι καὶ ἄλλων θηλυτεράων,
Νηὶ ἐνὶ θέμενοι δμωὰς κόσμον τ' ἐράτεινον,
130 Ἠδ' αὐτὴν Αἴθρην k) δολόεσσαν,   πρὸς δὲ καὶ
αὐτούς,

Φεύγον ἐπ' ἀτρυγέτοιο θαλάσσης Τύριον οἶδμα,
Δειδιότες περάαν πλόον ὃν Τροίηθεν ἐπέπλον.
Αὐτίκα δ' ἐς Κρήτην Μενελάου οἰκίες ἦλθον
Ἀγγελίην ἐρέοντες· ὁ δ' ἔπλεεν ὦκα μάλιστα
135 Εὐρυπόρου σεισίχθονος οἰδματα πάντα ματεύων l).
Πολλὰ δ' ἀπρὴξ μογέεσκε, μάτην ἀκίχητα διώκων·
Κεῖνοι γάρ τε μέγα πέλαγος Τύριον περοῶντες,
Ἄςυ Τρώιον ἴδον, ὅλον λυκάβαντα μογεῦντες.
Τρωιάδες δ' Ἑλένην καὶ m) Τρῶες πάντες ἰδόντες
140 Θάμβεον,   ὡς μάρμαιρεν ἀριπρεπέεσσιν ὀπα-
παῖς,

Τὴν δ' Ἑκάβη φιλέεσκε καὶ ἐν μεγάροισιν ἐτίμα.
Ὡς πολέες φάσκουσιν Ἀλέξανδρον ·βασιλῆα
Ἐλθέμεν ἐς Σπάρτην ἀπόγε Τροίηνδε κιόντα,
Ὡς δ' Ἑλένην ἐκ Σπάρτης ἐς Τροίηνδε κομίσαι.
145 Ἄλλοι δ' ἄλλ' ἐρέουσιν, ὅσα φίλον ἔπλετο θύμῳ,
Οὐ δ' Ἑλένην φάσκουσι μετὰ Τρώεσσι παρεῖναι·
Ἀλλ'

____

i) Scabrosus versus refingi possit: Τοῖος ἰδὼν ἐράσατι,
ποθέοντα πόθει δὲ καὶ αὐτή. H.

k) Cdd. ἐθρηψ δολοεσσα.   l) Cod. Μαντεύων.

— m) καὶ substitui pro ἰδὲ quod est in MSt.

Ἀλλ' ἄρα Πρωτῆος ποτὶ δῶμα n) ςροφάασθαι·
ὕτως δὲ ςρατὸν Ἀργείων Τρώεσσι μάχεσθαι.
Ὡς ἄρα πολλοὶ πλάζονθ' ἱςορίην ςροβέοντες·
ὑτὰρ ἐγὼν ἐρέεινα πανατρεκέως ἀγορεύων   1
Ὡς ο) ἕκαςα γένοντο, τάδ' ἄλλ' ἀνεμώλια πάντα.
.ργείοι δ' Ἑλένην παρέμεν Τρώεσσι μαθόντες,
.τρείδην Μενέλαον, Ὀδυσσέα καὶ Παλαμήδην,
ησείδην τ' ἀκάμαντα, καὶ Διομήδεα δῖον
Ἱρεσβῦς Τρωσὶν ἔπεμπον, ἀπήιτεον ἄρτι γυναῖκα.   1
.χὶ νύ κεν Ἀντιμάχοιο κακόφρονος ἔκπαθεν ἔργοις
.ργείων οἱ ἄριςοι, πρεσβείης ἀλεγείνης,
.ρυσὸν Ἀλεξάνδροιο δεδεγμένου p) εἵνεκα τείου.
.λλ' Ἀντήνωρ ξείνισεν ἐκ θανάτοιο σαώσας,
Ὡ ποτε περθομένης Τροίης ἀπέδωκαν ἀμοιβάς.   160
Ἰάντα γὰρ οἱ ἐσάωσαν, δῶκαν δὲ οἱ ὄλβια δῶρα q).
Ἦμος δ' r) Ἀντιμάχοιο ἀτάσθαλα ἔργα φυγόντες
Ἀργείοις ἐρέεινον ὅσ' ἂν πάθον ἄλγεα Τροίῃ s).
.αὶ τότε δὴ ςρατὸς ἐξ ἠπείρων ἠδ' ἀπὸ νήσων
.ἰς ἓν ἀολλίζοντο κατὰ Τρώων ἐρεθέντες t)·   165
Ἰς δέκα δὴ λυκαβάντες ἀγειρομένοις παρέδραμον

b 3   Ἐξ

---

n) Claudus versus. f. leg. ποτι δωμασι aut inferendum φασι.

o) Inferendum ρα ad faciendum versum.

p) Scil. Αντιμαχυ.

q) Γαρ et δε οἱ inferui, pro posteriori Cod. habet τ'. H.

r) Δε inferui ne mutilus fit versus.

s) In Cod. est ὁσαν et Τροίην.

t) Ἐρεθέντες emendaui pro ἐρεντες. H.

Ἐξ οὗ ἔβη ποτὶ Τροίην κούρη Τυνδαρεώνη.

Καὶ τότ' ἐπεσσυμένως ἐς νῆας ἔβαινον Ἀχαιοί.

κ) Δέδμηντο γὰρ ἅπαντες Τυνδαρέοιο ἐν ὅρκοις,

170　Αὐλίδα δ' εἰς ἔπλεον κακὰ Τρωσὶ μητιόωντες

Οὐδὲ μὲν οὐδ' Ἀχιλῆος κυδαλίμοιο λάθοντο,

Ἀρτιγάμου ἐτ' ἐόντος ἐῆς ἀλόχου μεγάροισιν,

Ἐς Κύρον Δολόπων νῆσον, Λυκομήδεος ἄϋ·

Οὕνεκα μυθεύοντο πέπλους κ) Θηλυτεράων.

175　Ἀλλ' ἄρ' Ὀδυσσέα Νέστορα καὶ Παλαμήδεα δῖον

Ἐς Πηλῆα Θέτιν τε καὶ εἰς Χείρωνα ἔπεμπον,

Ὃς σοφίῃ ἐκέκατο, καὶ ἐν μερόπεσσι Θηεῖτο y),

Ὃς Ἀχιλῆος μόρον κ) ᾗ ἐπεφράσατο θυγατρί.

Ὃν τότε λισσέμενοι οὗτοι πρέσβυες ἀγαυοὶ,

180　Κῆρ' Ἀχιλῆος ἄγον παρ' Ἀτρείδαις καὶ Ἀχαιοῖς,

Πεντήκοντα νέας σὺν Μυρμιδόνεσσι φορεῦντες,

Πεντήκοντα δ' ἔβαινον ἐπ' ἄνδρες νηὶ ἑκάςῃ·

Πὰρ δέ γε Πάτροκλος ἦεν Ἀμυντορίδης τε Φοῖνιξ·

Ἤτοι ὁ λάου, ὁδ' αὖτ' Ἀχιλῆος μύθῳ a) ἀνάσσων.

185　Τοὺς δὲ ἰδόντες γήθεον Ἀργεῖαι παναχαιοὶ,

Τερπόμεναι λαοῖσι καὶ ἡγεμόσι πινυτοῖσι,

Καλεῖ

---

*) Quae iam sequuntur alia manu scripta sunt.

κ) Post πέπλυς fort: addendum δίναι.

y) In Cod. est θεοῦτο.

*) Versum corruptum sic restituas: ἐς Ἀχ. πότμον ἔη ἐφράσατο θυγ. Μόρον est e scholio, nisi fortasse fuerit μοῖραν.

a) In Cod. est μύθων.

:άλλεϊ καὶ ἔργοις τε ἀελλοδρόμου Ἀχιλῆος,
Ἐργοις γὰρ καὶ κάλλεϊ ποσὶ ϑ' ὑπείρεχε πάντων·
Αὐτὰρ ἐπεὶ Παναχαιοὶ ἐς Αὐλίδα ἠγερέϑοντο
Ναυσὶν ἐν ὀγδοήκοντα καὶ ἐξχιλίαις ἑκατόν τε,   1
Χειμερίοισ' ἀνέμοισι παραυτόϑι εἰρύχοντο.
Καὶ τότ' ἐς Ἄργος Ὀδύσσευς δώμασι b) Κλυ-
              ταιμνήτρας
Ελϑων ἐξαπάτησε, καὶ ἤγαγεν Ἰφιγένειαν
Αρτέμιδι ϑύσων μαντείᾳ Θεσορίδαο.
Ως δέ μιν ἴδε πατὴρ Αγαμέμνων δάκρυα χεῦε   1
Καὶ τότ' ὑπ' ἐκ σπεδίτοιο c) ἐφημίξαντο ἄνακτα,
Οὔνεκα ταύτην εἷο ϑύγατρα ἔρεξον Αχαιοὶ,
Τὴν ἔλαφος ῥύσασκεν ἔϑηκέ τε χώρῃ ἐκείνῃ
Αρτέμιδος ἱερείαν ταυροπόλοιο σελήνης.
Ταύροις γάρ τε βόεσσι πολεύει γειαροτῆρσι   2
Τὸν σπόρον αὐξάνουσα σεληναίης ὑγροτῆσι

Caetera vt in editione Schirach.

b) Δώρασι eſt in Cod.

c) Corruptum vocabulum, ſub quo quid lateat non
ſatis adſequor.

2.

Emendationes in Fragmenta Euripidis.

Fr. ex Alexandra.

Ω παγκάκιστοι καὶ τὸ δοῦλον οὐ λόγῳ,
Ἔχοντες, ἀλλὰ τῇ ΤΥΧΗι κεκτημένοι.

Hoc fragmentum, quod Musgrauio perquam
difficile intellectu videbatur, feruauit *Joan-
nes Stobenfis* Tit. LX. p. 382. Gefn. Leui
menda fublata perfpicuum reddi puto. Equidem
enim Euripidem fcripfiffe arbitror

— ἀλλὰ τῇ ΦΥΣΕΙ κεκτημένοι.

τὸ δοῦλον λόγῳ ἔχειν fignificare videtur: *feruum
effe et appellari*. οἱ οὐ λέγεσθε δοῦλοι. In eos igitur inuehitur, qui ex ingenuis parentibus nati
et libertate fruentes mores tamen et indolem
feruorum habeant. Φύσις pro *indole* vfurpatum
illuftrauit *Valkenaerius* in Diatribe in Eurip.
p. 75. C. Contrariam huic fententiam expreffit
feruus Menelai in *Helenae* noftri v. 736. genero-
fis feruis annumerari cupiens

τοὔνομ' οὐκ ἔχων ἐλεύθερον
τὸν νοῦν δὲ.

plura in hanc fententiam dicta ap. *Stobaeum* l. c.
inuenire eft.

Fr.

Fr. ex Antigone.

Οὔτ' εἰκὸς ἄρχειν, οὔτ' ἐρχῆν εἶναι νόμον
Τύραννον εἶναι· μωρία ΔΕ ΚΑΙ ΘΕΛΕΙΝ
Ὃς τῶν ὁμοίῳ βούλεται κρατεῖν μόνος.

Obscuri hi versus, quibus libertatis nullis legibus circumscriptae defenduntur iura, extant ap. *Stobens.* Tit. XLVII. p. 341. Gesn. Sunt autem, meo quidem iudicio, sic distinguendi et emendandi:

Οὔτ' εἰκὸς ἄρχειν οὔτ' ἐχρῆν εἶναι νόμον·
Τύραννον εἶναι μωρία· ΔΙΚΗ, Θ' ἘΛΕΙ
Ὃς τῶν ὁμοίων βούλεται κρατεῖν μόνος.

„*Nemeſis illum comprehendit, qui ſolus ciuibus ſibi aequalibus regnare cupit.*" Quod scripsimus δίκη θ' ἐλεῖ id cum literarum similitudo probabile reddit, et confirmat locus *Euripidis* in *Heraclid.* 940.

ὦ μῖσος ἥκεις· ἘΙΛΕ Σ' Ἡ ΔΙΚΗ χρόνῳ *Phauorinus* ap. *Joannem* Stob. Tit. XLIX. p. 342. 15. ὅπου γὰρ αὖ καταφύγῃ [ὁ τύραννος] ἢ δίκη αὐτὸν αἱρήσει. In Eclogis Phyſ. p. 9. Στείχουσα μάρπτει τοὺς κακοὺς ἀεὶ βρτῶν Ὅταν χολὴν ἄγουσα τυγχάνῃ Δίκη. vt *Valkenaerus* quidem hos versus emendauit in Diatr. c. XVIII. p. 186.

Fr. ex Archelao.

Νείλου λιπὼν κάλλιστον ἐκ γαίας ὕδωρ
Ὃς ἐκ μελαμβρότοιο πληροῦται ῥοαῖς

Αἰθιο-

Αἰθιοπίδος γῆς, ἡνίκ' ἂν ταχῇ χιὼν
Τεθρίππου ὄντος ἡλίου κατ' αἰθέρα.

Seruauit hoc Fr. *Scriptor Incertus de Nili Incremento* ad calcem *Herodoti Wesselingii* p. 788. Emendatius exhibuit *Valkenaer* in *Diatr.* p. 30. C. qui pro ἐκ γαλας reposuit: ἐν γυίαις. Et in vltimo versu *Grotii* lectionem probauit: τεθρίππ' ὀχοῦντος emendantis. Codices tamen qui τεθριππευόντος legunt, aliam quandam lectionem innuere videntur. Videfis an Euripides dederit:

Τέθριππ' ἐλῶντος ἡλίου κατ' αἰθέρα.

quo summa in Codd. similitudo syllabarum εὐ et ἐλ ducit. Huius dicendi formae autem, ἐλαύνειν τὰ τέθριππα pro ἄγειν, tria exempla suppeditant fragmenta vnius Tragoediae, *Phaëthontis* ap. *Longin.* π. ὕψ. Sect. 15. ἔλα δὲ μηδὲ Λιβυκὸν αἰθέρ' ἐμβαλών. et ibid. ἵππευε παῖδα νουθετῶν ἔκεισ' ἔλα. ap. *Clement. Alex.* Paed. III. 2. μηδ' ἀναβῇς τὸν δίφρον ἐλαύνειν μὴ μαθών. in *Ione* 1184. Ἵππους μὲν ἤλαυν' -Ἥλιος. *Pindar.* Ol. 5. 80. βασιλεὺς δ' ἐπεὶ πετραέσσας ἐλαύνων ἵκετ' ἐκ Πυθῶνος. *Theodectes* ap. *Strabon.* XIII. p. 1019. ἧς ἀγχιτέρμων ἥλιος διφρηλατῶν. *agitare equos* de sole *Propert.* II. XII. 32. Et citius nigros Sol agitabit equos.

Fr. ex Bellerophonte.

Ὡς ἔμφυτος μὲν πᾶσιν ἀνθρώποις κακή,
Ὅστις δὲ ΠΛΕΙΣΤΟΝ μισθὸν εἰς χεῖρας λαβὼν
Κακὸς

·Κακὸς γένηται, τῷδε συγγνώμη μὰν οὔ·
Πλείω δὲ μισθὸν μείζονος τόλμη, ἔχων
Τὸν τῶν λεγόντων ῥᾷον ἂν Φέροι ψόγον.

Ineptam hoc fententiam efficiens fragmentum
extat apud *Joan. Stob.* Tit. X. p. 125. Gefn.
Nullo modo autem exputare poffum, qua ratione
ii, qui lectionem πλεῖστον defenderunt, totius
fententiae nexum explicuerint. Iam enim
omnes in eo conueniunt, eum, qui magnitudine
praemii ad prauitatem adductus fit, multo pa-
ratiorem excufationem habere, quam illam, quem
vilis merces corruperit. Acute igitur Heathius,
meo quidem qualicunque iudicio, vitium in
πλεῖστον latere vidit, eamque vocem cum παῦρον
f. σμικρὸν commutandam effe coniecit. Facilio-
rem medicinam mihi inueniffe videor, corrigendo

    Ὅστις δὲ ΛΙΤΟΝ μισθὸν εἰς χεῖρας λαβὼν
λιτὸς primam fyllabam; in omnibus quos nobis
quidem videre contigit locis, conftanter produ-
cit. Deinde vero in quinto verfu leuis corruptela haerere videtur, quam fic eximendam effe
fufpicor·

    Τὸν τῶν ψεγόντων ῥᾷον ἂν Φέροι λόγον
Facilius vituperantium fermones feret. Λόγος vero
et ipfum *vituperatio*, eft. *Iphigenia in Aul.*
v. 376. *Supplices.* 565. τὸ γάρ τοι τῆς Δίκης σώ-
ζων Φάος πολλοὺς ὑπεκφύγοις ἂν ἀνθρώπων λόγους.

                                                    ad

ad quem locum plura difputanten v. *Marklan-*
dum. p. 155.

       Fr. ex Erechtheo. v. 39.

   Τῇ 'μῇ δὲ παιδὶ στέφανος Ἡ ΜΙΑ ΜΟΝΗ
   Πόλεως θανούσχ' τῆςδ' ὑπερδοθήσεται

Mendis fcatet grauiffimis totum hoc fragmentum, a *Plutarcho.* T. II. p. 1073. nobis traditum; ex plurimis, quorum medela in promtu
eft, locis, hunc vnum mihi hic tractandum feli-
gam. Valde mihi difplicet fagaciffimi alias Tyrr-
whitti emendatio, στέφανος εἰς μία μόνῃ con-
iicientis, neque fatisfacit Heathii coniectura, qui
verbis transpofitis ἡ μόνη μία legebat. Coniiciebam equidem Euripidem meum fcriptum reliquiffe

   Τῇ 'μῇ δὲ παιδὶ στέφανος ΤΙΜΗΣ, μόνῃ
   Πόλεως θανούσῃ ϛῆς δ' ὕπερ, δοθήσεται.

Filiae meae imponetur gloriae corona, fiquidem
vna inuenta eft, quae mortem pro vrbe obiret.
De στεφανῷ εὐκλείας plura v. ap. *Valken.* ad
Phoen. p. 463. *Simonides Epigr.* in Anal. V. P.
Vol. I. p. 133. Οὗτος Ἀδειμάντου κείνου τάφος οὗ
διὰ βουλὴν Ἕλλην ἐλευθερίας ἀμφέθετο στέφανον.

     Fr. incertae Tragoediae.
  Valkenaerius in VI. *Diatribes* Capite, in quo
Anaxagorea quaedam de duobus rerum creatarum
principiis docte perfequitur, egregie nonnulla
difputauit de loco *Euripidis* ap. *Plutarch.* T. II.
                      p. 416.

p. 416. C. D. a prioribus editoribus negligenter
tractato ·

"Ο. δ'. ἄρτι θάλλων σαρκὶ, διοπετὴς ὅπως
'Αστὴρ ἀπέσβη, πνεῦμ' ἀφεὶς εἰς .αἰθέρα

MIKPON ΔΕ ΣΩΜΑ.

Vt paucis abſoluam, *Euripidem* ſcripſiſſe ſuſpicor
πνεῦμ' ἀφεὶς ἐς αἰθέρα

ΕΛΥΤΡΟΝ Δ' ΕΣ ᵞΑΙΑΝ.· .

Egregiè firmatam vidi hanc paulo audaciorem
coniecturam verſu · in Admetum in *Anal.* Vet. P.
Vol. II. .p. 308.

Γαῖα λάβ' 'Αδμήτου ΕΛΥΤΡΟΝ, βῆ δ' εἰς
θεὸν αὐτός.

αὐτὸς h. Ψυχὴ ſ. πνεῦμα αὐτοῦ. ἔλυτρα verο vo-
cantur quaecunque velamenta, putamina, the-
çae. *Euſtath.* in .Od. A. p. 1389. Rom. *Ariſtoph.*
in *Acharn.* 1119. Firmat' porro noſtram lectionem *Moſchion* ap. *Jo. Stob.* CXXII. p. 611. Geſn.
Incerti Epigr. DXLIV. *Pythagor.* v. 70. *Alexis*
ap. *Diog. Laert.* in V. Platonis. *Epigr. incert.*
DCCXIV. Cum metaphorica ſignificatione
quae eſt in V. ἔλυτρον. conuenit hoc in *Epigr.*
Incerti. DCXIV. 'Ες οὐρανίας ἀρ' ἀταρπούς Ψυχὴ
παπταίνει σῶμ' ἀποδυσαμένη. *Maxim. Tyr.*
Diff. XVI. 2. p. 288. ἡ δὲ ψυχὴ ἐκδῦσα τοῦ σώματος ἐπλανᾶτο ἐν τῷ αἰθέρι. Pauca hac opportu-
nitate moneam de obſcuro *Pindari* Fragmento,

quo

quo idem dogma expofuiffe videtur.   Extat vero
illud apud *Plutarchum* Confol. ad Apollon.
p. 120.   Collectio Fragm. Pindari. p. 23.

> Ὀλβία ἄπαντες αἴσᾳ
>
> Λυσίπονον τελευτὰν· καὶ
>
> Σῶμα μὲν πάντων ἕπεται
>
> Θανάτῳ περισθενεῖ· κ. τ. λ.

V. V. D. D. Emendationes, quibus mutilatos
hos verfus tentarunt, *Schneiderus* collegit V.
Cl. loco c. - Quid ipfe coniectando praeftiterim,
penes alios iudicium efto: Tentaui equidem:

> Ὀλβία ἀπαντῶσ' αἴσᾳ
>
> Λυσίπονον τελευτὰν μέτα.

Poft mortem, curis medentem, felicis fortis
participes fiunt.   Reliqua quae in hoc Fragmento
corruptiffime circumferuntur felicioribus ingeniis emaculanda relinquo.

F. Jacobs.

Inhalt.

I. Abhandlungen.

II. Recensionen.

n   *r*

Inhalt.

Corrigenda.

Supra p. II. lin. 3 et 21 leg 404 pro 410 et mox pro 487 leg. 493. — Lin. 24 pro 266 leg. 273.

Lightning Source UK Ltd.
Milton Keynes UK
UKHW020042160219
337399UK00010B/456/P